LA PHILOSOPHIE

DE

HAMILTON

OUVRAGES DE M. JOHN STUART MILL

TRADUITS EN FRANÇAIS

La Philosophie de Hamilton; traduit par M. E. Cazelles, 1 fort volume in-8.. 10 fr.

Auguste Comte et le Positivisme, traduit par le docteur Clémenceau, 1 vol. in-18 de la *Bibliothèque de philosophie contemporaine*........... 2 fr. 50

L'Assujettissement des femmes, traduit par M. E. Cazelles, 1 vol. in-18. 2 fr. 50

La Liberté, traduit par M. Dupont-White, 2ᵉ édition, 1 vol. in-18.. 3 fr. 50

Le Gouvernement représentatif, traduit par M. Dupont-White, 1 volume in-18 .... 3 fr. 50

Principes de l'économie politique, suivis de quelques-unes de leurs applications à l'économie sociale; traduit par MM. Dussard et Courcelle-Seneuil, 2 vol. in-8.. 15 fr.

Système de logique déductive et inductive, exposé des principes de la preuve et des méthodes de recherche scientifique; traduit par M. Louis Peisse, 2 vol. in-8.. 14 fr.

L'Instruction moderne, discours prononcé à l'Université de Saint-André, le 1ᵉʳ février 1867, publié dans la *Revue des cours littéraires* (4ᵉ année, numéros 33, 35 et 36).

L'Utilitarianisme, publié dans la *Revue nationale* (numéros des 10 août, 10 septembre et 10 octobre 1865).

La philosophie de M. Bain; publié dans la *Revue des cours littéraires* (sixième année).

Paris — Imprimerie de E. Martinet, rue Mignon, 2.

LA PHILOSOPHIE

DE

HAMILTON

PAR

JOHN STUART MILL

TRADUIT DE L'ANGLAIS

PAR E. CAZELLES

PARIS

GERMER BAILLIÈRE, LIBRAIRE-ÉDITEUR

RUE DE L'ÉCOLE-DE-MÉDECINE, 17

Londres	New-York
Hipp. Baillière, 219, Regent street.	Ba Hierre Trothers, 440, Broadway.

MADRID, C. BAILLY-BAILLIÈRE, PLAZA DE TOPETE, 16.

1869

Tous droits réservés.

PRÉFACE

DE

LA TROISIÈME ÉDITION

Dans mes autres écrits, j'ai peut-être paru provoquer des contradicteurs; j'ai pu ne pas leur répondre, mais ils m'ont obligé à exposer mes opinions avec plus de clarté et de force. Je ne suis plus à présent dans les mêmes conditions. Une armée d'écrivains dont les idées sont plus ou moins en butte à mes critiques du système de Hamilton, ont pris les armes contre moi et combattent *pro aris et focis*. Les uns, amis et disciples de Hamilton, étaient en quelque sorte obligés de dire ce qu'ils pouvaient pour sa défense. Mais il y en a d'autres dont les idées sont aussi éloignées de celles de Hamilton que les miennes, quoique nous soyons dans des camps opposés. Laisser ces attaques sans réponse, ce serait abandonner les principes philosophiques que j'ai défendus toute ma vie, et que les progrès de mes idées n'ont cessé de fortifier. J'indique ici les ouvrages qu'on a écrits contre moi (je ne parle pas des journaux quotidiens ou hebdomadaires); il y en a peut-être d'autres.

M. Mansel : « *The Philosophy of the Conditioned* », avec des remarques sur le système de Hamilton et sur l'Examen de ce système par M. Mill (publié pour la première fois dans les numéros 1 et 2 de *the Contemporary Review*).

« *The Battle of the two Philosophies; by* an Inquirer. »

D^r M'Cosh : « *An Examination of M. J. S. Mill's Philosophy*, being a Defense of Fundamental Truth. »

Dr Calderwood : « *The sensational Philosophy.* M. J. S. Mill and doctor M'Cosh; » dans *the British and Foreign Evangelical Review*, avril 1860.

Dr Henri B. Smith : « *Mill versus Hamilton* », dans *the American presbyterian and theological Review*, janvier 1860.

M. H. F. O'Hanlon : « *A criticism of John Stuart Mill's pure Idealism;* and an attempt to show that, if logically carried out, it is pure Nihilism. »

Un article sur cet ouvrage dans *Blackwood's Magazine*, janvier 1860. (Ces deux derniers écrits ne portent que sur la théorie des possibilités permanentes de sensation.)

M. J. P. Mahaffy, dans l'introduction à sa traduction de l'exposé de la Critique de Kant par le professeur Kuno Fischer (ne s'occupe que de la théorie des possibilités permanentes et des vérités nécessaires).

M. Patrick Proctor Alexander : « *An examination of M. John Stuart Mill's Doctrine of Causation, in Relation to Moral Freedom* », qui forme la plus grande partie d'un volume intitulé « *Mill and Carlyle* ».

Des articles sur cet ouvrage dans la *Revue de Dublin*, octobre 1865 (signé R. E. G.), et dans la *Revue d'Édimbourg*, juillet 1866.

Et avant tous ces ouvrages, le volume intéressant de mon ami le professeur Masson, intitulé : « *Recent British*

Philosophy : a Review, with criticisms; including some comments on M. Mill's answer to Sir W. Hamilton. »

Toutes les critiques que je viens de citer sont absolument hostiles, sur la question spéciale qu'elles abordent, mais quelques auteurs y ont mêlé une grande courtoisie et même trop d'éloges. Le dernier surtout s'exprime sur un ton singulièrement amical et flatteur.

Les suivants ne sont hostiles qu'en partie.

Un article sur le présent ouvrage dans *the North British Review*, septembre 1865, attribué au professeur Fraser, et qui présente les signes les plus évidents de cette origine. Cet éminent penseur croit que j'ai souvent mal compris Hamilton ; mais je le regarde comme un allié puissant auquel je pourrais abandonner la défense des opinions que nous professons en commun sur les doctrines philosophiques essentielles.

M. Herbert Spencer : « *Mill versus Hamilton. The test of Truth*», dans *the Fortnightly Review*, 15 juillet 1865.

La Revue de mon ouvrage dans *the North American Review*, juillet 1866.

La seule critique importante qui me soit favorable sur tous les points essentiels, à laquelle je puisse renvoyer, a paru dans *the Westminster Review*, janvier 1866; elle a pour auteur un historien et un philosophe illustre, celui de tous les hommes vivants par qui j'aurais le plus souhaité de voir approuver mes spéculations philosophiques. On a aussi publié, depuis la première édition de mon ouvrage, deux écrits remarquables qui, s'ils ne me donnent pas un appui direct, ont opéré en ma faveur une forte diversion. L'une est l'*Inquisitio philosophica* de M. Bolton, Examen des principes de Kant et de Hamilton, qui contient une vigoureuse attaque contre mon principal adversaire M. Mansel. L'autre est l'*Analyse de la théorie de la perception de Hamilton*, par M. Stirling : critique vigoureuse et très-sévère des inconséquences de Hamilton, et de sa valeur comme philosophe, exécutée d'un point de vue différent du mien, en des termes d'une âpreté bien plus grande que celle que je me suis permise, légitimée sans doute aux yeux de M. Stirling par une « veine de fausseté » qu'il découvre dans Hamilton, mais que je n'ai pas découverte, et que je ne reconnaîtrai pas tant qu'on ne me l'aura pas démontrée.

J'aurais été tout à fait incapable de rien gagner à la critique, si je n'avais rien appris d'adversaires aussi nombreux, tous plus ou moins habiles, et dont quelques-uns ont une très-grande valeur. Ils ont découvert dans mon ouvrage des inadvertances, les unes en assez grand nombre, portant sur des expressions, d'autres moins nombreuses, portant sur les idées, et j'en ai trouvé d'autres, en partie grâce à eux, en partie de moi-même. Ils n'ont ébranlé aucune proposition, aucune opinion d'une importance réelle. Cependant je suis doublement reconnaissant à mes critiques : d'abord ils ont corrigé mes erreurs, puis ils m'ont forcé de fortifier mes ouvrages de défense. Il y avait un sujet où l'on pouvait s'attendre à les voir triompher, c'est quand ils auraient à montrer que j'avais mal compris la pensée de Hamilton. Dans ces régions élevées de la spéculation philosophique, un penseur a tant de peine à se placer complétement au point de vue d'un système différent du sien, et même à en comprendre tout à fait la langue, qu'il y aurait de la présomption à se figurer que j'aie toujours pu surmonter cette difficulté, surtout quand on voit quel insuccès éclatant des esprits éminents du camp opposé ont subi, quand ils ont essayé de se représenter exactement les idées qui me sont le plus familières. J'ai été surpris du petit nombre et du peu d'importance des cas où les défenseurs de Hamilton ont pu prouver que j'avais mal compris, ou inexactement exposé, ses opinions et ses arguments. Je ne doute pas qu'il ne reste dans mon livre des erreurs de même nature à relever, et je regrette que la plus grande partie de mon ouvrage n'ait pas été jusqu'ici, pour tout ce qui se rattache à Hamilton, l'objet d'une critique assez minutieuse. Si M. Mansel avait étendu à tout mon livre la critique vive qu'il a fait porter sur les premiers chapitres, il aurait sans doute découvert des erreurs réelles ; il aurait pu jeter par lui-même de la lumière sur quelques points importants, et j'aurais au moins eu à le remercier d'avoir raffermi ma confiance en des propositions et des opinions qui auraient traversé sans dommage l'épreuve de ses attaques.

Partout où la critique ou une étude nouvelle m'a convaincu que mon livre contenait une erreur, ou qu'il y avait lieu de perfectionner l'exposition ou le développement de la vérité, j'ai fait les changements nécessaires. Quand il m'a paru bon d'attirer l'attention du lecteur sur les changements, je l'ai fait, mais je ne m'en suis pas fait une règle invariable. J'ai, en général, relégué dans les notes ce qui n'était que des réponses à mes adversaires. J'avais affaire à beaucoup d'écrits et je ne pouvais pas tenir expressément compte de toutes les critiques qu'ils renferment. Si quelques-uns des écrivains qui m'ont attaqué trouvent qu'eux-mêmes ou leurs objections n'ont pas été l'objet d'une attention spéciale, je les assure que cela ne vient pas d'un manque d'égards, mais de ce que je crois leur avoir répondu en répondant à un autre, ou que je les réfute mieux en les renvoyant au livre même, ou parce que j'ai paré leur attaque en faisant au texte une correction qui peut-être n'est pas apparente. Une modification légère dans une phrase, que peut-être les personnes familières avec les éditions précédentes liront sans l'apercevoir, et dont, s'ils l'aperçoivent, ils ne soupçonneront peut-être pas la portée, a quelquefois rendu inutiles beaucoup de pages d'une critique hostile.

JOHN STUART MILL.

PRÉFACE DU TRADUCTEUR

I

Depuis que les débats sur les questions philosophiques et les applications qui en dépendent ont cessé d'intéresser exclusivement un petit nombre de savants, pour devenir l'objet des études et des entretiens de la plupart des hommes éclairés, nul penseur étranger n'a exercé de son vivant, en France, une influence plus directe que M. J. S. Mill. Mais ce n'est pas par des livres du genre de celui-ci qu'il s'est acquis chez nous cette autorité exceptionnelle. Ses principaux écrits ont été traduits en français, mais non dans l'ordre de leur production : des ouvrages conçus par un esprit d'une unité puissante, et fortement enchaînés, ont été introduits dans notre littérature comme au hasard, par le choix des traducteurs qui consultaient seulement les besoins de la science spéciale dont ils s'occupaient. De toutes ces œuvres remarquables, celle qui paraît le point de départ de toutes les autres, nous est arrivée la dernière ; c'est qu'exclusivement philosophique et appartenant à une science qui n'a jamais été attrayante, la Logique, elle n'a paru nécessaire qu'à l'époque récente encore où la curiosité pour les écrits consacrés aux opérations de la pensée, a cessé de se contenter de simples analyses. On comprend que l'auteur y traitant un sujet sur lequel toutes les métaphysiques doivent s'accorder, pouvait et devait s'interdire de discuter les théories qu'elles s'opposent, tout en laissant suffisamment voir derrière cette réserve ses véritables préférences; mais de son côté le lecteur pouvait regretter que l'auteur ne les eût pas justifiées par une discussion complète. M. Mill était donc tenu de traiter à fond les questions qui divisent aujourd'hui les deux écoles rivales. L'examen de la philosophie de Hamilton a été pour lui une occasion de remplir cette tâche. Pour engager cette lutte qu'on a appelée avec raison une bataille de deux philosophies, il fallait à M. Mill un adversaire à la fois loyal et puissant. Nul philosophe de l'école intuitive plus que Halmilton ne présentait ces deux qualités. Hamilton, même après sa mort, est en Angleterre le véritable représentant de cette philosophie; il y a discipliné par lui-même ou par ses élèves les esprits de sa génération actuelle; il en est le véritable maître.

L'action que l'œuvre de M. Mill a exercée, et qu'elle exerce encore en Angleterre, doit s'étendre sur le continent. Les amis de la philosophie en France ne sont pas restés indifférents à la lutte que l'auteur soutient. Dès son apparition, l'ouvrage de M. Mill a été accueilli avec un vif intérêt par les personnes qui suivent dans les originaux le mouvement des idées à l'étranger. C'est qu'en effet la lutte entre M. Mill et l'école de Hamilton nous regarde. Si la philosophie intuitive ou *à priori* compte en France pour adhérents, avec la totalité des maîtres de philosophie, presque toutes les personnes qui composent des écrits sur ces matières, les idées de M. Mill sont les convictions d'une fraction très-attachée à la tradition du XVIIIe siècle dont elle a fidèlement conservé le dépôt, et ardente à protester contre l'injurieuse et irrationnelle réaction qui l'a si longtemps rejetée dans l'ombre. Mais en dehors de ce cercle toujours peu nombreux d'hommes spéciaux qui n'ont jamais refusé leur attention aux manifestations de la pensée spéculative de quelque école qu'elles vinssent, il y a en France un nombre toujours plus grand de personnes qui s'intéressent aux débats philosophiques. Il s'en faut bien que les questions qui s'y agitent soient hors de leur portée, et d'ailleurs il ne manque pas aujourd'hui d'écrivains pour leur en faciliter l'accès et mettre en un langage clair pour tous, des spéculations qui, souvent, ne sont obscures que parce qu'elles s'embarrassent dans une phraséologie au moins inutile. Ce réveil de l'attention des hommes instruits pour la philosophie est attesté par des signes dont on ne saurait méconnaître la valeur, dans un temps comme le nôtre. Jamais le nombre des publications philosophiques n'a été plus grand qu'aujourd'hui. Non-seulement des ouvrages fortement conçus nous apportent le résultat de méditations originales, mais des écrits de forme plus légère répandent d'utiles essais de vulgarisation et de critique. Des revues se fondent sans autre but que de rendre compte, en les discutant, des théories philosophiques ou des applications qu'on en peut faire aux questions politiques ou sociales, et dans les revues d'une origine plus ancienne, les exposés et les critiques des travaux de ce genre prennent la place laissée vacante par la rareté de plus en plus manifeste des œuvres d'imagination. Les philosophes peuvent voir qu'aujourd'hui leur sort est changé ; ils ne s'agitent plus dans une région séparée du reste du monde, tristement convaincus que leurs controverses restent lettre close pour l'élite de leurs concitoyens.

Au lieu de l'étonnement dédaigneux qu'ils rencontraient naguère à peu près partout, c'est le rôle glorieux de leurs devanciers du siècle dernier qui s'offre à eux ; ils peuvent s'en saisir ; l'appui des hommes instruits sera pour eux une force ; mais, qu'ils ne l'ignorent pas, cet appui, ils doivent l'acheter en se soumettant au contrôle éclairé et au frein de ceux qui le prêtent. Le sentiment qui règne aujourd'hui à l'égard de la philosophie a un caractère qu'on ne retrouve pas au XVIIIe siècle, ni dans la période d'engouement métaphysique de la Restauration, ni à l'époque plus récente où des écoles éprises de l'idée du progrès voulurent à la fois en fixer la théorie et en décréter la marche. Aujourd'hui tout disciple est un adhérent qui entend conserver sa liberté ; jamais l'*ultima ratio* des écoles *Magister dixit*, n'a eu moins d'empire. La double autorité de l'expérience et du raisonnement peut seule se faire écouter. Si nous reconnaissons la nécessité et la haute valeur de la spéculation pour l'élaboration des généralités qui systématisent la connaissance et préparent une base rationnelle à notre activité, nous ressentons pour ses écarts une méfiance trop justifiée par le passé. Nous savons que l'homme, quand il agit, doit sous peine d'échec traduire en fait une théorie juste, que la vie politique doit être dirigée par des vues générales aussi susceptibles d'expliquer le passé que de créer l'avenir. Aussi ne voulons-nous plus perdre de vue la terre et les faits de tous les ordres qui s'y accomplissent. Parmi nous, il est des hommes de deux sortes. Les uns, façonnés par l'étude et la pratique des sciences inductives, ont pris insensiblement l'habitude de rendre à leur certitude affaiblie une vigueur nouvelle en la retrempant dans l'expérience. Ils n'admettent plus de théories basées sur de simples conjectures qu'on donne pour des faits ou sur des faits déformés. Ils savent, par l'histoire de la science qu'ils cultivent, le rôle décevant que jouait naguère encore la métaphore ; ils se sont péniblement, mais définitivement affranchis de la double servitude de l'autorité et du sentiment ; ils ont peu à peu dressé leur esprit à fonctionner sur tous les objets de la pensée avec la rigueur des instruments de précision qu'ils inventent pour étendre la puissance de leurs sens. C'est en vain qu'on chercherait à les séduire par les brillants produits de l'imagination au service d'une idée métaphysique et par les procédés que la philosophie a trop souvent empruntés à la polémique religieuse et mystique, les similitudes, les antithèses spécieuses, les mots à plusieurs sens qui prêtent à point nommé à une dialectique habile ou même inconsciente le secours d'une équivoque. Les autres, que leur éducation presque exclusivement littéraire livrait sans défense aux attraits toujours puissants de la métaphysique, et dont elle faisait des admirateurs nés des élans de l'*intellectus sibi permissus*, ont appris au spectacle autrement grandiose des généralisations scientifiques que d'excellents vulgarisateurs leur révèlent, à comprendre et à respecter un mode de philosopher auquel ils n'avaient pas été préparés. Ils conservent du goût pour la spéculation subjective, mais ils savent qu'il faut compter aussi avec une autre puissance. Autrefois les esprits en suspens devant une difficulté, avant de prendre parti sur une opinion controversée, demandaient à la seule autorité alors reconnue le mot d'ordre qu'ils devaient suivre : Que dit l'Église ? et le verdict théologique tranchait toute discussion. Plus tard, on s'est demandé dans des conjonctures semblables : Que dit la raison, que dit le sens commun ? Aujourd'hui la seule question qu'on se pose et qu'on ne peut plus esquiver, c'est : Que dit l'expérience ? Devant ce nouveau mode de juger, les mots qui pourtant ne changent pas de forme, changent peu à peu de sens : Vérité et réalité qui, pour une école naguère puissante et qui compte encore beaucoup de représentants, ne signifiaient pas toujours la même chose, se confondent aujourd'hui et signifient conformité à l'expérience actuelle ou possible dans les conditions présentes telles qu'on les connaît : c'est là qu'est le plus haut degré de certitude. Ce qui repose sur les données de la raison, et qui s'appelait autrefois vérité, si l'on ne peut espérer que la vérification de l'expérience en fasse une réalité, n'est plus qu'un pur possible et demeure frappé d'un caractère d'incertitude qui affaiblit singulièrement son autorité sur les esprits : c'est un *probable* qui ne peut être *prouvé*. Quant aux conclusions tirées de la raison qui ont contre elles le plus petit fait d'expérience dûment constaté, leur sort est désormais fixé ; pour elles, il n'y a plus qu'un nom, l'erreur.

Telles sont au fond les convictions des hommes de notre temps ; on n'est pas longtemps à s'en convaincre auprès de ceux mêmes qui ont le moins cherché à voir clair dans l'état de leur esprit. La critique qui s'est attachée à scruter avec un désintéressement impitoyable les origines et les bases de nos croyances et de nos opinions a remplacé partout cette soif pour le *savoir d'Adam* qui tourmentait Malebranche, par la soif des preuves, et préparé l'avénement d'une philosophie qui ne se réclame que de l'expérience. Des œuvres dont les titres n'annoncent pas des sujets philosophiques, mais qui sont remplis de philosophie à propos de politique ou de questions sociales, d'éducation ou d'histoire, ont introduit graduellement l'habitude d'un nouveau critérium de vérité dans les esprits les moins préparés par les études scientifiques. C'est pour les personnes qui ont subi cette initiation, pour celles qui, ayant lu les œuvres politiques et sociales de M. Mill, ont compris ses idées générales et mesuré la portée de sa méthode, que ce livre a été traduit, bien plus encore que pour les hommes spéciaux.

Voilà, abstraction faite des personnes qui subordonnent leurs jugements à une autorité humaine, et qui ne sont point aujourd'hui, et n'ont jamais en aucun temps pu être des juges compétents des questions philosophiques, le jury que les générations arrivées à la maturité donnent au débat qui s'agite entre les deux philosophies rivales. Toutes deux sont nées à la même époque en deux puissants esprits, Descartes et Hobbes. La philosophie de Descartes acceptée à son origine, puis obligée de céder la prééminence à celle de Hobbes développée par Locke, a pris au commencement de notre siècle une revanche éclatante, alors que florissaient les systèmes rationalistes allemands et français ; depuis lors elle décline de nouveau, et la prépondérance paraît, dans un avenir prochain, assurée à sa rivale. Si ces deux écoles ont un même point de départ, les données de l'expérience interne qui révèle les phénomènes de l'esprit humain, elles diffèrent par leur ambition et la méthode qu'elles emploient à la satisfaire. L'une, l'école intuitive ou *à priori*, ne cherche dans la constatation des faits psychologiques qu'un chemin pour arriver à l'ontologie, dans la théorie à priori de la connaissance qu'un moyen de s'élever à des affirmations transcendantes ; elle fait des lois de l'esprit humain les lois des choses en elles-mêmes, elle délaisse la psychologie propre pour ce qu'on appelle psychologie rationnelle et les questions de théodicée, elle consacre ses efforts à rajeunir des doctrines vieillies, et à réparer des théories démantelées par la critique. Dans l'autre école, on se pose des problèmes moins superbes ; on pense qu'on peut expliquer les lois de l'esprit par le développement même de la connaissance, ce qui leur ôte tout caractère à priori et les frappe au contraire d'un caractère de relativité qui interdit toute affirmation transcendante : on tend à construire une théorie des choses sur les données de l'expérience et dans les limites que la constitution de l'être qui perçoit et pense imposent à l'expérience. Ne croyant plus possible d'atteindre une connaissance quelconque des choses en elles-mêmes, on renonce aux problèmes que les écoles ontologiques ont toujours agités, et l'on se propose comme but la coordination de la connaissance et la constitution d'une véritable psychologie, science inductive de l'esprit, c'est-à-dire de la formation et du développement de la connaissance et du caractère dans l'individu.

Toutefois, entre ces deux extrêmes du monde philosophique, il y a un grand nombre de degrés, d'opinions moyennes représentées avec éclat par des hommes d'un talent supérieur, et d'une grande science. Les uns, à quelque degré qu'ils se séparent de l'école ontologique, par cela même qu'ils s'en séparent, et plus encore par la méthode critique qu'ils mettent en œuvre, sont les alliés de l'école de l'expérience. Ils ne se résignent pas comme elle, il est vrai, au retranchement de toute spéculation sur ce qui dépasse les limites de l'expérience ; ils réclament au contraire le droit de les franchir, et de construire par voie de conjecture, sous le contrôle sévère de la raison, les *inconnues de l'ordre du monde.* Mais ils n'entendent pas mettre à côté du savoir des affirmations d'une autorité égale, obtenue par une méthode que n'avouent pas les sciences. Ils veulent à la fois satisfaire les besoins qui poussent l'homme à dépasser les limites de la connaissance actuelle et à remplir par des croyances le vide qui enveloppe de toutes parts le domaine de la certitude, et réglementer la croyance par les lois de la logique en la restreignant au pur possible. Dans cette voie, ils peuvent reprendre comme des hypothèses plausibles et remettre en honneur certaines doctrines que les anciennes écoles ontologiques ont soutenues. Toutefois, il ne faut pas s'y tromper, ni laisser la forme des hypothèses de l'ordre de croyance offusquer le caractère essentiellement libérateur de la méthode, et ce qui dans leurs doctrines est propre à accélérer le courant du jour. On peut, sans tenir compte de leurs protestations contre un procédé à leurs yeux arbitraire peut-être, et qui peut sembler mutiler leurs spéculations, les ranger à côté de l'école de l'expérience. Cette œuvre de classement est juste, car elle ressemble au jugement de la postérité, qui, dans ses arrêts désintéressés, tient moins compte des différences d'idées auxquelles un philosophe pouvait attacher ses préférences, que de son adhésion au principe qui fait le caractère de son époque. Comme l'école de l'expérience, nos philosophes critiques admettent le principe qui sert de caractère à tout notre mouvement philosophique ; ils arrivent par l'analyse de la connaissance à reconnaître qu'elle ne porte que sur les phénomènes, que *tout y est relatif.*

Quant aux autres défenseurs d'opinions moyennes qui unissent d'une façon moins plausible et moins systématique les deux tendances opposées, c'est encore avec la même pierre de touche qu'on déterminera la valeur de leur philosophie et le rôle qu'elle joue ou jouera comme force composante dans le mouvement des idées. Elle en jouera, elle en joue un, qu'on n'en doute pas. On est aujourd'hui singulièrement sévère pour les hommes d'opinions diverses qui forment ce groupe. On n'est juste ni pour leur talent, ni pour leur sincérité. Que sont au fond ces esprits délicats qui s'offensent des rudesses des écoles extrêmes, et prétendent, en pleine liberté, s'ouvrir une voie vers la vérité dans une région moyenne? Pour la plupart, il est vrai, ils croient résister à un courant dangereux qui porte en avant, et pourtant ils sont les agents les plus puissants de dissolutions des philosophies rétrogrades. Les réformateurs sont indispensables pour montrer le but à atteindre et la route à suivre ; mais leur audace n'enlève que les violents ; la modération même des hommes de parti moyen est plus propre à éveiller la pensée dans les esprits timides et à y déposer les germes de la critique. Ils pensent unir dans une synthèse définitive des tendances opposées, ils y rallient toujours la majorité des esprits cultivés de leur temps; puis leur œuvre se dissout, les éléments disparates unis par un lien artificiel qui la composent se dissocient, et ceux qui appartiennent réellement au progrès subsistent seuls. C'est à ce genre de philosophes qu'appartient l'adversaire que son influence et son autorité imposaient à M. J. S. Mill, Hamilton : nous allons voir dans ses doctrines un étrange mélange des idées des deux écoles rivales.

II

Hamilton était un de ces esprits honnêtes qui, dans une époque de transition, donnent en même temps des gages aux tendances les plus opposées, trop clairvoyants et trop érudits pour rester inébranlablement attachés à des idées anciennes souvent réfutées, trop imbus des idées générales vulgairement admises de leur temps pour se placer résolûment sur la route de l'avenir. Durant les vingt années de son enseignement, Hamilton exerça sur les élèves une influence profonde qui, nous disent ses éditeurs, ne s'effaçait plus, et unissait à jamais dans l'esprit de ceux qu'il avait dirigés et formés à la pensée la mémoire du maître vénéré et les plus nobles préoccupations de l'âme. Il pensait que le problème le plus important de la philosophie était de déterminer la fin terrestre de l'homme : et cette fin n'était pas pour lui, pas plus que pour Lessing, la possession, mais la poursuite de la vérité; non pas de la vérité déjà trouvée, *sordet cognita veritas*, pas même la découverte d'un fait nouveau, mais l'agitation de l'esprit et l'exercice des facultés les plus nobles. Les sciences spéculatives lui semblaient, comme à Malebranche, le meilleur moyen d'éducation de l'esprit. C'était moins à la grandeur sans égale des problèmes qu'agitent ces sciences qu'il mesurait leur dignité, qu'à la vigueur qu'elles savent donner à l'intelligence. Ces principes, écrivait-il, tracent au professeur son rôle, depuis que l'imprimerie, en vulgarisant les œuvres de l'esprit, a supprimé la plus grande partie de ce qui faisait autrefois la tâche du maître. On n'a plus à enseigner à l'élève tout ce que les siècles passés ont accumulé de traditions et de recherches, mais on a à diriger l'emploi de ses facultés. D'ailleurs, en philosophie, l'autorité du maître ne peut donner la réalité à un prétendu fait de conscience que l'élève ne retrouverait pas en lui-même. Ce n'est pas la philosophie qu'on doit apprendre au pied de la chaire, c'est à philosopher. Ces idées jointes au talent de les mettre en pratique devaient faire de Hamilton un professeur remarquable. Ses talents étaient, nous dit-on, merveilleux; à une érudition prodigieuse servie par une mémoire peu commune, il unissait la clarté et la vigueur dans l'exposition et la discussion des questions difficiles. Quoi d'étonnant qu'il ait été le maître le plus recherché, et qu'il ait exercé dans son pays, dans les matières philosophiques, une autorité reconnue!

Il est regrettable seulement que tout à son enseignement et surtout absorbé par la passion envahissante et qui ne souffre pas de rivale de l'érudition, il ait consacré son activité à lire et à empiler des extraits et des notes, et qu'en définitive il ait peu écrit. Nous n'avons de Hamilton que trois ouvrages en tout : une édition de Reid, un recueil d'articles de revues, et l'édition posthume de son Cours.

Les œuvres de Reid précédées de lettres intéressantes du fondateur de l'école écossaise, augmentées de notes nombreuses de Hamilton qui éclaircissent ou rectifient le texte, en y apportant le secours et le contrôle de nombreuses autorités, devint de suite un livre classique. Hamilton ne se contenta pas d'y ajouter des notes, il tira de sa réserve d'extraits d'auteurs et de philosophes de tous les temps de longues listes de citations, et composa des dissertations pleines d'érudition, mais pour la plupart inachevées, qui figurent à la fin du second volume.

Les Discussions sur la philosophie et la littérature comprennent un petit nombre d'articles de philosophie déjà publiés pour la plupart dans la *Revue d'Edimbourg*. — La philosophie de l'inconditionné, réfutation de la théorie de la raison de Cousin, 1829. — La théorie de la perception, dirigée contre Th. Brown, 1830, où Hamilton expose sa théorie de la connaissance qu'il fait reposer sur l'affirmation par la conscience d'une dualité d'existences, le sujet et l'objet. — Un examen de publications alors récentes sur la logique, 1833. — Un essai sur l'idéalisme à propos de la publication d'une biographie d'Arthur Collier, 1839 ; l'auteur y fait l'histoire de la théorie de la perception et nous apprend pourquoi la profession avouée de l'idéalisme fut si longtemps retardée. Au premier de ces articles se rattache un appendice où l'auteur expose la philosophie du conditionné avec les applications qu'il en fait à sa théorie originale de la causalité, et qu'il fait suivre de citations nombreuses.

Le cours de Métaphysique et de Logique a été publié après la mort de Hamilton par MM. Mansel et Veitch, deux de ses élèves. Cet ouvrage encore est incomplet. Bien qu'il n'ajoute rien à ce qu'on savait déjà des idées de l'auteur par ses Discussions, les notes et les dissertations ajoutées à l'édition de Reid, on doit savoir gré aux éditeurs de l'avoir publié. Nous pouvons, grâce à cet ouvrage, nous faire une idée de l'enseignement de Hamilton, puisqu'on nous apprend que ses leçons étaient écrites d'avance et lues par le professeur. Les deux premiers volumes présentent une lecture très-intéressante. La forme y est sobre sans être sèche ; le style toujours grave et à la hauteur du sujet n'oblige jamais le lecteur à des efforts fatigants, comme ces livres où la pensée obscure elle-même se voile encore sous un langage qu'il faut déchiffrer. La discussion est toujours claire et souvent élevée, mais l'auteur ne déguise jamais la faiblesse de l'argument sous des artifices de rhétorique : on ne le voit pas s'attacher à remporter non sur la raison, mais sur le sentiment, une victoire sans fruit. Son procédé est tout autre : avec lui, la discussion est une bataille, non une parade ; il ne la termine pas par une fanfare ; sa manière est de meilleur aloi et assurément plus digne de succès ; la réserve qu'il fait donner, c'est son érudition toujours prête qui accable la résistance sous le nombre des autorités et sous le poids des noms ; à son appel répondent les penseurs anciens et modernes qui viennent lui rendre témoignage et garantir la vérité de sa doctrine.

La philosophie proprement dite pour Hamilton est la science de l'esprit, c'est-à-dire du sujet conscient, qui ne se peut définir que par ses manifestations : ce qui perçoit, pense, sent, veut, désire etc, *materia in qua* de tous les phénomènes de conscience, laquelle en dehors de ces phénomènes est pour nous comme zéro. Suivant son usage, Hamilton rattache cette définition aux autorités les plus anciennes et les plus respectables, à Aristote et à saint Augustin qu'il met à la tête des partisans de l'incognoscibilité directe des substances. Il divise la philosophie d'après les trois grandes classes des faits de l'esprit qui sont des objets de connaissance : les phénomènes, les lois, les conclusions qu'on peut inférer des phénomènes pour s'élever par voie d'hypothèse à la substance qu'ils manifestent. Chacune de ces parties forme elle-même une science : — la *phénoménologie* qui dénombre, classe les faits de connaissance, de sentiment et ceux qu'il appelle conatifs, c'est-à-dire de désir et de volonté, et en étudie les rapports, — la *nomologie*, qui pose les lois de la connaissance (logique), les lois des sentiments (esthétique dans le sens le plus large), les lois des faits conatifs (éthique qui comprend la morale et la politique), enfin l'*ontologie* ou science des conclusions, qui traite de l'existence de Dieu et de l'immortalité de l'âme.

La phénoménologie de la connaissance forme à peu près la matière des deux volumes du Cours de Métaphysique : quelques chapitres qui achèvent de remplir le second volume, intéressants mais trop incomplets, semblent n'être là que pour marquer la place des sentiments, des désirs et de la volonté.

La nomologie de la connaissance ou Logique remplit les deux volumes du Cours de Logique ; l'esthétique et l'éthique manquent totalement ; en sorte que ce beau programme ne se trouve pas même à moitié rempli. Hamilton était peut-être autorisé par le titre de sa chaire, Métaphysique et Logique, à n'y pas traiter l'esthétique et l'éthique, et n'étant pas contraint de rédiger pour ses leçons le résultat de ses méditations sur ces grands sujets, il les aura sans doute laissé perdre. Mais ce qui devait certainement faire partie de son cours, c'est l'Ontologie. D'après son programme comme d'après l'ensemble de ses idées, l'Ontologie est la fin et la consommation de son enseignement. Dès le début, dans une des premières leçons, Hamilton nous dit que l'établissement de l'Ontologie est l'un des principaux services de la philosophie. Y consacrait-il des leçons qu'il n'aurait pas écrites et que ses éditeurs qui les auraient recueillies, mais désireux de ne rien nous donner qui ne fût de la plume même de Hamilton, ne nous ont pas transmises? Si nous ne connaissons pas la forme précise des idées de Hamilton sur l'Ontologie, nous connaissons pourtant sa tendance. Nous en trouvons dans la deuxième leçon du cours de métaphysique, à propos de l'utilité absolue, objective de la philosophie, l'expression sommaire.

« Nous ne connaissons rien, nous dit-il, de l'ordre absolu de l'existence, nous la concluons de l'ordre particulier de l'existence, nous ne savons de l'intelligence et de ses conditions que ce que l'observation de notre esprit nous fait découvrir ; nous ne pouvons que transporter par analogie à l'ordre de l'univers la relation que l'intelligence soutient avec l'ordre de la constitution humaine. L'argument tiré de l'ordre du monde va contre son but. Loin que l'étude de la nature fournisse un argument en faveur de la Divinité, on en tirerait plutôt l'athéisme ; la cause première, pourvue même de l'attribut de l'Omnipotence, ne contient pas la notion de Dieu : le monde extérieur ne nous révèle qu'une série enchaînée de faits qui ne témoignent que de lois immuables, d'une force aveugle, d'un fatum insensible ; et l'homme seul offre le type de l'intelligence, de la moralité, de la liberté, sur lequel on puisse établir à postériori l'existence d'un être qui est à la fois la cause première et l'être tout puissant qui gouverne le monde par des lois morales ». Toutefois, ceci ne nous promettait rien d'original. Il pouvait convenir à un rationaliste ordinaire de se contenter de cette argumentation épurée des défenseurs de la théologie naturelle ; mais l'adversaire des absolutistes allemands et français, le métaphysicien qui s'était révélé par sa vive attaque contre Cousin, le théoricien de la *docte ignorance* et de la *philosophie du conditionné* qu'il déclare en harmonie avec les doctrines de la religion révélée, pouvait-il recourir logiquement à ces procédés d'induction, lui qui se vantait de ramener l'esprit humilié de son impuissance en face d'une révélation positive? En Angleterre, on pouvait alors s'arrêter court et transmettre à la théologie le soin de compléter la philosophie. Mais si cette partie de l'œuvre de Hamilton ne nous promettait qu'une théorie sans originalité, en contradiction avec d'autres parties de sa philosophie, il n'en faut pas moins regretter que cette lacune n'ait pas été comblée; avec un nombre considérable d'idées ingénieuses et de réflexions justes dont les écrits de Hamilton sont toujours semés, nous y aurions trouvé peut-être le développement de sa théorie de la création jetée sous une forme un peu énigmatique dans l'exposé de sa propre doctrine de la causalité. (*Appendix, Discussions*, 619.)

Quoique Hamilton définisse la philosophie la science de l'esprit, et que dans l'esprit ou sujet conscient, il ne voie à connaître que des manifestations de ce sujet inconnu, il ne faut pas croire qu'il s'en tienne exclusivement, à l'exemple de Kant, à ce point de vue tout empirique. Il ne cessera pas d'affirmer que toute connaissance est phénoménale, relative, que l'esprit et la matière ne nous offrent à connaître que des séries de phénomènes ou de qualités reliées ensemble, mais il ne renoncera pas à quelque connaissance transcendante directe, et soutiendra que nous connaissons intuitivement la matière et les qualités primaires de la matière telles qu'elles sont dans les corps. Cette philosophie à double face a été caractérisée justement, mais avec indulgence, par les deux écrivains qui nous ont fait connaître en France les œuvres de Hamilton. L'un, M. Peisse, dans sa préface à la traduction qu'il nous a donnée des principaux articles des *Discussions* de Hamilton, s'exprime ainsi :
« Dans l'ensemble des spéculations de Hamilton, et sous les
» traits fortement écossais de sa philosophie, on ne peut méconnaître l'influence d'une doctrine étrangère, le criticisme.
» La méthode critique et la méthode écossaise ont en effet des
» points de rapport inévitables, et l'esprit rigoureux et logique
» de Hamilton ne pouvait manquer de les saisir. Mais il faut
» remarquer que ses emprunts au kantisme s'arrêtent tout

» juste à ce qu'il fallait pour élargir, préciser et consolider les
» principes de l'école écossaise ; et que s'il complète Reid et
» Dugald Stewart par Kant, c'est à la condition aussi de limiter
» Kant par Reid et Dugald Stewart. » L'autre écrivain, M. de
Rémusat, dans un article inséré dans la *Revue des deux Mondes*
(1860) où, à propos de la publication des deux volumes du
Cours de Métaphysique de Hamilton, il résumait les principaux
traits de sa doctrine, dit avec une formule plus concise à peu près
la même chose. « Rien mieux que l'exemple de Hamilton n'a con-
» staté la liaison d'abord peu apparente qui subsiste entre la
» doctrine de Reid et celle de Kant. Hamilton a pensé comme
» Kant sans cesser de conclure comme Reid. » Hamilton a
certes fait plus que personne pour accréditer l'opinion qu'il y a
des analogies entre les deux philosophies, et nous savons au juste
en quoi elles consistaient pour lui. Nous trouvons dans une note
qu'il devait sans doute lire à son cours, et qu'on a imprimée
à la fin du premier volume du Cours de Métaphysique : « Il y a
» une grande analogie entre les philosophies de Reid et de Kant,
» (nous remarquerons en passant que Kant était d'origine écos-
» saise). Toutes les deux naquirent d'une réaction contre le scep-
» ticisme de Hume ; toutes les deux niaient également le sensua-
» lisme de Locke ; toutes les deux plaidaient avec le même zèle
» en faveur de la dignité morale de l'humanité, et toutes les deux
» essayèrent de limiter et de définir la sphère légitime de l'acti-
» vité intellectuelle (*Lectures*, I, *Appendix*, 396). » Cette façon de
juger les rapports de deux philosophies condamnait Hamilton au
rôle d'éclectique. Il a traversé le criticisme en voyageur attentif, mais il n'a pas dépouillé ses préjugés écossais : de ses rapports avec Kant, il a rapporté une langue philosophique plus précise et des vues plus étendues ; à la théorie kantienne de la
relativité de la connaissance humaine, qui a renouvelé la philosophie en fermant les anciennes voies à la spéculation, il emprunte l'idée dont il fera sa philosophie du conditionné ; mais
son véritable fond reste écossais. A l'époque où Hamilton a
paru, cette méthode d'alliage suffisait encore pour donner
naissance dans un coin du monde philosophique à une école
secondaire. Il voit l'intention commune de Kant et de Reid, et
c'est sur cette intention qu'il s'établit : il n'a pas de peine à faire
avancer Reid, mais il ne songe pas à suivre Kant. Le Samson de

la pensée, comme il l'appelle, le destructeur de la métaphysique et de la psychologie rationnelle, l'effraye par les ruines qu'il a faites. Au bout de la critique de la raison pure mal équilibrée par la critique de la raison pratique, cette sublime inconséquence, comme l'appelait Cousin, Hamilton voit le scepticisme et s'arrête. Content de son emprunt, et doublement armé de la théorie écossaise du sens commun et de la théorie kantienne de la relativité de la connaissance qu'il appelle « le grand axiome », il se croit en mesure de lutter d'une part contre le scepticisme et de l'autre contre les doctrines absorbantes de l'absolu. Il défend contre les sceptiques un terrain étroit mais solide sur lequel il se propose d'élever à postériori son ontologie ; il s'y confine et refuse de s'engager avec les absolutistes dans les grandes aventures de l'intuition et de la dialectique.

III

Il ne peut être question ici d'un exposé complet, fût-il des plus sommaires, de la philosophie de Hamilton ; ce serait refaire avec sécheresse et sans titre aucun l'œuvre que ces pages précèdent. Est-il possible d'ailleurs d'en faire un exposé quelque peu cohérent si l'on ne trouve pas dans les fragments de l'auteur et dans son Cours, dont les leçons ne sont encore que des fragments, une idée centrale unique autour de laquelle puissent se coordonner toutes ses spéculations; un principe fondamental dont toutes les parties de sa philosophie ne soient que des applications et des conséquences ? Mais Hamilton nous a dit ce qu'il voulait, et nous voyons ce qu'il a fait : il est donc possible de décrire sa méthode, celle du moins qu'il regarde comme la seule propre à servir d'instrument à la philosophie, et de voir ensuite s'il a réussi dans sa défense contre le scepticisme et dans son attaque contre les partisans de l'Absolu. Écoutons Hamilton.

« La philosophie écossaise et celle de Kant ont eu la même

origine (1), toutes les deux sortent de la critique tranchante et irréfutable de Hume. Reid nous apprend qu'il avait accepté l'idéalisme de Berkeley qui ne sacrifiait que la matière au nom des principes de Descartes et de Locke, mais qu'il se sentit obligé de mettre ces principes mêmes en question dès qu'il fut assuré que les conclusions négatives de Hume en étaient les conséquences inévitables, et qu'après la matière il fallait au nom de la logique sacrifier l'esprit. Kant nous dit de son côté que les conclusions sceptiques de Hume le réveillèrent du sommeil dogmatique où il était plongé. Mais si le point de départ de ces philosophes est le même, leurs visées sont différentes. Reid, préoccupé uniquement de démontrer l'unité objective des choses connues, compara la doctrine de la connaissance représentative aux croyances générales des hommes, et ne vit aucune raison de renoncer à celles-ci en faveur d'une théorie qui supposait l'impossibilité de connaître directement les objets matériels. « Nous voyons », disait Reid, « l'humanité engagée dans
» un conflit remarquable entre deux opinions contradictoires
» (la perception immédiate et la perception représentative) ;
» d'une part le vulgaire ignorant des spéculations philosophi-
» ques, dirigé par les instincts primitifs de la nature que rien
» n'a corrompus, d'autre part tous les philosophes anciens et
» modernes, tout homme sans exception qui réfléchit. Dans
» cette division, je l'avoue à ma honte, je me range du côté
» du vulgaire (2). » Reid adopta une théorie de connaissance immédiate, et réconcilia la philosophie et le sens commun. Kant, au contraire, imita l'exemple de la plupart des philosophes et admit que l'esprit ne connaît directement « rien en dehors de ses propres modifications », c'est-à-dire la théorie de la connaissance représentative elle-même. Sur ce point, ses conclusions furent tout aussi sceptiques que celles de Hume, et le sort de sa philosophie fut fixé. Désormais ce qu'on appelle le monde extérieur ne pouvait être « comme il est connu qu'un
» phénomène du monde intérieur », la connaissance ne pouvait

---

(1) Les paragraphes entre guillemets sont des traductions libres et condensées de passages choisis dans les œuvres de Hamilton et réunies pour former un ensemble où l'arrangement seul nous appartient : les idées, le ton général du discours, et, autant que possible, l'expression même, y ont été reproduites fidèlement.

(2) Voyez la traduction de Jouffroy, *Œuvres complètes de Reid*, III, 242.

plus avoir qu'un objet, le sujet, le soi, qui devient objet, non-soi, pour lui-même. La vérité, au lieu d'être l'accord de la pensée avec le cours des choses, ne pouvait plus être que l'accord de la pensée avec elle-même. Il n'y avait plus de réalité, mais seulement l'illusion de la réalité. Quand, après cela, Kant voulut revenir en arrière et prouver l'existence d'un monde extérieur inconnu, sa prétendue réfutation de l'Idéalisme aboutit à un échec complet. Entre les mains de son illustre disciple, Fichte, les conclusions de Kant se changèrent par la force de la logique en un idéalisme absolu, irréfutable, et le plus simple qui eût encore paru dans l'histoire de la philosophie. « Toute connaissance », vint dire Fichte, « n'est qu'une » image. Je suis une image, la réalité n'est qu'un rêve merveil- » leux qui montre l'existence d'un monde qui n'est pas à un » esprit qui n'est pas ; c'est le rêve d'un rêve ».

« La faute grave que Kant commettait en s'écartant des croyances naturelles, Reid ne l'avait pas commise ; il regardait la conscience qui les proclame comme un témoin d'une véracité absolue, dont les dépositions n'ont besoin d'aucune preuve, et doivent servir de règle à nos croyances et de critérium à la vérité relative que l'homme peut atteindre. Reid, et après lui son élégant continuateur Dugald Stewart, écartèrent comme antiphilosophiques toutes les questions qu'on pourrait soulever sur la validité du témoignage de la conscience et fondèrent une philosophie qui fut pour l'Écosse une gloire, puisqu'elle se répandit en Italie, en Allemagne, où des disciples de Kant (Krug et Fries), reconnaissant l'erreur de leur maître, remplacèrent sa théorie de la perception par une théorie analogue à celle de Reid, en France, où la vieille prépondérance de la philosophie sensualiste, jusqu'alors si incontestée que durant une période de près de soixante-dix ans, l'esprit public n'avait accordé aucune attention aux rares ouvrages qui ne s'inspiraient pas de ses principes, dut s'effacer devant une philosophie nouvelle éloquemment patronnée par Royer-Collard, Cousin, Jouffroy, et abandonner à sa rivale l'enseignement de la jeunesse. Mais, tandis que la France s'unissait ainsi au XIXe siècle, par la spéculation philosophique, à la vieille alliée politique du XVIe siècle, les idées de Reid tombaient en discrédit dans sa patrie : sa doctrine de la perception y était dénaturée. L'élève, l'ami, le successeur de Stewart, Th. Brown déclarait hautement, que la philosophie de Reid « était une suite d'erreurs si étranges qu'une seule chose pouvait l'être davantage, c'était qu'on les eût adoptées généralement comme des vérités ». Cette déclaration, appuyée de toute l'autorité que donnait à Brown sa répuputation alors incontestée de métaphysicien profond, mit dans un grand péril l'école écossaise dont il déchirait, sans l'apparence d'une raison, le principal titre, la réfutation de la théorie de la connaissance représentative par les idées, théorie qu'il ramenait lui-même sous une forme plus épurée. Brown abusait de quelques expressions ambiguës de Reid qui peuvent bien égarer un moment le lecteur, mais qui ne sauraient prévaloir contre l'esprit général de sa doctrine, assez claire dans son ensemble pour dissiper les obscurités de certains détails. Reid ne connaissait pas bien toutes les formes d'idéalisme qui avaient paru dans l'histoire ou qui pourraient avoir leur jour; il ne se défia pas assez de son langage et confondit quelquefois le dualisme naturel avec le dualisme hypothétique : il ne se douta pas que ce dernier conduit à une forme d'idéalisme plus radical encore que celle qu'il se faisait gloire d'avoir rendue impossible en ruinant la théorie des Idées. La philosophie écossaise telle que Reid l'avait fondée, que Stewvart avait enseignée en l'embellissant, avait besoin d'être fortifiée et mise à l'abri de coups de mains tels que celui que Th. Brown venait de tenter avec succès.

« En outre, à tous les mérites de cette philosophie, se mêlait un grave sujet de reproche. Il n'est pas vrai que la science de la nature et celle de l'esprit aient la même méthode. Reid et Stewart se sont placés sur un terrain trop étroit; ils n'ont pas saisi entre ces deux ordres de sciences la différence réelle et profonde qui les sépare. Les sciences de la nature se réduisent à des classifications de faits obtenues par induction, et progressent par l'expérience; la science de l'esprit au contraire est spéculative; elle s'occupe de distinguer le contingent du nécessaire; sa méthode, l'analyse, consiste à découvrir dans les éléments d'une pensée concrète quels peuvent être éliminés par la pensée et quels ne le peuvent pas; son critérium n'est pas, qu'est-ce que je pense ? mais qu'est-ce que je ne puis pas ne pas penser ? Il y avait donc lieu de réparer les brèches de l'œuvre des premiers maîtres, et d'en raffermir le fondement par l'établissement définitif de la doctrine du sens commun.

« On ne doit pas regarder l'appel au sens commun contre les prétentions d'un dogmatisme ou d'un scepticisme philosophique comme un abaissement de la philosophie ; il ne s'agit point ici d'un appel qui fasse juger la science par l'aveugle sentiment des masses que Malebranche méprisait avec raison, et auquel Kant jugeait déshonorant d'avoir à se soumettre. Les philosophes écossais, Oswald surtout, ont propagé cette erreur, et Reid ne s'est pas assez interdit les expressions qui pouvaient la fortifier. Il ne faut pas confondre le sentiment aveugle, le *judicium vulgi*, avec le sens commun qui y est sans doute impliqué, mais que tout le monde n'est pas capable de dégager. Pour cette œuvre excellente, il faut une dextérité qui n'appartient qu'au seul philosophe : lui seul est juge compétent en ces matières, et par l'appel au sens commun on n'entend pas autre chose que « traduire les opinions hérétiques de certains philosophes devant les principes catholiques de toute philosophie ».

« Il est évident qu'il y a des principes premiers qui doivent servir de base à toute proposition, sans cela nulle preuve possible. Ces supports de toute affirmation, rien ne les supporte ; ils sont premiers inexplicables, incompréhensibles, donnés dans la conscience à titre de croyance ou de sentiments : on peut les appeler croyances naturelles. Les sceptiques les plus déclarés n'ont jamais contesté l'existence de ces données de la conscience, et se sont bornés à contester leur validité objective et à nier le témoignage que la conscience porte de quoi que ce soit hors d'elle-même. Sur ce dernier point, quoi qu'en ait pu penser Dugald Stewart, le doute est possible, mais il est antiphilosophique, car il suppose que les données de la conscience ne doivent pas être tenues pour vraies a priori, en tant qu'éléments de notre esprit, et, de plus, il conduit à la conséquence absurde que *le fond de notre nature est le mensonge,* que nous nous sentons créés pour la vérité, et tourmentés de la soif de la vérité, pour servir de jouet à un créateur perfide. Ces révélations originelles doivent être admises tant que la fausseté de l'une d'entre elles par exemple n'a pas été prouvée ; ce qui ne se peut faire que de deux façons, ou en prouvant que deux données de la conscience sont contradictoires, ou en démontrant qu'une conséquence légitime d'une donnée est contradictoire à une conséquence également légitime d'une autre. Si l'on parvenait à faire l'une ou l'autre de ces preuves, c'en serait fait de la conscience. Convaincue de mensonge sur un point, elle perdrait toute créance ; *falsus in uno, falsus in omnibus* ; mais alors il n'y aurait plus de certitude, plus de philosophie. Cette preuve n'a jamais été faite, la véracité de la conscience n'a jamais été victorieusement renversée. Mais il s'en faut bien que les philosophes qui la reconnaissent, se soumettent absolument à ses verdicts : ils ont à l'envi traité le code de la révélation naturelle, comme les théologiens la Bible :

> Hic liber est in quo quærit sua dogmata quisque
> Invenit, et pariter dogmata quisque sua.

Il en est résulté qu'il s'est produit autant de systèmes philosophiques qu'il y a de façons de se révolter contre la conscience ; mais chacun de ces systèmes, en niant un principe de la conscience, rompait l'unité de la vérité, et donnait un exemple funeste à la faveur duquel le scepticisme ne tardait pas à le détruire. L'histoire de ces violations de l'intégrité de la vérité n'est pas autre que l'histoire de la philosophie. Mais on peut espérer pour la pensée de meilleures destinées, quand elle restera fidèle aux croyances naturelles comme à ses principes régulateurs, et qu'elle obéira sans jamais les enfreindre aux trois lois qui doivent la gouverner. Désormais la philosophie ne doit plus admettre à titre de données de la conscience que des principes simples et irréductibles, qui ne soient pas des généralisations de l'expérience, qui ne soient pas dans l'esprit par un effet de l'habitude, qui portent avec eux la croyance à leur réalité purement et simplement, sans prétention de l'expliquer, bref qui soient des croyances premières et nécessaires : telle est la *loi de parcimonie*. En outre, il faut prendre tous ces faits sans réserve; sans cela, le système ne serait pas complétement vrai : c'est la *loi d'intégrité*. Enfin, il ne faut prendre que des faits de conscience, ou des conséquences légitimes de ces faits, et il faut rejeter tout ce qui serait en contradiction avec ces faits ou avec leurs conséquences légitimes : c'est la *loi d'harmonie*. »

Voilà certes une excellente méthode : fidèle à ces trois lois, la philosophie est assurée de marcher dans la vérité sans s'égarer jamais. Mais Hamilton, qui les proclame, les respecte-t-il ? Il ne semble même pas se douter de tout ce qu'il faut faire pour obéir à la première, la loi de parcimonie ; il ne songe nullement à rechercher si les principes qu'il appelle des données originelles de la conscience, les croyances naturelles, ne seraient pas dans l'esprit par un effet de l'habitude. Il néglige comme tous les philosophes qui tiennent à l'école à priori, le problème de l'origine des idées dont cette loi exige et implique la solution. La seule application qu'il fasse de la loi de parcimonie est des plus restreintes, et consiste à opérer des réductions sur le nombre des principes premiers ou catégories; à rechercher si leur nécessité est positive ou négative, et si elle tient à une puissance ou à une impuissance de la pensée. Du reste, il se contente du caractère de nécessité sans remonter aux circonstances qui l'ont créé, en rendant la croyance irrésistible. Tous les auteurs qui ont employé la même méthode ont dressé leur liste de catégories, quelques-uns sans prétendre en donner une qui fût complète. Celle de Hamilton est des plus courtes. Il y a pour lui deux classes de croyances naturelles, celles de fait et celles de raison.

Vérités de fait, vérités de raison, la conscience les atteste également, dit Hamilton ; il faut les accepter à priori, à moins qu'elles ne soient contradictoires, ou que les conséquences qu'on en peut tirer ne se contredisent mutuellement. Voyons ce qu'affirment ces deux ordres de croyances. Nous verrons en même temps si en les professant à la fois, en se montrant à la fois écossais et kantiste, Hamilton a pu rester fidèle à la loi d'harmonie.

Les vérités de faits sont données dans la perception. Ici, Hamilton marche dans la voie de Reid, mais avec originalité. Reid avait distingué la conscience et la perception. Hamilton, suivant en cela l'exemple de Th. Brown et de James Mill, ne fait pas de la conscience une faculté spéciale avec un département distinct. Pour lui, la conscience est la condition générale des facultés, le synonyme de connaissance directe, immédiate, intuitive, un nom commun pour tout fait de l'esprit qui s'élève au-dessus d'un certain degré d'intensité. Par un de ces raisonnements subtils où brille sa dialectique, il démontre contre Reid qu'il en doit être ainsi, et pose que la conscience de la perception comprend l'objet de la perception, c'est-à-dire à la fois la perception, modification du moi, et l'objet perçu, le non-moi. « La conscience, nous dit Hamilton, tout à fait écossais cette fois, nous révèle, comme fait premier incompréhensible, une dualité d'existences opposées et corrélatives dans le même instant indivisible de l'intuition; c'est la connaissance immédiate de deux êtres unis dans le même fait de connaissance, mais séparés par le contraste de leur nature. Les philosophes qui nient cette dualité, Malebranche, Berkeley, Hume, reconnaissent pourtant qu'elle est généralement admise et affirmée par la conscience, en un mot que c'est une croyance naturelle, une vérité de sens commun. Ils acceptent la réalité du témoignage et contestent sa véracité. La conscience n'affirme rien de moins et rien de plus. Il n'y a qu'un système de philosophie qui soit vrai, le réalisme naturel ou dualisme naturel. Tous les autres qui n'acceptent pas le fait tel qu'il est avec la distinction qu'il trace, nient les deux existences comme le nihilisme, ou les confondent comme la doctrine de l'identité absolue, ou sacrifient le non-moi au moi comme les idéalistes, ou le moi au non-moi comme les matérialistes. On ne peut raisonnablement reprocher au dualisme l'incompréhensibilité de l'action réciproque des deux substances qu'il reconnaît : la sphère de la connaissance est bornée et toutes les explications qu'on a pu donner de la connaissance du non-moi par le moi, depuis l'assistance divine jusqu'à l'harmonie préétablie, sont antiphilosophiques en ce qu'elles dépassent les limites de l'observation. Il faut se résoudre à ignorer et dire avec Scaliger : « *Magna immo pars sapientiæ est* » *quædam æquo animo nescire velle.* »

« Mais ce n'est pas seulement l'existence du moi et du non-moi, qu'atteste la conscience. Pour le moi, elle affirme aussi l'unité et l'identité. La critique de Kant, qui invalide ce témoignage, tombe, puisqu'elle contredit la donnée même de la conscience, dont la véracité doit être admise à priori, à moins qu'on ne soit décidé à soutenir que le créateur se plaise à nous duper. Pour le non-moi, la conscience nous fait connaître directement les qualités primaires. La connaissance du corps ou matière implique celle de l'étendue, sans cela, il ne serait que la cause occulte et problématique de nos sensations et de nos perceptions ; ce qu'il est dans les théories de Descartes et de Kant, de ce dernier surtout, véritable idéaliste cosmothétique qui se déclare complétement ignorant des choses en soi, qui n'en sait que la pure existence attestée par le phénomène représentatif donné dans la conscience au moment de la perception, et comme ses pareils :

« Rerum ignarus imagine gaudet. »

Voilà ce que la conscience déclare en fait. En abordant les vérités de raison, Hamilton cesse de parler en philosophe écossais, il devient kantiste.

« L'une des conditions de la conscience, dit-il (dans la 9e dissertation, ou note H, *œuvres de Reid*, 934), c'est qu'elle n'est réalisée que dans la reconnaissance de l'existence en tant que conditionnée et même en tant que n'étant jamais inconditionnellement (absolument ou infiniment) conditionnée. Nous ne connaissons pas, nous ne concevons pas l'inconditionné, c'est-à-dire le limité inconditionné, ou l'absolu, ni l'illimité inconditionné ou l'infini ; ce ne sont pas des objets de conscience, et quand nous en parlons et que nous nous les représentons, c'est à titre de négations de ce qui est positivement concevable et connaissable, c'est-à-dire conditionné dans les diverses formes du relatif et du fini. Nous ne pouvons concevoir un tout absolu qui ne soit partie d'un tout plus grand, ni un tout si petit qu'il n'ait à son tour des parties, ni un tout infini, superposition infinie de touts finis, ni une division de parties à l'infini. De même pour le temps, l'espace, le nombre.

» Le conditionné seul est concevable ; penser, c'est conditionner, et conditionner c'est modifier, déformer l'objet ; c'est y mettre en vertu des lois de la conception et de la perception des éléments qui ne sont pas tirés de la chose perçue ou conçue, mais de l'esprit même ; en sorte que le résultat de la perception, de la conception, le phénomène connu, est le résultat de l'action combinée de la chose et de l'esprit. Ce n'est pas la réalité vraie. La réalité vraie n'apparaît pas dans la conscience. Les deux réalités attestées dans la conscience, l'esprit et la matière, ne nous sont connues que conditionnées et relativement conditionnées. Des choses absolument et en elles-mêmes, nous ne savons rien, nous n'en connaissons que l'existence attestée par des qualités relatives à nos facultés, qualités que nous rapportons à des substances, ne pouvant concevoir qu'elles existent par elles-mêmes (inconditionnellement conditionnées) : c'est la loi de substance et d'accident. Toute notre connaissance est donc phénoménale. De l'esprit et de la matière, nous ne connaissons rien que des phénomènes. Tel est le principe de la *relativité* de toute connaissance humaine que tous les philosophes, à l'exception de quelques rares théoriciens de l'absolu, ont proclamé à l'envi. Le philosophe qui spécule sur les mondes de la matière et de l'esprit n'est qu'un ignorant qui admire, et comme Énée en face de son bouclier :

Rerum ignarus imaginet gaudet.

Le retour de ce vers de Virgile donne une saillie remarquable à la contradiction des deux grands principes de la philosophie hamiltonienne. Ici, ce vers représente l'état normal du philosophe obéissant aux lois de la pensée et de la conscience ; là, l'état de révolte de l'esprit égaré qui les méconnaît. Voilà une croyance primitive et une loi de la conscience en conflit. En les admettant ensemble dans sa philosophie, il viole la loi d'harmonie, car l'une au moins doit être fausse, et, si l'une d'entre elles est fausse sans cesser d'être attestée par la conscience, la conscience perd sa crédibilité, et les fondements de toute philosophie sont ruinés. Si toutes les deux sont vraies, la contradiction qui nous choque ne peut être qu'apparente ; il doit y avoir un moyen de la lever et de faire éclater la vérité. Ce moyen, Hamilton ne s'est pas préoccupé de le trouver, et ses élèves après lui s'y sont épuisés en efforts infructueux. Les loyales déclarations de Hamilton rendent tous les biais inutiles. On dirait qu'il a pris soin de se fermer toute retraite. Il est pris dans un dilemne qu'on n'a pas encore réussi à rompre. Ou toute connaissance est relative, et alors nous ne connaissons pas directement la matière comme elle est en elle-même, nous en connaissons seulement l'existence inférée de phénomènes d'un ordre particulier ; ou nous les connaissons immédiatement comme elle est en elle-même, ainsi que ses qualités primaires, et alors nous avons une connaissance inconditionnée (absolue), et toute notre connaissance n'est pas relative. Ou bien abandonner le grand axiome proclamé depuis Protogoras jusqu'à Kant par les plus éminents penseurs, ou renoncer à se trouver à côté du vulgaire, et abandonner les principes dits du sens commun. Ou la conscience atteste la connaissance immédiate du non-moi, c'est-à-dire la connaissance d'un *en soi*: alors qu'elle affirme que toute connaissance est relative, et la philosophie devient impossible; ou bien elle ne présente pas à la fois ces deux affirmations, et Hamilton, qui prétend les entendre, viole la loi de parcimonie et devient à son tour hérétique et justiciable des principes catholiques de toute philosophie.

Voilà donc comment Hamilton suit à la fois Reid et Kant. Il veut justifier le réalisme naturel, en poser les assises sur la base même de toute certitude; il demande en sa faveur un oracle à la conscience; mais, en admettant le grand axiome de la relativité, il défait de ses propres mains son ouvrage. Loin de rendre les attaques des sceptiques impossibles, il les a introduits plus avant dans la place. A-t-il été plus heureux dans la seconde partie de sa tâche philosophique, a-t-il mieux réussi contre les partisans des doctrines de l'absolu?

« La conscience, nous dit-il, n'est possible que par l'antithèse du sujet et de l'objet; l'un et l'autre connus comme phénomènes finis, relatifs. Dans nos plus hautes généralisations, nous ne dépassons pas le fini. Notre connaissance n'embrasse que les modes d'une existence incompréhensible, et le plus haut degré de sagesse, c'est de reconnaître que la connaissance de cette existence en soi est inaccessible. Nous philosophons pour échapper à l'ignorance, et la philosophie nous y ramène. La pensée se tient dans une position modeste entre deux incompréhensibles : il n'y a qu'un conditionné, mais il y a deux inconditionnés : l'inconditionnellement limité ou absolu et l'inconditionnellement illimité ou infini; l'un et l'autre opposés et contradictoires pour chaque objet de la pensée. Ils ne peuvent être vrais simultanément, d'après le principe de contradiction, mais l'un des deux peut et doit l'être en vertu du principe de l'alternative. Si donc l'entendement ne peut concevoir que le milieu de ces deux extrêmes, dont l'un seulement est vrai et réel, il ne conçoit pas toute la réalité. La science n'épuise pas tout le domaine du réel, et n'embrasse pas une étendue aussi grande que la foi.

» L'enseignement de Kant doit être modifié et simplifié. Au lieu des catégories de l'entendement et de la sensibilité, nous dirons l'existence conditionnée, la pensée positive ne s'occupant que du relatif. Au lieu des trois idées de la raison : le moi, le non-moi et Dieu, nous dirons : la pensée négative, *nihil cogitabile*, la non-connaissance. Mais si Kant, par sa critique, a atteint un but utile en montrant que le conditionné seul est matière de connaissance, il a fait une œuvre dangereuse, et ouvert au scepticisme une large entrée en nous montrant dans la raison à la fois un produit légitime de l'intelligence et un instrument de déception. Il aurait dû faire voir que lorsque la raison affirme l'inconditionné, elle viole les lois même de la pensée, que l'affirmation qu'elle porte n'est nullement régulative, mais purement négative. Et ce n'est pas tout le mal. En tuant l'absolu, Kant en a laissé subsister l'ombre. Les philosophes qu'il invitait à laisser la métaphysique pour ne s'occuper que des phénomènes et de leurs lois, se sont attachés à cette ombre. De là les divers systèmes absolutistes et, en particulier, ceux de Fichte, de Schelling, de Hégel. Le système de Cousin a une autre origine, il part de la conscience : l'inconditionné y est représenté comme pouvant être conçu et connu sous les conditions de pluralité, de différence, de relation. »

Hamilton oppose à Schelling d'abord l'impossibilité de passer de l'état d'intuition intellectuelle, cette extase de la raison qui saisit l'absolu dans l'identité, à la connaissance par la conscience du produit de cette appréhension, sans laquelle il doit rester comme non avenu pour l'esprit, et ensuite l'impossibilité non moins grande de tirer le multiple de l'un. Mais ce n'est pas par cette argumentation qu'il peut atteindre Cousin et le vaincre. Entre Cousin et Hamilton, la question à résoudre est celle-ci : L'homme a-t-il une intuition directe, dans la conscience, de la substance et de la cause absolue, de Dieu. C'est la portée même de la conscience qui est l'objet du débat : pour Hamilton, la conscience ne donne que le multiple, le fini, le phénoménal ; pour Cousin, elle donne de plus l'unité, l'infini, l'absolu. Quelque erreur historique, quelque faute de dialectique que Hamilton puisse relever dans la préface des *Fragments* (1826) et dans le Cours de 1828, la question n'avance pas. C'est qu'elle repose toute sur un fait, sur une affirmation première et irréductible de la conscience. Si Hamilton avait, dans l'argumentation, envisagé le débat à ce point de vue, et accusé Cousin de violer la loi de parcimonie, celui-ci, à son tour, aurait pu lui reprocher de violer la loi d'intégrité. Cousin ne prétendait à rien de plus que le contenu de la conscience, mais il le voulait tout entier : aussi n'a-t-il pas manqué de rappeler à son critique, qu'en n'admettant pas dans son intégrité la révélation de la conscience, en se contentant d'une connaissance purement phénoménale, on se condamnait au scepticisme, parce qu'on ne fait pas une part au scepticisme, et qu'une fois entré dans l'esprit il l'envahit tout entier. N'était-ce pas d'ailleurs par des arguments semblables que Hamilton sommait les idéalistes cosmothétiques, au nom du sens commun, de s'incliner devant les arrêts de la conscience, et de ne pas souffrir que la matière tombât au rang de quelque chose de problématique ? Hamilton comme Cousin aspirait ouvertement à un dogmatisme aussi étendu que la foi naturelle du genre humain ; comme Cousin, c'était dans la conscience qu'il recueillait, par l'expérience intérieure, les croyances de l'humanité. En s'interdisant et en refusant aux autres le droit de rechercher la manière dont ces croyances s'y sont formées, Hamilton se condamnait au rôle périlleux de réfuter par des raisons de logique l'existence d'un fait ; pour vaincre, dans sa lutte contre Cousin, il ne pouvait que saper, en 1829, les bases du réalisme naturel qu'il allait professer ne 1830 contre un penseur sympathique, déjà prématurément enlevé à la philosophie, l'élégant, l'ingénieux, le profond, mais trop souvent incomplet, Th. Brown.

Les doctrines de Hamilton auraient offert une bien autre prise au transcendantaliste français, si elles avaient été suffisamment développées à cette époque. Hamilton chasse de notre connaissance l'inconditionné, mais comme il ne nous déguise jamais le fond de sa pensée, il est aisé de voir que pour lui l'inconditionné est la seule réalité, le seul objet dont l'appréhension, si elle était possible, pût faire de notre connaissance une science vraiment digne de ce nom ; celle du fini, du relatif à laquelle, d'après Kant, il réduit la tâche des philosophes, n'est à ses propres yeux qu'une *nescience* : le champ de la science est moins étendu que celui de la foi ; et le *crede ut intelligas* de saint Anselme est bien mieux sa devise que *l'intellige ut credas* d'Abélard. Les deux inconditionnés entre lesquels se tient humblement et à l'étroit la connaissance du conditionné, ne peuvent être vrais tous deux, mais l'un des deux doit l'être : c'est notre devoir de croire à cet absolu que nous ne pouvons concevoir. « Cette obligation de croire l'inconcevable ne doit pas étonner, ne sommes-nous pas forcés de croire aux données de la conscience qui, ne pouvant se ramener à des principes supérieurs, demeurent incompréhensibles. Nos affirmations originelles sont moins des connaissances que des croyances. La croyance a une certitude supérieure à celle de la connaissance : celle-ci repose en définitive sur une croyance primitive et en tire tout ce qu'elle a de certitude, tandis que la croyance est la source de toute certitude. » Cousin, qui ne semble pas s'être beaucoup préoccupé dans cette question de la différence entre la croyance et la connaissance, et qui emploie plus encore le premier de ces mots que le second, eût-il pu dire que la dialectique de Hamilton « n'était nullement commode à son adversaire » ? De plus, s'il avait su que, pour Hamilton, la conscience de la croyance, c'est-à-dire la connaissance immédiate de la croyance, impliquât la connaissance immédiate de l'objet de la croyance, eût-il vu dans cette dialectique « nullement commode » autre chose qu'une querelle de grammairien.

Ce n'est pas pour le vain plaisir de faire l'anatomie d'un esprit puissant, et d'y découvrir, pour les étaler aux yeux, des faiblesses, des incohérences, des contradictions et des absurdités ; ce n'est pas davantage pour montrer, par l'exemple du plus profond et du plus sincère d'entre eux, la faiblesse radicale de ces fiers contempteurs de la philosophie sensualiste, quand ils veulent fonder la philosophie sur les croyances dites naturelles ; ce n'est pas pour ces représailles qui seraient légitimes, mais qu'on renonce à poursuivre en les trouvant si faciles, qu'on montre un esprit d'une haute valeur aux prises avec des doctrines qui s'annulent mutuellement. C'est bien plutôt pour faire éclater le danger du point de vue philosophique où il se place. L'esprit de l'homme possède des croyances résultat des méditations sérieuses, des conceptions métaphysiques et des recherches scientifiques, mais aussi de l'imagination et des sentiments des générations passées. Le rôle de la philosophie est d'en faire la critique, non de les prendre pour base, d'en établir la certitude, non de les admettre comme des postulats nécessaires. Tel a toujours été au fond le but de la philosophie en quête d'un critérium du vrai. Hamilton, en recevant le sien des mains de ses maîtres de l'école écossaise qui l'avaient ramassé dans Buffier, ne se contente pas de cet instrument vulgaire et si peu sûr : il conserve le nom, mais change la chose pour une chose bien différente, la philosophie même, et par suite ramène les problèmes, les discussions, les incertitudes qu'elle a toujours soulevés. Après Hume et Kant, un penseur aussi érudit ne pouvait s'arrêter aux préliminaires d'un système ; le cycle tout entier d'une école devait s'accomplir dans son esprit, et mettre à côté même du point de départ la contradiction où finissent tous les systèmes. Il y a eu peu de questions philosophiques où Hamilton n'ait été partagé, oscillant entre deux doctrines contraires. Dans le conflit de la relativité et de l'intuition du non-moi tel qu'il est, comme ailleurs, on le voit en définitive tomber du côté où il penchait, où l'attirait son origine écossaise et le vice réactionnaire de sa philosophie. Hamilton emprunte à Kant l'exposition du principe de la relativité, parce qu'avec le sens métaphysique dont il était richement doué, il y découvrait une forme bien supérieure à toutes celles que les penseurs dont il donne la liste avaient su y donner. Aussi, quand il faut promulguer le principe et le démontrer, il est avec Kant, bien qu'il ne parle pas tout à fait de même. Mais quand il s'agit de l'appliquer, il l'entend à la façon des professeurs écossais et français de l'école de Reid. La connaissance de l'homme ne diffère plus alors de celle de l'être omniscient par l'espèce, mais seulement par le degré ; celle-là est complète, celle-ci incomplète ; la relativité n'est plus qu'un rapport de quantité non de qualité ; et quand l'esprit de l'homme parvient (au prix de quels efforts !) à percer sur un tout petit point l'obscurité qui l'enveloppe, il voit peu sans doute, mais il voit ce qui est en soi. Quand le philosophe, dont c'est la fonction, a fait le départ de ce qui, dans la connaissance, est formé par la nature de l'homme, d'avec ce qui est l'apport de la réalité, il a atteint quelque chose de partiel, d'imparfait, mais qui pris à part est connu par l'homme de la même manière que par l'être omniscient, et participe de la certitude de l'absolu. Toutefois, bien que la philosophie ainsi comprise et conduite ne soit qu'une pétition de principe, Hamilton, en se rendant coupable de ce sophisme, a pour se racheter à nos yeux un véritable mérite. Nul avant lui, depuis Kant, n'a donné au principe de relativité de la connaissance un tel éclat, nul n'avait manié plus adroitement cet engin de guerre, et porté au dogmatisme philosophique de plus rudes coups, tout en ne croyant frapper que les enfants perdus qui le décriaient. Ce principe, qu'il entendait si bien et qu'il appliquait si mal, lui doit en définitive sa fortune. Depuis Hamilton, c'est la base de toute spéculation philosophique sérieuse. C'est par cette arme que M. Mansel, élève de Hamilton et l'un des éditeurs de son cours, repousse les efforts des théologiens rationalistes et défend les dogmes de la religion chrétienne. Pour M. Mansel, les jugements de la raison ne sont vrais que pour l'homme et les actions humaines, nullement pour la personne de Dieu et les actions divines ; et la raison humaine, quand elle reconnaît une contradiction entre les attributs moraux de Dieu et les actes que les livres sacrés lui prêtent, doit bien se garder de conclure que ces actes ne sont point vrais, ou que Dieu ne possède pas réellement ces attributs. Ce serait dépasser les limites des affirmations légitimes. Les idées que l'homme se fait de la justice et du bien sont relatives, bonnes pour lui, mais elles ne sont pas absolues et ne peuvent servir de mesure pour Dieu ; elles ne sont pas identiques avec les idées de justice et de bonté pour Dieu.

D'un autre côté, et c'est là que le service rendu par Hamilton porte ses meilleurs fruits, un des plus éminents penseurs contemporains, M. Herbert-Spencer, partant du principe de la relativité, construit la philosophie sur la science. Pour M. Spencer, il y a derrière le phénomène une réalité dont nous avons une conscience vague, il est vrai, qui échappe à toute détermination, partant à toute connaissance, mais à laquelle nous ne pouvons pas ne pas croire d'une croyance supérieure en certitude à toutes les autres, parce que nous ne pouvons cesser de la sentir, et qu'invisible et présente elle double pour ainsi dire chacun de nos états de conscience, et que nous ne pouvons nous refuser à l'affirmer positivement. « Le sens commun affirme l'existence d'une réalité ; la science objective prouve que cette réalité ne peut être comme nous pensons qu'elle est ; la science subjective fait voir pourquoi nous ne pouvons la penser comme elle est. » C'est le domaine infini du potentiel sur le fond vague et obscur duquel éclate en traits lumineux la représentation de l'actuel, dira le penseur moderne. C'est l'Être incommensurable, pouvoir infini, omniprésent, par qui toutes choses existent, dira l'homme religieux. Deux façons symboliques d'exprimer la même existence aussi indéniable qu'inconnaissable, d'où tout ce qui apparaît semble sortir pour y rentrer aussitôt. Cette existence inconnaissable reconnue réelle, la lutte déjà ancienne, mais aujourd'hui plus vive que jamais, entre la science et la religion doit s'apaiser. Les deux adversaires doivent comprendre que leur dissentiment vient de ce qu'on s'est toujours complu à affirmer de l'inconnaissable quelque chose de positif ; que le théologien par ses dogmes positifs à l'aide desquels il tâche de figurer cet être dont la figure n'apparaît jamais, et le savant qui veut expliquer l'univers en élevant à l'absolu ce qui n'est donné dans la connaissance que comme relatif, sortent l'un et l'autre des limites où la conscience circonscrit leurs droits. Mais l'accord est possible et la lutte doit cesser dès que les adversaires reconnaissent que leurs affirmations tendant à déterminer ce qui n'est susceptible d'aucune détermination n'ont qu'une valeur symbolique relative, nullement absolue. Le traité de paix trace une démarcation nette ; à la religion, la détermination symbolique de l'absolu ; à la philosophie, c'est-à-dire à la science systématisée, le relatif tout entier, à la condition de renoncer à toute spéculation sur l'absolu et les questions qui ont passé jusqu'ici pour le plus légitime objet de la philosophie, et dont la hardiesse servait même de mesure pour déterminer le rang et la dignité du système, mais en revanche avec l'honneur de rallier et de diriger l'armée entière des savants. Tel est le résultat du service rendu par Hamilton ; et pour n'en pas méconnaître la portée, qu'on jette les yeux sur ce qui s'est passé de l'autre côté de la Manche.

IV

En France, tout s'est passé autrement. La philosophie qui régnait durant la seconde moitié du siècle dernier conduisait réellement au principe de la relativité et à la limitation du champ où la spéculation philosophique doit se restreindre. Cette tradition fut brusquement abandonnée et l'on vit peu à peu se développer un dogmatisme moins grandiose que celui qui florissait en Allemagne à la même époque, mais tout aussi peu propre à se concilier les esprits qui, dans un pays comme dans l'autre, préparaient activement les merveilleux progrès scientifiques qui font la gloire de notre temps. Sans force sur l'opinion publique que l'éclat de leurs travaux n'avait pas encore dominée, ils ne purent que laisser passer cette éruption de métaphysique. Il se fit entre la science et la philosophie une scission funeste qui ne s'était pas encore produite et qui n'a pas encore pris fin. Celle-ci, ne trouvant pas en elle-même le principe qui seul était capable de préparer la réconciliation, ne pouvait que persister dans un dogmatisme où elle n'échappe à l'unité absorbante du panthéisme qu'en empruntant à l'église une partie de son formulaire : elle est devenue l'école spiritualiste.

Née au commencement de ce siècle d'une réaction philosophique contre le sensualisme du siècle dernier, favorisée par une réaction politique contre la Révolution, cette philosophie n'apportait pas des principes nouveaux, mais seulement l'intention de rétablir sur des bases solides le dogmatisme. Ses fondateurs, et à leur tête Royer-Collard, ne crurent pas possible de se rattacher à Descartes, qui, « en concentrant la certitude dans le fait intérieur de conscience », avait imposé à la philosophie » la nécessité de démontrer l'existence du monde matériel », et lancé la spéculation dans une voie qui l'éloignait toujours davantage des croyances naturelles jusqu'à ce qu'elle aboutit avec Hume au « néant universel ». Ils durent donc demander leurs principes aux écoles contemporaines qui luttaient alors contre le sensualisme. Il y en avait deux, la philosophie écossaise et celle de Kant. A l'écossaise, on emprunta d'abord ses principes et sa méthode, et l'on promit comme elle d'étudier et de classer les phénomènes du monde intérieur; mais ce fut moins avec l'intention d'en faire une science propre de l'esprit que pour s'en servir comme d'un pont pour arriver à l'ontologie. Aussi prit-on bientôt en singulière pitié la circonspection pusillanime des Écossais, qui se bornaient à rassembler les matériaux d'un édifice sans oser l'élever, ou qui, peu confiants dans leurs forces, refusaient de « s'aventurer à travers des précipices, loin des faits et de la réalité ». La philosophie de Kant offrait bien un autre danger. Le spiritualisme, en s'y attachant, devait se contenter de ne voir dans les principes à priori de la raison que des lois de la nature intellectuelle de l'homme, capables d'engendrer des « croyances irrésistibles », mais non de révéler des vérités indépendantes » qui s'imposent à l'esprit et que l'esprit a le droit d'imposer à son tour : il fallait déclarer l'ontologie impossible ou chercher un asile « dans l'inconséquence sublime, de prêter aux lois de la raison pratique plus d'objectivité qu'à celles de la raison spéculative ». Cousin se chargea de délivrer la raison de ces liens terrestres. Après quelques tâtonnements, il présenta une théorie brillante où il prétendait « reproduire, dans ses formules scientifiques, la pure croyance du genre humain, pas moins que cette croyance, pas plus que cette croyance, mais elle tout entière », fonder l'ontologie sur la psychologie, et passer de l'une à l'autre au moyen d'une « faculté psychologique et ontologique tout ensemble, subjective et objective à la fois, qui apparaît en nous sans nous appartenir en propre, éclaire le pâtre comme le philosophe, ne manque à personne et suffit à tous, la raison qui du sein de la conscience s'étend dans l'infini et atteint jusqu'à l'Être des êtres ». D'après Cousin, Kant s'est trompé quand il a refusé toute valeur objective aux idées de la raison ; et il s'est trompé parce qu'à la suite d'une analyse incomplète il a cru voir dans la nécessité des idées un caractère de relativité à l'égard de la personne qui n'existe pas. On n'a qu'à s'enfoncer dans la conscience à des profondeurs où Kant n'est pas descendu. Là on peut saisir, par une aperception spontanée une lumière pure, ordinairement offusquée par l'attention que le moi lui porte et qui alors passe inaperçue, messagère divine qui nous « apporte des nouvelles d'un monde inconnu » par une révélation nécessaire et universelle. Cette lumière qui brille en nous ne nous appartient pas, elle n'appartient pas même à l'humanité ; les idées qu'elle nous apporte constituent un monde à part supérieur au monde visible ; c'est la sphère des idées entrevues par Platon, c'est l'intelligence absolue. Grâce à cette lumière nous voyons, dans le fait de conscience, le moi qui sent le non-moi, le non-moi qui affecte le moi, tous deux substances et causes, extérieures l'une à l'autre, finies et corrélatives, se limitant réciproquement ; puis, ne pouvant nous arrêter à ces causes bornées, nous passons à la substance à la cause absolue, unique, qui les contient et les explique, « qui étant l'être de tout être se suffit et suffit à la raison ». Le fait de conscience, éclairé et expliqué par la raison, nous révèle donc d'un seul coup l'homme, la nature et Dieu, et toute affirmation en ce qu'elle traduit un fait de conscience est une affirmation des trois grands objets de l'ontologie unis par un rapport : le monde et l'âme, les deux termes du Fini, enveloppés et expliqués par l'Infini, l'Absolu, Dieu. C'est ainsi que se trouve fondé un dogmatisme « aussi étendu que la foi du genre humain » et que le but de la philosophie est atteint, car elle doit expliquer cette foi, non la détruire. Au reste, nul moyen d'échapper : ou construire une ontologie sur une autre méthode sans passer par la conscience et la psychologie, et tomber dans les hypothèses, ou n'en pas construire du tout, et alors se passer de dogmatisme : ou l'hypothèse avec ses incertitudes, ou le scepticisme avec ses conséquences.

Que Cousin ait raison contre ceux qui prétendent, comme Schelling, arriver à l'ontologie par une autre voie que la psychologie, cela n'est guère douteux ; mais que le seul chemin qui reste, la psychologie, y conduise en effet, on voit bien que Cousin l'affirme, on ne voit pas qu'il le démontre. Mettre arbitrairement dans la conscience le pouvoir d'appréhender le monde et Dieu, c'est-à-dire le Fini et l'Infini, le réel et l'idéal réalisés à la fois, et dire après cela que nous connaissons ces objets par une intuition directe, c'est y mettre ce qu'on veut en tirer ; pour montrer après qu'on l'en tire, procédé très en faveur dans les écoles de métaphysique, mais qui n'a pas le don de persuader tout le monde, ou dont l'effet se dissipe bientôt chez la plupart de ceux que l'éloquence du maître avait d'abord subjugués. Dans toutes les sciences, quand un savant annonce la découverte d'un théorème nouveau, ses confrères peuvent se mettre dans les mêmes conditions que lui ; et de deux choses l'une, ou bien ils confirment la découverte qui, dès lors, est irrévocablement acquise, et ne laisse plus à débattre qu'une question de signification ou d'importance ; ou bien ils ne la confirment pas, et alors il n'en peut plus être question. Mais, en métaphysique, tout paraît se passer autrement. Il est permis à tout homme d'affirmer qu'il a fait des découvertes alors que personne ne les confirme, de donner, ainsi que le dit Hamilton, « pour des faits de conscience, des faits que la conscience n'a jamais connus, de proclamer comme des vérités intuitives des paradoxes insoutenables », pourvu qu'il soit doué d'un grand talent et qu'il possède l'art de charmer et de ravir son auditoire. Il peut dire que la conscience silencieuse pour le vulgaire n'ouvre ses secrets qu'à ceux qui savent l'interroger ; il peut laisser croire qu'il y a des moyens de lui arracher le secret de ses mystères comme autrefois pour les oracles. Mais alors que parle-t-on d'une grande école de philosophie qui comprend toute l'humanité depuis le pâtre jusqu'au penseur ; il n'y a plus qu'un conventicule d'adeptes. Il ne sert de rien de nous dire que l'observation par laquelle on arrive à découvrir une faculté n'est pas de même nature que celle qui nous dévoile une relation dans les sciences physiques ; qu'ici, la découverte se fait dans la conscience, et qu'elle est confirmée dès qu'elle a l'adhésion des contemporains, auditeurs ou lecteurs ; et non-seulement des contemporains, mais des générations qui suivent. S'il en était ainsi, le critérium d'une vérité psychologique ne serait rien de moins que le consentement universel des esprits que l'intérêt, la passion ou l'ignorance ne rendent pas incompétents. Mais on oublie qu'un dogmatisme a toujours rencontré un scepticisme plus puissant qui l'a terrassé, ou bien l'on suppose gratuitement que du côté des sceptiques en philosophie se sont toujours trouvé l'intérêt, la passion ou l'ignorance, tandis que du côté des dogmatiques étaient, au rendez-vous des vertus, l'impartialité, l'amour de la vérité, et la science. Le critérium de l'acquiescement spontané, comme celui de l'évidence, tombe toujours devant la résistance de la critique d'un Hume ou d'un Kant, et le système appuyé sur une adhésion unanime se réduit en poussière, sous les coups d'une critique puissante.

Ce n'est pas seulement en lui donnant une métaphysique que Cousin a servi l'école qu'il fondait; il a fait plus, il lui a donné une organisation sous le patronage de l'État, ce qui était une garantie d'avenir dans un pays comme la France préparé par une longue habitude du régime protecteur à recevoir même ses croyances de l'autorité établie. L'enseignement de la philosophie fut accaparé par lui et par ses élèves directs. « C'est à l'école normale, nous dit M. Mignet, qu'il (Cousin) préparait, c'est dans les concours d'agrégation qu'il choisissait les solides et brillants officiers de l'armée philosophique dont il était le glorieux général. » Il serait plus vrai de dire, en empruntant une figure à un autre corps constitué du pays, que Cousin organisa une orthodoxie philosophique, et passa en son nom un concordat avec l'État. Par là, l'unité philosophique remplaçait l'unité religieuse, décidément rompue par la reconnaissance de trois cultes, et pouvait, si l'on n'y regardait pas de très-près, ce qui n'est pas rare en France, leur servir à tous de support dans la conscience de la jeunesse. Rien ne peut donner une plus haute idée de la clairvoyance de Cousin que l'organisation qu'il sut arranger pour l'enseignement de la philosophie, et la surveillance sévère qu'il fit peser sur lui. Les qualités du psychologue et du fin moraliste s'y montrent mieux que dans ses écrits. Il voulait discipliner l'esprit d'une nation dont le caractère présente le singulier spectacle d'un mélange des deux éléments principaux de la nature humaine, l'intelligence et la passion, dans des proportions qui ne permettent pas à l'un d'exercer longtemps la prépondérance sur l'autre. La distribution de l'enseignement philosophique fut calculée de manière à donner tour à tour satisfaction à chacun de ces éléments, les balançant l'un par l'autre, sans jamais laisser l'un étouffer l'autre. Quand le raisonnement avait fait son œuvre de critique ou de construction, l'éloquence le remplaçait et remuait violemment les âmes. Ce procédé du maître qui, dépouillé de cet art magique qui jetait tout un auditoire dans le délire de l'enthousiasme, conserve encore dans les pages froides d'un livre assez de puissance pour troubler le lecteur et le faire hésiter, devint la méthode de toute l'école dans les chaires alors rares de l'enseignement supérieur, comme dans celles des colléges. L'enseignement fut à peu près partout l'écho d'une seule voix. Ses ennemis en ont dit qu'il avait été organisé « pour supprimer les idées allemandes et françaises, politiques et sociales, mutiler et fausser la science pour la faire servir à la religion et à la monarchie »; ses amis, qu'il avait exercé une influence fâcheuse en habituant les générations studieuses à ne chercher dans un cours de philosophie que le plaisir d'écouter une voix éloquente, à se contenter d'aperçus, d'analyses informes, et à n'aller jamais au fond de la pensée. Pourtant, tel qu'il a été, avec ses imperfections, ses vices, ses mauvaises tendances et ses visées secrètes, cet enseignement, le premier qui ait largement répandu quelque connaissance de l'histoire de la philosophie, a contribué puissamment à rompre la glace d'indifférence qui arrêtait la propagation des études philosophiques. C'est à cette source que ce que la France contient aujourd'hui d'amis et d'ennemis de la métaphysique a puisé le goût de ces graves questions, et que le reste des hommes instruits a appris à les supporter.

D'assez bonne heure, sous cette unité fortement liée, une divergence secondaire apparut, qui n'attaquait pas les tendances de l'école, mais qui dépassait la portée de la méthode. Tandis que Cousin restreignait la connaissance aux perceptions du dehors apportées par la sensation et aux conceptions universelles de la raison, il s'éleva autour de lui des protestations respectueuses en faveur d'une connaissance plus réelle, d'un fondement plus solide pour le spiritualisme que l'intuition directe de pures idées. Ce travail intestin a pris, dans ces derniers temps, un développement considérable, et se fait jour dans les publications récentes de certains défenseurs de cette école. Ils entendent se servir de la psychologie pour chercher autrement et mieux que Cousin une voie vers l'Absolu. Ce n'est plus le demi-spiritualisme (c'est ainsi qu'ils l'appellent) de l'éclectisme qui peut les contenter, ils aspirent à un spiritualisme plein et vivant, et croient l'assurer en le fondant sur une aperception directe dans la conscience d'une force libre qui produit tous les faits du moi, d'un pouvoir créateur de ses propres états, sensations, sentiments, souvenirs, désirs, volontés, qui, par leur succession, constituent l'existence phénoménale du moi, cause efficiente finale à la fois, puisqu'elle tend à la perfection. Partant de cette découverte, ils vont, par analogie, aux êtres du monde, et recourent pour explication finale et universelle à l'absolu de « la parfaite personnalité, sagesse et amour infinis », centre où l'esprit doit se placer pour comprendre l'âme et le monde. Ils profitent des plus récents progrès des généralisations scientifiques pour appuyer leur retour au monadisme, et construisent les corps sur le type de l'âme, les résolvant en « forces intentionnelles » qui concourent à la production d'une harmonieuse perfection, sous la direction librement obéie d'une toute divine Providence, en qui le pouvoir et la pensée se confondent, « qui est la pensée, la volonté et l'amour même; flamme sans support matériel, en quelque sorte qui se nourrit d'elle-même, conception unique où les contraires, partout ailleurs séparés, se confondent comme dans une vivante et harmonieuse unité. » (Ravaisson. *La phil. en France au* XIXe *siècle*, p. 261.)

Jusqu'ici, cette synthèse philosophique qui prétend à la possession exclusive du nom de spiritualisme n'est qu'ébauchée. Non-seulement ce n'est pas l'expression des idées d'un groupe considérable de philosophes, mais ceux qui la proposent le font avec un embarras visible. Nulle part le système n'est méthodiquement développé; les idées qui le composent, souvent retirées aussitôt qu'avancées, sont éparses dans des œuvres de critique, des articles de revue, des préfaces. Il faut y voir moins un produit naturel de l'esprit s'épanouissant dans toute son ampleur à son jour et à son heure, que des efforts sans but certain et bien près d'aboutir au mysticisme. Ce sont des protestations de fidélité, non les mâles accents d'autorité d'un maître. La cause vit du talent de ses défenseurs, les défenseurs ne tirent aucune force de la cause pour laquelle ils combattent. On prédit, il est vrai, que des débris de cette école surgira, dans un avenir prochain, un penseur qui, rassemblant les produits de l'agitation philosophique actuelle et les animant du souffle de son génie, donnera à notre temps ce qui lui manque, une philosophie qui fasse cesser le divorce de la spéculation et de la science. En attendant l'accomplissement de la prophétie dont l'heure n'a pas encore sonné, qui pourrait bien ne donner qu'une contrefaçon de Hégel, ceux qui s'y confient, soit qu'ils se bornent à des œuvres de critique, soit que, cédant au penchant de leur école, ils s'engagent dans le mysticisme, ne paraissent pas se douter que la voie où ils persistent, et le but qu'ils s'acharnent à poursuivre, la connaissance positive de l'Absolu, sont délibérément et rationnellement abandonnées. Dans le délaissement où ils tombent malgré le patronage bienveillant de l'autorité séculière toujours acquis aux causes ruinées, ils voient un caprice de la mode, un engouement déplorable mais passager comme celui qui entraîna tant de monde à faire tourner les tables et à consulter sur des affaires graves la sagesse des esprits frappeurs. Ce qu'ils ne voient pas, c'est que si l'on se détourne de ce qu'ils appellent emphatiquement la contemplation des *réalités intérieures*, ce n'est pas, comme ils le répètent, qu'on méconnaisse l'autorité souveraine de la conscience; c'est que les témoignages qu'ils prétendent recueillir de cette autorité même, la conscience ne les rend pas. La conscience atteste la croyance au sujet, à l'objet, à l'identité du sujet, à la responsabilité, mais nulle part elle n'atteste ce qu'en langage d'école on appelle sa propre valeur objective. Que sert ici d'en appeler, comme ils le font toujours d'un ton de triomphe, au sens commun et au langage? Le sens commun et le langage! Celui-là, assemblage incohérent des préjugés d'une époque; celui-ci, monument composite et hybride du sens commun où les préjugés d'une génération s'inscrivent parmi les caractères mal effacés des préjugés déjà périmés d'un autre âge! En appeler à de tels juges, n'est-ce pas ériger la pétition de principe en méthode de démonstration, et les habitudes des esprits les plus mal préparés en critérium universel du vrai? Rien n'est plus propre que le spectacle donné par les représentants de l'école spiritualiste dans leurs divers écrits, en dépit des protestations rigoureuses mais longtemps sans écho de deux philosophes critiques réellement supérieurs, MM. Cournot et Renouvier, à faire regretter que l'enseignement de la philosophie en France n'ait pas subi l'influence d'un homme de la valeur intellectuelle et du caractère de sir W. Hamilton, si propre à rendre les esprits plus exigeants en matière de raisonnement et de critique, et qui les eût déshabitués de recourir à des armes vieillies auxquelles peuvent seuls se confier les plus incompétents parmi les gens du monde.

V

Tandis qu'en Angleterre, suivant le courant habituel des choses en ce pays, le principe de la relativité introduit dans la philosophie a conduit peu à peu les plus éminents penseurs à la réconciliation par le sacrifice des spéculations sur l'inconnaissable, et a fait marcher la philosophie par une évolution régulière, en France, où ce principe a été systématiquement écarté par l'école régnante, les événements ont pris, comme il arrive toujours faute d'un passage praticable et préparé d'avance, un cours révolutionnaire. Une insurrection formidable a éclaté contre la philosophie ou, pour lui donner le nom sous lequel on la poursuit, contre la métaphysique. Les révoltés prirent acte de l'impuissance des métaphysiciens à leur rendre raison des objets qui les ont toujours occupés, et à s'accorder sur le fond même qui fait la base de leurs recherches, et les jugèrent condamnés à *tâtonner* toujours comme des aveugles sans guides. Suivant la tendance où ils étaient engagés depuis le XVIIIe siècle, les hommes de science affirmèrent comme un fait positif, que la connaissance ne peut atteindre ni le commencement ni la fin des choses, et retrouvèrent par la méthode objective le principe de la relativité. Il s'est alors fondé une école qui, à en juger par l'état actuel des esprits, donnera son caractère à la seconde moitié du siècle. Véritable héritière de la pensée de Kant, sinon de ses formules, elle professe que la connaissance ne dépasse pas les phénomènes et leurs lois : elle reconnaît que le domaine sur lequel l'esprit humain exerce son activité est entouré de toutes parts d'un immense inconnu inaccessible, mais qui n'en existe pas moins, qui « tient par un lien étroit à nos connaissances, et devient par cette alliance une idée positive du même ordre » (Littré, *Aug. Comte et la phil. pos.*, 529). Mais cette école doit à son origine révolutionnaire un caractère d'hostilité violente non-seulement contre les systèmes de métaphysique, mais contre les croyances générales de l'humanité, et notamment contre celles qui passent encore aux yeux de presque tous les hommes pour le plus sûr pilier de la moralité. Cette hostilité n'est pas le propre même de l'école positive, bien qu'un grand nombre de ses adhérents en fassent la principale affaire de leur activité. L'affirmation comme la négation sur ces matières est une dérogation manifeste aux règles de la pensée positive, mais comme elles portent sur des questions qui d'elles-mêmes ne sont pas matière de pensée positive, c'est dans un autre ordre d'idées qu'il faut chercher les raisons de se décider, et la décision ne peut être contradictoire à une philosophie avec laquelle elle n'a rien de commun. Puisqu'à chaque instant nous touchons, dans nos recherches scientifiques, à cet au delà inconnu dont M. Littré parle en termes éloquents, puisque nous y pénétrons par les hypothèses que nous construisons, dont les unes seront vérifiées par l'expérience, et deviendront parties intégrantes du savoir positif et dont les autres peuvent ne l'être jamais, et sont destinées à rester toujours de simples conjectures ; pourquoi interdire l'usage des conjectures dont, à défaut de la valeur éthique qu'elles manifestent encore dans la plupart des circonstances, on ne saurait contester la fonction esthétique ? Est-ce qu'on veut bannir ces conjectures parce qu'on ne conçoit pas qu'il soit jamais possible de les vérifier ? Mais n'est-ce pas ériger en axiome une généralisation déjà démentie par les faits, que l'inconcevable ne peut devenir connaissance positive ; n'est-ce pas revenir à un procédé condamné de faire des conditions formelles qui dirigent actuellement notre pensée des conditions absolues qui lient l'expérience à venir, et verser en définitive dans la métaphysique qu'on veut éviter ?

On accuse encore l'école positive de ne pas se fonder sur une analyse et une critique de l'esprit, sur une théorie de la connaissance qui lui rende raison des idées dont elle ne peut se passer. On a bien souvent, avec toute l'autorité du talent et du savoir, fait remarquer qu'en refusant le secours d'une théorie de la connaissance, cette école se privait de ses meilleures armes tant pour l'attaque que pour la défense. Il est inutile de répéter ici ce qui a déjà été dit excellemment par des hommes d'une autorité incontestable, puisque le besoin de combler cette lacune est parfaitement senti. Ce que M. Lewes, en Angleterre, a fait, au commencement de son *Histoire de la philosophie*, l'homme éminent qui est à la tête du positivisme français, M. Littré, en reconnaît la nécessité.

Cette œuvre du reste est toute faite. En Angleterre, où la tradition du xviiie siècle n'a pas cessé d'avoir, en philosophie, d'illustres représentants, la transition s'est opérée aisément, et l'adoption par le monde savant d'une théorie subjective de la connaissance n'y apparaît pas comme un retour aux idoles renversées. C'est par la philosophie subjective qu'on est arrivé au principe de la relativité. Surtout par une philosophie, qui nous paraît éminemment propre à s'harmoniser avec le ton général de la philosophie positive : celle qui a toujours marché en se perfectionnant depuis Hobbes, et qui doit son éclat aux noms de Locke, Hume, Hartley, Priestley, Erasme Darwin, Th. Brown, James Mill, et qui est si brillamment soutenue aujourd'hui par MM. J. S. Mill, Herbert Spencer et M. Bain : c'est la philosophie de l'expérience.

La théorie de la connaissance dans l'école de l'expérience se distingue de celle de l'école critique, avec laquelle cette philosophie présente bien des points de ressemblance, en ce que les faits que celle-ci regarde comme donnés à priori y sont considérés comme des conclusions dont on peut rechercher l'origine.

« On y admet, écrit M. J. S. Mill, que les notions d'Étendue, de Solidité, de Temps, d'Espace, de Devoir, de Vertu...., sont construites par l'esprit lui-même avec les matériaux qu'il reçoit, et d'après des lois dont on *peut* rendre compte. Le fait appelé premier est bien un fait, mais non un fait irréductible. On peut le ramener à des lois plus simples et à des faits plus généraux ; et, si l'on suit l'opération par laquelle l'esprit construit ces grandes idées, on n'y trouvera que l'effet de principes déjà bien connus.... On verra d'abord que les faits les plus obscurs de l'esprit sont formés de faits plus simples et plus élémentaires ; que la loi mentale suivant laquelle ils se forment est la loi d'association. Locke n'est pas le premier qui l'ait découverte, mais il en a fait la plus remarquable application dans sa théorie des idées complexes...... ; idées où l'on peut, sans grand effort, retrouver les éléments simples qui les composent. Il était réservé à Hartley de montrer que les phénomènes mentaux unis par association peuvent se combiner d'une manière plus intime, qui rappelle les combinaisons chimiques, et disparaître dans un produit où les éléments cessent de se distinguer de même que l'hydrogène et l'oxygène dans l'eau : en sorte que le composé mental semble un fait *sui generis* aussi simple que les éléments qui ont servi à le former, et manifeste des propriétés différentes de celles de ses éléments. La découverte de Hartley ouvre un champ plus vaste à la recherche des origines des phénomènes de l'esprit.

« La forme la plus complète et la plus scientifique de la psychologie *à posteriori* est celle qui considère la loi de l'association comme le principe régulateur d'après lequel les phénomènes mentaux les plus complexes et les plus obscurs se forment d'eux-mêmes ou sont formés avec des éléments plus simples. Le grand problème de cette psychologie est de constater, non pas jusqu'où la loi s'étend, car elle s'étend à tout, idées de sensations, idées d'idées, émotions, désirs, volitions, états divers qui peuvent s'unir entre eux par association sous les deux lois de contiguïté et de ressemblance, et qui, par là, acquièrent la faculté de se suggérer réciproquement. Le problème consiste à déterminer jusqu'à quel point la loi d'association fait ramener à l'unité la variété apparente des phénomènes mentaux ; à déterminer les éléments de l'esprit qui demeurent irréductibles après l'élimination de tous ceux qui peuvent être expliqués par cette méthode ; et comment ces derniers se sont formés de toutes pièces avec ces éléments d'après la loi, ou plutôt d'après les lois d'association.

» Cette méthode d'interprétation a été fréquemment flétrie du nom de matérialisme ; ceux qui savent que l'idéalisme de Berkeley en est issu, diront si ce nom lui convient. Cette théorie de l'esprit n'a aucun lien nécessaire avec le matérialisme au sens où il est un objet de réprobation. Mais si c'est être matérialiste que de rechercher les conditions matérielles des opérations mentales, toutes les théories de l'esprit doivent être matérialistes ou n'avoir point de portée.... Les opérations de l'esprit ont des conditions matérielles ; nul ne peut le nier à moins de contester ce que tout le monde admet aujourd'hui que l'esprit a pour organe le cerveau. Ce point accordé, il n'y a plus rien de matérialiste dans les essais qui ont pour but d'arriver, autant que la physiologie nous le permet, à une connaissance détaillée des rapports qui subsistent entre les manifestations mentales et les états du cerveau ou des nerfs....

 » Il n'est pas douteux que la psychologie basée sur l'association nous montre dans un bon nombre de faits mentaux de l'ordre le plus élevé, le développement en quelque sorte et le produit des faits de l'ordre le plus inférieur. Les philosophes n'ont pas toujours jugé que ce fût un signe dégradant pour les produits nobles que de sortir des matériaux vils; ils ont bien plus souvent obéi au penchant de nous les représenter comme des preuves de la sagesse et de l'art qui président aux arrangements de la nature. Sans vouloir déterminer dans quelle proportion les matériaux de notre nature animale entrent dans la composition des plus nobles phénomènes de l'esprit, sans mesurer la portée de ce fait, il faut l'admettre. Si les plus nobles parties de notre être ne sont pas spontanées et originelles, mais si, au contraire, elles ont été (ou se sont) construites elles-mêmes, avec des matériaux, il est très-important pour l'œuvre de l'éducation et le perfectionnement du caractère de l'homme, de comprendre autant que possible l'opération qui a réuni ces matériaux. Les parties composites de notre être (supposé qu'elles soient telles) ne sont que des produits factices et anormaux. Les produits ne font pas moins partie de l'être humain que les éléments qui les forment. Quand les voiles sont enlevés et qu'on peut contempler une partie de l'opération par laquelle la nature forme le grand et le beau, ils peuvent perdre leur mystère, ils ne perdent leur prestige que pour les esprits vulgaires....

 » On sait bien que les phénomènes mentaux d'un ordre supérieur se développent après ceux de l'ordre inférieur; qu'on se refuse obstinément, si l'on veut, à voir dans la sensation leur origine et leur source, on ne peut échapper à la nécessité d'y voir l'occasion qui met en jeu les lois mentales dont ces phénomènes sont le produit. La première question à se poser en psychologie analytique doit être : de quoi dans l'esprit l'expérience et l'association peuvent-elles rendre compte ? Ce qui ne peut être expliqué, le résidu, doit être provisoirement tenu pour premier; et ce sera l'office de l'observation d'en déterminer les lois et les conditions.

D'autre part quand l'analyse montre qu'un phénomène

n'est qu'une association, il ne faut en admettre le résultat que s'il se présente avec les preuves les plus convaincantes. On en a donné tant comme des vérités prouvées, où, pour être juste, on ne saurait voir autre chose que des conjectures, qu'on ne peut se montrer trop exigeant. Les règles de la logique inductive sont applicables à ce genre de preuve et y doivent être appliquées rigoureusement. Quand les éléments constituants d'un composé y peuvent être discernés par la conscience, il n'y a pas de difficulté. Dans le cas contraire, il se peut que le développement graduel, dont le phénomène est le résultat, tombe sous l'observation directe. Quand il s'agit des phénomènes intellectuels et moraux, nous pouvons pratiquer l'observation sur nous-mêmes; mais quand les phénomènes à expliquer sont le résultat d'une association qui remonte au début de la vie, à un âge dont on ne garde aucun souvenir, on peut encore faire les observations sur les enfants, sur les jeunes animaux ou sur les personnes qui pendant une partie de leur vie ont été privés d'une source d'expérience, de la vue ou de l'ouïe, surtout sur les personnes nées aveugles à qui l'on donne par une opération l'usage des yeux. Cette dernière source d'information est précieuse, mais on en a fait trop peu d'usage....

» Le produit de l'association peut sembler, à la conscience, *sui generis*; il peut n'être pas identique avec tel ou tel de ses éléments, il peut n'être identique avec aucun de ses éléments; on trouve pourtant qu'il se forme par le passage simultané ou suivant une succession immédiate de certaines sensations ou idées dans l'esprit. Si l'effet s'est produit *pari passu*, aussi souvent que cette conjonction d'idées, nous pouvons conclure avec assurance que le phénomène qui nous apparaît simple est un composé de ces idées unies par association. Car nous savons que la répétition a pour effet de nouer toujours plus étroitement les conjonctions d'idées jusqu'à les souder et effacer toute trace de leur ancien isolement....

» Il n'y a peut-être pas de phénomène mental, à l'exception de ceux que l'association présuppose, dont on puisse dire qu'il ne peut pas être un produit de l'association. Mais entre la possibilité d'avoir cette origine et l'avoir en réalité, il y a un abîme; et si le fait n'est pas susceptible de tomber sous l'expérience actuelle, ou si la conjecture ne trouve pas dans le développement de l'esprit soumis à l'observation un fait qui l'appuie, il faut la reléguer avec les hypothèses dont toute la valeur consiste à nous donner des points de repère pour une vérification ultérieure.

Toutefois il y a des cas nombreux et des plus importants où l'explication par la méthode de l'association ne rencontre ni ces difficultés, ni ces incertitudes. Le fait qu'il s'agit d'expliquer peut n'être pas *un* fait mental, mais une conjonction de faits mentals..., c'est souvent une idée suggérée par une autre, et en apparence contenue dans une autre ; et le point à décider est de savoir si le fait arrive nécessairement et par l'effet d'une loi immanente, comme l'infinité qui est, dit-on, impliquée dans les idées de temps et d'espace, et l'extériorité dans celle des objets tangibles. Dans ces cas on peut souvent arriver à une preuve complète que l'idée a pris son origine dans l'association ; la méthode y trouve même ses plus beaux triomphes. Une conjonction de deux idées, quelque étroite et en apparence indissoluble qu'elle soit, n'est pas seulement un effet possible de l'association, c'en est l'effet certain si les conditions nécessaires sont assez souvent répétées, sans qu'il survienne aucun fait capable de produire une contre-association. Il suffit donc de montrer que la conjonction invariable nécessaire pour la formation d'une association inséparable entre les idées correspondantes, a réellement existé entre des phénomènes sensibles dans l'expérience ; si, comme pour le temps et l'espace, on peut démontrer que les choses se sont ainsi passées ; cette conjonction d'expériences sensibles en est la seule cause : une formation expliquée par l'association, telle est la vraie théorie de cette idée, et il est antiphilosophique au suprême degré d'en demander une autre. » (1)

La méthode d'analyse psychologique fondée sur l'association a le double avantage de mener à des théories des conditions formelles de la connaissance, par le procédé même à l'aide duquel la science s'accroît, par l'induction, et de constituer une science inductive de l'esprit, comprenant les lois des diverses réactions que les états mentaux de sensibilité, d'intelligence, de passion et d'activité exercent les uns sur les autres. Cette science essentiellement inductive peut et doit tenir dans la philosophie

---

(1) J. S. Mill, *Dissertations and Discussions*, III, 105 et seq.

positive la place réservée à la théorie des fonctions cérébrales qui n'a pas encore fait son premier pas. La méthode de cette science repose sur une extension hypothétique d'une loi reconnue de la vie animale, la loi d'habitude ou de fréquente répétition : elle ne se met point en contradiction avec les procédés ordinaires des autres sciences, et notamment de la biologie dont elle est le complément, et avec les progrès de laquelle elle doit s'adapter. En outre la constitution de la science de l'esprit par l'établissement de ses lois est indispensable à la constitution d'une théorie de l'évolution sociale capable de nous fournir les théorèmes sur lesquels on puisse construire les règles pratiques qui mènent le plus sûrement, par les procédés les moins onéreux, à l'accomplissement des fins que se propose l'humanité, dans toutes les branches de son activité, de manière à s'affranchir de l'étreinte jusqu'ici inévitable du charlatanisme.

L'examen critique de la philosophie de sir William Hamilton par M. J. S. Mill, contient à côté d'une discussion à fond des doctrines du philosophe écossais sur les questions controversées de métaphysique, la preuve de la supériorité de la méthode psychologique de l'association : on y trouve la solution directe de la plus importante de ces questions et des indications précieuses pour aider à la solution des autres. Aussi M. Littré a-t-il pu dire que cette critique méritait le nom de positive parce qu'elle remplace toujours ce qu'elle renverse (*Journal des Débats*, 6 février 1866), unique moyen de renverser définitivement. A ce titre cet ouvrage remplit à merveille une des lacunes signalées dans l'ensemble des connaissances positives ; il leur donne une théorie expérimentale de la connaissance, et l'on peut avec raison le considérer comme une introduction indispensable à une philosophie qui ne veut pas s'écarter de l'expérience, et dont c'est la prétention et la justification de ne prendre pour base de ses déductions que des généralisations légitimement induites.

LA PHILOSOPHIE DE HAMILTON

CHAPITRE PREMIER

INTRODUCTION.

De tous les philosophes anglais de ce siècle, il n'en est point qui occupe une position plus élevée que Hamilton. De tous les métaphysiciens de la génération actuelle et de la précédente, il est le seul qui ait acquis, sans autre titre une célébrité européenne ; et dans notre pays, non-seulement il a eu le pouvoir de faire revivre l'intérêt pour des études qui n'étaient plus populaires, mais il est devenu en un certain sens le fondateur d'une école de philosophie. Je ne veux pas dire d'une école nouvelle, car ses principes sont les mêmes doctrines qui l'emportent partout depuis l'origine de la réaction soulevée contre Locke et Hume, c'est-à-dire depuis Reid chez nous, et Kant sur le continent. Mais de ces doctrines sont issues plusieurs écoles : celle de Hamilton a, comme toutes les autres, ses caractères distinctifs. Depuis que ces doctrines mères ont reçu en Allemagne et en France des développements nouveaux, la philosophie de Hamilton s'en distingue par des différences grandes en réalité, et plus grandes encore en apparence ; d'ailleurs elle domine les écoles primitives écossaise et anglaise de toute la hauteur où la puissante critique négative de Kant a porté la philosophie. Au prestige d'une œuvre originale, elle unit ainsi le mérite d'être en harmonie avec les idées régnantes. De plus, à un esprit rompu aux spéculations philosophiques auxquelles il était sous bien des rapports très-propre, Hamilton joignait une connaissance d'une étendue et d'une précision peut-être sans égales, de tout ce qu'on avait pensé et écrit sur ces matières. Tous ces avantages réunis ont valu incontestablement à Hamilton l'un des premiers rangs parmi les philosophes de notre siècle.

C'est parce que Hamilton domine tous les philosophes de son école, au moins en Angleterre, que je me suis décidé à rattacher à son nom et à ses écrits les observations et les critiques renfermées dans mon ouvrage. L'importance des questions que mon travail discute lui sert de justification. Les philosophes du continent reprochent souvent à l'Angleterre son indifférence pour la haute philosophie. Mais elle n'a pas toujours mérité ce reproche, et elle a déjà montré à des signes certains qu'elle ne veut plus l'encourir. Ses penseurs recommencent à comprendre, après l'avoir oublié quelque temps, qu'une psychologie vraie est la base scientifique dont ne peuvent se passer la morale, la politique, la science et l'art de l'éducation ; qu'à la base de toutes les sciences on trouve les problèmes de la métaphysique ; qu'on ne s'en débarrassera qu'en les résolvant positivement s'il se peut, mais en tout cas négativement, et que jusque là nous ne serons jamais certains que les connaissances de l'homme, même la physique, reposent sur des bases solides.

Mon livre s'occupera moins de Hamilton que des questions qu'il a débattues. Toutefois il est impossible d'écrire sur ces questions en Angleterre, et de nos jours, sans tenir compte expressément ou tacitement de la pensée de Hamilton. Dans tous les sujets qu'il a remués, Hamilton est l'allié le plus puissant, ou bien plus fréquemment encore, l'adversaire le plus formidable des idées qui composent, à mon avis, une saine philosophie. Sa supériorité tient à deux raisons : il est venu le dernier, il a écrit avec une connaissance entière des erreurs de ses devanciers ; il a été aussi capable qu'aucun d'eux, il a vu plus loin et il a eu plus de franchise. Toutes les fois qu'on conteste une opinion qu'il a exprimée délibérément, il faut examiner de près et apprécier avec soin, la forme qu'il a lui-même donnée à cette opinion, et les arguments qu'il emploie à sa défense ; et comme il est impossible qu'une discussion convenable de ses principales idées ne renferme un jugement de ses doctrines générales, il me semble que je ne ferais pas mal de rendre le jugement aussi complet que possible, en y faisant entrer tous les sujets sur lesquels Hamilton a fait, ou cru faire, progresser la philosophie.

En essayant ainsi de devancer, autant qu'il est possible de le faire aujourd'hui, le jugement de la postérité sur Hamilton et ses travaux, je suis fâché d'avoir sur lui, dans nos débats, l'avantage excessif que donne toujours au critique l'impossibilité où l'adversaire se trouve de répondre. Sans doute, j'aurais pu avoir peu à me féliciter, quant à moi, de sa réponse; car bien qu'il fût d'une loyauté irréprochable dans la discussion, il disputait sans ménagement, et celui qui attaquait ses opinions, même les moins importantes, devait, en retour, s'attendre à être malmené. Mais, ce qui est à mes yeux d'un plus grand prix qu'un succès de polémique, j'aurais connu avec certitude de quelle façon il aurait reçu les objections que j'élève dans ce volume. J'ai vivement senti comme Platon qu'on peut apprendre bien davantage en discutant avec un homme qui pose des questions et fait des réponses, qu'en méditant sur un livre qui ne le peut pas. Cependant il n'était pas possible de prendre une idée générale des doctrines de Hamilton, tant qu'elles n'étaient connues dans le monde que par les fragments publiés pendant sa vie. Son cours, l'exposé le plus complet et le seul systématique de sa philosophie, n'a été publié qu'après sa mort; l'expression définitive et la plus mûrie de ses idées, les Dissertations sur Reid, à peine à moitié publiées, finissaient au milieu d'une phrase; et tant qu'il vécut, ses lecteurs en attendirent l'achèvement. Son cours, il est vrai, a ajouté moins qu'on ne pensait à la connaissance que nous avions déjà des doctrines de l'auteur; mais enfin c'est quelque chose de savoir que nous possédons aujourd'hui tout ce que nous pouvons jamais avoir; et bien que nous eussions été heureux de connaître l'opinion de Hamilton sur un plus grand nombre de sujets, il ne nous était pas possible de connaître plus complétement qu'à présent ses idées sur les points auxquels il attachait la plus grande importance, et qui restent liées à son nom et à sa renommée.

CHAPITRE II

RELATIVITÉ DE LA CONNAISSANCE HUMAINE.

La doctrine qui appartient de la manière la plus spéciale à Hamilton, et qui sert de base à son opposition au transcendantalisme des derniers métaphysiciens français et allemands, est appelée par lui et par d'autres du nom de « *Relativité de la connaissance humaine* ». C'est le sujet du plus connu et du plus saisissant de ses écrits, celui qui le premier révéla aux lecteurs des ouvrages de métaphysique en Angleterre, qu'un génie nouveau était apparu dans la philosophie. Cette doctrine avec ses développements forme la « *Philosophie du conditionné* », que Hamilton opposait aux philosophies allemande et française de l'absolu, et que la plupart de ses admirateurs regardent comme le plus sérieux de ses titres à une place dans l'histoire de la métaphysique.

Mais l'expression « *Relativité de la connaissance* », comme toutes celles où entrent les mots relatif ou relation, est vague et peut recevoir un grand nombre de sens. Dans l'un de ses sens, elle nous offre une proposition touchant la nature et les limites de notre connaissance, à mon avis, vraie, fondamentale, et pleine de conséquences importantes en philosophie. Mais en perdant de cette ampleur, la signification se dégrade et passe par diverses nuances successives, jusqu'à ce qu'elle aboutisse à un lieu commun décoloré, sans conséquence, et qu'il ne vaut pas la peine d'énoncer. Par conséquent, quand un philosophe attache une grande importance à la relativité de notre connaissance, il est nécessaire de faire subir à ses écrits un examen sérieux et de les forcer à révéler ce qu'il entend par cette locution.

Parmi ces acceptions, il en est une que notre sujet nous permet de mettre de côté, quoiqu'on puisse la soutenir et qu'elle exprime une loi réelle et importante de notre esprit. Elle consiste à dire que nous ne connaissons une chose qu'en tant que distincte de quelque autre chose; que tout fait de conscience exprime une différence; que deux objets sont le minimum nécessaire pour constituer la conscience; qu'on ne voit une chose comme elle est que par opposition à ce qu'elle n'est pas. De hautes autorités sanctionnent l'usage des termes relativité de la connaissance en ce sens (1), et je n'ai point à les blâmer. Mais ce n'est pas de cette façon d'entendre la relativité que nous avons à nous occuper à présent; en effet, ce n'est pas ce sens que Hamilton donne d'ordinaire à la relativité, quoiqu'il reconnaisse pleinement la vérité qu'elle exprime. En général, quand il dit que toute connaissance est relative, la relation qu'il a en vue n'est pas entre la chose connue et d'autres objets comparés avec elle, mais entre la chose connue et l'esprit qui connaît.

Toutes les langues reconnaissent une distinction entre moi, l'Ego et un monde matériel ou spirituel, ou l'un et l'autre à la fois, extérieur à moi, mais dont je peux prendre connaissance d'une certaine façon, et dans une certaine mesure. Les questions les plus fondamentales en philosophie sont celles qui ont pour but de déterminer en quoi nous pouvons connaître ces objets extérieurs, et quel témoignage nous les fait connaître.

En examinant les différentes opinions qu'on a ou qu'on peut avoir sur ce sujet, nous simplifierons beaucoup l'exposition, si nous nous bornons d'abord aux objets physiques, ou comme on les appelle vulgairement les objets matériels. Il va sans dire que ces objets nous sont connus par l'intermédiaire des sens. C'est par ces canaux et non autrement que nous apprenons sur eux tout ce que nous pouvons en savoir. Sans les sens nous ne les connaîtrions pas, et nous n'en soupçonnerions pas l'existence. Nous ne savons d'eux rien de plus que ce que les sens

---

(1) En particulier, M. Bain.

nous disent, et la nature ne nous offre aucun moyen d'en savoir davantage. Prise au sens vulgaire des mots, personne ne nie cette vérité, quoiqu'il y ait des penseurs qui aiment mieux l'exprimer autrement.

Cependant il y a des opinions contradictoires sur la question de savoir *ce que c'est* que les sens nous disent sur les objets. Sur une partie de ce qu'ils nous apprennent, il n'y a pas de dispute. Ils nous disent nos sensations. Les objets excitent ou éveillent en nous certaines sensations. Les sensations auxquelles les objets donnent lieu sont au moins une partie de ce que nous connaissons des objets. Ce que nous appelons les propriétés de l'objet, ce sont ses facultés de produire des sensations dans notre conscience. Prenons un objet familier, une orange par exemple. Elle est jaune ; c'est-à-dire, elle nous imprime par le sens de la vue une certaine sensation de couleur. Elle est molle ; en d'autres termes, elle produit, par l'intermédiaire de notre sensibilité musculaire, une sensation de résistance vaincue par un léger effort. Elle est douce ; car elle cause une espèce particulière de sensation agréable par l'entremise de l'organe du goût. Elle est d'une forme globuleuse quelque peu aplatie aux extrémités : nous l'affirmons sur le témoignage des sensations qu'elle cause en nous, au sujet desquelles les psychologues débattent encore la question de savoir si elles nous sont arrivées primitivement par le toucher et les muscles seuls, ou aussi par l'organe de la vue. Quand nous ouvrons l'orange, nous découvrons un certain arrangement de parties, qu'on distingue en ce qu'elles sont sous certains rapports différentes les unes des autres ; mais nous n'avons aucune mesure, aucune preuve de leur différence, si ce n'est qu'elles nous donnent des sensations différentes les unes des autres. La peau, la pulpe, le jus diffèrent entre eux par la couleur, le goût, l'odeur, le degré de consistance (c'est-à-dire par la résistance à la pression), qualités qui sont toutes des différences de nos sensations. Les parties sont, en outre, *en dehors* les unes des autres, elles occupent différentes parties de l'espace : et même on soutient (en dépit des violentes protestations soulevées par cette opinion), que cette distinction peut se réduire à une différence de nos sensations. Après cette analyse, on affirme que tous les attributs, que nous assignons aux objets, consistent en ce qu'ils ont le pouvoir d'exciter telle ou telle variété de sensation dans nos esprits ; que pour nous les propriétés d'un objet ont cette signification et pas d'autre ; qu'un objet n'est pour nous rien de plus que ce qui affecte nos sens d'une certaine manière ; que nous sommes incapables d'attacher au mot objet un autre sens ; qu'un objet imaginaire est une conception, telle que nous pourrions nous la former, de quelque chose qui affecterait nos sens d'une manière nouvelle ; de sorte que notre connaissance des objets, et même nos fictions sur des objets, ne se composent que des sensations qu'ils excitent, ou que nous imaginons qu'ils exciteraient en nous.

Telle est la doctrine de la Relativité de la Connaissance par rapport à l'esprit qui connaît, dans la plus simple, la plus pure, et je le crois, la plus propre acception des mots. Cependant, il y a deux formes de cette doctrine, qui diffèrent essentiellement l'une de l'autre.

Suivant une de ces formes, les sensations que nous recevons des objets sont non-seulement tout ce que nous pouvons connaître des objets, mais aussi tout ce dont nous avons quelque raison d'admettre l'existence. Ce que nous appelons un objet n'est qu'une conception complexe, composée par les lois d'association, des idées des diverses sensations que nous avons coutume de recevoir ensemble. Il n'y a de réel dans l'opération que nos sensations. Ce n'est pas au hasard qu'elles vont de conserve ou à la suite les unes des autres ; elles sont groupées par une loi, c'est-à-dire qu'elles se présentent en groupes fixes et dans un ordre fixe de succession ; mais rien ne nous prouve qu'il y ait quelque chose qui, sans être lui-même une sensation, soit un substratum ou une cause secrète de sensations. L'Idée d'un tel substratum est une pure création de l'esprit, et nous n'avons aucune raison de penser qu'il y ait au dehors de nos esprits une réalité qui lui corresponde. On dit que les partisans de cette opinion doutent de l'existence de la matière ou la nient. On les appelle quelquefois Idéalistes, quelquefois Sceptiques, suivant leurs autres opinions. De ce nombre sont les disciples de Berkeley et ceux de Hume. Parmi les penseurs modernes, le pénétrant et accompli professeur Ferrier me semble aboutir tout à fait au même point, bien qu'il suive un sentier détourné et qu'il s'exprime avec un langage très-différent. Ces philosophes soutiennent la relativité de notre connaissance dans sa forme la plus extrême, puisqu'ils affirment, non-seulement que tout ce que nous pouvons connaître d'une chose c'est la manière dont cette chose affecte les facultés humaines, mais encore qu'il n'y a rien autre à connaître ; que les impressions de l'esprit humain ou d'autres esprits constituent les seuls êtres que nous pouvons connaître.

Ce n'est cependant pas sous cette forme que l'on voit soutenir d'ordinaire la doctrine de la Relativité de notre Connaissance. Pour la plupart de ceux qui la défendent, la différence du Moi et du Non-moi n'est pas seulement une différence de mots, ni une distinction de forme portant sur deux aspects de la même réalité, mais elle exprime deux réalités qui ont l'une et l'autre une existence séparée et indépendante. Dans la phraséologie qu'ils empruntent aux Scolastiques, les Transcendantalistes d'Allemagne considèrent le Noumène comme étant en soi une chose différente du Phénomène et également réelle ; plusieurs d'entre eux diraient même plus réelle, puisqu'il est la Réalité permanente dont l'autre n'est que la manifestation passagère. Ils croient qu'il y a un univers réel de « Choses en Soi » et que toutes les fois qu'il se fait une impression sur nos sens, il y a une « Chose en soi » cachée derrière le phénomène, et qui le cause. Mais quant à ce que cette Chose *est* « en soi », comme nous n'avons pour communiquer avec elle que nos sens, nous n'en pouvons savoir que ce que nos sens nous disent, et comme ils ne nous disent que l'impression faite sur *nous* par la chose, nous ne savons pas du tout ce qu'elle est *en soi*. Nous supposons (au moins ces philosophes supposent) qu'elle doit être quelque chose « en soi » ; mais tout ce que nous savons d'elle est relatif à nous, et consiste dans le pouvoir de nous impressionner de certaine façon, ou comme on dit en termes techniques, de produire des Phénomènes. Les choses extérieures existent et ont une nature intime, mais cette nature intime est inaccessible à nos facultés. Nous ne la connaissons pas et nous n'en pouvons rien affirmer qui ait un sens. De ces réalités dernières nous ne connaissons que l'existence et rien de plus. Mais les impressions qu'elles font sur nous, les sensations qu'elles excitent, les similitudes, le groupement et les successions de ces sensations, ou pour tout dire en un mot usité, bien qu'impropre, les *représentations* engendrées dans nos esprits par l'action des Choses en soi, — nous pouvons les connaître et nous ne pouvons connaître qu'elles. On conçoit que dans un état futur d'existence nous pourrions connaître davantage, et que des intelligences supérieures à la nôtre puissent connaître davantage. Et même, cela ne peut être vrai qu'en ce sens, qu'une personne à l'aide de ses yeux connaît plus qu'un aveugle-né, ou encore que nous connaîtrions davantage, si nous étions doués de deux ou trois autres sens. Nous aurions plus de sensations; il y aurait pour nous des phénomènes dont nous n'avons à présent aucune conception; et nous pourrions connaître mieux que nous ne le faisons présentement des choses qui sont comprises dans notre expérience actuelle; en effet, si de nouvelles impressions venaient se lier aux anciennes, comme les anciennes se lient les unes aux autres par les lois de succession et de coexistence, nous aurions des signes nouveaux nous indiquant des phénomènes connus dans des cas où sans eux nous n'aurions pu les connaître. Mais cette connaissance additionnelle serait, comme celle que nous possédons maintenant, purement phénoménale. Nous ne connaîtrions, pas plus qu'à présent, les choses telles qu'elles sont en soi, mais seulement un plus grand nombre de relations entre ces choses et nous. Et dans le seul sens que nous puissions attacher au mot, toute connaissance acquise par une Intelligence, quelque puissante qu'on la suppose, ne peut être que relative à l'Esprit qui connaît. Si les choses ont une nature intime distincte non-seulement des impressions qu'elles produisent, mais de celles qu'elles sont aptes à produire sur un être sentant, cette nature intime est inconnaissable, inscrutable, inconcevable, non-seulement pour nous, mais pour toute autre créature. Quand on dit que le Créateur la connaît, on se sert de mots qui n'ont pour nous aucun sens, parce que nous n'avons point de facultés qui nous fassent comprendre qu'il y ait pour lui un tel objet de connaissance.

Telle est la forme sous laquelle la doctrine de la Relativité de la Connaissance est comprise par le plus grand nombre de ceux qui la professent, en attachant au mot une idée précise. Ils se divisent en plusieurs écoles, et quelques-unes apportent à la doctrine des modifications considérables.

Tous s'accordent à reconnaître que nous ne connaissons des Noumènes ou Choses en soi que leur pure existence, que toute notre connaissance des choses n'est qu'une connaissance de quelque chose en nous qui tire son origine des choses en soi ; mais il y a des penseurs qui soutiennent que cette connaissance relative ne se compose pas en entier, uniquement, de nos sensations et de la cause extérieure qui les produit. Les attributs que nous assignons aux choses extérieures, ou ceux au moins qui ne peuvent en être séparés dans la pensée, contiennent, affirme-t-on, d'autres éléments outre les sensations, *plus* une cause inconnaissable. Ces éléments additionnels ne sont encore que relatifs, car ils ne sont pas dans les objets eux-mêmes, et nous n'avons aucune preuve qu'il y ait dans les objets quelque chose qui leur corresponde. C'est l'esprit lui-même qui les ajoute, et ils appartiennent non pas aux choses, mais à nos perceptions et conceptions des choses. Les propriétés dont on peut concevoir que les objets soient dépouillés, telles que la douceur ou l'aigreur, la dureté ou la mollesse, la chaleur ou le froid, le blanc, le rouge ou le noir, ces propriétés, on l'admet quelquefois, n'existent que dans nos sensations. Mais les attributs qui consistent à remplir l'espace, à occuper une partie du temps, ne sont pas des propriétés de nos sensations à leur état brut, elles ne sont pas davantage des propriétés des objets, et il n'y a pas dans les objets un prototype de ces attributs. Ils résultent de la nature et de la structure de l'esprit lui-même, qui est constitué de telle sorte qu'il ne peut recevoir des impressions des objets, si ce n'est dans ces modes particuliers. Nous voyons une chose en un lieu, non parce que le Noumène, la chose en soi, est en un lieu, mais parce que c'est la loi de notre faculté de perception de voir en un lieu tout ce que nous voyons. Le lieu n'est pas une propriété de la chose, mais un mode sous lequel l'esprit est contraint de la représenter. Le temps et l'espace ne sont que des modes de nos perceptions, non des modes d'existence, et il se peut que des intelligences plus élevées ne leur soient pas soumises. Les choses en soi ne sont ni dans le temps ni dans l'espace, bien que nous ne puissions nous les représenter que sous cette double condition. De plus, quand nous disons d'une chose qu'elle est une ou multiple, un tout ou une partie d'un tout, une substance possédant des accidents ou un accident dévolu à une substance; quand nous nous la figurons produisant des effets, ou produite par une cause (je passe d'autres attributs qu'il n'est pas nécessaire d'énumérer ici), nous lui attribuons des propriétés qui n'existent pas dans la chose même, mais dont elle est revêtue par les lois de notre faculté de conception; ce sont des propriétés non des choses, mais de notre manière de les concevoir. Nous sommes forcés par notre nature de nous représenter les choses sous ces formes, mais elles ne sont pas les formes des choses. Les attributs n'existent qu'en relation avec nous, et comme des lois intimes des facultés humaines; mais ils diffèrent de la succession et de la durée en ce qu'ils sont des lois de notre faculté intellectuelle et non de notre faculté de sentir. On les appelle en langage technique Catégories de l'Entendement. Voilà la doctrine de la Relativité de notre connaissance telle qu'elle a été soutenue par Kant, et à sa suite par plusieurs philosophes allemands, anglais et français.

A côté de cette philosophie, il y en a une autre plus vieille en date, qui bien qu'elle ait été temporairement éclipsée et souvent traitée dédaigneusement par la première, paraît, suivant toutes les probabilités, appelée à lui survivre. Elle admet avec Kant que les Choses en soi sont inconnaissables, et reconnaît avec lui que nous revêtons mentalement les objets de nos perceptions d'attributs qui n'indiquent pas tous, comme la blancheur, la douceur, des sensations spécifiques, mais qui sont dans quelque cas le résultat des lois de l'esprit; cependant elle ne pense pas qu'il soit nécessaire d'assigner à l'esprit certaines formes innées dans lesquelles les objets viennent (pour ainsi dire) se mouler, mais elle admet que le Lieu, l'Étendue, la Substance, la Cause, sont des conceptions composées d'idées de sensations, en vertu des lois d'association. Cette doctrine, qui est celle de Hartley, de James Mill, du professeur Bain, et d'autres penseurs éminents et qui peut se concilier soit avec l'admission, soit avec le rejet de la théorie de Berkeley, est la forme extrême de l'un des modes de la doctrine de la Relativité, comme celle de Kant est la forme extrême de l'autre mode. Les deux systèmes acceptent la doctrine de la Relativité dans son sens le plus large, elles proclament que nos facultés ne peuvent absolument connaître des choses, que les impressions qu'elles produisent sur notre esprit conscient.

Entre ces deux systèmes, il s'en place plusieurs qui se rapprochent de l'un ou de l'autre suivant que leurs auteurs ont accordé plus ou moins, les uns à l'ameublement primitif de l'esprit, les autres aux associations produites par l'expérience. Brown, par exemple, regarde notre notion de l'Espace ou de l'Étendue comme un produit d'association, tandis que plusieurs de nos idées intellectuelles sont à ses yeux des faits derniers et indécomposables. Mais il accepte, dans toute son étendue, la doctrine de la Relativité de notre connaissance, et pense que, bien que nous soyons assurés de l'existence d'un monde extérieur à l'Esprit, la connaissance que nous en avons est absolument limitée aux modes suivant lesquels il fait impression sur nous. M. Herbert Spencer, l'un des métaphysiciens les plus pénétrants de nos jours, professe la même doctrine d'une manière très propre à faire impression. Dans ses « *First Principles* », il insiste avec force sur la certitude de l'existence des Choses en soi, et il affirme avec la même vigueur qu'elles sont reléguées absolument et pour toujours dans la région de l'Inconnaissable (1). Telle est aussi, il me semble, la doctrine d'Auguste Comte. Ce penseur soutenait avec une grande énergie que les Noumènes sont inconnaissables à nos facultés, mais son aversion pour la métaphysique l'empêchait d'exprimer une opinion précise sur leur existence réelle, que cependant son langage admet toujours implicitement.

Il est évident que, bien que nous ayons dit que les Choses « en elles-mêmes » sont inconnaissables, cela ne nous empêche pas de leur assigner des attributs ou des propriétés, pourvu que nous les concevions toujours comme relatifs à nous. Si une chose produit des effets dont notre vue, notre ouïe, ou notre toucher peuvent prendre connaissance, il en résulte, et c'est la même proposition en d'autres termes, que la chose a le *pouvoir* de produire ces effets. Ces divers pouvoirs sont ses propriétés et il y en a une multitude indéfinie que notre connaissance peut atteindre. Mais cette connaissance est purement phénoménale. L'Objet ne nous est connu que dans une relation spéciale, c'est-

---

(1) Voyez plus bas, une note à la fin du chapitre ix.

à-dire comme ce qui produit ou est capable de produire certaines impressions sur nos sens, et nous ne connaissons réellement que ces impressions. Ce sens négatif est tout ce que signifie la proposition que nous ne pouvons connaître la Chose en soi ; que nous ne pouvons connaître sa nature intime ou essence. La nature intime d'une chose peut être regardée comme une chose inconnue qui, si nous la connaissions, expliquerait tous les phénomènes que la Chose nous expose. Mais cette Chose inconnue est une supposition gratuite. Nous n'avons pas de raison de supposer qu'il existe quelque chose dont la connaissance satisferait notre intelligence et résumerait pour ainsi dire en une seule proposition tous les attributs du sujet susceptibles d'être connus. De plus, s'il y avait une propriété centrale de cette espèce, elle ne répondrait pas à l'idée « d'une nature intime » ; car si elle peut être connue par une intelligence, elle doit être, comme toutes les autres propriétés, relative à l'intelligence qui la connaît, c'est-à-dire qu'elle doit être une impression spécifique reçue par cette intelligence, car nous n'avons pas d'autre idée de la manière de connaître ; c'est le seul sens dans lequel le verbe *connaître* signifie quelque chose.

Sans doute il serait absurde de supposer que notre vocabulaire épuise les possibilités de l'Être. Il peut y en avoir des modes innombrables inaccessibles à nos facultés, et que par conséquent nous sommes incapables de nommer. Mais nous ne devrions pas appliquer à ces modes de l'Être un des noms que nous possédons. Ils sont tous inapplicables parce qu'ils représentent tous des modes connus de l'Être. Nous pourrions inventer des noms nouveaux pour ces modes inconnus ; mais les nouveaux noms n'auraient pas plus de sens que x, y, z, en algèbre. Le seul nom que nous puissions leur donner qui exprime réellement un attribut, c'est le mot Inconnaissable.

La doctrine de la Relativité de notre connaissance, au sens que nous venons d'exposer, a une grande valeur et une grande signification ; elle imprime son cachet à l'ensemble de la philosophie de celui qui l'adopte, et elle est la pierre de touche des deux seuls systèmes possibles de Métaphysique et de Psychologie. Mais on peut la comprendre et on la comprend, au moins de deux autres manières. Dans l'une d'elles, au lieu d'être un principe net et important, elle exprime quelque chose de tout à fait insignifiant, que personne n'a jamais mis et n'a jamais pu mettre en question. Supposons qu'un philosophe soutienne que certaines propriétés des objets sont dans la Chose et non dans nos sens ; dans la chose elle-même, non pas comme on pourrait dire que la blancheur est dans la chose (c'est-à-dire qu'il y a dans la chose un pouvoir par lequel elle produit en nous la sensation de blanc), mais d'une façon toute autre ; supposons qu'il admette que ces propriétés nous sont connues, non pas d'une manière indirecte, comme des causes hypothétiques auxquelles nous rapportons nos sensations, mais par une perception directe dans l'objet extérieur. Supposons que le même philosophe affirme néanmoins avec énergie que toute notre connaissance est purement phénoménale et relative à nous ; que nous ne connaissons rien et ne pouvons connaître rien des objets extérieurs, si ce n'est relativement à nos propres facultés. Notre premier sentiment, en entendant ce philosophe professer à la fois ces deux doctrines, ne serait-il pas l'ébahissement, et ne nous demanderions-nous pas ce qu'il peut vouloir dire par la dernière ? Il semble qu'il veut dire l'une ou l'autre de ces deux banalités : ou bien que nous ne pouvons connaître que ce que nous avons le pouvoir de connaître, ou bien encore que toute notre connaissance est relative à nous, parce que c'est nous qui la connaissons.

Il y a une manière de comprendre la doctrine de la Relativité, qui trouve place entre ces vulgarités insignifiantes et la doctrine féconde que nous avons exposée auparavant. On peut dire que la perception des Choses, telles qu'elles sont en elles-mêmes, ne nous est pas entièrement refusée, mais qu'elle est si mêlée et si confondue avec les impressions dérivées de leur action sur nous, qu'elle donne un caractère relatif à tout l'ensemble. Notre connaissance absolue peut être viciée et déguisée par la présence d'un élément relatif. Notre faculté de percevoir les choses comme elles sont en elle-mêmes, dira-t-on, quoique réelle, a ses lois propres, ses conditions propres, et son mode nécessaire d'opération ; par conséquent, nos connaissances dépendent non-seulement de la nature des Choses à connaître, mais aussi de celle de la faculté de connaître, de même que notre vue dépend non-seulement de l'objet vu, mais encore de la structure de notre œil. Si l'œil n'était pas achromatique, nous verrions les objets visibles avec les couleurs dérivées de l'organe aussi bien qu'avec celles qui émanent réellement de l'objet. Supposant, donc, que les Choses en elles-mêmes sont l'objet naturel et propre de notre faculté de connaître, et que cette faculté fait à l'esprit un rapport de ce qui est dans la Chose en soi, séparée de ses effets sur nous, il y aurait encore une part d'incertitude dans ces rapports, parce que nous ne pouvons savoir positivement si l'œil de notre esprit est achromatique, et si les nouvelles qu'il nous apporte du Noumène n'arrivent pas colorées et falsifiées, à un degré qu'on ne peut apprécier, par une influence dérivée des conditions nécessaires de l'action intellectuelle. En un mot, nous pouvons regarder les Choses en soi, mais à travers des verres imparfaits : il se peut que ce que nous voyons soit la vraie chose, mais les couleurs et les contours que le verre nous transmet peuvent être en partie des illusions d'optique. Voilà une opinion possible ; et celui qui, en la soutenant, parlerait de la Relativité de notre connaissance, n'emploierait pas un mot tout à fait dépourvu de sens. Cependant il ne pourrait, logiquement, affirmer que *toute* connaissance est relative ; puisqu'il pense que nous sommes capables d'acquérir une connaissance absolue, mais que nous sommes susceptibles de nous tromper et de prendre la connaissance relative pour l'absolue.

Lequel de ces divers sens est celui de la doctrine de la Relativité d'après Hamilton, si c'est un de ces sens ? C'est à cette question plus embarrassante qu'on ne pourrait le croire, que nous tâcherons de répondre dans le chapitre suivant.

CHAPITRE III

DOCTRINE DE LA RELATIVITÉ DE LA CONNAISSANCE HUMAINE D'APRÈS HAMILTON.

Il serait difficile d'affirmer avec plus d'énergie et d'une manière plus explicite que Hamilton ne l'a fait, que les choses en elles-mêmes nous sont tout à fait inconnaissables et que tout ce que nous pouvons connaître d'une chose c'est sa relation avec nous, composée des phénomènes et limitée aux phénomènes qu'elle présente à nos organes. Qu'on me permette de citer un passage de l'un des Appendices aux « Discussions » (1).

« Toute la Connaissance que nous avons de l'esprit et de
» matière est relative, conditionnée, relativement condi-
» tionnée. Des choses considérées d'une manière absolue, ou
» en elles-mêmes, qu'elles soient internes ou qu'elles soient
» externes, nous ne savons rien, ou nous savons qu'elles ne
» peuvent être connues; et nous acquérons la certitude de leur
» existence incompréhensible, seulement à mesure qu'elle se
» révèle à nous indirectement et accidentellement par certaines
» qualités en rapport avec nos facultés, qualités que nous ne
» pouvons penser inconditionnées, sans Relations, existantes
» en elles-mêmes et par elles-mêmes. Tout ce que nous con-
» naissons est donc phénoménal, et phénoménal de l'inconnu...
» Et on ne le nie pas; car on avoue communément que quant

---

(1) *Discussions on Philosophy*, p. 643.

» à la substance, nous ne savons pas ce qu'est la Matière, et
» que nous ignorons ce qu'est l'Esprit. »

A côté de ce passage, on pourrait en citer plusieurs autres également énergiques, et en apparence également décisifs ; j'aurai l'occasion d'en citer plusieurs. Cependant au sens que les phrases de l'auteur semblent exprimer, au seul sens de quelque valeur qu'on puisse leur attacher, elles affirment des idées qui ne sont certainement pas celles de Hamilton. Il n'admettait nullement que nous ne connaissions des objets que leur existence, et les impressions produites par eux sur l'esprit humain. Il affirme ce principe pour ce que les métaphysiciens appellent les Qualités secondaires de la Matière, mais il le nie pour les Qualités primaires.

Sur ce point, ses déclarations sont très-explicites. Une de ses dissertations les plus travaillées est consacrée à l'exposition de cette distinction. Elle commence ainsi (1) :

« La doctrine du Présentationisme Réel, la base du Réalisme
» Naturel » (doctrine de l'auteur lui-même) « affirme la con-
» science ou la perception immédiate de l'existence objective de
» certains attributs essentiels de la Matière ; tandis qu'elle
» admet que d'autres propriétés de la matière sont inconnues
» en elles-mêmes et qu'elles ne sont que des causes supposées
» pour expliquer certaines impressions subjectives dont nous
» prenons connaissance en nous-mêmes. Cette distinction, qui
» pour d'autres systèmes est contingente, superficielle, extrin-
» sèque, mais qui pour le Réalisme Naturel est nécessaire, ra-
» dicale, intrinsèque, se trouve d'accord avec celle qu'on admet
» généralement depuis Locke, et qui divise les Qualités de la
» Matière ou du Corps en Primaires et Secondaires. »

Plus loin (2) il dit, en donnant un nouveau développement à ce qu'il appelle le Réalisme Naturel, « que nous n'avons pas
» simplement une notion, une conception, une imagination,
» une représentation subjective — de l'Étendue, par exemple,
» — évoquée ou suggérée d'une manière incompréhensible dans
» l'esprit, à l'occasion d'un objet étendu présenté aux sens ;
» mais que nous avons réellement dans la perception de cet

---

(1) *Dissertations ajoutées à l'édition des Œuvres de Reid*, par Hamilton, p. 825.
(2) *Dissertations*, p. 842.

» objet, comme naturellement nous croyons l'avoir, une con-
» naissance immédiate de cet objet extérieur *en tant qu'étendu.* »

» Si (1) nous ne sommes pas doués de la faculté de percevoir
» une Réalité étendue, nous ne sommes pas doués de la faculté
» de percevoir le corps en tant qu'existant ; car le corps existe
» et ne peut être connu immédiatement et en lui-même *que*
» *comme étendu.* Le monde matériel, dans cette supposition,
» devient quelque chose d'inconnu, de problématique ; et son
» existence, si elle n'est pas niée, ne peut être affirmée que
» d'une manière dubitative. Il n'est plus que la cause occulte,
» ou l'occasion incompréhensible de certaines affections subjec-
» tives que nous éprouvons sous la forme d'une sensation de la
» qualité secondaire ou d'une perception de la primaire. »

Non-seulement dans l'opinion de Hamilton nous connaissons par conscience ou perception immédiate certaines propriétés des Choses elles-mêmes, mais nous pouvons aussi connaître ces propriétés comme elles sont dans les choses par démonstration *à priori.*

« La notion de corps étant donnée (2), toute qualité primaire
» doit s'en déduire, comme impliquée dans cette notion, indé-
» pendamment de toute expérience ». « Les qualités (3) pri-
» maires peuvent être déduites *à priori*, la notion pure de ma-
» tière étant donnée, puisque, en fait, elles ne sont que le
» dégagement des conditions impliquées nécessairement dans la
» notion ». Il va jusqu'à dire que notre croyance des qualités primaires est non-seulement nécessaire parce qu'elle est impliquée dans un fait dont nous avons une perception immédiate, mais nécessaire en soi, par l'effet de notre constitution mentale. Il croit (4) que « nous sommes contraints d'admettre,
» indépendamment de l'expérience, que chaque partie de ma-
» tière opposerait une résistance insurmontable à tout effort
» destiné à la priver de son espace et à la réduire à n'en oc-
» cuper aucun ».

Ce qui suit est encore plus caractéristique (5). « Les Qualités
» Primaires sont aperçues telles qu'elles sont dans les corps ;

---

(1) *Dissertations*, p. 842.
(2) *Ibid.*, p. 844.
(3) *Ibid.*, p. 846.
(4) *Ibid.*, p. 848.
(5) *Ibid.*, p. 857-858.

» les Secondaires telles qu'elles sont en nous : Les Secondo-
» primaires » (troisième classe créée par l'auteur pour les propriétés mécaniques de la matière, en tant qu'elles se distinguent de ses propriétés géométriques) « telles qu'elles sont dans
» les corps et telles qu'elles sont en nous..... Nous connaissons
» les Qualités Primaires immédiatement comme objet de per-
» ception ; les Secondo-Primaires, à la fois immédiatement
» comme objet de perception, et médiatement comme causes de
» sensation ; les Secondaires seulement médiatement comme
» causes de sensation. En d'autres termes : les Primaires sont
» connues immédiatement, en elles-mêmes ; les Secondo-Pri-
» maires à la fois immédiatement en elles-mêmes et médiatement
» dans leurs effets sur nous ; les Secondaires seulement d'une
» façon médiate dans leurs effets sur nous.... Dans les Qualités
» Primaires, notre conscience nous présente, à titre d'objets,
» des modes d'un non moi ; dans les Secondaires des modes du
» moi ; et dans les Secondo-Primaires des modes du moi et
» d'un non-moi à la fois. »

Il n'y a pas lieu de s'étonner que Hamilton professe ces opinions ; elles sont admises par la majorité des métaphysiciens. Mais ce qui surprend, c'est qu'en les adoptant, il ait cru, ou que d'autres aient cru, qu'il admettait la Relativité de notre Connaissance. Pour lui, il n'y a de relatif, en donnant à ce mot une signification effective, que la connaissance des Qualités secondaires des objets. Il affirme positivement que nous avons une intuition immédiate de l'Étendue, et des autres Qualités Primaires « comme elles sont dans les corps », — « comme des modes d'un non-moi » ; ce qui les distingue expressément des qualités connues simplement comme causes de certaines impressions sur nos sens et nos esprits. Il ne peut y avoir eu de contradiction dans ses propres idées entre les deux doctrines qu'il regardait comme les fondements de son système ; on en est donc réduit à se demander laquelle des deux il faut prendre dans un sens détourné. Est-ce la théorie d'après laquelle nous connaissons certaines propriétés comme elles sont dans les choses ? A en juger par une note de la même dissertation, on pourrait le croire. On y lit (1) : « Quand je dis qu'une

---

(1) *Dissertations*, p. 866.

» chose est connue en elle-même, je ne veux pas dire qu'elle est
» connue dans son existence absolue, c'est-à-dire en dehors de
» toute relation avec nous. C'est impossible ; car nous ne con-
» naissons rien qui ne soit relatif. La connaissance d'une chose
» en elle-même, ou la connaissance immédiate de cette chose
» est une façon de parler que j'emploie en opposition à « la con-
» naissance d'une chose dans la représentation, ou connaissance
» médiate de cette chose ». En d'autres termes, il veut dire simplement que nous percevons les objets directement et sans l'intermédiaire des *espèces sensibles* de Lucrèce, ou des Idées de
Berkeley, ou des modifications mentales de Brown. Supposons
que ce soit vrai, et que notre connaissance des objets soit l'effet
d'une perception directe. Il reste encore une question : cette
connaissance est-elle la connaissance des objets tels qu'ils sont
en eux-mêmes, ou seulement tels qu'ils sont relativement à
nous? Or, pour Hamilton, qu'est cette connaissance? Connaissons-nous seulement les effets que la Chose fait sur nous,
ou connaissons-nous autre chose ? Il déclare en termes fort
clairs que nous connaissons quelque chose de plus. Cette connaissance n'est donc pas tout à fait relative à nous. Si ce que
nous percevons dans la chose est quelque chose dont nous ne
savons rien, si ce n'est qu'il existe, qu'il cause des impressions
sur nous, notre connaissance de la Chose n'est que relative.
Mais si ce que nous percevons, ce dont nous prenons connaissance, n'est pas seulement une cause de nos impressions subjectives, mais une chose qui possède dans sa nature propre
et dans son essence, une longue liste de propriétés, l'Impénétrabilité, le Nombre, la Grandeur, la Figure, la Mobilité,
la Position, toutes perçues comme des « attributs essentiels »
de la Chose « dans son existence objective », toutes perçues
comme « des Modes d'un Non-Moi » et non comme des causes
occultes des Modes du Moi (et Hamilton recourt à toutes les
formes du langage pour l'affirmer, il ne néglige rien pour
nous faire saisir l'étendue de la distinction); s'il en est ainsi, je
voudrais croire qu'en affirmant que cette connaissance est entièrement relative au Moi, un penseur de la valeur de Hamilton
a voulu dire quelque chose, mais je suis bien embarrassé pour
découvrir ce que c'est.

Nous nous attendions à trouver l'éclaircissement de cette

difficulté dans l'exposition du système de la Relativité de la connaissance humaine, dans le premier volume du Cours.

J'ai l'intention, dit-il (1), « d'établir et d'expliquer le grand
» axiome que toute connaissance humaine, et par conséquent
» que toute philosophie n'est que relative et phénoménale. Dans
» cette proposition, le terme *relatif* est opposé au terme *absolu*;
» et par conséquent, en disant que nous ne connaissons que le
» relatif, j'affirme implicitement que nous ne connaissons rien
» d'absolu, rien d'existant absolument, c'est-à-dire en soi et pour
» soi, et sans relations avec nous et nos facultés. Notre con-
» naissance porte ou bien sur la matière ou bien sur l'esprit.
» Or, qu'est-ce que la matière? Que savons-nous de la matière?
» La matière ou corps est pour nous le nom d'une chose con-
» nue, ou d'une chose inconnue. Si la matière est le nom d'une
» chose connue, elle signifie ce qui nous apparaît sous les formes
» de l'étendue, de la solidité, de la divisibilité, de la figure, du
» mouvement, de la rugosité, du poli, de la chaleur, du froid,
» de la couleur, etc.; bref, c'est un nom commun pour une
» certaine série ou agrégat, ou ensemble complet d'apparences
» ou phénomènes qui se manifestent en coexistence.

» Mais comme ces phénomènes n'apparaissent qu'en conjonc-
» tion, nous sommes forcés par la constitution de notre nature,
» de les concevoir unis dans et par quelque chose; et comme ils
» sont des phénomènes, nous ne pouvons penser qu'ils soient
» les phénomènes de rien, mais nous devons les regarder comme
» les propriétés ou les qualités d'une certaine chose étendue,
» solide, figurée, etc. Mais cette chose absolument, et en elle-
» même, c'est-à-dire considérée séparée de ses phénomènes, est
» pour nous comme zéro. Ce n'est que dans ses qualités, que
» dans ses effets, que dans son existence phénoménale ou rela-
» tive, qu'on peut en prendre connaissance et la concevoir; et
» ce n'est que par l'effet d'une loi de la pensée qui nous force à
» penser que quelque chose d'absolu et d'inconnu constitue la
» base ou la condition du relatif et du connu, que ce quelque
» chose acquiert pour nous une sorte de réalité incompréhen-
» sible. Or, la chose qui manifeste ses qualités, en d'autres
» termes, la chose à laquelle les causes apparentes sont intime-

---

(1) *Lectures*, I, p. 136-8.

» ment attachées, la chose à laquelle elles appartiennent, s'ap-
» pelle leur *sujet*, ou leur *substance*, ou leur *substratum*. C'est à
» ce sujet des phénomènes d'étendue, de solidité, etc., que le
» terme *matière* ou *substance matérielle*, est communément
» appliqué ; par conséquent, comme ce sujet est distingué de ces
» qualités, ce terme est le nom de quelque chose d'inconnu et
» d'inconcevable. »

« Il en est de même du mot *esprit*. En tant que le mot es-
» prit est le nom commun des états : connaître, vouloir, sentir,
» désirer, etc., dont j'ai conscience, il n'est que le nom d'une
» certaine série de phénomènes ou de qualités rattachées en-
» semble, et, par conséquent, il exprime seulement ce qui est
» connu. Mais en tant qu'il désigne le sujet ou substance au-
» quel les phénomènes : connaître, vouloir, etc., sont intime-
» ment attachés — quelque chose située derrière ou sous ces
» phénomènes — il exprime ce qui, en soi ou dans son exis-
» tence absolue, est inconnu.

» Ainsi l'esprit et la matière, en tant que connus et connais-
» sables, sont deux séries différentes de phénomènes ou qua-
» lités; l'esprit et la matière, en tant qu'inconnus et inconnais-
» sables, sont les deux substances auxquelles ces deux séries
» différentes de phénomènes ou qualités sont supposées inhé-
» rentes. L'existence d'une substance inconnue n'est qu'une
» inférence que nous sommes obligés de tirer de l'existence des
» phénomènes connus ; et la distinction des deux substances
» n'est qu'une conséquence de l'incompatibilité qui semble
» s'opposer à ce que les deux séries de phénomènes appar-
» tiennent à une même substance.

» Toute notre connaissance de l'esprit et de la matière est
» donc, comme nous l'avons dit, simplement relative ; nous ne
» savons rien de l'existence prise au sens absolu et en soi : et
» nous pouvons dire de l'homme ce que Virgile dit d'Énée,
» contemplant dans les ciselures prophétiques de son bouclier
» les glorieuses destinées de Rome :

« Rerumque ignarus, imagine gaudet. »

Voilà un exposé de la nature et des limites de notre connaissance, qui eût satisfait Hartley, Brown et même Comte. On ne
peut déclarer d'une manière plus explicite que la Matière,

comme nous la connaissons, n'est que la base incompréhensible et inconnaissable ou le substrat d'un faisceau de qualités sensibles, d'apparences, de phénomènes ; que nous ne la connaissons « que par ses effets » ; que son existence même est « seulement une inférence que nous sommes forcés de tirer » de ces apparences. Quant à l'Esprit, pouvait-on affirmer d'une manière plus explicite que tout ce que nous en savons se compose de ses états successifs : « connaître, vouloir, sentir, désirer, etc. » ; et que l'esprit considéré « comme une chose située derrière ou sous ces phénomènes » est pour nous inconnaissable ?

Plus bas, il ajoute que non-seulement la connaissance que nous avons d'une chose, mais toute celle que nous pourrions avoir si nous étions mille fois mieux doués que nous ne le sommes, ne serait encore que la connaissance du mode sous lequel la chose nous impressionne. Eussions-nous autant de sens (tel est son exemple) que les habitants de Sirius, dans le « *Micromégas* de Voltaire » ; y eût-il, comme cela pourrait bien être, mille modes d'existence réelle aussi nettement distincts l'un de l'autre que le sont ceux qui se manifestent à nos sens présents, et « eussions-nous (1) pour chacun de ces mille modes, » un organe distinct, ayant la fonction de nous le faire con- » naître, notre connaissance entière ne serait encore, comme » à présent, qu'une connaissance du relatif. De l'existence prise » au sens absolu et en soi, nous serions aussi ignorants que » maintenant. Nous ne saisirions l'existence que dans certains » modes spéciaux, que dans certaines relations avec nos facultés » de connaître. »

Rien de plus vrai et rien de plus clair que cette déclaration. Mais cette clarté ne sert qu'à la faire paraître plus inconciliable avec la doctrine de la cognoscibilité immédiate des Qualités Primaires que soutient l'auteur. S'il est vrai que l'Étendue, la Figure, et les autres qualités primaires, soient connues « im- » médiatement en elles-mêmes « et non pas comme les qualités secondaires « dans leurs effets sur nous » ; si les premières sont « aperçues comme elles sont dans les corps », et non comme les secondaires « telles qu'elles sont en nous » ; si ce sont ces

---

(1) *Lectures*, I, 153.

dernières exclusivement qui sont « inconnues en elles-mêmes,
» et admises seulement par voie de conséquence à titre de
» causes pour expliquer certaines affections subjectives qui se
» produisent en nous », tandis que nous avons immédiatement
conscience des premières comme « attributs de la matière exis-
» tant objectivement » ; et s'il ne faut pas souffrir que la Matière
» tombe au niveau de quelque chose d'inconnu et de problé-
» matique » ; dont l'existence « ne peut être affirmée qu'avec
» réserve, comme la cause occulte ou l'occasion incompré-
» hensible de certaines affections subjectives que nous éprou-
» vons sous la forme soit d'une sensation de la qualité, secon-
» daire, soit de la perception de la primaire » (Hamilton
semblait dire qu'elle n'était que cela, dans les citations précédentes) ; s'il en est ainsi, nos facultés, en tant qu'il s'agit des
Qualités primaires, aperçoivent et connaissent la Matière, comme
elle est en elle-même, et non-seulement comme un substratum
inconnaissable et incompréhensible. Elles l'aperçoivent et la
connaissent comme elle existe absolument, et non simplement
en relation avec nous. La matière nous est connue directement
et non comme une simple « inférence » tirée des Phénomènes.

Dira-t-on que les attributs d'étendue, de figure, de nombre,
de grandeur, etc., bien que connus dans les choses en soi, ne
nous sont connus que relativement à nous, parce que c'est par
nos facultés que nous les connaissons, et parce que des facultés
appropriées sont la condition nécessaire de la connaissance ?
En ce cas, le « grand axiome » de la Relativité, se réduit à ceci :
que nous pouvons connaître les Choses comme elles sont en
elles-mêmes, mais que nous n'en pouvons connaître que ce
que nos facultés sont capables de nous apprendre. Si tel est
le sens du principe de la Relativité, notre auteur pouvait sans
peine affirmer (1) que c'est une vérité que tous les philosophes
de toutes les écoles ont répétée « comme un écho » ; mais il
pouvait se passer d'ajouter « à l'exception d'un petit nombre
de théoriciens de l'Absolu en Allemagne » ; car certainement
ni Schelling, ni Hégel, ne prétendent à une autre connaissance que celle que nos facultés sont, dans leur opinion, capables de donner.

(1) *Discussions. Appendix.*, p. 644.

Est-il possible que les expressions connaître des qualités « comme elles sont dans les Corps » ne signifient rien de plus que connaître que le Corps doit avoir des qualités au moyen desquelles il produit l'affection dont nous avons conscience en nous ? Mais c'est précisément ainsi, d'après notre auteur, que nous connaissons les Qualités Secondaires, et c'est ce qui les distingue des Primaires. Il reconnaît franchement que les Qualités Secondaires sont des qualités occultes. Dans son opinion, nous ne connaissons pas et nous ne concevons pas ce qui donne à un objet son odeur et son goût spécifiques, mais suivant lui nous connaissons les Qualités Primaires à fond : il n'y a en elles rien d'occulte ni de mystérieux ; nous les percevons et nous les concevons comme elles sont en elles-mêmes, et comme elles sont dans le corps auquel elles appartiennent. Elles se manifestent à nous, non comme les Qualités Secondaires, c'est-à-dire seulement par leurs effets, dans les sensations qu'elles excitent en nous, mais dans leur nature propre et leur essence.

On pourrait peut-être supposer que Hamilton, en donnant à cette connaissance la qualification de Relative, ait voulu dire que quoique nous connaissions ces qualités comme elles sont en elles-mêmes, nous ne les découvrons que par leurs relations avec certains effets produits sur nous; que pour qu'il y ait perception, il faut qu'il y ait sensation; et qu'alors nous connaissons les Qualités Primaires dans leurs effets sur nous et aussi en elles-mêmes. Cette explication ne le tire pas d'embarras. Sans doute, elle n'est pas en désaccord avec les Qualités Secondaires, mais elle heurte les Secondo-Primaires. Les qualités de cette troisième classe, nous dit l'auteur, nous sont connues « à la fois immédiatement en elles-mêmes et médiatement dans » leurs effets sur nous. » Les Primaires sont seulement connues « immédiatement en elles-mêmes ». Il a donc arraché, de ses propres mains et avec intention, de notre connaissance des qualités Primaires l'élément de relativité pour nous : à moins, certainement, d'entendre par là que l'acte de connaître est lui-même une relation en tant qu'il suppose un sujet connaissant. Voilà comment, au lieu de trouver que les Choses en soi ne peuvent être des objets de connaissance, nous en arrivons au « grand axiome » qu'elles ne peuvent être connues que s'il y a quelqu'un pour les connaître.

Peut-on trouver quelque lumière dans la proposition que nous ne connaissons aucune qualité des choses, à l'exception de celles qui sont en rapport avec nos facultés, ou, comme notre auteur s'exprime (en forçant beaucoup le sens des mots), qui sont « analogues à nos facultés » (1) ? Si, par nos facultés, il faut entendre notre faculté de connaître, la proposition se réduit à la banalité déjà signalée : nous ne pouvons connaître que ce que nous pouvons connaître. Et c'est ce que l'auteur paraît effectivement vouloir dire ; car dans les lignes suivantes (2), il paraphrase les mots « analogues à nos facultés » par ceux-ci, « nous » devons posséder des facultés accommodées à leur appréhen- » sion ». Pour être capables de voir, il faut que nous ayons une faculté accommodée à la vision. Est-ce ainsi qu'on veut que nous entendions le « grand axiome » ? Mais si les mots « nos facultés » n'indiquent pas notre faculté de connaître, ils doivent exprimer nos facultés de sentir, et la proposition devient : pour être connue par nous une qualité doit être « analogue » à (je pense que ce mot veut dire en rapport avec) nos sens. Mais que signifie être en rapport avec nos sens ? Que la chose doit être faite de manière à nous donner des sensations. Nous retombons comme auparavant dans une proposition identique.

On peut encore faire une autre supposition ; on peut dire qu'en appelant notre connaissance relative par opposition à la connaissance absolue, Hamilton ne songeait pas à la connaissance des qualités, mais à celle des substances de la Matière et de l'Esprit ; et qu'il voulait dire que les qualités peuvent être connues absolument, ou telles qu'elles sont en elles-mêmes, mais que les substances n'étant connues que par leurs qualités, on ne les connaît pas telles qu'elles sont en elles-mêmes, et par conséquent qu'on les connaît d'une manière purement relative. Suivant cette interprétation, pour Hamilton, notre connaissance des substances est relative, non pas à nous, mais à leurs attributs : « Nous ne sommes informés de leur existence incompréhen- » sible que parce qu'elle nous est revélée par certaines qualités. » » Et quand il ajoute : « Ces qualités ne peuvent nous paraître » inconditionnées, sans relation, existant en elles-mêmes et par

---

(1) *Lectures*, I, p. 141-153.
(2) *Ibid.*, p. 153.

» elles-mêmes », affirmant ainsi également la relativité des attributs (en tant que connus et conçus par nous), il veut dire que leur connaissance est relative à la substance. Nous ne pouvons connaître une substance que par ses qualités; mais, en revanche, nous ne pouvons connaître des qualités qu'en tant qu'attachées à une substance. Substance et attribut sont des termes corrélatifs, et ne peuvent être conçus qu'ensemble; par conséquent, la connaissance de l'un est relative à l'autre, et n'a pas besoin d'être, et en réalité n'est pas, relative à nous. En effet, nous connaissons les attributs comme ils sont en eux-mêmes, et notre connaissance des attributs n'est relative qu'en tant que les attributs n'ont qu'une existence relative. C'est une connaissance relative en un sens qui n'exclut pas la connaissance absolue. C'est une connaissance absolue, mais qui porte sur des choses qui n'existent qu'en relation nécessaire avec une autre chose appelée substance (1).

Je ne nierai pas que cette interprétation de la doctrine de Hamilton soit juste jusqu'à un certain point. Il a voulu séparer la façon dont nous connaissons les attributs de celle dont nous connaissons les substances; et il a regardé certains attributs (les qualités primaires) comme des objets de connaissance directe et immédiate; tandis que, pour lui, les substances ne le sont pas; et qu'au contraire, elles ne sont que supposées et inférées des phénomènes en vertu d'une loi de notre nature qui nous force à concevoir les phénomènes comme des attributs de quelque chose qui s'élève au-dessus d'eux. Je ne doute pas que lorsqu'il disait que toute connaissance des attributs est relative, la nécessité de concevoir tout attribut comme un attribut d'une substance, ne se présentât à son esprit et n'entrât pour quelque chose dans ce qu'il voulait dire. Cependant, il y a des preuves abondantes qui démontrent que pour Hamilton notre connaissance des attributs n'était pas seulement relative aux substances, mais qu'elle était aussi relative à nous. Il affirme, pour les attributs aussi positivement que pour les substances, que toute connaissance est relative à nous. Les passages que j'ai déjà cités s'appliquent aussi bien aux attributs

(1) Telle est, en substance, l'interprétation que donne au sens attribué par Hamilton au mot Relativité, l'ingénieux écrivain qui a fait la critique de ce livre dans la *Revue d'Édimbourg*.

qu'aux substances. « En disant que nous ne connaissons rien que
» de relatif, j'affirme implicitement que nous ne connaissons
» *rien* d'absolu, rien d'existant absolument, c'est-à-dire en soi
» et pour soi, *et en dehors de toute relation avec nous et avec
» nos facultés* » (1). « En disant qu'une chose est connue en
» elle-même, je ne veux pas dire qu'elle est connue dans son
» existence absolue, c'est-à-dire *hors de relation avec nous.*
» C'est impossible, car *nous ne connaissons rien que de rela-
» tif* » (2). Dans les passages suivants, il parle uniquement des
attributs. « Par les mots : *ce qu'elles sont en elles-mêmes*, au sujet
» des qualités primaires, et de *notion relative* au sujet des
» secondaires, Reid ne peut entendre que nous connaissions
» les premières absolument et en elles-mêmes, c'est-à-dire
» hors de relation avec nos facultés cognitives, car il admet
» ailleurs que toute notre connaissance est relative » (3).
» Nous ne pouvons connaître, nous ne pouvons concevoir que
» ce qui est relatif. Notre connaissance des qualités ou phéno-
» mènes est nécessairement relative ; car ces qualités n'existent
» que comme elles existent en relation avec nos facultés » (4).
Par conséquent, la séparation que Hamilton établit entre la
connaissance des substances et celle des attributs, bien qu'elle
fasse bien légitimement partie de son système, n'a rien à
faire ici. Il affirme sans réserve que certains attributs (étendue, figure, etc......) nous sont connus comme ils existent
réellement hors de nous, et aussi que toute la connaissance
que nous en avons est relative à nous. Et ces deux propositions ne sont conciliables qu'autant que par les mots « rela-
» tif à nous » on entend le lieu commun trivial que nous ne
les connaissons que dans la mesure où nos facultés le permettent (5).

---

(1) *Lecture*, I, p. 137.
(2) *Dissertations*, p. 866.
(3) *Note à Reid*, p. 313.
(4) *Note à Reid*, p. 320. Je remercie M. Mansel de m'avoir rappelé ces deux passages (*Philosophie du conditionné*, p. 79). Je n'aurais pas manqué de les citer dans ma première édition, si j'en avais pris note.
(5) J'ajouterai même que le sens prêté par le critique de la *Revue d'Édimbourg* à la doctrine de Hamilton, ne sauve pas plus la doctrine de la relativité de la connaissance humaine, quant à nous, que la relativité dans le sens où relatif est opposé à absolu. Car, dans l'interprétation du critique, notre connaissance des attributs ne serait relative qu'aux substances, et nous connaîtrions celles-ci absolument.

Je ne puis m'empêcher, en comparant ces passages, d'en conclure que Hamilton n'a jamais soutenu la doctrine de la Relativité de la connaissance humaine, qui lui a valu tant de louanges et tant d'attaques, ou, du moins, que lorsqu'il écrivait les *Dissertations*, il avait cessé de la professer. En effet, on ne trouve pas sa théorie sur la connaissance des qualités primaires dans ses leçons. Il croyait fermement soutenir la Relativité, mais il la repoussait toutes les fois qu'elle signifiait autre chose qu'une banalité. Telle qu'il la concevait, elle n'est rien. Il n'y a qu'une proposition identique, et rien de plus.

C'est à une proposition identique, ou peu s'en faut, qu'il la réduit dans le résumé qui sert de conclusion à son exposition. « Après ce que j'ai dit, continue-t-il (1), nous pourrons, je l'espère, comprendre ce que signifie la proposition que toute notre connaissance n'est que relative. Elle l'est, premièrement, parce que l'existence n'est pas connaissable absolument en soi, mais seulement en des modes spéciaux ; secondement, parce que ces modes ne peuvent être connus que s'ils se présentent dans un certain rapport avec nos facultés. » Il est plus habile ou plus heureux que moi, celui qui peut voir dans ces deux propositions autre chose que ceci : nous ne connaissons pas tout sur une chose, mais seulement ce que nous sommes capables d'en savoir.

Toutefois, à ces raisons, pour lesquelles notre connaissance ne peut être que relative, il en ajoute une troisième. « Troisièmement, parce que les modes qui sont de la sorte relatifs à nos facultés, ne sont accueillis et connus par l'esprit qu'avec des modifications déterminées par ces facultés mêmes. » Nous avons signalé cette addition à la théorie en terminant le chapitre précédent. Donnons-lui l'avantage d'une explication plus complète en citant Hamilton :

« Dans (2) la perception d'un objet extérieur, l'esprit ne le connaît pas en relation immédiate avec lui-même, mais d'une manière médiate, en relation avec les organes matériels de la sensibilité. Si donc nous laissions hors de considération ces organes, et si nous ne tenions pas compte de leur apport, et de la modification qu'ils impriment à notre connaissance

---

(1) *Lectures*, I, p. 148.
(2) *Lectures*, I, p. 146-148.

» de cet objet, il est évident que notre conclusion sur la na-
» ture de la perception extérieure serait erronée. En outre,
» un objet de perception peut même ne pas être en relation
» immédiate avec les organes de la sensibilité, mais il peut
» faire son impression sur cet organe par l'intermédiaire d'un
» milieu. Or, si l'on ne tient pas compte de ce milieu, et si l'on
» ne prend pas garde que l'objet réel extérieur est la somme de
» tout ce qui contribue du dehors à affecter la sensibilité, on
» tombera encore dans l'erreur. Par exemple, je vois un livre.
» Je vois ce livre à travers un milieu extérieur (ce qu'est ce
» milieu, nous ne le recherchons pas pour le moment), et je le
» vois aussi à travers mon organe de la vue, l'œil. Or, l'objet
» complet présenté à l'esprit (notez que je dis l'esprit) dans la
» perception, est composé de l'objet extérieur qui émet ou ré-
» fléchit la lumière, c'est-à-dire qui modifie le milieu extérieur,
» plus de ce milieu extérieur, plus de l'organe vivant, dans leur
» relation réciproque. Nous pouvons donc supposer dans l'es-
» pèce que l'objet perçu, complet et adéquate, soit égal à douze,
» et que cette somme soit composée de trois parties distinctes,
» de quatre fournies par le livre, de quatre fournies par tout
» ce qui est entre le livre et l'organe, et de quatre fournies par
» l'organe vivant lui-même. J'emploie cet exemple pour faire
» voir que le phénomène de l'objet extérieur n'est pas présenté
» immédiatement à l'esprit, mais qu'il n'est connu par lui que
» modifié par certains agents intermédiaires ; et pour montrer
» que le sens même peut être une source d'erreur, si nous
» n'analysons pas, et ne distinguons pas les éléments qui, dans
» un acte de perception, appartiennent à la réalité extérieure,
» ceux qui appartiennent au milieu extérieur, et ceux qui re-
» viennent à l'action du sens même. Mais cette source d'er-
» reur ne vicie pas seulement nos perceptions ; et nous sommes
» susceptibles de nous tromper non-seulement en ne distin-
» guant pas dans l'acte de la connaissance ce qui est fourni par
» le sens, mais aussi en ne distinguant pas ce qui est fourni
» par l'esprit même. C'est la fonction la plus importante et
» la plus difficile de la philosophie ; et la plupart de ses grands
» problèmes tirent leur origine de ce qu'on essaie de déter-
» miner la part qui, dans l'acte total de la connaissance, re-
» vient au sujet connaissant et celle qui revient à l'objet connu.

» En effet, suivant la part que nous faisons à l'un ou à l'autre,
» nous tombons dans les extrêmes de l'Idéalisme et du Maté-
» rialisme, ou nous tenons la balance entre eux. »

Dire que notre connaissance des objets ne dépend que pour une partie des objets eux-mêmes, et pour le reste des éléments surajoutés par nos organes ou par notre esprit, ce n'est pas faire une proposition identique, ni absurde au premier abord. Toutefois, cela ne peut légitimer l'axiome de la relativité de toute notre connaissance, et prouve seulement que la partie ajoutée est relative. Si notre auteur était allé aussi loin que Kant, et s'il eût dit que tout ce qui constitue la connaissance est fourni par l'esprit même, il eût soutenu en réalité, dans l'une de ses formes, la doctrine de la Relativité. Mais ce qu'il dit, loin d'impliquer que toute connaissance est relative, affirme expressément que tout ce qui dans cette connaissance est réel et authentique est absolu. Si une partie de ce que nous nous imaginons percevoir dans les objets eux-mêmes, se forme dans les organes qui perçoivent et dans l'esprit qui connaît, elle est relative ; mais puisqu'on admet que tout ne se forme pas ainsi, la partie qui reste est aussi absolue que si elle n'était pas susceptible d'être mêlée à ces illusions subjectives. L'immixtion de l'élément relatif, non-seulement n'enlève pas le caractère absolu du reste, mais ne nous empêche même pas (si notre auteur dit vrai) de le reconnaître. Suivant lui, la confusion n'est pas inextricable. C'est à nous « d'analyser et de distinguer les élé-
» ments » qui « dans un acte de connaissance » sont fournis par l'objet et ceux qui sont fournis par nos organes ou par l'esprit. Nous pouvons négliger de le faire, et quant à la part de l'esprit nous ne pouvons le faire que par la philosophie ; mais c'est une tâche que, suivant lui, la philosophie peut bien remplir. En nous débarrassant ainsi des éléments qui, dans nos notions apparentes des choses, ne sont que des cognitions de quelque chose en nous, et ne sont par conséquent que relatifs, nous pouvons réussir à découvrir le noyau pur, les intuitions directes des choses en soi ; de même que nous corrigeons les positions apparentes des corps célestes, en tenant compte de l'erreur due à l'influence réfringente du milieu atmosphérique, influence qui n'altère pas les faits, mais seulement les conceptions que nous en avons.

Pourtant, d'après M. Mansel, ce que Hamilton a voulu dire, en affirmant que toute notre connaissance de l'objet est relative, c'est précisément que la constitution propre de l'esprit contribue en même temps que l'objet extérieur à composer ce qu'on appelle la connaissance de l'objet. Et c'est de là que M. Mansel part pour réfuter ce chapitre.

Si (pour me servir des propres expressions de M. Mansel) (1) dans la constitution de notre connaissance, l'esprit « réagit sur » les objets qui l'affectent, de façon à produire un effet différent » de celui qui se produirait, si l'esprit n'était qu'un récipient pas» sif », il faut que cette action altérante consiste, comme l'affirment Kant et tous ceux qui professent cette opinion, à nous faire attribuer à l'objet, et à percevoir comme dans l'objet, des propriétés qui n'y sont pas réellement, mais qui lui sont prêtées par la constitution même de notre esprit. Or, si les attributs que nous apercevons ou que nous croyons apercevoir dans les objets, sont donnés par l'esprit, en partie mais non pas en totalité, puisque la nature de l'objet en fournit aussi une partie (et l'on nous dit que c'est l'opinion de Hamilton), cette coalition de l'objet et des lois propres de l'esprit, qui a pour effet d'engendrer ce que nous appelons la connaissance, peut se concevoir de deux façons.

Premièrement, les deux facteurs peuvent jouer conjointement un rôle dans chacune des parties de l'effet. Tout attribut dont la chose nous apparaît revêtue peut être la résultante de l'objet et de l'action altérante de l'esprit. S'il en est ainsi, nous ne connaissons réellement aucune propriété comme elle est dans l'objet ; nous n'avons pas de raison de croire que l'objet tel que nous l'apercevons, et tel que nous nous imaginons l'apercevoir et le connaître, ressemble en aucune façon à l'objet qui existe en dehors de nous. Telle était l'opinion de Kant, et quiconque la partage soutient, ainsi que je l'ai reconnu expressément, une des formes de la doctrine de la Relativité de notre connaissance. En effet, tout le monde dira avec M. Mansel, qu'un objet de pensée dans lequel l'esprit introduit un élément positif à lui, de manière à le rendre différent de ce qu'il eût été sans cela, n'est ce qu'il est que relativement à l'esprit. Telle est,

---

(1) Mansel, p. 64.

il me semble, la façon dont M. Mansel représente l'action combinée de l'esprit et de l'objet dans la perception, car il la compare (1) à l'action d'un acide et d'un alcali pour la formation des deux éléments d'un sel neutre, c'est-à-dire à une combinaison chimique des deux éléments (2), et non point à une simple juxtaposition. Si nous n'avions jamais connu que le sel, si nous n'avions jamais vu l'acide et l'alcali isolés, M. Mansel n'aurait jamais pensé que notre connaissance du sel pût nous donner une connaissance de l'acide ou de l'alcali eux-mêmes.

Mais, secondement : il y a encore une manière de concevoir la coopération de l'objet et des propriétés de l'esprit dans la production de notre connaissance de l'objet. Ces causes combinées ne produisent plus nos cognitions de tous les attributs dont nous revêtons mentalement l'objet, mais certains attributs, tels que nous les connaissons, peuvent venir de l'objet seulement, et d'autres de l'esprit seulement ou des deux à la fois. Eh bien, si un partisan de la première opinion peut affirmer que nous ne connaissons les attributs que relativement à nous, le partisan de la seconde n'a pas le droit de le faire. Sans doute, un certain nombre de ces attributs, qui doivent leur manière d'être à ce que l'esprit fait entrer dans leur composition, ne sont, d'après cette théorie, connus que relativement à l'esprit ; et même ils n'ont d'existence que relativement à l'esprit. Mais ceux dans lesquels les lois de l'esprit n'introduisent aucun élément positif (je dis positif, parce que les restrictions négatives dues à une incapacité de l'esprit n'y font rien), ceux, dis-je, dont la connaissance ne contient rien que ce qui se présente dans l'objet extérieur, sont connus non pas relativement mais absolument. L'incertitude qui plane sur l'étendue du rôle que notre constitution joue dans nos perceptions et sur celle du rôle du monde extérieur, n'a rien à faire ici : ces attributs sont, par hypothèse, en totalité des perceptions des choses qui existent réellement dans le monde extérieur.

Eh bien, cette seconde manière de concevoir l'action combinée de l'esprit et de la chose extérieure dans la production de notre connaissance de la chose, est celle de Hamilton. Le passage où il décrit la connaissance des Qualités Primaires le

---

(1) Mansel, p. 71.
(2) Mansel, p. 75.

met hors de doute. Il affirme clairement et sans réserve que l'étendue, la figure, et les autres Qualités Primaires nous sont connues « comme elles sont dans les corps » et non « comme elles » sont en nous »; qu'elles nous sont connues « comme attributs » essentiels d'une substance existant objectivement » comme « des modes d'un non-moi », qui ne sont pas même combinés avec des « modes du moi » comme dans les Secondo-Primaires; en sorte que nul élément issu de notre constitution subjective n'intervient pour troubler la pureté de l'aperception. A ce point de vue, les phénomènes physiques invoqués par M. Mansel ne présentent aucune analogie. Personne ne dira que nous percevons l'acide engagé dans la composition d'un sel neutre, tel qu'il est comme acide. Du reste, ne voit-on pas que le fait même que Hamilton croit possible pour la philosophie de déterminer la partie de notre connaissance qui provient de l'objet et celle qui provient de l'esprit, prouve qu'il considère certains attributs comme la contribution de l'objet exclusivement, et certains autres comme celle de l'esprit exclusivement; en effet, si chaque attribut était le produit de deux facteurs, il n'y aurait aucun moyen de déterminer l'effet de chacun d'eux, pas plus qu'on ne pourrait distinguer l'acide de l'alcali, dans le sel de M. Mansel. Non-seulement la question de savoir quelle partie du sel provient de l'acide, et quelle de l'alcali, est insoluble, mais encore elle est absurde.

M. Mansel essaye de mettre d'accord la déclaration péremptoire de Hamilton, que nous connaissons les qualités premières telles qu'elles sont dans les objets, avec son autre affirmation que les Choses en soi sont entièrement inconnaissables. Il nous dit (1) que les « objets » ne sont pas identiques avec les « choses » en soi ». « Un être objectif, dit-il (2), ne veut pas dire un » être *per se*; et un phénomène n'est pas seulement un pur » mode de l'esprit : un être objectif est un être qui se pose » comme objet dans la perception, et par conséquent en rela» tion; et un phénomène peut être matériel aussi bien que » mental. La chose *per se* ne peut être que la cause inconnue » de ce que nous connaissons immédiatement; mais ce que » nous connaissons immédiatement est quelque chose de plus

---

(1) Mansel, p. 79.
(2) Mansel, p. 82.

» que nos propres sensations. En d'autres termes, l'effet phé-
» noménal est matériel aussi bien que la cause, et c'est même de
» lui que nous tirons nos conceptions primitives de la matière. »

Voilà une opinion qu'on peut soutenir; c'était celle de Kant. Ce philosophe reconnaissait que nos perceptions ont un objet immédiat, différent de la chose en soi, et placé entre elle et l'esprit qui perçoit. Et cette opinion lui était permise, parce qu'il soutenait une théorie de la perception que Hamilton appelle représentative. Il admettait que l'objet de notre perception et de notre connaissance, est une représentation qui se fait dans notre esprit. Dans son système, le sujet et l'objet sont l'un et l'autre dans l'esprit même, — l'objet est enfermé dans le sujet. L'esprit ne perçoit pas la chose externe et ne se met pas en contact avec elle dans la perception (1). Est-ce là ce que Hamilton voulait dire ? Au contraire, s'il a fait plus d'efforts en faveur d'une partie de son système que pour les autres, afin de la démontrer contre l'opinion de presque tous les philosophes, c'est la thèse que la chose perçue est la chose réelle qui existe hors de nous, et que l'esprit qui perçoit est en contact direct avec elle, sans l'interposition d'aucun intermédiaire. Hamilton ne nous dit jamais que notre connaissance du monde extérieur se compose de trois éléments, mais de deux seulement, l'esprit et l'objet réel, qu'il appelle tantôt l'objet extérieur, tantôt le Corps, tantôt la Matière, tantôt un Non-ego. D'après M. Mansel, il aurait cru que cet objet qu'il reconnaît par des déclarations énergiques comme la vraie chose en soi, n'est pas la vraie chose *en* soi, mais qu'au delà il y a une autre Chose en soi, sa cause inconnue. Je ne puis trouver de trace de cette entité dans les écrits de Hamilton. Il croyait qu'il existe des choses extérieures, que nous les percevons et que nous les connaissons, non pas, sans doute, « absolument ou en elles-mêmes », parce que nous ne connaissons de leurs attributs que ceux que nos

(1) Telle est, du moins, la doctrine de Kant, dans la première édition de la *Critique*, quoique dans la réfutation de l'Idéalisme, introduite dans la seconde, il laisse croire qu'il a voulu en donner une explication. Mais M. Mahaffy (Introduction, iv° partie et notes à l'appendice C) paraît avoir expliqué l'explication, et M. Stirling, qui soutient (p. 30) que « la seconde édition de la *Critique de la raison pure* annule la première », prête à Kant cette opinion et interprète de façon à la rendre compatible avec elle, l'extériorité que Kant attribue aux objets dans l'espace. Pour Kant, l'externe et l'interne sont tous deux dans l'esprit. Les Noumènes seuls sont hors de l'esprit.

sens peuvent nous révéler ; mais cependant telles qu'elles sont réellement. Il ne croyait pas à une Chose *per se*, inconnaissable, mais produisant un autre objet matériel appelé phénomène, qui est connaissable. Il ne reconnaissait qu'une distinction entre une Chose *per se* et un phénomène, celle qui sépare la substance de l'attribut. Mais il croyait que nous connaissons les attributs primaires comme ils existent dans la substance et non dans quelque objet intermédiaire (1).

(1) M. Mansel défend Hamilton, en lui prêtant une opinion qu'il n'a jamais eue ; si l'on pouvait en douter, le passage suivant dissiperait toutes les incertitudes : « Si, ajoute M. Mansel (p. 83), Hamilton eût dit avec Locke que les qua» lités primaires sont dans les corps eux-mêmes, que nous les percevions ou non, » il eût prêté le flanc à la critique de M. Mill. Mais il repousse expressément cette » opinion et montre combien Descartes est plus prudent quand il dit : *ut sunt vel » saltem esse possunt*. » Il se peut que Hamilton n'ait jamais dit *totidem verbis* que les qualités Primaires sont dans le corps, même quand nous ne les percevons pas : mais quand on a lu ses écrits, peut-on douter que ce ne soit là sa pensée? Le passage sur lequel se fonde M. Mansel, et qui, d'après lui, rejetterait cette opinion (*Dissertations*, p. 839), est conçu en ces termes. « D'après ces » deux philosophes, Locke et Descartes, nous ne savons rien de l'existence maté» rielle en soi ; nous ne la connaissons qu'en représentation ou en idée. Aussi, » quand on demande à Locke si l'idée représente véritablement la réalité inconnue, » il ne peut rien répondre. D'après les principes de sa philosophie, il ignore » entièrement et nécessairement si l'idée représente, ou ne représente pas, à » l'esprit les attributs de la matière tels qu'ils existent dans la nature. Donc, » son assertion, de son aveu, manque de preuve ; elle dépasse *ex hypothesi* la » sphère de la connaissance possible. Descartes est bien plus prudent. Il se borne » à dire que nos idées des qualités de la matière représentent ces qualités » comme elles sont ou comme elles peuvent être, *ut sunt vel saltem esse possunt*. » L'Idéaliste cosmothétique ne peut affirmer à leur sujet qu'une réalité problé» matique. »
Pour M. Mansel, ce passage est une adoption de l'opinion de Descartes ; il ne voit pas que Hamilton se borne à dire que Descartes a raison et que Locke a tort, au point de vue où ils se placent l'un et l'autre, à celui de l'Idéalisme cosmothétique. Idéalistes cosmothétiques, ils n'ont, dit-il, aucune preuve que les qualités que nous percevons sont dans l'objet lui-même, et sont telles que nous les percevons. Ne croyant pas que nous percevions directement les qualités de l'objet, ils ne pouvaient faire plus que d'affirmer que ces qualités peuvent exister dans l'objet. Descartes s'en est aperçu et Locke a commis l'inconséquence de ne pas le voir. Mais ce que Locke et Descartes, Idéalistes cosmothétiques, ne pouvaient affirmer, Hamilton, Réaliste naturel, le pouvait, parce qu'à ce titre il soutenait que nous percevons directement les qualités dans l'objet. M. Mansel prend pour une adhésion aux idées des Idéalistes cosmothétiques une des mille propositions que Hamilton emploie pour montrer en quoi il se sépare d'eux. Il faut l'avouer, voilà un exemple frappant d'interprétation erronée des idées d'un philosophe, commise par le disciple qui est à la fois son commentateur et son défenseur. Hamilton, ainsi que le fait observer le professeur Fraser (p. 22), croyait « que la solidité et l'étendue révélées par les sensations, existent, que nous en soyons conscients ou non ». Il croyait que les corps existent, que nous les percevions ou non, et qu'ils portent toujours avec eux leurs « attributs essentiels » les qualités primaires. Si donc, il avait pensé que les qualités primaires n'existent qu'au moment où nous les percevons, il aurait dû penser de même des corps, et croire que nous les créons dans l'acte de les percevoir. Kant le croyait ; pour lui, le

Le signe auquel M. Mansel distingue l'objet de la Chose en soi, c'est que l'objet est dans l'espace et le temps, et que la Chose est hors de l'espace et du temps ; l'espace et le temps n'ayant qu'une existence subjective, en nous, et non dans la nature externe. Voilà du Kantisme, mais ce n'est pas de l'Hamiltonisme. Je ne crois pas que les expressions « hors de l'espace et du temps » se trouvent une seule fois dans les écrits de Hamilton. Ils appartiennent au système de Kant, non à celui de Hamilton. Hamilton soutient bien avec Kant que l'espace et le temps sont des formes *à priori* de l'esprit, mais il croit qu'ils sont aussi des réalités extérieures connues empiriquement (1). Et il est à remarquer que Hamilton fonde la réalité extérieure de l'Espace, non sur sa raison favorite, c'est-à-dire sur nos croyances naturelles, mais sur la raison spécifique que (l'Étendue n'étant qu'une autre façon de désigner l'Espace) si l'Espace n'était pas une Chose extérieure qu'on peut connaître *à posteriori*, nous ne pourrions pas connaître l'Étendue en tant que réalité extérieure, et il affirme que nous la connaissons ainsi. Il faut donc qu'il ait cru, non pas que l'Espace est une simple forme dont nos perceptions des objets sont revêtues par les lois de notre faculté de perception, mais que nous percevons les choses réelles, dans l'espace réel (2).

corps perçu était réellement dans l'esprit. Mais si Hamilton l'avait cru, son système n'aurait aucun sens.

Dans l'essai intitulé *Philosophie de la perception*, Hamilton dit, *ipsissimis verbis*, que la connaissance des objets extérieurs pour un Réaliste naturel, est la connaissance des « Choses en elles-mêmes ». (*Discussions*, p. 57, dans l'exposé de l'opinion des Réalistes hypothétiques.)

Je renvoie à l'estimable ouvrage de M. Bolton (p. 218 et suiv.), où l'on trouvera un examen critique de la Doctrine prêtée par M. Mansel à Hamilton, à savoir : Qu'il y a un objet extérieur que nous pouvons apercevoir et, en outre, un Noumène, que nous ne pouvons pas apercevoir.

(1) Voyez *Lectures*, II, p. 113-114 ; *Discussions*, p. 16 ; *Dissertations*, p. 882 ; et, pour dernier exemple, *Une note à Reid*, p. 126. Je m'étonne que M. Mansel n'ait pas fait attention à ces passages (p. 138).

(2) Quand Hamilton dit (*Dissertations*, p. 841), que bien que l'Espace soit une forme nécessaire, *à priori*, de l'imagination, nous avons cependant une perception immédiate d'un monde étendu réellement objectif, M. Mansel s'imagine que Hamilton soutient en même temps la subjectivité de l'Espace et l'objectivité des corps qui occupent l'espace. Mais Hamilton déclare lui-même expressément que ces deux opinions se contredisent mutuellement, à moins qu'on ne suppose l'Espace objectif et extérieur à nous, aussi bien que subjectif ; et que, par conséquent, il ne soit pas, à proprement parler, une forme de l'esprit, mais une réalité extérieure, à laquelle correspond une forme de notre esprit. (Voyez les passages cités dans la dernière note.)

M. Mansel n'est pas le seul de mes critiques qui ait interprété la théorie de Hamilton de la perception directe des objets extérieurs, comme si ces objets extérieurs étaient un *tertium quid* placé entre l'esprit et le monde extérieur réel, ou, qu'on me passe l'expression, l'objet extérieur externe. Cette supposition est sans doute inconciliable avec le témoignage des écrits de Hamilton, mais pourtant c'est la seule qu'on puisse imaginer pour donner un sens réel à la doctrine de la Relativité, sans la mettre en contradiction avec la réalité extérieure des Qualités Primaires. Aussi le professeur Masson a-t-il cherché à se couvrir de la même interprétation que M. Mansel; mais au lieu de la présenter sous la forme d'une affirmation dogmatique, il la donne modestement pour une hypothèse. L'écrivain qui a critiqué mon ouvrage dans *The North American Review* dit de même (1) : « L'aperception immédiate d'un *non-ego*
» n'est pas incompatible avec la théorie de la relativité de la
» connaissance, pourvu que ce *non-ego* soit phénoménal, c'est-
» à-dire nécessairement dépendant d'un autre être, l'une des
» causes réelles des choses qui ne tombe pas sous l'apercep-
» tion…… Si le sens du mot phénomène que nous avons attri-
» bué à Hamilton est bon, son système échappe à la critique,
» puisqu'il affirme que les Qualités Primaires de la matière,
» c'est-à-dire l'étendue, la figure, etc., bien que nous ne les
» connaissions pas comme les effets de la matière sur nous,
» sont cependant des manières d'être qui impliquent une
» substance inconnue, et demeurent par conséquent phéno-
» ménales au sens que Hamilton donne à ce mot. » Cette explication pourrait passer, si l'affirmation que Hamilton fait de la relativité de notre connaissance était renfermée tout entière dans le mot phénoménal, et si les difficultés s'évanouissaient dès qu'on suppose que ce mot veut dire que la connaissance est relative non pas à nous, mais à une chose inconnue. Je n'ai pas besoin de citer encore une fois sa déclaration formelle que notre connaissance des qualités est toute relative à nous, ni son autre affirmation, que néanmoins certaines qualités sont dans l'objet et sont perçues et connues dans l'objet, et que l'objet perçu et connu n'est pas autre que la Chose réelle

---

(1) Fraser, p. 15.

elle-même. Je ne vois nulle part dans ses ouvrages qu'il admette une autre Chose réelle que la Chose que nous percevons au moyen de ses attributs. Il ne nous parle pas d'un Corps perçu et d'une Substance non perçue qui reste sur le second plan : le Corps c'est la Substance. Il dit bien que la Substance n'est qu'une inférence tirée de l'existence des attributs ; mais il dit aussi que certains attributs sont perçus comme dans la Chose réelle externe ; et il ne dit pas le plus petit mot d'une chose réelle externe *dans* laquelle peuvent se trouver les attributs, il ne parle que de la Substance même, cette Substance qu'il définit expressément : « ce qui manifeste ses qualités », ce à quoi le « phénomène et les qualités sont supposés inhérents ».

Le professeur Fraser, dans un travail profond (à bien des points de vue) que mon ouvrage a eu l'honneur de provoquer, prend la défense de Hamilton ; il soutient que ce penseur n'a point été inconséquent, et que la doctrine de la Relativité a un sens réel ; mais c'est en lui attribuant ses propres idées bien plus nettes que celles de Hamilton, et cela au mépris même des déclarations réitérées de notre auteur. M. Fraser croit, comme moi, que les Qualités Primaires n'ont pas plus d'existence hors de notre esprit, ou hors des autres esprits, que les Qualités Secondaires, ou que nos plaisirs ou nos peines, et il demande : « Où dit-il (Hamilton) que nous avons une connaissance absolue » des Qualités Primaires de la matière, voulant dire par là que » cette connaissance n'est pas de même nature que celle d'un » sentiment de peine ou de plaisir dans notre esprit pendant que » nous le sentons, ou d'un acte de conscience pendant qu'il a » lieu ? » A la question « Où », je réponds : partout où Hamilton dit que nous connaissons les Qualités Primaires non comme elles sont en nous, mais comme elles sont dans le Corps. Il affirme donc une connaissance absolue de ces qualités, en l'opposant à la connaissance relative à nous, et il n'aurait pas fait une affirmation semblable à propos de nos peines et de nos plaisirs, ou de nos actes internes de conscience. « Mais », demande encore M. Fraser (1), « comment la perception directe,

---

(1) M. Fraser affirme avec moi, contre l'opinion de M. Mansel et du critique de *The North-American Review*, que pour Hamilton, « il n'y a rien *derrière* les » objets que nous apercevons par les sens, que ces objets sont les choses mêmes, » les réalités mêmes que nous appelons matérielles, externes, solides ». Au lieu d'admettre trois éléments, une chose réelle Nouménale, une chose réelle Phéno

» et sans intermédiaire des phénomènes de solidité et d'étendue
» est-elle contradictoire au principe de la relativité de toute
» notre connaissance, tandis que la perception directe et sans
» intermédiaire des phénomènes de sensation, d'émotion, ou
» d'intelligence, ne l'est pas? » Elle l'est par la raison qu'on admet que les phénomènes de sensation, d'émotion ou d'intelligence, sont perçus ou sentis comme des faits qui n'ont pas de réalité hors de nous, et que ces faits n'étant que relatifs à nous, leur connaissance participe à la même relativité. Mais Hamilton affirme que les phénomènes de solidité et d'étendue sont perçus comme des faits ayant leur réalité hors de nos esprits, et dans les objets matériels : leur connaissance est, je le veux bien, relative à l'objet extérieur, mais elle est diamétralement le contraire d'une connaissance relative à nous.

Je viens de montrer, par des preuves nombreuses, que Hamilton n'avait pas soutenu une opinion qui lui permît d'affirmer avec raison que toute connaissance humaine est relative ; mais qu'il a soutenu, comme l'idée principale de son credo philosophique, la doctrine opposée : que les Choses externes peuvent être connues, sous certains de leurs aspects, comme elles sont en elles-mêmes, absolument.

Mais si cela est vrai, que devient sa dispute avec Cousin, et avec les devanciers et les maîtres allemands de Cousin? Cette fameuse controverse veut certainement dire quelque chose. Il n'y a pas de fumée sans feu. Il faut qu'il y ait eu en réa-

---

ménale, seule chose perçue, et l'esprit percevant, Hamilton (M. Fraser le reconnaît) n'admet qu'une seule Chose réelle, la Chose même que nous percevons ; chose inconnue pour nous dans son essence, mais perçue et connue par ses attributs, et amenée par le moyen de ces attributs dans ce que Hamilton appelle la Conscience. Selon M. Fraser, cette opinion de Hamilton constituerait un perfectionnement nouveau et important des idées anglaises sur la matière ; il en donne pour raison que mettre la matière dans la conscience, c'est s'engager dans la voie de ceux qui en font un pur phénomène de l'esprit (opinion de M. Fraser sur la matière). Mais Hamilton n'entendait pas s'y engager ; il introduit la matière dans la conscience parce que, contrairement à l'opinion générale des philosophes, il croit (V. plus bas, chap. VIII) que nous pouvons avoir conscience de ce qui est situé hors de notre esprit. Hamilton, en un mot, n'était pas, comme M. Fraser, de l'école de Berkeley, mais il n'en serait pas éloigné si cela dépendait des explications de M. Fraser.

Il me semble que M. Fraser cède, tout le long de sa défense d'Hamilton, à la tendance naturelle qui pousse un penseur conséquent lorsqu'il veut défendre un penseur qui ne l'est pas ; il se trouve en présence de propositions à doubles faces, faites pour regarder deux voies différentes ; il veut les interpréter comme s'il n'y avait qu'une voie, bien que son interprétation annule et abolisse la partie du système que l'autre face regardait.

lité quelque différence d'opinion entre Hamilton et ses adversaires.

Assurément, il y avait entre eux une différence, et une différence très-importante, au point de vue de chacune des parties, et qui n'est pas insignifiante pour ceux qui ne partagent les idées ni de l'une ni de l'autre. Dans le chapitre suivant, je m'efforcerai de montrer en quoi consistait cette différence.

CHAPITRE IV

EN QUOI LA PHILOSOPHIE DE HAMILTON DIFFÈRE RÉELLEMENT DES SYSTÈMES DE L'ABSOLU.

La vraie question en litige que soulève la célèbre et saisissante analyse de la philosophie de Cousin par Hamilton est celle-ci : Avons-nous ou n'avons-nous pas une intuition immédiate de Dieu ? Le nom de Dieu s'y trouve voilé par deux expressions extrêmement abstraites « l'Infini et l'Absolu », peut-être est-ce l'effet d'un sentiment respectueux ; c'est au moins par cette raison que M. Mansel (1), disciple de Hamilton, explique le choix que son maître a fait de ces deux expressions vagues. Cependant, un des principes les plus incontestables de la logique veut qu'on cherche le sens de l'abstrait dans le concret, et non du concret dans l'abstrait. Du reste, nous verrons à la fois pour Hamilton et pour M. Mansel que l'on ne peut impunément renverser la méthode (2).

Je vais exposer les opinions des deux adversaires, et j'aurai

---

(1) *Bampton Lectures* (*The Limits of Religious Thought, fourth edition*, p. 42).
(2) M. Mansel (p. 90-92) nie l'exactitude de ce que j'ai avancé dans ce paragraphe ; au moins, il me semble affirmer que le débat entre M. Cousin et Hamilton ne portait pas sur la possibilité de connaître l'Être Infini, mais sur un » pseudo-concept de l'Infini », que Hamilton ne croyait pas être un attribut de Dieu, mais bien une représentation d'une non-entité. De plus, M. Mansel affirme (p. 92), que mettre à la place de l'Infini et de l'Absolu le nom de Dieu, c'est prendre le contre-pied de l'argument de Hamilton. Entre M. Mansel et moi le débat porte sur un point de fait que pourront juger tous ceux qui prendront la peine de lire l'*Essai* de Hamilton. Je soutiens que l'opinion de M. Mansel n'a pas l'ombre d'un fondement. Pour moi, ce que M. Cousin affirme et ce que Hamilton nie, c'est la cognoscibilité, non d'un Infini et d'un Absolu qui n'est pas Dieu, mais d'un Infini et d'un Absolu qui est Dieu. Je pourrais renvoyer le lecteur à peu près à toutes les pages de l'*Essai*. Je ne citerai que l'application que

grand soin de rapporter les propres expressions de Hamilton. Hamilton et Cousin veulent déterminer quels faits (dans leur propre langage) sont donnés dans la Conscience; ou bien, comme d'autres disent, quels sont les faits dont nous avons la connaissance intuitive. Suivant Cousin, il y a dans tout acte de conscience trois éléments, trois choses dont nous sommes intuitivement instruits. Il y a un élément fini, un élément de pluralité, composé d'un Moi ou Ego, et de quelque chose de différent du Moi, le Non-Ego. Il y a aussi un élément infini ; la conscience de quelque chose d'infini. « En même temps que nous
» avons conscience de ces existences (finies), multiples, relatives
» et contingentes, nous avons conscience également d'une unité
» supérieure qui les contient et qui les explique ; d'une unité
» absolue, tandis qu'elles sont conditionnées, substantielles,
» tandis qu'elles sont phénoménales ; et cause infinie, tandis
» qu'elles sont des causes finies (1). Cette unité est Dieu. » Les deux premiers éléments étant le Fini et Dieu, le troisième est la relation du Fini à Dieu, c'est la relation de cause à effet. Ces trois Choses sont données immédiatement dans tout acte de conscience, et par conséquent elles sont conçues comme des existences réelles par intuition directe.

De ces prétendus éléments de la Conscience, Hamilton

Hamilton fait lui-même de sa propre doctrine. (*Discussions*, p. 15, note.) « Les
» enseignements de la philosophie religieuse sont donc vrais. » — Un Dieu com-
» pris ne serait plus Dieu. » « Penser que Dieu est comme nous le concevons, est
» un blasphème. En un sens, la Divinité se révèle ; en un autre sens, elle reste
» enveloppée de mystères : elle est à la fois connue et inconnue. Mais la dernière
» et la plus haute consécration de toute vraie religion doit être un autel Ἀγνώστῳ θεῷ
» — Au Dieu inconnu et inconnaissable. » Quand l'auteur de l'*Essai* nous présente cette conclusion comme un résultat pratique, peut-on venir nous dire que l'*Essai* ne se rapporte pas à Dieu, mais à un « Pseudo-Infini » et que nous n'avons pas le droit, alors que nous y rencontrons une affirmation sur l'Infini, de l'appliquer à Dieu au nom de l'auteur. On ne tardera pas à nous annoncer que M. Mansel lui-même, dans ses *Bampton Lectures*, ne traite pas la question de la connaissance de Dieu. Il est très-vrai que le seul Infini sur lequel Hamilton et M. Mansel prouvent ces propositions, n'est qu'un Pseudo-Infini ; mais ils n'en savent absolument rien ; ils croient que ce Pseudo-Infini est l'Infini réel, et qu'en prouvant qu'il est inconnaissable pour nous, ils prouvent la même chose de Dieu.

Le lecteur qui voudrait de plus amples explications sur ce point, peut consulter le vi^e chapitre de l'*Inquisitio Philosophica*, de M. Bolton. Ce penseur signale encore d'autres inconséquences et d'autres erreurs dans l'ouvrage de M. Mansel. Mais je n'ai pas à m'en occuper à présent. En répondant à M. Mansel, je n'ai pas pour but d'engager une discussion acrimonieuse : je me borne à maintenir mes affirmations primitives en face de sa dénégation.

(1) *Discussions*, p. 9.

n'admet que le premier : l'Élément Fini composé du moi et du non-moi « se limitant et se conditionnant mutuellement ». Il nie que Dieu soit donné dans la conscience immédiate, qu'il soit conçu par intuition directe. Ce n'est pas de cette manière, suivant lui, que Dieu nous est connu : à titre d'être Infini et Absolu, il ne nous est pas connu et ne peut l'être, car nous n'avons pas de faculté capable d'appréhender l'Infini ou l'Absolu. Le second des éléments de M. Cousin ainsi rejeté, le troisième (la Relation entre le premier et le second) tombe avec lui ; et la Conscience reste limitée à l'élément fini composé d'un Moi et d'un Non-Moi.

Il est presque superflu de dire que dans ce débat je suis entièrement du côté de Hamilton. Je regarde la doctrine qui veut que nous ayons une connaissance immédiate ou intuitive de Dieu, comme de la mauvaise métaphysique impliquant une fausse conception de la nature et des limites des facultés humaines, et reposant sur une psychologie superficielle et erronée. Je pense que tout ce qui se rapporte à Dieu est matière d'inférence, et j'ajouterai même d'inférence *à posteriori*. Tant que Hamilton a travaillé à ruiner la doctrine contraire, et il l'a fait avec succès, il a, selon moi, rendu un service important à la philosophie. Mais si j'applaudis à la conclusion, il s'en faut que je trouve les arguments sans réplique. On pourrait, je le pense, les réfuter aisément, mais je n'entends pas dire que M. Cousin fût fondé à le faire. Or, dans le cas qui nous occupe, les raisons ont autant d'importance que la conclusion, non-seulement parce qu'elles forment une partie tout à fait essentielle de la philosophie de Hamilton, mais parce qu'elles contiennent les prémisses, dont quelques-uns de ses successeurs, sinon lui, ont tiré des conclusions qui me semblent extrêmement funestes. Et tout en approuvant sincèrement la tendance qui se manifeste dans ce morceau célèbre de critique philosophique, je crois qu'il importe beaucoup d'éplucher ses arguments et le système qu'il représente.

Il est question, ainsi que nous l'avons déjà remarqué, de savoir si nous avons une intuition de « l'Infini et de l'Absolu ». Cousin l'affirme ; Hamilton le nie par la raison que ne pouvant concevoir l'Infini et l'Absolu, nous ne pouvons les connaître.

Il convient d'expliquer le sens des mots pour les lecteurs qui ne sont pas au courant de ces controverses. L'Infini n'a pas besoin d'explication. Tout le monde comprend que ce mot exprime la grandeur sans limite. Quand nous parlons d'une durée infinie ou d'un espace infini, on suppose que nous voulons parler d'une durée qui ne cesse pas, et d'une étendue qui n'a de fin nulle part. L'Absolu est plus obscur : ce mot a plusieurs sens; mais quand il est en relation avec l'Infini, il signifie (conformément à son étymologie) : ce qui est fini ou achevé. Il y a des choses dont la plus haute valeur imaginable est une quantité limitée, bien que la limite ne soit jamais atteinte réellement. Dans ce sens, la relation entre l'Absolu et l'Infini est (ainsi que l'aurait dit Bentham) une relation suffisamment étroite : c'est une relation d'opposition. Par exemple, affirmer un minimum absolu de la matière, c'est nier la divisibilité infinie de la matière. De même, nous pouvons dire qu'une eau est absolument pure et non infiniment pure. On ne peut pas dire de la pureté de l'eau que, quel que soit le degré qu'elle atteigne, il y en a toujours un plus grand à atteindre. Elle a une limite absolue. Elle est susceptible d'être achevée ou complétée par la pensée, sinon en réalité. Les substances étrangères contenues dans un vase d'eau ne peuvent être en quantité infinie. Supposons-les toutes retirées, l'eau sera pure, et on ne peut pas même concevoir que cette pureté puisse être poussée plus loin.

Entendue ainsi, l'idée d'Absolu est en opposition avec celle d'Infini, et l'on ne peut pas dire que Dieu soit en réalité également Absolu et Infini, ou, si on le peut, c'est qu'on fait allusion à des attributs différents. Mais le mot Absolu, sans cesser de signifier parfait, achevé, peut cesser de vouloir dire limité. Il peut continuer à signifier la totalité de ce à quoi on l'applique, mais sans exiger que ce tout soit fini. Admettons, par exemple, un être d'une puissance infinie, la connaissance de cet Être doit être infinie si cet être est parfait; on peut donc, sans donner au mot un sens inadmissible, dire qu'elle est à la fois absolue et infinie (1). En ce sens, il n'y a pas d'inconsé-

---

(1) Dans la première édition de cet ouvrage, je soutenais que si la Puissance pouvait être considérée comme infinie, la connaissance ne le pouvait pas, parce que « le plus haut degré de connaissance dont on puisse parler sans cesser d'être

quence, ni d'inconvenance à employer ces deux termes en parlant de Dieu.

Pourtant, le mot Absolu a d'autres significations qui n'ont rien de commun avec celle de perfection et de plénitude, bien qu'elles soient souvent mêlées et confondues avec celles-ci. — Cette confusion est d'autant plus facile qu'on peut appliquer toutes ces significations de l'Absolu à Dieu. Par Absolu, on veut souvent désigner l'opposé du Relatif; et même alors il a non pas un seul sens, mais plusieurs; en effet, le mot Relatif s'emploie d'une manière très-peu définie, et partout où l'on s'en sert, le mot Absolu l'accompagne toujours en qualité de sa négation. Le mot Absolu a une autre signification; il veut dire ce qui est indépendant de toute autre chose : ce qui existe, et est ce qu'il est par sa propre nature, et non à cause d'une autre chose. Dans ce quatrième sens, comme dans le troisième, l'Absolu représente la négation d'une relation; non pas la négation de la Relation en général, mais d'une relation particulière exprimée par le mot Effet. Dans ce sens, l'Absolu est synonyme de Cause Première. Par Cause Première, on veut dire que toutes les autres choses existent, et sont ce qu'elles sont par

---

intelligible ne dépasse pas la connaissance de ce qu'il y a à connaître. Mais M. Mansel et un écrivain qui prend le nom d'Inquirer (auteur de *The Battle of the two Philosophies*) ont fait remarquer justement que dans cette hypothèse d'un Etre Infini « tout ce qu'il y a à connaître » comprend tout ce qu'un Etre d'une puissance infinie peut concevoir ou créer. Par conséquent, dès qu'on suppose un pouvoir infini, la connaissance, pour être complète, doit être infinie aussi. Quant aux attributs moraux, je disais encore, dans la première édition, que le mot qui leur convenait était Absolu et non Infini, parce que ces attributs « ne peuvent être plus que parfaits. Il n'y a pas de degrés à l'infini dans le bien. La volonté est entièrement bonne ou elle est mauvaise à divers degrés. » Je n'ai pas fait attention à la distinction entre le bien moral ou justice, considéré comme attribut des actes ou des états de l'esprit, et le bien moral considéré comme l'attribut d'une personne. La conformité à l'Idéal du bien a positivement une limite qui peut bien être atteinte, mais non dépassée; mais les personnes qui se conforment à cet Idéal peuvent différer par l'énergie avec laquelle elles l'embrassent : telles influences étrangères en détachent une personne (des tentations, par exemple), qui sont sans effet sur les autres. Ainsi l'observation complète de la règle est compatible avec l'existence de degrés à l'infini dans l'attribut, considéré dans une personne. Mais, d'une autre part, il y a une limite que ces degrés ne peuvent franchir, — c'est l'idée d'une Personne que nulle influence, nulle cause, soit en elle, soit hors d'elle, ne peut dévier dans la plus faible mesure, de la loi du bien. A mon avis, c'est là une conception de justice absolue, non infinie. Je pense donc que la doctrine que je soutenais dans ma première édition, qu'un Etre Infini peut avoir certains attributs absolus, mais non infinis, est encore soutenable. Cependant, comme elle n'est pas essentielle à mon argumentation, et qu'elle n'avait d'autre but que de donner aux termes une plus grande précision, je la retire de la discussion.

l'effet de cette cause et de ses propriétés, mais qu'elle n'a pas été créée ni faite ce qu'elle est par quoi que ce soit. Elle ne reçoit pas des autres choses son existence et ses attributs : son existence n'est conditionnée par rien ; elle existe absolument.

De tous ces sens différents, quel est celui que Cousin donne au mot Absolu? M. Cousin ne fait aucune distinction entre l'Infini et l'Absolu. Hamilton en fait deux espèces d'un genre qui les embrasse, l'Inconditionné ; il définit l'Infini « l'Inconditionnellement illimité » ; l'Absolu, « l'Inconditionnellement limité » (1). Voilà un mot nouveau, le mot « inconditionnellement », dont nous cherchons vainement l'explication, et qui n'a pas moins que les deux autres besoin d'en recevoir une. C'est la seule définition que Hamilton donne de l'Absolu dans l'*Essai*; mais dans la réimpression il y ajoute la note suivante (2).

« Le terme Absolu présente une ambiguité double (sinon » triple) qui correspond au sens double (ou triple) du mot » latin. » Il abandonne avec raison le troisième sens, parce qu'il n'a rien à faire ici. Voici les deux autres :

« 1° *Absolutum* veut dire ce qui est *libre* ou *sans lien* : en » ce sens, l'absolu sera ce qui est en dehors de toute relation, » comparaison, limitation, condition, dépendance, etc.... Il est » donc l'équivalent du mot τὸ ἀπόλυτον des Grecs du Bas-Empire. » En ce sens, l'Absolu n'est pas opposé à l'Infini. » Cette phrase est une amplification de mon troisième sens.

« 2° *Absolutum* veut dire *fini, parfait, achevé;* en ce sens, » l'Absolu sera ce qui est hors de relation, etc., en tant que fini, » parfait, achevé, total; il correspond donc au τὸ ὅλον et au » τὸ τέλειον d'Aristote. Avec cette acception, celle dont je me sers » exclusivement, l'Absolu est opposé diamétralement à l'Infini, » il lui est contradictoire. » C'est ce second sens de Hamilton que j'ai confondu dans ma première édition avec mon premier sens, par l'effet d'une inadvertance blâmable (3). Il

---

(1) *Discussions*, p. 13.
(2) *Discussions*, p. 14, note.
(3) J'ai, par suite, accusé mal à propos Hamilton d'avoir, dans un de ses arguments contre M. Cousin, oublié le sens qu'il donnait lui-même au mot Absolu. J'ai débarrassé le texte de tout ce qui se rattachait à cette erreur, la seule faute sérieuse qu'on ait relevée dans mon interprétation des idées de Hamilton.

faut y voir un cinquième sens composé du premier et du troisième, de l'idée de fini et d'achevé, et de l'idée d'être hors de toute relation. En fondant ces deux sens ensemble, peut-on faire un sens intelligible ? Voilà la question. On peut bien, avec peine, trouver un sens aux mots « en dehors de toute relation, » limitation, condition, dépendance » ; mais que veut dire être » tout cela « en tant que fini, parfait, achevé, total » ? Cela veut-il dire être à la fois hors de toute relation et en même temps complet ? Et l'Absolu de Hamilton avec son second sens, doit-il être en même temps absolu avec le premier sens, et être hors de toute relation quelconque ? ou bien les mots « en tant » que » signifient-ils que l'Absolu est hors de toute relation au seul point de vue de sa plénitude, ce qui (je suppose) veut dire qu'il ne doit point sa plénitude à autre chose qu'à soi-même ? Le *Commentaire* de M. Mansel, qui, pour le reste, ne nous sert guère, décide en faveur de ce dernier sens. « Hors » de relation en tant qu'achevé, signifie (dit-il) (1) existant par » soi dans sa plénitude, et n'impliquant pas l'existence d'une » autre chose quelconque » (2). Ne cherchons pas à dissiper davantage cette obscurité ; il suffit que le mot absolu, s'il n'est pas pour Hamilton synonyme d'un « tout fini, parfait, achevé », mais d'un tout limité, comprenne cette idée, et devienne par conséquent incompatible avec l'Infini (3).

Maintenant que le sens des termes est expliqué, je vais exposer les points principaux de l'argumentation de Hamilton destinée à prouver que l'Absolu et l'Infini sont inconnaissables ; j'emploierai autant que possible ses propres expressions. Voici comment il expose pour la première fois ses idées (4).

(1) Mansel, p. 104.
(2) Mais l'assimilation du mot Absolu au τὸ ὅλον et au τὸ τέλειον nous rejette dans l'embarras ; car τὸ ὅλον, pour tous les philosophes grecs, signifie ou bien l'ensemble complet de tout ce qui existe, ou bien une entité abstraite, qu'ils considéraient comme le Principe de la Totalité, en vertu et par la participation duquel cet ensemble universel et tous les autres touts sont des touts. Voilà encore deux sens du mot Absolu différents de tous ceux que j'ai mentionnés.
(3) J'hésite à croire Hamilton quand il dit que, pour lui, il se sert exclusivement de ce sens du mot absolu. Dans la discussion sur la relativité de notre Connaissance, l'Absolu est toujours pour Hamilton, tout simplement l'opposé du relatif, et n'implique pas du tout l'idée de « fini, de parfait, d'achevé ». Bien plus, ici même, en combattant Cousin, qui donne au mot Absolu un sens compatible avec Infini, Hamilton l'emploie toujours dans le même sens que Cousin.
(4) *Discussions*, p. 13. Voy. *Fragments*, de W. Hamilton, trad. L. Peisse, p. 18.

« L'Inconditionnellement illimité ou l'Infini, l'Inconditionnellement limité ou l'Absolu, ne peuvent positivement pas être saisis par l'entendement. On ne peut les concevoir qu'en faisant abstraction des conditions mêmes sous lesquelles la pensée se réalise, par conséquent la notion de l'Inconditionné n'est qu'une notion négative, négative du concevable lui-même. Par exemple : d'une part, nous ne pouvons nous représenter positivement ni un tout absolu, c'est-à-dire un tout assez grand pour que nous ne puissions pas le concevoir comme une partie relative d'un tout encore plus grand, ni une partie absolue, c'est-à-dire une partie assez petite pour que nous ne puissions pas la concevoir comme un tout relatif divisible en parties plus petites. D'autre part, nous ne pouvons positivement pas nous représenter, ou nous figurer, ou nous expliquer (puisqu'ici l'Entendement et l'Imagination coïncident) un tout infini, car nous ne pourrions le faire qu'en effectuant par la pensée la synthèse infinie des touts finis, et pour cela il faudrait un temps infini; et pour la même raison, nous ne pouvons suivre par la pensée une divisibilité infinie de parties. Le résultat est le même, que nous appliquions la méthode à une limitation dans l'espace, dans le temps ou dans le degré. La négation inconditionnelle ou l'affirmation inconditionnelle de la limitation, en d'autres termes l'Infini et l'Absolu proprement dits, sont donc inconcevables pour nous. »

Cet argument que l'Infini et l'Absolu sont inconnaissables pour nous, parce que les seules conceptions que nous sommes capables de former de l'un et de l'autre sont négatives, reparaît avec encore plus d'insistance quelques pages plus loin (1). « Kant a fait voir clairement que l'idée de l'inconditionné ne peut avoir de réalité objective, qu'elle ne fournit aucune connaissance, et qu'elle renferme les plus insolubles contradictions. Mais il aurait dû montrer que l'Inconditionné n'a pas d'application objective, parce qu'en fait il n'a aucune affirmation subjective; qu'il n'apporte aucune connaissance réelle, parce qu'il ne contient rien qui soit même concevable; et qu'il est contradictoire à lui-même, parce qu'il n'est pas une notion simple ou positive, mais seulement un *faisceau*

---

(1) *Discussions*, p. 17. *Fragments*, de W. Hamilton, rad. Peisse, p. 24.

» *de négations*. Négations du Conditionné dans ses extrêmes
» opposés, unis ensemble simplement par le lien du langage et
» par leur caractère commun d'incompréhensibilité. »

Constatons ici que le premier et le principal argument de Hamilton, c'est que nos idées de l'infini et de l'Absolu ne sont « qu'un faisceau de négations ». Je réserve l'examen de cette partie de la discussion pour le moment où elle sera exposée tout entière.

Il continue : (1) « Puisque le conditionnellement limité (que
» nous pouvons appeler d'un mot le Conditionné) est le seul
» objet possible de connaissance et de pensée positive, la pen-
» sée suppose nécessairement une condition. *Penser c'est con-
» ditionner*, et une limitation conditionnelle est la loi fonda-
» mentale de la possibilité de la pensée. En effet, de même que
» le lévrier ne peut sauter par dessus son ombre et que (pour
» prendre un exemple plus noble) l'aigle ne peut s'envoler de
» l'atmosphère où il plane et qui seule le supporte, de même
» l'esprit ne peut dépasser cette sphère de limitation au dedans
» de laquelle et par laquelle se réalise exclusivement la pos-
» sibilité de la pensée. La pensée ne porte que sur le condi-
» tionné, parce que, comme nous l'avons dit, penser c'est tout
» simplement conditionner. L'*Absolu* n'est conçu que comme
» une négation de la concevabilité, et tout ce que nous connais-
» sons est connu comme

» Conquis sur l'*Infini* vide et sans forme.

» Certes, rien ne doit plus étonner que de voir mettre en
» doute que la pensée n'a rapport qu'au conditionné. La pensée
» ne peut s'élever au-dessus de la conscience, la conscience n'est
» possible que par l'antithèse du sujet et de l'objet de la pen-
» sée, connus seulement par leur corrélation et se limitant mu-
» tuellement; et, de plus, tout ce que nous savons soit du sujet,
» soit de l'objet, soit de l'esprit, soit de la matière, n'est jamais
» que la connaissance du particulier, du multiple, du différent,
» du modifié, du phénoménal. Pour nous, la conséquence de
» cette doctrine est que la philosophie, si l'on y voit quelque
» chose de plus que la science du conditionné, est impossible.
» Nous admettons qu'en partant du particulier, nous ne pou-

(1) *Discussions*, p. 13. — *Fragments*, de W. Hamilton, trad. Peisse, p. 19.

» vons jamais, dans nos plus hautes généralisations, nous élever
» au-dessus du Fini ; que notre connaissance soit de l'esprit,
» soit de la matière, ne peut être rien de plus qu'une connais-
» sance des manifestations relatives d'une existence en elle-
» même inaccessible à la philosophie, ce que le plus haut degré
» de sagesse doit nous faire reconnaître. Voilà ce qui, dans le
» langage de saint Augustin, *cognoscendo ignoratur*, et *ignora-*
» *tione cognoscitur*. »

On voit que le second argument de notre auteur est l'aphorisme « penser c'est conditionner (nous rechercherons bientôt le sens qu'il faut lui donner). Ici finit la partie positive de son argumentation. Reste la réfutation des adversaires. Après une discussion de l'opinion de Schelling, dans laquelle je n'ai pas à le suivre, il s'attaque à Cousin contre qui il essaye de prouver (1) que « sa démonstration de la co-réalité de ses trois Idées
» prouve directement le contraire » ; « que les conditions qu'il
» impose à la possibilité de l'intelligence excluent nécessaire-
» ment la possibilité d'une connaissance pour ne pas dire d'une
» conception de l'Absolu », et « que l'Absolu, tel qu'il le définit,
» n'est qu'un relatif, et un conditionné ». Si nous laissons de côté tout ce qui dans ce triple argument n'est qu'*ad hominem*, ce qui est d'une application générale se réduit à ceci.

Premièrement, Cousin et notre auteur s'accordent à penser qu'il ne peut y avoir de connaissance que « là où il y a plusieurs
» termes » ; il y a au moins un percevant et un perçu, un connaissant et un connu. Mais cette condition nécessaire de la connaissance, « la différence et la pluralité » est incompatible avec le sens de l'Absolu, qui « étant absolument universel est
» absolument un. L'Unité absolue équivaut à la négation abso-
» lue de la pluralité et de la différence... La condition sous
» laquelle l'absolu existe et doit être connu, et la condition sous
» laquelle l'intelligence peut connaître sont incompatibles. En
» effet, si nous supposons la connaissance de l'Absolu possible,
» il doit s'identifier : 1° avec le sujet qui connaît, ou 2° avec
» l'objet qui est connu, ou 3° avec l'indifférence des deux. La
» première hypothèse et la seconde sont contradictoires de l'Ab-
» solu. Car, dans ces cas, l'Absolu est supposé connu ou comme

---

(1) *Discussions*, p. 25. — *Fragments*, p. 34.

» distingué du sujet qui connaît, ou comme distingué de l'objet
» qui est connu. En d'autres termes, on affirme que l'Absolu
» est connu en tant qu'unité absolue, c'est-à-dire comme la
» négation de toute pluralité, tandis que l'acte même par lequel
» il est connu affirme la pluralité comme la condition de sa
» propre possibilité. D'autre part, la troisième hypothèse est la
» contradiction de la pluralité de l'Intelligence ; en effet, si le
» sujet et l'objet de la conscience sont connus comme un, la
» pluralité des termes n'est plus la condition nécessaire de
» l'intelligence. L'alternative est donc inévitable : ou l'Absolu
» ne peut pas être connu ni conçu, ou notre auteur a tort de
» soumettre la pensée aux conditions de pluralité et de diffé-
» rence (1). »

Deuxièmement : afin de mettre l'Absolu à la portée de notre connaissance, Cousin, dit l'auteur, est obligé de nous le présenter sous la forme d'une cause absolue : or, causation est relation, donc l'Absolu de Cousin n'est qu'un relatif. De plus, « ce qui existe purement comme cause, n'existe qu'en vue de
» quelque autre chose, n'a pas sa fin en soi et n'est qu'un
» moyen d'atteindre une fin...Considéré d'une manière abstraite,
» l'effet est donc supérieur à la cause ». Il en résulte qu'une cause absolue « dépend de son effet dont elle reçoit sa perfec-
» tion et même, disons-le, sa réalité. En effet, tant qu'une chose
» existe nécessairement comme cause, elle ne se suffit pas entiè-
» rement à elle-même, puisqu'alors elle dépend de l'effet,
» comme de la condition qui seule lui permet de réaliser son
» existence; et ce qui existe absolument comme cause, existe
» par conséquent dans une dépendance absolue de l'effet pour
» la réalisation de son existence. En fait, une cause absolue
» n'existe que dans ses effets; elle *n'est* jamais, elle *devient*
» toujours : car c'est un être *in potentia*, et non un être *in*
» *actu*, si ce n'est par ses effets. L'Absolu n'est donc tout au
» plus que quelque chose d'inchoatif et d'imparfait » (2).

Qu'on me permette de demander, *en passant*, pourquoi Cousin est-il obligé de penser que si l'Absolu, ou pour parler

---

(1) *Discussions*, p. 32-33. — *Fragments*, trad. L. Peisse, p. 46-47.
(2) *Discussions*, p. 34-35. — *Fragments*, trad. Peisse, p. 49. Dans ma première édition, je faisais porter la discussion sur trois points au lieu de deux ; mais je vois maintenant que le reste de l'argumentation est *ad hominem* simplement, et ne touche qu'à la confusion que Cousin fait de l'Absolu avec l'Infini.

plus clairement Dieu, ne nous est connu qu'à titre de cause, il ne doit « exister que comme cause », et n'être qu'un « moyen » pour atteindre une fin » ? On peut assurément soutenir que nous connaissons la divinité comme l'être qui nourrit les corbeaux, sans être forcé pour cela d'admettre que l'Intelligence divine n'existe qu'afin que les corbeaux soient nourris (1).

(1) Il vient ensuite un passage dirigé contre la doctrine spéciale de Cousin (que Dieu est déterminé à créer par sa propre nature, qu'une force créatrice absolue ne peut pas ne pas devenir une activité créatrice); je l'aurais passé sous silence s'il ne méritait pas d'être signalé comme un spécimen d'une espèce d'arguments dont Hamilton se sert quelquefois. « Dans l'hypothèse de Cousin, dit l'auteur
» (p. 36), il faut choisir entre deux alternatives. Dieu étant déterminé nécessaire-
» ment à passer d'une essence absolue à une manifestation relative, est déterminé
» à passer, ou bien du meilleur au pire, ou bien du pire au meilleur. Une troisième
» supposition, d'après laquelle les deux états seraient équivalents, est contradic-
» toire en soi, et Cousin la rejette; il n'y a donc pas lieu de l'examiner. Il faut
» rejeter la *première* supposition. La nécessité déterminant Dieu à passer du
» meilleur au pire, c'est-à-dire à s'annihiler en partie, il faut que la force qui
» agit sur lui lui soit extérieure et hostile, car rien ne travaille volontairement à
» sa propre destruction; alors cette puissance supérieure à ce prétendu Dieu,
» serait elle-même la Divinité réelle, si elle est intelligente et libre, ou une néga-
» tion de toute divinité si elle est une force aveugle où le destin. La seconde hypo-
» thèse est pareillement inadmissible : d'après elle, Dieu passant à l'état d'uni-
» vers, passe d'un état d'imperfection relative à un état de perfection relative.
» La nature divine est identique avec *la nature la plus parfaite*, et elle est aussi
» identique avec la cause première. Si la cause première n'est pas identique avec la
» nature la plus parfaite, il n'y a pas de Dieu ; car les deux conditions essen-
» tielles de son existence ne sont pas réunies. Or, dans cette seconde hypothèse,
» la nature la plus parfaite est la dérivée; bien plus, l'univers, la création, le
» γινόμενον est par rapport à sa cause, l'actuel, le ὄντως ὄν. Il serait aussi le divin,
» n'était que la divinité suppose aussi la notion de cause, tandis que l'univers, *ex*
» *hypothesi*, n'est qu'un effet. »
Cette subtilité qui fait de la création, ou bien un passage du meilleur au pire, ou du pire au meilleur (ce qui prouverait que Dieu ne peut avoir créé quelque chose que de toute éternité) ne trouve son pendant que dans l'argument employé par les Éléates pour prouver l'impossibilité du mouvement. Si un corps se meut, disaient les Éléates, il se meut là où il est ou bien là où il n'est pas. Disons-le, en passant, Hamilton exprime souvent une grande admiration pour cette manière de raisonner, et il vient de l'imiter avec un rare succès. S'il valait la peine de faire la dépense d'une raison sérieuse pour l'opposer à ce raffinement de dialectique, on pourrait dire que selon cet argument, il faut que tout ce qui est pire maintenant ait toujours été pire, et que ce qui est maintenant meilleur ait toujours été meilleur. Car, dans l'hypothèse contraire, la sagesse parfaite aurait commencé à vouloir le nouvel état au moment précis où il commença à devenir meilleur que l'ancien. Nous pouvons ajouter que l'argument, quelque irréfutable qu'il puisse être, ne saurait servir contre Cousin; car (et Hamilton le dit lui-même une phrase auparavant), dans la théorie de Cousin, l'univers ne peut jamais avoir eu de commencement et par conséquent Dieu n'a jamais été enfermé dans le dilemme supposé.
Mais, nous dit M. Mansel, « Hamilton ne veut pas parler d'états des choses,
» mais d'états de la nature divine, de l'état créateur ou de l'état non créateur: et
» M. Mill, s'il veut réfuter Hamilton, doit admettre un temps où la nouvelle nature
» de Dieu change et devient meilleure ». L'objection ne prouve pas en faveur des talents dialectiques de M. Mansel. Si Dieu a fait l'univers au moment même où il

Quand on analyse la série des arguments par lesquels Hamilton veut prouver que nous ne pouvons connaître ni concevoir l'Absolu, on remarque d'abord que la plupart d'entre eux perdent leur application quand on substitue simplement à l'abstraction métaphysique « l'Absolu » l'expression concrète plus intelligible, quelque chose d'Absolu. Si la première formule a un sens, elle doit pouvoir s'exprimer par les termes de la seconde. Quand on nous parle d'un « Absolu » au sens abstrait, ou d'un être Absolu, s'appelât-il Dieu, nous sommes en droit de demander, et, si nous voulons savoir ce dont nous parlons, nous sommes forcés de demander : Absolu en quoi ? Veut-on, par exemple, dire Absolu en bonté, ou Absolu en connaissance ? ou peut-être Absolu en ignorance ou en méchanceté ? Car l'un est absolu aussi bien que l'autre. Et quand vous parlez de quelque chose d'abstrait qui s'appelle l'Absolu, entendez-vous que c'est l'un ou plusieurs de ces absolus ? ou par hasard tous ? Descendons de ces hauts sommets de l'abstraction. Quand nous parlons du cheval, nous voulons exprimer tous les objets auxquels on applique le nom de cheval. Ou pour prendre nos exemples dans la région même de la pensée qui nous fournit l'objet du débat, quand nous parlons du Vrai, du Beau, nous voulons, par ces mots, exprimer tout ce qui est vrai, tout ce qui est beau (1). Si cette règle est vraie pour les

---

était le meilleur et le plus sage de le faire,—et si l'Univers a été fait par un être parfaitement sage et bon, et il doit en avoir été ainsi, — quel autre que M. Mansel ou que Hamilton, si l'on en croit M. Mansel, affirmera que Dieu en faisant l'Univers a acquis une nouvelle nature ? ou passé d'un état de sa propre nature à un autre ? N'est-il pas tout simplement resté à l'état de sagesse et de bonté parfaites qu'il possédait auparavant.

M. Mansel ajoute encore que cet argument de Hamilton est emprunté à Platon. Il y a très-peu d'analogie entre cet argument et le passage de la *République* où Socrate, pour combattre les récits fabuleux qui faisaient passer les dieux sous des formes d'hommes, d'animaux et même de choses inanimées, soutient que nul être ne changerait volontairement du meilleur au pire. Je ne puis commettre de méprise au sujet du passage de Platon que M. Mansel a en vue, car il en a cité une partie avec la même intention dans ses notes à ses leçons du *Cours Bampton* (p. 209).

(1) M. Mansel voit dans cette phrase un exemple curieux de la nature de mon érudition en philosophie, et il me fait connaître que « Platon distingue expressé- » ment entre le beau et les choses belles, de même qu'il oppose l'Un au Multiple, » le Réel à l'Apparent ». M. Mansel apprendra avec plaisir, je n'en doute pas, que je possédais déjà la connaissance si élémentaire des idées de Platon, qu'il veut bien me donner ; et même (s'il valait la peine d'en parler), j'ai quelque part exposé cette théorie de Platon, et présenté les raisons qui pouvaient faire excuser cette doctrine à cette époque. Mais ceux qui la croient encore digne d'attention, suivent l'exemple des transcendantalistes allemands et ramènent la philosophie à son berceau.

autres abstractions, elle est vraie pour l'Absolu. Si le mot ne se rapporte pas à des attributs d'une certaine espèce, il est détourné de son sens. Ce qui est absolu doit être absolument quelque chose ; absolument ceci ou absolument cela. L'Absolu doit donc être un genre comprenant tout ce qui est absolument quelque chose, — tout ce qui possède un attribut dans toute sa plénitude. Par conséquent, si l'on nous dit qu'il y a un Être, personne ou chose, qui est l'Absolu, — non pas quelque chose d'absolu, mais l'Absolu lui-même, la proposition n'a de sens que si l'on suppose que cet Être possède dans leur plénitude absolue *tous* les attributs, qu'il est absolument bon et absolument mauvais ; absolument sage et absolument stupide, et ainsi de suite (1). La conception d'un tel être, pour ne pas dire d'un tel Dieu, serait pire qu'un « faisceau de négations », ce serait un faisceau de contradictions, et notre auteur aurait pu s'épargner la peine de prouver qu'on ne peut connaître une chose dont on ne peut parler qu'en des termes qui impliquent l'impossibilité de son existence. Il n'est pas hors de propos d'insister sur une chose aussi évidente ; car il s'est rencontré des philosophes qui ont vu que tel doit être le sens de « l'Absolu », et qui cependant en ont admis la réalité. « Quelle espèce d'Être absolu », dit Hégel (2), « est celui qui ne contient pas en lui-même tout » ce qui est réel, y compris même le mal ? » Sans doute, et il faut nécessairement admettre, ou qu'il n'y a pas d'Être Absolu, ou que la loi en vertu de laquelle deux propositions contra-

---

(1) L'*Inquirer* objecte qu'il faudrait ne pas compter des attributs purement négatifs ; et que plusieurs de ceux que j'ai mentionnés sont purement négatifs : que l'absolue petitesse n'est que la négation de la grandeur ; la faiblesse de la force ; la folie, de la sagesse ; le mal, du bien (p. 22). Mais (sans toucher à cette proposition fort contestable, que toutes les mauvaises qualités ne sont que le manque des bonnes) la question n'est pas de savoir si les qualités que l'Inquirer énumère sont négatives, mais si elles sont susceptibles d'être attribuées en tant qu'absolues. Si oui, l'absolu général et abstrait les renferme logiquement. Et assurément, les négations sont encore plus susceptibles d'être absolues que les qualités positives. L'*Inquirer* niera-t-il que la locution « absolument aucun » ne soit pas un emploi aussi correct du mot absolu, que « absolument tous ». A propos de l'Infini, le même auteur dit : « parler de la petitesse infinie, de la non-durée » infinie, de la non-étendue infinie, c'est parler de rien infini. C'est commettre un » non-sens, nous ne dirons pas infini, mais absolu ». Il n'est guère permis d'invoquer les mathématiques avec un élève de Hamilton. Mais l'*Inquirer* eût pu apprendre dans Hamilton lui-même que ce n'est pas commettre un non-sens que de parler de quantités infiniment petites.

(2) Cité par M. Mansel, « *The Limits of Religious Thought* », p. 30.

dictoires ne peuvent être vraies en même temps, ne s'applique pas à l'absolu. Hégel choisit cette dernière alternative, et par là, entre autres mérites, il a bien gagné l'honneur dont il jouira probablement dans la postérité, d'avoir mis fin logiquement à la métaphysique transcendantale par une série de *reductiones ad absurdissimum*.

Tout ce que j'ai dit de l'Absolu est vrai, *mutatis mutandis* de l'infini. Cette expression elle-même n'a de sens que lorsqu'elle se rapporte à un attribut particulier; elle doit signifier l'infini en quelque chose, — par exemple, en dimension, en durée, en puissance. — Voilà des conceptions intelligibles. Mais un Infini abstrait, un Être non-seulement infini dans un de ses divers attributs, mais qui est « l'Infini » lui-même, doit être non-seulement infini en grandeur, mais infini en petitesse; sa durée n'est pas seulement infiniment longue, mais aussi infiniment courte; il est non-seulement infiniment imposant, mais infiniment méprisable; il est comme son compagnon l'Absolu, un amas de contradictions. Il n'est pas besoin de prouver qu'on ne peut connaître ni l'un ni l'autre, puisque, si les croyances les plus nécessaires répondent à des vérités de fait, ni l'un ni l'autre n'existe.

Ces abstractions dépourvues de sens, ce chaos de contradictions, voilà tout ce que notre auteur a prouvé, contre l'opinion de Cousin, que nous ne pouvions pas connaître. Il a montré sans difficulté que nous ne pouvons pas connaître l'Infini ou l'Absolu. Il n'a pas montré que nous ne pouvons pas connaître une réalité concrète en tant qu'infinie ou en tant qu'absolue. Devant cette thèse, son raisonnement tombe.

Nous avons vu son principal argument, qui fait le véritable fond du raisonnement. Nous ne pouvons connaître l'Infini et l'Absolu parce nous ne pouvons les concevoir, et nous ne pouvons les concevoir parce que les seules notions que nous en pouvons avoir sont purement négatives. S'il a raison dans l'antécédent, le conséquent doit s'ensuivre. Une conception composée de négations est une conception de Rien, ce n'est pas une conception.

Mais de ce qu'une conception est une conception de quelque chose d'infini, est-elle pour cela réduite à une négation? Oui, s'il n'est question que de l'abstraction vide de sens « l'Infini ».

Elle est même purement négative, puisqu'on ne la forme qu'en supprimant tous les éléments positifs des conceptions concrètes classées sous ce nom. Mais au lieu de « l'Infini », mettez l'idée de quelque chose d'infini, et l'argument s'évanouit tout d'un coup. La conception de « Quelque chose d'infini » comme la plupart de nos idées complexes, contient un élément négatif, mais elle contient aussi des éléments positifs. L'espace infini, par exemple; n'y a-t-il rien là de positif ? La partie négative de cette conception, c'est l'absence de limites. Les parties positives sont l'idée d'espace, et celle d'un espace plus grand que tout espace fini. De même pour la durée infinie : en tant qu'elle signifie « sans fin », on ne la connaît, on ne la conçoit que négativement; mais en tant qu'elle signifie un temps, et un temps plus long que tout laps de temps donné, la conception est positive. L'existence d'un élément négatif dans une conception ne rend pas négative la conception elle-même, et n'en fait pas une non-entité. Beaucoup de gens seraient surpris si on leur disait que « la vie éternelle » est une conception purement négative; que l'immortalité est inconcevable. Ceux qui ont l'espérance d'en jouir ont une conception très-positive de leur espérance. Il est vrai que nous ne pouvons avoir une conception *adéquate* de la durée et de l'espace infinis; mais entre une conception réelle et juste aussi loin qu'elle porte, bien que non-adéquate, et l'impossibilité d'une conception, il y a une grande différence. Hamilton ne l'admet pas. Il croit que la distinction est sans fondement. « Dire que (1) l'infini peut être pensé, mais seu-
» lement d'une manière non adéquate, c'est une contradiction
» *in adjecto;* c'est comme si l'on disait que l'infini peut être
» connu, mais seulement comme fini. » Je réponds que connaître l'infini comme quelque chose de plus grand que toute chose finie, ce n'est pas le connaître comme fini. La conception de l'infini comme ce qui est plus grand que toute quantité donnée, est une conception que nous possédons tous, elle suffit à tous les besoins de la pensée de l'homme; elle est aussi naturelle, aussi bonne et aussi positive qu'on peut le souhaiter. Elle n'est pas adéquate; notre conception d'une réalité ne l'est jamais. Mais elle est positive, et l'on ne peut soutenir qu'il n'y a

(1) *Lectures*, II, p. 375.

rien de positif dans l'idée d'infini qu'en laissant de côté systématiquement, comme Hamilton le fait invariablement, le véritable élément qui constitue l'idée. Quand on considère combien de lois mystérieuses de la nature, vérifiées plus tard par l'expérience, ont été découvertes au bout d'une série de raisonnements, basés sur une conception qui n'existe pas, si Hamilton a raison, on est obligé d'admettre qu'une chimère est un excellent moyen de recherche scientifique. Si nous perdons notre temps à raisonner sur un Infini imaginaire qui n'est infini en rien de particulier, la notion que nous en avons n'est réellement qu'un « faisceau de négations ». Mais nous y voyons un bon exemple qui prouve qu'on fait fausse route en substituant des abstractions vides à des réalités concrètes. Hamilton aurait-il dit que l'idée de Dieu n'est qu'un « faisceau de négations »? En tant qu'il n'y a rien de plus grand que lui, on le conçoit négativement. Mais en tant qu'il est lui-même plus grand que toutes les autres existences réelles ou imaginables, on le conçoit positivement.

Mettons l'Absolu au lieu de l'Infini et nous arrivons au même résultat. « L'Absolu », on l'a déjà vu, est un amas de contradictions; mais le mot « Absolu », par rapport à un attribut donné, signifie la possession de cet attribut dans sa perfection et sa plénitude. Un Être absolu en connaissance, par exemple, est un être qui, rigoureusement parlant, connaît toutes choses. Prétendra-t-on que cette conception est négative et qu'elle n'a pas de sens pour nous? Sans doute, nous ne pouvons nous former une conception adéquate d'un être connaissant toute chose, puisque pour cela il faudrait avoir une conception, une représentation mentale de tout ce qu'il connaît. Mais nous n'avons pas non plus une conception adéquate de la connaissance finie d'une personne. Je n'ai pas une connaissance adéquate de la connaissance d'un cordonnier, puisque je ne sais pas comment il fait les souliers; mais ma conception d'un cordonnier et de sa connaissance est une conception réelle; ce n'est pas un faisceau de négations. Quand je parle d'un Être Absolu (au sens que nous donnons ici à ce mot), j'emploie des mots vides de sens; mais si je parle d'un Être absolu en sagesse et en bonté, c'est-à-dire qui connaît toutes choses, et veut toujours ce qui est le meilleur pour toutes les créatures sensibles, je comprends parfaitement ce que je veux dire, et la supériorité que la réalité garde encore sur ma conception ne tient qu'à mon ignorance des détails dont la réalité se compose; c'est ainsi que j'ai une conception positive et que je peux avoir une conception exacte de l'empire de la Chine, encore que je ne connaisse l'aspect d'aucun lieu, ni la physionomie d'aucun homme de ce pays.

Le principal argument de Hamilton pour prouver que l'Inconditionné est inconcevable et par conséquent inconnaissable, à savoir, que la conception que nous en avons est purement négative, n'est bon que pour un Inconditionné abstrait qui ne peut pas exister, et tombe en présence d'un Être concret, supposé infini et absolu dans certains de ses attributs définis (1). Voyons maintenant si ses autres arguments valent mieux.

Voici le premier : Toute connaissance porte sur des choses multiples et différentes; nous ne connaissons une chose que parce que nous la connaissons comme différente de toute autre chose; de nous qui la connaissons, et aussi des autres choses connues qui ne sont pas elles. Voilà enfin un principe sur lequel l'esprit peut se reposer, comme sur une vérité fondamentale. C'est une des plus profondes observations psychologiques que le monde doit à Hobbes; Cousin et Hamilton ont reconnu pleinement cette vérité, et plus récemment, M. Bain et M. Herbert Spencer en ont fait d'admirables applications. Cette proposition que connaître une chose c'est la distinguer des autres choses, est, ainsi que je l'ai fait remarquer déjà, une de

---

(1) M. Mansel et l'Inquirer reprochent à cet argument de confondre l'infini et l'indéfini. S'ils ne l'avaient pas lu, ils ne l'auraient pas plus mal compris. L'indéfini, tel qu'on l'entend d'ordinaire, a une limite, mais qui est variable en soi, ou qui nous est inconnue. L'Infini est ce qui n'a pas de limite. Pour M. Mansel, le sens métaphysique du mot indéfini (p. 114) est ce qui « peut être augmenté in- » définiment ». Il dit quelque part (p. 50) : « Un temps indéfini est un temps auquel » on peut ajouter perpétuellement de la durée : un temps infini est un temps dont » la grandeur est telle qu'on n'y peut rien ajouter. » Eh bien, je le demande, lequel des deux noms de l'indéfini et de l'infini convient le mieux à ce qui est plus grand que toute chose finie. Peut-on dire qu'une chose qui a une limite indéterminée est plus grande que toute chose finie ? peut-on le dire d'une chose qui peut s'accroître indéfiniment ? Un temps qui ne serait qu'indéfini, est-il plus grand que tout temps limité ? Une puissance qui ne serait qu'indéfinie est-elle plus grande que toute puissance bornée ? Il n'y a qu'une chose qui puisse être plus grande que toute chose finie, c'est, et ce ne peut être, au sens le plus rigoureux du mot, pour le vulgaire comme pour les philosophes, que l'Infini.

celles qu'on exprime par la dénomination très-vague de « rela-
» tivité de la connaissance humaine ». Je ne conteste pas cette
doctrine. Mais Hamilton continue : l'Être Absolu étant « abso-
» lument Un » ne peut être connu sous les conditions de pluralité et de différence ; et comme ces conditions sont celles
de toute notre connaissance, il ne peut par conséquent pas être
connu. Il y a là, il me semble, une étrange confusion d'idées.
Hamilton semble vouloir dire qu'étant absolument Un, il ne
peut être connu comme multiple. Mais quand on dit que
la pluralité est une condition de connaissance, on ne veut pas
dire que la chose connue doit être connue comme multiple. On
veut dire qu'une chose n'est connue que comme distincte de
quelque autre chose. La pluralité en question n'est pas dans
la chose elle-même, mais elle se compose d'elle et d'autres
choses. De plus, si nous accordons qu'une chose ne peut pas
être connue à moins de l'être comme multiple, s'ensuit-il qu'elle
ne puisse être connue comme multiple parce qu'elle est Une?
Depuis quand le Un et le Multiple sont-ils des choses incompatibles au lieu d'être des aspects différents de la même chose ?
Assurément Hamilton ne veut pas dire qu'une Unité absolue est une unité indivisible ; le minimum au lieu du maximum d'existence. Il veut dire, comme certainement Cousin
le fait de son côté, un Tout absolu ; le Tout qui comprend
toutes choses. S'il en est ainsi, n'est-il pas non-seulement permis, mais encore nécessaire de supposer des parties à ce Tout ?
Une Unité qui comprend toutes choses ne vaut-elle pas *ex vi
termini* une pluralité, et la plus multiple des pluralités, multiple au plus haut degré ? S'il y a un sens aux mots, l'Unité
Absolue ne doit-elle pas être l'Absolue Pluralité ? On ne peut
éviter l'alternative : Ou bien « l'Absolu » signifie un simple
atome, une monade, ou il signifie la Pluralité au plus haut
degré.

Quoique ce soit à peine nécessaire, nous essayerons cet argument sur la pierre de touche qui nous a servi pour le premier ;
c'est-à-dire que nous substituerons le nom concret Dieu au mot
abstrait Absolu. Hamilton aurait-il dit que Dieu ne peut être
connu sous la condition de la pluralité, c'est-à-dire qu'il n'est pas
connu en tant que distinct de nous et des objets de la nature ?
Si vous donnez à une chose positive un nom qui n'exprime que

ses attributs négatifs, vous prouverez facilement qu'elle ne peut être connue, qu'elle est une non-entité. Rendons-lui son nom (si les sentiments respectueux de M. Mansel le permettent), ses attributs positifs reparaissent, et nous trouvons, à notre surprise, que ce qui *est* une réalité peut être connu comme telle (1).

L'argument suivant est principalement dirigé contre la doctrine de Cousin, selon laquelle nous connaissons l'Absolu comme Cause Absolue. Cette doctrine, dit Hamilton, se détruit elle-même. L'idée de cause est inconciliable avec l'Absolu, car une cause est relative et implique un effet : donc, cet Absolu n'est pas du tout un Absolu. Il n'y aurait rien à dire si par Absolu nous étions obligés d'entendre ce qui non-seulement est « hors de » toute relation, mais ce qui ne peut jamais entrer en relation. Mais quiconque identifie l'Absolu avec le Créateur peut-il entendre ainsi l'Absolu ? En supposant que l'Absolu veut dire une existence en soi, n'ayant de relation avec aucune chose : le seul Absolu qui nous occupe, ou auquel on croit, doit être capable non-seulement d'entrer en relation avec les choses, mais encore il faut qu'il puisse entrer dans toutes les rela-

(1) M. Mansel, ainsi que je l'ai déjà indiqué, ne veut pas permettre qu'on vérifie la valeur de ce que Hamilton dit de l'Infini en l'appliquant à Dieu ; il soutient que l'Infini dont parle Hamilton, à savoir l'Infini comme nous le concevons, est un « pseudo-infini ». C'est changer étrangement les rôles de Hamilton et de son critique. C'est moi qui affirme que l'Infini de Hamilton est un pseudo-infini ; c'est lui qui soutient que c'est l'Infini réel. Pour le moins, il met ce pseudo-infini, qui est réellement inconcevable, à la place d'un infini intelligible, d'une divinité concrète, et parce qu'il prouve l'inconcevabilité de l'une, il croit avoir prouvé suffisamment l'inconcevabilité de l'autre. Ce qu'il avait à faire, c'était, il le déclare, de prouver que Dieu, considéré comme Infini, est inconcevable pour nous. Au lieu de cela, il prouve l'inconcevabilité d'un Infini qui n'est pas et ne peut pas être Dieu, et qui n'existe pas et ne peut pas exister. Puis il laisse à M. Mansel le soin de découvrir (après d'autres) que c'est un pseudo-infini.

M. Mansel s'indigne encore davantage de ce que je veux vérifier ce que Hamilton dit de l'Absolu en l'appliquant à Dieu ; d'après lui, c'est renverser effectivement le sens que Hamilton donne à ce mot, puisque sa définition de l'Absolu, « l'inconditionnellement limité » est contradictoire à la nature de Dieu. Mais Hamilton lutte contre Cousin qui n'entend pas par Absolu le limité, mais le complet, et qui en fait un attribut de Dieu. M. Bolton fait une remarque fort juste (p. 159) : « En discutant, dit-il, les doctrines de Schelling et de Cousin, Hamilton se sert du mot Absolu comme ils le font eux-mêmes ; pour lui comme pour eux, Absolu et Infini ne sont pas opposés, contradictoires, comme ils le sont dans la terminologie hamiltonienne. » Il ne faut pas en blâmer Hamilton, car si l'absolu, qui d'après lui est inconnaissable, parce qu'il ne peut être connu sous les conditions de Pluralité, n'est Absolu que dans ce sens du mot et non dans le sens que lui donne Cousin, il n'a pas réfuté Cousin.

tions quelconques, excepté celle de dépendance de quelque chose. Ne peut-on pas le connaître dans quelques-unes au moins de ces relations, et en particulier dans la relation de Cause ? S'il est une Cause « finie, parfaite, complète », c'est-à-dire le plus cause possible, la cause de toute chose excepté de soi et si on la connaît comme telle, on la connaît comme cause Absolue. Hamilton a-t-il fait voir qu'une cause absolue ainsi comprise ne peut être conçue, ni connue ? Non : tout ce qu'il montre, c'est que, bien que cette cause puisse être connue, on ne la connaît que relativement à quelque chose, à savoir à ses effets; et que la connaissance de Dieu qu'on acquiert ainsi n'est pas une connaissance de Dieu en soi, mais de Dieu en relation avec ses œuvres. Ce qu'il y a de vrai, c'est que la doctrine de Cousin est un produit trop légitime de la métaphysique qu'il professe en commun avec Hamilton, pour que celui-ci soit capable de la réfuter. Car connaître Dieu dans et par ses effets, c'est, d'après Cousin, le connaître comme il est en lui-même, parce que le pouvoir créateur par lequel Dieu cause est en lui-même, est inséparable de lui, et appartient à son essence. Et à mon avis, les principes communs aux deux philosophes donnent à Cousin le droit d'avancer cette proposition, autant qu'ils permettent à Hamilton de soutenir que l'étendue et la figure sont « des attributs essentiels » de la matière, et comme tels perçus par intuition.

J'ai jusqu'ici, à une exception près, examiné tous les arguments (qui ne sont pas purement *ad hominem*) de Hamilton pour prouver contre Cousin que l'Inconditionné est inconnaissable. L'argument que j'ai gardé pour la fin a l'emphase et la concision d'un oracle : l'Inconditionné ne peut être pensé, parce que « penser c'est conditionner ». Je l'ai gardé pour le dernier, parce qu'il nous occupera le plus longtemps : en effet, nous avons d'abord à trouver le sens de la proposition; ce qui sera long, l'auteur nous aidant si peu.

Suivant l'idée la meilleure que je puisse me faire du sens du mot « condition », soit comme expression philosophique, soit comme terme du langage usuel, il signifie la chose dont une autre chose est dépendante, ou (pour parler avec plus de précision) ce qui, étant donné, fait qu'une autre chose existe, ou se produit. Je promets de faire quelque chose *à condition* que vous ferez quelque autre chose; c'est-à-dire, si vous faites ceci, je ferai cela, sinon je ferai à mon gré. Une Proposition Conditionnelle en Logique est une assertion qui peut s'exprimer sous cette forme : « Si comme ceci ou cela, alors comme ceci ou comme cela. » Les conditions d'un phénomène sont les diverses circonstances antécédentes qui, lorsqu'elles existent simultanément, sont suivies de la production de ce phénomène. Comme toutes ces circonstances antécédentes doivent coexister, chacune d'elles par rapport aux autres est une condition *sine qua non*, c'est-à-dire que sans elle le phénomène ne résulterait pas du reste des conditions, quoiqu'il puisse peut-être résulter d'un autre système de conditions totalement différentes.

Si tel est le sens du mot Condition, l'Inconditionné doit signifier ce qui ne dépend pas, pour son existence et ses propriétés, d'un antécédent; en d'autres termes, il doit être synonyme de Cause Première. Cependant ce n'est pas là le sens que Hamilton a eu en vue : car, dans un passage déjà cité de son argumentation contre Cousin, il dit que l'effet est une condition de sa cause. La condition, comme il la comprend, n'a donc pas besoin d'être un antécédent; elle peut être un fait subséquent à celui qu'elle conditionne.

Il semble admettre dans ses écrits en général qu'on peut appeler condition d'une chose toute chose qu'elle implique nécessairement : et il emploie le mot Conditionné presque indifféremment pour le mot Relatif. En effet, les relatifs vont toujours par couples : un nom relatif implique l'existence de deux choses, l'une dont on affirme ce nom et une autre ; parent implique enfant; plus grand, plus petit; semblable, un autre semblable; et *vice versâ*. Relation est un nom abstrait pour tous les faits concrets qui se rapportent à la fois à plus d'un objet. Donc, toutes les fois qu'on affirme une relation ou qu'on parle d'une chose sous un nom relatif, l'existence du terme corrélatif peut être appelée une condition de la relation aussi bien que de la vérité de la proposition. En conséquence, quand Hamilton appelle « un effet une condition de sa cause », il parle d'une manière intelligible et l'usage l'autorise dans une certaine mesure à employer le mot avec cette acception.

Mais si le Conditionné veut dire le Relatif, il faut que l'Inconditionné signifie son contraire, et dans ce sens, l'Inconditionné voudrait dire tous les Noumènes; les Choses en soi considérées en dehors de toute relation avec les effets qu'elles produisent en nous, effets qu'on appelle leurs propriétés phénoménales. Il semble que Hamilton emploie très-fréquemment le mot dans ce sens. En niant toute connaissance de l'Inconditionné, il semble souvent nier que nous ayons de l'Esprit et de la Matière autre chose qu'une connaissance phénoménale. Cependant non-seulement il ne reste pas fidèle à cette acception, mais il se met directement en contradiction avec elle, la seule fois qu'il s'aventure à donner une explication ou une définition du mot. Nous l'avons vu déclarer que l'Inconditionné est le genre dont l'Infini et l'Absolu sont les deux espèces. Mais toutes les Choses en soi ne sont pas infinies et absolues. La Matière et l'Esprit en soi ne sont ni l'un ni l'autre. Il est évident que Hamilton n'a jamais arrêté le sens qu'il donnait au mot Inconditionné. Tantôt il lui donne une certaine extension, tantôt une autre. Sans doute, entre les acceptions que l'auteur emploie il y a une connexion, mais elle ne sert qu'à aggraver le mal; le mot, en effet, présente cette espèce d'ambiguïté la plus dangereuse de toutes dans laquelle les acceptions, bien qu'essentiellement différentes, sont si voisines que le penseur les prend l'une pour l'autre sans y songer (1).

Il est probable que lorsque notre auteur affirme que « penser c'est conditionner », il n'emploie le mot Condition dans aucun de ces sens, mais dans un troisième, qui lui est aussi familier et auquel il a constamment recours dans des phrases comme celles-ci : « les conditions de la pensée », etc..... Il veut dire par ce mot Condition quelque chose de semblable à ce que Kant appelle les Formes de l'Esprit, ou les Catégories de l'Entende-

(1) A la page 8 des *Discussions*, en parlant de l'un des trois éléments dont Cousin compose la conscience, et que cet auteur appelle différemment des noms « *unité, identité, substance, cause absolue, l'infini, pensée pure*, etc. », Hamilton dit, « nous l'appellerons d'un mot l'Inconditionné ». Ce que Cousin nomme « *pluralité, différence, phénomène, cause relative, fini, pensée déterminée*, etc. », Hamilton dit, « nous le nommerons le Conditionné ». Voilà, je crois, le seul semblant d'explication qu'il donne du sens de ces mots. Il est évident que ce n'est pas une explication. Il nous dit ce qu'en termes de logique, les mots dénotent, mais non ce qu'ils connotent. Une énumération des choses appelées du même nom n'est pas une définition. Si le nom était « Chien », par exemple, on ne le définirait pas en disant : les animaux qu'on désigne sous les appellations d'épagneuls, dogues, etc., nous les appellerons chiens. Ce qu'on veut savoir, c'est quels sont les attributs communs à tous ces animaux qu'on exprime par ce mot, — ce qu'on affirme d'une chose en l'appelant chien.

ment, et qu'on exprime plus correctement en disant, comme il le fait ailleurs, les « Lois nécessaires de la Pensée ». Il applique à l'Esprit la maxime des Scolastiques :

« Quicquid recipitur, recipitur ad modum recipientis. »

Il veut dire que nos facultés de perception et de conception ont leurs lois propres, qui non-seulement déterminent ce que nous sommes capables de percevoir et de concevoir, mais introduisent dans nos perceptions et nos conceptions des éléments qui ne dérivent pas de la chose perçue ou conçue, mais de l'esprit lui-même; que, par conséquent, nous ne pouvons pas conclure d'abord que tout ce que nous trouvons dans nos perceptions ou conceptions d'un objet, a nécessairement un prototype dans l'objet lui-même : et que nous devons dans chaque cas résoudre cette question par l'investigation philosophique. D'après cette doctrine, que je ne blâme pas notre auteur de soutenir, mais bien plutôt de ne pas pousser assez loin, — les « conditions de la pensée » signifieraient les attributs dont l'esprit ne pourrait s'empêcher de revêtir tout objet de pensée, — les éléments qui, dérivés de sa propre structure, ne pourraient pas ne pas entrer dans toutes les conceptions qu'il est capable de former; quand même il n'y aurait rien dans l'objet qui fût le prototype de la conception. D'un autre côté, notre auteur croit que, dans la plupart des cas (en cela il diffère de Kant), il y a correspondance entre l'objet et la conception.

Nous avons donc un sens intelligible pour l'idée que penser c'est conditionner; et puisque M. Mansel, dans sa réponse, nous garantit ce sens pour le vrai sens de Hamilton, je l'admettrai pour tel. Si donc (ce que je ne discute pas à présent) la doctrine philosophique soutenue en partie par Hamilton, et d'une manière plus radicale par Kant, est vraie, c'est-à-dire si, dans l'acte de la pensée, l'esprit, par une nécessité *à priori*, revêt l'objet de la pensée d'attributs qui ne sont pas en lui, mais qui sont créés par les lois propres de l'esprit, et si nous consentons à appeler ces nécessités de la pensée, conditions de la pensée; alors il est évident que penser c'est conditionner, et que penser l'Inconditionné c'est concevoir l'inconcevable. Mais l'Inconditionné dans cette application du mot n'est pas identique avec l'Infini *plus* l'Absolu. L'Infini et l'Absolu ne sont pas inconditionnés dans ce sens. Les mots infini et absolu, comme je l'ai déjà dit, n'ont pas de sens si ce n'est pour exprimer une certaine réalité concrète ou une réalité hypothétique possédant infiniment ou absolument quelque sorte d'attributs que nous pouvons concevoir en tant que finis et limités. En pensant à ces attributs, nous ne pouvons pas nous dépouiller de nos conditions mentales, mais nous pouvons concevoir les attributs comme s'élevant au-dessus de ces conditions. « Conditionner » et « penser sous des conditions » sont des phrases ambigües. On peut concevoir un Être Infini, et on le conçoit soumis à des conditions, mais sans le supposer limité par elles. Les exemples les plus familiers de ce qu'on appelle les conditions nécessaires de la pensée, sont le Temps et l'Espace : on nous dit que nous ne pouvons concevoir une chose que dans le temps et l'espace. Or, on ne conçoit pas un Être Infini *dans* le temps et *dans* l'espace, si l'on entend par là qu'il occupe une partie du temps ou une partie de l'espace. Mais (substituons au mot Temps le mot Durée, pour écarter l'antithèse théologique du Temps et de l'Éternité) nous devons concevoir effectivement Dieu sous *la condition* de la Durée et de l'Étendue, c'est-à-dire les occupant entièrement l'une et l'autre; et puisqu'on conçoit la durée et l'étendue comme infinies, concevoir un Être comme occupant leur totalité, c'est concevoir cet Être comme infini. Si concevoir Dieu comme omniprésent et éternel, c'est le concevoir dans l'Espace et le Temps, nous concevons Dieu dans l'Espace et le Temps. Si le concevoir comme éternel et omniprésent, ce n'est pas le concevoir dans l'Espace et dans le Temps, nous pouvons penser quelque chose en dehors de l'Espace et du Temps. M. Mansel a le choix entre ces deux opinions. J'ai déjà démontré que les idées d'espace infini et de temps infini, sont des conceptions positives : celle d'un être qui est dans tout l'Espace et dans tout le Temps ne l'est pas moins. Penser quelque chose, c'est donc le conditionner par des attributs qui sont eux-mêmes concevables; mais ce n'est pas nécessairement le conditionner par un *quantum* limité de ces attributs : au contraire, nous pouvons le penser sous un degré de ces attributs supérieur à tous les degrés limités, et c'est là le penser comme infini (1).

Si nous nous demandons, à la fin de cette longue discussion, quel peut être le résultat obtenu par Hamilton dans ce fameux *Essai*, nous répondrons qu'il a établi plus complétement peut-être qu'il ne le voulait, la futilité de toute spéculation sur ces abstractions vides de sens « l'Infini et l'Absolu », notions contradictoires en elles-mêmes, et auxquelles ne correspond et ne peut correspondre aucune réalité (2). Quant à l'Incognoscibilité non pas de « l'Infini ou de l'Absolu », mais de personnes ou de choses concrètes qui possèdent infiniment ou absolument certains attributs spéciaux, je ne puis admettre

---

(1) « Pour concevoir Dieu comme inconditionné », dit M. Mansel (p. 17, 18), » il faut le concevoir comme non soumis à la condition d'action dans le temps : » pour le concevoir comme une personne, si sa personnalité ressemble à la nôtre, » il faut le concevoir comme agissant dans le temps ». Non soumis à la condition d'action dans le temps, je le veux bien; en d'autres termes, non nécessité à l'action, ni assujetti à ses conditions; mais a-t-on jamais conçu la Divinité comme n'agissant pas dans le temps? Et même si on ne la conçoit pas comme une personne, mais seulement comme le premier principe de l'Univers, « le principe » absolument premier duquel dépendent toutes choses », doctrine que M. Mansel soutient en même temps que la doctrine chrétienne de la Personnalité Divine (p. 7 à 18); même alors le premier principe de chaque chose qui arrive dans le Temps, doit, d'après le sens strict du mot, non-seulement être conçu comme agissant dans le Temps; mais il doit réellement agir dans le Temps, et dans tout le Temps. L'action dans le Temps n'appartient pas à la Divinité en tant que Personne, mais elle lui appartient complétement en tant que principe premier de toutes choses, ce que M. Mansel entend par l'Inconditionné.

(2) M. Mansel fait remarquer à ce propos (p. 110, 111), que Hamilton n'affirme pas que ces abstractions sont dépourvues de sens. Je n'ai jamais prétendu qu'il l'eût fait. Ce que je lui reproche surtout, c'est de ne pas s'être aperçu qu'elles n'avaient pas de sens. « Hamilton, dit M. Mansel, soutient que les mots absolu » et infini sont parfaitement intelligibles comme abstractions tout aussi bien que » relatif et fini. » *Quis dubitavit?* Ce ne sont pas les mots absolu et infini qui n'ont pas de sens; c'est « l'Infini » et « l'Absolu ». L'Infini et l'Absolu sont des attributs réels, abstraits des objets concrets de pensée sinon des objets d'expérience que l'on croit posséder ces attributs. L'Infini et l'Absolu sont des abstractions illégitimes de ce qui ne fut jamais l'attribut d'un objet concret, et l'on ne pouvait sans contradiction le supposer. Je regrette de différer sur ce point de l'écrivain distingué qui a rendu compte de mon ouvrage dans la *Revue de Westminster;* il considère l'Infini et l'Absolu comme des abstractions intelligibles, quoique plus abstraites que les précédentes (p. 14). Un de mes critiques américains, le docteur H. B. Smith (p. 135), a très-bien saisi cette distinction, qu'il assimile à la différence qu'il y a entre parler « de l'Infini et de l'Absolu en tant » qu'entités », et les considérer « simplement comme des modes ou des attributs » d'existences réelles ». Qu'il y ait des personnes « à Laputa ou en Allemagne » (c'est ainsi que s'exprime Hamilton) qui fassent des entités de ces abstractions et s'en occupent jusqu'à en perdre le sens, je le sais parfaitement, et je reconnais que l'essai de Hamilton a de la valeur comme protestation, insuffisante sans doute, d'un Transcendantaliste rival.

que Hamilton l'ait prouvée ; et je ne pense pas qu'on puisse prouver qu'elles sont inconnaissables autrement qu'en tant qu'elles nous sont connues seulement dans leurs relations avec nous, et non comme des Noumènes ou Choses en soi. Toutefois, il en est de même du fini aussi bien que de l'Infini, de l'Imparfait aussi bien que du parfait ou absolu. Notre auteur a prouvé seulement qu'on ne pouvait pas connaître un être qui n'est *rien que* infini, ou *rien que* absolu ; et comme personne ne suppose l'existence d'un tel être, mais seulement l'existence d'êtres qui ont quelque chose de positif porté à l'infini ou à l'absolu, cette démonstration ne peut être considérée comme une grande victoire. Hamilton n'a pas réfuté Cousin, dont on ne peut réfuter la doctrine de la connaissance intuitive de Dieu, comme toute autre doctrine d'intuition, qu'en démontrant qu'elle repose sur une fausse interprétation des faits. Nous verrons plus tard qu'on ne peut établir cette démonstration qu'en indiquant le moyen différent par lequel prennent naissance les perceptions apparentes qu'on suppose à tort intuitives.

CHAPITRE V

HAMILTON RAMÈNE PAR LA CROYANCE CE QU'IL REJETTE DE LA CONNAISSANCE.

Nous venons de voir Hamilton soutenir avec une grande énergie, et prendre pour base de son système philosophique, une opinion sur les bornes de la connaissance humaine, dont il n'a pas tiré toutes les conséquences que semblait impliquer le nom qu'il lui donnait, mais qui signifie, au moins, que l'Absolu, l'Infini, l'Inconditionné, nous sont nécessairement inconnaissables. J'ai discuté cette opinion comme un dogme sérieux exprimant une idée précise de la relation qui unit l'univers et l'entendement humain, et propre à nous faire distinguer les questions qu'il est utile de se poser, d'avec celles qui sont complétement fermées à nos recherches.

Mais quand même cette doctrine aurait eu, dans l'esprit de Hamilton, un sens dix fois plus large, — quand même il eût soutenu la Relativité de la connaissance humaine dans son acception la plus étendue, au lieu de l'adopter dans la plus restreinte, — la question n'en aurait pas moins été réduite à rien ou à une pure dispute de mots, du moment qu'il admettait une seconde espèce de conviction intellectuelle, appelée la croyance; conviction antérieure à la connaissance dont elle forme la base, et affranchie de ses restrictions; par laquelle nous pouvons avoir et nous avons légitimement une pleine certitude des choses que d'après notre auteur nous ne pouvons pas connaître, et que nous ne puisons pas dans une révélation, c'est-à-dire dans le témoignage supposé d'un Être en qui nous avons mis notre confiance, mais dans nos facultés naturelles mêmes.

Sous la plume de certains philosophes, cette distinction ressemblerait fort à un stratagème, — à un de ces faux-fuyants transparents, auxquels ont eu souvent recours les adversaires des opinions reçues, qui s'en servaient pour ruiner les fondements rationnels d'une doctrine sans s'exposer à l'odieux d'une négation directe : c'est ainsi que les adversaires du Christianisme au XVIIIe siècle, après avoir déclaré qu'une doctrine était contraire à la raison, et l'avoir représentée sous son côté le plus absurde, avaient coutume d'ajouter que cela n'avait pas la plus petite conséquence, puisque la religion était une affaire de foi et non de raison. Mais évidemment Hamilton veut dire ce qu'il dit ; il exprime une conviction sérieuse et formule un des principes de sa philosophie : il reconnaissait en réalité sous le nom de Croyance une source féconde, j'allais dire de connaissance, mais je peux, à tout prendre, dire de témoignages dignes de foi. Les passages suivants le démontrent :

(1) « La sphère de notre croyance est beaucoup plus étendue
» que la sphère de notre connaissance, et par conséquent quand
» je nie que nous puissions *connaître* l'Infini, je suis loin de
» nier que nous y *croyions*, et que ce soit pour nous une néces-
» sité et un devoir d'y *croire*. J'ai même pris soin de le démon-
» trer à la fois par le raisonnement et par l'autorité. »

« Saint Augustin (2) dit très-bien : nous savons ce qui repose
» sur la *raison*, et nous croyons ce qui repose sur l'*autorité;*
» car les données originelles de la raison ne reposent pas sur la
» raison, mais sont nécessairement acceptées par elle sur l'auto-
» rité de ce qui lui est supérieur. Ces données sont donc, d'une
» manière rigoureuse, des Croyances ou des Vérités. Nous
» sommes donc obligés, en dernier ressort, d'admettre, philo-
» sophiquement parlant, qu'une croyance est une condition
» première de la raison, et non pas que la raison est le fon-
» dement de la croyance. Nous sommes contraints d'abandon-
» ner l'orgueilleux aphorisme : *Intellige ut credas* d'Abélard,

---

(1) *Letter to M. Calderwood*, dans l'*Appendix to Lectures*, II, p. 530-531.
(2) *Dissertations sur Reid*, p. 760.

» pour nous contenter de l'humble *Crede ut intelligas* d'An-
» selme. »

Et dans une autre partie de la même *Dissertation* (1) (où il s'applique à soutenir que notre certitude du monde extérieur n'est pas une croyance, mais une connaissance) : — « En vérité,
» dit-il, si l'on me demandait comment nous savons que nous
» connaissons le monde extérieur ; comment nous savons que
» ce que nous appréhendons dans une perception des sens, est;
» ainsi que la conscience nous l'atteste, un objet extérieur
» étendu, et numériquement différent du sujet conscient ; com-
» ment nous savons que cet objet n'est pas un pur mode de
» l'esprit, que nous prenons par illusion pour un pur mode de
» la matière ; je serais obligé de répondre que nous ne *savons*
» pas, à proprement parler, si ce que nous sommes forcés de
» percevoir comme un non-moi n'est pas une perception du
» moi, et d'ajouter que la réflexion seule peut nous faire *croire*
» qu'il n'en est pas une, parce que nous obéissons de confiance
» à une nécessité originelle de notre nature, qui nous impose
» cette croyance. »

Il semble donc que, pour Hamilton, la Croyance est une conviction d'une autorité supérieure à la Connaissance ; la Croyance est un fait premier, la connaissance est seulement dérivée : la Connaissance, en définitive, repose sur la Croyance. Les croyances naturelles sont les seules garanties de toute notre connaissance. La connaissance est donc une base de certitude inférieure à la Croyance naturelle ; et comme nous avons des croyances qui nous disent que nous savons, et sans lesquelles nous ne pourrions être assurés de la vérité de notre connaissance, nous avons également, et nous sommes fondés à avoir, des croyances qui dépassent notre connaissance ; des croyances au sujet de l'Inconditionné, — au sujet de ce qui est inconnaissable.

Je ne m'occupe pas, à présent, de ce que, dans l'opinion de l'auteur, nous sommes forcés de croire sur l'inconnaissable. Ce qui nous occupe ici, c'est la nullité à laquelle cette doctrine réduit celle qui semblait être la base du système d'Hamilton, à savoir que toute connaissance est relative à nous, et

---

(1) *Dissertations sur Reid*, p. 749-750.

que nous ne pouvons avoir aucune connaissance de l'Infini et de l'Absolu. Quand il nous disait qu'il est impossible aux facultés humaines de rien connaître des Choses en soi, nous pensions tout naturellement qu'il nous donnait un avertissement; qu'il voulait nous faire comprendre que ce sujet de recherche nous est fermé, et nous engager à porter notre attention ailleurs. Il paraît qu'il n'a pas eu cette intention. Au contraire, son opinion est que nous pouvons avoir la certitude la plus complète et la mieux fondée des choses qu'il déclare inconnaissables, que cette certitude est non-seulement égale ou même supérieure à celle que nous avons des vérités de notre connaissance, mais encore de même nature qu'elle : et que le sujet de la dispute n'était que de savoir si cette certitude, cette conviction devait s'appeler connaissance, ou recevoir un autre nom. Si c'est tout, je le déclare, je n'y vois pas la moindre importance. S'il n'y a rien de plus au fond du « grand » axiome » et de la fameuse discussion avec Cousin, notre auteur a pris beaucoup de peine pour bien peu de chose; et il eût mieux fait de laisser la question au point où l'avait portée Reid. Reid, en effet, ne se donnait pas la peine de tracer de subtiles distinctions entre la croyance et la connaissance, et se bornait à professer que nous connaissons tout ce que notre constitution naturelle nous oblige de croire. Suivant Hamilton, nous croyons les prémisses et nous connaissons les conclusions qui en découlent. Les faits premiers de la conscience (1) sont « donnés moins sous la forme de connaissances que sous celle de croyances » : « La conscience en dernière analyse ou en d'autres termes notre première expérience, c'est un acte de foi ». Mais quand on dit que nous connaissons les théorèmes d'Euclide sans connaître les axiomes et les définitions sur lesquels ils reposent, le mot de connaissance dans cette étrange application doit être pris en un sens purement technique. Quand Hamilton vient nous dire que nous croyons les prémisses, mais que nous connaissons les conclusions qui en découlent, tout le monde penserait qu'il veut dire que nous possédons des preuves de ces conclusions, indépendantes de ces prémisses. Si nous ne connaissons les conclusions que grâce aux prémisses, notre

---

(1) *Discussions*, p. 86.

certitude de la conclusion et notre certitude des prémisses doivent porter le même nom (1). Dans le langage ordinaire, quand on distingue la croyance de la connaissance, on entend par connaissance une conviction complète, et par croyance une conviction restreinte et inachevée ; on peut dire encore que nous croyons quand la preuve est probable (comme pour un témoignage), mais que nous savons quand elle est intuitive, ou qu'elle se déduit de prémisses intuitives : par exemple, nous croyons qu'il y a un continent qui s'appelle l'Amérique, mais nous savons que nous sommes en vie, que deux et deux font quatre, et que la somme de deux côtés d'un triangle est plus grande que le troisième côté. Voilà une distinction pratique : mais pour Hamilton ce sont les convictions intuitives qui sont les Croyances ; et celles qui en dépendent et en dérivent composent notre connaissance. Après cela, si l'on donne, contrairement à l'usage et d'une manière exclusive, le nom de connaissance à certaines de nos convictions qui n'ont pas plus de certitude que les autres, mais qui en ont moins, et qui, d'après notre auteur, reposent sur le même principe, on ne soulève tout au plus qu'une question de terminologie, dénuée de toute importance philosophique pour qui ne prend pas une différence de nom pour une différence de fait. Qu'une distinction pareille passe pour un principe fondamental de philosophie, et devienne le principal titre de gloire d'un système métaphysique, cela ne prouve-t-il pas à quel point les pures formes de la logique et de la métaphysique peuvent aveugler les hommes sur leur défaut de réalité ?

Ce que je viens de dire ne doit pas faire croire que je veuille abolir la distinction entre la Connaissance et la Croyance (au sens de Croyance vraie), ou soutenir que cette distinction nécessaire n'entraîne pas une différence. Ces termes sont employés pour dénoter plus d'une différence réelle, et il y aurait de l'inconvénient à en priver la philosophie (2).

---

(1) Hamilton, en conséquence, déclare, dans une de ses *Dissertations sur Reid*, que « les principes de notre connaissance doivent être eux-mêmes connaissance ». Peu de personnes se refuseront à approuver cet usage du mot et à condamner l'autre.

(2) Les philosophes disputent beaucoup sur la différence entre la Connaissance et la Croyance ; et le débat ne finira que lorsqu'on s'apercevra que la question est de savoir, non pas ce que la distinction exprime, mais ce qu'elle exprimera ;

La question qui nous occupe dans ce chapitre n'est pas de savoir si la distinction entre la connaissance et la croyance est rationnelle, mais si cette distinction peut intervenir dans le débat entre Hamilton et Cousin sur l'Infini et l'Absolu, et si Hamilton a le droit de restituer sous le nom de croyance la certitude relative à ces objets qu'il rejette sous le nom de connaissance. Je dis que l'Infini et l'Absolu dont Hamilton a voulu démontrer l'incognoscibilité, parce qu'ils se composent de contradictions, ne sont pas plus des objets possibles de croyance que de connaissance ; je dis qu'un esprit qui comprend le sens des mots ne peut professer à leur égard que la non-croyance. D'autre part, il y a des Infinis et des Absolus qui, ne se contredisant point eux-mêmes, sont des objets possi-

---

à laquelle des différences déjà connues et admises, on appliquera ces mots. « Le mot Croyance », dit le D^r M'Cosh (p. 36), plus clairvoyant que la généralité, « est
« malheureusement très-vague, et peut représenter beaucoup d'états de l'esprit
» très-différents. Quand je parle de principes premiers ou intuitifs, je me sers du
» mot croyance pour signifier notre conviction de l'existence d'un objet qui n'est pas
» présent à ce moment, et je distingue la foi primitive de la connaissance primitive
» dans laquelle l'objet est présent ». Cette distinction s'accorde bien avec l'usage dans les applications que M. M'Cosh en fait ; nous connaissons ce que nous percevons par les sens, et nous croyons ce que nous nous rappelons : nous connaissons que nous-mêmes, et (au moment où nous les regardons) notre maison et notre jardin, nous existons, et nous croyons à l'existence du czar de Russie et de l'île de Ceylan. Toute définition du mot Croyance, pour le distinguer de Connaissance, doit comprendre ces cas, parce que la conviction qui reçoit le nom de Croyance y manque de la certitude complète impliquée dans le mot Connaissance : notre mémoire peut nous tromper ; le czar et l'île peuvent avoir été abîmés par un tremblement de terre. Mais si nous allons plus loin, si nous voulons étendre la distinction posée par M. M'Cosh à tout le domaine de la pensée, tout ce que nous appelons la connaissance scientifique, à l'exception des faits primaires ou intuitions qui lui servent de base, doit passer dans la Croyance ; car les objets de la science sont rarement présents.

On pourrait croire que M. Mansel adopte la distinction du D^r M'Cosh quand il dit (p. 126) : « Nous croyons que la vraie distinction entre la connaissance
» et la croyance doit être définitivement rattachée à la présence ou à l'absence
» de l'intuition correspondante. » Mais voici le critérium dont il se sert et qu'employait aussi Hamilton, à l'en croire, pour établir la distinction : nous croyons qu'une chose est, mais nous ne savons pas qu'elle est, à moins de concevoir comment et de quelle manière elle est. « Quand je dis que nous croyons à l'exis-
» tence d'un être spirituel qui peut voir sans yeux, je ne puis pas concevoir de
» quelle *manière* sa propriété de voir coexiste avec l'absence de l'organe corporel
» de la vision (p. 126). » « Nous ne pouvons pas concevoir de quelle manière
» l'inconditionné et le personnel sont unis dans la Nature Divine ; pourtant nous
» pouvons croire que, d'une *manière* qui nous est inconnue, ils y sont unis. Pour
» concevoir l'union de deux attributs dans un objet de pensée, il faut que je puisse
» concevoir leur union d'une certaine façon particulière : quand je ne le puis
» pas, je puis néanmoins concevoir *que* l'union est possible, tout en étant inca-
» pable de concevoir *comment* elle est possible. » On peut dire plus brièvement que nous pouvons croire ce qui est inconcevable, mais que nous ne pouvons con-

bles de croyance, ce sont les réalités concrètes qu'on suppose infinies et absolues dans certains de leurs attributs. Mais Hamilton, je le soutiens, n'a rien fait pour prouver que ces réalités concrètes ne peuvent être connues par les moyens qui nous font connaître les autres choses, à savoir leurs relations avec nous. Quand donc il affirme que si nous ne pouvons connaître l'Infini, « nous y croyons, nous sommes forcés d'y croire, » et nous avons le devoir d'y croire ». Je réponds qu'on ne croit pas, qu'on n'est pas forcé, et qu'on n'a pas le devoir, de croire à cet Infini qui, ainsi que l'a prouvé laborieusement Hamilton lui-même, ne peut être connu ; et si l'on n'y croit pas, ce n'est pas par la raison qu'il ne peut pas être connu, mais parce que nous devons savoir qu'il n'existe pas ; à moins de soutenir avec Hegel que l'absolu n'est pas sujet de la loi de

naître que ce qui est concevable ; et il n'y a pas de doute que ces deux propositions contrastées n'aient été soutenues par Hamilton. Mais si l'on y voyait le fil conducteur qui lui faisait distinguer toujours les connaissances et les croyances, on se tromperait sur le sens de ses idées ; en effet, les convictions auxquelles il donne avec le plus d'insistance le nom de croyances pour les distinguer de la connaissance, sont celles qu'il appelle nos croyances naturelles et nécessaires, « les données originelles de la raison » qui, loin d'être inconcevables, ont pour caractère d'être concevables, tandis que leurs négations ne le sont pas. Si la distinction de la connaissance et de la croyance consistait en ce que la connaissance comprend aussi bien la manière dont le fait a lieu, que le fait même, nous ne pourrions croire et savoir le même fait ; notre connaissance ne pourrait reposer sur une croyance, ainsi que Hamilton le prétend.

Cette idée de Hamilton, que nous avons sur le même sujet deux convictions, dont l'une garantit l'autre, — la connaissance d'une vérité, et la croyance à la vérité de cette connaissance, — me semble de la mauvaise philosophie ; elle ressemble à la doctrine qu'il rejette ailleurs, que nous avons à la fois une sensation et la conscience de cette sensation. Il n'est pas vrai que nous connaissions une chose et que nous croyons à cette chose par dessus ; la croyance est la connaissance. La Croyance est un genre qui comprend la connaissance : d'après l'usage établi du mot, nous croyons tout ce à quoi nous donnons notre assentiment ; mais certaines de nos croyances sont des connaissances, et d'autres ne sont que des croyances. La première qualité que, pour tout le monde, une croyance doit posséder, pour être une connaissance, c'est d'être vraie. La seconde, c'est d'être bien fondée ; car ce que nous croyons accidentellement, ou sur des preuves insuffisantes, nous ne le connaissons pas. Bien plus, il faut que les fondements de notre croyance soient susceptibles de donner le plus haut degré de certitude ; car nous ne nous considérons pas comme connaissant, tant que nous restons exposés à la possibilité (j'entends la possibilité appréciable) d'une erreur. Mais quand une croyance est vraie, quand elle entraîne notre plus forte conviction et repose sur des bases qui justifient cette conviction, alors on lui donne généralement le nom de connaissance, qu'elle repose sur nos investigations personnelles, ou sur un témoignage compétent, et que nous connaissions seulement le fait lui-même, ou la manière dont il a lieu. Je crois que les besoins de la philosophie, aussi bien que ceux de la pratique, sont satisfaits complètement par cette ligne de démarcation.

contradiction, mais qu'il est à la fois un être réel et une synthèse d'éléments contradictoires. D'un autre côté, l'Infini et l'Absolu, qui peuvent réellement être des objets de croyance, sont aussi, quelque effort que Hamilton ait fait pour prouver le contraire, capables d'être connus sous certains de leurs aspects.

CHAPITRE VI

PHILOSOPHIE DU CONDITIONNÉ.

La *Philosophie du conditionné*, comprise au sens le plus large, renferme toutes les doctrines que nous avons discutées. Au sens le plus étroit, elle se réduit, à mon avis, à une seule proposition que Hamilton répète souvent, sur laquelle il insiste, et qu'il donne pour une loi fondamentale de l'entendement humain. Quoique suggérée par les Antinomies de la raison spéculative de Kant, elle a reçu de Hamilton une forme qui, je le crois, est tout à fait originale. Aucune de ses doctrines ne caractérise mieux sa manière de penser et aucune n'est plus étroitement liée à sa renommée.

Pour mieux faire comprendre cette théorie, il faut que je la fasse précéder de quelques explications sur une autre doctrine qui appartient aussi à l'auteur, mais qui ne lui est pas personnelle. Il proteste souvent avec énergie contre l'idée que tout ce qui est inconcevable doit être faux. « Il n'y a pas de raison », dit-il (1), « de conclure à l'impossibilité d'un fait parce que nous » ne sommes pas capables de concevoir sa possibilité. » Je trouve cette opinion parfaitement juste. C'est une de ces vérités psychologiques très-importantes, en général peu admises, qu'on rencontre fréquemment dans les écrits de Hamilton et qui leur donnent à mes yeux la plus grande partie de leur valeur philosophique. Je suis obligé d'ajouter que bien qu'il

(1) *Discussions*, p. 624.

énonce et défende souvent avec énergie ces vérités, il leur reste rarement fidèle. Trop souvent il nie dans le particulier ce qu'il a affirmé en général, et trop souvent aussi ses arguments reposent sur des lieux communs philosophiques qu'il a lui-même répudiés et réfutés. Je crains que nous ne soyons à présent dans ce cas, et que nous ne surprenions quelquefois Hamilton à soutenir qu'une chose ne peut être vraie, parce que nous ne pouvons pas la concevoir. Mais, en tous cas, il nie cette conclusion et déclare franchement qu'il peut non-seulement y avoir, mais qu'il y a, des choses dont il ne nous est pas possible de concevoir même la possibilité.

Avant de montrer le développement de cette proposition dans la *Philosophie du conditionné*, préparons le terrain par quelques considérations sur la proposition elle-même, sa signification, et les fondements sur lesquels elle repose.

Nous n'avons pas le droit de dire qu'une chose est impossible parce que sa possibilité est inconcevable ; il y a pour cela deux raisons : d'abord ce qui paraît inconcevable pour nous, et, en tant que nous sommes personnellement en question, ce qui peut l'être en réalité, ne doit cette inconcevabilité qu'à une association forte. Quand, dans une longue expérience, nous avons eu souvent une sensation particulière, ou une impression mentale, sans que jamais une certaine autre sensation ou impression ait cessé de l'accompagner immédiatement, il s'établit entre les deux idées une adhérence si intime que nous ne pouvons plus penser la première sans penser la seconde; elles sont intimement combinées. Et à moins que quelque autre partie de notre expérience ne nous présente des cas qui nous aident à désagréger les deux idées, notre incapacité d'imaginer l'un de ces faits sans l'autre devient, ou peut devenir, une croyance que l'un ne peut exister sans l'autre. Telle est la loi de l'Association inséparable, cette loi de notre entendement dont peu de penseurs ont compris toute la puissance. Elle fut pour la première fois appliquée largement à l'explication des phénomènes intellectuels les plus complexes par James Mill ; c'est la clef du fait mental de l'inconcevabilité. Comme ce fait ne se produit que parce que nos facultés de perception sont déterminées par les bornes de notre expérience, les Inconcevables tendent toujours à devenir des Concevables à mesure que notre expérience s'élargit. Il n'est pas besoin d'aller chercher d'autre exemple que celui des Antipodes. Les premiers penseurs ne pouvaient en concevoir la réalité matérielle : sans doute, on concevait qu'une personne pût se trouver aux antipodes, et l'esprit pouvait se la représenter la tête en bas et les pieds en haut, mais on ne concevait pas qu'il fût possible de s'y tenir sans tomber, à moins d'être cloué ou collé par les pieds. Il y avait là une association inséparable, quoique non indissoluble ; et tant qu'elle a duré, il y a eu un fait réel qu'on appelait inconcevable, et que pour cette raison on n'hésitait pas à croire impossible. A diverses époques, des inconcevabilités analogues ont empêché d'admettre de nouvelles vérités scientifiques. Le système de Newton a eu à lutter contre elles, et nous n'avons pas le droit d'assigner une origine ou un caractère différents à celles qui existent encore, parce que l'expérience qui serait capable de les faire cesser n'a pas encore eu lieu. Si quelque chose que nous ne pouvons concevoir à présent venait à nous être montré, nous serions de suite capables de le concevoir ; nous serions même exposés à tomber dans l'erreur opposée, et à croire que sa négation est inconcevable. Il y a plusieurs cas dans la science (je les ai exposés en détail dans un autre ouvrage), de choses qui autrefois étaient inconcevables, qu'on a appris péniblement à concevoir, qui sont entrées peu à peu dans les liens d'une association inséparable, au point que les savants ont fini par penser que ces choses seules étaient concevables, et que les hypothèses contraires que les hommes avaient crues, et qu'une grande majorité peut-être croit encore, étaient inconcevables. Dans ses écrits sur les sciences inductives, le docteur Whewell a non-seulement démontré par des exemples cette transformation de la croyance, mais il en a pris la défense. L'inconcevabilité n'est donc qu'un état subjectif pur naissant des antécédents intellectuels d'un individu ou de l'humanité en général, à une époque particulière ; elle ne peut donc nous apprendre les possibilités de la nature.

Mais, en second lieu, même en supposant non-seulement que l'inconcevabilité n'est pas une conséquence de l'expérience bornée, mais qu'il y a dans l'esprit des incapacités de concevoir, qui font partie de l'esprit même, et qui n'en peuvent être séparées, cela ne nous autoriserait pas à conclure que ce que nous sommes incapables de concevoir ne peut exister. Une telle conclusion ne serait légitime qu'autant que nous pourrions savoir *à priori* que nous avons été créés capables de concevoir tout ce qui peut exister; que l'univers de la pensée et celui de la réalité, le Microcosme et le Macrocosme (comme on les appelait autrefois), ont été fabriqués de manière à se correspondre mutuellement. Quelques systèmes de philosophie ont expressément affirmé qu'il en est ainsi; d'autres en plus grand nombre l'admettent implicitement, et les théories de Schelling et de Hegel (entre autres) prennent cette hypothèse pour base; mais il n'était pas possible d'en faire une plus gratuite, et l'on n'imagine pas que rien puisse la démontrer, si ce n'est une révélation d'en haut.

On ne peut donc pas conclure que ce qui est inconcevable est faux. Mais changeons les termes de la proposition, et exprimons-la ainsi : ce qui est inconcevable n'est pas pour cela incroyable. Voilà une proposition qui peut signifier la même chose que la première, ou davantage encore. Elle peut signifier que notre incapacité de concevoir une chose ne nous donne pas le droit de nier sa possibilité, ni son existence. Ou elle peut signifier que l'existence d'une chose étant inconcevable pour nous, il n'y a pas là de raison qui nous empêche de croire et de croire légitimement à son existence réelle. Cette proposition est très-différente de la précédente. Hamilton, comme nous l'avons dit, va jusque-là. Il faut maintenant analyser plus minutieusement qu'il ne semblait d'abord nécessaire le sens du mot « inconcevable ». Comme presque tous les termes de métaphysique que nous sommes forcés d'employer, ce mot est surchargé d'ambiguïtés.

Reid indiquait et distinguait deux sens du verbe « concevoir » (1), donnant naissance à deux sens du mot concevable.

---

(1) « Concevoir, imaginer, appréhender, pris au propre, signifient un acte de
» l'esprit n'impliquant ni croyance ni jugement. C'est un acte de l'esprit par lequel
» rien n'est affirmé ou nié, et qui par conséquent ne peut être ni vrai ni faux. Mais
» il y a un autre sens très-différent de ces mots, si usité et si autorisé qu'on ne peut
» l'éviter; voilà pourquoi nous devrions nous tenir le plus possible sur nos gardes,
» pour ne pas nous laisser égarer par l'ambiguïté.
» Quand nous voulons exprimer notre opinion avec modestie, au lieu de dire :
» voilà mon opinion, — ou : voilà mon jugement, — ce qui a l'air pédant, — nous
» disons : Je conçois la chose ainsi, j'imagine ou je comprends la chose ainsi. —
» Cette forme de langage passe pour une déclaration modeste de notre avis. De

Mais Hamilton emploie le mot « concevoir » dans trois sens, et en conséquence il a trois sens pour le mot Inconcevable ; il les emploie tour à tour sans en donner le moindre avis au lecteur, et ne semble pas toujours soupçonner que ces trois acceptions ne sont pas une seule et même chose.

Le premier sens du mot inconcevable est : ce dont l'esprit ne peut se former aucune représentation ; soit (par exemple pour les Noumènes) parce qu'il n'y a pas d'attributs qui puissent servir à former la représentation, soit parce que les attributs donnés sont incompatibles entre eux, et tels que l'esprit ne peut les rassembler en une seule image. Au premier coup d'œil, il se présente à nous beaucoup d'exemples de cette espèce. Le principal est celui d'une contradiction simple. Nous ne pouvons nous représenter une chose comme étant et n'étant pas en même temps quelque chose ; comme ayant et n'ayant pas en même temps un attribut donné. Voici encore d'autres exemples. Nous ne pouvons nous représenter le Temps et l'Espace comme finis. Nous ne pouvons nous représenter deux et deux faisant cinq ; ni deux lignes droites entourant un espace. Nous ne pouvons nous représenter un rond carré ou un corps en même temps tout blanc ou tout noir.

Ces choses nous sont littéralement inconcevables, nos esprits et notre expérience étant ce qu'ils sont. On peut débattre la question de savoir si ces mêmes choses seraient inconcevables dans le cas où nos esprits restant les mêmes, notre expérience changerait. On peut faire une distinction à mon avis fort juste. Non-seulement nous ne pouvons pas concevoir, mais encore nous ne pouvons pas imaginer qu'on puisse jamais concevoir

» même, pour dire que quelque chose est impossible, nous disons — nous ne
» pouvons le concevoir : — c'est-à-dire, nous ne le croyons pas. Nous voyons ainsi
» que les mots *concevoir, imaginer, appréhender,* ont deux sens, et s'emploient
» pour exprimer deux opérations de l'esprit qu'il ne faudrait jamais confondre.
» Quelquefois, ils expriment une simple appréhension qui n'implique pas de juge-
» ment ; quelquefois ils expriment un jugement ou une opinion..... Quand on les
» emploie pour exprimer une simple appréhension, ils sont suivis d'un nom à
» l'accusatif, qui signifie l'objet conçu, mais quand on les emploie pour exprimer
» une opinion, un jugement, ils sont d'ordinaire suivis de la conjonction *que* et
» d'un verbe. Je conçois une pyramide d'Egypte, il n'y a pas de jugement. Je
» conçois que les pyramides d'Egypte sont les plus anciens monuments de l'art
» humain ; ceci implique un jugement. Quand on les emploie dans le dernier sens,
» la chose conçue doit être une proposition, parce qu'un jugement ne peut être
» exprimé que par une proposition ». Reid, *On the Intellectual Powers,* page 223,
édition de Hamilton, à laquelle je fais tous mes emprunts.

que la même chose soit et ne soit pas en même temps ; que la même proposition soit vraie et fausse en même temps. Aucune interprétation ne peut nous faire comprendre clairement la possibilité d'acquérir sur ce sujet une expérience différente. Nous ne pouvons même pas nous demander si l'incompatibilité réside dans la structure originelle de nos esprits, ou si elle provient seulement de notre expérience. Mais il en est tout autrement dans les autres exemples d'inconcevabilité. Il se peut que notre incapacité de concevoir une chose comme A et non-A soit primordiale : mais notre incapacité de concevoir A sans B vient de ce que notre expérience, ou nos études, ont peu à peu associé d'une manière inséparable A à B : et notre incapacité de concevoir A avec C vient de ce que notre expérience, ou nos études, ont associé d'une manière inséparable A avec quelque représentation mentale qui implique la négation de C. Ainsi toutes les inconcevabilités peuvent se réduire à une association inséparable combinée avec l'inconcevabilité originelle d'une contradiction directe. Tous les cas que j'ai cités comme des cas d'inconcevabilité les plus frappants que j'aie pu choisir peuvent se réduire à cette formule. Nous ne pouvons concevoir un carré rond, mais ce n'est pas simplement parce que notre expérience n'a jamais rencontré un objet de cette sorte, car ce ne serait pas assez. Ce n'est pas non plus parce que ces deux idées sont en elles-mêmes incompatibles. Concevoir un carré rond ou concevoir un corps tout noir et cependant tout blanc, ce serait tout simplement concevoir que deux sensations différentes sont produites en nous simultanément par le même objet, et notre expérience nous a familiarisés avec cette conception. Il est probable que nous pourrions concevoir un carré rond aussi bien qu'un carré dur, ou un carré pesant, si ce n'était que dans notre expérience, il arrive constamment qu'au moment où une chose commence à être ronde, elle cesse d'être carrée, de sorte que le commencement d'une impression est inséparablement associé à la cessation de l'autre. Ainsi notre incapacité de former une conception naît toujours de ce que nous sommes forcés d'en former une contradictoire à la première. Nous ne pouvons concevoir que le temps ou l'espace aient une fin, parce que l'idée d'une partie quelconque du temps ou de l'espace est inséparablement associée à l'idée de temps ou d'espace au delà de cette partie. Nous ne pouvons concevoir que deux et deux fassent cinq, parce qu'une association inséparable nous force à les concevoir comme faisant quatre, et l'on ne peut les concevoir comme faisant à la fois quatre et cinq, parce que quatre et cinq, comme le rond et le carré, ont entre eux dans notre expérience des rapports tels que l'un est associé à la non-existence actuelle de l'autre. Nous ne pouvons concevoir que deux lignes droites enferment un espace, parce que les mots enfermer un espace signifient qu'elles se rapprochent et se rencontrent une seconde fois, et que l'image mentale de deux lignes droites qui se sont une fois rencontrées est inséparablement associée à la représentation de leur divergence définitive. On n'a donc pas tout à fait tort de dire en langage ordinaire, et même dans le langage scientifique, que la notion d'un carré rond, que l'affirmation que deux et deux font cinq, ou que deux lignes droites peuvent enclore un espace, renferment une contradiction. La proposition n'est pas logiquement correcte, car la contradiction n'existe qu'entre une représentation positive et sa négative. Mais elle veut dire que l'impossibilité d'unir deux conceptions contradictoires dans la même représentation est, dans ces trois cas, la raison réelle de l'inconcevabilité. Et nous n'aurions probablement aucune difficulté à réunir les deux idées qu'on suppose incompatibles, si notre expérience n'avait pas d'abord associé l'une d'elles à celle qui contredit l'autre (1).

(1) Des principes contraires aux vérités les plus familières de l'Arithmétique auraient pu devenir concevables même avec les facultés que nous possédons, si ces facultés avaient coexisté avec une constitution totalement différente de la nature extérieure. On peut le voir dans l'article final d'un volume récemment publié sans nom d'auteur, mais émané d'une plume connue : *Essays by a Barrister*.

« Considérez le cas que voici. Il y a un monde où, toutes les fois que deux
» couples de choses sont placées à proximité l'une de l'autre ou examinées ensemble,
» une cinquième chose est immédiatement créée et amenée sous l'examen de l'es-
» prit au moment où il unit deux et deux. Assurément, ce n'est pas inconcevable,
» car nous pouvons en concevoir le résultat, en pensant aux levées des jeux de
» cartes. On ne peut dire davantage que cela dépasse le pouvoir de la Toute-Puis-
» sance. Eh bien, dans ce monde assurément deux et deux feraient cinq, c'est-à-
» dire que le résultat auquel arriverait l'esprit en considérant deux fois deux serait
» de compter cinq. On voit par là qu'il n'est pas inconcevable que deux et deux
» puissent faire cinq : mais, d'autre part, il est très-aisé de voir pourquoi dans ce
» monde nous sommes tout à fait certains que deux et deux font quatre. Il n'y a
» probablement pas un moment de la vie où nous n'en fassions l'expérience. Nous
» le voyons toutes les fois que nous comptons quatre livres, quatre tables, quatre
» chaises, quatre hommes dans la rue, ou les quatre coins d'un pavé, et nous en
» sommes plus sûrs que nous ne le sommes de voir le soleil se lever demain,
» parce que notre expérience de ce sujet s'applique à une quantité innombrable
» de cas. Il n'est pas vrai que quiconque vient pour la première fois de voir ce

Jusqu'ici nous n'avons parlé que de la première espèce d'inconcevabilité; de la première et principale acception du mot. Mais il y a un autre sens, et l'on appelle souvent inconcevables des choses que l'esprit n'est nullement incapable de se représenter par une image. On dit souvent que nous sommes incapables de concevoir comme *possible* ce que, pris en soi, nous sommes très-capables de concevoir. Nous sommes capables, dit-on, de le concevoir comme un objet imaginaire, mais incapables de le concevoir réalisé. Le mot Inconcevable pris dans ce sens s'étend à toute combinaison de faits que l'esprit peut

» fait, en soit aussi sûr que nous. Un enfant qui vient d'apprendre la table de
» multiplication est à peu près sûr que deux et deux font quatre, mais il lui arrive
» souvent de douter très-fort que sept fois neuf fassent soixante-trois. Si son maître
» lui disait que deux fois deux font cinq, sa certitude en serait bien affaiblie.
   » On pourrait aussi supposer un monde où deux lignes droites enfermeraient un
» espace. Imaginez un homme qui n'a jamais eu l'expérience de deux lignes droites
» par l'intermédiaire d'un sens quelconque, placez-le tout à coup sur un chemin
» de fer s'étendant au loin sur une ligne parfaitement droite à une distance indé-
» finie dans les deux sens. Il verrait les rails, les premières lignes droites qu'il eût
» jamais vues, se toucher en apparence, ou au moins tendre à se toucher à chaque
» bout de l'horizon, et il en conclurait, à défaut de toute autre expérience, qu'elles
» enferment un espace, quand on les prolonge assez loin. L'expérience seule
» pourrait le détromper. Dans un monde où tout objet serait rond à la seule
» exception d'un chemin de fer droit inaccessible, tout le monde croirait que deux
» lignes droites enferment un espace. Dans ce monde, par conséquent, l'impossi-
» bilité de concevoir que deux lignes droites peuvent enclore un espace, n'existe-
» rait pas. »

Dans la « Géométrie des Visibles » qui fait partie de la Recherche sur l'Entendement humain de Reid, l'auteur soutient que si nous avions le sens de la vue et non le sens du toucher, il nous semblerait que « toute ligne droite » prolongée doit revenir enfin sur elle-même », et que « deux lignes droites prolongées doivent » se rencontrer en deux points ». (Ch. VI, sect. 9, p. 148.) L'auteur ajoute que des personnes ainsi constituées croiraient fermement « que deux ou plusieurs corps peuvent exister à la même place ». Ils auraient « le témoignage des sens » et ne pourraient « pas plus en douter, qu'ils ne peuvent douter de leurs perceptions, » puisqu'ils verraient souvent deux corps se toucher et coïncider à la même place » et se séparer de nouveau sans avoir subi de changement dans leurs qualités sen-
» sibles par l'effet de cette pénétration (p. 151).

Il n'y a peut-être pas une partie de cet ouvrage qui ait été plus maltraitée par un plus grand nombre de critiques que ces exemples empruntés à un savant penseur contemporain; il ne les a présentés que comme éclaircissement, et moi-même je n'ai pas fait autre chose, aussi ne me paraît-il pas nécessaire de perdre du temps à les défendre. Dans le nombre, il faut choisir, et laisser quelque chose.

M. M'Cosh est le seul de mes critiques qui ait parlé de la *Géométrie des Visibles* (p. 211-213); il la rejette comme reposant sur une théorie fausse, d'après laquelle nous ne pourrions percevoir par la vue la troisième dimension de l'Espace. Pour moi, non-seulement cette théorie est vraie, mais elle ne me paraît pas différer essentiellement de celle de M. M'Cosh. Si elle est vraie, il est impossible de ne pas conclure avec Reid que pour ceux qui ne possèdent que la vue, les paradoxes cités ici et plusieurs autres seraient des vérités d'intuition, des vérités évidentes par elles-mêmes.

se figurer, mais qui restent incroyables. C'est dans ce sens que les antipodes étaient inconcevables. On pouvait se les figurer en imagination; on pouvait les représenter par la peinture et les modeler en argile. L'Esprit pouvait réunir les parties de la conception; mais il ne pouvait se figurer que cette combinaison existât dans la nature. L'incapacité provenait de ce que l'expérience avait produit dans les esprits une tendance puissante à attendre la chute d'un corps qui, sans propriété adhésive, se trouvait en contact avec la face inférieure d'un autre corps. L'association n'était pas assez puissante pour empêcher l'esprit de concevoir le corps dans cette position : sans doute parce que d'autres faits de notre expérience servaient de modèles à cette conception. Mais si rien n'empêchait l'esprit de le concevoir, il n'était pas capable de le croire. La différence entre la croyance et la conception, et entre les conditions de la croyance et celles de la simple conception, est une question psychologique dans laquelle je n'entre pas ici. Il suffit de montrer que l'incapacité de croire peut exister à côté de la capacité de concevoir, et qu'une association mentale de deux faits trop peu forte pour que la représentation de leur séparation soit impossible, peut encore créer, et, s'il n'y a pas d'associations contraires, crée toujours plus ou moins de difficulté à croire que les deux faits soient susceptibles d'exister séparés : suivant les lieux et les temps cette difficulté acquiert souvent la force d'une impossibilité.

Tel est le second sens du mot Inconcevabilité; Reid a bien soin de le distinguer du premier, mais son éditeur Hamilton emploie le mot dans les deux sens indifféremment (1). Tous ceux qui connaissent ses écrits et sa théorie du jugement comprennent assez bien comment il a pu ne pas voir la distinction, et il n'est pas besoin de s'y arrêter ici. Mais ce qui est digne de remarque, c'est qu'il donne au mot inconcevabilité un troisième sens, répondant à une troisième signification du verbe *concevoir*. Concevoir une chose a pour lui non-seulement ses

---

(1) Il est curieux que M. M'Cosh, mon livre devant les yeux, et occupé à le critiquer, n'ait découvert que pendant l'impression de son ouvrage, et seulement après la publication de la sixième édition de mon *Système de Logique*, que je connaissais la différence de ces deux sens du mot *concevoir* (M. M'Cosh, p. 241, Note). Il a cru nécessaire de m'apprendre, ce que j'avais écrit dans le texte de mon livre, que les Antipodes n'étaient inconcevables que dans ce second sens.

deux sens ordinaires, — représenter la chose comme une image, et pouvoir la réaliser comme possible, — mais un sens nouveau qu'il exprime de différentes manières. Une des expressions dont il se sert communément à cet effet est : « traduire à l'esprit en pensée » (*to construe to the mind in thought*). « Cela, dit-il souvent, ne peut se faire qu'au travers d'une notion supérieure ». « Nous pensons (1), nous concevons, nous com-
» prenons une chose seulement en la pensant dans, ou sous,
» une autre chose ». De sorte qu'un fait, une supposition ne peuvent être conçus ou compris par nous (conçus et compris sont ici synonymes pour Hamilton), que s'ils sont ramenés à quelque fait plus général à titre de cas particulier. « Concevoir la possibilité » d'une chose, c'est encore pour lui : « concevoir
» la chose comme le conséquent d'une certaine cause » (2). Dans ce troisième sens, l'Inconcevable est tout simplement l'inexplicable. Aussi, toutes les vérités premières sont-elles pour Hamilton inconcevables.

« Les données premières de la conscience, c'est-à-dire les conditions sous lesquelles toutes les autres choses sont comprises, sont nécessairement elles-mêmes incompréhensibles..., c'est-à-dire..... qu'aucune notion supérieure ne nous permet de concevoir la possibilité du fait dont ces données affirment la réalité » (3). Nous le verrons soutenir que des choses sont inconcevables, par la seule raison que nous ne pouvons pas les classer sous une notion supérieure. Cette acception du mot Inconcevable est une perversion complète de ses significations reçues. Je me refuse à l'admettre. Si toutes les vérités générales les plus certaines doivent s'appeler inconcevables, le mot ne sert plus à rien. Il ne faut pas confondre l'inconcevable avec ce qu'on ne peut prouver ni analyser. Quand une vérité n'est pas inconcevable dans l'une des deux acceptions reçues du mot, quand on la comprend complétement, et qu'on la croit sans difficulté, je ne puis consentir à ce qu'on l'appelle inconcevable, par la seule raison que nous ne pouvons en rendre compte, ni la déduire d'une vérité supérieure (4).

(1) *Lectures*, III, p. 102.
(2) *Ibid.*, p. 100.
(3) *Dissertations on Reid*, p. 745.
(4) M. Mansel refuse d'admettre (p. 131 et suiv.) que Hamilton confonde ces différents sens du mot conception; il affirme que Hamilton reste toujours fidèle

Voilà donc les trois espèces d'inconcevabilités reconnues par Hamilton. Dans lequel de ces sens peut-on dire que l'inconcevabilité d'une proposition est compatible avec la croyance à cette proposition? La troisième est, pour tout le monde, compatible, non-seulement avec la croyance, mais avec nos

au sens qu'il indique dans la note à Reid (p. 377) et qui répond au premier sens du mot inconcevable, c'est-à-dire à inimaginable. Quant au second sens, M. Mansel nous dit (p. 133) : « Quand Hamilton emploie les mots *incapable de » concevoir comme possible*, il ne veut pas dire possible physiquement sous la loi » de la gravitation ou toute autre loi de la matière, mais possible mentalement » comme une représentation ou une image ; de la sorte, le second sens se confond » avec le premier. » D'après cette interprétation, quand Hamilton dit qu'on ne peut concevoir la possibilité d'une chose, il n'entend pas la possibilité du fait, mais la possibilité de le penser; en d'autres termes, il veut dire que ce fait ne peut être conçu comme concevable. Malgré cela, je fais à Hamilton l'honneur de croire que lorsqu'il ajoutait les mots « comme possible » au mot concevoir, il avait l'intention d'ajouter quelque chose à l'idée de ce mot. C'est ainsi qu'il emploie les expressions « comprendre comme possible », « saisir comme possible », comme équivalent de concevoir comme possible. Je crois que par possible il voulait dire, comme tout le monde, la possibilité en fait, et j'ai en faveur de mon opinion l'autorité de M. Mansel lui-même à un autre endroit. M. Mansel (p. 36) dit quel était réellement le sens réel de Hamilton, et se plaint de ce que Hamilton ne l'ait pas exprimé nettement. « Pour concevoir une chose comme possible, dit M. Mansel, il faut que nous » concevions de quelle manière elle est possible, mais nous pouvons croire au fait » sans être capables de concevoir de quelle manière il est possible. » Ceci peut se ramener à mon second sens du mot inconcevable, celui qui est synonyme d'incroyable. Quand on dit qu'on ne peut pas concevoir comment une chose est possible, on veut dire toujours qu'à moins de preuves du contraire, on l'aurait supposée impossible. Pour moi, c'est toujours dans ce sens que Hamilton emploie cette expression. Je ne connais aucune *manière* de possibilité qui nous permette de concevoir une chose « comme possible » si elle n'écarte un obstacle qui empêche de croire qu'elle *est* possible. Il en serait ainsi, par exemple, si nous avions trouvé ou imaginé quelque chose qui pût causer la chose; ou bien un moyen, un mécanisme qui pût la faire arriver (dans l'exemple pris par M. Mansel, le désidératum d'un être qui voit sans yeux), ou bien si nous avions une intuition actuelle qui nous révélât l'existence de la chose. Lorsque cette intuition est devenue suffisamment familière, il semble que le fait lui-même suffise à expliquer sa propre possibilité. En un mot, le *comment* de son existence, qui nous permet d'en concevoir la possibilité, doit présenter au moins un semblant d'explication de son existence. Hamilton l'a reconnu nettement dans un des passages déjà cités, dans lequel « concevoir la possibilité » d'une chose est défini « la concevoir comme la conséquence d'une certaine cause ». Par concevoir une chose comme possible, il voulait dire, appréhender un fait, ou imaginer une hypothèse qui explique sa possibilité ; fait ou hypothèse qui seraient pour Leibnitz sa raison suffisante. En effet, une explication même hypothétique d'un fait qui paraissait n'en admettre aucune, écarte une difficulté de le croire. Nous avons une tendance naturelle à ne pas croire une chose qui d'une part n'a jamais été présentée à notre expérience et qui d'autre part contredit nos associations habituelles. Mais dès que des conditions possibles qui seraient une raison suffisante de son existence, se présentent à notre esprit, elles suppriment son incrédibilité, et nous permettent de « la concevoir comme possible ». Cette manière de comprendre ce qu'entend Hamilton, explique mais ne justifie pas l'usage qu'il fait du mot dans son troisième sens, que M. Mansel s'attache à faire rentrer dans le premier, mais qui s'accorderait mieux avec le second : car il est impossible d'assigner une raison suffisante aux Vérités Premières.

croyances les plus fortes et les plus naturelles. On peut non-seulement croire à un inconcevable de la seconde espèce, mais y croire avec pleine intelligence. Dans ce cas, nous sommes parfaitement capables de nous représenter mentalement ce qu'on dit être inconcevable; seulement, par l'effet d'une association dans notre esprit, la chose ne paraît pas croyable; mais comme cette association est le résultat de l'expérience ou de l'enseignement, une expérience, un enseignement contraires peuvent la dissoudre, et même avant que ce changement se soit opéré, et tandis que la chose semble encore incroyable, l'intelligence peut, sur preuve suffisante, l'accepter pour vraie. Un inconcevable de la première espèce, un inconcevable au sens propre du mot, — ce que l'esprit est incapable de faire entrer dans une représentation, — peut néanmoins être un objet de croyance, si nous y attachons un sens, mais on ne peut pas dire que cette croyance soit l'effet de l'intelligence. Nous ne pouvons croire cette chose sur preuve directe, c'est-à-dire parce qu'elle se présente dans notre expérience; car si cela était, elle cesserait immédiatement d'être inconcevable. Nous pouvons croire cette chose, parce que sa fausseté serait incompatible avec une autre chose dont nous connaissons d'ailleurs la vérité, ou bien parce qu'elle est affirmée par une personne plus sage que nous, à qui, par suite d'une expérience que nous n'avons pas acquise, elle a pu devenir concevable. Mais cette croyance n'est pas l'effet de l'intelligence, car nous ne formons pas d'image mentale de ce que nous croyons. Ce n'est pas, dirai-je, le fait que nous croyons, mais nous croyons que nous le croirions si nous pouvions rencontrer le fait qui nous manque, et qu'un autre a ou peut avoir rencontré. Notre incapacité à concevoir n'est pas du tout un argument en faveur de la fausseté de la chose, elle ne nous empêche pas de la croire dans la mesure indiquée ci-dessus.

Mais quoique des faits, que nous ne pouvons réunir pour former une image, puissent se trouver réunis dans l'univers, et quoique nous puissions avoir des raisons suffisantes pour croire qu'ils le sont en réalité, il est impossible de croire une proposition qui ne nous présente pas de sens. Si quelqu'un me dit que Humpty-Dumpty est un Abracadabra, comme je ne sais pas ce que veut dire Humpty-Dumpty, ni ce que signifie

Abracadabra, je puis, si j'ai confiance à celui qui me parle, croire qu'il veut dire quelque chose, et que ce quelque chose est probablement vrai; mais ce n'est pas la chose même qu'il veut dire qui est l'objet de ma croyance, puisque je ne sais pas du tout ce que c'est. Les propositions de cette espèce, dont le manque de sens provient du sujet ou de l'attribut, ne sont pas en général appelées inconcevables. Les propositions dépourvues de sens qu'on appelle inconcevables, sont d'ordinaire celles qui impliquent des contradictions. La même chose est et n'est pas ; il pleut et il ne pleut pas au même moment et au même lieu ; un homme est à la fois vivant et non vivant, voilà des phrases qui ne me présentent à l'esprit aucun sens. Ainsi que Hamilton le dit très-bien (1), une moitié de la proposition supprime tout simplement le sens de l'autre moitié. Le défaut de sens réside ici dans la copule. Le mot *est* n'a de sens que comme exclusif de *n'est pas*. Le cas est plus désespéré que celui de Humpty-Dumpty ; car aucune explication de la signification des mots ne peut faire comprendre l'affirmation. Quel que soit le sens du mot homme, quel que soit le sens du mot vivant, la proposition : un homme peut être à la fois vivant et non vivant, est également dépourvue de sens pour moi. Je ne puis rien me représenter de ce qu'on veut me faire entendre. La proposition n'affirme rien que l'esprit puisse saisir. A la vérité, Hamilton soutient le contraire. « Quand nous concevons, dit-il (2), » la proposition que A n'est pas A, nous comprenons claire- » ment le sens séparé des termes *A et non A*, et aussi ce que » signifie l'affirmation de leur identité ». Nous comprenons le sens séparé des termes ; mais quant au sens de la proposition, je crois que nous comprenons seulement ce que la même forme d'expression voudrait dire dans un autre cas. La signification même de l'expression ne permet pas qu'elle exprime quelque chose quand on l'applique à des termes de cette espèce. Si quelqu'un en doute, qu'il essaye de préciser ce qu'il veut dire en appliquant un attribut à un sujet, quand l'attribut et le sujet sont la négation l'un de l'autre. Pour donner un sens à l'affirmation, il faut donner une nouvelle acception aux mots

---

(1) *Lectures*, III, p. 99.
(2) *Lectures*, p. 113.

est ou *n'est pas*, et alors la proposition n'est plus celle qu'on voulait nous faire accepter. Voilà donc une espèce de propositions inconcevables que rien ne peut nous rendre croyables. Ne pouvant attacher un sens à la proposition, nous sommes également incapables d'affirmer qu'elle est ou qu'elle n'est pas possible en soi. Mais nous n'avons pas le pouvoir de la croire, et il faut en rester là.

Nous voilà prêts à entrer dans la doctrine particulière de Hamilton, appelée la *Philosophie du Conditionné*. Non content de soutenir que des choses à jamais inconcevables pour nous par l'effet des lois fondamentales et naturelles de l'esprit humain peuvent néanmoins être vraies; il va plus loin, et dit : nous savons que beaucoup de ces choses sont vraies. « Il y a (1) des choses dont l'intelligence ne peut aucunement » saisir la possibilité, qui peuvent, et même qui doivent être » vraies ». Dans plusieurs parties de ses écrits, il indique sous la forme d'une loi générale de quelle nature sont ces choses. Il s'exprime ainsi dans son examen de la doctrine de M. Cousin (2) : « Le Conditionné est un milieu entre deux extrêmes, » deux inconditionnés qui s'excluent l'un l'autre, dont aucun » ne peut être conçu comme possible, mais dont l'un doit être » reconnu nécessaire en vertu des principes de Contradiction » et de l'Alternative..... On ne dit pas que l'esprit conçoive » comme également possibles deux propositions qui s'entre-dé- » truisent, mais seulement qu'il est incapable de concevoir la » possibilité des deux extrêmes ; et que cependant à cause de » leur opposition réciproque, il est forcé de reconnaître qu'il y » en a un de vrai. »

Dans les dissertations sur Reid (3), il énonce en termes encore plus généraux « la loi du Conditionné ». « Toute pensée » positive, dit-il, se trouve placée entre deux extrêmes, dont » nous ne pouvons concevoir la possibilité, et pourtant, comme » ils se contredisent mutuellement, il faut que nous reconnais- » sions l'un ou l'autre comme nécessaire ». Et c'est, continue-t-il, « par l'effet de cette impuissance de l'intelligence que nous

---

(1) *Discussions*, p. 624.
(2) *Id.*, p. 15. — *Fragments*, trad. Peisse, p. 20.
(3) *Discussions*, p. 911.

» sommes incapables de penser quelque chose d'absolu. La
» Relativité absolue même est inconcevable. »

Mais la théorie est plus complétement développée dans les leçons sur la Logique (1), auxquelles j'emprunte des citations plus longues.

« Tout ce que nous pouvons penser positivement..... se
» trouve placé entre deux pôles opposés de la pensée, qui s'ex-
» cluant réciproquement, ne peuvent, en vertu des principes
» d'Identité et de Contradiction, être vrais tous les deux, mais
» dont l'un, selon le principe de l'Alternative, doit l'être. Pre-
» nons, par exemple, un quelconque des objets généraux de
» notre connaissance. Prenons le corps, ou plutôt, puisque le
» corps en tant qu'étendu est compris dans l'étendue, prenons
» l'étendue elle-même ou l'espace. Or, l'étendue à elle seule
» nous montrera deux couples d'inconcevabilités contradic-
» toires (2), c'est-à-dire en tout quatre incompréhensibles ; mais
» bien qu'ils soient également inconcevables, nous sommes
» forcés par la loi de l'Alternative d'en admettre deux comme
» nécessaires. »

« On peut considérer l'étendue comme un tout, ou comme
» une partie ; et à l'un ou à l'autre point de vue, elle nous
» présente deux contradictions inconcevables : 1° Si l'Étendue
» est un tout, l'espace doit évidemment ou bien être limité,
» c'est-à-dire avoir une fin, une circonférence ; ou être illimité,
» c'est-à-dire n'avoir ni fin ni circonférence. Voilà des supposi-
» tions contradictoires ; donc, toutes les deux ne peuvent pas
» être vraies, mais une doit l'être. Cherchons maintenant à
» comprendre positivement, à concevoir positivement (3) la
» possibilité de l'une de ces deux alternatives qui s'excluent réci-
» proquement. Pouvons-nous nous représenter ou nous figu-
» rer mentalement l'étendue comme absolument limitée ? En
» d'autres termes, pouvons-nous mentalement entourer d'une
» clôture tout l'espace, le concevoir (4) absolument borné,
» c'est-à-dire, tel qu'au delà de cette limite il n'y ait pas d'es-

---

(1) *Lectures*, III, p. 100 et suiv.
(2) Pour abréger, j'indiquerai simplement dans des notes au bas des pages, quand l'auteur passe de l'un de ces trois du mot Inconcevable à un autre. Ici il se sert du premier, ou du second, mais probablement du premier.
(3) Premier sens et second sens confondus.
(4) Premier sens.

» pace qui l'environne? C'est impossible. Quelle que soit l'éten-
» due de l'espace que nous puissions enclore dans une limite
» idéale, nous verrons que nous n'avons pas de peine à fran-
» chir ces limites; bien plus, que nous ne pouvons pas ne pas
» les franchir, car nous sommes incapables de penser une
» certaine étendue de l'espace, si ce n'est comme comprise
» dans un espace encore plus grand, dont nous ne pouvons
» jamais atteindre la circonférence, dussions-nous épuiser pour
» cela notre faculté de penser. Il nous est donc impossible de
» concevoir l'espace comme un tout, c'est-à-dire absolument
» limité, tout en contenant tout. Nous pouvons donc poser ce
» premier extrême comme inconcevable (1). Nous ne pouvons
» concevoir l'espace comme limité. »

« Considérons maintenant son Contradictoire : Pouvons-nous
» comprendre la possibilité de l'espace infini, illimité? Cette
» supposition est contradictoire, ce serait comprendre l'incom-
» préhensible. Nous pensons, nous concevons (2), nous ne com-
» prenons une chose infinie qu'en tant que nous la pensons
» comme comprise dans quelque chose, et sous quelque autre
» chose; mais pour l'infini, c'est penser l'infini comme fini, ce
» qui est contradictoire et absurde. »

« Eh bien, peut-on demander, comment avons-nous le mot
» *infini*? Comment avons-nous la notion que ce mot exprime?
» La réponse à cette question est contenue dans la distinction
» d'une idée positive et d'une idée négative. Nous avons un
» concept positif d'une chose, quand nous la pensons avec les
» qualités dont elle est la somme. Mais comme attribuer des
» qualités c'est affirmer, comme affirmer et nier sont relatifs,
» et comme les relatifs sont connus seulement, l'un dans et par
» l'autre réciproquement, nous ne pouvons, en conséquence,
» avoir conscience de l'affirmation d'une qualité, sans conce-
» voir en même temps et corrélativement sa négation. Or, l'une
» de ces conceptions est une notion positive, l'autre est une
» notion négative. Mais en réalité, une notion négative n'est que
» la négation d'une notion; nous ne pensons qu'en attribuant
» certaines qualités, et la négation de ces qualités et de cette

---

(1) Premier sens.
(2) Troisième sens.

» attribution est tout simplement une négation complète de
» notre pensée. Comme l'affirmation suggère toujours la néga-
» tion, toute notion positive doit pareillement suggérer une
» notion négative; et comme le langage est le miroir de la
» pensée, les notions positives et négatives s'expriment par des
» noms positifs et négatifs. Il en est ainsi pour l'Infini. Le fini
» est le seul objet de pensée réelle et positive; c'est cela seul
» que nous pensons en lui attribuant des caractères détermi-
» nés. L'infini, au contraire, n'est conçu que par la suppression
» idéale de tous les caractères par lesquels on concevait le fini,
» en d'autres termes, nous ne le concevons que comme incon-
» cevable (1)..... »

« Il est évident que nous ne pouvons pas plus réaliser la
» pensée ou conception de l'espace infini, sans bornes, sans
» limites, que nous ne pouvons réaliser la conception d'un
» espace fini ou absolument borné (2). Mais ces deux incon-
» cevables se contredisent mutuellement : nous sommes inca-
» pables de comprendre (3) la possibilité de l'un ou de l'autre,
» et pourtant en vertu du principe de l'Alternative, il faut ad-
» mettre l'un ou l'autre..... »

« Il est inutile de montrer que le même résultat est donné
» par l'expérience faite sur l'étendue considérée comme une
» partie, comme divisible. Si nous essayons de diviser l'étendue
» par la pensée, d'une part, nous ne réussirons pas à concevoir
» la possibilité (4) d'un minimum absolu d'espace, c'est-à-dire
» d'un minimum étendu *ex hypothesi*, mais qui ne peut être
» conçu comme divisible en parties (5), et d'autre part nous ne
» pourrons pas pousser cette division à l'infini. Mais comme
» ce sont des opposés contradictoires, il faut que l'un ou l'autre
» soit vrai ».

Dans d'autres passages, notre auteur applique le même
ordre de considérations au Temps, disant que nous ne pouvons
le concevoir commençant d'une manière absolue, ni avec une
durée passée infinie; finissant d'une manière absolue, ni avec

---

(1) Troisième sens, rentrant insensiblement dans le premier.
(2) Le retour au premier sens est ici complet.
(3) Second sens.
(4) Second sens.
(5) Premier sens.

une durée à venir infiniment prolongée. Cependant, ajoute-t-il, il faut que l'un ou l'autre soit vrai. Il en est de même de la Volonté. Nous ne pouvons, dit-il, concevoir que la Volonté soit libre, parce que ce serait concevoir un événement sans cause; ou en d'autres termes, un commencement absolu. Nous ne pouvons pas davantage concevoir que la Volonté ne soit pas libre, parce que cela supposerait un enchaînement infini d'effets et de causes. Toutefois, il faut que la volonté soit libre, ou ne le soit pas; et dans ce cas, pense notre auteur, nous avons d'autres raisons pour nous décider, c'est-à-dire pour admettre qu'elle est libre; car si elle ne l'était pas, nous ne serions pas responsables de nos actions, tandis que notre conscience nous affirme que nous le sommes.

Telle est la Philosophie du Conditionné : voyons ce qu'elle vaut.

Pour chacune des Antinomies que l'auteur présente, il entreprend d'établir deux choses, d'abord que nous ne pouvons concevoir la possibilité d'aucune des deux hypothèses rivales, et ensuite que nous sommes certains de la vérité de l'une d'elles.

Commençons par sa première proposition : nous ne pouvons concevoir une limite à l'espace, ni un espace sans limite.

Je reconnais pleinement que nous sommes incapables de concevoir une limite à l'espace. Pour expliquer cette incapacité, il n'est pas nécessaire de la supposer innée. C'est en vertu de lois psychologiques connues, que nous devenons incapables de la concevoir. Nous n'avons jamais perçu un objet ou une partie de l'espace sans qu'il n'y eût encore de l'espace au delà. Et depuis le moment de la naissance, nous avons toujours perçu des objets et des parties de l'espace. Comment donc l'idée d'un objet ou d'une partie de l'espace pourrait-elle ne pas s'associer inséparablement à l'idée d'un nouvel espace au delà? Chaque instant de notre vie ne peut que river cette association, et nous n'avons jamais trouvé une seule expérience tendant à la rompre. Sous les conditions actuelles de notre existence, cette association est indissoluble. Mais nous n'avons pas de raison de croire que cela tienne à la structure originelle de nos esprits. Nous pouvons supposer que sous d'autres conditions d'existence, il nous serait possible de nous transporter au bout de l'espace, et qu'après y avoir pris connaissance de ce qui s'y trouve par des impressions d'une espèce tout à fait inconnue dans notre état présent, nous deviendrions à l'instant capables de concevoir le fait, et de constater sa vérité. Après quelque expérience de l'impression nouvelle, le fait nous semblerait aussi naturel que les révélations de la vue à un aveugle-né guéri depuis assez longtemps pour que l'effet d'une longue pratique les lui ait rendues familières. Mais comme ceci ne peut arriver dans notre état présent d'existence, l'expérience qui pourrait dissoudre l'association ne se fait jamais, et la fin de l'espace demeure toujours inconcevable.

Il faut donc accorder la moitié de la proposition de notre auteur. Mais l'autre moitié? Est-il vrai que nous soyons incapables de concevoir l'espace infini? J'ai déjà donné de fortes raisons pour me séparer de cette opinion, et celles que notre auteur donne à l'appui de son idée, ici et en d'autres endroits, me semblent tout à fait insoutenables. « Nous pensons, nous » concevons, nous comprenons, dit-il, une chose, seulement » en tant que nous la pensons comme dans ou sous une autre » chose. Mais quand il s'agit de l'Infini, c'est penser l'infini » comme fini, ce qui est contradictoire et absurde. » Quand nous exposerons les Lois de la Pensée d'après Hamilton, nous aurons quelques remarques à faire sur les mots : « penser quelque » chose comme dans ou sous une autre », expression favorite de l'École transcendantale qui aime à donner aux prépositions un sens métaphorique. Mais admettons que penser une chose ce soit la penser sous quelque autre chose, nous devons comprendre cette proposition dans le même sens que lui donnent invariablement ceux qui l'emploient. Suivant eux, nous pensons une chose quand nous faisons sur elle une affirmation, et nous la pensons sous la notion que nous affirmons d'elle. Toutes les fois que nous jugeons, nous pensons le sujet sous l'attribut. En conséquence, quand nous disons : « Dieu est bon », nous pensons Dieu sous la notion de « bon ». Est-ce là, dans l'idée de notre auteur, penser l'infini comme fini, c'est-à-dire « une contradiction et une absurdité ! »

Si cette doctrine est vraie, il s'ensuit que nous ne pouvons affirmer aucun attribut d'un sujet que nous regardons, dans quelques-uns de ses attributs, comme infini. Nous ne pouvons

pas, sans tomber en contradiction, affirmer quelque chose,
uon-seulement de Dieu, mais du Temps et de l'Espace. Cette
réduction à l'absurde suffit. Mais nous pouvons aller plus loin,
et nier que penser quelque chose « sous » la notion exprimée
par un terme général, ce soit la penser comme finie. Il n'y a
aucun de nos attributs généraux qui soient, au sens propre du
mot, finis; ils sont tous, au moins en puissance, infinis. « Le
Bon » n'est pas le nom des choses ou des personnes possédant
cet attribut qui existent à présent, ou à un autre moment donné,
et qui ne sont qu'un agrégat fini. C'est le nom de toutes les
choses ou personnes qui aient possédé et posséderont ou même
qui, par hypothèse ou par l'effet d'une fiction, puissent posséder
jamais l'attribut. Le nombre n'en est pas limité. C'est la vraie
nature et le caractère fondamental d'une notion *générale*
d'avoir une extension (comme dirait Hamilton) sans limite.

Mais il dirait peut-être que quoique son extension composée
des particuliers possibles renfermés en elle, soit infinie, sa
Compréhension, la série des attributs contenus en elle (ou avec
l'expression que je préfère, connotés par son nom), est une
quantité limitée. Sans doute, mais voyez la suite. Si par la
raison que la compréhension d'une notion générale est finie,
on ne peut, sans contradiction, penser quelque chose d'infini
sous cette notion, il en résulte qu'un être possédant un attribut
donné à un degré infini, ne peut être pensé sous ce même
attribut. La bonté infinie ne peut être pensée comme bonté,
parce que ce serait la penser comme finie. Assurément il faut
qu'il y ait une grande confusion d'idées dans les prémisses, pour
qu'il en sorte une conclusion pareille.

Notre auteur continue à répéter son argument contre
Cousin; que l'espace infini est inconcevable, parce que toute
la conception que nous sommes capables d'en former est négative, et qu'une conception négative est la même chose qu'une
non-conception. On ne conçoit l'infini qu'en supprimant
par la pensée « tous les caractères par lesquels on conçoit le
fini ». A cette assertion, j'oppose la réponse que j'ai déjà faite.
Au lieu de supprimer par la pensée tous les caractères du fini,
nous ne supprimons que l'idée d'une fin, ou d'une limite.
La proposition de Hamilton est vraie de « l'Infini », l'abstraction dépourvue de sens, mais elle n'est pas vraie de

l'Espace Infini. En cherchant à nous en faire une conception, nous ne supprimons pas par la pensée ses caractères positifs. Nous lui laissons le caractère d'Espace; tout ce qui lui appartient comme espace; ses trois dimensions avec leurs propriétés géométriques. Nous lui laissons un caractère qui lui appartient encore à titre d'Infini, celui d'être plus grand que tout espace fini. Si un objet qui possède ces attributs positifs est inconcevable, parce qu'il a aussi un attribut négatif, le nombre des objets concevables doit être singulièrement petit. Presque toutes nos conceptions positives un peu complexes renferment des attributs négatifs. Je ne parle pas seulement des conceptions négatives impliquées dans des conceptions affirmatives; par exemple, quand en disant que la neige est blanche, on sous-entend qu'elle n'est pas noire; mais je parle des attributs négatifs indépendants, surajoutés à ceux-ci, et si réels qu'ils forment souvent les caractères essentiels ou les caractères différentiels des classes. Notre conception du muet est la conception d'un homme qui *ne peut pas* parler; celle de la brute, d'une créature qui *n'a pas* de raison; celle du règne minéral, d'une partie de la Nature qui *n'a pas* l'organisation et la vie; celle d'immortel, de quelque chose qui *ne* meurt *jamais*. Sont-ce là des exemples de l'Inconcevable? Donc, il est faux que penser une chose sous une négation ce soit la concevoir comme inconcevable.

Dans d'autres passages, Hamilton soutient que nous ne pouvons concevoir l'espace infini, parce que nous aurions besoin d'un temps infini pour le faire. Sans doute il faudrait un temps infini pour promener nos pensées successivement dans toutes les parties de l'espace; mais pour combien de nos conceptions finies croyons-nous nécessaire de faire une pareille opération? Éprouvons la doctrine au moyen d'un tout complexe qui ne soit pas infini; tel que le nombre 195 788. Hamilton n'aurait pas, je suppose, soutenu que ce nombre est inconcevable. Quel temps pensait-il qu'il faudrait pour passer sur chacune des unités de ce tout, pour acquérir une connaissance parfaite de cette somme, en tant qu'elle diffère des autres sommes, plus grandes ou plus petites qu'elle. Eût-il dit que nous ne pouvons avoir une conception de la somme qu'après avoir fait cette opération d'un bout à l'autre? A la vérité, nous ne pourrions pas en avoir une conception *adéquate*. Aussi n'avons-nous jamais une conception adéquate d'une chose réelle. Mais nous avons une conception *réelle* d'un objet, si nous le concevons par ceux de ses attributs qui suffisent à le distinguer des autres choses. Nous avons une conception d'un grand nombre, quand nous l'avons conçu par quelqu'un de ses modes de composition, celui, par exemple, que représente la position des chiffres. Il est rare que nous approchions davantage d'une conception adéquate d'un grand nombre. Mais pour les besoins de l'esprit, cette conception limitée suffit : car non-seulement elle nous permet d'éviter de confondre le nombre avec un autre tout numérique, dans nos calculs, — même avec ceux qui s'en rapprochent au point que le toucher et la vue ne pourraient y découvrir de différence, si les unités n'étaient rangées d'une façon expressément propre à la faire ressortir, — mais nous pouvons aussi, au moyen de cet attribut du nombre, constater toutes les propriétés de notre conception qu'il nous plaît, en découvrir de nouvelles et les ajouter aux premières. Si donc nous pouvons acquérir une conception réelle d'un tout fini, sans passer par toutes ses parties constitutives, pourquoi nous refuse-t-on une conception réelle d'un tout infini, parce qu'il est impossible de passer sur toutes ses parties? Il n'est pas besoin d'ajouter que même pour un nombre fini, bien que les unités qui le composent soient limitées, cependant le Nombre étant infini, les modes possibles de dériver un nombre donné des autres nombres sont numériquement infinis ; et comme tous ces modes sont des parties nécessaires d'une conception adéquate d'un nombre, il faudrait aussi un temps infini pour rendre parfaitement adéquate même notre conception de ce tout fini (1).

Mais quoique notre conception d'un espace infini ne puisse jamais être adéquate, puisque nous ne pouvons jamais épuiser

---

(1) M. Mansel se trompe complétement sur la portée de cet argument; il répond (p. 34) que notre système de numération nous permet « d'épuiser tout nombre fini en traitant toutes ses parties par grandes masses », mais qu'aucune opération semblable ne peut « épuiser l'infini ». Si M. Mansel avait réfléchi un moment, il aurait vu que le sens de mon argument est que nous n'avons pas besoin d'épuiser l'infini pour être en état de le concevoir ; puisque, en réalité, nous n'épuisons pas les nombres finis qu'on admet que nous pouvons concevoir et que nous concevons.

ses parties, elle est, dans toute son étendue, une conception réelle. Nous nous figurons complétement les divers attributs qui la composent. Nous nous le figurons comme espace. Nous nous le figurons comme plus grand que tout espace donné. Nous nous le figurons même comme sans fin, d'une manière intelligible, c'est-à-dire nous nous représentons clairement que, quelque grand que soit l'espace déjà exploré, nous ne sommes pas plus près de la fin que nous ne l'étions d'abord ; en effet, nous pouvons imaginer autant de fois que nous le voudrons une distance s'étendant dans tous les sens autour de nous, et nous trouverons toujours que nous pouvons en imaginer une plus grande. Cette conception est à la fois réelle et parfaitement définie. Une notion purement négative peut correspondre à plusieurs choses positives les plus dissemblables, mais la notion d'un espace infini correspond à une chose seulement. Nous la possédons aussi complétement que nous possédons la plus claire de nos conceptions, elle peut nous servir aussi bien pour des opérations mentales ultérieures. Donc, pour ce qui est de l'Étendue de l'Espace, Hamilton ne paraît pas avoir démontré son opinion. L'une des deux hypothèses contradictoires n'est pas inconcevable.

On peut dire la même chose de la Divisibilité de l'Espace. D'après notre auteur, un minimum de divisibilité, et une divisibilité sans limite, sont tous deux inconcevables. J'ose croire au contraire qu'ils sont tous deux concevables. La divisibilité ne veut pas dire ici une divisibilité physique des parties, mais leur pure existence, et la question revient à ceci : pouvons-nous concevoir une étendue assez petite pour n'être pas composée de parties, et pouvons-nous, d'un autre côté, concevoir des parties composées de parties plus petites, et celles-ci de plus petites encore, et cela à l'infini ? Pour ce qui est des dernières, la petitesse sans limite est une conception aussi positive que la grandeur sans limite. Nous avons l'idée d'une portion de l'espace, et à cette idée nous ajoutons celle d'être plus petite que toute quantité donnée. Il est évident que l'autre côté de l'alternative est encore plus concevable. On ne nie pas qu'il y ait une portion de l'étendue, qui à l'œil nu semble un point indivisible : les philosophes l'ont appelé le *minimum visibile*. Ce minimum, nous pouvons l'amplifier indéfiniment au moyen d'instruments d'optique, qui rendent visibles les parties encore plus petites qui le composent. Dans chacune de ces expériences successives, il y a un *minimum visibile*; une chose plus petite ne peut être discernée avec le même instrument, mais peut l'être avec un autre doué d'un plus grand pouvoir grossissant. Or, supposé qu'avant que nous ayons atteint la limite de l'accroissement possible du pouvoir grossissant de nos instruments, nous arrivions à un point où ce qui semblait le plus petit espace visible avec un microscope donné, ne paraisse pas plus grand sous un microscope construit de manière à grossir encore davantage, mais semble rester indivisible ; je dis que si cela arrivait, nous croirions à un minimum d'étendue, et nous serions incapables de concevoir, c'est-à-dire de nous représenter par une image, quelque chose de plus petit; une divisibilité qui irait plus loin serait pour nous aussi inconcevable qu'incroyable.

Il ne serait pas difficile d'appliquer les mêmes raisonnements au temps, ou à quelque autre antinomie (il y en a une longue liste (1), et je reviendrai sur quelques-unes d'entre elles), mais ce serait surcharger notre sujet sans nécessité. Dans aucun des cas qu'il mentionne, je ne crois pas que Hamilton puisse prouver que le « Conditionné », c'est-à-dire tout sujet de connaissance humaine, prenne place entre deux hypothèses « inconditionnées », toutes deux inconceivables. J'ajouterai qu'en admettant même l'inconcevabilité des deux hypothèses opposées, je ne puis trouver ce que signifie la proposition que le conditionné est « le » milieu » entre ces deux hypothèses, ou que « toute pensée » positive » ou tout ce que nous pouvons penser positivement se tient entre ces deux « extrêmes », ces « deux pôles opposés » de la pensée ». Les extrêmes sont l'Espace dans son ensemble considéré comme ayant une limite, et l'Espace dans son ensemble considéré comme sans limite. Nous ne pouvons, dit Hamilton, penser ni l'un ni l'autre. Mais ce que nous pouvons positivement penser (suivant lui), ce n'est pas l'Espace dans son ensemble, c'est un certain espace limité, que nous concevons comme carré, cercle, triangle ou ellipse. Est-ce que le triangle

---

(1) Voyez la liste tout au long dans l'Appendice au second volume des *Lectures*, p. 527-529.

ou l'ellipse sont le milieu entre l'infini et le fini ? Ils sont, au propre sens des mots, des modes du fini. Il serait plus vrai de dire que nous pensons le prétendu moyen terme sous l'un des extrêmes ; et si l'infini et le fini sont les « deux pôles opposés de la pensée », on voit que dans cette polarité d'un nouveau genre, contrairement à ce qui se passe dans la pile de Volta, toute la matière est accumulée à un pôle. Mais cette contre-proposition n'est pas plus tenable que celle de Hamilton ; car, en réalité, l'idée qui, d'après lui, est un milieu entre deux propositions extrêmes, n'a aucune corrélation avec elles. Elle ne se rapporte pas au même objet. Les deux hypothèses opposées portent sur l'Espace en général, considéré comme tout collectif. L'idée « conditionnée », le prétendu milieu entre ces deux hypothèses, se rapporte aux parties de l'Espace et aux classes de ces parties, à des cercles, des triangles, des distances planétaires et sidérales. L'alternative entre les impossibilités opposées ne se présente jamais pour elles ; elles sont toutes finies, on les conçoit et on les connaît comme telles. Je ne peux pas comprendre le sens de la notion d'extrême et de moyen quand on l'applique à des propositions qui affirment différents attributs de différents sujets ; mais elle servait à donner l'apparence d'une plus grande profondeur à la *Doctrine fondamentale*, non pas aux yeux d'un élève, car Hamilton était incapable de charlatanisme, mais aux yeux du maître lui-même.

Si les arguments que je viens de présenter sont bons, la loi du « Conditionné » n'a aucun fondement. Quant à la proposition que le Conditionné tient le milieu entre deux hypothèses sur l'Inconditionné, dont aucune ne peut être conçue comme possible, il faut la ranger dans la classe nombreuse des doctrines métaphysiques qui rendent un son éclatant, mais qui ne contiennent pas la plus légère substance (1).

(1) Dans la première édition, je ne me bornais pas à nier l'inconcevabilité des couples d'hypothèses contradictoires des antinomies de Hamilton, j'y contestais aussi que l'une ou l'autre dût être nécessairement vraie par la raison que la loi de l'Alternative, quoique vraie de tous les phénomènes, et par conséquent de l'Espace et du Temps dans leur caractère phénoménal, n'est pas une loi des Choses. « La loi de l'Alternative veut que quel que soit le prédicat que nous supposions, il » faut que ce prédicat ou sa négation soient vrais d'un sujet donné : je ne l'admets » pas quand le sujet est un Noumène ; puisque tous les prédicats possibles, même » les négatifs, à l'exception de celui qui réduit la chose à une Non-Entité, im- » pliquent en eux-mêmes, comme partie intégrante, quelque chose de positif révélé

» seulement par l'expérience phénoménale et ne pouvant avoir qu'une existence
» phénoménale. » C'est un développement exagéré qui réduit à ses justes limites
ne contredit rien de ce que Hamilton a dit sur le sujet qui nous occupe. Je l'abandonne. Mais je conserve une partie de mes remarques qui font ressortir l'emploi
abusif qu'on peut faire du principe de l'Alternative. « L'univers, par exemple, doit,
» dit-on, être fini ou infini ; mais que signifient ces mots ? Qu'il doit avoir une gran-
» deur infinie ou finie. Certainement, il faut que les grandeurs soient infinies ou
» finies, mais avant d'affirmer la même chose du Noumène Univers, il faut établir
» que l'Univers tel qu'il est en lui-même est capable de l'attribut grandeur. Com-
» ment savons-nous si l'attribut grandeur n'est pas exclusivement une propriété de
» de nos sensations, — des états subjectifs que les objets produisent en nous ? Ou
» si on l'aime mieux, comment savons-nous que la grandeur n'est pas, ainsi que
» Kant le croyait, une forme de nos esprits, un attribut dont les lois de la pensée
» revêtent toutes nos conceptions, mais auquel il n'y a peut-être rien d'analogue
» dans le Noumène, la Chose en soi ? On peut dire la même chose de la Durée,
» qu'elle soit finie ou infinie, de la Divisibilité, qu'elle s'arrête à un minimum ou
» qu'elle se prolonge sans fin. Il faut naturellement que l'une ou l'autre de ces pro-
» positions soit vraie de la durée ou de la matière telles que nous les percevons,
» telles qu'elles se présentent à nos facultés ; mais la durée elle-même, d'après
» Kant, n'a pas d'existence réelle hors de nos esprits ; et quant à la matière, ne
» connaissant pas ce qu'elle est en elle-même, nous ne savons pas si, appliqué à
» matière, le mot divisible a un sens. Nous croyons que la divisibilité est une
» notion acquise, composée des éléments de l'expérience fournie par les sens, nous
» n'admettons donc pas que le Noumène Matière doive être divisible d'une manière
» infinie ou finie. »

CHAPITRE VII

COMMENT M. MANSEL APPLIQUE LA PHILOSOPHIE DU CONDITIONNÉ A LA PHILOSOPHIE RELIGIEUSE.

On peut affirmer que M. Mansel est, dans la véritable acception du mot, l'élève de Hamilton en métaphysique. Je ne veux pas dire qu'il s'accorde avec lui dans toutes ses idées; car il n'adopte pas la théorie hamiltonienne de la Cause; je ne veux pas dire non plus qu'il n'ait rien appris d'un autre maître, ou de ses propres spéculations. Au contraire, il a fait preuve d'originalité et de force et il a déployé deux qualités, l'une bonne, et l'autre qui ne l'est pas, à mon avis. Mais il s'est fait l'éditeur du Cours de Hamilton; il parle toujours de l'auteur avec une déférence qu'il n'accorde à aucun autre philosophe; il accepte expressément et dans les mêmes termes que lui la doctrine qui passe pour la principale du système hamiltonien; on peut donc avec raison le regarder comme le représentant des mêmes idées. M. Mansel a travaillé spécialement dans un domaine sur lequel son maître n'avait fait que passer; il a fait l'application de la philosophie du Conditionné à la philosophie religieuse, et en a tiré les corollaires et les conséquences qui concernent directement la Religion.

Les prémisses de M. Mansel sont celles de Hamilton. Il soutient la relativité nécessaire de toute notre connaissance. Il croit que l'Absolu et l'Infini, ou pour employer une expression plus significative, un Être Absolu et Infini, sont inconcevables pour nous; et que lorsque nous faisons des efforts pour concevoir ces êtres inaccessibles à nos facultés, nous tombons dans la contradiction. Mais il ajoute que malgré cette impossibilité, nous avons le droit de croire, et nous sommes tenus de croire, à l'existence d'un être absolu et infini, et que cet être est Dieu. Nous ne pouvons donc concevoir ni connaître Dieu, et nous ne pouvons nous en faire une idée qui ne soit contradictoire, quand nous voulons (car M. Mansel a grand soin de restreindre l'affirmation) nous en faire une idée *en tant qu'*Absolu, et *en tant qu'*Infini. Ne pouvant concevoir ni connaître les attributs essentiels de Dieu, nous n'avons pas qualité pour juger ce qui est ou n'est pas d'accord avec eux. Si, donc, on nous présente une religion professant sur la Divinité une doctrine particulière, notre adhésion ou notre opposition à cette doctrine doit dépendre uniquement des preuves de l'origine divine de la religion ; et les arguments hostiles fondés sur son incrédibilité, parce qu'elle impliquerait une absurdité, ou sur son immoralité, parce qu'elle serait indigne d'un Être sage et bon, ne sauraient avoir aucune valeur, puisque nous ne sommes pas des juges compétents de ces choses. Telle est, au moins, la portée de l'argument de M. Mansel : mais je dois reconnaître qu'il affirme la conclusion avec une certaine réserve ; car il admet que le caractère moral d'une religion doit compter pour quelque chose dans les raisons qui font adopter ou repousser la divinité de son origine. Faut-il aussi en tenir compte quand il s'agit d'interpréter une religion alors qu'elle est acceptée ? Il néglige de le dire, mais nous pouvons croire qu'il est de cet avis. Cependant, ses concessions aux sentiments moraux de l'humanité sont faites aux dépens de la logique. Si la théorie de M. Mansel est juste, il n'a le droit de rien concéder.

Il n'y a rien de nouveau dans cette série d'arguments théologiques. Nous ne pouvons comprendre Dieu ; ses voies ne sont pas nos voies ; nous ne pouvons scruter ses desseins, ni les juger. Voilà des propositions que nul théiste ne niera, si l'on donne aux mots un sens raisonnable. On s'en est souvent servi pour justifier des absurdités et des monstruosités morales qu'on attribuait à Dieu, en les appelant bien à tort des noms de Bonté et de Sagesse. Mais ce qui est nouveau, c'est qu'on nous présente cette conclusion comme un corollaire des idées les plus avancées de la philosophie moderne, de la véritable théorie des facultés de l'esprit humain, et des limites qu'il ne peut pas plus franchir dans les sujets religieux que dans les autres.

A mon avis, sous quelque jour qu'on la présente, cette doctrine a des conséquences morales plus funestes qu'aucune de celles qui circulent aujourd'hui. Elle tranche implicitement, beaucoup plus que toutes les autres, le problème du bien et du mal moral pour le monde chrétien. Il vaut donc la peine d'examiner si nous devons l'adopter. Sans rendre M. Mansel responsable des conséquences morales de sa doctrine, plus qu'il ne les accepte lui-même, je crois qu'il est très-important de rechercher si elle est réellement l'arrêt d'une saine métaphysique ; et qu'il est essentiel, pour apprécier justement la philosophie de Hamilton, de voir si les conclusions qu'on tire de ses idées principales s'y rattachent rigoureusement. On verra, je pense, que la conclusion, non-seulement n'est pas une conséquence logique d'une théorie vraie des facultés humaines, mais qu'elle ne découle même pas rigoureusement des prémisses de M. Mansel.

Il faut exposer clairement ces prémisses telles que M. Mansel les entend, puisque jusqu'ici nous n'avons vu que celles de Hamilton. M. Mansel expose ses idées avec une clarté et une précision qui nous permettent de découvrir les vices de ses raisonnements, plus facilement que nous ne pouvons trouver ceux de Hamilton, qui nous laisse souvent dans le doute sur le sens des termes.

Avoir « une connaissance de la Nature Divine » qui rendît la raison humaine capable de juger de la théologie, ce serait, d'après M. Mansel (1), « concevoir la Divinité comme elle est ». Ce serait « concevoir Dieu comme Cause Première, comme Absolu, comme Infini ». M. Mansel définit la Cause Première à la façon de tout le monde. Sur le mot Infini, il n'y a pas de difficulté. Mais quand nous arrivons à l'Absolu, nous abordons un terrain plus glissant. Cependant, M. Mansel nous dit sans détour ce qu'il entend par ce mot. Par Absolu, il n'entend pas ainsi que Hamilton prétend toujours le faire, ce qui renferme l'idée de complet et de fini ; il adopte l'autre sens dont Hamil-

---

(1) *Limits of Religious Thought*, 4ᵉ édition, p. 29, 30.

ton fait mention en le repoussant : l'opposé de Relatif. « Par
» l'Absolu, on désigne ce qui existe en soi et par soi, ce qui
» n'a aucune relation nécessaire avec un autre Être. »

En définissant l'Absolu, l'opposé du Relatif, M. Mansel se sert de mots plus clairs que Hamilton, quand il veut donner la même définition. En effet, Hamilton reconnaît ce second sens du mot Absolu (comme nous l'avons déjà
» marqué), et voici ce qu'il en dit (1) : « *Absolutum* veut dire
» ce qui est libre et sans lien ; en ce sens, l'Absolu sera ce qui
» est en dehors de toute relation, comparaison, limitation, con-
» dition, dépendance, etc....; il est donc l'équivalent du mot
» τὸ ἀπόλυτον des Grecs du Bas-Empire ». Ne peut-on pas supposer que le vague où le maître laisse la conception, avait pour but d'éviter les difficultés contre lesquelles l'élève, dans son amour de la précision, va se précipiter étourdiment? Certainement, M. Mansel ne gagne rien à donner à ses mots un sens plus défini. Les mots « n'ayant aucune relation nécessaire avec un autre Être », peuvent être interprétés de deux manières. Dans leur sens naturel, ils veulent dire seulement : *capable d'exister hors de relation avec toute autre chose*. L'argument veut qu'ils signifient : « *incapable d'exister en relation avec toute autre chose* ». M. Mansel ne peut avoir cette dernière idée. Il ne peut nous dire que l'Absolu est incapable d'entrer en relation avec un autre être, car il n'affirmerait pas cela de Dieu ; au contraire, il parle toujours des rapports de Dieu avec le monde et avec nous. De plus, il emprunte à M. Calderwood une explication incompatible avec celle-ci (2), dont il ne peut pourtant pas se passer. En effet, quel est son premier argument? Que nous ne pouvons connaître Dieu comme Cause, comme Absolu et comme Infini, parce que ces attributs sont, pour notre conception, incompatibles entre eux. Et pourquoi incompatibles ? Parce que « une
» Cause (3) ne peut comme telle être absolue ; l'Absolu comme
» tel ne peut être une cause. La cause comme cause n'existe
» qu'en relation avec son effet. La cause est une cause de l'ef-
» fet; l'effet est un effet de la cause. D'autre part, la conception
» de l'Absolu implique une existence possible hors de toute re-

---

(1) *Discussions*, p. 14, note.
(2) *Limits of Religious Thought*, p. 200.
(3) *Ibid.*, p. 31.

» lation. » Mais en quoi une existence qui pourrait subsister hors de toute relation, est-elle incompatible avec la notion de Cause? Les causes n'ont-elles pas une existence possible en dehors de leurs effets? Le soleil, par exemple, n'existerait-il pas s'il n'y avait ni terre ni planètes pour recevoir ses rayons? M. Mansel semble croire que ce qui peut exister hors de relation, ne peut pas être conçu, ni connu en relation. Il n'en est pas ainsi. Tout ce qui peut exister en relation, peut être conçu ou connu en relation. Si l'Être Absolu ne peut être conçu comme cause, il faut qu'il ne puisse exister comme cause; il faut qu'il soit incapable de causer. S'il peut avoir une relation quelconque avec une chose finie, on peut le concevoir et le connaître dans cette relation et non autrement. Débarrassé de cette confusion d'idées, l'argument de M. Mansel se réduit à ceci : — Nous ne pouvons penser à la fois le même Être comme Cause et comme Absolu, parce qu'une Cause *comme telle* n'est pas Absolue, et l'Absolu comme tel n'est pas Cause; c'est exactement, comme s'il disait, que l'on ne peut penser à la fois Newton comme Anglais et comme mathématicien; parce qu'un Anglais, comme tel, n'est pas un mathématicien, et qu'un mathématicien, comme tel, n'est pas un Anglais (1).

(1) M. Mansel, dans sa réponse, m'accuse de tronquer son argument. Je m'empresse de le compléter. « Nous cherchons à échapper à cette contradiction apparente en introduisant l'idée de succession dans le temps. L'Absolu existe d'abord par lui-même, et ensuite il devient Cause, mais ici nous sommes arrêtés par la troisième conception, celle de l'Infini. Comment l'Infini peut-il devenir ce qu'il n'était pas dès le commencement? Si la causation est une manière possible d'être, ce qui existe sans causer n'est pas infini ; ce qui devient cause a franchi ses limites antérieures. » (*Limits of Religious Thought*, p. 31-32.)
La prétendue inconséquence qu'il y aurait à supposer que l'Infini devienne une Cause, parce qu'alors il deviendrait ce qu'il n'était pas dès le commencement, s'applique, comme presque tout le reste de l'argumentation de M. Mansel, uniquement à la fiction contradictoire, « l'Infini », qu'on suppose ou bien infinie sans penser à des attributs, ou bien infinie dans tous les attributs possibles. Mettez à la place de cette fiction la notion d'un être infini dans des attributs donnés, et l'incompatibilité disparaît. Assurément, la forme la plus familière de la notion d'un être infini est celle d'un Être infini en puissance. La puissance n'est pas seulement compatible avec la capacité de causer, mais elle ne veut pas dire autre chose. Nous dira-t-on que nous ne concevons pas qu'un Être infini dans sa capacité de causer, puisse causer effectivement quelque chose sans se mettre en contradiction avec son infinité, mais que pour rester infinie la puissance doit dormir toute l'éternité? ou bien, en se plaçant de l'autre côté de l'alternative, nous dira-t-on que cet être doit être conçu comme ayant exercé de toute éternité la plénitude de sa puissance infinie de causer, parce qu'un exercice tardif de cette puissance le ferait *passer* à l'état de causation? M. Mansel affirme que ces deux hypothèses sont inconcevables d'un Être infini (*Limits of Religious Thought*,

En outre, M. Mansel avance que (1) : « supposé que l'Absolu » devienne une Cause, puisque *ex vi termini* il n'est pas nécessité à le devenir, il faut qu'il soit un agent volontaire, et par conséquent conscient, car « une volition n'est possible que » dans un être conscient ». Mais on ne peut concevoir la conscience que comme une relation ; et aucune relation ne s'accorde avec la notion de l'Absolu, puisque des relatifs dépendent mutuellement l'un de l'autre. Ici, l'on voit clairement qu'une prémisse du raisonnement c'est, qu'être dans une relation, ne fût-ce qu'une relation avec soi, la relation d'être « conscient de soi » est incompatible avec l'Absolu (2).

Il faut donc que M. Mansel change sa définition de l'Absolu, s'il veut conserver son argument. Il doit revenir à la définition heureusement ambiguë de Hamilton, « ce qui reste étranger à toute relation », qui ne décide pas si le sens est simplement : ce qui peut exister hors de relation, ou s'il est : ce qui est incapable d'exister en relation ; ou bien il faut qu'il ait le courage d'affirmer qu'un Être Absolu est incapable de toute relation. Mais, comme il refusera certainement d'affirmer cela de Dieu, il en résulte que Dieu n'est pas un être Absolu.

Tout l'argument de M. Mansel pour établir que l'Infini et l'Absolu sont inconcevables, est une longue *ignoratio elenchi*. J'ai fait voir dans le chapitre précédent, que les mots Absolu et Infini n'ont pas de sens réel, à moins que nous ne compre-

---

p. 204). Mais si un Etre infini veut dire un Etre d'une sagesse, d'une bonté, aussi bien que d'une puissance infinies, la conception d'une puissance infinie qui ne s'exerce qu'en partie, loin d'être une contradiction, n'est pas même un paradoxe.

(1) *Limits of Religious Thought*, p. 32.

(2) Comment M. Mansel concilie-t-il cet argument avec la définition de l'Absolu qu'il emprunte à M. Calderwood (*Limits of Religious Thought*, p. 200) ? « L'Absolu est ce qui est libre de toute relation *nécessaire* ; c'est-à-dire ce qui est » libre de toute relation comme condition d'existence ; mais il peut exister en » relation pourvu que la relation puisse être écartée sans affecter son existence ». On aurait de la peine à formuler une meilleure définition d'un Etre Absolu. M. Mansel l'emprunte et puis en nie la dernière moitié, ce qui prouve qu'il est bien loin de comprendre ce qu'il dit, aussi bien que M. Calderwood. En effet, avant de soutenir qu'un être conscient ne peut être absolu parce que la conscience est une relation, il faut nier, ou oublier qu'on vient d'admettre dans l'Absolu, le pouvoir d'exister en relation pourvu qu'il ne soit astreint à aucune relation.

Dans sa réponse, M. Mansel continue à nier ou à oublier. « L'Absolu comme » tel », dit-il, « doit être hors de toute relation » (et non pas seulement capable d'exister hors de relation), « et par conséquent ne peut être conçu dans la rela- » tion de pluralité » (Mansel, p. 117).

nions par ces mots, ce qui est absolu ou infini dans certains attributs donnés ; ainsi, on appelle l'espace infini, parce qu'il a une étendue infinie ; et on dit que Dieu est infini en ce sens qu'il possède un pouvoir infini, et absolu en ce sens qu'il a une bonté ou une connaissance absolue. J'ai fait voir aussi, que les arguments de Hamilton, pour prouver que l'Inconditionné est inconnaissable, ne prouvent pas que nous ne pouvons pas connaître un objet absolu ou infini dans quelque attribut spécifique, mais qu'ils prouvent seulement, que nous ne pouvons connaître une abstraction appelée « l'Absolu » ou « l'Infini », douée par supposition de tous les attributs à la fois. La même remarque est applicable à M. Mansel (1), avec cette seule différence, qu'avec une ambition louable, que

---

(1) M. Mansel (p. 153-154) proteste contre ce passage qui lui reproche d'employer |le mot *absolu* dans le sens de Hamilton, qui comprend la perfection, alors qu'il a expressément écrit qu'il lui en donnait un autre. « Quand M. Mill
» accuse M. Mansel de vouloir prouver l'impossibilité de concevoir un Etre *absolument* juste ou *absolument* sage (c'est-à-dire comme il le suppose, parfaitement
» juste ou sage), il oublie formellement qu'il vient de blâmer M. Mansel de définir
» l'Absolu : quelque chose qui peut exister hors de relation ». Il demande ce que je peux entendre par bonté ou connaissance « hors de toute relation ». Si j'ai, dans ce passage, échangé la définition de M. Mansel contre celle de Hamilton, en y faisant entrer la notion de parfait, de fini, de complet, c'est que M. Mansel m'en avait donné l'exemple. Aussi longtemps qu'il est resté fidèle à sa propre définition, j'ai fait comme lui, et je n'ai fait que le suivre quand il a été prendre l'idée de perfection dans l'autre sens du mot, et qu'il s'en est servi dans ses raisonnements comme d'une caractéristique de l'Absolu. Le lecteur en doute-t-il ? Il va voir. Nous ne pouvons, dit M. Mansel, réconcilier l'idée de l'Absolu avec celle de cause, parce que « si la condition de l'activité causale est un état supérieur à
» celui de repos, l'Absolu, soit qu'il agisse volontairement ou involontairement, a
» passé d'une condition d'imperfection comparative à une perfection comparative,
» et par conséquent n'était pas originellement *parfait*. Si l'état d'activité est un
» état inférieur à celui de repos, l'Absolu devenant une Cause a perdu sa *perfec-*
» *tion primitive* ». (*Limits of Religious Thought*, p. 34-35. Les italiques sont de
» moi). De plus (p. 38), « s'il est impossible de se représenter mentalement un
» objet sinon comme fini, il est également impossible de se représenter un objet
» fini, ou un ensemble d'objets finis, comme épuisant l'*univers des choses*. Ainsi
» l'hypothèse qui annihilerait l'Infini vient se briser contre le roc de l'Absolu ».
En dépit donc de sa propre définition, M. Mansel pense que sa notion de l'Absolu, comprend que l'Absolu est le Parfait et qu'il épuise l'univers des choses, c'est-à-dire la pleine totalité de l'Existence.
On voit donc que si je suis coupable de quelque chose, c'est d'avoir négligé de signaler une confusion de plus dans les idées de M. Mansel, confusion qui porte sur deux idées qu'il avait pris soin de distinguer. Mais alors même que j'eusse commis la bévue qu'il m'impute, cela n'aurait rien fait à la question, car il suppose toujours (et avec raison selon moi) que l'Etre sur lequel nous discutons la question de savoir s'il peut être conçu par nous, doit être conçu à la fois comme infini et absolu (l'Infinito-Absolu de Hamilton) ; et eût-il échappé sain et sauf à ma critique de Hamilton pour ce qui regarde l'Absolu, il y resterait encore enveloppé d'une manière inextricable pour ce qui regarde l'Infini.

j'ai déjà signalée, de poser nettement les questions ; il fait lui-même cette importante distinction, et déclare, spontanément, que l'Absolu dont il veut parler c'est l'abstraction. « L'Absolu » et l'Infini (1), dit-il, ne peuvent être rien de moins que la » somme de toute réalité », la totalité de tous les attributs positifs, même de ceux qui s'excluent réciproquement ; et il l'identifie expressément avec l'Être absolu de Hégel, qui contient en lui-même « tout ce qui est réel, même le mal ». « Ce » qu'on conçoit comme absolu et infini, dit M. Mansel (2), doit » être conçu comme contenant en soi la somme, non-seulement » de toutes les manières d'être réelles, mais de toutes les ma- » nières d'être possibles. » On peut accorder à M. Mansel, que cet amalgame d'attributs contradictoires ne peut se concevoir : mais, que faire quand il vient nous affirmer aussi positivement qu'il faut croire à cet amalgame ? Si c'est cela qu'est l'Absolu, qu'entend-il en disant que nous devons croire que Dieu est l'Absolu ?

Le reste de l'argumentation de M. Mansel répond au commencement. L'Absolu, tel qu'il le conçoit, c'est-à-dire tel qu'il le définit, ne peut être (3) « un tout composé de parties », ou « une substance composée d'attributs », ou « un sujet conscient » posé en face d'un objet. Car s'il y a dans l'Absolu quelque prin- » cipe d'unité, distinct de la simple accumulation des parties ou » des attributs, ce principe seul est le véritable Absolu. D'un autre » côté, s'il n'y a pas un principe de cette nature, il n'y a pas » d'Absolu du tout, mais simplement une pluralité de relatifs. » Quand la voix presque unanime de la philosophie prononce » que l'Absolu est à la fois un et simple, il faut l'écouter » comme la voix de la raison même, en tant que la raison peut » avoir une voix sur ce sujet. Mais cette unité absolue, indif- » férente et ne contenant aucun attribut, ne peut se distin- » guer de la multiplicité des êtres finis par un trait caractéris- » tique, ni s'identifier avec eux dans leur multiplicité. » On remarquera que l'Absolu qui venait de recevoir par définition tous les attributs, n'en a plus un seul maintenant. Mais, dirait M. Mansel, c'est là une des contradictions qu'on ne peut éviter

---

(1) *Limits of Religious Thought*, p. 30.
(2) *Ibid.*, p. 31.
(3) *Ibid.*, p. 33.

quand on essaye de concevoir l'inconcevable. « C'est ainsi que
» nous sommes engagés dans un dilemme inextricable. L'Absolu
» ne peut être conçu comme conscient, ni comme inconscient :
» il ne peut être conçu comme complexe, ni comme simple ; il
» ne peut être conçu par différence, ni par absence de diffé-
» rence : il ne peut être identifié avec l'univers, et ne peut en
» être distingué. » Cette abstraction chimérique de l'Être Absolu, à laquelle tout le monde a besoin de penser, est-elle
connaissable ou inconnaissable ? L'inconcevabilité de cette
fiction impossible, prouve-t-elle qu'on ne peut concevoir
Dieu, que l'on suppose non pas dépourvu d'attributs, ni
en possession de tous les attributs, mais d'attributs bons ?
Nous empêche-t-elle de concevoir un Être absolument juste,
par exemple, ou absolument sage ? Voilà pourtant ce dont
M. Mansel a entrepris de prouver l'impossibilité.

Passons à l'Infini. Suivant M. Mansel (1), « l'Infini est ce qui
» est plus grand que tout ce qu'on peut concevoir », et par con-
» séquent, il ne peut recevoir aucun attribut nouveau, aucun
» mode d'existence qu'il n'ait eu de toute éternité ». Il faut donc
que l'Infini soit la même somme de tous les attributs possibles,
qui constitue l'Absolu, et qu'il les contienne tous à un degré
infini. Il ne peut être considéré « comme composé d'un nombre
» limité d'attributs, chacun illimité dans son espèce. On ne peut
» le concevoir, par exemple, comme l'analogue d'une ligne in-
» finie en longueur, mais non en largeur; ou d'une surface
» infinie en deux dimensions de l'espace, mais limitée dans la
» troisième; ou d'un être intelligent possédant un certain mode
» de conscience à un degré infini, mais privé des autres. » Cet
infini qui est infini dans tous les attributs, et non pas seulement dans ceux qu'on juge convenable de conférer à Dieu, ne
peut, ainsi que le dit justement M. Mansel, être conçu.
« Car (2) si l'infini doit être conçu, il doit l'être comme étant
» en puissance tout, et en acte rien ; car, s'il y a quelque chose
» de général qu'il ne puisse devenir, il en est limité, et s'il est
» actuellement une certaine chose, il est par là empêché d'être
» autre chose. Et ce n'est pas tout, il faut le concevoir comme

---

(1) *Limits of Religious Thought*, p. 30.
(2) *Ibid.*, p. 48.

» étant en acte toutes choses, et en puissance rien ; car une
» potentialité non réalisée est également une limitation. Si
» l'infini peut être ce qu'il n'est pas, c'est par cette même pos-
» sibilité dite incomplète, et capable d'une perfection plus
» haute. S'il est actuellement toutes les choses, il ne possède
» aucun signe caractéristique qui permette de le distinguer
» d'une chose quelconque, et de le discerner comme objet de
» conscience. » Voilà, certainement, un Infini à qui son infinité ne paraît pas servir à grand chose. Mais, se peut-il, qu'un
écrivain sérieux nous invite à évoquer une conception d'une
chose possédant à un degré infini tous les attributs contradictoires, et qu'ensuite, voyant que nous ne pouvons le faire sans
contradiction, il cherche à nous persuader qu'il y a une contradiction dans l'idée de bonté infinie, ou dans celle de sagesse
infinie ? Au lieu de l'Infini, mettez « un Être infiniment bon ».
Voici ce que devient l'argument de M. Mansel : S'il y a une
chose qu'un Être infiniment bon ne puisse devenir, — s'il ne
peut devenir mauvais, — c'est une limitation et sa bonté ne
peut être infinie. S'il y a une chose qu'un Être infiniment bon
soit actuellement (à savoir bon), il est empêché d'être autre
chose, d'être sage ou puissant. J'ai peine à croire que
Hamilton voulût patronner cette logique, bien qu'elle ait été
apprise à son école (1).

(1) En arrivant ici, M. Mansel se lasse de donner des réponses sérieuses et croit que des mots suffiront. A la première moitié de mon argument, il répond (p. 158) : « Devenir mauvais est-ce acquérir une perfection plus haute ? » Je réplique que M. Mansel paraît le croire, puisqu'il dit : « Si l'Infini peut être ce
» qu'il n'est pas, c'est par cette même possibilité dite incomplète, et capable
» d'une perfection plus haute ». Si l'infini est Dieu, et, en tant que Dieu, bon, en devenant mauvais il deviendrait ce qu'il n'est pas, et par conséquent il acquerrait une perfection plus haute, d'après M. Mansel. Pour répondre à la seconde moitié, il dit que ce qui empêche l'Infini, quand il est une chose en particulier, d'en être une autre, c'est la même raison qui empêche un cheval d'être un chien. Il me permettra de lui rappeler qu'un cheval et un chien sont des substances, et que nous ne parlons ici que d'attributs. Une substance ne peut devenir une autre substance, mais elle peut prendre des attributs nouveaux. Toute la discussion ne roule-t-elle pas sur des attributs ? Est-ce que la question de savoir ce que l'Infini peut ou ne peut pas être, peut ou ne peut pas devenir, signifie autre chose que les attributs qu'il peut ou ne peut pas acquérir ? Comme substance l'Infini est l'Infini, et ne peut devenir autre chose. S'ensuit-il que s'il possède un attribut, il ne puisse en posséder un autre ? Ou bien est-il possible que M. Mansel veuille dire que l'Infini, pour être conçu, doive être conçu comme capable de changer sa substance, et de devenir un chien fini, s'empêchant par là de devenir un cheval ? Ce serait aggraver singulièrement les reproches que je lui fais.

Il n'est pas nécessaire de suivre davantage la dissertation métaphysique de M. Mansel. C'est partout, comme je l'ai dit, la même *ignoratio elenchi*. Je n'ai pu trouver qu'un seul passage où il essaie de prouver que nous ne pouvons nous représenter par la pensée un attribut particulier porté à l'Infini. Pour être juste, je le cite en note (1). Je crois avoir répondu déjà à l'argument qu'il contient, et qui est présenté bien mieux par Hamilton.

M. Mansel croit nécessaire de déclarer (2), que les contradictions ne sont pas « dans la nature de l'Absolu », ou de l'Infini en soi, mais seulement « dans notre propre conception de cette nature ». Il n'a pas l'intention de dire que la Nature Divine est elle-même contradictoire. Mais il dit (3) : « Nous som-
» mes forcés par la constitution de nos esprits, de croire à
» l'existence d'un Être Absolu et Infini. » S'il en est ainsi, je le demande, l'Être que nous devons croire infini et absolu, est-il infini et absolu au sens qu'ont ces termes dans les définitions de M. Mansel? S'il ne l'est pas, il faut qu'il nous dise dans quel autre sens il l'est. Croire que Dieu est infini et absolu, ce doit être croire à quelque chose, et on doit pouvoir dire quoi. Si, M. Mansel veut dire que nous devons croire à la réalité d'un Être Absolu et Infini, en un autre sens que celui dans lequel il a prouvé qu'un tel être est inconcevable, sa démonstration n'est pas faite, puisqu'il a entrepris de prouver l'inconcevabilité de l'Être même, à la réalité duquel nous sommes appelés à croire. Mais la vérité est que l'Infini et l'Absolu, que d'après lui nous devons croire, sont l'Infini et l'Absolu de ses définitions. L'In-

---

(1) « Une chose—un objet—un attribut—une personne—ou un autre terme si-
» gnifiant l'un des objets possibles de la conscience, sont par cette relation même
» nécessairement déclarés finis. Une chose, ou un objet, ou un attribut, ou une
» personne infinis, sont par conséquent au même moment déclarés à la fois finis et
» infinis... Et d'un autre côté, si nous concevons tous les attributs humains sous les
» conditions de la différence, de la relation, de temps, de personnalité, nous ne
» pouvons nous faire une idée d'un tel attribut agrandi à l'infini ; car ce serait le
» concevoir comme fini et infini au même moment. Nous pouvons concevoir ces
» attributs, tout au plus, *indéfiniment :* c'est-à-dire nous pouvons, pour un
» moment, faire abstraction de l'idée de leur limite ; mais nous ne pouvons les
» concevoir comme *infinis ;* c'est-à-dire nous ne pouvons positivement pas nous
» faire une idée de l'absence de limite ; car, aussitôt que nous l'essayons, les
» éléments antagonistes qui la composent s'excluent réciproquement et l'anni-
» hilent. *Limits of Religious Thought*, p. 60. »
(2) *Limits of Religious Thought*. p. 39.
(3) *Ibid.*, p. 45.

fini est ce qui est opposé au Fini ; l'Absolu ce qui est opposé au Relatif. En conséquence, ou il n'a rien prouvé, ou il a prouvé bien plus qu'il ne voulait. Car les contradictions, qui d'après ses affirmations sont impliquées dans les notions, ne résultent pas d'une manière imparfaite de comprendre l'Infini et l'Absolu, mais elles sont dans leurs définitions ; dans le sens des expressions mêmes. Les contradictions sont dans l'objet même qu'on nous invite à croire. Si donc, M. Mansel voulait éviter la conclusion qu'un Être Infini et Absolu est intrinsèquement impossible, il ne le pourrait qu'en affirmant, avec Hégel, que la loi de contradiction ne s'applique pas à l'Absolu ; que pour l'Absolu, les suppositions contradictoires peuvent être vraies à la fois (1).

(1) Voici le résumé de la réponse de M. Mansel (p. 161-162) : « Le lecteur
» comprendra, je l'espère, la raison d'une affirmation que M. Mill regarde
» comme absurde au suprême degré, il verra qu'il faut croire à l'existence d'un
» Être absolu et infini, quoique nous ne puissions pas concevoir sa nature.
» Croire à cet Être, c'est tout simplement croire que Dieu a fait le monde : dire
» que sa nature est inconcevable, c'est tout simplement dire que nous ne savons
» pas comment le monde a été fait. Si nous croyons que Dieu a fait le monde, il
» faut croire qu'il fut un temps que le monde n'était pas, et que Dieu existait
» seul, sans relation avec aucun autre être. Mais nous ne pouvons concevoir le
» mode de cette existence unique, et nous ne concevons pas davantage de quelle
» façon est arrivé le premier acte par lequel l'Être absolu, existant par soi, a
» donné l'existence au relatif et au dépendant. »
Je ne sais pas comment M. Mansel découvre que je regarde comme absurde au suprême degré, la notion que nous pouvons croire, et que nous pouvons avoir de bonnes raisons de croire à des choses que nous ne pouvons concevoir. Comme il le dit fort bien, il n'y a personne dont les idées soient plus hostiles à cette opinion. Mais je crois qu'on trouvera qu'il est possible d'avoir une conception réelle et positive, bien qu'inadéquate, d'un Être infini, sans supposer qu'on sache comment Dieu a fait le monde. M. Mansel reprend (p. 163) : « Quand je dis :
» Je crois qu'il existe un Être possédant certains attributs, mais je ne suis pas
» capable dans l'état présent de ma connaissance de concevoir le comment de
» cette existence. Qu'a-t-on à reprendre ? » Assurément rien : pourvu que vous ne confériez pas à l'objet de votre croyance des attributs contradictoires ; car si » j'admets la crédibilité de ce qui est inconcevable, je m'arrête devant ce qui se » contredit, et je ne crois plus. En conséquence, je n'admets pas la crédibilité de l'Absolu et de l'Infini dont M. Mansel se sert pour nous mystifier. En résumé, je soutiens contre lui que l'Absolu et Infini qui est croyable, et l'Absolu et Infini qui est inconcevable sont des choses différentes ; que l'Absolu et Infini dont, d'après sa propre démonstration, la conception s'annihile par la contradiction qu'elle renferme, c'est celui qui possède absolument et infiniment tous les attributs ; et qu'il est aussi incroyable qu'inconcevable : que l'Absolu et Infini qui est croyable, c'est celui qui possède absolument et infiniment des attributs donnés dont nous connaissons les degrés finis, et que par suite nous pouvons concevoir ; celui-ci n'implique pas de contradiction, à moins que nous ne lui donnions des attributs qui en contredisent d'autres, en ce cas, sans doute, il est inconcevable, mais aussi il est incroyable.
Quand M. Mansel soutient (pp. 14-18 et 142) qu'un Être infini, tel que nous

Laissons maintenant les arguments métaphysiques de M. Mansel, et passons à un sujet plus important, à la conclusion pratique. D'après lui, nous ne pouvons acquérir une connaissance des attributs divins, qui nous donne le droit de rejeter une proposition touchant la divinité, en nous fondant sur son désaccord avec le caractère de Dieu. Examinons si cette assertion est une conséquence légitime de la relativité de la connaissance humaine, telle qu'elle est réellement ou telle que Hamilton et M. Mansel la comprennent.

Le caractère fondamental de notre connaissance de Dieu, dit M. Mansel, c'est que nous ne le connaissons pas et que nous ne pouvons pas le connaître tel qu'il est en lui-même : en conséquence, il condamne sous le nom de Rationalistes, certaines personnes qu'il accuse de manquer d'esprit philosophique, parce qu'elles rejettent une proposition, qui leur semble incompatible avec le caractère de Dieu. On pourrait encore faire cette réponse à certains Transcendantalistes modernes, — à ceux qui pensent que nous avons une intuition de la nature Divine. Cependant, même pour ceux-ci, il ne serait pas difficile de montrer que la réponse n'est que superficielle. Mais les *Rationalistes* qui admettent avec M. Mansel, la relativité de la connaissance humaine, ne sont pas atteints par son raisonnement. Nous ne pouvons connaître Dieu comme il l'est en lui-même (répondent-ils) ; accordé : et ensuite ? Pouvons-nous connaître l'homme comme il est en lui-même ou la matière comme elle est en elle-même ? Nous ne prétendons pas connaître Dieu autrement que l'homme et la matière. Parce que je ne sais pas ce que mes semblables, et les forces de la nature sont en eux-mêmes, n'ai-je donc pas la liberté de refuser de croire ce qu'on

---

pouvons le concevoir ne saurait être une Personne, je réponds que cette incompatibilité n'existe que pour l'*Infini*. Quand il dit qu'il faut que le Créateur (p. 100) *soit*, de quelque façon que nous ne pouvons concevoir, cette non-entité l'*Infini*; quand il dit que nous devons croire que le Créateur est « l'Être unique » qui absorbe toute pluralité, et l'Être simple qui n'a pas de pluralité en lui », annihilant entièrement toute pluralité dans l'univers; quand il dit (p. 28-29) : « Nous croyons que la nature de Dieu est simple et uniforme, qu'elle n'admet » pas de distinction entre ses divers attributs, ou entre un attribut quelconque » et son sujet », mais que nous *ne* pouvons pourtant la concevoir « qu'au moyen de » ses divers attributs que nous distinguons à la fois du sujet et les uns des autres », c'est-à-dire, que nous ne pouvons le concevoir que comme il n'est pas; il me semble qu'en s'engageant ainsi sur les pas des vieux théologiens dans la métaphysique mystique, toujours au service de la théologie mystique, il surcharge le Théisme et le Christianisme de difficultés bien inutiles, pour ne rien dire de plus.

viendra me dire sur eux, si c'est incompatible avec leur caractère ? Je sais quelque chose de l'Homme et de la Nature, non comme l'Homme et la Nature sont en eux-mêmes, mais comme ils sont par rapport à nous; et c'est comme relatif à nous et non point comme il est en lui-même, que je crois connaître quelque chose de Dieu. Les attributs que je lui assigne, comme la bonté, la connaissance, la puissance, sont tous relatifs. Ce sont des attributs, dit le rationaliste, que mon expérience me permet de concevoir, et que je regarde comme prouvés, non pas absolument par une intuition de Dieu, mais phénoménalement, par son action sur la création, telle que mes sens et ma raison me la font connaître. Ces attributs relatifs, chacun à un degré infini, voilà tout ce que je prétends affirmer sur Dieu. Quand je repousse une doctrine qui me semble incompatible avec la nature de Dieu, ce n'est pas parce qu'elle est incompatible avec ce que Dieu est en lui-même, mais avec ce qu'il est dans ses manifestations. Si ma connaissance de Dieu n'est que phénoménale, les affirmations que je repousse sont phénoménales aussi : si ces affirmations sont incompatibles avec la connaissance relative que j'ai de Dieu, on ne me réfute pas, en disant que toute ma connaissance de Dieu est relative. L'argument de M. Mansel ne peut pas plus me démontrer que j'ai tort de refuser de croire un fait parce qu'il me paraît indigne de Dieu, qu'il ne me prouve que j'ai tort de refuser de croire un autre fait comme indigne de Turgot ou de Washington, que je ne connais pas non plus comme Noumènes, mais seulement comme Phénomènes.

M. Mansel n'a qu'un moyen de sortir de ces difficultés; il s'en sert. Il faut qu'il soutienne non-seulement qu'un Être absolu est inconnaissable en soi, mais que les attributs relatifs d'un être absolu sont pareillement inconnaissables. Il faut qu'il dise que nous ne savons pas ce que sont la Sagesse, la Justice, la Bienveillance, la Miséricorde, telles qu'elles existent en Dieu. Aussi le dit-il. Ce qui suit est l'expression directe de ses idées sur ce sujet : une doctrine sous-entendue qui domine tout le raisonnement.

« L'expérience nous impose un fait (1), qu'on chercherait,

---

(1) *Limits of Religious Thought*. Préface de la 4ᵉ édition, p. 13.

» vainement à dissimuler, si c'était possible. En nous représen-
» tant Dieu d'après le modèle de la plus haute moralité humaine
» que nous pouvons concevoir, nous ne pouvons pas expliquer
» tous les phénomènes que nous présente le cours de sa Provi-
» dence naturelle. Les souffrances physiques infligées, le mal
» moral permis, l'adversité des bons, la prospérité des mé-
» chants, les crimes des coupables entraînant la ruine des in-
» nocents, la manifestation lente et la distribution partielle de
» la connaissance morale et religieuse dans le monde, — voilà
» des faits qui, sans doute, peuvent se concilier, nous ne sa-
» vons pas comment maintenant, avec la Bonté infinie de Dieu
» mais que certainement on n'explique pas en supposant que
» son type unique et suffisant est la bonté bornée de l'homme. »
En d'autres termes, il est nécessaire de supposer que la bonté
infinie attribuée à Dieu, n'est pas la bonté que nous connaissons
et que nous aimons chez nos semblables, et ne s'en distinguant
que parce qu'elle est portée à un degré infini ; mais il nous faut
admettre qu'elle est différente en espèce, et qu'elle est tout à
fait une autre qualité. Quand nous appelons l'une bonté finie
et l'autre bonté infinie, nous ne voulons pas dire ce que les
mots signifient, mais autre chose : nous appliquons avec intention, le même nom à des choses que nous regardons comme
différentes.

En conséquence, M. Mansel combat comme une hérésie de
ses adversaires, l'opinion que l'infinie bonté diffère seulement
par le degré de la bonté finie. « La notion (1) que les attributs
» de Dieu ne diffèrent de ceux de l'homme, que par le degré et
» non par l'espèce, et par conséquent, que certaines qualités
» mentales et morales, dont nous avons immédiatement con-
» science en nous, fournissent à la fois une image vraie et adé-
» quate des perfections infinies de Dieu ; » (le mot *adéquate*
doit être échappé par inadvertance, parce qu'autrement
M. Mansel se serait rendu coupable d'une infidélité inexcu-
sable), cette notion, il la confond avec le Rationalisme vulgaire, qui regarde « la raison de l'homme dans son opération
» ordinaire et normale, comme le critérium suprême de la
» vérité religieuse ». Et pour faire connaître le mode de rai-

(1) *Limits of Religious Thought,* Préface de la 4ᵉ édition, p. 26.

sonner de ce Rationalisme vulgaire, il expose ses principes de la manière suivante (1) : « Toutes les qualités excellentes » dont nous avons conscience dans l'homme, doivent nécessai- » rement exister de la même manière, mais à un plus haut » degré dans le créateur. Ainsi Dieu est plus sage, plus juste, » plus miséricordieux que l'homme ; mais pour cette même » raison, sa sagesse, sa justice et sa miséricorde, ne doivent » rien contenir d'incompatible avec les attributs correspon- » dants tels qu'ils sont dans l'homme. » C'est contre cette doctrine que M. Mansel se sent appelé à protester énergiquement.

Ici, je résiste au nom d'un principe de logique et de moralité reconnu de tous : lorsque nous voulons exprimer des choses différentes, nous n'avons pas le droit de les appeler du même nom et de leur donner les mêmes attributs moraux et intellectuels. Les mots Juste, Miséricordieux, Bienveillant, n'ont d'autre sens que celui que nous leur donnons, quand nous parlons de nos semblables ; et à moins de les employer dans ce sens, nous n'avons pas à en faire usage. Si, quand nous les affirmons de Dieu, nous ne voulons pas affirmer ces mêmes qualités portées seulement à un degré plus élevé; nous n'avons, ni au point de vue philosophique, ni au point de vue moral, le droit de les affirmer. Si on dit que les qualités sont les mêmes, mais que nous ne pouvons les concevoir portées à l'infini, j'accorde que nous ne pouvons les concevoir, d'une manière adéquate, dans l'un de leurs éléments, l'infini. Mais, nous pouvons les concevoir dans leurs autres éléments, qui sont les mêmes dans l'Infini que dans le fini. Une chose portée à l'Infini doit avoir toutes les propriétés de la même chose finie, à l'exception de celles qui dépendent de sa limitation. Parmi ceux qui ont dit que nous ne pouvons concevoir l'espace infini, y en a-t-il jamais eu un qui ait supposé qu'il *n'est pas* l'Espace ? — qu'il ne possède pas toutes les propriétés qui sont les caractères de l'Espace ? L'Espace infini ne peut être cubique ou sphérique, parce que ce sont des manières d'être limité : mais quelqu'un a-t-il imaginé, qu'en parcourant l'espace, nous pourrions atteindre une région sans étendue, dont une partie ne fût pas en dehors d'une autre ; où, bien qu'il n'y eût aucun corps, le

---

(1) *Limits of Religious Thought*, p. 28.

mouvement fût impossible ; ou dans lequel, la somme des deux côtés d'un triangle fût moindre que le troisième côté ? On peut dire la même chose de la bonté infinie. Ce qui lui appartient, soit comme Infinie, soit comme Absolue, je ne prétends pas le savoir ; mais je sais que la bonté infinie doit être la bonté, et que ce qui n'est pas compatible avec la bonté, ne l'est pas avec la bonté infinie. Si en attribuant la bonté à Dieu, je n'entends pas par là ce que j'entends par bonté ; si je ne veux pas dire la bonté dont j'ai quelque connaissance, mais un attribut incompréhensible d'une substance incompréhensible, une qualité peut-être tout à fait différente de celle que j'aime et que je vénère, — et même, s'il faut en croire M. Mansel, qui doit, par des caractères importants, lui être opposée ; — qu'est-ce donc que je veux dire en l'appelant bonté ? et quelle raison ai-je de la vénérer ? Si je ne connais rien de cet attribut, je ne peux dire qu'il est digne de vénération. Dire que la bonté de Dieu peut être d'une espèce différente de la bonté de l'homme, n'est-ce pas dire, à peu près, que Dieu n'est peut-être pas bon ? Mettre dans les mots ce qu'on n'a pas dans la pensée, s'appelle en langage poli une fausseté morale. En outre, supposons que dans une religion dont les preuves extérieures soient assez décisives pour me convaincre complétement de son origine divine, on assigne à Dieu des attributs inconnus. A moins de croire que Dieu possède les mêmes attributs moraux, que je trouve à n'importe quel degré inférieur, chez un homme bon, quelle raison ai-je de croire à la véracité de Dieu ? La foi à une révélation présuppose toujours la conviction que les attributs de Dieu sont les mêmes en tout, excepté en degré, que les meilleurs attributs humains.

Si au lieu de m'annoncer « la bonne nouvelle » qu'il existe un Être possédant à un degré inconcevable toutes les perfections que l'esprit humain le plus élevé peut concevoir, on m'apprend que le monde est gouverné par un être dont les attributs sont infinis, mais que nous ne pouvons rien apprendre de ces attributs, ni des principes de son gouvernement, si ce n'est que « la plus haute moralité humaine que nous pouvons nous figurer, ne leur sert pas de sanction » ; et si l'on parvient à me le persuader, je supporterai mon sort comme je pourrai. Mais quand on me dit que je dois croire en lui, et en même temps lui donner les noms qui expriment et affirment la plus haute moralité humaine, je m'y refuse nettement. Quel que soit le pouvoir de cet être sur moi, il y a une chose qu'il ne peut pas faire, il ne peut me forcer à l'adorer. Je n'appellerai pas bon, un être qui n'est pas ce que je veux exprimer par ce mot, quand je l'applique à mes semblables, et si un tel être a le pouvoir de me condamner à l'enfer pour le crime de ne pas l'avoir appelé bon, j'irai en enfer.

En cela je n'ai pas érigé mon propre jugement limité, en critère de la sagesse divine ou de tout autre. Si une personne est plus sage et meilleure que moi, non pas en prenant les mots en un sens inconnu ou inconnaissable, mais dans leur sens ordinaire, je suis prêt à croire que ce qu'elle pense est vrai, et, ce qu'elle fait, juste, quand même je penserais autrement : je le croirai, ne fût-ce que pour l'opinion que j'ai d'elle. Mais c'est parce que je crois que cette personne et moi nous avons le même critère du vrai et la même règle du bien, et que probablement elle comprend mieux que moi la chose en question. Si je croyais possible que sa notion du bien fût une notion du mal, je ne me rendrais pas à son jugement. De même, celui qui croit sincèrement à un maître du monde absolument bon, n'est pas autorisé à refuser de croire un acte qu'on lui attribue, par la seule raison que la très-petite partie de cet acte qu'il nous est possible de connaître ne le justifie pas complétement. Mais si ce qu'on nous dit de lui est d'une espèce telle que nulle connaissance nouvelle ne puisse me le faire trouver juste, si les moyens avec lesquels on dit qu'il gouverne le monde sont tels qu'aucune hypothèse imaginable sur les choses qu'il connaît et que je ne connais pas, ne puisse les rendre compatibles avec la bonté et la sagesse que j'ai en vue quand j'emploie ces mots ; mais au contraire, s'ils sont en opposition directe avec leur signification ; si le principe de contradiction est une loi de la pensée humaine, je ne peux à la fois croire à ces faits et croire Dieu bon et sage. Si en appelant un être sage ou bon, je n'ai pas en vue les seules qualités que ces mots expriment, je parle sans sincérité ; je le flatte par des épithètes que je me figure agréables à son oreille, dans l'espérance de le gagner. En effet, il faut remarquer que le doute qui s'élève sur la question de savoir si les mots appliqués à Dieu ont leur sens humain, ne se présente que lorsque le mot répond à ses attributs moraux ; il ne se produit jamais quand il s'agit de sa Puissance. On ne nous a jamais dit que l'omnipotence de Dieu ne devait pas être considérée comme un degré infini de la puissance que nous connaissons dans l'homme et dans la nature, et que son omnipotence ne lui donnait peut-être pas le pouvoir de nous tuer ou de nous condamner aux flammes éternelles. On interprète toujours la Puissance divine dans un sens complétement humain ; mais à la Bonté et la Justice divines il ne faut donner qu'un sens inintelligible. Y a-t-il de l'injustice à supposer que cette différence vient de ce que les hommes qui parlent au nom de Dieu ont besoin de la conception anthropomorphique de sa puissance, parce qu'il faut qu'une idée capable de commander le respect et d'imposer l'obéissance, s'adresse à des sentiments réels ; mais qu'ils se contentent de représenter sa bonté comme une chose inconcevable, parce qu'ils sont souvent obligés d'enseigner sur son compte des doctrines inconciliables avec la seule bonté que nous pouvons concevoir (1).

(1) Je cite textuellement la plus grande partie de la réponse de M. Mansel à ces remarques (p. 164-170).
« M. Mansel soutient, comme tant d'autres l'ont fait avant lui, que la relation
» entre les attributs communicables de Dieu et les attributs correspondants de
» l'homme n'est pas une relation d'identité, mais d'analogie ; c'est-à-dire que les
» attributs divins ont avec la nature divine la même relation que les attributs hu-
» mains avec la nature humaine. Ainsi, par exemple, il y a une justice divine et il
» il y a une justice humaine ; mais Dieu est juste comme Créateur et Maître du
» monde, il a une autorité sans limite sur toutes ses créatures, et il exerce une
» juridiction illimitée sur tous leurs actes ; l'homme est juste dans certaines rela-
» tions particulières en tant qu'il a une autorité sur certaines personnes et certains
» actes seulement, dans la mesure fixée par les besoins de la société humaine. De
» même, il y a une miséricorde divine, et une miséricorde humaine ; mais Dieu
» exerce la miséricorde d'une manière compatible avec la justice du gouvernement
» de l'univers ; et l'homme exerce la sienne dans une certaine limite fixée par
» des considérations portant sur le bien de la société et des particuliers. Prenons
» un exemple plus général : L'homme porte en lui-même une règle du bien et du
» mal qui implique l'obéissance à l'autorité d'un supérieur (car la conscience n'a
» d'autorité que parce qu'elle est le miroir de la loi divine) ; tandis que Dieu a
» en lui-même une règle du bien et du mal qui n'implique aucune autorité supé-
» rieure, et déterminée uniquement par sa nature propre. Il en est de même pour
» les attributs moraux considérés non pas extérieurement, dans leurs manifestations
» actives, mais intérieurement dans leur constitution psychologique. Si nous
» n'attribuons pas à Dieu la même constitution mentale complexe que nous attri-
» buons à l'homme, c'est-à-dire la même raison, la même passion, la même
» volonté, la même relation avec les motifs et les penchants, la même délibération
» et le même choix entre des fins opposées, la même succession de faits de con-
» science s'enchaînant dans le temps, — il s'ensuit que les relations psycholo-

Je tiens à dire une fois de plus que les conclusions de M. Mansel ne vont pas aussi loin que la portée de ses arguments, et qu'il désavoue la doctrine que la justice et la bonté de Dieu sont *totalement* différentes de ce que les hommes entendent

» giques entre la raison, la volonté et le désir, qu'implique la conception de l'action
» humaine, ne peuvent représenter les excellences divines en elles-mêmes, qu'elles
» peuvent seulement les faire comprendre par l'analogie que présentent les choses
» finies. Et si l'homme peut se tromper dans les jugements qu'il porte sur la
» conduite de ses semblables, et s'il est d'autant plus sujet à se tromper qu'il est
» plus incapable de se mettre lui-même à leur place, et de se faire une idée exacte
» de leur manière de penser et de leurs principes d'action, — si l'enfant, par
» exemple, peut se tromper, quand il juge les actions de l'homme, ou le sau-
» vage celles de l'homme civilisé, — à combien plus forte raison l'homme n'est-il
» pas exposé à se tromper, quand il porte un jugement sur les voies de Dieu,
» puisqu'il est bien plus différent de Dieu que l'enfant ne l'est de l'homme...
» Nous demanderons simplement si M. Mill suppose réellement que le mot *bon*
» change de sens quand on l'applique à différentes personnes parmi nos sem-
» blables, en songeant à leurs différents devoirs et à leurs capacités diverses pour
» les accomplir. Les devoirs d'un père ne sont pas les mêmes que ceux d'un fils;
» employons-nous un terme équivoque lorsque nous disons de l'un qu'il est bon
» père et de l'autre qu'il est bon fils? Bien plus, quand nous disons d'une manière
» générale qu'un homme est bon, l'épithète ne se rapporte-t-elle pas tacitement
» à la nature humaine et aux devoirs humains? et cette épithète ne conserve-
» t-elle pas le même sens quand on l'applique aux autres créatures? Ἡ ἀρετὴ πρὸς
» τὸ ἔργον τὸ οἰκεῖον. — La bonté d'un être, quel qu'il soit, est en rapport avec sa
» nature et ses devoirs. Voyons ce que deviennent les déclamations de M. Mill
» dans un cas analogue. Un père sage et expérimenté s'adresse à son fils sans
» expérience : « Mon fils, dit-il, il peut se trouver parmi mes actions des choses
» qui ne vous paraissent ni sages ni bonnes, et que vous n'auriez pas faites à ma
» place. Souvenez-vous, cependant, que vos devoirs diffèrent des miens; que
» vous n'avez des miens qu'une connaissance très-imparfaite, et qu'il y a des
» choses dont vous ne voyez pas à présent la sagesse et la bonté et que vous pouvez
» par la suite trouver sages et bonnes. » « Mon père, répond le fils, vos principes
» d'actions ne sont pas les mêmes que les miens; la plus haute moralité que je
» peux concevoir à présent ne les sanctionne pas; et quant à croire que vous êtes
» bon en faisant ce dont je ne vois pas clairement la bonté, j'aimerais mieux... »
» — Nous ne répéterons pas l'alternative de M. Mill; nous demanderons seulement
» s'il n'est pas rigoureusement possible qu'il y ait autant de différence entre
» l'homme et Dieu qu'il y en a entre un enfant et son père? »

Voilà une façon de discuter que je ne me rappelle avoir rencontrée dans aucune liste des sophismes, mais qui quelque jour y trouvera sa place, sous le nom, si l'on veut, d'inversion des parties. Il consiste à défendre avec indignation contre votre adversaire le principe même qu'il affirme contre vous. Ceux qui liront ce passage peuvent-ils ne pas supposer que c'est M. Mansel qui soutient contre moi que le mot bon « conserve son sens », quel que soit l'être auquel il s'applique; tandis qu'au contraire c'est moi qui le soutiens contre lui? C'est moi qui dis que de même que la bonté dans un père bon est la même qualité que la bonté dans un fils bon, de même la bonté dans un Dieu bon doit être en tout, sauf le degré, la même qualité que la bonté dans un homme bon, sans quoi nous n'avons pas le droit de l'appeler bonté. C'est M. Mansel qui le nie en affirmant qu'il y a autre chose qu'une différence de degré. Ou bien nous devons comprendre les exemples qu'il apporte maintenant comme un abandon de cette affirmation — ou bien sa défense ne défend rien. En effet, il confond une différence dans les circonstances qui entourent l'exercice d'une qualité morale, avec une différence dans la qualité

par ces mots. Il admet en effet, que les qualités telles que nous les concevons, présentent *quelque ressemblance* avec la justice et la bonté qui appartiennent à Dieu, puisque l'homme a été fait même. Dans le dialogue imaginaire entre un fils et un père, que nous donne M. Mansel, est-ce que le fils pense réellement que la conduite de son père est incompatible avec la bonté dont il se fait une idée, d'après les leçons de son père, ou qu'il a appris à reconnaître chez les autres ? Ne croit-il pas plutôt, que c'est la même bonté agissant sous l'influence d'une connaissance des faits et d'une appréciation des moyens, qu'il ne possède pas lui-même ? Est-ce que le fils pense que la conduite de son père n'est pas justifiable par la même loi morale qu'il lui prescrit, et que pour justifier son père il doit nécessairement supposer qu'il est poussé à agir par une autre *espèce* de moralité, non pas la même, mais qui a simplement avec la nature du père la même relation que l'autre bonté avec la nature du fils ? Si le fils a une confiance implicite à son père, il ne répondra pas par les mots que M. Mansel met dans sa bouche : « Vos principes d'action ne sont pas les mêmes que les miens. » Il dira : « Vos principes d'action, je les connais bien, ce sont ceux que vous m'avez enseignés, — ceux par lesquels, dans mes meilleurs moments, je tâche, bien qu'avec une force moindre que la vôtre, de diriger ma conduite. Vous ne pouvez agir d'après d'autres principes. Connaissant vos principes, et ne connaissant pas la conduite que, dans les diverses positions où vous avez pu vous trouver, vos principes réclamaient, mais étant convaincu que vous la connaissez, je suis certain que vous avez agi d'après ces principes. Sans doute, par les mêmes raisons il faut faire la part de l'ignorance humaine quand elle juge les actes qu'on attribue à Dieu ; mais j'ai complétement accordé tout ce qu'on peut exiger.

M. Mansel ajoute encore quelques remarques sur la dernière partie du paragraphe. J'y disais que « le doute qui s'élève sur la question de savoir si les mots » appliqués à Dieu ont leur sens humain ne se présente que lorsque le mot répond » à ses attributs moraux ; qu'il ne se présente jamais quand il s'agit de sa Puis- » sance ». M. Mansel répond (p. 172) : « Nous opposons à l'affirmation de M. Mill » une dénégation formelle, et nous saisissons l'occasion de lui apprendre que la » conception de la Puissance infinie a présenté les mêmes difficultés, et qu'elle a » été discutée par les philosophes et les théologiens de la même manière que » celle de la Sagesse infinie et de la Bonté infinie. M. Mill n'a-t-il jamais entendu » agiter les questions : L'Omnipotence divine peut-elle défaire le passé ? — Dieu » peut-il faire ce qu'il ne veut pas faire ? La parfaite prescience de Dieu est-elle » compatible avec sa parfaite liberté ? Dieu pouvait-il faire un monde meilleur que » celui qui existe ? » En retour de l'instruction qu'on nous dispense si généreusement, je réponds avec humilité que « j'ai entendu parler de ces questions » ; mais que je n'y vois, à l'exception de la seconde, qui se rapporte au sens du mot Puissance, et non à la Puissance infinie, que des recherches le plus souvent frivoles sur la question de savoir combien la Puissance de Dieu est *plus* grande que celle de l'homme. On ne fait pas de différence dans la conception du pouvoir qui reste la même dans les deux cas, à savoir, la conformité de l'événement avec la volonté. On entend toujours par Omnipotence divine un degré infini de ce pouvoir, et pas autre chose. Mais la bonté infinie, d'après M. Mansel, ne signifie pas un degré infini, c'est une espèce différente de bonté, à laquelle ne s'applique point la définition de la bonté humaine.

M. Mansel blâme la phrase qui sert de conclusion, il m'accuse de prêter à mes adversaires des motifs propres à les déconsidérer. Si je n'étais mis en demeure de le faire, je n'aurais pas cru nécessaire de dire, que je n'ai voulu accuser la sincérité ni d'une classe d'individus, ni d'aucune personne en particulier. Mais ne sait-on pas que les positions des hommes exercent sur leurs opinions aussi bien que sur leur conduite une influence prépondérante, et doit-on *toujours* là passer sous silence de peur d'offenser des susceptibilités privées.

à l'image de Dieu. Mais cette demi-concession, dont un Chrétien ne pourrait se dispenser, puisque sans elle tout le système chrétien serait renversé, ne peut sauver M. Mansel ; elle ne le tire pas d'embarras, et détruit tout l'échafaudage de son argumentation. La bonté divine qui, dit-on, diffère de la bonté de l'homme, mais dont la bonté de l'homme n'est qu'une image imparfaite, s'accorde-t-elle avec ce que les hommes appellent bonté par l'*essence* de la qualité, et par ce qui *fait qu'*elle est la bonté ? Si oui, les « Rationalistes » ont raison ; et, il est logique de conclure de l'une à l'autre. Si non, l'attribut divin, quel qu'il puisse être, n'est pas la Bonté, et ne doit pas recevoir ce nom. A moins qu'il n'y ait une conception humaine qui s'accorde avec elle, aucun nom humain ne lui convient : elle est tout simplement l'attribut inconnu d'une chose inconnue ; elle n'a pas d'existence en rapport avec nous, nous ne pouvons rien affirmer d'elle, et nous ne lui devons aucune adoration. Telle est l'alternative inévitable (1).

(1) M. Mansel dit (p. 175) : « La question n'est pas de savoir si l'argument » des Rationalistes est licite ou non, mais si dans son usage légitime on doit le re- » garder comme infaillible ou faillible. » Si c'était là tout le sujet du débat, il n'y aurait entre lui et les Rationalistes aucune dispute ; car qui a jamais affirmé l'infaillibilité d'un raisonnement humain ? Les Rationalistes ne contesteront pas davantage, je crois, à M. Mansel que l'argument ne soit légitime (pour faire nombre) que dans la question de l'authenticité d'une Révélation, — ainsi que M. Mansel le déclare dans sa huitième leçon. Nul Rationaliste, je suppose, ne croit que ce qu'il rejette comme incompatible avec la bonté divine ait été réellement révélé par Dieu. S'ils admettent sa révélation, ce n'est pas pour croire en même temps à sa fausseté. Ils pensent qu'il y a sur cet objet une erreur d'interprétation, ou que l'artifice des hommes a glissé une interpolation dans les documents qu'ils peuvent néanmoins considérer comme les Tables de la Révélation. Ils accordent à M. Mansel (et à moins de supposer un Dieu qui ne soit pas bon, ils ne peuvent s'empêcher de concéder) que les objections morales que l'on oppose à une doctrine religieuse, ne valent qu'autant qu'elles sont assez fortes pour l'emporter sur les preuves externes quelconques qu'on peut donner de sa révélation divine. Mais dès qu'il s'agit de savoir *ce que* valent ces objections morales, il y a une différence radicale entre ceux qui pensent que la Bonté divine est la même chose que la Bonté humaine portée à l'infini, et M. Mansel qui croit que c'est une autre espèce de Bonté présentant seulement quelque analogie avec la bonté humaine. Certes, il est difficile de comprendre comment, lorsqu'on admet l'opinion de M. Mansel, on peut accorder à un tel argument contre une doctrine religieuse la moindre valeur réelle. En effet, si des choses peuvent être bonnes d'après la bonté divine, qui seraient mauvaises d'après l'humaine, fût-elle portée à un degré infini, et si l'on ne sait pas autre chose, sinon qu'il y a une analogie entre elles, sans savoir jusqu'où va cette analogie, qu'on peut croire aussi éloignée que le reste de la Nature divine l'est de l'humaine, il est impossible d'accorder une valeur déterminée à un argument basé sur la contradiction de cette analogie. Cet argument n'est plus qu'un lieu commun dialectique qu'on peut prendre ou laisser à volonté, et que des hommes différents peuvent soutenir dans différents cas selon leur fantaisie ou leurs préventions.

Concluons. M. Mansel n'a pas démontré le lien qui unit ses prémisses philosophiques et ses conclusions théologiques. La relativité de la connaissance humaine, l'incognoscibilité de l'Absolu, et les contradictions où l'on tombe quand on veut concevoir un Être avec tous les attributs ou sans aucun attribut, ne nous empêchent pas d'avoir de Dieu le même genre de connaissance que nous avons des autres choses, c'est-à-dire de les connaître non pas telles qu'elles existent absolument, mais relativement. La proposition que nous ne pouvons concevoir les attributs moraux de Dieu, de façon à pouvoir affirmer si une doctrine ou une allégation est incompatible avec eux, n'a pas de fondement dans l'esprit humain ; et de plus, si on l'admettait, elle ne prouverait pas que nous devions attribuer à Dieu des attributs de même nom que les qualités humaines, mais pris dans un autre sens ; elle prouverait que nous ne devons pas assigner d'attributs moraux à Dieu, puisque aucun des attributs moraux que nous pouvons connaître ou concevoir n'est vrai de lui, et que nous sommes condamnés à une ignorance absolue de sa nature morale.

CHAPITRE VIII

DE LA CONSCIENCE D'APRÈS HAMILTON.

Dans la discussion sur la Relativité de la connaissance humaine et la Théorie du Conditionné, nous avons examiné les doctrines métaphysiques de Hamilton qui ont le plus contribué à donner à sa philosophie l'air d'individualité qu'elle possède, et les idées les plus importantes qui lui appartiennent en propre. Nous aurons encore une fois à examiner des opinions originales de ce philosophe sur un certain nombre de points secondaires, et sur un de première importance, la Causalité. Mais dans la plupart des sujets qui restent à discuter, au moins pour le département de la psychologie (distingué de celui de la logique), Hamilton n'est plus qu'un éminent représentant de l'une des deux grandes écoles de métaphysique, de celle qui tire son nom populaire de l'Écosse, et dont le fondateur et le champion le plus célèbre fut un philosophe que Hamilton semble préférer à toutes les autres, le Dr Reid. En conséquence, à l'avenir, nous aurons moins affaire avec la philosophie de Hamilton, prise en elle-même, qu'avec les idées de l'école dont il fait partie. Nous allons critiquer les doctrines qu'il partage avec plusieurs autres penseurs ; mais nous prendrons ses écrits pour texte, et nous examinerons les opinions, principalement dans la forme qu'il leur donne. Cette façon de faire est la plus loyale, non-seulement parce que les idées écossaises n'ont pas eu pour les répandre, dans la moitié de siècle qui vient de finir, un maître aussi capable, et qu'elles n'en ont jamais eu de plus familiarisé avec l'enseignement des autres, mais aussi parce qu'il a l'avantage de venir le dernier. Toutes les théories, à leur naissance, portent un fardeau d'erreurs et d'inadvertances qui ne tiennent pas au fond même de la théorie, mais qui sont personnelles à leurs auteurs, ou proviennent de l'imperfection du système au moment de son origine. Plus tard les erreurs qui s'attachaient accidentellement à la théorie, tombent, les objections les plus évidentes sont aperçues et abordées avec plus ou moins de succès, et enfin la théorie devient, au moins en apparence, compatible avec les vérités admises qu'elle semblait d'abord contredire. Un des plus injustes artifices de controverse, mais pourtant le plus usité, consiste à diriger l'attaque exclusivement contre la première forme rudimentaire d'une doctrine (1). Quiconque jugerait la philosophie de Locke, telle qu'elle est dans Locke; celle de Berkeley, telle qu'elle est dans Berkeley, ou celle de Reid, telle qu'elle est dans Reid, serait exposé à les condamner pour des erreurs adventices, qui ne forment pas une partie essentielle de leurs doctrines, et dont leurs plus récents défenseurs ont fini par s'affranchir. Hamilton a donné à la philosophie de Reid sa dernière forme; et aucun de ses adhérents ne l'a mieux défendue ni exprimée en termes plus choisis, et avec une précision plus étudiée. Bien que sur certains points le premier philosophe me semble plus près de la vérité, en somme il est impossible de passer de Reid à Hamilton, ou de revenir de Hamilton à Reid, sans être frappé du progrès immense que leur philosophie commune a faits dans le passage.

Toutes les théories de l'esprit humain se donnent pour des interprétations de la Conscience : Les conclusions de toutes les théories reposent, dit-on, sur ce témoignage premier, soit immédiatement, soit d'une manière éloignée. Ce que la conscience nous révèle directement joint aux conséquences légitimes de ses révélations, compose, de l'avis de tout le monde, ce que nous savons de l'esprit et même de toutes les autres choses. Quand nous savons ce qu'un philosophe considère comme

(1) Voilà le secret de la plupart des victoires apparentes remportées si fréquemment sur la théorie de la population de Malthus et l'économie politique de Ricardo.

révélé dans la Conscience, nous avons la clef de son système de métaphysique.

Dans la manière dont Hamilton conçoit et définit la Conscience, il y a des particularités qu'il est nécessaire d'examiner. Les termes de sa définition n'indiquent pas d'eux-mêmes ces particularités. « La Conscience, dit-il (1), est la reconnais-
» sance par l'esprit ou ego de ses propres actes ou affections »; il remarque avec raison que « tous les philosophes sont d'accord sur ce point ». Mais il s'en faut que tous les philosophes aient voulu dire la même chose. La plupart (y compris Reid et Stewart) ont voulu désigner la Conscience de soi, ce que les mots expriment naturellement. Ils ont soutenu que nous ne pouvons avoir conscience que de certains états de notre propre esprit. Les actes et les affections de l'esprit sont dans l'esprit lui-même et non hors de lui. En conséquence, d'après eux, nous n'avons le témoignage direct de la conscience que pour le monde intérieur. Un monde extérieur n'est qu'une inférence qui, suivant la plupart des philosophes, est justifiée, ou même imposée, par notre Constitution mentale : suivant d'autres, elle n'est pas justifiée.

Toutefois, rien ne peut être plus loin de l'esprit de Hamilton que la définition qu'il en donne. Quoique la conscience, suivant lui, soit une reconnaissance des actes et des affections propres de l'esprit, nous avons pourtant conscience de choses en dehors de l'esprit. Certains actes de l'esprit sont des perceptions d'objets extérieurs, et nous avons naturellement conscience de ces actes; or, la conscience d'une perception implique nécessairement la conscience de l'objet perçu. « Il est (2) évidem-
» ment impossible que nous ayons conscience d'un acte sans
» avoir conscience de l'objet auquel cet acte se rapporte. Voilà
» pourtant ce que soutiennent le Dr Reid et M. Stewart. Ils main-
» tiennent que je peux connaître *que* je connais, sans connaître
» *ce que* je connais, ou que je peux connaître la connaissance,
» sans connaître l'objet de la connaissance : par exemple, que
» j'ai conscience d'apercevoir un livre sans avoir conscience du
» livre que j'aperçois,— que j'ai conscience de me rappeler son

---

(1) *Lectures*, I, 193 et 201.
(2) *Lectures*, I, 212.

» contenu sans avoir conscience de ce contenu que je me rap-
» pelle, et ainsi de suite. » — « Un acte (1) de connaissance n'exi-
» stant et n'étant ce qu'il est que par rapport à son objet, il est
» manifeste que l'acte ne peut être connu qu'au travers de l'objet
» auquel il se rapporte, et la supposition de Reid qu'une opéra-
» tion peut être connue dans la conscience à l'exclusion de son
» objet est impossible. Par exemple, je vois un encrier. Com-
» ment puis-je avoir conscience que ma modification présente
» existe ? — que c'est une perception et non un autre état men-
» tal, — que c'est une perception de la vue à l'exclusion de tout
» autre sens, — et enfin que c'est une perception de l'encrier
» et de l'encrier seulement, — à moins que la sphère de ma
» propre conscience ne contienne l'objet qui à la fois déter-
» mine l'existence de l'acte, qualifie son espèce et distingue son
» individualité. Annihilez l'encrier, vous annihilez la percep-
» tion ; annihilez la conscience de l'objet, vous annihilez la
» conscience de l'opération. Sans doute, c'est une étrange ma-
» nière de s'exprimer que de dire : J'ai conscience de l'encrier,
» au lieu de dire : J'ai conscience de la perception de l'encrier.
» Je le reconnais, mais cela ne sert de rien au Dr Reid, car
» l'impropriété apparente de l'expression provient seulement
» de ce que le langage de l'école est encore dominé par cette
» doctrine de la perception, que son principal mérite est d'avoir
» attaqué si vigoureusement. »

Voilà une première différence, au sujet de la Conscience,
entre Hamilton et son prédécesseur Reid. Quand nous avons
conscience de celles de nos opérations mentales qui se rapportent aux objets extérieurs, nous avons, d'après Hamilton,
conscience de ces objets. La conscience n'est donc pas uniquement le moi et ses modifications, mais aussi le non-moi.

Cette première différence n'est pas la seule. D'après Hamilton, la conscience peut porter sur des choses extérieures au
Moi, mais elle ne peut porter que sur des choses réellement
présentes. D'abord, elles doivent être présentes au moment
même. Nous n'avons pas conscience du passé. Jusqu'ici Hamilton s'accorde avec Reid, qui soutient que la mémoire regarde
le passé, et la conscience seulement le présent. Reid, cepen-

---

(1) *Lectures*, I, 228.

dant, pense que la mémoire est « une connaissance immédiate du passé », exactement comme la conscience est une connaissance immédiate du présent. Hamilton soutient (1) que cette opinion de Reid n'est pas seulement fausse, mais « qu'elle implique contradiction ». La mémoire est un acte et un acte « n'existe que dans le *présent* »; elle ne peut, en conséquence, prendre connaissance que de ce qui est à présent. Pour la mémoire, ce qui est à présent ce n'est pas la chose rappelée au souvenir, mais une représentation de cette chose qui est présente dans l'esprit, et cette représentation est l'unique objet de la conscience. Nous connaissons le passé, non pas directement, mais d'une façon médiate par l'intermédiaire de la représentation. « Un acte de mémoire est simplement un état
» présent de l'esprit, dont nous avons conscience, non pas
» comme absolu, mais comme relatif à un autre état de l'esprit,
» le représentant, et accompagné de la croyance que l'état de
» l'esprit tel qu'il est représenté maintenant, a été réellement...
» Tout ce qui est connu immédiatement dans l'acte de la Mé-
» moire c'est la modification mentale présente, c'est-à-dire la
» représentation et la croyance qui l'accompagne... Bien loin
» d'être une connaissance immédiate du passé, la mémoire n'en
» est tout au plus qu'une connaissance médiate, et pour parler
» d'une manière philosophique, la mémoire n'est pas du tout
» une connaissance du passé, mais une connaissance du présent
» et une croyance du passé... Nous pouvons douter, nous pou-
» vons nier que la représentation et la croyance soient vraies.
» Nous pouvons affirmer que ce qu'elles représentent n'a jamais
» été, et que tout ce qui dépasse leur existence mentale pré-
» sente est une illusion : » mais il nous est impossible de douter de ce dont nous avons une connaissance immédiate ou de le nier.

De plus, ce dont nous avons conscience doit non-seulement être présent au moment même, il doit aussi, s'il est extérieur à l'esprit, être présent dans l'espace. Il faut qu'il soit en contact direct avec nos organes. Nous ne percevons pas immédiatement un objet distant. « Dire, par exemple (2), que nous

---

(1) *Lectures*, I, 218-221.
(2) *Lectures*, II, 153.

» percevons par la vue le soleil ou la lune, est une expression
» fausse ou elliptique. Nous ne percevons rien que certaines
» modifications de lumière, en relation immédiate avec nos
» organes de la vision; et Reid a tort de dire que quand dix
» hommes regardent le soleil et la lune, ils voient tous le
» même objet; la vérité est que chaque personne voit un
» groupe différent de rayons, en rapport avec son organe par-
» ticulier. » Ailleurs il ajoute que chaque individu voit deux
objets différents, l'un avec l'œil droit et l'autre avec l'œil gauche. « Ce n'est pas par perception, mais par une opération de
» raisonnement que nous rattachons les objets de la sen-
» sation à des êtres situés hors de la sphère de notre connais-
» sance immédiate. C'est assez pour la perception de nous don-
» ner la connaissance du non-ego au point où s'exerce la sen-
» sation. Lui attribuer le pouvoir de nous informer immédia-
» tement des choses extérieures qui ne sont que les causes de
» l'objet que nous percevons immédiatement, c'est positivement
» une erreur ou une confusion dans les termes provenant d'une
» distinction incomplète des phénomènes. » (1) Je pense qu'on
ne peut mettre en doute la justesse de ces remarques sur la
connaissance du passé et la perception du distant, ni méconnaître qu'elles constituent un grand progrès sur Reid.

Il semble donc que la vraie définition de la Conscience dans
le langage de Hamilton soit la Connaissance Immédiate. Il dit
expressément (2): « La *conscience* et la *connaissance immédiate*
» sont donc universellement convertibles, et s'il y a une con-
» naissance immédiate des choses externes, il y a conséquem-
» ment une conscience du monde extérieur. » Il regarde encore
la connaissance immédiate comme universellement synonyme
de Connaissance Intuitive; (3) et les termes sont réellement équivalents. Nous connaissons intuitivement la chose que nous con-

---

(1) Et ailleurs (*Note à Reid,* p. 302) : — « Il est évident que si une chose doit
» être connue immédiatement, il faut qu'elle soit connue comme elle existe. Or,
» un corps doit exister dans une partie déterminée de l'espace, et dans un certain
» *lieu*, il ne peut donc être connu immédiatement comme existant, que s'il est
» connu à *sa place*, mais cela suppose que l'esprit est immédiatement présent
» à cet objet dans l'espace. »
Je ne garantis pas la force du raisonnement, mais de tous temps les philosophes
ont commis la faute de flanquer de mauvais arguments leurs bonnes raisons.

(2) *Discussions,* p. 51.
(3) *Lectures,* I, 221, note; et IV, 7.

naissons par son propre témoignage, par appréhension directe du fait, et non par la connaissance préalable de quelque chose d'où nous pouvons l'inférer. A ce point de vue, la différence qui sépare l'opinion de notre auteur de celle de Reid sur la conscience que nous avons des objets extérieurs, semble, de son propre aveu, n'être guère qu'une dispute de mots; car Reid aussi dit que nous avons une connaissance immédiate et intuitive des choses du dehors, et (si Hamilton comprend bien Reid) que cette connaissance est immédiate et intuitive dans le même sens et de la même manière que le veut Hamilton. Ce dernier étend le mot Conscience de façon à y inclure cette connaissance, tandis que Reid, plus fidèle à l'origine étymologique du mot, la restreint aux cas où l'esprit est « conscia *sibi* ». Hamilton a le droit d'user du mot comme il l'entend; mais il faut bien prendre garde que ce mot ne serve à faciliter, que notre auteur le sache ou non, une pétition de principe. Une des questions de psychologie les plus débattues est celle-ci : avons-nous ou n'avons-nous pas une connaissance immédiate des objets matériels? il ne faut donc pas la préjuger en affirmant que ces objets sont dans notre conscience. Au contraire, avant de dire qu'ils sont dans notre conscience, il faut avoir prouvé déjà que nous les connaissons intuitivement.

Après tout ce qui a été dit de la limitation de conscience à la connaissance immédiate, il ne faut pas s'étonner de voir Hamilton, soutenir dans ses Dissertations sur Reid (1) que « la Conscience comprend tout acte cognitif; » en d'autres termes, tout ce dont nous n'avons pas conscience, tout ce que nous ne connaissons pas. Si la conscience comprend toute notre connaissance, tout en restant limitée à la connaissance immédiate, il s'ensuit que toute notre connaissance doit être immédiate, et que par conséquent nous n'avons aucune connaissance du passé ni de l'absent. Hamilton aurait pu éclaircir cette difficulté en disant, comme il l'avait déjà fait, que nos cognitions immédiates, — celles du passé et de l'absent, — bien qu'il n'hésite jamais à les appeler connaissances, ne sont, à proprement parler, que des Croyances. Nous aurions compris ce qu'il voulait dire. Mais l'explication qu'il donne en réalité

---

(1) *Dissertations*, p. 810.

est bien différente. Il dit que toutes nos « cognitions mé-
» diates sont contenues dans nos cognitions immédiates ». Il
essaye manifestement de montrer qu'il a raison de les appeler,
non pas croyances, mais connaissances, comme nos cognitions
immédiates. Mais que veut dire le mot « contenues »? S'il signifie
que nos cognitions médiates sont *une partie* de nos cognitions
immédiates, elles sont immédiates et nous n'en avons pas de
médiates. Hamilton nous a dit, que dans le cas d'un fait remémoré, ce dont nous prenons immédiatement connaissance
n'est qu'une représentation mentale de ce fait « accompagnée
» de la croyance que l'état d'esprit actuellement représenté,
» a été réellement ». Après cette déclaration, il dit aussi que le
fait passé qui n'existe pas à présent, est « contenu » dans la
représentation et dans la croyance qui existent. Mais s'il y est
contenu, il doit avoir une existence présente aussi, il n'est pas
un fait passé. Peut-être le mot « contenu » signifie-t-il seulement que le fait passé est impliqué dans la représentation et dans
la croyance, qu'il est une inférence qu'on peut, et qu'on doit en
tirer. Mais si c'est tout, le fait est absent dans le temps, et ce qui
n'est pas présent dans le temps, a dit notre auteur, ne peut être
un objet de conscience. Si donc un fait passé est un objet de
connaissance, nous *pouvons* connaître ce dont nous n'avons pas
conscience; la conscience ne comprend donc pas toutes nos connaissances. Pour dire la même chose d'une autre manière, un
fait remémoré est une partie de notre conscience, ou il ne l'est
pas. S'il l'est, l'auteur a tort quand il dit que nous n'avons pas
conscience du passé. S'il ne l'est pas, il a tort doublement, soit
qu'il dise que nous pouvons connaître le passé, soit qu'il dise
que nous ne connaissons pas ce dont nous n'avons pas conscience.

Je n'insisterai pas davantage sur cette inconséquence qui
ne se montre que dans ses Dissertations. Elle sert à faire voir
que l'expression la plus soignée et la plus complète des idées
de Hamilton n'est pas toujours le plus à l'abri des objections.
La doctrine des *Lectures* est qu'une partie de notre connaissance, — celle du passé, du futur et du distant, — est médiate
et représentative, mais que cette connaissance médiate n'est
pas la Conscience, puisque conscience et connaissance immédiate sont synonymes.

D'après les différentes citations que j'ai empruntées à notre auteur, il y aurait, pour lui, deux définitions de la conscience. Dans l'une, elle est synonyme de connaissance directe, immédiate ou intuitive, et nous avons conscience non-seulement de nous-mêmes, mais des objets extérieurs, puisque, dans son opinion, nous les connaissons intuitivement. Suivant l'autre définition, la conscience est la reconnaissance par l'esprit de ses actes et affections propres. On ne voit pas de suite comment on peut concilier ces deux définitions : car Hamilton serait le dernier à dire que l'objet extérieur est identique avec l'acte ou avec l'affection de l'esprit. Il doit avoir voulu dire que la conscience est la connaissance par l'esprit de ses actes et affections propres, et en même temps de tout ce qui y est impliqué, ou, disait-il, contenu. Mais ceci le jette dans une nouvelle inconséquence : en effet, comment peut-il refuser le nom de conscience à notre connaissance médiate, — à notre connaissance ou croyance du passé, par exemple ? La réalité passée est certainement impliquée dans le souvenir présent dont nous avons conscience, et notre auteur a dit que toute notre connaissance médiate est contenue dans notre connaissance immédiate, comme il a dit ailleurs que la connaissance d'un objet extérieur est contenue dans celle de notre perception. S'il en est ainsi, si nous avons conscience de l'objet extérieur, pourquoi ne l'aurions-nous pas d'une sensation et d'une impression passée ?

On pourrait croire que Hamilton, en définissant la conscience, « la reconnaissance par l'esprit ou Ego de ses propres actes ou affections », pense (comme l'ont fait plusieurs philosophes) que la conscience n'est pas le fait même de connaître ou de sentir, mais une opération subséquente par laquelle nous sommes instruits de ce fait. Mais ce n'est pas son opinion. Pour lui, « la reconnaissance par l'esprit de ses actes et de ses affections » n'est pas quelque chose de différent des actes et des affections mêmes. Il nie que nous ayons une faculté pour connaître et sentir, et une autre pour connaître que nous connaissons et sentons. Ce ne sont pas suivant lui des faits différents, mais le même fait considéré à un autre point de vue. Il saisit cette occasion de faire une remarque d'une grande portée en philosophie, que ceux qui étudient la métaphysique se trouveraient fort bien d'avoir toujours présente à l'esprit : c'est que souvent les différences de nom ne signifient pas des différences de choses, mais seulement une différence dans la relation particulière sous laquelle une chose est considérée. Sur l'identité réelle de nos divers états d'esprit avec la conscience que nous en avons, il semble partager l'opinion émise avant lui par Brown, et que James Mill a exposée avec la clarté et la force qui lui sont habituelles, dans le passage suivant (1) :

« Avoir une sensation et sentir ne sont pas deux choses. Il
» n'y a qu'une chose, et deux noms. Je suis piqué par une
» épingle, il n'y a qu'une sensation ; mais je peux l'appeler
» sensation, impression, douleur, à volonté. Or, quand j'ai la
» sensation, et que je dis que je la sens, j'emploie une expres-
» sion tautologique ; avoir la sensation n'est pas une chose, et
» sentir une autre ; avoir la sensation c'est sentir. Quand au lieu
» du mot sentir j'emploie les mots être conscient, je fais exac-
» tement la même chose, — j'emploie simplement une expression
» tautologique. Dire que je sens une sensation, c'est simplement
» dire que je sens que je sens, ce qui est un mauvais langage.
» Et dire que j'ai conscience d'un sentiment, c'est simplement
» dire que je le sens. Avoir un sentiment, c'est être conscient ;
» et être conscient, c'est avoir un sentiment. Être conscient de
» la piqûre d'une épingle, c'est simplement avoir la sensation.
» Et quoique j'aie diverses manières de nommer ma sensation,
» que je puisse dire : Je sens la piqûre d'une épingle, je sens
» la douleur d'une piqûre, j'ai la sensation d'une piqûre, j'ai le
» sentiment d'une piqûre, j'ai conscience du sentiment ; la chose
» nommée de ces diverses manières est une seule et même
» chose.

» On verrait aisément que la même explication s'applique
» aux idées, quoiqu'à présent je n'aie pas la sensation appelée
» piqûre d'une épingle, j'en ai une idée distincte. Avoir une
» idée et ne l'avoir pas, se distinguent par l'existence et la non-
» existence d'un certain sentiment. Avoir une idée et sentir qu'on
» a cette idée, ne sont pas deux choses, ce sont une seule et
» même chose. Avoir le sentiment d'une idée, et avoir conscience
» de ce sentiment, ne sont pas deux choses ; sentiment et con-

(1) *Analysis of the Human Mind*, I, 170-172.

» science sont deux mots qui expriment la même chose. Le
» même mot Sentiment renferme tout ce qui est impliqué dans
» le mot Conscience.

» Les philosophes qui ont parlé de la conscience comme
» d'un sentiment distinct des autres, ont commis une erreur
» dont les funestes conséquences ont la plus grande importance;
» en effet, en combinant un élément chimérique avec ceux de
» la pensée, ils ont dès le début introduit dans leurs recher-
» ches la confusion et l'obscurité.

» Il est aisé de voir quelle est la nature des mots Conscient
» et Conscience, et quelle est la fonction spéciale qu'ils sont
» destinés à remplir. Il était de grande importance pour l'acte
» logique de nommer, que nous n'eussions pas seulement des
» noms pour distinguer les différentes classes de nos impressions,
» mais que nous eussions aussi un nom également applicable à
» toutes ces classes. Ce besoin a été satisfait par le mot Con-
» scient, et par son abstrait, Conscience. Ainsi, quand nous sen-
» tons de quelque façon que ce soit, c'est-à-dire, quand nous
» avons des sentiments quels qu'ils soient d'un être vivant, le
» mot Conscient nous est applicable à nous qui sentons, et le
» mot Conscience à l'acte de sentir : c'est-à-dire, que les mots
» sont des signes génériques dans lesquels sont compris tous
» les noms des classes subordonnées des sentiments d'une créa-
» ture sensible. Quand je sens le parfum d'une rose, je suis
» conscient; quand j'ai l'idée d'un feu, je suis conscient; quand
» je me rappelle, je suis conscient; quand je raisonne, et quand
» je crois, je suis conscient; mais croire et avoir conscience
» qu'on croit ne font pas deux choses, c'est la même chose; seu-
» lement je peux nommer cette même chose une fois sans l'aide
» de termes génériques, tandis qu'une autre fois il me convient
» d'employer les termes génériques. »

La doctrine de Hamilton est tout à fait la même, mais
il exprime la dernière partie en termes moins clairs. La
conscience, dit-il, est « la forme fondamentale, la condition gé-
» nérique » de tous les modes de notre activité mentale (1); en
» fait, elle est la condition générale de leur existence (2) ». Mais

---

(1) *Discussions*, p. 48.
(2) *Lectures*, I, 193.

tandis qu'il soutient la même théorie que Brown et Mill, il la complète en ajoutant que si nos états d'esprit et notre conscience de ces états ne sont que le même fait, ils sont le même fait considéré en des relations différentes. Considérés en eux-mêmes, comme actes et sentiments, ou en relation avec l'objet extérieur auquel ils se rapportent, nous ne les appelons pas conscience. C'est quand on rapporte ces modifications mentales à un sujet, qu'on les considère en relation avec soi, que l'on emploie le terme conscience ; puisque la conscience est « l'affirmation spontanée que ces modifications sont connues de » moi et qu'elles sont miennes (1). » Cependant cette affirmation du Soi n'introduit pas de fait nouveau. « On ne doit » pas » la « regarder comme quelque chose de différent » des » modifications mêmes ». Il n'y a qu'un phénomène mental, l'acte de sentir ; mais comme il implique un Soi agissant ou sentant, nous lui donnons un nom qui rappelle sa relation avec le Soi, et ce nom est Conscience. Ainsi « la conscience et la con-
» naissance (2) », et je crois qu'il aurait ajouté les sentiments (les affections de l'esprit), aussi bien que la connaissance, —
« ne sont pas distingués par des noms différents comme choses
» différentes, mais seulement comme la même chose considérée
» sous différents aspects. La distinction verbale est employée
» pour l'amour de la brièveté et de la précision, et sa conve-
» nance autorise son usage... Bien que chaque terme d'une re-
» lation suppose nécessairement l'autre, néanmoins l'un deux
» peut être pour nous le plus intéressant, et nous pouvons le
» considérer comme le principal et ne voir dans l'autre qu'un
» terme subordonné et corrélatif. Or, il en est ainsi dans le cas
» qui nous occupe. Dans un acte de connaissance, mon attention
» peut être attirée principalement soit vers l'objet connu, soit
» vers moi, sujet connaissant ; et dans le dernier cas, bien
» qu'aucun élément nouveau ne s'ajoute à l'acte, la condition
» qui y est impliquée, — *Je connais que je connais*, devient
» l'objet principal et permanent de l'attention. Et quand, dans
» la philosophie de l'esprit, par exemple, on considère d'une
» manière spéciale l'acte de la connaissance en relation avec le

---

(1) *Discussions*, p. 48.
(2) *Lectures*, I, 194, 5.

» sujet qui connaît, on voit, en définitive, qu'il est convenable,
» sinon absolument nécessaire, d'avoir un mot scientifique qui
» personnifie ce point de vue d'une façon permanente et dis-
» tincte. »

Si après ce passage, il pouvait y avoir un doute sur l'opinion de Hamilton sur cette question, il se dissiperait devant l'un des fragments publiés par ses éditeurs, à la suite des Dissertations sur Reid. Je cite (1) :

» Il ne faut pas regarder la conscience comme une chose
» différente des modes et des mouvements mêmes de l'esprit.
» On ne doit pas la considérer comme un lieu éclairé où les
» objets qui entrent sont représentés, pour être ensuite sous-
» traits à l'observation quand ils en sortent ; il ne faut pas non
» plus la considérer comme un observateur, ni les modes de
» l'esprit comme des phénomènes observés. La conscience,
» c'est précisément les mouvements eux-mêmes s'élevant au-
» dessus de certain degré d'intensité.... elle n'est qu'un mot
» compréhensif applicable à tous les mouvements de l'es-
» prit qui s'élèvent tout d'un coup au-dessus d'un certain degré
» d'intensité (2). »

---

(1) *Supplément à Reid,* p. 932.
(2) La restriction qui apparaît ici pour la première fois avec les mots « qui s'élèvent au-dessus d'un certain degré d'intensité » se rattache à une doctrine de notre auteur qui sera complétement examinée par la suite, celle des états latents de l'esprit. Elle ne change rien à la doctrine que la conscience d'un sentiment *est* le sentiment, car les états de l'esprit qui ne sont pas assez intenses pour monter jusqu'au degré de conscience ne sont pas, d'après la même théorie, assez intenses pour être sentis ; et s'ils sont sentis, le sentiment et la conscience du sentiment sont une seule et même chose.

Ce n'a pas été sans difficulté, et ce n'est qu'après une longue étude, que je me suis convaincu que Hamilton soutient la bonne et rationnelle théorie dont je lui fais honneur dans le texte. En effet, il l'établit et la défend d'une manière qui pouvait faire penser, qu'en disant que connaître et connaître qu'on connaît, ne sont qu'un seul fait, il ne veut pas dire un seul fait, mais deux faits inséparables. Cette fausse interprétation de son opinion se trouve favorisée par l'usage répété qu'il fait d'un mauvais exemple, (chose rare dans ses écrits) l'exemple tiré des côtés et des angles d'un triangle. « Les côtés supposent les angles, —
» les angles supposent les côtés, les côtés et les angles sont en eux-mêmes et
» en réalité, une chose indivisible. (*Lectures*, I, 194). Les côtés et les angles
» d'un triangle, en tant que réciproquement corrélatifs, en tant que composant
» ensemble la même figure et, à moins de détruire la figure, en tant qu'in-
» séparables d'elle et d'eux-mêmes réciproquement, sont *réellement* une seule
» chose, mais en tant qu'ils ont des relations particulières qu'on peut, par la
» pensée, considérer séparément et pour elles-mêmes, ils font *logiquement* deux
» choses. » (*Dissertations on Reid*, p. 806.) D'après cela, les côtés sont en réalité les angles considérés à un certain point de vue ; et les angles la même chose que les côtés considérés dans un certain rapport avec quelque autre chose. Quand

Nous passons maintenant à une question qui n'a pas une petite importance pour préciser le caractère du système de philosophie de Hamilton. Nous avons trouvé, il n'y a pas longtemps, qu'il fait entre la Connaissance et la Croyance une large distinction, sur laquelle il insiste beaucoup, et qui joue un rôle saillant dans ses propres spéculations et dans celles de quelques-uns de ses successeurs. Examinons maintenant cette distinction à la lumière des idées de Hamilton qui font le sujet du chapitre présent.

Quoique Hamilton admette une connaissance médiate ou représentative du passé et de l'absent, il nous a dit que, dans « le langage rigoureux de la philosophie », on ne devait pas l'appeler une connaissance, mais une croyance. Nous ne connaissons pas, à proprement parler, un événement passé, mais nous le croyons, à cause du souvenir présent que nous connaissons immédiatement. A proprement parler, nous percevons et nous connaissons une image en contact avec nos organes, et nous croyons à l'existence du soleil par « une opération du raisonnement », qui rattache l'image perçue directement à une autre chose comme à sa cause. De plus, bien que nous ne puissions pas connaître un Être Absolu non Infini, nous pouvons et nous devons croire à la réalité de cet Être. — Mais dans tous ces cas, la croyance même, la conviction que nous avons de l'existence du soleil, et de la réalité de l'événement passé, et que, suivant Hamilton, nous devons avoir d'un Être qui est l'Infini et l'Absolu, — cette croyance est un fait présent dans un temps et un lieu, — un phénomène de notre propre esprit ; nous en avons conscience ; nous la connaissons immédiatement. Telle est, on n'en peut douter, l'opinion de Hamilton.

Appliquons-y maintenant le principe qu'il affirme avec tant

l'auteur prenait cet exemple pour faire comprendre l'identité de la conscience, et de la connaissance, il était naturel de supposer qu'il regardait leur identité comme analogue à celle des angles et des côtés du triangle. Mais un examen plus attentif m'a démontré que Hamilton ne se trompait qu'en ce qui regarde les côtés et les angles et non pour ce qui regarde la conscience et la connaissance. Sur le premier point, il a non-seulement contre lui la raison, mais sa propre autorité. En effet, il dit, en traitant d'un autre sujet (*Note à Reid*, p. 590) : « Il » n'est pas plus raisonnable d'identifier le sentiment avec le jugement, parce que le » premier ne peut exister sans un acte du second, *qu'il ne le serait d'identifier* » *les angles et les côtés d'une figure mathématique, parce que les angles et les* » *côtés ne peuvent exister les uns sans les autres.* »

d'énergie, et qui forme la base de son argument contre Reid et Stewart au sujet de la conscience : « Il est évidemment impossi-
» ble que nous puissions être conscient d'un acte sans être con-
» scient de l'objet auquel cet acte se rapporte. La connaissance
» d'une opération implique nécessairement la connaissance de
» son objet. »—« Il est impossible que la conscience témoigne des
» opérations intellectuelles à l'exclusion de leurs objets. » Et par conséquent, puisque nous avons conscience de nos perceptions, nous devons avoir conscience des objets extérieurs perçus. Telle est la théorie de Hamilton. Mais parmi les opérations mentales dont nous avons conscience, les perceptions ne sont pas les seules qui indiquent un objet extérieur. Nous avons aussi conscience des croyances. Nous avons conscience d'une croyance à un événement passé, à la réalité d'un corps distant, et (suivant Hamilton) à l'existence de l'Infini et de l'Absolu. En conséquence, d'après le principe de Hamilton, nous avons conscience des objet de ces croyances ; conscience de l'événement passé, conscience du corps distant, conscience de l'Infini et de l'Absolu. Nier cette conclusion ce serait faire retomber sur lui les expressions dont il se sert pour critiquer Reid et Stewart. Ce serait soutenir que je peux connaître *que* je [crois] sans connaître « *ce que* je [crois] — ou que je peux connaître la
» [croyance] sans connaître l'objet de la [croyance] : par exemple,
» avoir conscience de [me rappeler un événement passé] sans
» être conscient de [l'événement passé remémoré], avoir con-
» science de [croire à Dieu] sans avoir conscience de [Dieu à
» qui je crois]. » S'il est vrai « qu'un acte de connaissance
» n'existe, et n'est ce qu'il est » qu'en « relation avec son objet », cela doit être également vrai d'un acte de croyance : et il faut de toute « évidence » pour un acte comme pour l'autre, « qu'il ne puisse être connu que par l'objet dont il est le corrélatif ». Par conséquent les événements passés, les objets distants, et l'Absolu, en tant qu'objets de croyance, sont des objets de connaissance immédiate comme choses finies et présentes : puisqu'ils sont supposés et implicitement contenus dans le fait mental de la croyance, exactement comme un objet présent est implicitement contenu dans le fait mental de la perception. Donc, de deux choses l'une, ou bien Hamilton a tort de dire que la conscience de nos perceptions implique la conscience de

leur objet extérieur, ou il a raison, et alors la distinction entre la croyance et la connaissance s'évanouit : Tous les objets de croyance sont des objets de connaissance : La Croyance et la Connaissance sont la même chose ; et de toute manière il a tort, soit qu'il affirme qu'il faut croire à l'Absolu, soit qu'il soutienne contre Cousin qu'on ne peut le connaître.

Un autre pourrait échapper à ce dilemme, en disant que la connaissance de l'objet de croyance impliquée dans la connaissance de la croyance même, n'est pas celle de l'objet en tant qu'existant, mais celle de l'objet en tant que cru, — qu'elle est seulement la connaissance de *ce que c'est* que nous croyons. Et c'est vrai ; mais Hamilton ne pouvait le dire, car il rejette la même explication rationnelle dans un cas semblable. Il ne veut pas laisser dire que quand nous avons ce que nous appelons une perception, et que nous la rapportons à un objet extérieur, nous avons conscience, non de l'objet extérieur en tant qu'existant, mais de nous-mêmes en tant qu'inférant une existence extérieure. Il soutient que l'existence extérieure actuelle de l'objet est donnée par la conscience, parce qu'il est » impossible que nous ayons conscience d'un acte sans être con- » scient de l'objet auquel cet acte se rapporte. » Il ne peut donc repousser l'application à l'acte de la Croyance, d'une loi qu'il regarde comme commune à toutes nos opérations mentales, quand il a l'occasion de l'appliquer aux actes de la Perception et de la Connaissance. Si nous pouvons avoir conscience d'une opération sans avoir conscience de son objet, la réalité du monde extérieur n'est pas pour cela renversée, mais la théorie de Hamilton sur la façon dont est connu ce monde extérieur et sa manière particulière de démontrer son existence, n'est plus possible.

Il semble que Hamilton ait eu un vague pressentiment de la difficulté dans laquelle il s'embarrassait. Vers la fin de son Cours de Logique, après avoir dit (1) que : « nous pouvons » être également certain de ce que nous croyons et de ce que » nous connaissons », et que « ce n'est pas sans fondement » que plusieurs philosophes, tant anciens que modernes, ont » soutenu que la certitude de toute connaissance se réduit en

---

(1) *Lectures*, IV, 70.

» dernière analyse, à une certitude de croyance »; il ajoute (1) :
« Mais d'autre part, la manifestation de cette croyance
» implique nécessairement la connaissance ; en effet, nous ne
» pouvons croire sans quelque conscience ou connaissance de
» la croyance, et par conséquent sans quelque conscience ou
» connaissance de l'objet de la croyance. » Cette réflexion tardive ne lui suggère que la remarque suivante : « Cependant l'é-
» tude de la relation de la Croyance et de la Connaissance,
» n'appartient pas à proprement parler à la Logique, si ce n'est
» en tant qu'il est nécessaire d'expliquer la nature de la Vérité
» et de l'Erreur. C'est tout à fait une question métaphysique,
» et l'un de ses problèmes les plus difficiles. » En conséquence, il prend la liberté très-peu philosophique de la laisser sans solution. Mais quand un penseur est forcé par une partie de sa philosophie d'en contredire une autre, il ne lui est pas permis de laisser debout les assertions contradictoires, et de rejeter la responsabilité de son embarras sur la difficulté du sujet. Une contradiction de cette nature n'est pas une difficulté qu'on puisse ajourner, sous prétexte qu'elle appartient à un département supérieur de la science. Sans doute, il est difficile de conquérir la vérité, mais ce n'est pas une raison pour vous en tenir à ce qui est erroné de votre propre aveu. Si la théorie de Hamilton est exacte, elle ne laisse pas planer d'obscurité sur la différence de la Croyance et la Connaissance ; mais elle abolit totalement la distinction qu'il établit entre elles, et avec cette distinction une grande partie de sa philosophie. Si ses prémisses sont vraies, non-seulement nous ne pouvons pas croire ce que nous ne connaissons pas, mais nous ne pouvons pas croire ce dont nous n'avons pas conscience ; la distinction entre nos connaissances immédiates et nos connaissances médiates ou représentatives, et la doctrine des choses qu'on peut croire, mais qu'on ne peut connaître, doivent succomber en même temps : Hamilton ne peut les sauver qu'en abandonnant la proposition qui sert de base à la plus grande partie de sa philosophie, et en niant que la conscience d'une opération soit la conscience de l'objet de l'opération.

Quand Hamilton commença à s'apercevoir que si sa théorie

---

(1) *Lectures*, IV, p. 73.

était juste on ne pouvait croire une chose qu'à la condition de la connaître, il ne renonça pas pour cela à distinguer la Croyance de la Connaissance. Dans la même Leçon, il disait : (1) « La Connaissance et la Croyance diffèrent non-seulement en » degré, mais en espèce. La Connaissance est une certitude » fondée sur la connaissance intime, la Croyance est une cer- » titude fondée sur le sentiment. L'une est claire et objective, » l'autre obscure et subjective. Toutefois chacune d'elles sup- » pose l'autre : et l'on donne à une certitude le nom de connais- » sance ou de croyance, suivant que c'est l'un ou l'autre de ces » éléments qui l'emporte. » Si Hamilton eût tenu un compte suffisant de la difficulté, il n'eût pas consenti à se payer ainsi de mots. Si chacune des deux certitudes suppose l'autre, il en résulte que toutes les fois que nous avons une certitude fondée sur le sentiment, nous avons une certitude parallèle, fondée sur la connaissance intime. Par conséquent nous avons toujours la connaissance intime quand nous sommes certains ; et nous n'avons jamais de certitude que dans la mesure où nous avons la connaissance intime. Qu'on ne vienne pas argumenter sur la prépondérance de l'un ou de l'autre élément. Ils sont égaux et de même valeur. Nous devons croire la totalité de ce que nous connaissons, et nous devons connaître la totalité de ce que nous croyons : car nous connaissons que nous le croyons, et l'acte de croyance « ne peut être connu que par l'objet qui lui » est corrélatif ». Notre conviction ne se partage pas en proportions variables entre la connaissance et la croyance. L'une et l'autre doivent toujours marcher de front.

Tout ceci est logique, quelque puisse être le sens des mots « connaissance intime », qui forment la distinction spécifique entre la croyance et la connaissance. Mais qu'est-ce que la connaissance intime ? « L'aperception immédiate d'un objet, » continue-t-il, est appelée *intuition, connaissance intime*. » (2) De sorte que si la connaissance se distingue de la croyance en ce qu'elle repose sur la connaissance intime, elle s'en distingue parce qu'elle repose sur l'aperception immédiate. Mais la croyance aussi suppose l'aperception immédiate, puisque « nous

---

(1) *Lectures*, IV, 62.
(2) *Lectures*, IV, 73.

» ne pouvons croire sans avoir conscience ou connaissance de
» la croyance, et par conséquent sans avoir conscience ou con-
» naissance de l'objet de la croyance ». Il ne faut pas dire
simplement sans avoir conscience; mais si la théorie de notre
auteur est juste, il faut dire, sans avoir une conscience co-
extensive à la croyance. Dès que nous croyons, nous avons
conscience de la croyance, et par conséquent, si la théorie est
vraie, nous avons conscience de la chose crue.

Mais quoique Hamilton ne puisse se tirer lui-même de cet
embarras, puisqu'il s'est coupé la retraite en posant ses prémisses, d'autres penseurs peuvent trouver une voie pour y
échapper. Car, en vérité, peut-il y avoir rien de plus absurde
que d'affirmer que la croyance à une chose implique la connaissance de cette chose? S'il en était ainsi, il ne pourrait pas y
avoir de fausses croyances. Tous les jours l'expérience nous
fait voir que des croyances de l'espèce la plus incontestable, —
des certitudes fondées sur le « sentiment » le plus intense, sont
compatibles avec l'ignorance la plus complète de la chose qui
fait l'objet de la croyance : mais non sans doute, avec l'ignorance de la croyance elle-même. Et cette absurdité réfute
complétement la théorie qui y aboutit, à savoir, — que la conscience d'une opération implique la conscience de l'objet de
l'opération. La théorie ne *paraît* pas aussi absurde pour la connaissance, qu'elle le paraît pour la croyance, parce qu'on sait
que le mot de connaissance s'applique dans le langage vulgaire à ce qu'on regarde comme vrai, tandis que la croyance
peut être décidément fausse, et que lorsqu'on dit que, si nous
avons conscience de notre connaissance, il faut que nous ayons
conscience de ce que nous connaissons, la proposition n'est pas
aussi manifestement ridicule, que lorsqu'on affirme que si nous
avons conscience d'une croyance erronée, nous devons avoir
conscience d'un fait non-existant. Cependant il faut que l'une et
l'autre proposition soient également vraies, si la conscience
d'un acte implique la conscience de l'objet de cet acte. C'est
sur les ruines de cette théorie que nous devons nous ouvrir un
passage pour sortir du labyrinthe où Hamilton nous a perdus.
Il se peut, ou ne se peut pas, qu'un monde extérieur soit un
objet de connaissance immédiate. Mais assurément nous ne pouvons conclure que nous avons une connaissance immédiate des

choses extérieures, de ce que nous avons une connaissance immédiate de leurs cognitions, que ces cognitions s'appellent croyances avec Reid, ou connaissances avec Hamilton (1).

(1) M. Mansel se tire de cette critique très-lestement (p. 129). « Hamilton, » dit-il, soutient que nous ne pouvons avoir conscience d'une opération de l'es- » prit sans avoir conscience de son objet. A ceci, M. Mill répond que si, comme » l'admet Hamilton, nous avons conscience d'une croyance à l'Infini et à l'Absolu, » nous devons avoir conscience de l'Infini et de l'Absolu mêmes ; et qu'en avoir » ainsi conscience, c'est les connaître. Le sophisme de sa réponse saute aux » yeux. L'objet immédiat de la croyance est une *proposition* que je tiens pour » vraie, non une *chose* saisie dans un acte de conception. Je crois à un Dieu in- » fini ; c'est-à-dire je crois *que* Dieu est infini. Je crois que les attributs que j'as- » signe à Dieu existent en lui à un degré infini. Or, pour croire à cette proposi- » tion, il faut naturellement que j'aie conscience de sa signification ; mais il n'en » résulte pas que j'aie conscience du Dieu infini comme objet de conception ; car » pour cela il faudrait en outre appréhender de quelle manière ces attributs infinis » coexistent pour former un objet. »

Cette explication serait très-simple, si seulement elle était vraie. Hamilton ne devait pas être embarrassé d'appliquer à l'opération mentale appelée croyance sa théorie, que la connaissance d'une opération implique la connaissance de son objet ; puisque l'objet de la croyance n'est qu'une proposition, et que nous n'avons pas besoin de connaître autre chose que la proposition. Il est bien étrange que cette explication qui saute aux yeux, Hamilton ne l'ait pas vue, — qu'il ait senti qu'il y a là une difficulté, bien plus qu'il l'ait renvoyée à la métaphysique la plus abstruse, comme un de ses plus difficiles problèmes. Hamilton est souvent confus, souvent inconséquent, mais rarement superficiel sur les sujets qu'il a étudiés, s'il lui arrive jamais de l'être. Il eût balayé la subtile distinction de M. Mansel avec cette vigueur qu'il a déployée si souvent contre les sophismes. L'objet de la Croyance est une proposition ; mais est-ce que la Connaissance n'a pas pour objet des propositions ? Est-ce que toute connaissance n'est pas une série de jugements ; et est-ce qu'un jugement exprimé par des mots n'est pas une proposition ? Il est vrai que la connaissance a pour objet les choses ; mais nous ne connaissons les choses que par leurs attributs : notre connaissance d'une chose se compose de notre connaissance d'un certain nombre de ses attributs, dont chacun peut s'exprimer par une proposition. Quand on dit que nous connaissons une chose, on veut dire ou bien que nous la connaissons comme possédant certains attributs, ou bien que nous la connaissons, elle et ses attributs ensemble, comme existants. Ainsi, quand nous ne connaissons pas une chose, mais que nous avons une croyance sur elle, nous croyons ou bien qu'elle possède certains attributs, ou bien qu'elle existe, et cela s'appelle croire à cette chose. Quand il est question d'attributs, l'objet de la croyance est une proposition, mais alors il est l'objet de la connaissance. Quand il est question d'existence, l'objet de la connaissance est une chose, mais alors il est l'objet de la croyance.

L'*Inquirer* (p. 31-33) ne fait pas comme M. Mansel, il y voit un point « très-embrouillé » ; il pense qu'il y a là une véritable difficulté métaphysique, et que Hamilton le savait ; qu'il avait reconnu la vérité de deux faits qu'il ne pouvait concilier, et qu'il est mort sans avoir trouvé le moyen de les mettre d'accord. Ici, je dois faire remarquer, d'abord, que la difficulté n'est pas de mettre d'accord deux faits, mais deux opinions de Hamilton, et qu'il n'y a qu'une solution, c'est d'abandonner l'une des deux. Ensuite, que, quelle qu'ait pu être la solution, il a eu presque toute sa vie de penseur pour la trouver ; car les opinions incompatibles sont les deux doctrines fondamentales de son système. L'*Inquirer* pense que nous devons regarder avec indulgence ces inconséquences, et n'y voir que des épiphénomènes du développement de la pensée ; comme il s'en montre chez un élève qui non-seulement ignore les choses, mais qui n'est pas encore entièrement maître de ses propres idées ; mais un professeur est censé l'être. L'*Inquirer* admet (p. 7) que j'ai prouvé que Hamilton commet « continuellement des inconséquences, et qu'il se rend infidèle à son système. » Mais il soutient que toute saine philosophie, tant qu'elle est incomplète, reste en butte au reproche d'inconséquence. J'avoue que je ne vois pas la nécessité que nos idées soient contradictoires, parce que notre connaissance est incomplète ; je ne vois pas de raison, parce qu'il y a beaucoup de choses que nous ne savons pas, pour ne pas examiner suffisamment ce que nous savons, afin d'éviter de professer conjointement des opinions en opposition mutuelle. L'*Inquirer* confond probablement deux choses différentes : la croyance à des choses contradictoires, et l'admission des vérités positives qui ne font que se limiter mutuellement, d'une façon que nous ne pouvons pas encore déterminer.

CHAPITRE IX

DE L'INTERPRÉTATION DE LA CONSCIENCE.

Tous les philosophes s'accordent à reconnaître que le témoignage de la conscience est décisif, pourvu qu'on l'obtienne dans sa pureté. Voilà une proposition évidente, mais qui n'est pas du tout identique. Si l'on définit la conscience une connaissance intuitive, on fait sans doute une proposition identique, alors que l'on dit, que si nous connaissons intuitivement quelque chose, nous le connaissons et nous en sommes sûrs. Mais tel n'est pas le sens de la proposition, elle contient une affirmation implicite que nous connaissons certaines choses immédiatement, ou intuitivement. Il est évident qu'il en doit être ainsi, si nous connaissons quelque chose ; car la preuve de ce que nous connaissons d'une manière médiate, repose sur notre connaissance préalable de quelque autre chose ; donc, à moins de connaître quelque chose immédiatement, nous ne pouvons rien connaître médiatement, et par conséquent, nous ne pouvons rien connaître du tout. Il est bien possible que nous ne connaissions rien du tout, pourrait répondre un sceptique complet, cet être imaginaire. Je ne répliquerai pas à cet antagoniste fantastique, à la manière ordinaire, en lui disant que s'il ne connaît rien, je connais, moi. Je lui présente le cas le plus simple de la connaissance immédiate, et je demande si nous sentons jamais quelque chose ? Si oui, alors au moment où nous sentons, connaissons-nous que nous sentons ? Et s'il ne peut pas appeler ceci connaissance, niera-t-il que lorsque nous avons une impression, nous ayons au moins une espèce de certitude ou de conviction que nous l'avons ? Cette certitude ou conviction les autres l'appellent connaissance. Si le mot lui déplaît, je suis prêt à discuter avec lui l'emploi d'un autre terme. Mais quel que soit le nom que l'on donne à cette assurance, elle est la pierre de touche sur laquelle nous essayons toutes nos autres convictions. Il peut dire que cette assurance n'est pas certaine ; mais, quelle qu'elle soit, elle est notre modèle de certitude. Nous regardons toutes nos autres assurances, toutes nos autres convictions comme plus ou moins certaines, suivant qu'elles sont plus ou moins voisines du type de celle-ci. J'ai la conviction qu'il y a des montagnes de glace dans les mers arctiques. Je n'ai jamais eu le témoignage de mes sens en leur faveur ; je n'ai jamais vu de montagnes de glace. Aucune loi de mon esprit ne m'y fait croire intuitivement. Ma conviction est médiate, elle repose sur le témoignage et sur des conclusions tirées des lois physiques. Quand je dis que j'en suis convaincu, je veux dire que la preuve de ce fait vaut celle de mes sens. Je suis certain de ce fait comme si je l'avais vu. Et pour compléter l'analyse, quand je dis que j'en suis convaincu, ce dont je suis convaincu, c'est que, si j'étais dans les mers arctiques, je verrais les montagnes de glace. Nous entendons par connaissance, et par certitude, une assurance semblable et égale à celle que nous procurent nos sens. Si dans un autre cas, la preuve peut acquérir cette valeur, nous n'en voulons pas davantage. Si quelqu'un n'est pas satisfait de ce témoignage, cela n'intéresse que lui, et même en pratique cela ne l'intéresse pas lui-même, puisqu'il est admis que c'est sur ce témoignage que nous devons baser nos actions, et que nous pouvons le faire en toute confiance. Le scepticisme absolu, s'il existe, doit être mis hors de discussion, comme soulevant une question étrangère au débat, car en niant toute connaissance il n'en nie aucune. Le dogmatique peut être tout à fait tranquille si l'on ne peut attaquer ses idées par d'autres arguments que ceux qui s'adressent au témoignage des sens. Si le témoignage qu'il prend pour appui vaut celui des sens, il ne lui en faut pas davantage ; et même on peut soutenir qu'en vertu des lois de la psychologie nous n'en pouvons concevoir de meilleur, et que sa certitude est parfaite.

Tout le monde reconnaît donc le verdict de la conscience, ou en d'autres termes, notre conviction intuitive, comme une décision sans appel. La question qui se présente ensuite, c'est *de quoi* la conscience donne-t-elle témoignage ? Et ici, au début, se présente une distinction que Hamilton a établie d'une manière très-claire dans le premier volume de ses leçons. Je cite textuellement (1).

« Un fait de conscience est ce dont l'existence est donnée et
» garantie par une croyance originelle et nécessaire. Mais il
» faut faire une distinction importante que non-seulement tous
» les philosophes ont négligée, et dont l'omission a fait tomber
» les plus distingués dans de grandes erreurs.

« Il faut considérer les faits de conscience à deux points de
» vue, ou bien comme témoignant de leur propre existence
» idéale ou phénoménale, ou comme témoignant de l'existence
» objective de quelque autre chose au delà. Croire à la pre-
» mière interprétation, ce n'est pas la même chose que de croire
» à la seconde. On ne peut pas repousser la première, on peut
» fort bien repousser la seconde. S'agit-il d'un témoin ordi-
» naire, nous ne pouvons mettre en doute sa réalité personnelle
» ni le fait de sa déposition, mais nous pouvons toujours dou-
» ter de la vérité de ce qu'affirme la déposition. Il en est ainsi
» de la conscience, nous ne pouvons pas nier qu'elle porte
» un témoignage, mais nous pouvons faire difficulté d'admettre
» l'au-delà dont il nous donne l'assurance. Prenons un exem-
» ple. Dans l'acte de la Perception Extérieure, la conscience
» donne comme un fait double l'existence de Moi ou de Soi en
» tant que percevant, et l'existence de quelque chose qui dif-
» fère de Moi ou de Soi en tant que perçue. Or, il est absolu-
» ment impossible de douter de la réalité de ce fait comme
» donnée subjective, — comme phénomène mental, — sans
» douter de l'existence de la conscience, car la conscience est
» elle-même ce fait ; et il nous est absolument impossible de
» douter de l'existence de la conscience, car un tel doute ne
» peut exister que dans et par la conscience ; par conséquent,
» il s'annihilerait lui-même. Nous douterions que nous doutons.
» En tant que contenue, — donnée, — dans la conscience, l'op-

(1) *Lectures*, I, 271-275.

» position de l'esprit qui connaît et de la matière qui est connue
» ne peut être niée.

» Mais on peut admettre tout le phénomène comme donné
» dans la conscience et pourtant contester sa conséquence. La
» conscience, dira-t-on peut-être, donne le sujet mental comme
» percevant un objet extérieur, distingué du sujet en tant que
» perçu : tout ceci nous ne le nions pas, nous ne pouvons pas
» le nier. Mais la conscience n'est qu'un phénomène ; l'opposi-
» tion entre le sujet et l'objet peut n'être qu'apparente et non
» réelle ; l'objet donné comme une réalité extérieure peut
» n'être qu'une représentation mentale que l'esprit est déter-
» miné sans le savoir à produire en vertu d'une loi que nous
» ne connaissons pas et qu'il prend pour une chose différente
» de lui-même. On peut dire tout cela et le croire, sans se con-
» tredire, et même l'immense majorité des philosophes mo-
» dernes le dit et le croit.

» C'est d'une manière analogue que, dans un acte de Mémoire,
» la conscience relie une existence présente à une existence
» passée. Je ne puis nier le phénomène actuel, parce que ma
» négation se détruirait elle-même ; mais je peux, sans me con-
» tredire, soutenir que la conscience peut être un faux témoin
» pour ce qui est d'une existence antérieure ; et je peux soutenir,
» si je veux, que la mémoire du passé, dans la conscience, n'est
» rien qu'un phénomène qui n'a pas de réalité en dehors du
» présent. Il y a bien d'autres faits de conscience que nous ne
» pouvons pas nous dispenser d'admettre à titre de phénomènes
» mentals, mais nous pouvons ne pas croire qu'ils garantis-
» sent rien de plus que leur propre existence phénoménale. Je
» n'examine pas à présent si ce doute est légitime, mais s'il est
» possible ; tout ce que j'ai maintenant en vue, c'est de montrer
» que nous ne devons pas confondre, comme on l'a fait,
» deux faits d'une signification différente et deux témoignages
» de portée bien différente en faveur de leur réalité. M. Stewart,
» entre autres, a commis cette erreur.....

» On me permettra de dire avec tout le respect que mérite
» l'opinion d'un philosophe aussi distingué que M. Stewart, que
» je regarde comme insoutenable son affirmation que l'existence
» présente des phénomènes de conscience, et la réalité des ob-
» jets dont ils portent témoignage, reposent sur une base éga-

» lement solide. Le second fait, l'objet du témoignage, peut être
» digne de toute créance, et je m'accorde avec M. Stewart à
» penser qu'il en est ainsi ; mais pourtant il ne repose pas sur
» un fondement aussi solide que le fait du témoignage lui-même.
» M. Stewart avoue que les sceptiques les plus hardis n'ont ja-
» mais avancé un doute sur le premier ; mais le dernier, au
» contraire, en tant qu'il nous assure d'une connaissance immé-
» diate du monde extérieur (c'est ainsi que parle M. Stewart),
» a été mis en doute et même nié non-seulement par les scep-
» tiques, mais encore par les philosophes modernes à peu près
» unanimement. L'histoire créerait donc d'elle-même une forte
» présomption en faveur de l'opinion que les deux faits doivent
» reposer sur des fondements très-différents, et cette présomp-
» tion se confirme quand nous cherchons quels sont ces fon-
» dements.

» L'un des faits, celui du témoignage, est un acte de con-
» science même, on ne peut par conséquent l'invalider sans
» contradiction. Car, ainsi que nous l'avons fait souvent obser-
» ver, il est impossible de douter de la réalité de ce dont nous
» sommes conscients ; en effet, comme nous ne pouvons douter
» que par le moyen de la conscience, douter de la conscience
» c'est douter de la conscience par la conscience. Si d'une part
» nous affirmons la réalité du doute, nous affirmons explicite-
» ment par là la réalité de la conscience, et nous contredisons
» notre doute ; si d'autre part nous nions la réalité de la con-
» science, nous nions implicitement la réalité de notre propre
» dénégation. Ainsi, dans l'acte de la perception, la conscience
» donne, comme un fait double, un ego ou esprit, et un non-ego
» ou matière, connus ensemble et distingués l'un de l'autre.
» Or, en tant que fait présent, ce double phénomène ne peut
» être nié. Je ne puis par conséquent pas rejeter le fait que,
» dans la perception, je suis conscient d'un phénomène que je
» suis forcé de regarder comme l'attribut de quelque chose
» d'autre que mon esprit ou moi. Cela, je l'admets forcément, ou
» je tombe en contradiction. Mais en l'admettant, ne puis-je pas
» encore, sans me contredire, soutenir que ce que je suis forcé
» de considérer comme le phénomène de quelque chose autre
» que moi n'est pourtant (sans que je le sache) qu'une mo-
» dification de mon esprit ? J'admets bien le fait du témoignage

» de la conscience comme donné, mais je nie la vérité de son
» rapport. Que la négation de la vérité de conscience comme
» témoignage soit ou non légitime, nous n'avons pas à l'exa-
» miner à présent : tout ce que je veux, c'est, comme je l'ai dit,
» faire voir que nous devons distinguer dans la conscience deux
» espèces de faits, — le fait de la conscience témoignant, et
» le fait dont la conscience témoigne ; et que nous ne devons
» pas, ainsi que M. Stewart, soutenir que nous ne pouvons pas
» plus douter de la réalité du monde extérieur que du fait que
» la conscience présente en opposition réciproque, le phéno-
» mène du soi en regard du phénomène du non-Soi. »

Il ajoute que, puisque l'on n'a pas élevé, et qu'on ne peut pas
élever de doute sur les faits donnés dans l'acte de conscience
même, « c'est seulement l'autorité de ces faits en tant que
» prouvant qu'il y a quelque chose au delà d'eux, — c'est-à-
» dire, seulement la seconde classe de faits, — qui devient
» un objet de discussion ; ce n'est pas la réalité de la conscience
» que nous avons à prouver, c'est sa véracité. »

En concevant et en exposant clairement cette distinction,
Hamilton a essentiellement contribué à rendre plus intelligibles les conséquences impliquées dans la grande question
qu'il traite. Ce passage remarquable est de ceux qui nous permettent le mieux d'apprécier à la fois sa philosophie et son
esprit philosophique. Il prouve que, quelle que puisse être la
valeur positive de ses découvertes en métaphysique, Hamilton
a une grande supériorité sur la plupart des métaphysiciens en
renom, et en particulier sur ses deux éminents prédécesseurs
dans la même école Reid et Stewart.

Cependant il y a dans cette exposition des points qui prêtent
le flanc à la critique. La distinction qu'il pose est, d'une manière générale, incontestablement juste. Parmi les faits que
Hamilton considère comme des révélations de la conscience, il
y en a dont, comme il le dit avec raison, personne ne doute
ou ne peut douter, et d'autres qui peuvent être et qui sont l'objet du doute. Les faits dont nous ne pouvons douter sont ceux
auxquels la plupart des philosophes bornent l'acception du
mot conscience. « Ce sont les faits de conscience interne,
» les actes et les affections propres de l'esprit. » Ce que nous
sentons nous ne pouvons douter que nous ne le sentions. Il nous

est impossible de sentir, et de penser que peut-être nous ne sentons pas, ou bien de ne sentir pas, et de penser que peut-être nous sentons. Ce qui peut être mis en doute, c'est la révélation supposée d'une réalité extérieure par la conscience (révélation que notre auteur considère comme la conscience même). Mais, bien que nous puissions douter de cette réalité extérieure, nous sommes forcés d'admettre, d'après lui, que la conscience en rend témoignage. Nous pouvons ne pas croire notre conscience; mais nous ne pouvons mettre en doute le contenu de son témoignage. On ne peut admettre cette affirmation sans réserves comme les autres. Il est vrai que je ne peux pas douter de mon impression présente : je ne puis douter que lorsque je perçois une couleur ou un poids, je ne les perçoive comme attributs d'un objet. Je ne peux pas non plus douter que lorsque je regarde deux champs, je ne perçoive lequel des deux est le plus éloigné. La majorité des philosophes ne diraient pas que la perception de la distance par l'œil est attestée par la conscience ; parce que bien que ce soit ainsi que nous percevons la distance, ils croient que cette perception est le résultat de l'habitude. Il est bien permis de penser que notre tendance à rapporter nos impressions sensibles à un objet extérieur est de même le résultat de l'habitude, et s'il en est ainsi, bien qu'elle soit un fait de notre conscience dans son état artificiel d'à-présent, la perception du monde extérieur n'aurait aucun droit au titre de fait de conscience d'une manière générale, puisqu'elle n'aurait pas été dans la conscience dès le commencement. C'est ce point de psychologie que nous allons bientôt discuter.

Il est nécessaire de faire une autre remarque. Tout le monde admet avec notre auteur qu'il est impossible de douter d'un fait de conscience interne. Il est impossible de sentir, et de ne pas sentir que nous sentons. Mais Hamilton ne se contente pas de laisser cette vérité reposer sur sa propre évidence. Il lui faut une démonstration. Comme si elle n'était pas suffisamment prouvée par la conscience même, il veut la démontrer par une *reductio ad absurdum*. Personne, dit-il, ne peut douter de la conscience, parce que le doute étant lui-même un fait de conscience, douter de la conscience, ce serait douter que nous doutons. Il donne une telle valeur à cet argument, qu'il y a continuellement recours dans ses écrits ; c'est effectivement un des traits caractéristiques de sa philosophie (1).

Cependant il me semble que ce n'est ni plus ni moins qu'un sophisme. Hamilton regarde le doute comme quelque chose de positif, ainsi que la certitude, il oublie que le doute c'est l'incertitude. Le doute n'est pas un état de conscience, mais la négation d'un état de Conscience. Il n'est rien de positif, il n'est que l'absence d'une croyance, et il paraît être le seul fait intellectuel qui puisse être vrai sans affirmer lui-même sa propre vérité, sans que nous croyions ou refusions de croire que nous doutons. Si le doute est autre chose qu'une pure négation, il veut dire une assurance insuffisante, une disposition à croire jointe à une incapacité de croire hardiment. Mais il y a des degrés d'insuffisance, et si nous supposons, en faveur de l'argument, qu'il est possible de douter de la conscience, il peut être possible de douter de différents faits de conscience à différents degrés. L'incertitude générale de la conscience pourrait bien être le fait qui semble le moins incertain. Le mot de Socrate, que la seule chose qu'il savait était qu'il ne savait rien, exprime un état d'esprit concevable et nullement inconséquent. La seule chose dont il se sentait parfaitement sûr, était peut-être qu'il n'était sûr de rien autre. Laissons Socrate (qui n'était pas sceptique, quant à la réalité de la connaissance, mais qui doutait seulement de la posséder) et cherchons à concevoir l'incertitude d'esprit d'une personne qui doute du témoignage de ses sens : il est tout à fait possible de supposer qu'elle doute même de son doute. La plupart des gens, je pense, doivent s'être trouvés dans un cas semblable au sujet des faits particu-

(1) Cet argument est exposé d'une manière bien plus spécieuse dans une note à Reid (231) : « Il est impossible de douter que nous ayons conscience de ceci ou
» de cela. Car le doute doit au moins postuler sa propre réalité. Mais le doute
» n'est qu'une donnée de la conscience : donc en postulant sa propre réalité, il
» admet la vérité de la conscience, et par conséquent s'annihile. » Dans une autre
» note (p. 442) il dit : « En doutant du fait de sa conscience, le sceptique doit au
» moins affirmer le fait de son doute ; mais affirmer un doute, c'est affirmer la
» conscience de ce doute ; le doute se contredirait donc, c'est-à-dire s'annihile-
» rait ». Et encore (Dissertations sur Reid, p. 744) : « Comme le doute n'est
» lui-même qu'une manifestation de la conscience, il est impossible de douter que
» ce que la conscience manifeste, elle le manifeste, sans douter par ce doute,
» que nous doutions réellement ; c'est-à-dire sans contredire notre doute et par
» conséquent l'annihiler ».

liers dont ils n'étaient pas parfaitement certains ; ils n'étaient pas tout à fait certains d'être incertains (1).

Mais quoique la preuve que notre auteur donne de la proposition soit insoutenable autant qu'inutile, tout le monde accorde avec lui qu'un fait réel de conscience ne peut être mis en doute ou nié. Revenons maintenant à la distinction qu'il établit entre les faits « donnés dans l'acte de conscience » et ceux « de la réalité desquels cet acte ne fait que donner témoignage ». Ces derniers, ou en d'autres termes la *véracité* de la conscience, Hamilton pense qu'il est possible d'en douter, ou de les nier ; il dit même qu'un plus ou moins grand nombre de ces faits ont été révoqués en doute par presque tous les philosophes modernes. Voilà une manière d'exposer le point en litige entre Hamilton et les philosophes modernes, dont peu de ces philosophes, j'ose le dire, admettraient l'exactitude, s'il s'en trouve un seul pour la reconnaître. Hamilton leur fait une position paradoxale, il nous les montre admettant que la conscience leur révèle, ainsi qu'à tous les hommes, la vérité de certains faits,

---

(1) Dans un autre passage de notre auteur (*Lectures*, IV, 69), le même argument reparaît sous une autre forme et pour un motif différent. Il parle du critérium de la vérité. Ce critérium, dit-il, est la nécessité déterminée par les lois qui gouvernent notre faculté de connaître, et la conscience de cette nécessité est la certitude. La nécessité d'une cognition, c'est-à-dire l'impossibilité de la penser autrement qu'elle n'est présentée, cette nécessité, en tant que fondée sur les lois de la pensée, est le critérium de la vérité ; ce qui le montre, c'est que là où se trouve cette nécessité, tout doute concernant la correspondance de la pensée cognitive et de son objet doit s'évanouir ; car douter si ce que nous pensons nécessairement d'une certaine manière existe actuellement comme nous le concevons, ce n'est rien moins que s'efforcer de penser le nécessaire comme le non nécessaire ou l'impossible, ce qui est contradictoire.

Il est très-curieux de voir Hamilton soutenir que les nécessités de notre pensée sont des preuves des réalités correspondantes, que les choses doivent *être* effectivement de telle et telle manière, parce qu'il nous est impossible de penser qu'elles soient autrement ; il oublie toute la « philosophie du Conditionné » et le principe si souvent affirmé par lui, qu'il y a des choses qui peuvent, qui doivent même être vraies, dont il nous est impossible de concevoir même la possibilité. Mais ici nous n'avons affaire qu'à son argument, et dans cet argument il oublie que le doute n'est pas un fait positif, mais un fait négatif. Douter veut dire simplement qu'on n'a pas une connaissance ou une croyance certaine du sujet. Or, comment peut-on affirmer que cet état négatif de l'esprit est « un effort pour penser » quelque chose ? Quand cela serait, un effort pour penser une contradiction n'est pas une contradiction. L'effort de penser ce qui ne peut être pensé, loin d'être impossible, est la preuve par laquelle nous constatons que cela ne peut être pensé. L'échec de l'effort ne prouverait pas que ce que nous nous efforçons de penser n'est pas réel, mais seulement qu'il ne peut être pensé, ce qui a déjà été admis dans l'hypothèse, et notre auteur nous a fait faire un long détour pour nous ramener au point de départ.

pour douter ensuite de ces mêmes faits. Je présume que la grande majorité des philosophes dont parle Hamilton, s'inscriraient en faux contre cette allégation. Ils n'ont jamais songé à contester la véracité de la conscience. Ils ont nié ce que Hamilton croit impossible de nier, le fait de son témoignage. Ils ont pensé que la conscience n'attestait pas les faits que Hamilton croit qu'elle atteste. S'ils avaient pensé comme lui sur ce témoignage, ils auraient pensé comme lui sur les faits. Plusieurs ont soutenu que la conscience telle qu'elle est ne témoigne de rien au-delà d'elle-même ; ils ont admis que toutes les connaissances que nous possédons, et que les croyances que nous trouvons en nous, quelles qu'elles soient, ayant pour objet autre chose que les sentiments et les opérations de notre propre esprit, ont été acquises postérieurement aux premiers débuts de notre vie intellectuelle, et qu'elles n'ont pas été attestées par la conscience au moment de ses premières impressions. D'autres, encore, ont cru à *un* témoignage de la conscience, mais non pas à celui que lui attribue Hamilton. Les uns n'ont pas cru du tout les faits que, d'après lui, la conscience atteste, d'autres n'ont pas cru qu'ils fussent connus intuitivement ; il y en a même plusieurs qui ont cru les faits, et cru qu'on les connaissait intuitivement, et s'ils ont différé de de Hamilton, ils en ont différé par la plus insaisissable nuance, et pourtant c'est avec ces dernières, comme nous le verrons, qu'il a eu sa plus grande querelle. Dans cette contestation avec (c'est lui qui le dit) la majorité des philosophes, les arguments de Hamilton portent à faux. Il pense qu'il est inutile de prouver que le témoignage auquel il fait appel est réellement donné par la conscience, il le croit indénié et indéniable : mais il prouve à chaque instant que nous devons croire notre conscience, chose que peu de ses adversaires ont nié, s'il en est qui l'aient fait (1). Il est vrai qu'il invoque toujours le même argument, qu'il ne se fatigue pas de ressasser. C'est dans la première Dissertation sur Reid, « celle de la Philosophie du Sens Commun », qu'il établit son argument de la

---

(1) Les philosophes qui ont le plus insisté sur la nécessité d'un critérium pour la conscience, l'ont toujours trouvé dans la conscience même. Ecoutons M. Stirling, le plus récent d'entre eux, qui les résume tous à ce point de vue : « C'est la
» fonction de la conscience, bien qu'elle soit infaillible, inviolable et véridique
» comme nulle autre témoin ne l'est et ne peut l'être, d'éprouver, d'examiner et
» de mettre en doute la conscience le plus possible (p. 58). »

manière la plus systématique. Après avoir dit qu'il y a certains éléments primitifs de connaissance, se manifestant eux-mêmes à nous comme des faits que la conscience nous atteste, il continue (1). « Comment, demande-t-on, ces proposi-
» tions premières, — ces connaissances de première main,
» — ces faits, ces croyances, ces sentiments fondamentaux,
» nous certifient-ils leur propre véracité ? A ceci il n'y a
» qu'une seule réponse possible, c'est que, comme éléments de
» notre constitution mentale, comme conditions essentielles de
» notre connaissance, ils doivent être tenus pour vrais. Sup-
» poser qu'ils sont faux, c'est supposer que nous sommes créés
» capables d'intelligence, afin de devenir victimes de l'erreur;
» que Dieu est un trompeur, et que le fond de notre nature est
» un mensonge ; » que l'homme n'est « organisé pour attein-
» dre le vrai, et n'est poussé par l'amour de la vérité que pour
» servir de jouet et de victime à un créateur perfide (2) ». Il est donc évident que le témoignage de la conscience doit être cru, parce que refuser de le croire, ce serait accuser de mensonge et de perfidie le Créateur.

Mais il y a ici une difficulté préliminaire qu'il faut résoudre, et qu'on peut exposer sans irrévérence. Si la preuve de la crédibilité de la conscience est la véracité du Créateur, sur quoi donc repose la véracité du Créateur ? n'est-ce pas sur le témoignage de la conscience ? Nous ne pouvons connaître la véracité divine que de deux façons : 1° par intuition, ou 2° par démonstration. Si nous la connaissons par intuition, elle est elle-même un fait de conscience, et pour être fondés à la croire, il faut que nous admettions que la conscience est digne de foi. Ceux qui disent que nous avons une intuition directe de Dieu, ne font que dire en d'autres termes que la conscience l'atteste. Si, au contraire, nous soutenons avec notre auteur que Dieu n'est pas connu par intuition, mais démontré par des preuves, ces preuves doivent en dernier ressort reposer sur la conscience. Toutes les preuves de la religion, naturelle ou révélée, doivent provenir ou du témoignage des sens, ou des sentiments internes de l'esprit, ou de raisonnements auxquels l'une ou l'autre de

---

(1) *Dissertations on Reid*, p. 743.
(2) *Dissertations on Reid*, p. 745.

ces deux sources a fourni des prémisses. Si donc la religion même repose sur le témoignage de la conscience, on ne peut l'invoquer pour prouver qu'il faut croire à la conscience. Il faut commencer par croire à la conscience pour y trouver ensuite des preuves de la vérité de la religion.

Je ne sais pas si c'est par l'effet d'un sentiment vague de cette objection, que Hamilton adopte une idée qui, à quelque point de vue que l'on se place, impose une restriction extraordinaire à son opinion. Après avoir montré que la véracité du Créateur est engagée dans la vérité du témoignage de la Conscience, il se contente d'avancer que cet argument n'a pas la valeur d'une preuve, mais seulement d'une présomption *prima facie*. Une (1) « supposition telle » que celle d'un créateur perfide, « si elle » est arbitraire, est manifestement illégitime. » « Les données de notre conscience primitive doivent évidemment, *dans le premier exemple*, » (les italiques sont de l'auteur) « être présumées vraies. » Ce n'est que si leur fausseté était prouvée », ce qui ne peut se faire que si l'on montre leur incompatibilité mutuelle, « que l'on » pourrait, *en conséquence de ces preuves*, rejeter leur autorité » dans le second exemple. » « *Neganti incumbit probatio*. On ne » doit pas supposer arbitrairement que la nature travaille non-» seulement en vain, mais contre elle-même ; on ne doit pas, sans » raison, supposer que notre faculté de connaissance est un » instrument d'illusion. » C'est une bien humble protestation en faveur de la véracité du Créateur, que de dire qu'on l'admet par pure présomption, en l'absence de preuve contraire ; que l'Être Divin, comme un accusé sur la sellette, doit être présumé innocent, jusqu'à ce qu'on ait prouvé sa culpabilité. Bien loin de faire cette remarque dans un esprit hostile à Hamilton, je regarde comme un de ses titres d'honneur, de n'avoir pas craint, comme tant d'autres, de soumettre une proposition qu'entoure le respect, à la même logique que toutes les autres, et, qu'en philosophe, il ne se soit pas senti obligé de la considérer comme portant sa preuve en soi. Je me plaindrais plutôt de trouver que sa logique n'est pas assez conséquente, et je dirais que la véracité divine a droit à plus ou à moins d'autorité qu'il ne lui en accorde. Hamilton est contraint par les lois d'un bon

---

(1) *Dissertations on Reid*, p. 743-745.

raisonnement à prouver ses principes sans le secours de la conclusion qu'il veut en tirer. S'il le peut, si la véracité divine est attestée par un témoignage plus fort que celui de la conscience, on peut l'invoquer non pas simplement comme présomption, mais comme preuve. S'il ne le peut pas, la véracité divine n'a pas droit à figurer dans la discussion, ne fût-ce qu'à titre de présomption. Pour elle, pas de milieu ; ou elle est assez bonne pour servir de preuve, ou elle ne l'est pas assez pour servir de présomption. Ce serait un nouveau genre de *pétition de principe*, que de soutenir qu'une conclusion n'est pas une *preuve* des prémisses, dont on la tire, mais qu'elle en est une présomption *prima facie*.

Cependant notre auteur ne peut être convaincu de *pétition de principe*. Quoiqu'il ne nous dise comment il l'évite, il nous met, je pense, en état de le voir. Il déduit, il est vrai, la crédibilité de la conscience de la véracité de Dieu ; et la véracité de Dieu ne peut être connue que par le témoignage de la conscience. Mais il se rabat sur la distinction entre les faits donnés dans la conscience même, et les faits « dont elle atteste seu- » lement la réalité ». C'est pour prouver la crédibilité de ces derniers qu'il invoque la présomption, de la véracité divine (présomption qui devient une preuve en l'absence de preuve contradictoire). Cette véracité, peut-il dire, est prouvée par la conscience, mais sa preuve ne réclame que l'autre classe de faits de conscience, ceux qui sont donnés dans l'acte de conscience lui-même. Il y a ainsi deux degrés dans l'argument. « Les phénomènes de conscience considérés simplement en eux- » mêmes, » au sujet desquels « le scepticisme est évidemment » impossible (1), » suffisent (il faut supposer que Hamilton le pense) à prouver la véracité divine ; et cette véracité, une fois prouvée, devient à son tour une raison d'avoir confiance au témoignage porté par la conscience sur les faits qui se passent en dehors et au delà de ses limites.

A moins donc que Hamilton ne se soit rendu coupable de paralogisme en prouvant par la religion ce qui est nécessaire pour prouver la religion, il faut qu'il ait voulu dire que notre connaissance de Dieu repose sur l'affirmation que la Conscience

(1) *Dissertations on Reid*, p. 745.

fait d'elle-même, et non pas de quelque chose qui la dépasse ; que l'on peut prouver l'existence et les attributs de Dieu sans supposer que la conscience atteste quelque autre chose que nos propres sentiments et nos propres opérations mentales. S'il en est ainsi, nous pouvons affirmer sur l'autorité de Hamilton, que la forme la plus extrême du scepticisme philosophique, le Nihilisme même de Hume (c'est ainsi que notre auteur l'appelle), qui nie l'existence de la Matière et celle de l'Esprit, n'affecte pas les preuves de la religion naturelle. En réalité, il n'affecte que les preuves dont une religion peut se passer. Et pourtant quelle masse de préjugés religieux n'a-t-on pas soulevée contre cette doctrine philosophique, pour des raisons que nous pouvons maintenant appeler fausses au nom de Hamilton (1) !

Mais il faut quelque chose de plus pour donner à la véracité divine le pouvoir de prouver le témoignage de la conscience contre ceux, s'il en est, qui, tout en admettant le fait du témoignage, hésitent à en reconnaître la validité. La vérité divine ne peut être engagée dans la vérité d'une chose, que si l'on prouve que l'Être Divin a voulu qu'on crût cette chose. Comme on ne prétend pas qu'il ait fait une révélation tout exprès, son intention ne peut être inférée que du résultat, et notre auteur l'infère de ce que l'Être Divin a établi comme un caractère originel et inaltérable de notre nature, que la conscience nous déclarât certains faits. Or, voilà ce que la plupart des philosophes qui rejettent ces faits, n'admettraient pas. Il est vrai que plusieurs d'entre eux ont admis que nous avons une *tendance naturelle* à croire quelque chose qu'ils considèrent comme une illusion ; mais on ne peut affirmer que Dieu veuille que nous fassions tout ce qu'une tendance naturelle nous porte à faire. Dans toutes les théories du gouvernement divin, le but qu'on veut atteindre, au point de vue moral aussi bien qu'intellectuel, ce

(1) D'accord avec cette idée, Hamilton dit ailleurs (*Appendix to Lectures*, 1, 394) : « Le doute religieux et le scepticisme philosophique non-seulement sont » différents, mais ils n'ont pas même de connexion ». Je suis fâché de voir qu'après cette proposition, il déclare que l'irréligion « doit toujours être un sujet » non-seulement « de regret », mais de « réprobation ». Cette imputation d'une culpabilité morale jetée à une opinion professée avec sincérité et acquise honnêtement, est une tache qu'on aimerait à ne pas trouver dans les écrits d'un penseur de tant de mérite et d'une si haute moralité.

n'est pas de laisser aller nos penchants naturels, mais de les asservir et de les surveiller. Un philosophe, Hume, a dit que la tendance en question paraît être un « instinct » et appelé une doctrine psychologique, à ses yeux sans fondement, « une » opinion universelle et primitive de tous les hommes ». Mais il n'a jamais prétendu que notre nature nous force à la croire vraie; au contraire, il dit, que cette opinion chimérique « ne » résiste pas longtemps à la plus légère philosophie ». Parmi les penseurs éminents, celui qui ressemble le plus au portrait que notre auteur fait de ceux qui rejettent le témoignage de la conscience, c'est Kant. Il soutenait qu'il y a une illusion inhérente à notre constitution ; que nous ne pouvons nous empêcher de concevoir comme appartenant aux choses elles-mêmes, les attributs qui ne leur sont étroitement liés que par les lois de notre sensibilité et de notre intellect. Mais il distinguait profondément une illusion d'une tromperie. Il ne croyait pas que nous soyons mystifiés par l'Être Suprême, et il n'aurait pas admis que Dieu ait voulu nous tromper perpétuellement en nous faisant prendre les conditions de nos conceptions mentales pour les propriétés des choses mêmes. Si Dieu nous a donné les moyens de corriger une erreur, il est probable qu'il n'a pas voulu qu'elle nous entraînât, et en philosophie comme dans la vie ordinaire, il y a plus de religion à voir les desseins de Dieu dans les prescriptions et les délibérations de notre raison, que dans celles d'un « aveugle et puissant instinct naturel ».

Quant à la presque unanimité des philosophes, sinon à l'unanimité, on peut dire avec vérité que les causes de leurs divisions n'ont jamais porté sur la véracité de la conscience. La conscience, au sens qu'y attachent habituellement les philosophes, la conscience des sentiments et des opérations propres de l'esprit ne peut, ainsi que notre auteur le dit avec vérité, être mise en doute. On n'a jamais douté du fait interne, du sentiment qui est dans notre propre esprit, puisque ce serait douter que nous sentons ce que nous sentons. Ce que notre auteur appelle le *témoignage* porté par la conscience sur un objet en dehors d'elle, on peut le nier et on le nie ; on a presque toujours nié que la conscience donnât le témoignage, mais on n'a pas dit que si ce témoignage était donné il ne fallait pas le croire.

A première vue, on pourrait croire qu'il n'est pas possible de douter si notre conscience affirme ou n'affirme pas une chose donnée. Aussi bien cela ne peut être, si par conscience on entend ce qu'elle signifie d'ordinaire, la conscience du moi. Si la conscience me dit que j'ai une certaine pensée ou une certaine sensation, j'ai assurément cette pensée ou cette sensation. Mais si la conscience, comme pour Hamilton, signifie une faculté qui peut me parler de choses qui ne sont pas des phénomènes de mon propre esprit, il s'élève de suite une grande divergence d'opinions au sujet de savoir ce que sont les choses que la conscience atteste. Il n'est pas de choses que les hommes ne pensent et ne disent connaître par la conscience, pourvu qu'ils ne se rappellent pas le temps où ils ne les connaissaient ni ne les croyaient, et qu'ils ne sachent pas de quelle manière ils sont arrivés à y croire. En effet, la Conscience, en ce sens large, ainsi que nous l'avons souvent fait observé, n'est qu'un synonyme de la Connaissance Intuitive, et quelles que soient les autres choses que nous puissions connaître intuitivement, nous ne connaissons certainement pas par intuition quelle connaissance est intuitive. C'est un sujet sur lequel le vulgaire et les plus forts penseurs ont constamment commis des erreurs. Personne ne le sait mieux que Hamilton. Je transcris quelques-uns des nombreux passages où il le reconnaît. « Une » des sources d'erreurs (1), c'est qu'on attribue à l'intelligence, » comme nécessaires et originelles, des données qui ne sont que » des généralisations contingentes tirées de l'expérience, et qui » par conséquent ne font point partie de ses vérités innées (2). » Et (3) ailleurs : « Plusieurs philosophes ont cherché à établir » sur les principes du sens commun des propositions qui ne » sont pas des données originelles de la conscience, tandis que » les données originelles de la conscience, les principes d'où » leurs propositions tirent leur nécessité et leur vérité, ces » mêmes penseurs (c'est étrange à dire) ne sont pas disposés » à les admettre. » Il traite encore pis les philosophes coupables

---

(1) *Lectures*, IV, 137.
(2) Il y a des écrivains en réputation aujourd'hui, qui soutiennent sans réserve que nous connaissons par intuition l'impossibilité des miracles. « La négation du » miracle, dit M. Nefftzer (*Rev. Germanique*, 7 septembre 1863, p. 183), n'est pas » subordonnée à l'expérience, elle est une nécessité logique et un fait de certi- » tude interne; elle doit être le premier article du *credo* de tout historien et de » tout penseur ».
(3) *Dissertations on Reid*, p. 749.

de cette erreur, quand il entre en discussion avec eux. Voici dans quels termes il caractérise les façons de faire de Cousin, par exemple (1) : « L'affirmation tient lieu de preuve ; on » allègue des faits de conscience que la conscience n'a jamais » connus ; on donne des paradoxes à défier la raison, pour des » vérités intuitives, qui n'ont pas besoin de confirmation. » L'erreur particulière que Cousin a commise dans son interprétation de la conscience consiste, comme nous l'avons vu, à supposer que tout acte de la conscience affirme trois choses, dont Hamilton pense qu'elle n'atteste qu'une seule. Outre l'élément fini consistant dans le Soi et le non-Soi, Cousin croit qu'il y a dans la conscience une révélation directe de l'infini (Dieu) et une relation entre cet Infini et le Fini. Mais ce n'est pas seulement Cousin qui, d'après notre auteur, se trompe sur le témoignage de la conscience. Il porte la même accusation contre un penseur avec lequel il s'accorde plus souvent qu'avec Cousin, contre Reid. Reid, ainsi que nous l'avons vu, pense, contrairement à Hamilton, que nous avons une connaissance immédiate des choses passées. C'est en avoir conscience d'après le sens que Hamilton donne à ce mot, mais non d'après celui que lui donne Reid. Finalement Hamilton attribue une erreur semblable, non plus à tel ou tel métaphysicien en particulier, mais à tout le monde en général. Il dit que nous ne voyons pas le soleil, mais seulement une image lumineuse en contact immédiat avec l'œil, et qu'il n'y a pas deux personnes qui voient le même soleil, mais que chaque personne en voit un différent. Or, c'est assurément la croyance universelle de l'humanité, que tout le monde voit le même soleil, le même soleil qui se couche et se lève, et qui est éloigné de la terre de 95 ou, suivant les recherches les plus récentes, de 92 millions de milles. Ici Hamilton prête le flanc à Reid, et à tous les hommes étrangers à la métaphysique, qui peuvent en appeler au Sens Commun et au sentiment universel de l'humanité, plus énergiquement que Reid et Hamilton lui-même ne l'ont fait contre les sophismes des métaphysiciens (2).

(1) *Discussions*, p. 25.
(2) Reid lui-même place la croyance naturelle que Hamilton rejette, au rang de celles qu'il soutient avec le plus de vigueur, et dit (*Œuvres Ed. d'Ha-*

Nous voyons donc qu'il ne suffit pas de dire qu'une chose est attestée par la conscience, et de renvoyer tous les dissidents à la Conscience pour en faire l'épreuve. Substituez au mot conscience son équivalent (dans l'acception admise par notre auteur) la Connaissance Intuitive, et l'on voit que ce n'est pas une chose que la simple inspection de nous-mêmes puisse prouver. L'inspection intérieure de nous-mêmes peut nous faire voir une croyance ou une conviction présente, accompagnée de plus ou moins de difficultés de mettre d'accord nos idées avec une théorie différente ; mais ce n'est pas la simple inspection intérieure qui peut nous faire voir si cette croyance, cette convic-

milton, page 284), dans un passage cité par notre auteur même : « Le vulgaire
» est fermement persuadé que les objets qu'il aperçoit continuent d'exister quand
» il ne les voit plus ; et il ne croit pas moins fermement que lorsque dix hommes
» regardent le soleil ou la lune, ils voient tous le même objet particulier. » Et
Reid avoue qu'il partage l'opinion du vulgaire dans les deux cas. Mais Hamilton, tandis qu'il soutient la première, par la raison que la nier ce serait déclarer que notre nature est un mensonge, pense qu'il n'y a rien de plus absurde
que la dernière. « Rien, dit-il (*Lectures*, II, 129), de plus ridicule que l'opinion
» des philosophes à ce sujet. Par exemple, ils ont prétendu (et Reid ne fait pas ex-
» ception) que, lorsque nous regardons le soleil, la lune, ou tout autre objet visi-
» ble, les uns, que nous avons réellement conscience de ces objets distants, et
» les autres, que ces objets distants sont ceux-là mêmes qui sont réellement repré-
» sentés à l'esprit. Rien de plus absurde : nous n'apercevons par aucun de nos
» sens rien d'extérieur que ce qui est en relation immédiate et en contact immé-
» diat avec nos organes. Par l'œil, nous ne percevons rien que les rayons de lu-
» mière en rapport avec la rétine, et en contact avec elle. »
    La base du système des idées dont la ruine est, dit-on, le plus grand mérite de
Reid, était un préjugé naturel qu'on supposait intuitivement évident, à savoir,
que ce qui connaît doit être de nature semblable à ce qu'il connaît. « Il n'y a peut
» être pas de principe, dit notre auteur (*Note à Reid*, page 300), qui ait exercé
» sur la pensée une influence plus étendue..... Il serait aisé de montrer que la
» croyance explicite ou implicite, que ce qui connaît et ce qui est immédiatement
» connu doivent être de nature analogue, fait le fond de presque toutes les théo-
» ries de la connaissance depuis les plus anciennes spéculations jusqu'aux plus ré-
» centes...... Et pourtant elle n'a pas été prouvée, et elle ne peut l'être, et même
» elle est contredite par le témoignage de la conscience. »
    Mais bien que Hamilton nous montre qu'il sait parfaitement combien les différences d'opinions sur nos perceptions intuitives peuvent être grandes, je ne prétends pas nier que dans l'occasion il n'affirme le contraire. Il dit dans le 4e volume des *Lectures* (page 95) : « Je viens de limiter la possibilité de l'er-
» reur au raisonnement probable, car dans l'intuition et la démonstration il
» n'y a guère place pour une erreur importante. » Quand on a un peu lu Hamilton, on est fait à ses contradictions. Il affirme ici qu'une erreur est si peu possible, qu'il n'y a pas lieu d'en tenir compte dans une classification des erreurs, et pourtant c'est contre elle qu'il ne cesse de combattre en détail, et il en accuse presque tous les philosophes. Et quand il dit (*Lectures*, I, 266) que la « révélation » de la conscience est « naturellement claire » et qu'elle n'est mal comprise par les philosophes que parce qu'ils n'ont recours à elle que pour la faire parler en faveur de leurs propres opinions, il ne fait que transporter dans la psychologie le dogmatisme des théologiens.

tion ou cette connaissance, comme on voudra l'appeler, est intuitive, à moins que nous n'ayons la liberté d'admettre que toutes les opérations mentales qui sont au moment présent aussi nettes et aussi rapides que des intuitions ont été dans l'origine des intuitions. Reid, au début au moins, s'exprima souvent comme si telle était son opinion. Hamilton, plus sage que Reid, ne tomba pas dans cette erreur. Pour lui (du moins dans ses bons moments), la question de savoir ce qui est ou n'est pas révélé par la conscience, regarde exclusivement les philosophes. « Le premier (1) problème de la philosophie est de
» rechercher, de purifier, d'établir par l'analyse et la critique
» de l'entendement, les sentiments et les croyances élémen-
» taires dans lesquels sont données les vérités élémentaires que
» tous possèdent. » Ce problème, avoue-t-il, « n'est pas facile » ; et « l'argument du sens commun est manifestement déféré à
» la philosophie, c'est-à-dire à l'art, à l'habileté acquise, et
» malgré les erreurs que les philosophes ont si souvent com-
» mises, on ne peut le leur ôter. Le sens commun est comme
» le droit coutumier. On peut poser l'un et l'autre comme
» la règle générale des jugements, mais pour celui-ci c'est au
» jurisconsulte, pour celui-là, au philosophe qu'il appartient
» de constater ce que commande la règle, et quoique dans les
» deux cas on puisse appeler le premier venu comme témoin de
» la coutume ou du fait, dans l'un ni dans l'autre il n'a droit
» de siéger comme avocat ou comme juge. »

Jusqu'ici, c'est bien. Mais si la question de savoir quelles sont les choses que nous connaissons intuitivement, ou, dans le langage de Hamilton, que la conscience atteste, ne trouve pas, comme on pouvait le croire, sa solution dans le simple examen de la conscience, mais qu'elle relève de la science, il reste à déterminer de quelle façon la science procédera. Et dès le début se présentent deux méthodes différentes que nous avons à distinguer pour l'étude des problèmes métaphysiques, qui forment la différence radicale qui partage les métaphysiciens en deux grandes écoles. Pour les distinguer, j'appellerai l'une introspective et l'autre psychologique.

La savante et fine critique de la philosophie de Locke, qui

---

(1) *Dissertations on Reid*, p. 752.

est peut-être la partie la plus frappante du Cours d'histoire de la Philosophie de Cousin, commence par une remarque qui résume le caractère des deux grandes écoles de philosophie psychologique, par une description sommaire de leurs méthodes. Cousin fait observer que Locke eut tort de commencer par se poser le problème de l'*origine* de nos idées. C'était commencer par la fin. Il eût fallu commencer par déterminer ce que les idées sont à présent, constater ce que la conscience nous dit, en remettant à plus tard l'essai d'une théorie de l'origine de certains phénomènes de l'esprit.

J'accepte la question comme Cousin la pose, et je soutiens qu'aucune tentative pour déterminer quelles sont les révélations directes de la conscience ne peut réussir, ni mériter la moindre attention, si elle n'a pas été précédée par ce qui, d'après Cousin, devrait seulement la suivre, c'est-à-dire, par une recherche sur l'origine de nos idées acquises. En effet, il n'est pas en notre pouvoir de constater directement ce que la conscience nous disait au temps où ses révélations étaient dans la pureté primitive. Elle ne s'offre à notre attention que telle qu'elle est à présent, que ces révélations primitives originelles sont ensevelies sous une montagne de notions et de perceptions acquises.

Cousin croit qu'en examinant avec un soin minutieux nos états présents de conscience, en distinguant et définissant tous les éléments que nous y trouvons, — lorsque nous nous contentons de concentrer sur eux notre attention, — tous les éléments qui nous semblent réels, et que nous ne pouvons décomposer en quelque chose de plus simple — nous arrivons aux vérités fondamentales et premières, sources de toutes nos connaissances, et qu'on ne peut nier ou mettre en doute sans nier ou mettre en doute le témoignage de la conscience même, c'est-à-dire, l'unique attestation qu'on puisse invoquer. Je soutiens que Cousin se fait une fausse idée des conditions imposées aux philosophes, par les difficultés de l'étude psychologique. Commencer la recherche au point où Cousin la prend, c'est faire une véritable pétition de principe. Car il devait savoir, que les lois de l'esprit, — les lois de l'association suivant les uns, les catégories de l'Entendement suivant les autres, — sont capables de créer avec celles des données de la conscience qui sont incontestées, des conceptions purement mentales, qui s'identifient si bien avec tous nos états de conscience, qu'il nous semble, et qu'il ne peut pas ne pas nous sembler, que nous les recevons par intuition directe. S'il ne le savait pas, il devait au moins savoir que ses adversaires le croient; que la croyance à la Matière, par exemple, dans l'opinion de quelques-uns de ces penseurs, a, ou au moins peut avoir, une semblable origine. Les Idéalistes et les Sceptiques soutiennent que la croyance à la Matière n'est pas un fait de conscience primitif, comme nos sensations, et par conséquent, qu'il manque de la condition indispensable qui, suivant Cousin et Hamilton, donne à nos convictions subjectives une autorité objective; qu'ils aient tort ou raison, on ne peut les réfuter, comme Cousin et Hamilton cherchent à le faire — par un appel à la Conscience. En effet, nous n'avons pas de moyen d'interroger la conscience dans les seules circonstances où il lui serait possible de donner une réponse valable. Pouvons-nous expérimenter sur la première conscience de l'enfant, — sur ses premières aperceptions des impressions que nous appelons externes; tout ce qui se trouverait présent dans ces premières aperceptions, serait le témoignage authentique de la Conscience; il mériterait autant de confiance, et ne pourrait pas plus être mis en doute que nos sensations elles-mêmes. Mais nous n'avons aucun moyen de constater maintenant par preuve directe, si nous avons eu conscience des objets extérieurs et étendus, au moment où nous avons ouvert nos yeux à la lumière. De ce qu'il y a à présent dans notre conscience une connaissance ou une croyance de ces objets, chaque fois que nous faisons usage de nos yeux ou de nos muscles, on n'est pas en droit de conclure qu'il en a été ainsi dès le commencement, tant qu'on n'a pas éclairci la question de savoir si elles n'ont pas pu s'y introduire plus tard. S'il est possible d'indiquer un moyen à la rigueur possible, suivant lequel elles s'y seraient introduites, on n'a pas le droit de conclure que le verdict de la conscience est original, avant d'avoir examiné et réfuté la nouvelle hypothèse. Avant de prouver que les Croyances Universelles, ou les principes du Sens commun en question, sont des affirmations de la conscience, il faut démontrer deux choses : que les croyances existent, et qu'il n'existe aucun moyen de les acquérir. Dans la plupart des cas, on ne conteste pas la première, mais la seconde est un sujet d'étude, qui réclame souvent les plus grandes ressources de la psychologie. Locke eut donc raison de croire que « l'origine de nos idées » est le nœud du problème de la science mentale, et le premier sujet à considérer, quand on veut faire une théorie de l'Esprit. Incapables d'examiner le véritable contenu de notre conscience, avant la complète organisation de nos premières associations, c'est-à-dire, de celles qui sont nécessairement le plus solidement nouées, qui sont tissées de la manière la plus inextricable, avec les données originelles de la conscience ; nous ne pouvons pas étudier les éléments primitifs originels de l'esprit dans les faits de notre conscience présente. Pour que ces éléments primitifs originels puissent se dégager de l'ensemble complexe où ils sont embarrassés et apparaître dans leur pureté, il faut que l'on connaisse d'abord les modes de production des faits de l'esprit qui ne sont incontestablement pas primitifs ; il faut que cette étude soit assez approfondie pour nous mettre en état d'appliquer ses résultats à nos convictions, croyances et intuitions prétendues, en apparence originelles, et de déterminer si quelques-unes d'entre elles ne pourraient pas avoir été produites d'après les mêmes modes, à une époque assez reculée, pour être devenues inséparables de notre conscience, avant la première heure de notre mémoire. C'est à ce mode de constatation des éléments primitifs de l'esprit que je donne le nom de méthode psychologique, faute d'un meilleur, pour le distinguer du mode simplement introspectif. C'est la méthode en vigueur dans les sciences physiques, adaptée aux besoins de la psychologie (1).

(1) L'*Inquirer* croit réfuter le paragraphe précédent en disant (p. 52-53) que la conscience peut n'avoir pas donné toute sa révélation dans l'enfance, et qu'il serait « contraire à toutes les règles de l'analogie de supposer que la conscience seule, » parmi nos facultés naturelles, n'a besoin ni de développement ni d'éducation. » Si l'on admet que la conscience se développe par l'exercice, la méthode introspective s'en trouvera plus mal encore. J'indiquais une expérience non réalisable, mais concevable, qui, en constatant le contenu de la conscience avant qu'elle ait rien reçu de l'expérience, donnerait à tout ce qu'elle révélerait le titre authentique de données originelles de la conscience. Mais si la conscience ne nous raconte pas tout en une fois, s'il lui faut du temps et de la pratique pour cela, et si elle ne complète ses révélations, que lorsque le temps lui a amené naturellement les impressions qui naissent de l'expérience, s'il en est ainsi, dis-je, on peut appliquer la méthode introspective à l'âge qu'on voudra, elle ne donnera jamais un résultat concluant. Les dépositions originelles de la conscience et celles qui

On pourrait supposer, d'après des expressions employées accidentellement par Hamilton, qu'il sentait vivement le besoin de déterminer par une étude méthodique et scientifique, celles de nos « croyances naturelles » qui sont réellement primitives, et celles qui ne sont que des conséquences ou des impressions acquises, considérées à tort comme intuitives (1). Il faut ajouter, aux déclarations déjà citées qui présentent cette tendance, les suivantes. En partant du plan de Descartes qui recommande de débuter en philosophie par une revue de toutes nos opinions fondamentales, « il y a chez nous, dit-il, parmi nos pré-
» jugés ou connaissances prétendues, un grand nombre de
» conceptions hâtives, dont l'étude demande beaucoup de pro-
» fondeur, de pensée, de sagacité et de science.... Celui qui
» entreprend une telle revue, pour devenir philosophe, doit
» l'être déjà. » Et ailleurs (2), il donne de grandes louanges à Aristote, pour n'avoir pas commis « l'erreur où sont tombés plu-
» sieurs philosophes modernes, qui confondent les connexions
» d'idées naturelles et originelles, avec celles qui sont acquises
» et passées en habitude ; » parce qu'ils n'ont pas essayé « de
» dégager les conditions, sous lesquelles nous pensons, d'avec
» des tendances engendrées par la pensée » ; ces louanges, notre auteur lui-même ne les mérite pas. Il semblait avoir fait une grande concession, en reconnaissant que le problème était d'une difficulté extrême, qu'il réclamait une solution scientifique et que c'était aux philosophes seuls de la chercher, et pourtant il n'a tenu aucun compte, je regrette de le dire, de la seule méthode qui pût le résoudre. Cousin a fait comme lui. Hamilton va jusqu'à exprimer son mépris pour cette méthode. Parlant de l'étendue, il dit (3) : « Il est vraiment oiseux de chercher à ima-
» giner les degrés par lesquels on a passé pour acquérir la
» notion d'étendue, quand en fait, nous sommes incapables d'i-
» maginer la possibilité que cette notion n'ait pas été en
» notre possession. » L'auteur de la philosophie du condi-

---

sont acquises se mêlent à toutes les périodes, et l'expérience qui consisterait à les séparer par la simple observation du moi, et de montrer l'origine de chaque élément, est frappée d'une double impossibilité, tandis que la mienne ne l'est d'une seule.

(1) *Lectures*, IV, 92.
(2) *Dissertations on Reid*, p. 894.
(3) *Dissertations on Reid*, p. 882.

tionné nous a appris, il me semble, que des choses dont nous
« ne pouvons pas nous figurer la possibilité » peuvent être vraies
et que beaucoup d'entre elles doivent l'être. De ce que nous ne
pouvons pas imaginer le temps où nous n'aurions pas eu la
connaissance de l'étendue, il n'en résulte pas que ce temps n'ait
pas existé. Hamilton lui-même reconnaît des lois mentales,
en vertu desquelles un état de choses nous deviendrait inévitablement inconcevable, quand même il aurait existé autrefois. Il y a des inconcevabilités artificielles qui ont autant de force
que les naturelles. Il est même douteux qu'il y ait une inconcevabilité naturelle, c'est-à-dire que quelque chose nous soit inconcevable, pour une autre raison que parce que la Nature ne
présente pas à notre expérience les combinaisons qui pourraient
la rendre concevable.

Je ne pense pas qu'on puisse trouver, dans tous les écrits
de Hamilton, un seul cas où, avant de consigner une
croyance comme un élément de notre conscience, il croie nécessaire de constater qu'elle n'a pas une date plus récente.
Il demande, il est vrai (1), qu'on « n'admette comme faits de
» conscience, que ceux qui sont derniers et simples ». Mais,
la seule condition qu'il demande, pour le proclamer fait dernier, c'est que nous ne puissions pas le « réduire à l'état de
» généralisation de l'expérience ». Cette condition est remplie,
quand il possède le « caractère de la nécessité ». « Il faut qu'il
» soit impossible de ne pas le penser. En fait, sa nécessité seule
» nous le fait reconnaître comme une donnée originelle de
» l'intelligence, et nous permet de le distinguer des résultats
» purs de la généralisation et de l'habitude. » En cela, Hamilton
est d'accord avec tous les membres de sa section du monde
philosophique ; avec Reid, avec Stewart, avec Cousin, avec
Whewell, et nous pouvons ajouter avec Kant (2). Le caractère

---

(1) *Lectures*, I, 268-270.
(2) Dans la première édition, j'ajoutais : « et même avec M. Herbert Spencer ».
Mais cet éminent penseur rejette cette doctrine dans un article publié dans le
Fortnightly Review. Ainsi que je le comprends à présent, M. Spencer soutient
que l'impossibilité de se défaire d'une croyance prouve sa vérité, et prouve aussi
qu'elle est une vérité première ou dernière, mais elle ne prouve pas qu'elle est
intuitive, puisque même, pour M. Spencer, les formes premières de la pensée
sont des produits de l'expérience, soit de la nôtre propre, soit de celle de
nos ancêtres, qui nous les ont transmis en vertu des lois du développement de
l'organisation. J'ai confondu les deux idées de vérité première et de vérité d'in-

sur la vue duquel tous décident qu'une croyance est une partie de notre conscience primitive, — une intuition originelle de l'esprit, — c'est la nécessité de la penser. La preuve, pour eux, que nous devons toujours, depuis le commencement, avoir eu

tuition, que personne, que je sache, n'avait distinguées avant M. Spencer ; et, en conséquence j'avais identifié sa théorie avec celle de l'école intuitive ; je vois que je m'étais trompé, mais je crois que ces deux systèmes peuvent être réfutés par les mêmes arguments, et que leur différence, bien que très-importante pour la psychologie, ne l'est pas pour le critérium de la vérité.

Je vois aussi que je m'étais trompé quand, dans un des premiers chapitres de cet ouvrage (chap. 11), je rangeais M. Spencer parmi les philosophes qui soutiennent, dans son sens le plus large, la doctrine de la Relativité de la connaissance humaine. En effet, il admet que les choses extérieures que nous ne pouvons pas nous empêcher de croire en relation avec toutes nos sensations ne sont pas entièrement inconnaissables pour nous. Au contraire, il croit (p. 548) que « les » relations plus ou moins intimes qui règnent parmi les états de conscience » d'un individu « sont engendrées par l'expérience des relations plus ou moins » constantes de quelque chose qui est situé hors de sa conscience » ; c'est-à-dire que, pour toute proposition que nous pouvons avancer sur les similitudes, successions et coexistences de nos états de conscience, il y a une similitude, succession ou coexistence qui règne effectivement parmi les Noumènes placés en dehors de la conscience, et même que nous pouvons en faire « l'expérience ». Cette prodigieuse quantité de connaissance touchant « l'Inconnaissable » n'est compatible avec la doctrine de la Relativité que si nous l'entendons dans le sens restreint que Hamilton lui donne. Ceci n'ôte rien à la valeur des analyses psychologiques que nous devons à M. Spencer, qui a rendu à la philosophie des services inestimables en appliquant et défendant « l'hypothèse empirique ».

M. Spencer, dans le même article, revient sur sa doctrine du critérium de la vérité, qui est en dernier ressort l'inconcevabilité de sa négation, et il la défend avec sa force habituelle d'argumentation. Dans une partie de son raisonnement, il semble donner à ses idées un sens qui les éloigne fort peu des miennes, si toutefois elles en diffèrent. Il me semble dire (p. 539) que la proposition : Des choses égales à une même chose sont égales entre elles, paraît vraie, parce que sa négation est inconcevable, de même qu'on dirait que deux lignes inégales, placées à côté l'une de l'autre, nous paraissent inégales, parce que leur égalité est inconcevable, c'est-à-dire que « je trouve impossible, en regardant ces lignes, de re- » jeter la conscience » de leur inégalité. Si l'inconcevabilité de la négative veut dire seulement que je ne peux résister au témoignage affirmatif de mes sens, je n'ai rien à dire, et je l'admets pour critérium de n'importe quelle vérité, même d'un axiome de géométrie. Je crois que la connaissance que j'ai des axiomes est de même espèce que celle de l'inégalité de deux lignes : je la connais, parce que je la vois ; et comme je ne peux pas avoir cette intuition positive en même temps que sa négative, celle-ci peut, si l'on veut, s'appeler l'inconcevabilité de la négative. Je ne peux pas faire reposer la croyance que les choses égales à une même chose sont égales entre elles sur une incapacité *à priori* de mon esprit à les concevoir inégales. Je crois que je suis incapable de les concevoir inégales, parce que je les ai toujours vues égales, et que je renouvelle cette expérience à tous les moments de ma vie.

Mais, demande M. Spencer (p. 549), si un axiome de mathématique n'est « connu que par induction des expériences personnelles », « sur quelle autorité » affirme-t-on les expériences personnelles ? Le témoignage de l'expérience n'est » transmis que par la mémoire » et la crédibilité de la mémoire « est plus sujette » au doute que la conscience immédiate » de la vérité mathématique. Au lieu de conscience immédiate, mettons observation immédiate, ce qui est un mode de

cette croyance, c'est l'impossibilité de nous en défaire aujourd'hui. Ce raisonnement, appliqué aux questions controversées de la psychologie, est doublement illégitime : ni sa majeure, ni sa mineure, ne sont admissibles. Car, en premier lieu, le fait même que la question est en litige, réfute l'impossibilité qu'on met en avant. Ceux contre qui l'on est obligé de défendre cette croyance, sont des exemples palpables que cette croyance n'est pas nécessaire. Elle peut être nécessaire pour ceux qui la croient telle : personnellement, ils peuvent être incapables de ne pas l'admettre. Mais, quand même cette incapacité s'étendrait à toute l'humanité, elle pourrait bien n'être que l'effet d'une forte association, comme l'impossibilité de croire aux Antipodes; et l'on ne peut pas démontrer que, même lorsque cette impossibilité est réelle, à une époque, elle ne puisse pas être surmontée, comme dans le cas des antipodes. L'histoire de la science est pleine d'inconcevabilités qui ont été conquises; et de prétendues vérités nécessaires, qu'on a d'abord cessé de croire nécessaires, puis de croire vraies, puis enfin qu'on a jugées impossibles (1). Les philosophes que j'ai nommés et

conscience, les « expériences personnelles » qu'elle nous présente deviennent le témoignage le plus certain qu'il est possible d'avoir : elles ne dépendent pas de la mémoire, mais de la perception directe, qu'on peut répéter à n'importe quel moment; en outre, elles sont renforcées par une quantité énorme de faits de mémoire, qui nous sont personnels ou qui appartiennent aux autres, mais qui par leur nombre, leur ubiquité, leur variété, font l'effet d'une assurance complète contre l'erreur possible de la mémoire dans un cas isolé.

(1) M. Mahaffy distingue, comme je l'ai fait, les deux espèces de prétendus inconcevables, ce qui est inimaginable et ce qui est simplement incroyable, puis il dit (pp. 8, 9): « Il semble qu'il y a entre elles non pas seulement une différence de degré, « mais une différence spécifique. Nous pouvons en toute sûreté mettre M. Mill au » défi de citer un cas où l'on ait prouvé la vérité, ou même la possibilité d'un ini» maginable (inconcevable). La raison en est évidente. La dernière repose sur la » forme de la pensée ou la faculté intuitive; la première seulement sur une » association empirique. » Dans le système de M. Mahaffy, la distinction passe pour spécifique, mais il doit certainement voir que cette distinction peut être considérée comme une différence de degré. Si une association empirique entre deux idées n'ayant pas la force qui la rendrait tout à fait irrésistible, ne permet pas d'imaginer facilement la séparation des deux faits correspondants, on est fondé à croire qu'une association empirique plus forte, produite par une répétition encore plus incessante, convertirait cette difficulté en une impossibilité conditionnelle, impossibilité qui ne peut céder que devant une expérience contraire que les conditions de notre existence terrestre peuvent ne pas permettre. Et si, comme je l'ai déjà fait observer, « une association mentale de deux faits, trop peu » forte pour que la représentation de leur séparation soit impossible, peut encore » créer, et s'il n'y a pas d'associations contraires, crée toujours plus ou moins de » difficulté à croire que les deux faits existent séparés; suivant les temps et les » lieux. Cette difficulté acquiert souvent la force d'une impossibilité; » une asso-

parmi eux Hamilton, comprennent mal les vraies conditions de l'investigation psychologique; pour prouver qu'une croyance ciation qui est assez forte pour rendre la séparation inimaginable, peut assurément créer une impossibilité de croyance, non pas pour un temps et un lieu, mais qui durera tant que durera l'expérience qui a donné naissance à l'association.

M. Spencer, pour qui l'inconcevabilité ne semble avoir de titre au rôle de critérium de la vérité que parce qu'elle exprime « le résultat net de notre expérience jusqu'au temps présent », a très-bien exposé ce point. Il voit clairement que la différence entre les deux espèces d'inconcevables n'est qu'une différence de degré, — du degré de force de la cohésion de deux idées. Il met fort justement la proposition « la glace était chaude » non pas avec les inimaginables, mais avec les incroyables dont l'incrédibilité naît d'une difficulté, moins forte qu'une impossibilité, de combiner les deux idées dans une représentation. « Les élé- » ments de la proposition ne peuvent être réunis dans la pensée sans grande » répugnance. Entre les autres états de conscience que le mot glace comporte et » l'état de conscience appelé froid, il y a une cohésion extrêmement forte, — une » cohésion mesurée par la répugnance qu'il faut vaincre pour penser que la glace » est chaude. (Spencer, p. 543) ». M. Spencer distingue ainsi ce qui n'est qu'incroyable de ce que M. Mahaffy appelle inimaginable, non par une différence spécifique, mais par un degré moindre d'inimaginabilité. Et l'incrédibilité apparente est strictement proportionnée au degré de difficulté qu'on éprouve à combiner les deux idées dans une représentation.

M. Mahaffy affirme qu'on n'a jamais « prouvé la vérité ou même la possibilité » de rien d'inimaginable. Il eût mieux fait de dire de « rien *qui parût* inimaginable ». En effet, tout ce dont on a « prouvé la vérité » ou même « la possibilité » est par là même devenu imaginable. Il y a des gens qui ont beaucoup de peine à se représenter le lever du soleil comme un mouvement non pas du soleil, mais de la terre, et la plupart des autres hommes en ont encore quelque peu; mais personne n'a dit que cette dernière notion du lever du soleil fût inconcevable ou inimaginable dès qu'il a su qu'elle était la vraie. Posons donc la question correctement : A-t-on prouvé qu'une chose qui *paraissait* inimaginable était vraie ou possible? Je ne sais pas quelle réponse pourrait empêcher de répliquer que ce qu'on appelait inimaginable n'était rien de plus qu'incroyable; en effet, puisque l'inimaginabilité, comme je l'ai dit, présente des degrés nombreux, allant d'une faible difficulté à une impossibilité au moins temporaire, il n'y a pas de ligne précise de démarcation entre ce qui est absolument inimaginable (s'il y a rien de tel) et ce qui est totalement incroyable, ni même entre ce qui est inimaginable pour une personne donnée, et ce qui est simplement incroyable pour elle. La plupart des questions de cette frontière sont encore l'objet de disputes. Par exemple : La création *a nihilo*, ou la Matière capable de penser, sont-elles inimaginables, ou seulement incroyables? D'ordinaire, on les considère l'une et l'autre comme les plus inimaginables des choses. Et pourtant, tous les matérialistes croient celle-ci et tous les chrétiens celle-là. Tous les matérialistes et tous les chrétiens peuvent donc témoigner que des choses qui sont inimaginables sont non-seulement possibles mais vraies. Prenons un autre exemple, un événement sans cause. Cet événement est-il inimaginable ou seulement incroyable? Tous ceux qui regardent la catégorie de cause et d'effet comme une nécessité de la pensée, y compris Hamilton et M. Mahaffy lui-même, le croient inimaginable. Pourtant la plupart d'entre eux le croient possible et vrai dès qu'il s'agit du libre arbitre de l'homme. Nous voyons donc que non-seulement ce qui paraît inimaginable à l'un, un autre le croit vrai, mais que la même personne croit vrai ce qui lui semble inimaginable : témoin toute la philosophie du Conditionné.

Le D^r M'Cosh croit que les antipodes étaient incroyables, non par suite d'une association, mais parce que (p. 240) « ce fait prétendu paraissait incompa- » tible avec les lois de la nature établies par l'observation. Une expérience accu- » mulée semblait démontrer qu'il y avait un dessus et un dessous absolus, et que

est un fait originel de la conscience, ils n'essayent pas de montrer qu'elle ne peut avoir été acquise par aucun moyen connu, ils concluent qu'elle n'est pas acquise, en s'appuyant sur la raison souvent fausse, et qui n'est jamais suffisamment prouvée, que notre conscience ne peut s'en défaire à présent.

Ainsi, puisque Hamilton non-seulement néglige, mais repousse la seule méthode scientifique capable de constater nos croyances originelles, qu'entend-il en disant que cette constatation est une question de science, et comment lui applique-t-il la science? En théorie, il réclame pour la science une juridiction exclusive sur le sujet tout entier; mais en pratique il ne lui donne pas d'autre tâche que de poser les relations réciproques des croyances prétendues intuitives. C'est l'office de la science, à ce qu'il croit, de fondre quelques-unes de ces croyances dans les autres. Il pose pour règle de jugement, ce qu'il appelle la « loi de Parcimonie ». Il ne faut pas supposer un plus grand nombre de croyances premières qu'il n'est strictement indispensable. Quand une croyance peut être considérée comme un cas particulier d'une autre, la croyance en la Matière, par exemple, cas particulier de la connaissance d'un non-ego, — la plus spéciale des deux nécessités de pensée s'évanouit dans la plus générale. Il n'a pas tort de regarder cette identification de deux nécessités de pensée, et cette absorption de l'une par l'autre comme une fonction de la science. Il en donne un exemple quand, ainsi que nous l'exposerons plus loin, il refuse à la causalité le caractère que les philosophes de son école lui ont d'ordinaire attribué, celui d'être une croyance dernière, et il essaye de l'identifier avec une autre loi de la pensée, plus générale qu'elle. Cette fonction limitée est la seule, à mon avis, que réserve à la science la méthode employée par Hamilton pour étudier les faits primitifs de la conscience. Dans le procédé qu'il emploie pour constater qu'ils sont des faits de conscience, la science n'a rien à faire. En

---

» les corps pesants tendaient vers le bas ». Naturellement c'était l'expérience apparente qui avait engendré l'association. Mais s'il n'y avait eu, dans l'incapacité de croire aux antipodes, rien de plus qu'une conviction de l'esprit, elle eût cédé dès qu'on aurait fait remarquer que l'expérience était limitée à une région dans laquelle la direction *vers le bas* coïncidait avec la direction *vers la terre*. C'est parce que nos convictions intellectuelles engendrent des associations temporairement inséparables, qu'elles cèdent si lentement devant l'évidence.

effet, leur donner le nom de faits de conscience parce que, dans son opinion et dans celle de ceux qui marchent avec lui, on ne peut se passer d'y croire, c'est un procédé peu scientifique (1). Toutefois c'est le caractère de ce que j'ai appelé la méthode introspective, par opposition à la méthode psychologique en métaphysique. Nous donnerons un exemple de la différence de ces méthodes en les montrant à l'œuvre dans l'une des questions les plus fondamentales de la philosophie, la distinction entre le Moi et le Non-moi.

Nous examinerons d'abord ce que Hamilton a fait avec sa méthode, et ensuite nous tâcherons de faire voir ce qu'on peut tirer de l'autre.

(1) L'*Inquirer* (p. 4) pense que Hamilton, pour prouver qu'un fait de conscience n'est pas acquis, mais originel, voulait non-seulement qu'on ne pût le réduire à l'état de généralisation de l'expérience, mais qu'il fût « à la racine » de toute expérience »; ce qui pour l'*Inquirer* signifie « qu'aucune expérience » n'est possible qu'à la condition que cette croyance, ce mode de pensée soit en » nous ». Si Hamilton l'a entendu ainsi, il ne s'est pas embarrassé de nous le dire. L'autorité qu'invoque l'*Inquirer* est une expression fugitive (*Lectures*, I, 270) : « Toutes les fois que, dans une analyse du phénomène intellectuel, nous arrivons » à un élément que nous ne pouvons réduire à une généralisation de l'expérience, » *mais qui est à la racine de toute expérience*, et que nous ne pouvons par consé- » quent résoudre dans un principe supérieur, nous l'appelons fait de conscience ». L'idée exprimée par les mots en italiques n'a pas p'autre développement; ils disparaissent de la définition à la page suivante. « Un fait de conscience est donc, ce dont l'existence est donnée et garantie par une croyance originelle et nécessaire (à moins qu'on ne suppose l'idée impliquée dans le mot «originelle »); et jamais Hamilton n'y a recours, que je sache, quand il veut prouver l'originalité d'une croyance. Cette omission est d'autant plus remarquable que Kant fait un usage continuel et abusif de ce critérium ; il nous répète sans cesse que tel ou tel élément de conscience ne peut être le produit de l'expérience, parce que sa préexistence est une des conditions nécessaires de la possibilité de l'expérience; ce qui tend à prouver que Hamilton omettait cet argument avec intention, parce qu'il sentait la difficulté qu'il y a à prouver ce que Kant affirme avec tant d'assurance. Il n'est pas rare de voir Hamilton emprunter à d'autres philosophes des expressions isolées dont le véritable sens n'entre pas dans sa manière de penser.

CHAPITRE X

EXAMEN DES DIFFÉRENTES THÉORIES DE LA CROYANCE
AU MONDE EXTÉRIEUR D'APRÈS HAMILTON.

Hamilton porte une accusation très-grave contre la grande majorité des philosophes. Il les accuse de jouer double jeu avec le témoignage de la conscience, de le rejeter quand il ne leur plaît pas, mais de l'invoquer comme une autorité sans appel, quand ils en ont besoin pour établir leurs opinions. « Nul (1) » philosophe n'a jamais ouvertement renié l'autorité de la con- » science. Tous reconnaissent que (2) puisque toute philosophie » tire son origine de la conscience, aucune philosophie n'est » possible qu'à la condition de reposer sur la vérité de la con- » science. » Mais du moment qu'on suppose qu'un témoignage » de la conscience est faux, « on (3) ne peut plus soutenir la » vérité d'aucun autre fait de conscience. L'adage juridique, » *Falsus in uno falsus in omnibus*, est tout aussi applicable à » la conscience qu'aux autres témoins. Ainsi tout système de » philosophie qui implique la négation d'un seul fait de con- » science, non-seulement ne peut pas, sans se contredire, dé- » montrer sa propre vérité par un appel à la conscience ; mais » il ne peut pas davantage, sans se contredire encore, en ap- » peler à la conscience contre la fausseté d'un autre système.

---

(1) *Lectures*, I, 377.
(2) *Lectures*, I, 285.
(3) *Lectures*, I, 283.

» Si la véracité absolue et universelle de la conscience est une
» seule fois abandonnée, tous les systèmes sont également vrais,
» ou plutôt tous sont également faux ; la philosophie est impos-
» sible, car elle n'a plus d'instrument pour découvrir la vérité,
» plus de pierre de touche pour l'éprouver ; le fond de notre
» nature est un mensonge. Mais quoique l'intérêt commun de
» tous les systèmes de philosophie à sauvegarder l'intégrité de
» la conscience soit évident, presque tous les systèmes ne sont
» que des manières différentes d'y porter atteinte. Si, donc, je
» peux prouver ces violations diverses, et montrer qu'on n'a
» jamais, ou presque jamais, présenté avec franchise les faits de
» conscience, il en résultera, comme je l'ai dit, qu'on ne peut
» accuser la conscience d'être mal informée, vacillante ou men-
» songère, mais que ce reproche doit retomber sur ceux qui ont
» eu l'orgueil ou la paresse de négliger son témoignage, de re-
» fuser les matériaux qu'elle présente, et de désobéir à ses lois. »
Pour montrer que presque tous les philosophes ont mérité
cette accusation, notre auteur fait une énumération méthodique
des diverses théories qu'ils ont soutenues au sujet de la perception des objets matériels. Rien n'est plus propre à faire
juger le débat. La question du monde extérieur est le grand
champ de bataille de la métaphysique, non pas tant pour sa
propre importance, que parce qu'elle touche au plus familier
de nos actes mentals, et qu'elle jette une vive lumière sur les
différences caractéristiques entre les deux méthodes métaphysiques.

« Nous sommes conscients immédiatement dans la percep-
» tion », dit Hamilton (1), « d'un moi et d'un non-moi, connus
» ensemble, et connus en opposition mutuelle. Voilà le fait
» de la dualité de la Conscience. Ce fait est clair et manifeste.
» Quand je concentre mon attention sur l'acte de perception
» le plus simple, je rapporte de mon observation la conviction
» la plus irrésistible de deux faits, ou plutôt de deux bran-
» ches du même fait, que je suis, et que quelque chose qui diffère
» de moi existe. Dans cet acte, j'ai conscience de moi comme
» sujet qui perçoit, et d'une réalité extérieure comme objet
» perçu ; j'ai conscience de deux existences par une même

---

(1) *Lectures*, I, 288-295.

» et indivisible intuition. La connaissance du sujet ne précède ni
» ne suit celle de l'objet; l'une ne détermine pas l'autre, et
» n'est pas déterminée par l'autre. Voilà le fait de perception
» révélé dans la conscience ; voilà le fait qui imprime dans
» l'esprit de tous les hommes une conviction de la réalité d'un
» monde extérieur, presque égale à celle de l'existence de notre
» esprit.

» Nous pouvons donc regarder comme une vérité incontes-
» table, que la conscience donne comme fait dernier, une dua-
» lité primitive ; une connaissance du moi en rapport et en op-
» position avec le non-moi ; et une connaissance du non-moi en
» rapport et en opposition avec le moi. Le moi et le non-moi
» sont ainsi donnés dans une synthèse originelle, comme unis
» dans l'unité de la connaissance, et dans une antithèse origi-
» nelle, comme opposés dans le contraste de la réalité. En
» d'autres termes, nous avons conscience du moi et du non-moi
» dans un acte indivisible de connaissance qui les enveloppe
» tous les deux, mais nous en avons aussi conscience, comme
» étant en eux-mêmes, différents et exclusifs l'un de l'autre.

» Ce n'est pas tout. La conscience ne nous donne pas seule-
» ment une dualité, mais elle nous montre ses éléments se fai-
» sant contre-poids et gardant une indépendance égale. Le moi
» et le non-moi — l'esprit et la matière — sont donnés non-seu-
» lement ensemble mais dans une co-égalité absolue. L'un ne
» précède pas, l'autre ne suit pas ; et dans leur mutuelle relation
» chacun est également dépendant et également indépendant.
» Voilà le fait tel qu'il est donné dans la conscience. » Ou
plutôt (aurait-il dû dire) telle est la réponse que nous recevons
quand nous interrogeons notre conscience *présente*. Affirmer
davantage, sans autre preuve, c'est postuler la question, ce
n'est pas la résoudre.

» Cependant, les philosophes n'ont pas voulu accepter le fait
» dans son intégrité ; ils n'ont daigné l'accueillir que pour lui
» imposer des modifications qui convenaient à leurs systèmes.
» En réalité, ce fait donne naissance à autant de systèmes qu'il
» comporte de modifications différentes. En conséquence,
» leur énumération nous offre une énumération des théories
» philosophiques.

» En premier lieu, il faut diviser les philosophes en deux

» classes, suivant qu'ils acceptent, ou n'acceptent pas, le fait
» dans son intégrité. Presque tous les philosophes modernes
» sont compris dans cette dernière catégorie. Dans la première,
» au contraire, si nous ne remontons aux Scolastiques ou aux
» Anciens, je n'en connais qu'un seul avant Reid, qui n'ait pas
» rejeté, au moins en partie, le fait tel que la conscience le
» présente.

» Comme il est toujours à propos de posséder un nom précis
» pour une distinction précise, j'inclinerais à appeler ceux qui
» admettent implicitement que la dualité primitive est donnée
» dans la conscience, les Réalistes naturels, ou Dualistes natu-
» rels, et leur doctrine, Réalisme naturel ou Dualisme natu-
» rel. » Cette doctrine est celle de l'auteur.

» En second lieu, les philosophes qui n'acceptent pas le fait,
» et le fait tout entier, peuvent se diviser et se subdiviser en
» diverses classes, d'après divers principes de classification.

» La première subdivision aura pour caractère le rejet total,
» ou partiel de la signification du fait. J'ai déjà fait voir que
» nier un fait de conscience comme phénomène actuel est com-
» plétement impossible. » (Mais ce qui est loin d'être impossible, c'est de croire qu'une chose que nous confondons maintenant avec la conscience, puisse avoir été complétement étrangère
à la conscience dans son état primitif.) « Mais, quoiqu'on admette
» le phénomène en tant qu'existant au moment même, on peut
» nier la signification qui lui est donnée, c'est-à-dire tout ce qui
» dépasse notre aperception actuelle de son existence. On peut,
» sans se contredire, supposer et par conséquent affirmer, que
» tous les objets auxquels le phénomène dont nous avons con-
» science se rapporte, sont des déceptions ; » (dites plutôt des infé-
» rences illégitimes) ; « que, par exemple, le passé auquel un acte
» de mémoire se rapporte, n'est qu'une illusion impliquée dans
» notre conscience du présent, — que le sujet inconnu avec lequel
» tout phénomène dont nous avons conscience, suppose un rap-
» port, n'a pas de réalité hors de ce rapport même, — bref, que
» toute notre connaissance, de l'esprit ou de la matière, n'est
» qu'une aperception de divers faisceaux d'apparences sans
» réalité. Cette doctrine, en tant qu'elle refuse une réalité subs-
» tantielle à l'existence phénoménale dont nous avons conscience,
» s'appelle le Nihilisme ; et les philosophes, suivant qu'ils accor-

» dent ou refusent à la conscience l'autorité nécessaire pour
» garantir une substance à la manifestation du moi et du
» non-moi, se divisent en Réalistes ou Substantialistes, et en
» Nihilistes ou Non-Substantialistes. Il n'y a pas d'exemple de
» Nihilisme dogmatique ou positif dans la philosophie mo-
» derne.... Mais nous voyons un bel exemple de Nihilisme dans
» le Scepticisme que Hume déduisit logiquement des prémisses
» de ses devanciers; et l'illustre Fichte admet que les prin-
» cipes spéculatifs de son propre idéalisme aboutiraient au
» même résultat, s'ils n'étaient corrigés par ses principes pra-
» tiques. »

Les Réalistes, ou Substantialistes, ceux qui croient à une substance, mais pour qui la conscience n'atteste pas une connaissance *immédiate* d'un Moi, et d'un Non-moi, se divisent d'après notre auteur en deux classes, suivant qu'ils admettent l'existence de deux substrats, ou d'un seul. Ces derniers, qu'il appelle Unitariens ou Monistes, reconnaissent le Moi seul, ou le Non-moi seul, ou bien les regardent tous les deux comme identiques. Les uns admettent le moi seul, considérant le non-moi comme un produit qui s'en dégage (c'est-à-dire quelque chose de purement mental); ce sont les Idéalistes. D'autres admettent le le Non-moi seul, et considèrent le Moi comme dégagé par le non-Moi (c'est-à-dire purement matériel); ce sont les Matérialistes. Une troisième classe comprend ceux qui reconnaissent que le moi et le non-moi ont une égale valeur, mais qui nient leur antithèse et soutiennent que « l'esprit et la matière ne sont
» que des modifications phénoménales de la même substance
» commune. Telle est la doctrine de l'Identité Absolue, dont les
» plus illustres représentants parmi les philosophes récents
» sont Schelling, Hegel et Cousin (1). »

Restent ceux qui admettent l'égalité simultanée du moi et du non-moi, de l'esprit et de la matière, et aussi leur distinction, mais qui nient qu'on les connaisse d'une manière immédiate. Ils sont Dualistes (2), « mais ils se distin-
» guent des Dualistes Naturels, dont nous avons parlé déjà,
» en ce que ceux-ci établissent l'existence de deux mondes,

---

(1) *Lectures*, I, 296, 297.
(2) *Ibid.*, 295-296.

» celui de l'esprit et celui de la matière, sur la connaissance
» immédiate attestée par la conscience, de deux séries de phé-
» nomènes; tandis que ceux-là rejettent la véracité de la con-
» science au sujet de notre connaissance immédiate de l'existence
» de la matière, et ne s'efforcent pas moins de soutenir à force
» d'hypothèses et de raisonnement, l'existence d'un monde
» extérieur inconnu. De même que nous appelons Dualistes
» Naturels ceux qui soutiennent qu'un Dualisme est impliqué
» dans le fait de conscience, de même nous appelons Dua-
» listes hypothétiques ou idéalistes cosmothétiques les dualistes
» qui nient que notre conscience témoigne de notre connais-
» sance immédiate de quelque chose en dehors de l'esprit. »

« C'est à la classe des Idéalistes cosmothétiques, qu'il faut
» rapporter la grande majorité des philosophes modernes.
» Niant une connaissance immédiate ou intuitive de la réalité
» extérieure, dont ils maintiennent l'existence, ils professent
» naturellement une doctrine de perception médiate ou représen-
» tative ; et suivant les diverses modifications de cette doctrine,
» ils se subdivisent encore : les uns voient dans l'objet immé-
» diat de la perception, une entité représentative présente à
» l'esprit, mais non une modification purement mentale, et les
» autres soutiennent que l'objet immédiat n'est qu'une modi-
» fication représentative de l'esprit même. Il n'est pas toujours
» aisé de déterminer à laquelle de ces classes certains philoso-
» phes appartiennent. A la première, à la classe de ceux qui
» admettent l'hypothèse la plus grossière de la représentation,
» appartiennent certainement les disciples d'Épicure et de
» Démocrite, les Aristotéliciens qui professent la doctrine vul-
» gaire des espèces (Aristote lui-même fut probablement
» dualiste naturel) et parmi les modernes, Malebranche, Berke-
» ley, Clarke, Newton, Abraham Tucker, etc. A côté d'eux
» ne pourrait-on pas mettre Locke? A la seconde classe, qui
» soutient l'hypothèse plus raffinée de la représentation, appar-
» tiennent incontestablement plusieurs Platoniciens, Leibnitz,
» Arnauld, Crousaz, Condillac, Kant, etc.... ; et c'est à cette
» classe qu'il faut probablement rapporter Descartes. » Dans notre
pays, le représentant le plus connu et le plus complet de cette
école est Brown ; c'est sur lui que notre auteur décoche de
préférence ses traits, et cette classe de penseurs, par la raison

qu'elle est moins éloignée de ses propres idées, est plus que toute autre l'objet de ses attaques (1).

Sur les diverses opinions comprises dans cette énumération, je ferai d'abord une remarque générale, et j'appellerai ensuite l'attention spécialement sur les Idéalistes Cosmothétiques que Hamilton traite avec une sévérité particulière.

Toutes ces classes de penseurs, excepté les Réalistes naturels, dit Hamilton, nient quelque portion du témoignage de la conscience, et par là invalident les appels qu'ils ne laissent pas de faire à la conscience pour mettre leurs idées sous sa garantie. S'il eût dit que tous heurtent le sentiment général de l'humanité, sur quelque point particulier, que tous nient quelque opinion commune, quelque croyance naturelle (entendant par naturelle, non pas une croyance fondée sur une nécessité de notre nature, mais simplement une croyance que, comme tant d'autres d'opinions fausses, l'humanité a une forte tendance à admettre) ; s'il n'eût dit que cela, personne n'aurait contesté cette vérité; mais il n'aurait pas battu ses adversaires par une *reductio ab absurdum*. En effet, tous les philosophes, Hamilton

(1) Dans une des dissertations sur Reid (*Dissertation C*) Hamilton donne une énumération plus soignée et une classification plus rigoureuse des opinions qui ont été ou qui peuvent être soutenues au sujet de la connaissance de l'esprit et de la matière. Mais celle que j'ai citée en l'empruntant aux *Lectures* est plus facile à suivre et me suffit. Je n'extrais de la dernière exposition qu'un seul passage qui met vigoureusement en lumière les sentiments de notre auteur à l'égard des philosophes de l'École de Brown (page 817).

« Le Réalisme naturel et l'Idéalisme absolu sont les seuls systèmes dignes d'un
» philosophe ; car, comme ils sont les seuls qui reposent sur la conscience, seuls ils
» sont conséquents avec eux-mêmes. Ces deux systèmes s'appuient sur le même fait
» fondamental, que l'objet étendu immédiatement perçu est identique avec l'objet
» étendu actuellement existant, — pour établir la vérité de ce fait, tous les deux
» en appellent au sens commun de l'humanité, et Berkeley en appelle avec non
» moins de confiance, et peut-être avec plus de logique que Reid... Le système du
» Réalisme Hypothétique ou Idéalisme Cosmothétique qui suppose que derrière le
» monde non existant que je perçois, se cache un monde réel correspondant,
» mais que je ne connais pas, répugne non-seulement à nos croyances naturelles,
» mais il est rempli de contradictions. Le système du Réalisme naturel pré-
» sente peut-être des difficultés en définitive — car, comme toutes les autres
» vérités, il aboutit à l'inconcevable ; mais le Réalisme hypothétique — dans son
» origine, — dans ses développements, — dans ses résultats, bien qu'il soit le
» système favori des philosophes, est philosophiquement absurde ».

En général, on peut être certain que Hamilton expose loyalement les opinions de ses adversaires ; mais ici son mépris presque passionné pour la dernière forme de l'Idéalisme Cosmothétique l'a induit en erreur. Nul Idéaliste Cosmothétique n'accepterait pour une loyale exposition de son opinion, la proposition monstrueuse que *je perçois un monde non existant*.

autant que les autres, nient quelques-unes des opinions communes que d'autres appelleraient des croyances naturelles ; ceux qui les nient les considèrent, et ont le droit de les considérer, comme des préjugés naturels ; néanmoins, en général, les hommes les admettent, persuadés qu'ils sont évidents par eux-mêmes, ou, en d'autres termes, des produits intuitifs de la conscience. Quelques-uns des points sur lesquels Hamilton est en lutte avec des croyances naturelles, appartiennent au sujet même que nous traitons, la perception des choses extérieures. Nous l'avons entendu soutenir que nous ne voyons pas le soleil, mais une image du soleil, et qu'il n'y a pas deux personnes qui voient le même soleil ; se mettant ainsi en contradiction avec une croyance naturelle dont le sens est aussi évident que possible. Nous le verrons affirmer, en opposition avec une croyance naturelle tout aussi forte, que nous ne percevons immédiatement l'étendue que dans nos propres organes, et non dans les objets que nous voyons ou touchons. Par conséquent, d'après lui, des croyances qui semblent les plus naturelles, sont quelquefois illusoires ; et il nous apprend que tout le monde n'est pas compétent pour discerner celles qui sont naturelles, mais que cette tâche n'appartient qu'aux philosophes. Les croyances qu'il rejette, nous dirait-il n'étaient pas primitivement dans la conscience. Presque tous ses adversaires disent la même chose de celles qu'ils rejettent. Ceux qui, avec Kant, croient que, même à ses premiers moments, la conscience interne contient des éléments qui n'existent pas dans l'objet, mais dérivent des propres lois de l'esprit, prêtent le flanc à la critique de Hamilton. Ce n'est pas mon affaire de justifier la logique et la valeur démonstrative du raisonnement étrangement sophistique par lequel Kant, après avoir rejeté la réalité extérieure de tous les attributs du Corps, croit prouver la réalité objective du Corps même (1). Mais pour toutes les écoles actuelles de philosophie qui ne dérivent pas de Kant, l'accusation de Hamilton est sans fondement.

(1) Dans le *Lehrsatz* du 21me supplément à la critique de la Raison Pure ; le Lemma à la page 94 de la traduction de M. Heywood. Voyez dans Haywood la note de la page xxxiv de la seconde préface, qui forme le second supplément de l'édition de Rosenkranz et Schubert, vol. II, p. 684.—Voyez aussi dans la traduction française de M. J. Tissot, le théorème I, p. 265, et à la page 266, la note que le traducteur a rattachée au texte. Cette note appartenait à la préface de la 2e édition de la critique de la Raison Pure. (*Trad.*)

Il y a encore quelque chose à dire sur ces métaphysiciens d'opinions diverses que notre auteur groupe sous le nom d'Idéalistes cosmothétiques, et dont il juge les idées plus durement que celles de toute autre École. Il les représente comme soutenant que nous percevons les objets extérieurs, non par une perception immédiate, mais par une perception médiate ou représentative. Et il les repartit en trois classes (1), d'après les trois formes différentes qu'on peut donner à cette hypothèse. L'objet supposé représentatif peut être regardé, premièrement, comme n'étant pas un état de l'esprit, mais quelque autre chose ; soit en dehors de l'esprit comme les *espèces sensibles* des Anciens, et « les mouvements du cerveau » de quelques-uns des premiers modernes ; soit dans l'esprit comme les idées de Berkeley. Secondement, on peut y voir un état de l'esprit, mais un état différent de l'acte par lequel l'esprit le perçoit ou en a conscience : c'est peut-être de cette espèce que sont les idées de Locke. Troisièmement, on peut le considérer comme un état de l'esprit identique avec l'acte par lequel nous le percevons. Cette dernière forme, dit très-bien Hamilton (2), est celle que Brown a donnée à la doctrine.

Or, les deux premières de ces trois opinions méritent le nom que notre auteur leur donne — théories de perception médiate ou représentative. Dans ces théories, on suppose que l'objet perçu directement par l'esprit, est un *tertium quid*, qui, pour l'une est un état ou une modification de l'esprit, et pour l'autre n'en est pas une ; mais qui pour les deux est distinct de l'acte de perception, et de l'objet extérieur : et que l'esprit prend connaissance de l'objet extérieur, par procuration, par le moyen de cette troisième chose, la seule dont il a une connaissance immédiate ; la seule, par conséquent, dont il a conscience, au sens que Hamilton donne à ce mot. Reid, Stewart et notre auteur triomphent complétement de ces deux théories, et je n'ai aucun intérêt à demander un nouveau jugement.

Mais la troisième opinion, celle de Brown, ne peut, suivant la raison et le sens des mots, recevoir le nom de théorie de perception médiate ou représentative. Si Hamilton eût pris, pour

---

(1) *Discussions*, p. 57.
(2) *Ibid.*, p. 58.

comprendre Brown, la moitié de la peine qu'il a prise pour des penseurs qui sont loin de le valoir, il n'aurait pas employé, pour exposer sa doctrine, des termes qui lui conviennent si peu.

Par connaissance représentative, notre auteur entend toujours la connaissance d'une chose par une image ou par quelque chose qui *ressemble* à la chose même. « La connais-
» sance représentative, dit-il, ne mérite le nom de connais-
» sance, que si elle est conforme aux intuitions qu'elle
» représente (1). » La représentation doit avoir avec ce qu'elle représente le rapport d'une peinture avec son original : comme la représentation dans la mémoire d'une impression passée des sens ressemble à cette impression passée, comme une représentation dans l'imagination ressemble à une impression possible des sens, et comme les Idées des premiers Idéalistes cosmothétiques étaient supposées ressembler aux objets extérieurs, dont ils étaient les images ou les empreintes. Mais Brown, et ceux qui pensent comme lui, ne disent pas que les modifications mentales présentent une ressemblance quelconque avec les objets qui les excitent en nous. Ils supposent que ces objets ne nous sont pas connus, excepté comme causes des modifications mentales. La seule relation entre les objets et les modifications est celle de cause et d'effet. Brown n'obéissait pas à l'erreur vulgaire de croire qu'une cause doive ressembler à son effet, et n'admettait pas qu'on connaisse de la cause (au-delà de sa pure existence) autre chose que l'effet lui-même ; naturellement, il ne trouvait en elle rien de comparable avec l'effet, ou qui lui permît d'affirmer qu'il y eût une ressemblance entre les deux. A un autre endroit (2), Hamilton fait une distinction entre le fait de *ressembler à* et celui de *représenter fidèlement* des objets ; mais il définit la dernière expression, nous fournir « une connaissance de leur nature, telle que
» nous l'aurions eue, si l'homme pouvait avoir une intuition
» immédiate de la réalité en elle-même ». Aucun de ceux qui connaissent un peu les opinions de Brown ne soutiendra qu'il ait admis rien de semblable. Il ne croyait pas que la modification mentale nous fît rien connaître de la nature de l'objet exté-

---

(1) *Dissertations on Reid*, p. 811.
(2) *Ibid.*, p. 842.

rieur. Il n'est pas besoin de citer des passages à l'appui ; c'est un fait évident pour quiconque lit son Cours. Le plus étrange c'est que Hamilton n'a pas reconnu que telle était l'opinion de Brown, parce qu'il soutient exactement la même doctrine sur la connaissance des objets quant à leurs Qualités Secondaires. Elles sont, dit-il, « dans leur propre nature, occultes et » inconcevables », et ne sont connues que dans leurs effets sur nous, c'est-à-dire par les modifications mentales qu'elles produisent (1).

En outre, non-seulement la théorie de Brown n'est pas une théorie de perception *représentative*, mais elle n'est pas même une théorie de perception *médiate*. Brown ne suppose pas de *tertium quid*, pas d'objet de pensée entre l'esprit et l'objet extérieur. Il reconnaît seulement l'acte de perception ; qui pour lui veut dire, ainsi qu'il l'a déclaré constamment, l'esprit même percevant. On aura de la peine à soutenir que l'esprit lui-même soit l'objet représentatif interposé par lui entre lui-même et la chose extérieure qui agit sur lui ; et s'il n'est pas l'objet représentatif, il n'y en a certainement pas d'autre. Or, si la théorie de Brown n'est pas une théorie de perception médiate, elle perd tout ce qui la distingue essentiellement de la doctrine propre de Hamilton. Car Brown, aussi, pense que nous avons à l'occasion de certaines sensations, une conviction instantanée et irrésistible d'un objet extérieur. Et si cette conviction est immédiate et nécessitée par la constitution de notre nature, en quoi diffère-t-elle de ce que notre auteur appelle conscience directe? Conscience, connaissance immédiate, et connaissance intuitive sont, nous dit Hamilton, des expressions convertibles ; et si l'on accorde que toutes les fois que nos sens sont affectés par un objet matériel, nous reconnaissons immédiatement et intuitivement cet l'objet matériel comme existant et distinct de nous, il faut être bien ingénieux pour découvrir une différence réelle entre l'intuition immédiate d'un monde extérieur, et ce que Hamilton appelle la perception directe de ce monde.

La distinction que fait notre auteur se réduit, ainsi qu'il

---

(1) *Dissertations on Reid*, p. 846 ; et l'explication plus complète, pp. 854 et 857.

l'explique lui-même, à la différence dont il a tant parlé, mais dont il semble avoir une idée si confuse, entre la Croyance et la Connaissance. Dans l'opinion de Brown, et j'ajouterai, dans celle de Reid, la modification mentale que nous éprouvons par la présence d'un objet, produit en nous une *croyance* irrésistible à l'existence de l'objet. Non, dit Hamilton, ce n'est pas une croyance, mais une *connaissance* : nous avons bien à la vérité une croyance, et notre connaissance est certifiée par la croyance; mais cette croyance que nous avons touchant l'objet, c'est la croyance que nous le connaissons. « Dans la per-
» ception (1), la conscience donne comme fait dernier, *une*
» *croyance à la connaissance de l'existence de quelque chose qui*
» *diffère de soi*. Comme dernière, cette croyance ne peut être
» ramenée à un principe supérieur ; et elle ne peut pas non
» plus être réellement décomposée en un double élément. Nous
» croyons seulement que ce quelque chose *existe*, parce que
» nous croyons que nous *connaissons* (sommes conscients de)
» ce quelque chose comme existant; la croyance à l'existence
» est nécessairement impliquée dans la croyance à la connais-
» sance de l'existence. Toutes les deux sont originelles, ou
» aucune ne l'est. Si la conscience nous trompe dans le dernier
» cas, elle nous trompe nécessairement dans le premier ; et si
» le premier est faux, *quoiqu*'il soit un fait de conscience, le
» second n'est pas vrai, *parce qu*'il est un fait de conscience.
» Les croyances contenues dans les deux propositions,

» 1° Je crois qu'un monde matériel existe ;
» 2° Je crois que je connais immédiatement un monde maté-
» riel existant (en d'autres termes, je crois que la réalité
» extérieure elle-même est l'objet dont j'ai conscience dans
» la perception),

» bien que distinguées par les philosophes, sont donc vir-
» tuellement identiques. La croyance en un monde extérieur
» était trop puissante pour ne pas s'imposer comme vraie. Mais
» les philosophes ne reconnurent que le fait dominant. Ils éta-
» blirent une fausse distinction entre la croyance à l'existence
» et la croyance à la connaissance. A peu d'exceptions près,

---

(1) *Discussions*, p. 89.

» ils tinrent ferme pour la vérité de la première, mais ils s'ac-
» cordèrent tous, avec une unanimité singulière, à abjurer la
» seconde. »

En conséquence, Hamilton gourmande Brown de ce que, tout en rejetant notre croyance naturelle à la *connaissance* des objets extérieurs, il voit pourtant dans notre croyance naturelle à l'*existence* de cet objet une preuve suffisante de son existence. Mais quelle différence réelle y a-t-il entre la croyance intuitive à l'existence de l'objet extérieur pour Brown, et la connaissance intuitive de cet objet pour Hamilton ? Précisément trois pages plus haut (1) Hamilton avait dit : « Notre connaissance repose » en définitive sur certains faits de conscience qui, par la raison » qu'ils sont primitifs et par conséquent incompréhensibles, » sont donnés moins sous la forme de cognitions que sous celle » de croyances. » La conscience d'un monde extérieur est, d'après sa propre déclaration, primitive et incompréhensible ; elle est donc moins une cognition qu'une croyance. Mais si nous croyons plus à un monde extérieur que nous ne le connaissons, qu'entend-il en disant que nous croyons que nous le connaissons ? Ou bien nous ne le connaissons pas et nous y croyons seulement, et alors Brown et les autres philosophes attaqués ont raison, ou bien la connaissance et la croyance dans le cas des faits derniers sont identiques, et alors croire que nous connaissons c'est seulement croire que nous croyons, ce qui, d'après les principes de notre auteur, comme d'après tous les principes rationnels, n'est qu'un autre terme pour exprimer la simple croyance.

Cependant il ne serait pas juste de tirer avantage de l'usage confus que Hamilton fait des mots croyance et connaissance. Il ne réussit jamais à glisser une distinction intelligible entre ces deux notions considérées en général, mais dans des cas particuliers nous pouvons voir ce qu'il veut dire. Dans le cas présent, il semble vouloir dire que pour Brown la croyance à un objet extérieur, bien qu'instantanée et irrésistible, est *suggérée* dans l'esprit par sa propre sensation, et que Brown considère cette suggestion comme un cas d'une loi plus générale, en vertu de laquelle tout fait suggère la croyance in-

---

(1) *Discussions*, p. 86.

tuitive d'une cause ou d'un antécédent auquel il est invariablement lié : tandis que pour Hamilton, la connaissance de l'objet naît à côté de la sensation, et se coordonne avec elle. Voilà ce que Hamilton entend en disant que la cognition de l'objet pour Brown est médiate, et pour lui-même immédiate. La différence réelle, c'est que dans la théorie de Hamilton, la connaissance du moi et de ses modifications et celle du non-moi sont simultanées, tandis que dans celle de Brown l'une précède l'autre immédiatement. Notre auteur exprime la même idée, mais avec moins de clarté, quand il dit (1) que pour Brown, « dans la perception, la réalité externe n'est pas l'objet
» immédiat de la conscience, mais que le moi est seulement
» déterminé d'une façon inconnue à représenter le non-moi, par
» une représentation qu'une illusion naturelle nous fait prendre
» faussement pour une modification de la matière ou du non-
» soi, bien que cette représentation ne soit qu'une modifica-
» tion de l'esprit ou du soi ». Telle est l'idée que notre auteur se fait de la doctrine qu'il a à réfuter. Voyons comment il s'y prend.

« Vous remarquerez, dit-il (2), que Brown (et Brown ne fait
» que parler comme tous les philosophes qui n'accordent pas à
» l'esprit la conscience de quelque chose de plus que ses propres
» états) expose mal le phénomène, en affirmant que dans la per-
» ception, on se reporte du dedans au dehors, du connu à l'in-
» connu. Ce n'est pas là ce qui a lieu ; l'observation suffit pour
» nous convaincre. Dans un acte de perception, j'ai conscience
» de quelque chose qui est moi, et de quelque chose qui n'est
» pas moi ; voilà le fait tel qu'il est. Au contraire, les philosophes
» qui ne veulent pas accepter ce fait l'exposent mal. Ils disent
» que nous n'avons conscience que d'une certaine modification
» de l'esprit ; mais cette modification implique un rapport avec
» (en d'autres termes, une représentation de) quelque chose
» d'extérieur qui est son objet. Or, cela n'est pas vrai, nous
» n'avons pas conscience d'un rapport, ni d'une représenta-
» tion ; nous croyons que l'objet dont nous avons conscience
» est l'objet qui existe. » Je vais revenir à cet argument

(1) *Lectures*, II, 86.
(2) *Ibid.*, II. 106.

(dont j'ai déjà fait pressentir la faiblesse). Mais il en ajoute un second.

« Un tel rapport ou une telle représentation ne serait pas
» possible, car rapport ou représentation supposent qu'on
» possède déjà une connaissance de l'objet du rapport ou de
» la représentation; mais c'est par la perception que nous
» acquérons notre première connaissance et par conséquent on
» ne peut supposer qu'elle dépende d'une connaissance anté-
» rieure. » Et plus loin (1) : « Remarquez le vice du raisonne-
» ment. Nous ne pouvons, 1° affirmer l'existence d'un monde
» extérieur, qu'en tant que nous savons qu'il existe; et nous ne
» pouvons, 2° affirmer qu'une chose est représentative d'un
» autre, qu'en tant que la chose représentée est connue indé-
» pendamment de la représentation. Mais que fait l'hypothèse
» d'une perception représentative? Elle convertit réellement
» le fait en hypothèse : elle convertit réellement l'hypothèse en
» fait. Dans cette théorie, nous ne connaissons pas l'existence
» d'un monde extérieur, si ce n'est par la supposition que ce
» que nous connaissons le représente fidèlement comme exis-
» tant. Le réaliste hypothétique ne peut donc établir le fait
» du monde extérieur que sur le fait de sa représentation. C'est
» évident. Il nous reste donc à lui demander comment il
» connaît le fait, que le monde extérieur est effectivement
» représenté. Une représentation suppose quelque chose de
» représenté, et la représentation du monde extérieur suppose
» l'existence de ce monde. Or, quand nous demandons au réa-
» liste hypothétique, comment il prouve la réalité du monde
» extérieur, que, par hypothèse, il ne connaît pas, il ne peut
» dire qu'une chose, c'est qu'il infère son existence du fait de
» sa représentation. Mais le fait de la représentation d'un monde
» extérieur suppose l'existence de ce monde, le voilà encore
» revenu au point de départ. Il a tourné dans un cercle. »

On me permettra de faire observer que ce raisonnement admet tout ce qui est en question; il admet d'avance que l'hypothèse qu'il doit réfuter est impossible. La troisième forme de l'Idéalisme cosmothétique soutient que les seuls objets de la conscience sont les sensations qu'un objet nous donne,

---

(1) *Lectures*, II, 138, 139.

et qu'en outre nous sommes déterminés par une nécessité de notre nature, un instinct pour les uns, une intuition pour d'autres, une loi fondamentale de la croyance pour d'autres encore, à rapporter ces sensations à quelque chose d'extérieur, comme à leur substance ou comme à leur cause. Il n'y a assurément rien d'impossible *à priori*, dans cette supposition. L'instinct ou intuition qu'on met en avant nous semble de la même famille que toutes ces Lois de la Pensée, ou ces croyances naturelles que notre auteur non-seulement admet sans difficulté, mais dont il impose l'autorité, toujours sous peine d'accuser notre intelligence de mensonge. Cependant dans le cas présent, il les biffe de la liste des hypothèses possibles, sans la moindre autorité. D'après lui, nous ne pouvons conclure, de la représentation mentale d'une chose, à la réalité de cette chose, à moins de la connaître d'avance, sans le secours de la représentation mentale. Or, comment ne voyait-il pas que c'était précisément là l'objet de la dispute? Ses adversaires n'admettent pas la prémisse sur laquelle il asseoit son argument. Ils disent que nous pouvons être, et que nous sommes, nécessités à inférer une cause de laquelle nous ne connaissons rien, si ce n'est son effet. Pourquoi non? Hamilton croit bien que nous avons le droit de conclure des attributs à la substance, tout en avouant que nous ne connaissons rien de la substance, si ce n'est ses attributs.

Mais ce n'est pas tout, et il n'y a guère d'exemples chez notre auteur qui fassent mieux ressortir ses défauts, comme philosophe. Comme Burke en politique, Hamilton en métaphysique, a plus obéi à l'esprit de polémique qu'à la logique; leurs idées générales, auxquelles on ne peut refuser le plus souvent une grande valeur, semblent moins les convictions mûries d'un esprit scientifique, que des armes qu'ils saisissent pour vaincre dans une querelle d'un moment. Quand Hamilton en trouve une avec laquelle il peut frapper un rude coup sur son adversaire, il se préoccupe fort peu d'ébranler son propre édifice. S'il eût examiné l'argument dont il use ici, assez pour juger s'il pouvait le manier avec confiance comme une opinion mûrie, il se serait aperçu qu'il devait le conduire à nier la connaissance représentative. Au contraire, c'est un de ses dogmes les plus positifs, qu'*il y a* une connaissance représentative et que la mémoire entre autres en est un exemple. Revenons à sa discussion, et voyons ce qu'il entend par connaissance représentative.

« Tout acte (1), et par conséquent tout acte de connaissance
» n'existe que comme il est à présent, et comme il n'existe que
» dans le Présent, il ne peut prendre connaissance que d'un
» objet existant à présent. Mais l'objet connu dans la mémoire
» est passé, *ex-hypothesi*; nous sommes réduits au dilemme :
» ou refuser d'admettre qu'un objet passé est connu dans la
» mémoire, ou admettre qu'il n'est connu que médiatement,
» et au travers d'un objet présent. Pour prouver que la der-
» nière alternative est la vraie, quelques mots d'explication suf-
» fisent. Qu'y a-t-il dans un acte de mémoire ? Un acte de mé-
» moire n'est qu'*un état présent de l'esprit, dont nous avons
» conscience non pas comme absolu, mais comme relatif à, et
» représentant, un autre d'état d'esprit, et accompagné de la
» croyance que l'état d'esprit, tel qu'il est représenté mainte-
» nant, a été réellement*. Je me rappelle un événement que
» j'ai vu ; — le débarquement de George IV à Leith. Ce sou-
» venir n'est que *la conscience de certains faits d'imagination,
» impliquant la conviction que ces faits d'imagination repré-
» sentent maintenant, d'une manière idéale, ce que j'ai éprouvé
» auparavant d'une manière réelle.* Tout ce qui est connu
» immédiatement dans l'acte de la mémoire, c'est la modifica-
» tion mentale présente, c'est-à-dire la représentation et la
» croyance concomitante. Au delà de cette modification men-
» tale, nous ne savons rien ; et cette modification mentale
» n'est pas seulement connue par la conscience, mais elle
» n'existe que dans et par la conscience. *D'un objet passé réel
» ou idéal, l'esprit ne connaît et ne peut connaître rien,* car, *ex
» hypothesi*, nul objet pareil n'existe à présent ; ou si l'on dit
» qu'on connaît un objet pareil, tout ce qu'on peut dire c'est
» qu'on le connaît d'une manière médiate, *comme représenté
» dans la modification mentale présente*. Cependant, à propre-
» ment parler, nous ne connaissons que le présent et l'actuel,
» et toute connaissance réelle est une connaissance immédiate.
» Quand on dit qu'on connaît une chose médiatement, la vérité
» est qu'on n'en connaît pas l'existence, mais qu'on y croit :

(1) *Lectures*, I, 219-220.

» car son existence *n'est qu'une inférence basée sur la croyance*
» *que la modification mentale représente fidèlement ce qui*
» *en soi dépasse la sphère de la connaissance.* »

Lorsque, quelques leçons plus bas, Hamilton trouva des adversaires qui avaient besoin de cette théorie, il la rejeta et nia complétement la possibilité de l'état mental si fidèlement et si clairement exprimé dans ce passage. Au contraire, il affirma que nous ne pouvons pas reconnaître qu'une modification mentale est représentative de quelque chose, à moins d'avoir de ce quelque chose une connaissance présente, obtenue d'une autre façon. Avait-il oublié qu'il était l'auteur des lignes que je viens de citer. Les Idéalistes cosmothétiques pourraient lui emprunter son langage dans ses plus minces détails, sans y rien changer, en se contentant seulement de mettre un objet extérieur présent, au lieu d'un état mental passé. Eux, aussi, ils croient que la modification mentale est un état d'esprit présent; que nous en avons conscience, non pas en tant qu'absolu, mais en tant que relatif à, et représentant, « un objet extérieur, et accom-
» pagné de la croyance que l'objet tel qu'il est représenté à
» présent » est « réellement »; que nous ne connaissons quelque chose (à savoir la matière) que comme « représenté dans
» la présente modification mentale », et que « son existence
» n'est qu'une inférence, reposant sur la croyance que la mo-
» dification mentale représente fidèlement ce qui en soi dépasse
» la sphère de la connaissance ». A la rigueur, ils n'en demandent pas tant; car le mot *représente*, uni spécialement au mot *fidèlement*, suggère l'idée d'une ressemblance comme celle qui existe en réalité entre la peinture d'un fait dans la mémoire et l'impression présente à laquelle il correspond, tandis que les Idéalistes cosmothétiques se bornent à soutenir que la modification mentale naît de *quelque chose*, et que la réalité de ce quelque chose inconnu est attestée par une croyance naturelle. De ce qu'ils appliquent à un cas la théorie que notre auteur applique à un autre, il n'en résulte pas qu'ils aient raison; mais cela prouve que l'argumentation de notre auteur, (pour employer son expression favorite) est un suicide, quand il repousse la supposition d'une inférence instinctive d'un effet connu à une cause inconnue, comme une hypothèse qui ne peut en aucun cas être légitime; oubliant, ainsi, que sa propre psychologie suppose cette légiti-

mité, et fait reposer sur elle une de ses doctrines fondamentales.

Ce n'est pas seulement pour la mémoire que Hamilton recourt à une théorie précisément semblable à celle qu'il déclare radicalement illégitime chez ses adversaires. J'ai déjà fait voir que dans son opinion nos perceptions de la vue ne sont pas des perceptions de l'objet extérieur, mais de son image, d'une « modification de lumière en rapport immédiat avec nos « organes de la vision », et qu'il n'y a pas deux personnes qui voient le même soleil; ces propositions heurtent de front les « croyances naturelles » qu'il invoque si souvent et auxquelles Reid, non sans raison, en appelle en ce cas, car assurément les gens sont fortement convaincus que le soleil qu'ils voient est le soleil réel, comme la table qu'ils touchent est une table réelle. Écoutons une fois de plus Hamilton, sur ce sujet (1). « Ce n'est pas par la perception, mais par une opération du » raisonnement, que nous rattachons les objets des sens à » des existences en dehors de la sphère de la connaissance » immédiate. Il suffit que la perception nous apporte la con- » naissance du non-moi au siége de la sensation. Lui accorder » le pouvoir de nous informer immédiatement des choses exté- » rieures, *qui ne sont que les causes de l'objet que nous percevons* » *immédiatement*, c'est commettre une erreur palpable, ou » une confusion de langage provenant de ce qu'on ne se fait pas » une idée claire et juste du phénomène. » Voilà un cas où nous savons que quelque chose est une représentation, bien que, d'après notre auteur, l'objet de la représentation non-seulement ne nous soit pas connu au moment même, mais ne l'ait jamais été, et ne doive jamais l'être. Les Idéalistes cosmothétiques ne demandent que la même liberté dont Hamilton jouit ici; tout ce qu'ils veulent c'est le pouvoir de conclure d'un phénomène directement connu à quelque chose d'inconnu qui soit la cause du phénomène. Ils veulent que ce que notre auteur croit vrai du non-moi à distance, puisse être vrai du non-moi au siége de la sensation, à savoir, qu'il soit connu non pas immédiatement, mais comme une inférence nécessaire de ce qui est connu. Rejeter cette hypothèse comme radicalement inadmissible, et en faire une pareille toutes les fois qu'on en a

---

(1) *Lectures*, II, 153, 154.

besoin, c'est un procédé indigne d'un philosophe, encore plus d'un critique (1).

Dans la controverse avec Brown qui forme le second article des *Discussions* et dont une grande partie se trouve reproduite mot pour mot dans le Cours de notre auteur, l'argument que je viens d'examiner ne reparaît pas. A sa place nous avons ce qui suit (2). Si Brown a raison, « ou l'esprit connaît
» la réalité de ce qu'il représente, ou bien il ne la connaît pas.
» La première supposition ne peut être admise, à cause des
» absurdités qu'elle implique, et parce qu'elle est incompa-
» tible avec la doctrine de Brown. Mais si l'esprit ne con-
» naît pas la réalité de ce qu'il représente, il reste l'alter-
» native que l'esprit est *aveuglément* déterminé à *représenter*
» et à représenter *fidèlement*, la réalité qu'il ne connaît

---

(1) Quelques-unes des inconséquences signalées ici dans les spéculations de Hamilton sur la Perception ont été l'objet de remarques et d'une bonne discussion de la part de M. Bailey dans la 4e lettre de la seconde série de ses Lettres sur la philosophie de l'esprit humain.
En traitant de la Logique modifiée (*Lectures*, IV, 67, 68), Hamilton, justifie à sa manière l'hypothèse que font comme lui les Idéalistes cosmothétiques, et les raisons sont aussi valables pour eux que pour lui. « La vérité réelle est la
» correspondance de nos idées avec les existences qui constituent leurs objets.
» Mais ici se présente une difficulté : comment pouvons-nous savoir qu'il y a,
» qu'il peut y avoir, une telle correspondance ? Tout ce que nous savons des objets
» nous le savons par les présentations de nos facultés; mais nous ne pouvons
» constater si nos facultés présentent les objets tels qu'ils sont en eux-mêmes,
» car pour le faire il faudrait sortir de nous-mêmes, de nos facultés, acquérir
» une connaissance des objets par d'autres facultés, et comparer aussi nos vieilles
» présentations avec les nouvelles. » C'est encore la même objection que nous l'avons vu jeter à la tête des Idéalistes cosmothétiques. « Mais tout cela,
» quand même la supposition serait possible, ne pourrait nous donner la certi-
» tude requise. Car s'il était possible d'abandonner nos vieilles facultés, et d'en
» acquérir de nouvelles, pour vérifier le produit des anciennes, la véracité des
» nouvelles serait encore exposée au doute pour la même raison que celle des
» anciennes. En effet, quelle garantie pourrions-nous trouver pour la crédibilité
» des unes qui ne nous affirmât déjà la crédibilité des autres ? Les nouvelles facul-
» tés ne pourraient affirmer que leur propre vérité, mais les anciennes le fai-
» saient, et il est impossible d'imaginer des représentations du non-moi par une
» intelligence finie, au sujet desquelles on ne puisse élever de doute, et deman-
» der si elles ne seraient pas seulement des modifications subjectives du moi
» conscient ». C'est une très-bonne chose en philosophie que de poser fortement les objections. Mais quand on combat une objection, on devrait per-
mettre aux autres de la combattre de la même manière. Dans le cas présent, cette manière est une de celles dont notre auteur a l'habitude; « tout ce
» qu'on peut dire en réponse à ce doute, c'est que s'il était fondé, notre nature
» tout entière serait mensongère ». En d'autres termes, notre nature nous porte à croire que la modification du moi conscient indique un non-moi avec des propriétés correspondantes, et qu'elle en est le résultat. Les Idéalistes cosmothétiques ne disent pas autre chose : et ils ont autant le droit de le dire que notre auteur.
(2) *Discussions*, p. 67.

» pas. » Et s'il en est ainsi, l'esprit, « ou bien se détermine
» lui-même aveuglément », ou « il est aveuglément déterminé »
par un pouvoir surnaturel. Il rejette la dernière supposition
parce qu'elle implique un miracle permanent, et la première
comme « complétement irrationnelle, parce qu'elle expliquerait
» un effet par une cause tout à fait insuffisante pour le produire.
» Dans cette alternative, la connaissance serait un effet de l'igno-
» rance, l'intelligence de la stupidité, la vie de la mort ». Toute
cette artillerie tonne contre une simple supposition, que, en vertu
d'une loi de la nature, une modification de nos propres esprits
peut nous affirmer l'existence d'une cause inconnue. L'ignorance persistante où l'auteur est de l'opinion de Brown est
surprenante. Brown ne se préoccupe pas de savoir si la modification mentale *représente fidèlement* la réalité inconnue ;
il ne soutient pas que la connaissance naisse de l'ignorance, ni
que l'intelligence soit un produit naturel de la stupidité. Il ne
défend qu'une croyance instinctive implantée par la nature ; et
l'alternative menaçante, que l'esprit doit, ou bien se déterminer lui-même à croire, ou être déterminé par une intervention
spéciale de la Providence, pourrait s'appliquer avec autant de
justesse au mouvement de la terre. Mais quoique l'arme de
Hamilton soit impuissante contre Brown, elle retombe avec
un effet terrible sur sa propre théorie de la cognition représentative. Un souvenir, par exemple, représente, et représente
fidèlement, le fait passé remémoré : et par cette représentation nous connaissons d'une façon médiate le fait passé,
que dans toute autre acception du mot, suivant notre auteur, nous ne connaissons pas. Donc, quoique la conclusion,
« que l'esprit est aveuglément déterminé à représenter, et
» à représenter véritablement, la réalité qu'il ne connaît pas »,
ne soit pas obligatoire pour Brown, elle l'est pour Hamilton.
De son propre aveu, il faut qu'il choisisse entre une absurdité,
l'esprit se déterminant aveuglément lui-même, et le miracle
perpétuel de l'intervention divine pour déterminer l'esprit.
Je n'ai rien trouvé de plus faible dans les écrits de Hamilton.
En effet, l'objection sous laquelle il pensait accabler Brown,
et qui sans toucher Brown retombe sur lui, n'est pas même
une difficulté, ce n'est qu'une vétille. L'absurdité transcendante, qu'il y aurait, d'après lui, à admettre que l'esprit soit

déterminé aveuglément à représenter, et à représenter fidèlement, la réalité qu'il ne connaît pas, au lieu d'être une absurdité, est l'expression rigoureuse d'un fait. C'est un tableau fidèle de ce qui se passe dans un acte de mémoire. Toutes les fois que nous nous rappelons un événement passé, et que, sur la foi de ce souvenir, nous croyons ou nous connaissons que l'événement est réellement arrivé, l'esprit en vertu de sa constitution est « *aveuglément déterminé à repré-* » *senter, et à représenter fidèlement* » un fait « *qu'il ne con-* » *naît pas* » autrement que par le témoignage de cette représentation (1).

On remarquera, je pense, qu'en général les arguments les plus *recherchés* de Hamilton sont les plus faibles : il en est certainement ainsi à présent. Il aurait montré plus de sagesse en se contentant de son premier argument, qui était plus simple, à savoir que la doctrine de Brown est en contradiction avec la conscience en ce que « nous n'avons pas conscience, d'un rap- » port ni d'une représentation » ; ou, pour parler plus clairement, parce que nous ne savons pas si l'existence d'une réalité extérieure nous est suggérée par nos sensations. Il nous semble que nous prenons connaissance des deux à la fois.

La chose se passe bien ainsi, mais elle ne prouve rien, et s'accorde avec la doctrine de Brown. Ainsi que je l'ai déjà fait remarquer, il n'y a pas moyen de constater directement si la croyance au non-moi prend naissance dans notre premier acte de perception, en même temps que la sensation, ou si elle ne se forme qu'après que la sensation, l'a suggérée. Si la solution dépend d'un témoignage direct, le problème est insoluble. Mais il y a une chose que nous pouvons savoir : c'est que lors même que la théorie de la suggestion serait vraie, la croyance

---

(1) Notre croyance à la véracité de la mémoire est évidemment un fait dernier : toutes les raisons qu'on peut en donner supposent la croyance, et la croyance bien fondée. Ce point est traité vigoureusement dans l'introduction philosophique du bel ouvrage de M. Ward intitulé *On Nature and Grace*, ouvrage qui a peu de lecteurs, parce qu'il ne s'adresse qu'aux catholiques, mais qui montre chez l'auteur une capacité qui aurait pu en faire un des plus sérieux champions de l'École intuitive. Bien que je ne pense pas que la moralité soit intuitive, comme M. Ward l'entend, je crois que son livre a une grande valeur pratique pour la façon énergique avec laquelle il soutient que la moralité a un autre fondement qu'un décret arbitraire de Dieu et montre par des preuves d'un grand poids que telle est la doctrine orthodoxe de l'Église catholique romaine.

suggérée s'unirait, par l'effet des lois d'association, si intimement aux sensations qui la suggèrent, que bien avant d'être capables de réfléchir sur nos opérations mentales, nous serions devenus incapables de penser les deux choses autrement qu'en même temps. Un appel à la conscience ne sert de rien, puisque alors même que la doctrine opposée serait vraie, on pourrait le faire également, et d'une façon tout aussi plausible. Les faits sont d'accord aussi bien avec une opinion qu'avec l'autre, et autant qu'on peut en juger, celle de Brown est aussi probablement vraie que celle de Hamilton. La différence entre elles est fort peu de chose, et j'ajouterai tout à fait insignifiante. Si la réalité de la matière nous est certifiée par une croyance irrésistible, peu importe que nous arrivions à cette croyance par deux degrés, ou par un seul.

La différence réellement importante qui sépare l'opinion de Brown de celle Hamilton, sur le sujet de la Perception, est tout autre. Hamilton croit que nous avons une intuition non-seulement de la réalité de la matière, mais aussi de ses qualités premières, l'Étendue, la Solidité, la Figure, etc..., que, suivant lui, nous connaissons telles qu'elles existent dans l'objet matériel, et non comme des modifications de nous-mêmes : tandis que Brown croyait que la matière nous est présentée seulement comme quelque chose d'inconnu, dont tous les attributs, tels que nous les connaissons et les concevons, peuvent se réduire à des impressions des sens. Dans l'opinion de Brown, nous n'avons connaissance d'un non-moi, dans l'acte de la perception, que sous la forme indéfinie de quelque chose d'extérieur ; tout ce que nous sommes capables de connaître en sus, c'est seulement qu'il produit en nous certaines affections : ce que notre auteur admet de son côté pour les qualités secondaires. La différence donc entre Brown et Hamilton n'est pas ce que Hamilton croit ; mais elle consiste principalement en ceci, que Brown soutenait réellement ce que Hamilton soutenait verbalement, la doctrine de la relativité de toute notre connaissance. J'essayerai plus loin de faire voir que sur le point où ils diffèrent réellement, Brown avait raison et Hamilton radicalement tort (1).

(1) Il y a encore une différence entre Brown et Hamilton ; ils ne rapportent pas l'existence de la matière à la même catégorie de connaissance intui-

Les considérations qui précèdent détruisent en grande partie les reproches hautains d'ignorance et de négligence que notre auteur fait à Brown, et les réprimandes plus douces qu'il adresse à Reid. Hamilton s'étonne que ces deux philosophes n'aient pas reconnu que le Réalisme Naturel et l'Idéalisme Cosmothétique dans sa troisième forme, sont deux systèmes différents. Reid, qu'il tient essentiellement à compter au nombre des Réalistes Naturels, ne se doutait pas, dit-il, que l'autre opinion fût possible, il ne se mit pas en garde contre elle par son langage, et laissa, par conséquent, en litige la question de savoir si au lieu d'être un Réaliste Naturel, il n'était pas un Idéaliste Cosmothétique de la troisième classe, comme Brown; tandis que Brown, d'un autre côté, n'a jamais connu le Réalisme Naturel, ni cru possible que Reid eût une autre opinion que la sienne propre, ce qu'il affirme invariablement. Je crois que ces deux philosophes ne méritent en aucune façon le blâme de Hamilton. Reid n'a jamais imaginé de différence entre sa doctrine et celle de Brown, ni Brown entre la sienne et celle de Reid, parce qu'en réalité elles ne diffèrent pas. Si la distinction entre un Réaliste Naturel et un Idéaliste Cosmothétique de la troisième classe, consiste en ce que le dernier croit que l'existence des objets extérieurs est inférée de nos sensations, ou suggérée par elles, tandis que le premier croit qu'elle n'est, ni inférée, ni suggérée, mais appréhendée dans la conscience en même temps que les sensations, et co-ordonnée avec elles, Reid fut tout aussi Idéaliste Cosmothétique que Brown. La question ne regarde pas la philosophie,

---

tive. Brown croyait que c'était un cas de croyance à la causalité, qu'il considérait comme un cas de notre croyance intuitive en l'ordre de la nature. « Je ne con-
» çois pas, dit-il (*Lectures*, xxiv, vol. II, p. 11), que ce soit par une intuition parti-
» culière que nous sommes conduits à croire aux choses de dehors. Je considère
» cette croyance comme l'effet d'une intuition plus générale, qui nous fait consi-
» dérer l'apparition d'un nouveau conséquent dans une série d'événements fami-
» liers comme le signe d'un antécédent nouveau, et aussi de ce principe égale-
» ment général d'association, en vertu duquel les sentiments qui ont souvent
» coexisté, vont ensemble, et constituent ensuite un tout complexe. » C'est-à-dire qu'il pensait que lorsqu'un enfant s'aperçoit que les mouvements de ses muscles, libres d'ordinaire, sont subitement empêchés, par ce qu'il apprendra plus tard à appeler la résistance d'un objet extérieur, il croit intuitivement (quoique peut-être pas instantanément) que ce phénomène inattendu, l'arrêt d'une série de sensations, est uni à, ou, comme nous disons aujourd'hui, causé par, la présence de quelque antécédent nouveau : cet antécédent n'étant pas l'enfant lui-même, ni un état de ses sensations, et que nous pouvons l'appeler un objet extérieur.

mais l'histoire de la philosophie, ce qui est le fort de Hamilton et n'était pas du tout celui de Reid ni de Brown ; mais le sujet vaut bien quelques pages d'éclaircissement ; comme il s'en faut de peu que la vaste érudition de Hamilton n'assure à ses affirmations sur l'histoire une confiance aveugle ; il est donc important de montrer que même dans ce qu'il sait le mieux, il a quelquefois tort.

Dans la sévère critique de Brown, dont j'ai cité des passages, critique injuste, il est vrai, sur quelques points, mais en général évidemment méritée, quelques-unes des plus fortes expressions se rapportent à la grande méprise dont Brown se serait rendu coupable en ne s'apercevant pas que Reid était Réaliste Naturel. « Nous allons », dit notre auteur (1), « considérer
» la plus grande de toutes les erreurs de Brown, en elle-même
» et dans ses conséquences, c'est-à-dire, la fausse idée qu'il se
» fait du principe cardinal de la philosophie de Reid, en
» supposant que ce philosophe est réaliste *hypothétique*,
» qu'il soutient aussi la troisième forme de l'hypothèse *repré-*
» *sentative*, qu'il n'est pas réaliste *naturel* et ne défend pas
» la doctrine de la Perception *intuitive*. Brown (2), en
» faisant de Reid un idéaliste hypothétique au lieu d'un réa-
» liste naturel, a commis une méprise sur le principe dis-
» tinctif de l'école même dont il est le disciple, erreur sans
» exemple dans l'histoire de la philosophie, erreur monstrueuse
» et féconde, *chimœra chimœram parit*. Si la preuve de l'er-
» reur était moins évidente, nous serions exposés à douter plu-
» tôt de notre propre perspicacité qu'à accuser un esprit aussi
» fin d'une telle bévue. « Un moment pourtant Hamilton douta
» de sa propre perspicacité. » Quand il prépara son édition de Reid, il dut considérer plus attentivement les idées de l'auteur ; à partir de ce moment, nous remarquons qu'il baisse beaucoup le ton hautain de ses jugements ; et quand il revisa l'article des *Discussions*, il se sentit obligé d'écrire, « *ceci est trop fort* », après un passage où il avait dit (3) que « l'in-
» terprétation donnée par Brown des principes fondamentaux
» de la philosophie de Reid, n'est pas une simple erreur, mais

---

(1) *Discussions*, p. 58.
(2) *Ibid.*, p. 56.
(3) *Ibid.*, p. 60.

» un renversement absolu de sa signification réelle et même
» *évidente* ». Il eût été heureux pour la renommée de Brown
que Hamilton n'eût jamais mieux réussi à lui trouver des
bévues.

Dans l'ouvrage où Reid publia pour la première fois ses
idées, les *Recherches sur l'Entendement humain*, son langage
est si formellement celui d'un Idéaliste cosmothétique, qu'on
ne peut s'y tromper. Reid l'est, s'il se peut, plus évidemment que Brown lui-même. Reid dit toujours que l'objet
extérieur est perçu par l'intermédiaire de « signes naturels » :
nos sensations, interprétées par un instinct naturel. Nos
sensations, dit-il (1), appartiennent à cette « classe de signes
» naturels qui..... indépendamment de toute notion ou con-
» ception antérieure de la chose signifiée, la suggère ou
» l'évoque comme par une sorte de magie naturelle, nous la
» fait concevoir, et nous y fait croire en même temps.... Je
» regarde (2) comme certain que la notion de dureté et la
» croyance à la dureté ont été d'abord acquises au moyen de cette
» sensation particulière qui, aussi loin que portent nos souve-
» nirs, la suggère invariablement; et que, si nous n'avions
» jamais éprouvé cette sensation, nous n'aurions jamais eu
» aucune idée de dureté. Et encore (3), quand un corps coloré
» nous est présenté, il se fait dans l'œil, ou dans l'esprit, une
» apparition que nous avons nommée l'*apparence de la cou-
» leur*. Locke l'appelle *une idée*, et ce nom peut très-bien lui
» convenir aussi. Cette idée ne peut avoir d'existence que lors-
» qu'elle est perçue. C'est une espèce de pensée, qui ne peut
» être que l'opération d'un être qui perçoive ou qui pense.
» Notre nature nous conduit à concevoir cette idée comme un
» signe de quelque chose d'extérieur, et ne nous laisse point
» de repos que nous n'ayons appris ce qu'elle signifie. »

On m'excusera si je tiens à prouver, en multipliant les citations, qu'il ne s'agit pas ici d'expressions échappées à Reid, mais
de la doctrine réfléchie de son ouvrage. « Je crois avoir fait voir
» par ce qui précède qu'il existe des suggestions naturelles ; et

---

(1) *Inquiry into Human Mind*, Hamilton's éd., p. 122. Trad. de Jouffroy,
II, 107.
(2) *Ibid.*, 122. Trad. Jouffroy, II, 108.
(3) *Ibid.*, 137. Trad. Jouffroy, II, 156.

» particulièrement, que la sensation suggère la notion d'exis-
» tence présente, et la croyance que ce que nous percevons
» ou sentons existe actuellement.... Et c'est ainsi que cer-
» taines sensations du toucher, en vertu de la constitution de
» notre nature, nous suggèrent l'étendue, la solidité et le mou-
» vement (1). Par un principe originel de notre constitution,
» une certaine sensation de toucher suggère à la fois dans l'es-
» prit, et la conception de la dureté, et la croyance à son
» existence, ou, en d'autres termes, cette sensation est un
» signe naturel de dureté » (2).... « Le mot *or* ne ressemble en
» aucune façon à la substance qu'il désigne, et n'a rien en lui-
» même qui le rende propre à signifier cette substance plutôt
» que toute autre; cependant, par l'habitude et par l'usage, ce
» mot nous rappelle cette substance et non point une autre. De
» la même manière, une sensation du toucher nous révèle la
» dureté, bien qu'elle n'ait pas de ressemblance avec la dureté,
» ni, autant que nous pouvons en juger, de connexion néces-
» saire avec elle. Toute la différence qu'il y a entre ces deux
» signes, c'est que, dans le premier cas, la suggestion est
» l'effet de l'habitude ou de l'usage; et que, dans le second,
» elle n'est pas l'effet de l'habitude, mais de la constitution
» primitive de nos esprits (3)..... « L'étendue paraît donc
» être une qualité qui nous est *suggérée* » (ces italiques
sont de Reid) « par les mêmes sensations qui nous sug-
» gèrent les autres qualités dont nous venons de parler.
» Quand je prends une boule avec la main, je sens qu'elle
» est dure, figurée, étendue. La sensation est très-simple et
» n'a pas la moindre ressemblance avec une seule des qua-
» lités du corps. Pourtant elle nous suggère trois qualités
» primaires aussi complétement distinctes l'une de l'autre, que
» de la sensation qui la révèle. Quand je passe ma main sur une
» table, ma sensation est si simple, que je trouve difficile d'y
» distinguer des choses de nature différente; pourtant elle me
» suggère immédiatement la dureté, le poli, l'étendue et le
» mouvement; toutes choses très-différentes, et que je conçois

(1) *Inquiry into Human Mind*, Hamilton's éd., p. 111. Trad. Jouffroy, II, 103.
(2) *Ibid.*, p. 121. Trad. Jouffroy, II, 104.
(3) *Ibid.*, p. 121. Trad. Jouffroy, II, 104.

» aussi distinctement que le sentiment qui les suggère (1)....
» Les sensations du toucher qui suggèrent les qualités pre-
» mières, n'ont pas de nom, et l'on n'y fait jamais attention. Elles
» n'ont dans l'esprit qu'une existence momentanée, et ne ser-
» vent qu'à y introduire la notion des choses extérieures et la
» croyance à leur existence qui sont attachées à elles par les
» lois de notre nature. Elles sont des signes naturels, et l'es-
» prit passe immédiatement à la chose signifiée, sans faire la
» moindre attention au signe, et sans remarquer qu'il existe (2). »
Hamilton aurait bien fait de méditer attentivement ce passage et
d'autres aussi qui disent la même chose, avant de s'appuyer avec
tant de confiance sur un prétendu témoignage de la conscience
qui déclarerait que la perception *ne* se fait *pas* par le moyen
d'un signe.

« Un homme qui appuie sa main sur une table sent qu'elle
» est dure; mais qu'est-ce que cela veut dire? Cela signifie sans
» doute qu'il a une certaine sensation du toucher, d'où il conclut,
» sans raisonner et sans comparer les idées, qu'il y a là quelque
» chose d'extérieur, qui existe réellement, dont les parties adhè-
» rent ensemble si fermement qu'on ne peut les déplacer sans
» un effort considérable. Voilà une sensation, et une conclusion
» tirée de cette sensation, ou du moins suggérée par elle.....
» La dureté de la table est la conclusion, la sensation est le
» moyen qui nous mène à cette conclusion » (3). « Comment une
» sensation nous fait-elle dans un instant concevoir l'existence
» d'une chose extérieure qui ne lui ressemble en rien et nous
» force-t-elle d'y croire? Je ne prétends pas le savoir ; et quand
» je dis que la sensation suggère la notion et la croyance, je
» n'entends pas expliquer par là la nature de leur connexion,
» mais exprimer un fait dont tout le monde peut avoir con-
» science ; c'est que, par une loi de notre nature, la conception
» et la croyance suivent constamment et immédiatement la sensa-
» tion (4). ».... « Il y a trois moyens pour l'esprit de passer de
» l'apparence du signe naturel à la conception et à la croyance
» de la chose signifiée — par les principes primitifs de notre con-

---

(1) *Inquiry into Human Mind.*, p. 123. Trad. Jouffroy, II, 111-112.
(2) *Ibid.*, p. 124. Trad. Jouffroy, II, 113.
(3) *Ibid.*, p. 125. Trad. Jouffroy, II, 114.
(4) *Ibid.*, p. 131. Trad. Jouffroy, II, 133.

» stitution, ou par l'habitude, ou par le raisonnement. Nos per-
» ceptions primitives sont acquises par le premier.... C'est par
» le premier de ces deux moyens que la Nature, au moyen des
» sensations du toucher, nous informe de la dureté et de la mol-
» lesse des corps, de leur étendue, de leur figure, de leur mou-
» vement, et de l'espace dans lequel ils se meuvent et sont pla-
» cés (1). » .... « Dans le témoignage de la nature donné par les
» sens, comme dans le témoignage de l'homme donné par le
» langage, les choses sont représentées par des signes, et, dans
» l'un comme dans l'autre, l'esprit, soit en vertu de principes
» originels, soit par l'effet de l'habitude, passe du signe à la
» conception et à la croyance de la chose signifiée... Les signes,
» dans les perceptions primitives, sont des sensations dont la
» variété est conforme à la variété des choses signifiées par
» elles. La nature a établi une connexion réelle entre les
» signes et les choses signifiées, et elle nous a aussi appris
» à interpréter les signes — de sorte que, préalablement à
» toute expérience, le signe suggère la chose signifiée, et
» crée la croyance à son existence (2). » .... « C'est par l'effet
» d'un principe particulier de notre constitution que certains
» mouvements du visage expriment la colère ; et par l'effet
» d'un autre principe particulier que certains autres mouve-
» ments expriment la bienveillance. Pareillement, c'est en vertu
» d'un principe particulier de notre constitution, qu'une cer-
» taine sensation signifie la dureté dans le corps que je tou-
» che ; et c'est en vertu d'un autre principe particulier qu'une
» certaine sensation signifie le mouvement dans ce corps (3). »

Je doute qu'il soit possible d'extraire de Brown lui-même
autant de passages (et j'aurais pu en citer davantage) exprimant aussi clairement, aussi positivement, et en termes aussi
inconciliables avec toute autre opinion, la doctrine nommée
par notre auteur la troisième forme de l'Idéalisme cosmothétique; on y retrouve tout à fait la manière de Brown, dégagée de l'addition introduite arbitrairement par Hamilton,
que le signe doit représenter fidèlement la chose signifiée.
— Reid prend grand soin qu'on ne l'accuse pas de pro-

---

(1) *Inquiry into Human Mind.* p. 188. Trad. Jouffroy, II, 320.
(2) *Ibid.*, p. 194-195. Trad. Jouffroy, II, 341-342.
(3) *Ibid.*, p. 195. Trad. Jouffroy, II, 343.

fesser cette opinion, et il déclare à plusieurs reprises qu'il n'y a pas de ressemblance entre eux. Quand il a écrit les *Recherches*, Reid était Idéaliste cosmothétique; depuis ce temps, il ne lui est jamais arrivé de penser que l'existence ou les qualités des objets extérieurs pussent être regardés comme autre chose que les suggestions ou les corollaires de nos sensations, c'est une chose évidente, et tous ceux qui ont présent à la mémoire le texte de ses écrits ne peuvent en douter. Aussi Hamilton le reconnaît-il dans les notes, comme dans les dissertations qu'il a ajoutées à son édition de Reid. Après avoir exposé de nouveau ses propres idées sur la perception d'après lesquelles nos croyances naturelles ne nous attestent l'existence des objets extérieurs qu'en nous assurant que nous en avons une conscience immédiate, il ajoute (1) : « Reid lui-même sem-
» ble avoir eu une idée vague de cette condition ; s'il n'a
» jamais rétracté sa doctrine de la simple *suggestion* de
» l'étendue, nous trouvons cependant dans ses *Essais sur les*
» *facultés intellectuelles* des affirmations sur la perception
» immédiate des choses extérieures, qui feraient croire que ses
» dernières idées étaient plus en harmonie avec les convictions
» nécessaires de l'humanité. » Et ailleurs (2), en parlant de la doctrine soutenue par Reid dans son premier ouvrage, Hamilton dit que, « s'il ne l'a pas formellement rétractée
» dans ses derniers écrits, il n'a pas continué à la profes-
» ser ». Il est dur pour Brown d'être accusé d'une bévue prodigieuse et sans exemple dans toute l'histoire de la philosophie, pour avoir attribué à Reid une opinion que, de l'aveu de Hamilton, Reid a professée dans l'un des deux seuls ouvrages importants qu'il ait laissés et qu'il n'a pas rétractée dans l'autre. Mais Hamilton a encore plus tort qu'il ne veut l'avouer. Il se trompe en disant que Reid, s'il ne rétracte pas son opinion, ne continue pas à la professer. Pour des raisons qu'on ne voit pas, Reid cesse d'employer le mot suggestion. Mais il continue à se servir de termes équivalents. « Toute perception différente est unie à la sensation qui lui
» est propre : *l'une est le signe*, l'autre la chose signifiée (3). »

---

(1) *Note à Reid*, p. 129.
(2) *Dissertations on Reid*, p. 821.
(3) *Essays on the Intellectual Powers*, p. 314. Trad. Jouffroy, III, 270.

.... « Je touche légèrement une table avec la main, et je sens
» qu'elle est polie, dure et froide. Voilà les qualités de la table
» que je perçois par le toucher; mais je les *perçois au moyen*
» *d'une sensation qui les indique* (1). » .... « J'observe qu'une
» sensation agréable se produit quand je suis près d'une rose et
» qu'elle s'évanouit quand je m'en éloigne, et ma nature me
» porte à conclure qu'il y a dans la rose une qualité qui est
» la cause de cette sensation. Cette qualité de la rose est l'ob-
» jet perçu; et cet acte de mon esprit par lequel je crois à
» l'existence de cette qualité est ce que j'appelle perception (2). »
Dans une note, Hamilton dit avec loyauté que ce passage « a l'air
» d'un désaveu explicite de la doctrine d'une perception immé-
» diate ou intuitive ». Et encore : « Dans la perception des qualités
» primaires, la sensation conduit immédiatement la pensée à la
» qualité dont elle est le signe, et elle-même tombe dans l'ou-
» bli...... Les sensations appartenant aux qualités premiè-
» res..... dirigent la pensée vers les objets extérieurs et s'effa-
» cent immédiatement dans l'oubli. *La nature n'a voulu en faire*
» *que des signes;* et après qu'elles en ont fait l'office, elles
» s'évanouissent (3). » ..... « La nature a lié nos perceptions des
» objets extérieurs à certaines sensations. *Si la sensation se pro-*
» *duit, la perception correspondante l'accompagne*, lors même
» qu'elle n'a pas d'objet, et dans ce cas elle est susceptible de nous
» tromper (4). » ..... « Dans la perception originelle ou acquise,
» il y a quelque chose que nous pouvons appeler *le signe*, et
» quelque chose qui nous est signifié, ou *que ce signe porte à*
» *notre connaissance*. Dans la perception originelle, *les signes*
» *sont les différentes sensations* qui résultent des impressions
» subies par nos organes. *Les choses signifiées sont les objets*
» *perçus* à la suite de ces sensations, en vertu de notre consti-
» tution. Ainsi, quand je presse dans ma main une bille d'ivoire,
» j'ai une certaine sensation du toucher. Quoique cette sensa-
» tion ait lieu dans l'esprit, et ne ressemble à rien de matériel,
» cependant, par l'effet des lois de ma constitution, *elle est im-*
» *médiatement suivie* de la conception d'un corps dur, poli,

---
(1) *Essays on the Intellectual Powers*, p. 311. Trad. Jouffroy, III, 265.
(2) *Ibid.*, p. 310. Trad. Jouffroy, III, 264.
(3) *Ibid.*, p. 315. Trad. Jouffroy, III, 279.
(4) *Ibid.*, p. 320. Trad. Jouffroy, III, 292.

» sphérique, d'environ un pouce et demi de diamètre, et
» d'une croyance que ce corps existe et possède ces qualités.
» Cette croyance ne repose ni sur le raisonnement, ni sur l'ex-
» périence, c'est le produit immédiat de ma nature, et c'est
» elle que j'appelle perception originelle (1). »

Ces citations ne permettent aucun doute, et le dernier passage est une profession d'Idéalisme cosmothétique, aussi pleine et aussi précise que celles qu'on peut trouver dans les *Recherches*. Dans les *Dissertations* ajoutées à l'édition de Reid (2), Hamilton, avec une franchise qui ne l'abandonne jamais, reconnaît de la façon la plus complète les conclusions qui découlent de ces passages ; mais il pense qu'on peut leur en opposer d'autres qui lui « semblent ne pouvoir s'accorder qu'avec le
» présentationisme naturel (3) », et qu'en somme, « Reid ayant
» pris pour but suprême, pour principe régulateur de sa doc-
» trine, la réconciliation de la philosophie avec les convictions
» nécessaires de l'humanité, il est évident qu'il voulait établir le
» Réalisme naturel et par conséquent le Réalisme présentatif, et
» qu'il aurait de suite abandonné comme erronée toute proposi-
» tion en désaccord avec ce système (4) ». Mais on voit clairement que la théorie de la perception par les signes naturels ne contredit pas, dans l'opinion de Reid, les convictions nécessaires de l'humanité ; Reid rétablit l'harmonie par sa doctrine « de l'oubli » des signes, après qu'ils ont servi à suggérer la perception, oubli naturel et inévitable, ainsi qu'il le fait voir d'une manière décisive en divers endroits. Dans les passages cités par Hamilton, et qui d'après lui ne peuvent s'accorder qu'avec le réalisme naturel, Reid affirme que nous percevons les objets *immédiatement*, et que les choses extérieures qui existent réellement sont les choses mêmes que nous percevons. Mais Reid évidemment ne pensait pas que ces expressions fussent incompatibles avec la doctrine que la notion et la croyance des objets extérieurs est irrésistiblement suggérée par des signes naturels. Avoir cette notion et cette croyance par l'effet d'une suggestion irrésistible, voilà ce qu'il entend par percevoir

---

(1) *Essays on the Intellectual Powers*, p. 332. Trad. Jouffroy, IV, p. 29.
(2) *Dissertations on Reid*, pp. 819-824 et 882-885.
(3) *Dissertations on Reid*, p. 882.
(4) *Ibid.*, p. 820.

l'objet extérieur. C'est ce qu'il dit dans plusieurs passages que je viens de citer, et ni dans son chapitre sur la Perception, ni ailleurs, il ne prétend que la perception implique autre chose. Dans ce chapitre, il écrit (1) : « Si nous examinons cet acte » de l'esprit que nous appelons la perception d'un objet exté- » rieur sensible, nous trouverons dans cet acte trois choses : » 1° quelque conception ou notion de l'objet perçu ; 2° une con- » viction irrésistible et une croyance ferme de son existence pré- » sente ; et 3° l'assurance que cette conviction et cette croyance » sont immédiates et non l'effet du raisonnement. » Nous voyons ici, comme dans cent autres endroits, ce que Reid entend, quand il dit que notre perception des objets extérieurs est immédiate. Il ne veut pas dire que notre conviction ne soit pas suggérée par quelque autre chose, mais seulement que la conviction n'est pas l'effet du raisonnement. « Cette convic- » tion (2) n'est pas seulement irrésistible, mais immédiate ; » c'est-à-dire que ce n'est pas par une suite de raisonne- » ments et de démonstrations que nous arrivons à nous con- » vaincre de l'existence des objets que nous percevons. » De même que la nature nous a donné les signes, c'est aussi en vertu d'une loi originelle de notre nature que nous sommes capables de les interpréter. Quand Reid, en soutenant la perception immédiate des objets, entend autre chose, c'est seulement qu'il veut nier qu'elle se fasse par une image dans le cerveau ou dans l'esprit, comme les Idéalistes cosmothétiques de la première et de la seconde classe le soutiennent.

Pour démontrer le Réalisme Naturel de Reid, et pour nier qu'il ait professé, comme Brown le croit, les propres idées de Brown, Hamilton n'a qu'un seul bon argument, c'est que lorsque Reid se trouve en face de la même opinion dans les spéculations d'Arnauld, il ne l'adopte pas (3). Or, en examinant avec soin la critique que Reid a faite des idées d'Arnauld, on voit que tant que Reid a affaire à l'exposition même de l'opinion d'Arnauld, il n'y voit rien qui diffère de la sienne propre ; mais ce qui le jeta dans l'embarras, et lui fit croire

---

(1) *Essays on the Intellectual Powers.* Essay II, chap. V, p. 258. — Trad. Jouffroy, III, 125-126.
(2) *Ibid.*, Essay II, p. 259. — Trad. Jouffroy, III, 130.
(3) *Ibid.*, chap. XII. Pour les remarques de Hamilton, voyez *Lectures*, II. 50-53 ; *Discussions*, p. 75-77 ; et *Dissertations on Reid*, p. 823.

qu'Arnauld cherchait à concilier des opinions incompatibles, c'est que, après avoir rejeté la *théorie des idées*, et dit que les seules idées réelles sont nos perceptions, Arnauld ajoute qu'il est encore vrai, en un sens, que nous ne percevons pas les choses directement, mais par l'entremise de nos idées. Quoi! demande Reid, percevons-nous les choses par l'entremise de nos perceptions? Mais si nous mettons simplement sensations à la place de perceptions, nous voyons qu'Arnauld affirme exactement comme Reid dans les *Recherches*, que nous percevons les choses par l'entremise de nos sensations. Il est très-probable que c'est cela qu'Arnauld voulait dire, et que Reid ne l'a pas compris. Mais si Arnauld voulait dire quelque autre chose, son opinion n'est plus la même que celle de Reid, et nous n'avons pas besoin d'explication pour comprendre que Reid n'y ait pas reconnu la sienne.

Un détail secondaire qui fait voir que l'opinion de Reid s'accorde avec celle de Brown, et non avec celle d'Hamilton, c'est qu'en traitant cette question, Reid n'emploie que rarement ou jamais le mot *connaissance*, mais ne se sert que du mot *croyance*. D'après Hamilton, il est indispensable de distinguer ces deux mots, bien qu'il ne le fasse que très-vaguement. Or, Reid n'en reconnaît pas le besoin; ce qui montre que si des deux opinions il y en a une dont il n'ait jamais conçu la possibilité, ce n'est pas celle de Brown, ainsi que Hamilton le suppose, mais celle de Hamilton lui-même. Dans l'esprit de notre auteur cet indice aurait dû décider la question : car il rend sur le même témoignage un verdict d'Idéalisme Cosmothétique contre un autre philosophe. Le système de Krug, dit-il (1), tel qu'il a été d'abord publié, « n'a été, » comme celui de Kant, qu'un Idéalisme Cosmothétique. En » effet, tandis qu'il accorde une *connaissance* du monde inté- » rieur, il n'accorde qu'une *croyance* du monde extérieur. »

Il est vrai, Reid n'a pas cru à ce que notre auteur appelle « perception représentative », si l'on entend par là une perception au moyen d'une image dans l'esprit, et qu'on suppose, comme la peinture d'un fait dans la mémoire, *semblable* à l'original. Mais (ainsi que je l'ai fait observer à plusieurs reprises) Brown n'y croit pas non plus. Brown soutenait exacte-

---

(1) *Dissertations on Reid*, p. 797.

ment la même doctrine que Reid exprime dans les passages que j'ai cités. Il pensait que certaines sensations, par l'effet irrésistible d'une loi de notre nature, suggèrent, sans aucune opération du raisonnement et sans l'intervention d'un *tertium quid*, la notion de quelque chose d'extérieur, et une croyance invincible à son existence réelle. Si c'est cela qu'on entend par perception représentative, Reid et Brown y ont cru tous les deux; si c'est autre chose, Brown n'y a pas cru plus que Reid. Non-seulement Reid fut un Réaliste cosmothétique du même type que Brown, mais en exposant ses propres idées, il a fourni la plus claire et la meilleure exposition qui nous reste de leur opinion commune. Ils ont différé, il est vrai, sur le point de savoir si nous avons d'une manière ou d'une autre une perception intuitive d'aucun des *attributs* des objets; Reid comme Hamilton affirment, tandis que Brown nie, l'intuition directe des Qualités primaires des corps. Mais Brown ne nie pas, Hamilton ne l'en aurait pas accusé, la complète différence de son opinion avec celle de Reid sur ce dernier point.

Avant de finir ce chapitre, je ferai remarquer un fait curieux; c'est qu'après avoir soutenu avec tant d'insistance que dans tout acte de conscience il y a la connaissance d'un Moi et d'un Non-moi, Hamilton est obligé d'admettre que dans certains cas leur distinction est une erreur, et que notre conscience reconnaît quelquefois un Non-moi, là où il n'y a qu'un Moi. Il croit et il répète, en plusieurs endroits de ses œuvres, que dans notre conscience *interne*, il n'y a pas de Non-moi. Même le souvenir du passé, ou l'image mentale d'un objet absent, ne sont pas des choses qu'on puisse séparer et distinguer de l'acte de l'esprit qui se souvient; ils ne sont qu'une autre façon d'appeler cet acte même. Or, il est certain qu'en pensant à un objet absent ou imaginaire, nous nous figurons naturellement que nous pensons à quelque chose d'objectif, qu'on peut distinguer de l'acte de la pensée. Hamilton est obligé de le reconnaître, et il résout la difficulté par le procédé qu'il reproche si souvent aux autres penseurs. Il représente ce témoignage apparent de la conscience comme une espèce d'illusion. « L'objet, » dit-il (1), est réellement identique avec le moi conscient; mais

---

(1) *Lectures*, II, 432.

» la conscience le distingue encore comme un accident d'avec
» le moi, sujet de cet accident; elle projette pour ainsi dire ce
» phénomène subjectif, le contemple à distance, en un mot
» l'objective. » Mais, si vous admettez que dans une moitié de
son domaine, la moitié interne, la conscience a le pouvoir de
projeter hors d'elle ce qui est tout simplement un de ses actes,
et de se regarder comme un objet extérieur, et un non-soi,
pourquoi reprochez-vous d'accuser la conscience de mensonge,
à ceux qui pensent qu'elle a le pouvoir d'en faire autant dans
l'autre moitié, et que le *non-moi* pourrait bien n'être qu'un
mode dans lequel l'esprit représente les modifications possibles du *moi* ? Je me propose d'examiner dans le chapitre
suivant ce qu'il peut y avoir de vrai dans ce système. Pour le
présent, je me borne à demander pourquoi la même liberté
d'interprétation du témoignage de la conscience, dont Hamilton lui-même ne peut se passer, serait refusée à ses adversaires.

CHAPITRE XI

THÉORIE PSYCHOLOGIQUE DE LA CROYANCE
AU MONDE EXTÉRIEUR.

Nous avons vu Hamilton, armé de la méthode introspective, traiter la question de la réalité de la Matière, et à ce qu'il me semble, avec assez peu de résultat. C'est à mon tour d'aborder le même sujet avec la méthode psychologique. Je vais donc exposer les idées de ceux qui pensent que la croyance au monde extérieur n'est pas intuitive, mais acquise.

Cette théorie suppose les vérités psychologiques que je vais énumérer; elles sont toutes prouvées par l'expérience et ne sont pas contestées, bien que Hamilton et les autres penseurs de l'École introspective n'en sentent que bien rarement toute la force.

Elle suppose d'abord que l'esprit humain est capable d'Expectation. C'est-à-dire qu'après avoir eu nos sensations actuelles, nous sommes capables de concevoir des Sensations Possibles, sensations que nous n'éprouvons pas au moment présent, mais que nous pourrions éprouver, et que nous éprouverions s'il se présentait certaines conditions, dont l'expérience nous a plusieurs fois révélé la nature.

Elle suppose ensuite les lois de l'Association des Idées. Pour nous, ces lois sont les suivantes : 1° Les idées des phénomènes semblables tendent à se présenter ensemble à l'esprit; 2° quand des phénomènes ont été, ou expérimentés, ou conçus en contiguïté intime l'un avec l'autre, leurs idées ont de la tendance à se présenter ensemble. Il y a deux espèces de contiguïté, la simultanéité et la succession immédiate. Quand des faits ont été expérimentés ou conçus simultanément, l'idée de l'un rappelle celle de l'autre. Quand des faits ont été expérimentés et pensés en succession immédiate, l'antécédent ou son idée rappelle celle du conséquent, mais la réciproque n'est pas vraie. 3° Les associations produites par contiguïté deviennent plus certaines et plus rapides par l'effet de la répétition. Quand deux phénomènes ont été très-souvent trouvés réunis, et ne se sont jamais, dans un aucun cas, présentés séparément, soit dans l'expérience, soit dans la pensée, il se produit entre eux ce que l'on appelle l'Association inséparable, autrement, mais moins justement, dite Indissoluble : on ne veut pas dire par ces mots que l'association doive inévitablement durer jusqu'à la fin de la vie, que nulle expérience subséquente, nulle opération de la pensée ne puisse la dissoudre; mais seulement, que tant que cette expérience ou cette opération de la pensée n'aura pas lieu, l'association restera irrésistible ; qu'il nous sera impossible de penser l'un de ses éléments séparé de l'autre. 4° Quand une association a acquis cette sorte d'inséparabilité, quand la chaîne qui unit les deux idées a été ainsi fermement rivée, non-seulement l'idée évoquée par l'association devient, dans la conscience, inséparable de l'idée qui la suggère ; mais les faits ou phénomènes qui répondent à ces idées finissent par sembler inséparables dans la réalité : les choses que nous sommes incapables de concevoir séparées, nous semblent incapables d'exister séparées ; et notre croyance à leur coexistence, bien qu'elle soit en réalité un produit de l'expérience, nous paraît intuitive. On pourrait donner d'innombrables exemples de cette loi. Un des plus familiers comme des plus frappants est celui des perceptions que nous acquérons par la vue. Ceux mêmes qui, comme M. Bailey, croient que la perception de la distance par l'œil n'est pas acquise, mais qu'elle est intuitive, admettent que plusieurs perceptions de la vue, bien qu'instantanées et nettes, ne sont pas intuitives. Ce que nous voyons n'est qu'un très-petit fragment de ce que nous croyons voir. Nous voyons artificiellement qu'une chose est dure, et l'autre molle, nous voyons artificiellement qu'une chose est chaude et une autre froide. Nous voyons artificiellement que ce que nous voyons est un livre, une pierre; chacune de ces choses n'est pas seulement une inférence, mais un faisceau d'inférences, allant des choses que nous voyons aux choses qui ne sont pas visibles. Nous voyons, et nous ne pouvons pas ne pas voir, ce que nous avons appris à inférer de nos sensations, même quand nous savons que l'inférence est erronée, et que la perception apparente est une illusion. Nous ne pouvons pas ne pas voir la lune plus large lorsqu'elle est près de l'horizon, et pourtant nous savons qu'elle a ses dimensions habituelles. Nous ne pouvons pas ne pas voir une montagne plus près de nous et moins élevée, quand nous la voyons à travers une atmosphère d'une transparence plus qu'ordinaire.

Partant de ces prémisses, la théorie psychologique soutient qu'il y a des associations naturellement et même nécessairement engendrées par l'ordre de nos sensations et de nos réminiscences de sensations, et que, à supposer que nulle intuition d'un monde extérieur ne se fût produite dans la conscience, ces associations engendreraient inévitablement la croyance au monde extérieur, et la feraient regarder comme intuitive.

Quand nous disons que l'objet que nous percevons est extérieur à nous, et n'est pas une de nos propres pensées, que voulons-nous dire, et qu'est-ce qui nous porte à le dire? Nous entendons qu'il y a, impliqué dans nos perceptions, quelque chose qui existe quand nous n'y pensons pas, qui existait avant que nous y eussions jamais pensé, et qui existerait lors même que nous serions anéantis : et, de plus, qu'il existe des choses que nous n'avons jamais vues, ni touchées, ni perçues d'une autre manière, et des choses que nul homme n'a jamais perçues. Cette idée de quelque chose qui se distingue de nos impressions fugitives par le caractère que Kant appelle la Perdurabilité; qui reste fixe et identique quand nos impressions varient; qui existe que nous le sachions ou non, et qui est toujours carré (ou d'une autre figure), qu'il nous apparaisse carré ou rond, c'est ce qui constitue toute notre idée de substance extérieure. Assigner une origine à cette conception complexe, c'est expliquer ce que nous entendons par la croyance à la matière. Or, tout cela, d'après la Théorie Psychologique, n'est rien que la forme que les lois connues de l'association ont imprimée à la conception ou notion expérimentale des sensations *contingentes*, c'est-à-dire des sensations qui ne sont pas dans notre conscience présente, et qui peut-être n'y ont jamais été individuellement, mais que, en vertu des lois auxquelles nous avons appris par l'expérience que nos sensations obéissent, nous savons que nous aurions éprouvées dans des circonstances données qu'on peut supposer, et que nous pourrions encore éprouver dans ces mêmes circonstances

Je vois un morceau de papier blanc sur une table ; je passe dans une autre pièce, et quoique j'aie cessé de voir le papier, je suis persuadé qu'il y est encore. Je n'ai plus les sensations qu'il me donnait, mais je crois que si je me replaçais dans les circonstances où j'ai eu ces sensations, c'est-à-dire si je rentrais dans la chambre, je les aurais encore ; et de plus, je suis convaincu qu'il n'y a pas eu un moment où il n'en eût pas été ainsi. C'est à cause de cette propriété de mon esprit que, dans ma conception du monde tel qu'il existe à un instant donné, mes conceptions présentes n'entrent que pour une faible proportion. Il y a des moments où je peux n'avoir pas de sensations présentes, et dans tous les cas, elles ne font que la plus insignifiante partie de tout ce que je saisis. La conception du monde que je me fais à un moment donné, comprend, avec les sensations que j'éprouve, une variété infinie de possibilités de sensations : à savoir, toutes celles que l'observation passée me dit que je pourrais, sous certaines circonstances qu'on peut supposer, éprouver en ce moment, en même temps qu'une multitude indéfinie et illimitée d'autres sensations que je pourrais peut-être éprouver dans des circonstances qui me sont inconnues. Ces possibilités diverses sont tout ce qui m'importe dans le monde. Mes sensations présentes ont généralement peu d'importance, et de plus elles sont fugitives. Les possibilités, au contraire, sont permanentes ; elles possèdent donc le caractère qui distingue principalement l'idée de Substance ou de Matière de la notion de sensation. Ces possibilités, qui sont des certitudes conditionnelles, ont besoin d'un nom spécial qui les distingue des possibilités purement vagues, sur lesquelles l'expérience ne nous permet pas de compter. Or, nous savons par une expérience familière que lorsque nous donnons à une chose un nom nouveau, ne fût-ce que pour caractériser une nouvelle façon de la considérer, nous finissons par voir sous ce nom une chose différente.

Ces possibilités de sensations certifiées et garanties présentent une autre particularité importante ; elles représentent non pas des sensations isolées, mais des groupes de sensations. Quand nous pensons à une substance matérielle ou à un corps, c'est que nous avons eu, ou bien que nous croyons que sous certaines conditions nous aurions, non pas *une seule* sensation, mais un grand nombre et même un nombre indéfini de sensations diverses appartenant en général à divers sens, mais si bien enchaînées ensemble que la présence de l'une annonce la présence possible au même instant de telle ou telle autre, ou de toutes les autres. Dans notre esprit, donc, non-seulement cette Possibilité particulière de sensation revêt la qualité de permanence, alors que nous n'éprouvons pas de sensation ; mais quand nous en éprouvons quelqu'une, nous concevons le reste des sensations du groupe sous la forme de Possibilités présentes qui pourraient se réaliser au moment même. Et comme cela arrive tour à tour à chacune d'elles, le groupe dans son ensemble se présente à l'esprit comme une chose permanente en opposition, non-seulement avec l'état transitoire de ma propre présence, mais aussi avec le caractère temporaire de chacune des sensations qui composent le groupe ; en d'autres termes, nous le concevons comme une sorte de substratum permanent caché sous un système de faits fugitifs d'expérience ou de manifestations passagères ; ce qui constitue un autre des caractères principaux de notre idée de substance ou de matière, qui la distingue de la sensation.

Considérons maintenant un autre caractère général de notre expérience : outre les groupes fixes, nous reconnaissons un ordre fixe dans nos sensations, c'est-à-dire un ordre de succession qui, révélé par l'observation, donne naissance aux idées de Cause et d'Effet, d'après la théorie de ce rapport que je considère comme la vraie, et qui, dans toutes les théories, nous apprend quelles causes produisent tels effets. Or, de quelle nature est cet ordre fixe qui règne parmi nos sensations ? C'est une constance dans l'ordre de l'antécédence et de la séquence. Mais, en général, ce n'est pas entre une sensation actuelle et une autre qu'existent l'antécédence et la séquence constante. L'expérience nous présente fort peu de telles séquences. Dans presque toutes les séquences constantes que nous offre la nature, le rapport d'antécédence et de conséquence ne lie pas les sensations, mais les groupes dont nous avons parlé, dont notre sensation présente forme une très-petite partie, la plus grande étant composée de possibilités permanentes de sensations, attestées par le nombre petit et variable des sensations, effectivement présentes. De là vient que nous ne rattachons pas nos idées de causalité, de force, d'activité, à nos sensations *actuelles*, sauf dans un petit nombre de cas psychologiques où ces sensations figurent d'elles-mêmes comme antécédents dans certaines séries uniformes. Ces idées se rattachent, non à des sensations, mais à des groupes de possibilités de sensations. Les sensations conçues ne se présentent pas habituellement à notre pensée comme des sensations réellement éprouvées, d'autant plus que non-seulement une ou plusieurs peuvent manquer, mais qu'il est inutile qu'aucune d'elles soit présente. Nous voyons que les modifications qui surviennent plus ou moins régulièrement dans nos possibilités de sensation sont, pour la plupart, tout à fait indépendantes de notre conscience, de notre présence ou de notre absence. Que nous soyons endormis ou éveillés, le feu s'éteint, et met fin à une possibilité particulière de chaleur et de lumière. Que nous soyons présents ou absents, le grain mûrit et crée une nouvelle possibilité d'aliment. Par là, nous apprenons rapidement à concevoir la nature comme un système composé de ces groupes de possibilités, et à voir sa force active se manifester dans la modification de quelques-unes de ces possibilités par d'autres. On arrive ainsi à considérer les sensations, bien qu'elles soient le fondement de tout, comme une espèce d'accident qui dépend de nous, et les possibilités comme beaucoup plus réelles que les sensations actuelles, bien plus, comme les réalités mêmes dont les sensations ne sont que les représentations, les apparences, ou les effets. Une fois arrivés à cet état d'esprit, nous n'avons plus conscience d'une sensation présente sans la rapporter instantanément à l'un des groupes de possibilités dont une sensation d'une espèce particulière fait partie ; et lors même que nous ne savons pas à quel groupe nous devons la rapporter, nous éprouvons une conviction irrésistible qu'elle doit appartenir à un groupe ou à un autre, c'est-à-dire que sa présence prouve l'existence, *hic et nunc*, d'un grand nombre et d'une grande variété de possibilités de sensation, sans lesquelles elle n'aurait pas été. L'ensemble tout entier des sensations possibles forme un fond permanent duquel une ou plusieurs sensations se détachent pour devenir, à un moment donné, actuelles : alors on conçoit les possibilités comme affectant avec les sensations actuelles la relation d'une cause avec ses effets, ou d'une toile avec les figures peintes sur elle, ou d'une racine avec le tronc, les feuilles et les fleurs qu'elle nourrit ; ou d'un substratum avec ce qui le couvre, ou, pour parler le langage transcendantal, de la Matière avec la Forme.

Ce point atteint, les Possibilités permanentes en question ont pris un aspect si différent de celui des sensations, et contracté avec nous une relation apparente si différente de la leur, qu'il serait contraire à tout ce que nous savons de la constitution de la nature humaine, de ne pas concevoir et de ne pas croire, qu'elles sont au moins aussi différentes des sensations que les sensations le sont l'une de l'autre. On oublie qu'elles ne sont au fond que des sensations, et l'on suppose qu'elles en diffèrent essentiellement. Nous pouvons nous séparer nous-mêmes de certaines de nos sensations (extérieures), ou nous pouvons en être séparés par une autre cause. Mais, quoique les sensations cessent, les possibilités demeurent ; elles sont indépendantes de notre volonté, de notre présence, et de tout ce qui nous appartient. Nous trouvons aussi qu'elles appartiennent aux autres hommes et aux autres êtres doués de sensibilité autant qu'à nous. Nous voyons que d'autres basent leurs prévisions et leur conduite sur les mêmes possibilités permanentes que nous. Mais nous ne voyons pas qu'ils éprouvent les mêmes sensations actuelles. Les autres personnes n'ont pas nos sensations exactement de la même manière, et au même moment que nous, mais elles ont nos possibilités de sensation ; tout ce qui indique une possibilité présente de sensation pour nous, indique une possibilité présente de semblables sensations pour elles, à moins que leurs organes des sens ne s'écartent du type des nôtres. Ce caractère nous fait définitivement concevoir les groupes de possibilités comme la réalité fondamentale de la Nature. Les possibilités permanentes sont communes à nous et à nos semblables ; les sensations actuelles ne le sont pas. Ce que d'autres personnes arrivent à savoir au moment et par les mêmes raisons que moi-même, me paraît plus réel que ce qu'elles ne savent que lorsque je leur en parle. Le monde des Sensations Possibles se succédant les unes aux autres d'après des lois, existe aussi bien dans d'autres êtres que dans moi ; il a par conséquent une existence en dehors de moi ; cette existence, c'est un Monde Extérieur.

Si cette explication de l'origine et des développements, de l'idée de Matière ou de Nature Extérieure, ne contient rien qui ne soit d'accord avec les lois naturelles, on peut bien admettre que le Non-moi que Hamilton regarde comme une donnée originelle de la conscience, et que nous trouvons certainement dans notre conscience présente, n'en est pas un élément primitif, qu'il peut n'avoir pas existé du tout dans les premières manifestations de la conscience. Si cette supposition est admissible, les principes de Hamilton veulent qu'on la tienne pour vraie. La première des lois qu'il impose à l'interprétation de la conscience, la loi de Parcimonie (comme il l'appelle), nous défend d'invoquer l'hypothèse d'un principe originel de notre nature inventé dans le but d'expliquer des phénomènes qui peuvent être rattachés à des causes connues. Si la notion qu'on suppose contenue originellement dans la conscience, était une de celles qui peuvent se développer (bien que nous ne puissions pas le prouver) par l'effet d'une expérience prolongée ; et qu'ensuite elle nous semblât, en vertu de notre nature, aussi complétement intuitive que nos sensations mêmes, nous serions forcés, d'après Hamilton et toute saine philosophie, de lui assigner cette origine. Quand une cause connue suffit pour expliquer un phénomène, on n'a pas le droit de l'attribuer à une cause inconnue. Pour affirmer la nature intuitive d'une impression, la Conscience donne-t-elle d'autres preuves que son instantanéité, son apparente simplicité, et l'ignorance où nous sommes de la manière dont elle est entrée dans notre esprit ? Ces raisons ne peuvent prouver que l'impression est intuitive, que s'il n'y a pas de moyen de les expliquer autrement. Si l'hypothèse que cette impression n'est pas intuitive, en fournit un, et un tout naturel, nous devons accepter la conclusion où nous conduit la méthode psychologique, et à laquelle la méthode introspective n'oppose absolument aucune contradiction.

On peut donc définir la Matière, une Possibilité Permanente de Sensation. Si l'on me demande si je crois à la matière, je demanderai à mon tour si l'on accepte cette définition; si oui, je crois à la matière : et toute l'école de Berkeley comme moi. Dans un autre sens que celui-ci, je n'y crois pas. Mais j'affirme avec confiance que cette conception de la matière comprend tout ce que le monde entend par ce mot, en dehors des théories philosophiques et théologiques. La foi de l'humanité à l'existence réelle et visible des objets tangibles, c'est la foi à la réalité et la permanence des Possibilités de sensations visuelles et tactiles, indépendamment de toute sensation actuelle. Nous sommes fondés à croire que tel était au fond le sens du mot Matière pour la plupart des éminents défenseurs de son existence, bien qu'ils n'eussent peut-être pas voulu le reconnaître : par exemple, pour Reid, Stewart et Brown. En effet, ces trois philosophes avançaient que tous les hommes, sans en excepter même Berkeley et Hume, ont cru réellement à la matière, parce que sans cela, ils ne se seraient pas détournés pour éviter une borne. Or, tout ce que cette manœuvre prouvait réellement, c'est qu'ils croyaient aux Possibilités Permanentes de Sensation. Nous avons donc l'assentiment involontaire de ces trois éminents défenseurs de l'existence de la matière, pour affirmer que la croyance aux Possibilités Permanentes de Sensation, c'est la croyance à la Matière. Après de telles autorités, faut-il citer le Dr Johnson, ou tout autre de ceux qui se servent de l'*argumentum baculinum*, c'est-à-dire qui prouvent l'existence de la matière en frappant le sol du bout de leur canne. Hamilton, penseur beaucoup plus subtil qu'aucun d'eux, ne raisonne jamais de cette manière. Il ne suppose jamais qu'un homme qui ne croit pas à ce que lui, Hamilton, entend par Matière, doive, pour être conséquent, agir autrement que ceux qui y croient. Il savait que la croyance qui sert de base à toutes les conséquences pratiques, c'est la croyance aux Possibilités Permanentes de Sensation, et que si personne ne croyait à un univers matériel dans un un autre sens, les choses iraient exactement comme elles vont. Cependant, il croyait à quelque chose de plus que les

Possibilités de Sensation, mais c'est je crois parce qu'il n'avait jamais eu la pensée que de simples Possibilités de Sensation pussent présenter le caractère d'objectivité, que non-seulement, ainsi que nous venons de le voir, elles peuvent, mais qu'elles doivent nécessairement présenter, à moins que les lois de l'esprit humain ne soient suspendues.

On objectera peut-être que s'il est possible de se former une notion de la Matière, comme l'entend Hamilton, — que si l'esprit humain a la faculté d'imaginer un monde extérieur qui soit quelque chose de plus que ce que le fait la théorie psychologique, — cela suffit pour la réfuter. Si (pourrait-on dire) la conscience ne nous révélait pas un monde qui d'une manière ou d'une autre se pose différent de nos sensations, nous ne pourrions en avoir la notion. Si les seules idées que nous avons des objets extérieurs étaient des idées de nos sensations, plus une notion acquise des possibilités permanentes de sensation, nous devrions (à ce qu'on pense) être incapables de concevoir, et, par conséquent, encore plus incapables d'imaginer que nous percevons, des choses qui ne sont pas des sensations. Cependant, comme il est évident que certains philosophes croient, et qu'on peut soutenir que la masse des hommes croit aussi, les concevoir et les percevoir, on pourrait dire que l'existence d'un fondement durable des sensations, distinct des sensations elles-mêmes, est démontrée par le fait qu'il est possible d'y croire.

Qu'on me permette de redire comment je comprends la croyance de l'humanité. Nous croyons que nous percevons quelque chose en rapport intime avec nos sensations, mais différant de celles que nous éprouvons à tel moment précis, et se distinguant de toutes par sa permanence et son invariabilité, tandis que les sensations sont variables, fugitives, et se remplacent tour à tour l'une l'autre. Mais ces attributs de l'objet de la perception sont des propriétés qui appartiennent à toutes les possibilités de sensation que l'expérience nous atteste. La croyance en ces possibilités permanentes me paraît renfermer tout ce qui est essentiel ou caractéristique dans la croyance à la substance. Je crois que la ville de Calcutta existe, bien que je ne la perçoive pas, et qu'elle existerait encore si tous les habitants doués de perception étaient subitement enlevés ou frappés de mort. Mais quand j'analyse cette croyance, tout ce que j'y trouve, c'est que lors même que ces événements se produiraient, la Possibilité Permanente de Sensation que j'appelle Calcutta persisterait encore ; que si j'étais subitement transporté sur les bords de l'Hoogly, j'aurais encore les sensations qui, si je les éprouvais à présent, me conduiraient à affirmer que Calcutta existe *hic et nunc*. Donc, nous pouvons conclure que les philosophes et le vulgaire, quand ils pensent à la matière, la conçoivent réellement comme une Possibilité Permanente de Sensation. Mais la majorité des philosophes se figurent qu'elle est quelque chose de plus, et le vulgaire, bien qu'il n'ait pas à mon avis d'autre idée que celle d'une Possibilité Permanente de Sensation, si on lui demandait son avis, serait d'accord avec les philosophes. Ce fait trouve une explication suffisante dans la tendance de l'esprit humain à conclure de la différence des noms à la différence des choses ; mais cependant je reconnais la nécessité de montrer comment on peut croire à une existence qui dépasse toutes les possibilités de sensation, sans supposer qu'une telle existence est actuellement, et que nous la percevons actuellement.

Cette explication n'est pas difficile. C'est un fait admis que nous pouvons avoir toutes les conceptions qu'on peut former en généralisant les lois que nous révèle l'observation de nos sensations. Quelque relation que nous découvrions entre une de nos sensations et quelque chose qui diffère d'*elle*, nous n'avons pas de difficulté à concevoir la même relation entre la somme de toutes nos sensations et quelque chose qui diffère d'*elles*. Les différences que notre conscience reconnaît entre une sensation et une autre, nous donnent la notion générale de différence, et associent inséparablement à chacune de nos sensations le sentiment qu'elle est différente des autres choses : et, une fois cette association formée, nous ne pouvons plus concevoir une chose sans être capables, et même sans être forcés, de concevoir aussi quelque chose qui en diffère. Grâce à cette habitude de concevoir quelque chose qui diffère de *chacune* des choses que nous connaissons, nous arrivons naturellement et facilement à la notion de quelque chose qui diffère de *toutes* les choses que nous connaissons, collectivement aussi bien qu'individuellement. Il est vrai que nous ne pouvons pas concevoir ce que peut être cette chose ; la notion que nous en avons est purement négative ; mais l'idée de substance séparée des impressions qu'elle fait sur nos sens est une idée purement négative. Il n'y a donc pas d'obstacle psychologique qui nous empêche de former la notion de quelque chose qui ne soit ni une sensation ni une possibilité de sensation, lors même que notre conscience ne l'atteste pas ; et il est plus naturel que les Possibilités Permanentes de Sensation attestées par la conscience se confondent dans l'esprit avec cette conception imaginaire. L'expérience démontre la force du penchant qui nous fait prendre des abstractions mentales, et même des abstractions négatives, pour des réalités substantielles ; et les Possibilités Permanentes de Sensation que l'expérience révèle, diffèrent si profondément, dans plusieurs de leurs propriétés, des sensations actuelles, que puisque nous sommes capables d'imaginer quelque chose qui dépasse la sensation, il est très-naturel et très-probable que nous supposerons que les possibilités de sensation sont ce quelque chose.

Mais cette probabilité se change en certitude, quand nous songeons à la loi universelle de notre expérience, que nous appelons la loi de causalité, et qui nous empêche de concevoir le commencement de quelque chose, sans une condition antécédente ou cause. La causalité nous offre un exemple des plus remarquables de l'extension à la totalité de notre conscience d'une notion tirée de ses parties. C'est un exemple frappant de notre faculté de concevoir et de notre tendance à croire, qu'une relation qui subsiste entre deux points quelconques de notre expérience, subsiste aussi entre notre expérience prise dans sa totalité, et quelque chose qui n'est pas compris dans la sphère de l'expérience. En étendant à la somme de toutes nos expériences, les relations certaines que présentent ses diverses parties, nous finissons par considérer la sensation même — l'agrégat total de nos sensations — comme devant son son origine à des existences antécédentes que la sensation n'atteint pas. Qu'il doive en être ainsi, c'est une conséquence du caractère particulier des successions uniformes que l'expérience nous fait découvrir dans nos sensations. Ainsi que je l'ai fait remarquer, l'antécédent constant d'une sensation est rarement une autre sensation ou une série de sensations réelles. C'est bien plus souvent l'existence d'un groupe de possibilités, qui peut ne pas renfermer d'autres sensations actuelles que celles qui sont nécessaires pour indiquer la présence réelle des possibilités. Et même pour cela les sensations actuelles ne sont pas indispensables, car la présence de l'objet (qui n'est rien de plus que la présence immédiate des possibilités) peut nous être révélée par la sensation même que nous lui rapportons comme son effet. Ainsi l'antécédent réel d'un effet, — le seul antécédent que nous considérons comme sa cause, parce qu'il est invariable et inconditionnel, — peut être, non pas une sensation réelle, mais seulement la présence, à ce moment ou au moment immédiatement précédent, d'un groupe de possibilités de sensations. Par suite, ce n'est pas avec les sensations que nous éprouvons effectivement, mais avec leurs Possibilités Permanentes, que l'idée de cause s'identifie : et c'est par un seul et même moyen que nous acquérons l'habitude de regarder la Sensation en général, de même que chacune de nos sensations en particulier, comme un Effet, et aussi l'habitude de concevoir comme cause de la plupart de nos sensations particulières, non pas d'autres sensations, mais des possibilités générales de sensation. Si toutes ces considérations réunies n'expliquent pas complètement pourquoi nous concevons ces Possibilités comme une classe d'entités indépendantes et substantielles, je ne sais pas quelle analyse psychologique pourrait avoir une valeur décisive.

On pourrait dire que cette théorie rend bien compte de l'idée d'Existence permanente, qui forme une partie de notre conception de la matière, mais qu'elle n'explique pas pourquoi nous croyons que ces objets permanents sont extérieurs, ou hors de nous. Je crois au contraire que l'idée de quelque chose d'extérieur à nous, tire son origine uniquement de la connaissance que l'expérience nous donne des Possibilités Permanentes. Nous portons avec nous nos sensations partout où nous allons et elles n'existent jamais où nous ne sommes pas; mais quand nous changeons de place, nous n'emportons pas avec nous les Possibilités permanentes de sensation : elles restent jusqu'à notre retour, commencent et finissent sous des conditions avec lesquelles notre présence n'a en général rien à faire. Et par-dessus tout, elles sont des Possibilités permanentes de sensations pour d'autres êtres que nous, et elles le seront encore quand nous aurons cessé de sentir. Ainsi, nos sensations actuelles et les possibilités permanentes de sensation présentent inévitablement un contraste saillant. Et quand, après avoir acquis l'idée de cause, nous l'étendons, en généralisant, des parties de notre expérience à sa totalité, il est très-naturel que nous considérions les Possibilités Permanentes comme des existences génériquement distinctes de nos sensations, mais dont nos sensations sont l'effet (1).

La théorie qui explique pourquoi nous attribuons à un agrégat de possibilités de sensations, une existence permanente que nos sensations elles-mêmes ne possèdent pas, et par conséquent une réalité plus grande qu'à nos sensations, explique aussi pourquoi nous attribuons une plus grande objectivité aux Qualités Primaires des corps qu'aux Secondaires. Car les sensations qui correspondent à ce qu'on appelle les Qualités Primaires (au moins aussitôt que nous les appréhendons par deux sens, par l'œil aussi bien que par le toucher), sont toujours présentes quand une partie du groupe l'est. Mais les couleurs, les

(1) L'habile penseur américain qui a critiqué mon livre, M. le Dr H. B. Smith, consacre plusieurs pages (152-157) à soutenir que ces faits ne prouvent nullement que les objets *sont* extérieurs à nous. Je ne l'ai jamais prétendu. Je rends compte de la façon dont nous concevons, dont nous nous représentons les Possibilités Permanentes comme des objets réels extérieurs à nous. Je ne crois pas qu'on puisse prouver qu'il y a quelque chose de réellement extérieur à nous, à l'exception des autres esprits. Mais les Possibilités Permanentes sont extérieures à nous dans le seul sens qui nous importe ; elles ne sont pas édifiées par l'esprit lui-même, mais seulement aperçues par lui ; pour parler la langue de Kant, elles sont données à nous, et aux autres êtres comme à nous. « Les hommes ne » peuvent agir, ne peuvent vivre », dit le professeur Fraser (p. 26), « sans sup- » poser un monde extérieur, en un certain sens du mot extérieur. C'est l'affaire » du philosophe d'expliquer quel doit être ce sens. Pour nous, nous ne concevons » que : 1° une extériorité pour notre expérience présente et fugitive dans *notre* » *propre* expérience possible passée et future, et 2° une extériorité pour notre » expérience consciente, dans l'expérience contemporaine, aussi bien que dans » l'expérience passée ou future des *autres esprits*. » On ne peut pas rendre avec plus d'exactitude que ne le fait le professeur Fraser mes idées sur l'extériorité dans le sens où je lui accorde la réalité. La critique du Dr Smith porte à faux, parce qu'il suppose, je ne sais pourquoi, que je défends la croyance à la Matière considérée comme une entité *per se*, au lieu que je l'attaque. Il dit, par exemple (p. 157-158), que mon raisonnement suppose, à l'encontre de mes propres idées, « une nécessité et une validité *à priori* de la loi de cause et d'effet, ou d'antécé- » dence et de conséquence invariable ». Il eût été fondé à écrire cette phrase, si j'eusse défendu la croyance à la prétendue cause occulte de nos sensations ; mais je ne fais que rendre compte de cette croyance, et pour cela je suppose l'existence, et non pas la légitimité, d'une tendance qui nous porte à étendre toutes les lois de notre expérience à une sphère qui déborde notre expérience.

saveurs, les odeurs, etc., sont en comparaison plus fugitives, et nous ne les concevons pas au même degré comme toujours présentes là même où il n'y a personne pour les percevoir. Les sensations qui répondent aux Qualités Secondaires ne sont qu'accidentelles, celles qui répondent aux Primaires sont constantes. De plus, les Secondaires varient avec les personnes et avec la sensibilité particulière que nos organes peuvent présenter à tel ou tel moment; les Primaires, au contraire, dès que nous les percevons, sont, autant que nous pouvons en juger, les mêmes pour toutes les personnes et pour tous les temps.

CHAPITRE XII

APPLICATION A L'ESPRIT DE LA THÉORIE PSYCHOLOGIQUE DE LA CROYANCE A LA MATIÈRE.

Si les déductions contenues dans le chapitre précédent sont des conséquences rigoureuses des lois généralement admises de l'esprit humain, la doctrine qui forme la base du système de psychologie de Hamilton, que l'Esprit et la Matière, un Moi et un Non-moi, sont des données primitives de la Conscience, perd son fondement. Sans doute ces deux éléments, un moi et un non-moi, sont dans notre conscience, ils en sont, ou paraissent en être inséparables ; mais il n'y a pas de raison de croire que le dernier, le non-moi, y ait été depuis le commencement, puisque, si nous admettons qu'il n'y ait pas été, nous apercevons un moyen suivant lequel il a pu, et même dû, s'y développer. A supposer que le Non-moi ne se trouvât pas dans la conscience à son origine, il est facile de voir qu'il doit forcément y être présent maintenant, non pas comme une donnée de la conscience, ainsi que Hamilton l'entend, car ce serait supposer ce qui est en question, mais en qualité d'une suggestion, et d'une inférence instantanée et irrésistible qui, par l'effet d'une longue répétition, ne peut plus se distinguer d'une intuition directe. Je me propose à présent de pousser cette étude un peu plus loin, et d'examiner si le Moi considéré comme produit de la conscience repose sur une base plus solide que le Non-moi ; si au premier moment de notre existence nous avons déjà dans notre conscience la conception du Soi comme être permanent; ou si elle s'est formée postérieurement, et si elle comporte une analyse semblable à celle dont nous avons vu que la notion du Non-soi est susceptible.

Il est évident, d'abord, que la connaissance de l'esprit comme celle de la matière est entièrement relative; et même Hamilton, affirme d'une façon plus absolue la relativité de la connaissance de l'esprit qu'il ne fait pour celle de la matière; il ne fait aucune réserve en faveur d'aucune Qualité primaire. « En
» tant (1) que l'esprit est le nom de tous les états de connais-
» sance, de volonté, de sentiment, de désir, etc., dont j'ai con-
» science; il n'est que le nom d'une série de phénomènes ou
» de qualités attachées ensemble, et par conséquent, il n'ex-
» prime que ce qui est connu; mais en tant qu'il désigne
» le sujet auquel les phénomènes de connaissance, de vo-
» lonté, etc., sont inhérents, une substance située derrière
» les phénomènes, il exprime ce qui, en lui-même ou
» dans son existence absolue, est inconnu. » Nous ne concevons pas l'Esprit tout seul, en tant que distinct de ses manifestations de conscience. Nous ne le connaissons pas et nous ne pouvons pas nous le figurer, si ce n'est comme représenté par la succession des divers sentiments que les métaphysiciens appellent du nom d'États ou de Modifications de l'Esprit. Néanmoins, il est vrai que notre notion de l'Esprit, aussi bien que celle de la Matière, est la notion de quelque chose dont la permanence contraste avec le flux perpétuel des sensations et des autres sentiments ou états de conscience que nous y rattachons; de quelque chose que nous nous figurons comme restant le même, tandis que les impressions particulières par lesquelles il révèle son existence changent. Cet attribut de Permanence, en supposant qu'il n'y ait rien autre chose à considérer, pourrait s'expliquer pour l'Esprit comme pour la Matière. La croyance que mon esprit existe, alors même qu'il ne sent pas, qu'il ne pense pas, qu'il n'a pas conscience de sa propre existence, se réduit à la croyance d'une Possibilité permanente de ces états. Si je me conçois plongé dans un sommeil sans rêve, ou dans le sommeil de la mort, et si je crois que

(1) *Lectures*, I, 138.

mon moi, ou, en d'autres termes, mon esprit existe ou existera sous ces états, bien que ce ne soit pas d'une manière consciente, l'examen le plus scrupuleux de ma croyance n'y découvrira qu'une chose, c'est que je crois effectivement que ma capacité de sentir n'est pas détruite dans cet intervalle, et qu'elle n'est suspendue que parce qu'elle ne rencontre pas la combinaison de conditions qui pourrait la mettre en action; que dès qu'elle la rencontrera, elle revivra, et par conséquent qu'elle demeure une Possibilité Permanente. Ainsi, je ne vois rien qui nous empêche de considérer l'Esprit comme n'étant que la série de nos sensations (auxquelles il faut joindre à présent nos sentiments internes) telles qu'elles se présentent effectivement, en y ajoutant des possibilités infinies de sentir qui demandent pour leur réalisation actuelle des conditions qui peuvent avoir ou n'avoir pas lieu, mais qui, en tant que possibilités, existent toujours, et dont beaucoup peuvent se réaliser à volonté.

Pour faire mieux comprendre la portée de cette théorie du Moi, il est bon de la considérer dans ses rapports avec trois questions qui se présentent naturellement, et qu'on a souvent posées mais dont on a donné quelquefois des solutions très-fausses. Si la théorie est juste, si mon esprit n'est qu'une série de sentiments, ou, comme on l'a dit, une chaîne de faits de conscience, auxquelles il faut aussi ajouter des Possibilités de faits de conscience qui ne sont pas réalisées, mais qui pourraient l'être ; si c'est là tout ce qu'est l'Esprit ou le Moi, quelle preuve avons-nous (demande-t-on) de l'existence de nos semblables? Quelle preuve d'un monde hyperphysique, en un mot, de Dieu? et enfin, quelle preuve de l'immortalité?

Reid répond sans hésiter : Aucune; si la théorie est vraie, je suis seul dans l'univers.

Je soutiens que cette réponse est une des erreurs les plus palpables de Reid. Quelque preuve que la théorie commune apporte en faveur de ces croyances, celle que je défends fournit exactement la même.

Commençons par nos semblables. Reid paraît s'être imaginé que si je ne suis moi-même qu'une série de sentiments, la proposition que j'ai des semblables, ou qu'il y a des Soi autres que le mien, n'est qu'une phrase vide de sens. C'est une erreur. Tout ce que je suis forcé d'admettre, si j'accepte cette théorie, c'est que les Soi des autres personnes ne sont que des séries de sentiments comme la mienne. Quoique mon esprit, tel que je suis capable de le concevoir, ne soit rien que la succession de mes sentiments, et quoique l'esprit lui-même puisse n'être qu'une simple possibilité de sentiments, il n'y a rien dans cette idée qui m'empêche de concevoir et de croire qu'il y ait d'autres successions de sentiments que celles dont j'ai conscience, et que ces successions soient aussi réelles que la mienne. Cette croyance est tout à fait compatible avec la théorie métaphysique. Voyons maintenant si la théorie ruine les fondements de la croyance.

Quels sont ces fondements ? Par quelle preuve sais-je, ou par quelles considérations suis-je amené à croire, qu'il existe d'autres créatures douées de sensibilité ; que les figures qui marchent et qui parlent, que je vois et que j'entends, ont des sensations et des pensées, ou en d'autres termes, possèdent des Esprits ? Les Intuitionistes les plus décidés ne mettent pas cette notion au nombre de celles que nous acquérons par intuition directe. Je l'infère de certaines choses qui, d'après mon expérience de mes propres sentiments, en sont des signes certains. Ces signes sont de deux sortes, antécédents et subséquents ; les conditions qu'il faut d'abord remplir pour pouvoir sentir, et les effets ou les conséquences de la sensation. Je conclus que d'autres êtres humains ont des sensations comme moi, parce que d'abord ils ont un corps comme moi, ce qui, dans mon propre cas, est la condition antécédente des sensations ; et ensuite parce qu'ils manifestent les actes et les signes extérieurs qui, dans mon propre cas, sont, ainsi que l'expérience me l'apprend, causés par les sensations. J'ai conscience en moi d'une série de faits reliés par une succession uniforme, dont les modifications de mon corps sont le commencement, mes sensations le milieu, et ma conduite extérieure la fin. Pour les autres êtres humains, j'ai le témoignage de mes sens en faveur du premier et du dernier chaînon de la série, mais non pour le chaînon intermédiaire. Toutefois, je trouve que la succession entre le premier et le dernier est aussi régulière et aussi constante dans ces cas que dans le mien. Pour ce qui est de moi, je sais que le premier terme produit le dernier par l'intermédiaire du moyen, et ne peut pas le produire en son absence. Par conséquent, l'expérience m'oblige à conclure qu'il doit y avoir un terme moyen ; et ce terme doit être le même chez les autres que chez moi, ou il doit être différent. Je dois croire que les autres sont des êtres vivants ou des automates : en les croyant vivants, c'est-à-dire, en supposant le terme moyen de même nature que dans le cas dont j'ai fait l'expérience, et qui lui ressemble sous tous les autres rapports, je ramène les êtres humains, considérés comme des phénomènes, sous les mêmes lois qui forment, d'après mon expérience, la vraie théorie de ma propre existence. De la sorte, je me conforme aux règles légitimes de la recherche expérimentale. Le procédé est exactement analogue à celui que Newton employa pour prouver que la force qui maintient les planètes dans leurs orbites est identique à celle qui fait tomber une pomme. Newton n'avait pas à prouver que cette force ne pouvait pas être autre. Il fut censé avoir rempli sa tâche quand il se fut borné à montrer qu'il n'était pas besoin d'en supposer une autre. Nous connaissons l'existence des autres êtres en généralisant ce que nous savons de la nôtre : la généralisation suppose seulement que lorsque l'expérience nous a appris qu'une chose est un signe de l'existence d'une autre chose dans la sphère de notre conscience actuelle, nous concluons qu'elle est aussi un signe de la même chose hors de cette sphère.

Cette opération logique ne perd rien de sa légitimité dans l'hypothèse que l'Esprit et la Matière ne sont l'un et l'autre rien de plus que des possibilités permanentes de sentiment. Quelque sensation que j'éprouve, je la rapporte de suite à un des groupes de possibilités permanentes que j'appelle les objets matériels. Mais parmi les groupes je trouve qu'il y en a un (mon propre corps) qui n'est pas seulement composé comme le reste d'une foule mêlée de sensations et de possibilités de sensation, mais qui, de plus, se rattache d'une façon particulière à toutes mes sensations. Non-seulement ce groupe particulier est toujours présent comme une condition antécédente de toutes les sensations que j'ai, mais les autres groupes ne deviennent capables de convertir en sensations actuelles leurs possibilités respectives de sensation, qu'à la suite de certains changements de ce groupe particulier. Je regarde autour de moi, et quoiqu'il n'y ait qu'un seul groupe (ou corps) qui soit rattaché à toutes mes sensations de cette même manière, je remarque qu'il y a une grande quantité d'autres corps ressemblant d'une manière frappante par leurs propriétés sensibles (par les sensations qui entrent dans la composition de ces groupes) à ce groupe particulier, mais dont les modifications n'évoquent pas, comme celles de mon propre corps, un monde de sensations dans ma conscience. Puisqu'elles ne le font pas dans ma conscience, j'en conclus qu'elles le font hors d'elle, et qu'à chacun de ces groupes appartient un monde de conscience qui lui est propre, auquel il est uni par les mêmes rapports que mon propre corps avec mon propre monde de conscience. Cette généralisation faite, je trouve que tous les autres faits compris dans ma sphère de perception s'acccordent avec elle. Tous ces corps présentent à mes sens une série de phénomènes composés d'actes et d'autres manifestations semblables à ceux que je connais dans mon propre cas comme des effets de la conscience, et tels qu'on pourrait s'attendre à les voir, si chacun de ces corps était réellement en connexion avec un monde de conscience. Cette induction est aussi bonne et aussi légitime dans la théorie que j'expose que dans la théorie commune. Toutes les objections qu'on pourrait lui opposer dans l'une, l'atteindraient dans l'autre. J'ai indiqué le postulat dont cette théorie ne peut se passer, c'est le même que suppose la théorie commune. Si de la connaissance que j'ai personnellement d'une succession de sentiments je ne puis pas inférer l'existence d'autres successions de sentiments, je ne puis pas davantage, en partant de la connaissance personnelle que j'ai d'une substance spirituelle, conclure par voie de généralisation à l'existence d'autres substances spirituelles, quand je trouve les mêmes signes extérieurs.

De même que la théorie psychologique laisse la preuve de l'existence de mes semblables exactement telle qu'elle était avant, de même elle ne change rien à la question de l'existence de Dieu. Croire que l'Esprit de Dieu est tout simplement la série des pensées divines et des sentiments divins se déroulant dans l'Éternité, c'est croire que l'existence de Dieu est aussi réelle que la mienne. Et s'il fallait la prouver, l'argument de la *Théologie naturelle* de Paley, ou encore ses Preuves du Christianisme resteraient exactement les mêmes. L'argument du Plan est tiré par voie d'analogie de l'expérience humaine. De la relation qui unit les œuvres de l'homme aux pensées et aux sentiments de l'homme, il infère une relation correspondante entre des œuvres plus ou moins semblables, mais surhumaines, et des pensées et des sentiments surhumains. Le métaphysicien seul a besoin de rechercher si elle prouve ou ne prouve pas que ces œuvres et ces pensées reposent sur un substrat mystérieux. Les arguments en faveur de la Révélation tendent à prouver par des témoignages que des actes ont été accomplis qui nécessitaient une puissance plus grande que la puissance de l'homme, et que des paroles ont été prononcées qui nécessitaient une sagesse plus grande que la sagesse humaine. Ces propositions et leurs preuves ne perdent ni ne gagnent rien à la supposition que la sagesse signifie seulement des pensées et des volontés sages, et la puissance des pensées et des volontés suivies de phénomènes imposants.

Quant à l'immortalité, il est aussi aisé de concevoir qu'une succession de sentiments, une chaîne de faits de conscience puisse se prolonger éternellement, que de concevoir qu'une substance continue toujours à exister : et une preuve bonne pour une théorie sera bonne pour l'autre. Sans doute les théologiens métaphysiciens y perdront l'argument *à priori* par lequel ils se flattaient de prouver qu'une substance spirituelle, en vertu de sa constitution essentielle, *ne peut* périr, mais ils feraient mieux d'y renoncer, et pour leur rendre justice ils s'en servent rarement aujourd'hui.

Croire que le Scepticisme métaphysique, à l'extrême limite où il a été poussé, ou à laquelle il peut l'être, a pour conséquence logique l'athéisme, c'est une erreur qui repose sur une interprétation tout à fait fausse de l'argument sceptique, et qui n'a de *locus standi* que pour les personnes qui voient un danger pour la religion dans tout ce qui habitue à demander des preuves rigoureuses. C'est sans doute l'opinion de ceux qui ne croient à aucune religion, et apparemment aussi celle d'un grand nombre de croyants, mais ce n'est pas celle de Hamilton, qui reconnaît que « l'incroyance religieuse et le scepticisme » philosophique, loin d'être la même chose, n'ont même pas » de connexion naturelle. » En outre, nous avons vu qu'il fait la véracité de Dieu son argument principal pour faire croire au témoignage de la conscience en faveur de la substantialité de la Matière et de l'Esprit, ce qui eût été une grossière *pétition de principe*, s'il avait pensé que nous ne pouvions être certains des attributs divins qu'en admettant au préalable l'existence objective de la Matière et de l'Esprit.

Par conséquent, la théorie qui résout l'Esprit en des séries de sentiments, reposant sur un fond de possibilités de sentiments, peut réellement résister aux arguments les plus malveillants qu'on lui oppose. Mais si les objections extrinsèques sont sans fondement, la théorie présente des difficultés intrinsèques que nous n'avons pas encore fait ressortir, et qu'à mon avis l'analyse métaphysique n'a pas le pouvoir d'écarter. Outre les sentiments présents et les possibilités de sentiment présent, il y a une classe de phénomènes qui a droit à une place dans l'énumération des éléments qui composent notre notion de l'Esprit. La chaîne de conscience qui constitue la vie phénoménale de l'esprit se compose non-seulement de sensations présentes, mais aussi en partie, de souvenirs et de prévisions. Or, que sont ces faits? En eux-mêmes, ce sont des sentiments présents, des états de conscience présente, et sous ce rapport il ne se distinguent pas des sensations. De plus, tous ressemblent à certaines sensations ou sentiments donnés que nous avons éprouvés auparavant. Mais ils présentent cette particularité que chacun d'eux implique une croyance à quelque chose de plus qu'à sa propre existence. Une sensation n'implique pas autre chose ; mais un souvenir de sensation, même quand on ne le rapporte pas à une date précise, implique la suggestion et la croyance qu'une sensation dont elle est une copie ou une représentation a effectivement existé dans le passé : et une prévision implique une croyance plus ou moins positive qu'une sensation ou un autre sentiment auquel elle se rapporte existera dans l'avenir. On ne peut exprimer exactement les phénomènes impliqués par ces deux états de conscience, sans dire que la croyance qu'ils renferment, c'est que moi-même j'ai eu déjà, ou que j'aurai, et non qu'un autre aura plus tard, les sensations remémorées ou attendues. Le fait qu'on croit, c'est que les sensations ont formé réellement, ou formeront plus tard, une partie de la série même d'états, ou de la même chaîne de conscience, dont le souvenir ou la prévision de ces sensations est la partie maintenant présente. Si donc nous regardons l'Esprit comme une série de sentiments, nous sommes obligés de compléter la proposition, en l'appelant une série de sentiments qui se connaît elle-même comme passée et à venir ; et nous sommes réduits à l'alternative de croire que l'Esprit, ou Moi, est autre chose que les séries de sentiments, ou de possibilités de sentiments, ou bien d'admettre le paradoxe que quelque chose qui, *ex hypothesi*, n'est qu'une série de sentiments peut se connaître soi-même en tant que série.

La vérité est que nous sommes en face de l'inexplicabilité finale à laquelle, ainsi que le fait observer Hamilton, nous arrivons inévitablement quand nous touchons aux faits ultimes ; et en général on peut dire qu'une manière de la formuler ne paraît plus incompréhensible qu'une autre que parce que le langage tout entier est approprié à l'une, et s'accorde si mal avec l'autre, qu'on ne trouve pour exprimer celle-ci que des mots qui la nient. La vraie pierre d'achoppement est peut-être moins dans une théorie du fait, que dans le fait lui-même. Ce qu'il y a de réellement incompréhensible, c'est peut-être qu'une chose qui a cessé d'exister, ou qui n'a pas encore commencé d'exister, puisse cependant être, en quelque sorte, présente : qu'une série de sentiments, dont l'infiniment plus grande partie est passée ou à venir, puisse être rassemblée, pour ainsi dire, en une sensation présente accompagnée d'une croyance à sa réalité. Je crois que ce qu'il y a de plus sage, c'est d'accepter le fait inexplicable sans faire une théorie de sa production, et quand on est obligé d'en parler en des termes qui supposent une théorie, de les employer en faisant des réserves sur leur signification.

J'ai exposé les difficultés qu'on rencontre quand on veut faire une théorie de l'Esprit ou du Moi semblable à celle que j'ai appelée la théorie Psychologique de la Matière ou du Non-moi. Ces difficultés n'existent pas dans l'application de la théorie à la matière, et je l'offre comme une doctrine à opposer à celle de Hamilton et de l'École Écossaise sur le témoignage que la conscience rend au Non-moi (1).

---

(1) M. Mansel, dans ses « *Prolegomena logica* », laisse entrevoir qu'il a une idée de la différence que je signale ici entre l'explication psychologique de la croyance à la Matière, et celle de la croyance à l'Esprit : il résout la question en établissant entre les deux Noumènes une distinction qu'on n'a pas souvent faite depuis Berkeley. Il regarde le Moi comme une présentation directe de la conscience, tandis

APPENDICE AUX DEUX CHAPITRES PRÉCÉDENTS.

Dans les deux derniers chapitres, j'ai cherché à mettre en lumière le mode suivant lequel les notions de Matière et d'Esprit, considérés comme des Substances, peuvent avoir pris naissance en nous par le seul effet de l'ordre de nos sensations. Les métaphysiciens dont le siége était déjà fait, ont accueilli cette tentative avec plus d'opposition que de sympathie. Mais je crois avoir remarqué que la répugnance manifestée par les auteurs qui ont repoussé la théorie psychologique, est à peu près en raison directe de ce qui leur manque d'une aptitude indispensable au métaphysicien, celle qui lui permet de se placer au point de vue d'une théorie différente de la sienne : j'ai vu que les auteurs qui avaient pu une fois se placer eux-mêmes (qu'on me passe l'expression) au point de vue de l'école de Berkeley, ou de toute autre école idéaliste, si peu favorables qu'ils aient été au reste de mon ouvrage, ont laissé de côté cette partie ou l'ont applaudie. Quant à ceux qui ne voient rien au delà de la théorie vulgaire de la Matière, ou dont les idées métaphysiques ont été empruntées à l'un de ces penseurs réalistes qui entreprennent de légitimer la notion commune, ils se contentent d'ordinaire de faire le tour de la théorie opposée à la leur, n'en regardant que les dehors, et se placent rarement assez au centre, pour bien comprendre ce qu'une personne qui s'y tient doit penser ou faire. Sans doute, ils ne commettent plus la bévue énorme dans laquelle naguère Reid, Stewart et Brown tombaient aveuglément, — ils n'accusent plus comme eux le Berkeleyen d'inconséquence, s'il ne se jette résolûment dans l'eau et dans le feu. Ces bons résultats sont dus à l'étude consciencieuse des métaphysiciens allemands, et (il est juste de l'ajouter) aux enseignements de Hamilton. Mais si ces trois éminents penseurs ont condamné la doctrine de Berkeley, alors qu'ils prouvaient par ce misérable argument qu'ils n'en avaient jamais

que pour le Non-moi, il n'est pas éloigné d'adopter la théorie de Berkeley. Les remarques qu'il fait sur ce sujet méritent d'être lues. (Voyez *Prolegomena logica*, 123, 135).

compris un mot, et que, tout en rendant hommage à la dialectique de son auteur, ils n'avaient jamais pu faire entrer le système dans leur propre esprit, — c'est-à-dire, jamais pu voir l'univers sensible comme Berkeley le voyait, ni saisir les conséquences qui en découlent ; il n'est pas étonnant que des philosophes qui ne les ont guère dépassés, aient encore beaucoup à faire pour plier leur faculté de conception aux conditions de ce que j'ai appelé la Théorie Psychologique, et pour la suivre sans se perdre dans le dédale de ses applications.

En principe, je dois reconnaître que mes adversaires ont tous rapporté la Théorie Psychologique à son véritable critérium. Ils ont cherché à démontrer que cette théorie, en voulant expliquer la croyance à la Matière (je dis la Matière seulement, parce que je ne prétends pas avoir rendu suffisamment compte de la croyance à l'Esprit), implique ou exige que la croyance existât déjà, comme condition de sa propre production. L'objection, si elle est vraie, est décisive ; mais ils ne font pas grand'chose pour prouver qu'elle est vraie. Ils croient tous avoir triomphé, parce que j'emploie, dans une partie de mon exposition, le langage ordinaire, — langage qui repose sur les notions dont je recherche l'origine. S'il m'arrive de dire qu'après avoir vu un morceau de papier sur une table, nous croyons qu'il y reste encore pendant notre absence, ce qui veut dire que nous croyons que si nous rentrions dans la chambre où est cette table nous le reverrions, ils s'écrient : Vous admettez donc déjà la croyance à la Matière ; l'idée d'aller dans une chambre implique la croyance à la matière. Si, pour prouver que des modifications peuvent se produire dans nos possibilités de sensation tandis que les sensations correspondantes ne sont pas dans la conscience actuelle, je dis que, fussions-nous endormis ou éveillés, le feu s'éteint, on s'écrie : Vous admettez que nous nous connaissons comme substance, et que nous connaissons la différence du sommeil et de la veille. Mes adversaires oublient que les expressions : aller dans une chambre, être endormi ou éveillé, ont un sens dans la Théorie Psychologique aussi bien que dans la leur ; que toute affirmation sur le monde extérieur, qui a un sens dans la Théorie Réaliste, a un sens analogue dans la Théorie Psychologique. Aller dans une chambre, c'est pour la Théorie Psychologique une simple série de sensations perçues et des possibilités de sensation inférées (1), mais qu'on peut distinguer de toute autre combinaison de sensations et de possibilités, et qui avec d'autres qui lui ressemblent, forment une peinture de l'univers, aussi vaste et aussi diversifiée qu'on peut l'avoir dans l'autre théorie; et même je soutiens que c'est la même peinture. La Théorie Psychologique exige que nous ayons une conception de cette série de sensations actuelles et contingentes, en tant que distincte de toute autre, mais elle n'exige pas que nous rapportions ces sensations à une substance existant en dehors de toutes les sensations ou possibilités de sensation. Ceux qui le croient commettent une erreur analogue à celle de Reid, de Stewart et de Brown, quoique moins grossière.

Quand, cherchant à rendre intelligible une question abstruse de métaphysique, j'ai occasion de parler de certaines combinaisons de faits physiques, je dois nécessairement le faire avec les seuls noms qu'il y ait pour cela. Il faut que j'emploie une langue dont tous les mots expriment, non pas des choses comme nous les percevons, ni comme nous pouvons les avoir conçues dans le principe, mais des choses comme nous les concevons maintenant. J'écrivais pour des lecteurs qui tous possédaient la notion acquise de la Matière, et qui presque tous y croyaient : et j'avais à montrer à ces croyants de la Matière un mode suivant lequel ils pouvaient en avoir acquis la notion et la croyance, lors même que la Matière, au sens métaphysique du mot, n'existerait pas. En cherchant à leur montrer par quels faits la notion pouvait avoir pris naissance, j'avais à exposer ces faits dans le langage non-seulement le plus intelligible, mais le plus vrai pour les esprits auxquels je m'adressais. Sans doute j'aurais commis un paralogisme si j'avais dit quelque chose qui impliquât, non pas l'existence de la Matière, mais que la croyance à la Matière, ou la notion de la Matière, fût comprise dans les faits auxquels j'attribuais leur production. Aucun de mes adversaires n'a, que je sache, su le démontrer. Et s'ils se plaçaient franchement au point de vue de la théorie psychologique, ils verraient

---

(1) Cette série particulière renferme des volitions ajoutées aux sensations; mais la différence n'y fait rien; et la théorie subsisterait quand même on supposerait que nous somme portés dans la chambre au lieu d'y aller nous-mêmes en marchant.

que je ne pouvais, dans aucune circonstance, être réduit à cette nécessité : parce qu'il y a, comme je l'ai dit, pour toutes les propositions qu'on peut faire sur les Phénomènes matériels dans le langage de l'École Réaliste, un sens équivalent, exprimé en fonction de Sensation et de Possibilités de Sensation seulement, sens qui justifierait les mêmes opérations de pensée. En fait, presque tous les philosophes qui ont examiné le sujet de près, ont déclaré qu'on ne postulait la substance qu'à titre de support des phénomènes, de lien qui réunisse un groupe ou une série de phénomènes qui sans cela n'auraient pas de connexion : faisons donc abstraction du support, supposons que les phénomènes restent, et sont unis ensemble dans les mêmes groupes et les mêmes séries par une autre force, ou sans le secours d'une force quelconque, mais par l'effet d'une loi ; il n'y a plus de Substance, et pourtant nous voyons se dérouler toutes les conséquences au nom desquelles on avait admis la Substance. Les Hindous croyaient que la terre avait besoin d'un éléphant pour la supporter ; mais la terre tournait, parfaitement capable de se supporter elle-même « suspendue en équilibre à son propre centre ». Descartes croyait que pour expliquer l'action que la terre et le soleil exercent l'un sur l'autre, il fallait admettre que l'espace qui les sépare est rempli par un milieu matériel ; mais on a trouvé qu'il suffisait d'une loi immatérielle d'attraction ; dès lors le milieu et ses tourbillons devinrent superflus et disparurent.

Pour dissiper les nuages qui planent sur les données admises par la théorie psychologique de la croyance à la Matière, il sera bon que, de même que j'ai exposé les lois et les capacités, en un mot les conditions, de l'esprit même, que la théorie postule, j'expose aussi les conditions que la théorie postule dans la nature, c'est-à-dire dans ce qui, pour employer la phraséologie de Kant, est donné à l'esprit, en tant que distinct de la propre constitution de l'esprit.

Premièrement, la théorie postule des Sensations, et un certain Ordre parmi les sensations. Et cet ordre est de plus d'une espèce.

En premier lieu, il y a le simple fait de succession. Les sensations existent, l'une avant ou après l'autre. C'est un fait tout aussi primordial que la succession elle-même ; c'est un trait caractéristique que l'on retrouve toujours dans les sensations, et nous avons la plus forte raison qu'il soit possible d'avoir pour la regarder comme un fait dernier, parce que nous ne pouvons assigner à n'importe quel autre fait de perception ou de pensée une origine qui ne l'implique. On me dira que je postule la réalité du Temps : oui, si par Temps on entend une succession indéfinie de successions, de rapidités inégales. Mais si l'on veut parler d'une entité appelée le Temps, qui ne serait pas une succession de successions, mais quelque chose *dans* quoi les successions auraient lieu, je ne la postule pas, et n'ai pas besoin de la postuler (1). Je ne tranche pas davantage la question de savoir si cet attribut inséparable de nos sensations leur est attaché par les lois de l'esprit, ou s'il est donné dans les sensations mêmes ; je ne décide pas si, sur ces sommets élevés de l'abstraction, la distinction ne s'évanouit pas. Je dirai aussi que je n'ai jamais prétendu rendre compte de l'idée de Temps par l'association, je me suis borné à expliquer par l'association d'après M. James Mill, l'infinité apparente du Temps et de l'Espace, et il est évident pour moi que cette explication est bonne et parfaitement suffisante.

Les sensations ne sont pas seulement successives, elles sont aussi simultanées : il arrive souvent que plusieurs sensations sont senties en apparence au même moment. Cet attribut des sensations ne paraît pas aussi clairement primordial que leur succession. Certains philosophes croient que les sensations réputées simultanées sont successives, mais à un très-court intervalle, et que ce qui les distingue des sensations franchement successives, c'est qu'elles peuvent apparaître l'une après l'autre dans un ordre quelconque. Je ne partage pas cette

---

(1) Cette conception objective du Temps, comme le *support* des successions au lieu d'en être la *série*, vient probablement de ce que nous pouvons mesurer le temps et compter ses parties. Mais, ce que nous appelons mesurer le temps, ce n'est que comparer des successions, et mesurer la longueur ou la rapidité d'une série de successions par celle d'une autre. Les mots rapidité de succession tirent toute leur signification d'une telle comparaison. Je dis que les mots d'une personne que j'écoute se succèdent plus rapidement que les battements d'une horloge, parce qu'après avoir entendu un mot et un battement simultanément, un second mot survient avant un second battement. Les seuls faits derniers ou éléments primitifs du Temps sont Avant et Après, lesquels (la connaissance des contraires ne faisant qu'un) impliquent la notion de ni avant ni après, c'est-à-dire du simultané.

opinion; mais lors même qu'elle serait vraie, il nous faudrait toujours postuler la distinction. Il nous faudrait admettre que les diverses sensations peuvent se présenter sous deux modes, les unes dans une succession dont on a conscience, et les autres qu'on sent comme simultanées ; il faudrait supposer en outre que l'esprit est capable de distinguer ces deux modes.

Outre cet ordre double que présentent les sensations, la succession et la simultanéité, il y a un ordre dans cet ordre : elles sont successives ou simultanées dans des combinaisons constantes. La même sensation antécédente est suivie de la même sensation conséquente ; la même sensation est accompagnée du même groupe de sensations simultanées. J'emploie ces expressions pour abréger ; car l'uniformité de l'ordre n'est pas tout à fait aussi simple. La sensation conséquente n'est pas toujours *actuellement* sentie après l'antécédente, et toutes les sensations synchrones ne sont pas senties actuellement toutes les fois que l'une d'elles l'est. Mais celle qui est sentie nous donne une certitude, fondée sur l'expérience, que chacune des autres, si elle n'est pas sentie, est susceptible de l'être, c'est-à-dire qu'elle le sera dès que les faits qui sont les conditions antécédentes reconnues de cette sensation se trouveront présents. Par exemple, j'ai la sensation de couleur et celle d'un disque visible, qui font partie de notre conception présente d'une boule de fonte. J'infère qu'il y a maintenant et présentement une autre sensation que je pourrais avoir simultanément avec ces sensations visuelles, et qu'on appelle sensation de dureté. Mais je n'ai pas cette dernière sensation inévitablement et en même temps. Pourquoi ? parce que (ainsi que je le sais déjà par expérience) aucune sensation de dureté n'a jamais lieu sans être précédée par une condition toujours la même, mais qui est elle-même une sensation, celle de l'exercice et de la pression musculaires. La sensation visuelle est synchrone, non pas nécessairement avec la sensation actuelle de dureté, mais avec une possibilité présente de cette sensation. Quand nous sentons l'une, nous ne sentons pas toujours l'autre, mais nous savons qu'on peut la sentir dans les conditions ordinaires : nous savons qu'aussitôt que surviennent les sensations musculaires qui sont, d'après l'expérience, les préliminaires de *toute* sensation de dureté, cette sensation spéciale de dureté sera perçue simultanément avec les sensations visuelles. Voilà ce qu'on veut dire en définissant un corps, un groupe de possibilités simultanées de sensations, et non de sensations simultanées. Il est rare que les sensations qui composent le groupe soient toutes éprouvées à la fois; parce qu'il y en a beaucoup qu'on ne sent jamais qu'après une longue série d'antécédents, et de volitions, qui peuvent être incompatibles avec les sensations et les volitions nécessaires à la production des autres. Les sensations que nous recevons quand nous étudions la structure intérieure d'un corps clos, ne peuvent être acquises qu'après une série complexe de sensations et de volitions qui se rapportent à l'acte de l'ouvrir. Les sensations que nous recevons de l'opération compliquée par laquelle les éléments nous nourrissent, ne se présentent pas immédiatement à la première vue de la nourriture, et beaucoup ne peuvent pas même être perçues avant que nous soyons préparés par une longue série de sensations musculaires ou autres. Mais les premières sensations que nous avons, et qui suffisent à constater l'identité du groupe, nous attestent la possibilité ou la potentialité de toutes les autres. La potentialité devient actualité à l'apparition de certaines conditions connues et *sine quâ non* de chacune d'elles, qui sont des conditions, non pas de la perception de cette sensation particulière à un moment donné, mais de la perception d'une sensation de cette espèce; conditions qui se résolvent aussi par l'analyse en de pures sensations. Tous ceux qui par un acte d'imagination portent leur esprit au cœur de la Théorie Psychologique, en voient d'un coup d'œil toutes les applications, tous les développements, sans avoir besoin de les suivre dans tous leurs détails. Mais comme les hommes ne veulent pas, et que le plus souvent ils ne peuvent pas, pousser jusqu'au cœur d'une théorie qui ne leur est pas familière, la portée et les conséquences de la théorie psychologique auront encore besoin d'être développées et exposées minutieusement un nombre incalculable de fois, avant qu'on la voie telle qu'elle est, et qu'elle ait quelque chance d'être acceptée et reconnue.

J'ai postulé, d'abord, des Sensations, puis une succession et une simultanéité de sensations; et troisièmement, un ordre uniforme dans leur succession et leur simultanéité, qui les unisse en des groupes dont les sensations composantes ont entre elles une relation telle, que lorsque nous en éprouvons une, nous sommes fondés à attendre les autres, sous condition de certaines sensations antécédentes appelées organiques, appartenant à l'*espèce* de chacune d'elles. Voilà tout ce que nous avons besoin de postuler pour les groupes considérés en eux-mêmes, ou en relation avec le Sujet percevant. Voyons s'il est nécessaire de postuler quelque chose de plus pour les groupes considérés en relation mutuelle.

Dans l'opinion du D^r M'Cosh, la théorie psychologique néglige cette partie de la question (1). Il rappelle que nous avons décomposé par analyse notre conception de la Matière en Résistance, Étendue et Figure, unies à diverses propriétés d'exciter d'autres sensations, puis il ajoute : « Il y a ici une » omission palpable ; la théorie psychologique néglige ces » propriétés par lesquelles un corps agit sur un autre. Ainsi » le soleil a le pouvoir de blanchir la cire, le feu de liquéfier » le plomb. » Si le D^r M'Cosh était entré le moins du monde dans le mode de penser qu'il combat, il aurait vu qu'après avoir mentionné les attributs qui excitent des sensations, il n'était pas nécessaire d'ajouter l'attribut de mettre quelque autre chose en état d'en exciter. Si l'on ne conçoit le corps que comme un pouvoir d'exciter des sensations, l'action d'un corps sur un autre est simplement la modification, par un de ces pouvoirs, des sensations excitées par un autre, ou, en d'autres termes, l'action combinée de deux pouvoirs d'exciter des sensations. Il n'est pas difficile, quand on est compétent et qu'on veut l'essayer, de comprendre comment on peut concevoir la destruction ou la modification d'un groupe de Possibilités de Sensation par un autre groupe.

Soit un groupe synchrone, relié par la simultanéité contingente déjà décrite, en vertu de laquelle chacune de ses sensations composantes est un signe de la possibilité de sentir toutes les autres, tandis que chacune, indépendamment des autres, a ses conditions *sine quâ non* propres, qui sont aussi des sensations, mais de l'espèce qu'en langage ordinaire on appelle organique et que

---

(1) M'Cosh, p. 118. La même observation s'applique à un autre de mes critiques, l'auteur d'un article du *Blackwood's Magazine*, qui dit (p. 28) : « Les » qualités par lesquelles les Choses agissent l'une sur l'autre ne peuvent point se » réduire à des faits de réceptivité et de subjectivité du moi. »

nous rapportons à un sens interne. Supposons que ces conditions organiques, au lieu d'exister pour une ou plusieurs sensations du groupe et non pour le reste, n'existent à présent pour aucune d'elles. Toutes les possibilités de sensation qui forment le groupe et qui témoignent mutuellement de leur présence, sont maintenant endormies : mais elles vont se réveiller à l'actualité dès que les conditions *sine quâ non* qui appartiennent à chacune d'elles seront réalisées : et toutes les fois qu'une d'entre elles se réveille, elle nous apprend, selon l'étendue de notre expérience, quelles sont les autres qui vont s'éveiller aussi. Ce sommeil de toutes les possibilités, tandis que, comme des possibilités réelles, s'attestant mutuellement, elles continuent à exister, c'est, dans la Théorie Psychologique, le fait qu'on affirme quand on dit que le corps existe alors même que nous ne le percevons pas. Ce fait est tout ce que nous avons besoin de postuler pour expliquer comment nous concevons les groupes de Possibilités de Sensation comme permanents et indépendants de nous ; comment nous les projetons dans l'objectivité ; comment nous concevons qu'elles sont peut-être aussi des Possibilités de Sensation pour d'autres êtres de la même manière que pour nous, dès que nous avons conçu l'idée qu'il y a en dehors d'autres êtres sentants. Et puisque nous reconnaissons effectivement qu'il existe d'autres êtres sentants, et qu'ils font sur nous des impressions qui s'accordent entièrement avec cette hypothèse, nous l'acceptons comme une vérité, et nous croyons que les Possibilités Permanentes de Sensation sont réellement communes à nous et à d'autres êtres.

Quand on est arrivé à concevoir un groupe absent de Possibilités, il n'y a assurément pas plus de difficulté à concevoir l'anéantissement ou la modification des Possibilités pendant leur absence, que l'anéantissement ou la modification des sensations durant leur présence. Le bois que j'ai vu au feu il y a une heure, a été consumé et a disparu quand je reviens : les Possibilités de Sensation que j'appelais bois ne sont plus des possibilités. La glace que j'avais mise devant le feu en même temps, est maintenant de l'eau ; les Possibilités de Sensation, qui composaient le groupe appelé glace, ont pris fin et cédé la place à d'autres. Tout cela se comprend sans qu'on suppose que le bois, la glace ou l'eau, sont des choses réelles cachées sous les Possibilités Permanentes de Sensation, ou placées en dehors d'elles. Quand j'attribue la disparition du bois et la conversion de la glace en eau à la présence du feu, pourquoi dois-je supposer que le feu est une chose cachée sous une Possibilité de Sensation? Mon expérience m'apprend que ces autres Possibilités de Sensation ne s'effacent ou ne changent de la façon que je viens de dire, que si une autre Possibilité de Sensation appelée feu a existé, immédiatement avant, et a continué à exister simultanément avec le changement. Je trouve que les changements survenant dans les Possibilités Permanentes ont toujours pour condition antécédente d'autres Possibilités Permanentes, et lui sont unies par un ordre ou loi aussi uniforme que celui qui relie ensemble les éléments d'un groupe; je dirais même que cet ordre est un lien plus serré, car les lois de succession, celles de Cause et d'Effet, ont une précision plus rigoureuse que celles de simultanéité. Mais les faits entre lesquels existent les uniformités de succession, sont des faits de sensibilité; c'est-à-dire qu'ils sont des sensations actuelles ou des possibilités de sensation inférées des sensations actuelles. Ainsi la variété tout entière des faits naturels, telle que nous la connaissons, est donnée dans la simple existence de nos sensations et dans les lois ou l'ordre de leur production (1).

J'ai exposé la Théorie Psychologique et la manière dont elle explique ce qu'on appelle notre conviction naturelle de l'exis-

---

(1) M. O'Hanlon, dans une petite brochure (p. 12 et 14), présente son objection à cette idée dans les termes suivants :

« Vos possibilités permanentes de sensation ne sont rien d'actuel, tant qu'on ne
» les sent pas. Et vous parlez de changements qui se passeraient en elles indépen-
» damment de notre perception et de notre présence ou de notre absence..... Si le
» feu, en dehors de toute aperception, constitue une ou plusieurs conditions posi-
» tives de chaleur et de lumière; si le grain constitue une ou plusieurs conditions
» positives d'aliment, ma thèse est démontrée, et votre Idéalisme pur s'écroule.
» Si, d'autre part, le feu n'est pas une chose positive indépendamment de toute
» aperception, vous n'avez pas le droit de parler des modifications qu'il subit,
» que vous soyez éveillé ou endormi, absent ou présent. »

Je fais grand cas de mon jeune adversaire, non-seulement pour la netteté de son dilemme, mais pour avoir si bien touché le véritable nœud de la question. Mais je crois qu'il verra, par ce que j'ai dit dans le texte, de quelle manière on peut avoir le droit de parler de modifications qui surviennent dans une possibilité. Et je crois qu'il sera capable de comprendre que la condition d'un phénomène n'a pas nécessairement besoin d'être positive, dans le sens qu'il donne à ce mot, ou objective; elle peut être une chose quelconque positive ou négative, actualité ou possibilité, sans laquelle le phénomène ne se fût pas présenté, et qu'on peut à bon droit inférer de sa présentation.

tence de la Matière au point de vue objectif, comme je l'avais fait d'abord au point de vue subjectif. On trouvera, je pense, que l'exposition ne présuppose rien que je n'aie expressément postulé, et que je n'ai pas postulé les faits et les notions qu'il s'agit d'expliquer. On peut dire que je postule un Moi, — le sujet des sensations. J'ai fait connaître les données subjectives et objectives que je postule. L'expectation est une des premières. Dans la mesure où l'expectation implique l'idée d'un Moi, — je postule un Moi. Mais j'ai le droit de le faire, car jusqu'ici ce n'est pas de la notion du Soi, mais de celle du Corps que j'ai voulu chercher l'origine empirique (1).

Je passe maintenant au Moi, et aux objections qu'on a dirigées contre les idées que j'ai exposées sur ce sujet dans le chapitre précédent.

Après avoir montré que, pour expliquer la croyance à la Matière, ou, en d'autres termes, à un Non-Moi qu'on suppose présenté dans nos sensations ou en même temps qu'elles, il n'est pas nécessaire de supposer autre chose que des sensations ou des possibilités de sensations rattachées en groupes, il était naturel et nécessaire de se demander si le Moi, qu'on suppose

---

(1) M. O'Hanlon dit (p. 14) : « Accordons qu'il y a des associations naturellement et même nécessairement engendrées par l'ordre de nos sensations, et de nos réminiscences de sensation, qui, à supposer que le monde extérieur ne soit pas révélé intuitivement à la conscience, produiraient inévitablement la croyance à ce monde, et la ferait prendre pour une intuition ; — accordons, dis-je, en faveur de l'argument, la vérité de cette proposition, il n'en est pas moins vrai que bien que nous n'ayons aucune intuition du monde extérieur, nous pouvons inférer son existence. » Cela n'est pas douteux. Malebranche, par exemple, dont le système n'admettait pas que la Matière fût perçue, ni qu'elle pût être connue en aucune sorte, par l'esprit, puisque toutes les choses que nous voyons ou sentons n'existent que comme idées dans l'Esprit de Dieu, Malebranche croyait pleinement à la réalité de ce rouage superflu du mécanisme de l'univers, qui ne fait que tourner tandis que le mécanisme fait son œuvre sans lui, — il y croyait parce qu'il pensait que Dieu en personne avait affirmé dans les Écritures l'existence de ce rouage. Quiconque accorde les prémisses de Malebranche doit aussi accorder sa conclusion. Mais pour la plupart, philosophes ou gens du monde, la preuve que la Matière existe indépendamment de notre esprit, est ou bien que nous la percevons par nos sens, ou que cette notion et cette croyance nous viennent par l'effet d'une loi fondamentale de notre nature. Si l'on démontre qu'aucune de ces opinions n'est fondée, — que tout ce dont nous avons conscience peut être expliqué sans supposer que nous percevons la Matière par les sens, et que la notion et la croyance à la Matière peuvent nous être venues par l'effet des lois de notre constitution sans être une révélation d'une réalité objective, c'en est fait des principales preuves de la Matière ; et bien que je reste très-disposé à écouter de nouvelles preuves, je ne m'attends pas à rencontrer un argument plus fort que celui de Malebranche.

présenté dans tout acte de conscience quelconque n'est pas aussi une notion acquise, susceptible de la même explication. J'ai donc exposé cette théorie du Moi ; je l'ai affranchie du préjugé qui lui impose des conséquences qu'elle n'entraîne pas, d'abord, la non-existence de nos semblables, et ensuite celle de Dieu (1);

(1) Plusieurs de mes critiques ont attaqué les arguments du chapitre précédent sur ce point en particulier. Ils ont dit (M. O'Hanlon est le seul qui l'ait dit dans un langage très-fort et très-serré) que les personnes comme les choses inanimées peuvent être conçues comme de purs états de ma conscience propre ; que les mêmes opérations de pensée qui, d'après la Théorie Psychologique, peuvent engendrer la croyance à la Matière, même si elle n'existe pas, doit être également capable de produire la croyance à l'existence des autres Esprits : et que les principes de la théorie nous obligent, au nom de la loi de Parcimonie, de conclure que si la croyance peut avoir été produite ainsi, elle l'a été. En conséquence, la théorie supprime toute preuve de l'existence des autres esprits, ou des autres chaînes de conscience.

Sans doute elle les supprimerait, si la seule preuve de l'existence des autres chaînes de conscience était une croyance naturelle, comme une croyance naturelle est la seule preuve que les personnes raisonnables reconnaissent à présent de l'existence de la Matière. Mais il y a une autre preuve, qui n'existe pas dans le cas de la Matière, et qui est aussi décisive que l'autre l'est peu. J'ai dit ce qu'elle était avec un développement assez complet dans le chapitre précédent, et M. O'Hanlon a parfaitement compris que cette preuve n'était qu'une extension « à une sphère qui dépasse ma conscience » des « principes de la preuve induc» tive, que l'expérience vérifie sur mes états de conscience ». Mais il objecte » (p. 7) : « Pour cela, il faut postuler deux choses : a, qu'il y a une sphère » hors de ma conscience, ce qui est à prouver ; b, que les lois qui règnent sur » ma conscience règnent aussi sur cette nouvelle sphère. »

Je réponds que cette preuve ne postule pas ces deux choses, mais qu'elle les prouve suffisamment pour la question actuelle. Il n'y a rien dans la nature du principe inductif qui le confine dans les limites de ma propre conscience, quand il arrive exceptionnellement qu'une inférence dépassant ces limites se conforme aux conditions de l'induction.

Je connais par l'expérience un groupe de Possibilités Permanentes de Sensation que j'appelle mon corps, et qui d'après mon expérience est une condition universelle de toutes les parties de ma chaîne de conscience. Je connais aussi un grand nombre d'autres groupes, qui ressemblent à celui que j'appelle mon corps, mais qui n'ont pas avec ma chaîne de conscience les connexions qu'il présente. Je suis amené par cette différence à tirer cette induction, que ces autres groupes sont unis avec d'autres chaînes de conscience, comme le mien l'est avec la mienne. Si la preuve s'arrêtait là, l'inférence ne serait qu'une hypothèse, ne s'élevant pas au-dessus de ce degré inférieur de preuve inductive qu'on appelle analogie. Mais elle ne s'arrête pas là ; en effet, — après avoir admis l'hypothèse que des sentiments réels, bien que je ne les éprouve pas, sont cachés sous ces phénomènes de ma propre conscience que j'appelle des corps humains, à cause de leur ressemblance avec mon corps, — je trouve que ma conscience me présente ensuite les mêmes sensations, de paroles que j'entends, de mouvements et d'autres gestes que je vois, et ainsi de suite, qui sont les effets ou les conséquences de mes propres sentiments actuels quand il s'agit de moi, et que pour cela, je m'attends à voir se produire à la suite de ces autres sentiments hypothétiques s'ils existent réellement : et de la sorte mon hypothèse est vérifiée. Voilà une preuve inductive qu'il y a une sphère au delà de ma conscience : c'est-à-dire qu'il y a en dehors d'elle d'autres consciences ; car nous n'avons aucune preuve analogue pour la Matière. Et cette induction prouve que les lois qui règnent sur ma

mais j'ai fait voir qu'elle contient des difficultés intrinsèques que personne n'a pu écarter, puisque certains attributs compris dans notre notion du Moi, et qui se trouvent à sa base même, la Mémoire et l'Expectation, n'ont pas d'équivalent dans la Matière, et ne peuvent se réduire à des éléments semblables à

conscience règnent aussi dans la sphère qui la dépasse, c'est-à-dire sur ces autres consciences liées à tous ces groupes de Possibilités Permanentes de Sensation qui ressemblent à mon corps; que ces autres chaînes de conscience sont des êtres qui me ressemblent.

La légitimité de cette opération ne comporte d'objections, réelles ou imaginaires, que celles qu'on peut également élever contre les inductions comprises dans la sphère de notre propre conscience actuelle ou possible. Les faits dont je n'*ai* jamais eu conscience sont aussi inconnus, aussi étrangers à mon expérience réelle, que les faits dont je ne puis avoir conscience. Quand je conclus, des faits que je perçois immédiatement, à l'existence d'autres faits qui *pourraient* se présenter à ma conscience actuelle (ce que les sentiments des autres ne peuvent jamais), mais qui ne s'y *sont* jamais présentés, et dont je n'ai d'autre preuve qu'une induction tirée de l'expérience; comment est-ce que je sais que je tire une conclusion juste — que l'inférence, d'une conscience actuelle à une possibilité contingente de conscience qui n'est jamais devenue actuelle, est légitime? Je le sais assurément parce que cette conclusion tirée de l'expérience est vérifiée par une expérience ultérieure; parce que ces expériences nouvelles qui doivent se réaliser si ma conclusion est juste, se présentent réellement. Cette vérification qui est la source de toute ma confiance à l'induction nous autorise à lui accorder la même confiance partout où elle se trouve. Les chaînes de conscience étrangères dont je présume l'existence, par analogie, démontrent la vérité de l'hypothèse par des faits visuels et tactiles de ma propre conscience, semblables à ceux qui suivent les sensations, les pensées ou les émotions que j'éprouve moi-même. La réalité au delà de la sphère de ma conscience repose sur la double preuve de ses antécédents et de ses conséquents. Par une inférence nous remontons en partant des manifestations à leurs causes, et par l'autre nous descendons en partant des conditions antécédentes. Quelle que soit la première que nous tirions, elle se vérifie par l'autre.

J'espère que ces considérations écarteront l'objection de M. O'Hanlon. Quoi qu'il en soit de l'objection, elle ne se dresse pas uniquement devant la Théorie Psychologique, mais devant toutes les autres. Car personne ne suppose que les sentiments des autres soient un sujet d'intuition directe, ou de Croyance Naturelle. Nous ne percevons pas directement les autres esprits : leur réalité ne nous est pas connue immédiatement, mais au moyen d'une preuve. Et il n'y a pas de preuve qui puisse me démontrer l'existence d'un être conscient dans chacun des corps humains que je vois, sans une opération d'induction au fond de laquelle on retrouve les mêmes hypothèses qu'exige la Théorie Psychologique.

J'arrête encore le lecteur pour répondre à une objection moins importante de M. O'Hanlon. Il reproche à la Théorie Psychologique d'insérer un fait de conscience étranger entre deux faits de ma conscience, à titre d'effet du premier, et de cause du second. « Un enfant, dit-il, se coupe le doigt et crie. Le couteau, le
» sang et le corps de l'enfant ne sont (dans les idées de M. Mill) que des groupes
» actuels et possibles de mes sensations, et le cri est une sensation actuelle. J'in-
» fère, en continuant à admettre la théorie de M. Mill, qu'entre le cri et les
» autres sensations, à savoir entre deux séries d'états de ma propre conscience, une
» conscience étrangère a eu le sentiment que j'appelle douleur, et aussi que les
» sensations de se couper le doigt, les mêmes sensations, appartiennent autant à
» elle qu'à moi, avec quelque chose de plus, et d'une manière spéciale. Pourtant
» si je n'avais pas été présent, l'enfant, le couteau, le sang, le cri, n'auraient
» existé que potentiellement (p. 89). » L'absurdité et la confusion réelle que

ceux auxquels la Matière se réduit dans la Théorie Psychologique. Je présente ces faits comme inexplicables par la théorie psychologique, je les laisse à l'état de purs faits, sans faire de théorie : je n'admets pas que l'hypothèse de la Possibilité Permanente donne une théorie suffisante du Soi, bien que quelques-unes de mes critiques l'aient supposé, et aient voulu démontrer à force d'arguments et de sarcasmes que cette position n'est pas tenable; d'autre part, je n'adopte pas, comme d'autres ont pu le croire, la théorie commune qui regarde l'Esprit comme une Substance. Puisqu'on a si mal compris l'état dans lequel je laisse la question, je dois m'expliquer plus complétement.

Puisque le seul fait qui rend nécessaire la croyance à un Moi, le seul fait que la théorie psychologique ne peut expliquer est la Mémoire (car je regarde l'Expectation comme une conséquence de la Mémoire pour des raisons psychologiques et logiques), je ne vois pas de raison de penser que la connaissance du Moi précède la Mémoire. Je ne vois pas de raison de croire avec Hamilton et M. Mansel, que le Moi soit une présentation originelle de la conscience ; que la simple impression subie par nos sens implique, ou porte avec elle, une conscience d'un Soi, pas plus que d'un non-Soi. Notre véritable notion d'un Soi commence, nous avons toute raison de le croire, par la représentation d'une sensation dans la mémoire, quand elle est éveillée par la seule chose qui puisse l'éveiller avant la formation des associations, je veux parler de l'arrivée d'une sensation semblable à la précédente. Le fait de reconnaître une sensation, de nous la remémorer, et

nous voyons dans ces lignes proviennent de ce que M. O'Hanlon, malgré sa pénétration, n'a pas suffisamment identifié sa pensée avec la théorie qu'il repousse. En vertu de la même preuve qui me fait admettre des chaînes de conscience étrangères, je crois que les Possibilités Permanentes de Sensation sont communes à elles et à moi; mais il n'en est pas de même des sensations actuelles. La preuve me démontre que, si le couteau, le sang et le corps de l'enfant ne seraient, en mon absence, que de pures potentialités de sensations relativement à moi, les potentialités semblables dont j'admets par induction l'existence en lui, ont été réalisées en sensations actuelles ; et c'est comme conditions de sensation en lui, et non de sensations en moi, qu'elles forment une partie des séries de causes et d'effets produits hors de ma conscience. Voici la chaîne de causation : 1° Une modification dans une série de Possibilités Permanentes de Sensations commune à l'enfant et à moi. 2° Une sensation de douleur dans l'enfant, sensation que je n'éprouve pas. 3° Le cri, sensation en moi.

comme nous disons, de nous rappeler que nous l'avons sentie auparavant, est le fait de mémoire le plus simple et le plus élémentaire : et le lien ou la loi inexplicable, l'union organique (ainsi l'appelle le professeur Masson) qui rattache la conscience présente à la conscience passée qu'elle nous rappelle, c'est la plus grande approximation que nous puissions atteindre d'une conception positive de Soi. Je crois d'une manière indubitable qu'il y a quelque chose de réel dans ce lien, réel comme les sensations elles-mêmes, et qui n'est pas un pur produit des lois de la pensée sans aucun fait qui lui corresponde. Mais on peut beaucoup disputer sur la nature précise de l'opération par laquelle nous connaissons ce lien. Je ne me charge pas de décider si nous en avons directement conscience dans l'acte du souvenir, comme nous avons conscience directement de la succession dans le fait de nos sensations successives, ou si, comme le veut Kant, n'ayant nullement conscience d'un Soi, nous sommes forcés de l'admettre comme une condition nécessaire de la Mémoire (1). Mais cet élément originel, qui ne participe pas de la nature des choses qui répondent à nos noms, et auquel nous ne pouvons donner que son nom propre, si nous voulons ne pas impliquer une théorie fausse et sans fondement, c'est le Moi ou Soi. A ce titre, j'attribue une réalité au Moi, — à mon propre Esprit, — en dehors de l'existence réelle des Possibilités Permanentes, la seule que j'attribue à la Matière : et c'est en vertu d'une induction fondée sur mon expérience de ce Moi, que j'attribue la même réalité aux autres Moi ou Esprits.

Maintenant que j'ai, ainsi que je l'espère, défini plus clairement ce que je pense de la réalité du Moi au point de vue Ontologique, je reviens à mon premier point de départ, la Relativité de la connaissance humaine, et j'affirme (complétement d'accord avec Hamilton) que, quelle que soit la nature de l'exis-

---

(1) M. Mahaffy croit que la question doit être résolue en faveur de Kant, sur le témoignage de la conscience même. » Avez-vous conscience », demande-t-il, « d'être présenté à vous-même comme une substance? ou avez-vous seulement » conscience que dans tout acte de pensée, vous devez présupposer un soi perma- » nent, et rapporter toujours cet acte au soi, bien que vous ne puissiez jamais saisir » ce soi, et qu'il reste la base mystérieuse sur laquelle vous édifiez tout l'édifice de » vos pensées? Laquelle de ces opinions la plupart des hommes adopteront-ils? Après » tout, l'idée de Kant est la plus simple et la plus compatible avec le langage ordi- » naire. »

tence réelle que nous sommes forcés de reconnaître dans l'Esprit, il ne nous est connu que d'une manière phénoménale, comme la série de ses sentiments ou ses faits de conscience. Nous sommes forcés de reconnaître que chaque partie de la série est attachée aux autres parties par un lien qui leur est commun à toutes, qui n'est pas la chaîne des sentiments eux-mêmes : et comme ce qui est le même dans le premier et dans le second, dans le second et dans le troisième, dans le troisième et dans le quatrième, et ainsi de suite, doit être le même dans le premier et dans le cinquantième, cet élément commun est un élément permanent. Mais après cela, nous ne pouvons plus rien affirmer de l'esprit que les états de conscience. Les sentiments ou les faits de conscience qui lui appartiennent ou qui lui ont appartenu, et son pouvoir d'en avoir encore, voilà tout ce qu'on peut affirmer du Soi, — les seuls attributs possibles, sauf la permanence, que nous pourrons lui reconnaître. En conséquence, j'emploie à l'occasion les mots *esprit* et *chaîne de conscience* comme équivalents, et j'écris comme si l'Esprit en tant qu'existant, et l'Esprit en tant qu'il se connaît, étaient pour moi synonymes : mais ce n'est que pour abréger, et il faut toujours sous-entendre les explications que je viens de donner.

CHAPITRE XIII

THÉORIE PSYCHOLOGIQUE DES QUALITÉS PREMIÈRES
DE LA MATIÈRE.

Pour les raisons que j'ai exposées, je crois que Hamilton a eu tort d'affirmer que nous appréhendons directement un Soi et un non-Soi dans la conscience. Il est très-probable que nous n'avons aucune notion du non-Soi, tant que nous n'avons pas éprouvé pendant longtemps le retour des sensations, d'après des lois fixes, et sous forme de groupes (1). Et il n'est pas croyable que notre première sensation éveille en nous une notion d'un Moi ou Soi. La rapporter à un Soi, c'est la considérer comme une partie d'une série d'états de conscience dont une portion est déjà écoulée. Je pense que ce qui constitue la perception que c'est moi qui sens un état présent de conscience, c'est que je l'identifie avec un état remémoré que je connais comme passé. *Je* veut dire celui qui a vu, touché ou senti quelque chose hier ou avant-hier. Nulle sensation isolée ne peut suggérer l'identité personnelle : pour cela il faut une série de sensations conçues sous la forme d'une file de successions, et fondues par la pensée en une Unité.

Mais quoi qu'il en soit, pendant toute la durée de notre vie

---

(1) Dans la première édition, je disais : « Mais, sans la notion du non-soi » nous ne pouvons avoir celle du soi qui lui sert de contraste ». Je ne faisais pas attention que mes propres sensations et mes autres sentiments, en se distinguant de ce que j'appelle Moi-même, constituent un Non-Soi suffisant pour que le Soi puisse être appréhendé. L'antithèse entre le Moi et les modifications particulières du Moi fournit suffisamment le contraste nécessaire à toute cognition.

consciente, excepté le début, il est incontestable que nous rapportons toutes nos sensations à un *moi* et à un non-moi. Aussitôt que nous avons formé d'une part la notion des Possibilités Permanentes de Sensation, et, d'autre part, celle de ces séries continues de sentiments que j'appelle ma vie, ces deux notions sont, par l'effet d'une association irrésistible, évoquées par toutes les sensations que j'éprouve. Elles représentent deux choses avec lesquelles la sensation du moment, quoi qu'elle puisse être, est en relation, et je ne peux avoir conscience de la sensation sans la concevoir en relation avec ces deux choses. — En conséquence, elles ont reçu des noms relatifs exprimant la double relation en question. La chaîne de la conscience dont je conçois que la sensation fait partie, est le *sujet* de la sensation. Le groupe de Possibilités Permanentes de Sensations auxquelles je la rapporte, et qui se réalise et s'actualise partiellement en elles, est l'*objet* de la sensation. La sensation même devrait avoir un nom corrélatif ou plutôt deux noms corrélatifs : un qui dénote la sensation en tant qu'opposée à son sujet, l'autre qui la dénote en tant qu'opposée à son Objet. Mais il est remarquable que cette nécessité n'ait pas été sentie, et qu'on ait cru satisfaire pleinement ce besoin d'un nom corrélatif à chacun des relatifs avec les termes mêmes d'Objet et de Sujet; sans s'occuper de la relation que l'objet et le sujet présentent respectivement avec la sensation, et en ne les regardant que comme directement corrélatifs l'un à l'autre. Il est vrai qu'ils sont en rapport l'un avec l'autre, mais ce n'est qu'au travers de la sensation : leur relation l'un avec l'autre consiste dans la relation particulière et différente qu'ils affectent avec la sensation. Nous n'avons pas de conception d'un Sujet ou d'un Objet, soit Esprit, soit Matière, si ce n'est comme d'une chose à laquelle nous rapportons nos sensations, et toutes les autres impressions dont nous avons conscience. L'existence même de ces deux choses, en tant que nous pouvons en prendre connaissance, ne consiste que dans la relation qu'elles présentent respectivement avec nos états de sensation. Leur relation l'une avec l'autre n'est que la relation entre ces deux relations. Les corrélatifs immédiats ne sont pas le couple Objet et Sujet, mais les deux couples Objets et Sensations considérés objectivement ; Sujet et Sensation considérés subjectivement. La raison qui fait qu'on ne le remarque pas, serait facile à voir, et fournirait un bon exemple de cette partie importante des lois d'Association qu'on peut appeler les lois de l'Oubli.

Nous allons parler d'un fait psychologique qui est aussi une conséquence des lois d'Association, et qu'il faut apprécier complètement, si l'on ne veut pas se contenter de comprendre l'idée de Matière dans ses fondements, mais si l'on veut embrasser aussi les constructions que les lois de notre expérience actuelle ont élevées sur eux. Il y a telles de nos sensations que nous sommes surtout habitués à considérer subjectivement, et d'autres que nous sommes surtout accoutumés à considérer objectivement. Pour les premières, la relation sous laquelle nous les considérons le plus fréquemment, le plus habituellement, et par conséquent le plus facilement, c'est leur relation avec la série de sentiments dont elles font partie, et qui, consolidée par la pensée en une conception unique, reçoit le nom de Sujet. Pour les secondes, la relation sous laquelle nous les examinons de préférence c'est leur relation avec certain groupe ou certaine espèce de groupe de Possibilités Permanentes de Sensation dont l'existence présente nous est certifiée par la sensation que nous éprouvons au moment même — et qu'on appelle Objet. La différence entre ces deux classes de sensations répond à la distinction que la majorité des philosophes ont faite des Qualités Primaires et des Qualités Secondaires de la Matière.

Nous pouvons donc penser toutes nos sensations ou l'une d'elles en relation avec leurs Objets, c'est-à-dire, avec les groupes permanents de possibilités de sensations auxquels nous les rapportons mentalement. C'est là la distinction principale entre nos sensations, et ce que nous regardons comme nos sentiments purement subjectifs. Celles-ci ne se rapportent pas à des groupes de possibilités permanentes, et par rapport à elles, la distinction entre le sujet et l'objet est purement nominale. Ces sentiments n'ont pas d'objets, si ce n'est par métaphore. Il n'y a rien que le sentiment et son Sujet. Les métaphysiciens sont obligés d'appeler le sentiment lui-même l'objet. Nos sensations, au contraire, ont toutes des objets; toutes peuvent être classées dans quelque groupe de Possibilités Permanentes, et peuvent être rattachées à la présence de cet ensemble particulier de possibilités comme à la condition antécédente ou à la cause de leur propre existence. Cependant, il y a quelques-unes de nos sensations qui, au moment où nous les apercevons, ne semblent pas se rattacher à leur objet d'une manière aussi évidente et aussi saillante que les autres. Telles sont les sensations dont nous avons un grand intérêt à nous rendre compte, sur lesquelles nous insistons volontiers, ou qui par leur intensité nous obligent à concentrer notre attention sur elles. Tels sont naturellement nos plaisirs et nos peines. Dans ces cas, nous donnons spontanément notre attention à un plus haut degré aux sensations elles-mêmes, et seulement à un degré moindre à l'objet dont elles attestent l'existence. Et des deux conceptions avec lesquelles elles sont en relation, celle à laquelle nous avons le plus de tendance à les rapporter, c'est le Sujet ; parce que nos plaisirs ou nos peines qui n'ont pas plus d'importance en tant que signes que nos autres sensations, en ont une bien plus grande comme parties de la chaîne de la conscience qui constitue notre vie d'êtres sentants. A la vérité nous aurions de la peine à rapporter plusieurs de nos souffrances corporelles intérieures à un objet, si nous ne savions, par une connaissance lentement et graduellement acquise, qu'elles sont toujours reliées à un trouble organique local, dont nous n'avons pas de conscience présente, et qui par conséquent est une pure Possibilité de Sensation. Au contraire, notre attention ne s'appesantit pas sur celles de nos sensations qui sont presque indifférentes en elles-mêmes ; la conscience que nous en avons est trop momentanée pour être distincte, et nous passons de ces sensations aux Possibilités Permanentes de Sensation dont elles sont les signes, et qui seules ont de l'importance pour nous. Nous remarquons à peine la relation entre ces sensations et la chaîne subjective de conscience dont elles forment une partie si insignifiante : la sensation n'est guère pour nous que le chaînon à la suite duquel apparaît dans la conscience un groupe de Possibilités Permanentes ; ce groupe est la seule chose distinctement présente à notre pensée. Les sensations organiques qui ne font pas impression s'évanouissent et ne jouent plus dans l'esprit qu'un rôle de suggestion, et il semble que nous apercevons directement ce que nous ne pensons que par association, et que nous ne connaissons que par inférence. La sensation est en quelque sorte effacée, et la Perception semble s'être installée à sa place. Cette vérité se trouve exprimée, trop peu nettement sans doute, dans une doctrine favorite de Hamilton; d'après lui, dans les opérations de nos sens la Sensation est plus grande quand la Perception est moindre, et moindre quand celle-ci est plus grande; ou, comme il le dit encore, en faisant un usage impropre du langage des mathématiques, la Sensation et la Perception sont en raison inverse l'une de l'autre.

Quant aux sensations qui, sans être absolument indifférentes, ne sont pas à un degré exclusif pénibles ou agréables, nous ne les concevons habituellement que comme rattachées à des Objets, ou comme en procédant. Et je suis disposé à croire, contrairement à l'opinion de beaucoup de philosophes, qu'un de nos sens, et en tout cas une combinaison de plusieurs sens, suffirait à nous donner l'idée de la Matière. Si nous n'avions que le sens de l'odorat, du goût et de l'ouïe, mais si nous en avions les sensations suivant des lois fixes de coexistence telles que toutes les fois que nous aurions l'une d'elles cela indiquât que nous avons la possibilité présente d'avoir toutes les autres, je suis porté à penser que nous aurions formé la notion de groupes de possibilités de sensations, et que nous aurions rapporté chacune des sensations particulières à un de ces groupes; que ce groupe en relation avec toutes les sensations rattachées à lui de cette matière, serait devenu un objet, et aurait été investi par la pensée des qualités de permanence et d'extériorité qui appartiennent à la matière. Nous aurions pu avoir une idée de la Matière, mais cette idée aurait été d'une structure bien différente de celle que nous avons maintenant. En effet, tels que nous sommes constitués actuellement, nos sensations de l'odorat, du goût, de l'ouïe, et, je crois (avec presque tous les philosophes), celles de la vue aussi, ne sont pas groupées ensemble directement, mais elles le sont par la connexion qu'elles ont toutes en vertu des lois de coexistence ou de causalité, avec les sensations qu'on peut rapporter au sens du toucher et aux muscles; celles qui répondent aux mots Résistance, Étendue et Figure. Celles-ci, donc, deviennent les éléments principaux et saillants de tous les groupes : où elles sont, là est le groupe :

tout autre membre du groupe se présente à notre pensée moins par rapport à ce qu'il est en lui-même que comme un signe de ces éléments principaux. Comme le groupe entier affecte la relation d'objet avec chacune des sensations composantes qui se réalise à un moment donné, de même ces parties spéciales du groupe deviennent, en quelque sorte, objet, par rapport non-seulement avec les sensations actuelles, mais avec toutes les autres Possibilités de Sensation que le groupe renferme. Les possibilités permanentes de sensation du toucher et des muscles forment un groupe au dedans du groupe, une sorte de noyau interne, qui semble plus fondamental que le reste, et paraît tenir sous sa dépendance toutes les autres possibilités de sensation renfermées dans le groupe; lesquelles nous apparaissent, à un certain point de vue, comme des effets dont le noyau est la cause, et à un autre point de vue, comme des attributs dont il est le substrat ou la substance. De cette manière, notre conception de la Matière se réduit en définitive à celles de Résistance, d'Étendue et de Figure, unies à divers pouvoirs d'exciter d'autres sensations. Ces trois attributs deviennent ses constituants essentiels, et quand on ne les trouve pas, on hésite à appliquer le nom de Matière.

De ces propriétés, qu'en conséquence on appelle Qualités primaires de la Matière, la plus fondamentale est la Résistance : de nombreux débats scientifiques l'ont prouvé.

Quand s'élève la question de savoir si quelque chose qui affecte nos sens d'une façon particulière, comme par exemple, la chaleur, la lumière, ou l'électricité, est ou n'est pas de la matière, il semble toujours qu'on se demande si elle présente une résistance au mouvement, fût-elle insignifiante. On n'aurait qu'à montrer cette résistance pour mettre tout d'un coup fin au doute. Le mot résistance ne fait qu'exprimer une sensation de nos muscles combinée avec une sensation du toucher; bien des philosophes l'ont déjà dit, et l'on ne peut plus le mettre en question. Quand nous contractons les muscles de notre bras, soit par un effet de notre volonté, soit par une décharge involontaire de notre activité nerveuse spontanée, la contraction est accompagnée par un état de sensation qui change suivant que la locomotion consécutive à la contraction musculaire continue librement, ou qu'elle rencontre un obstacle. Dans le premier cas, la sensation est celle du mouvement dans un espace vide. Après avoir fait (supposons-le) cette expérience plusieurs fois, nous en faisons subitement une différente : la série des sensations qui accompagne le mouvement de notre bras est, sans que nous le voulions et sans que nous nous y attendions, brusquement arrêtée. Cette interruption ne suggérerait pas d'elle-même, d'une manière nécessaire, la croyance à un obstacle extérieur? L'obstacle peut être dans nos organes ; il peut venir d'une paralysie ou d'une simple perte de force par la fatigue. Mais dans l'un ou dans l'autre de ces cas, les muscles ne se seraient pas contractés et nous n'aurions pas eu la sensation qui accompagne leur contraction. Nous pouvons avoir eu la volonté d'exercer notre force musculaire, mais elle ne s'est pas exercée (1); si elle s'exerce, si elle est accompagnée de la sensation musculaire ordinaire, mais que celle que j'ai appelée la sensation du mouvement dans l'espace vide ne suive pas, nous avons ce qu'on appelle le sentiment de résistance, ou, en d'autres termes, d'action musculaire empêchée, et ce sentiment est l'élément fondamental de la notion de Matière qui résulte de notre expérience vulgaire. Mais en même temps que ce sentiment de résistance, nous avons aussi des sensations du toucher ; sensations dont les organes ne sont pas les nerfs répandus dans nos muscles, mais ceux qui forment un réseau sous la peau ; les sensations qui se produisent par suite du contact passif avec les corps, sans action musculaire. Comme ces sensations cutanées de simple contact accompagnent invariablement la sensation musculaire de résistance ; — car il faut que nous touchions les objets avant de sentir qu'ils résistent à notre pression, — il se forme bientôt une association inséparable entre elles. Toutes les fois que nous sentons de la résistance,

---

(1) Hamilton pense (*Dissertations on Reid*, 854, 855) que nous avons conscience de la résistance par un *effort mental* ou *nisus moteur*, distinct à la fois de la volonté originelle de mouvoir et de la sensation musculaire : « car, dit-il, nous » en avons conscience, quoique par l'effet d'un narcotisme ou d'une stupeur des » nerfs nous perdions tout sentiment du mouvement des membres; quoique, par » l'effet d'une paralysie des nerfs moteurs, nul mouvement des membres ne suive » l'effort mental moteur; quoique, par l'effet d'un stimulus anormal des fibres » musculaires, il s'y fasse une contraction même contre notre volonté. » Si toutes ces allégations sont vraies, quoiqu'on ne nous dise pas par quelles expériences on les démontre, elles ne prouvent nullement qu'il y ait un *nisus* mental non physique, et ne font qu'éloigner le siége du *nisus* en le reportant des nerfs au cerveau.

nous avons commencé par sentir le contact. Toutes les fois que nous sentons le contact, nous savons que si nous exercions notre action musculaire, nous éprouverions plus ou moins de résistance. C'est de cette manière que se forme le premier groupe fondamental de Possibilités Permanentes de Sensation ; et comme avec le temps nous reconnaissons que toutes nos sensations se rattachent effectivement aux Possibilités Permanentes de résistance ; et que, par une recherche suffisante, nous rencontrerions toujours, en coexistence avec elles, quelque chose qui nous donnerait l'impression du contact combinée avec la sensation musculaire de résistance ; notre idée de Matière, comme cause résistante de diverses sensations, se trouve constituée.

Remarquons, en passant, que nous sommes en présence d'un exemple élémentaire de la Loi d'Association inséparable et de son efficacité pour construire des notions qui, une fois construites, ne peuvent plus être distinguées d'une intuition par un appel direct à la conscience. La sensation produite par le simple contact d'un objet avec la peau, sans pression — ou même avec pression, mais sans réaction musculaire contre la pression — ne peut pas plus être rapportée avec quelque probabilité à un objet extérieur, qu'une sensation de chaud ou de froid. Mais lorsque, dans le cours de notre expérience, la coexistence constante de cette sensation de contact avec celle de résistance à notre effort musculaire, toutes les fois que nous faisons cet effort, a érigé la première sensation en une marque ou signe de la Possibilité permanente de la seconde, à partir de ce moment, dis-je, nous n'avons pas plutôt la sensation cutanée, appelée sensation de contact, que nous connaissons ou percevons quelque chose d'extérieur, qui correspond à l'idée que nous nous faisons de la Matière comme objet *résistant*. Nos sensations du toucher sont devenues *représentatives* des sensations de résistance avec lesquelles elles coexistent habituellement. C'est ainsi que, d'après certains philosophes, nos sensations des différentes nuances de couleurs données par notre sens de la vue, et les sensations musculaires qui accompagnent les divers mouvements de l'œil, deviennent représentatives des sensations du toucher et des muscles locomoteurs, qui seules expriment réellement ce que nous appelons la distance entre un corps et nous (1).

La qualité primaire qui vient ensuite est l'Etendue. On l'a longtemps regardée comme une des principales pierres d'achoppement de la théorie psychologique. Reid et Stewart auraient volontiers démontré le caractère intuitif de notre connaissance de la Matière par l'incapacité où sont les psychologues d'assigner une origine à l'idée d'Étendue, ou de la décomposer en sensations, ou réminiscence de sensations. Hamilton suit leur exemple en insistant sur ce point.

Je présenterai la réponse de l'école opposée, telle qu'elle est donnée par le professeur Bain, d'Aberdeen, dans la première partie de son grand ouvrage sur l'*Esprit*. C'est la dernière forme de la démonstration et la plus parfaite (2).

(1) Hamilton établit une distinction entre deux espèces de résistance, ou plutôt entre deux sens du mot : l'une, celle que j'ai mentionnée et qui est une sensation de mes muscles; l'autre, la propriété de la matière, que les anciens auteurs appelaient impénétrabilité, celle qui fait que le corps, bien qu'il puisse être réduit à occuper un espace plus petit, ne peut être privé de toute étendue, et chassé complètement de l'espace. Mais ces deux espèces de résistance sont simplement deux manières de regarder et de dénommer le même état de conscience; car si le corps peut être entièrement poussé hors de l'espace, la seule voie que nous ayons pour découvrir qu'il s'est évanoui serait la cessation subite de toute sensation de résistance. C'est toujours la réalité de la sensation musculaire qui constitue la présence, et sa non-réalité l'absence, du corps dans une partie donnée de l'espace.

(2) *The Senses and the Intellect*, p. 113-117. Ma première citation est empruntée à la première édition, car dans celle qui vient d'être publiée avec addition de développements importants, l'exposé que je reproduis est présenté d'une manière plus sommaire, et qui convient moins au but que je me propose.

Le Dr M'Cosh dit sans aucun fondement que M. Bain a « rassemblé en un » système détaillé les propositions générales disséminées dans la Logique de » M. Mill (p. 121); » et ailleurs (p. 123-124) il prétend que M. Bain et M. Herbert Spencer (M. Herbert Spencer!) poursuivent, purement et simplement, une recherche que je leur aurais indiquée. Coleridge rappelait à un de ses critiques qu'il y a dans le monde bien des sources, et que l'eau qu'un homme puise ne provient pas nécessairement d'un trou pratiqué dans la citerne d'un autre. M. Bain n'avait pas besoin d'autres devanciers que nos précurseurs communs, et il m'a appris beaucoup plus de choses sur ces matières que je ne lui en ai probablement enseigné. M. M'Cosh commet à mon égard la même erreur, quand il attribue « à l'influence » de M. Comte mon opinion, qu'il est « impossible à l'esprit » humain de s'élever à la cause première, et d'atteindre les causes finales, ou de » connaître la nature des choses. » La plus grande moitié de mon système de Logique, où sont comprises toutes les idées fondamentales du livre, a été écrite avant que j'eusse vu le *Cours de philosophie positive*. Mon système de Logique est, sans doute, redevable à M. Comte de beaucoup d'idées importantes, mais on aurait vite dressé la liste des chapitres et même des pages qu'elles remplissent. Quant à la doctrine que M. M'Cosh exprime si imparfaitement, d'après laquelle nous ne connaissons que les coexistences, les successions, ou les similitudes des phénomènes, je la connaissais dès mon enfance par les enseignements de mon père,

M. Bain reconnaît deux espèces principales ou modes de sensibilité *discriminative* dans le sens musculaire : l'une correspondant au degré d'intensité de l'effort musculaire, — à la somme d'énergie développée ; l'autre correspondant à la durée, — à la continuation plus longue ou plus courte du même effort. La première nous fait connaître les degrés de résistance : et nous les estimons d'après l'énergie musculaire qu'il faut dépenser pour les vaincre. C'est à la seconde, d'après M. Bain, que nous devons l'idée d'Étendue.

« Quand un muscle commence à se contracter, ou un mem-
» bre à se fléchir, nous avons le sentiment distinct du degré
» auquel la contraction ou la flexion ont été portées ; il y
» a quelque chose dans la sensibilité spéciale qui donne
» une sensation pour une demi-contraction, une autre pour
» trois quarts de contraction, une autre pour une contraction
» entière. Notre sensation du mouvement de nos organes ou
» de la contraction de nos muscles est différente, ainsi que je
» l'ai déjà dit, de notre sensation de la tension du repos ; —
» c'est quelque chose de plus intense, de plus vif, de plus exci-
» tant ; et je suis maintenant amené à affirmer, d'après mes
» meilleures observations et d'après les faits admis, que
» l'étendue d'un mouvement, le degré de raccourcissement
» d'un muscle, sont des objets de sensibilité discriminative. Je
» crois que ces sentiments sont beaucoup moins prononcés,
» moins précis que le sentiment de la résistance décrit plus
» haut, mais qu'ils ne sont pas moins réels et démontrables.

» Si nous supposons un poids soulevé par l'action du bras,
» d'abord à la hauteur de quatre pouces, et ensuite à celle de
» huit pouces, il est évident que la simple somme d'effort ou
» de puissance dépensée sera plus grande, et que l'intensité de
» la sensation sera accrue en proportion. A ce point de vue, le
» sentiment de l'espace parcouru serait simplement celui d'une
» plus ou moins grande continuité du même effort, cet effort se
» dépensant à produire du mouvement. Nous n'avons aucune
» difficulté à croire qu'il y aurait une sensibilité discriminative

qui l'avait apprise à la même école que M. Comte, par l'étude des méthodes des sciences physiques et des écrits des penseurs leurs prédécesseurs communs. Depuis Hume, cette théorie a été la propriété du monde philosophique. Depuis Brown, elle est entrée dans le domaine public.

» dans ce cas; il semble très-naturel que nous soyons différem-
» ment affectés par une action continuée quatre ou cinq fois
» plus de temps qu'une autre. Si l'on admet ceci comme vérité
» d'observation, et comme résultat inévitable de l'existence
» d'un jugement quel qu'il soit des degrés de force dépensée,
» tout ce qui fait le sujet du débat est accordé. Je ne prétends
» pas affirmer qu'à chaque degré de raccourcissement d'un
» muscle ou à chaque point intermédiaire de l'attitude d'un
» membre, il se fasse sur les centres nerveux une impression
» qui puisse être distinguée de celle de toute autre position ou
» de tout autre degré de raccourcissement ; il suffit que l'espace
» parcouru, c'est-à-dire la somme du mouvement accompli, soit
» susceptible d'être perçu d'une manière distincte, au moyen de
» la sensibilité pour la somme de force dépensée dans *le temps*,
» le degré d'effort restant le même. La sensibilité dont nous
» nous occupons maintenant diffère de la première (la sensibilité
» pour l'intensité de l'effort) principalement parce qu'elle tra-
» duit le degré d'effort en *durée*, et non en dépense de chaque
» instant ; il me semble impossible de soutenir qu'une somme
» augmentée ou diminuée simplement quant à sa continuation,
» soit moins un sujet de sensibilité discriminative qu'une force
» augmentée ou diminuée dans l'intensité de l'effort soutenu...

» Si l'on admet que le sens des degrés de l'espace parcouru
» par le mouvement est une fonction naturelle des muscles, on
» lui fait jouer un rôle important dans la perception extérieure.
» Les attributs d'étendue et d'espace rentrent dans son do-
» maine. En premier lieu, il nous donne la sensation d'*étendue*
» *linéaire*, en tant que celle-ci se mesure par la flexion d'un
» membre, ou d'un autre organe mû par des muscles. La diffé-
» rence entre six pouces et huit pouces nous est exprimée
» par les différents degrés de contraction d'un certain groupe
» de muscles; ceux, par exemple, qui fléchissent le bras, ou
» dans la marche, ceux qui fléchissent ou étendent le mem-
» bre inférieur. L'impression interne correspondant au fait
» extérieur d'une longueur six pouces, est une impression qui
» provient du raccourcissement continué d'un muscle, un véri-
» table fait sensibilité musculaire. C'est l'impression d'un effort
» musculaire d'une certaine continuation ; une plus grande
» longueur produit une plus grande continuation (ou un mou-

» vement plus rapide), et par conséquent une augmentation
» dans la sensation de force dépensée.

» La *discrimination* de longueur dans une direction implique
» l'*étendue* dans toute direction. En longueur, largeur ou
» hauteur, la perception a exactement le même caractère.
» Il en résulte que les dimensions superficielles et solides,
» le volume ou la grandeur d'un objet solide, sont sentis de la
» même manière.

» Il est évident que ce qu'on appelle *situation* ou localité
» tombe dans la même catégorie, puisque la situation se mesure
» par la distance prise sur la direction. — La direction étant
» elle-même évaluée par la distance à la fois dans l'observation
» vulgaire et dans la théorie mathématique. De même, on
» constate la *forme* ou *configuration* au moyen de la même sen-
» sibilité primitive pour l'étendue ou pour l'espace parcouru.

» Par la sensibilité musculaire ainsi associée à la contrac-
» tion prolongée, nous pouvons donc comparer différents
» degrés des attributs de l'espace; en d'autres termes, des
» différences de longueur, de surface, de situation et de forme.
» Quand nous comparons deux longueurs différentes, nous
» pouvons sentir celle qui est la plus grande, exactement
» comme quand nous comparons deux poids ou deux résis-
» tances différentes. Nous pouvons aussi, comme dans le cas du
» poids, trouver un terme fixe de comparaison, dans la perma-
» nence d'impressions répétées assez souvent. Nous pouvons
» nous graver dans l'esprit l'impression de la contraction
» des muscles du membre inférieur qu'il faut pour un pas de
» trente pouces, et nous pouvons dire qu'un pas donné a plus
» ou moins de longueur. Suivant la sensibilité du tissu mus-
» culaire, nous pouvons, par une pratique plus ou moins lon-
» gue, acquérir des impressions distinctes pour tous types de
» dimensions, et distinguer de suite si une dimension donnée a
» quatre pouces ou quatre pouces et demi, neuf ou dix, vingt
» ou vingt et un. Cette sensibilité pour l'épaisseur, qui nous
» permet de nous passer des mesures de longueur, donne des
» notions utiles dans la plupart des opérations mécaniques.
» Une sensibilité perfectionnée pour les différences les plus
» délicates est une qualité indispensable dans la pratique du
» dessin, de la peinture, de la gravure et des arts plastiques.

» Le troisième attribut de la discrimination musculaire, c'est
» la *vitesse* ou rapidité du mouvement. Il est difficile de séparer
» celui-ci des précédents. Dans le sentiment de l'espace par-
» couru, la vitesse répond au même but que la continuation ;
» toutes les deux impliquent une augmentation d'une dépense
» d'effort ou de force dépensée, différente dans sa nature de l'ac-
» croissement de l'effort insensible qui conserve une situation
» fixe. Il faut que nous apprenions à sentir qu'un mouvement
» lent continué pendant un temps long est la même chose qu'un
» mouvement plus rapide avec une durée moindre ; ce qui
» nous est facile quand nous voyons que tous les deux produi-
» sent le même effet : le mouvement complet d'un membre.
» Si nous faisons des expériences sur les différentes manières
» d'accomplir une flexion totale du bras, nous trouverons que
» les mouvements lents longtemps continués, sont égaux aux
» mouvements rapides continués peu de temps, et nous pou-
» vons prendre les uns ou les autres pour mesure de l'espace
» parcouru et de l'étendue linéaire....

» Nous ramènerions la perception des propriétés mécaniques
» et mathématiques de la matière à la sensibilité musculaire
» seule. Nous admettons que cette perception manque de pré-
» cision si nous excluons les sens spéciaux ; mais nous devons
» montrer au début que ces sens ne sont pas essentiels à la
» perception, comme nous montrerons par la suite que c'est
» à l'assistance que l'appareil musculaire prête aux sens qu'il
» faut rapporter l'exaltation de leur sensibilité. L'espace par-
» couru par le pied, quand nous marchons pas à pas, peut être
» apprécié isolément par les muscles du membre aussi bien
» que par les mouvements de la main qui touche ou de l'œil
» qui voit. C'est pourquoi nous pouvons adopter l'idée sou-
» vent affirmée que les propriétés de l'espace peuvent être
» conçues ou senties en l'absence d'un monde extérieur ou
» d'une autre matière que celle qui compose le corps de l'être
» qui perçoit ; en effet, les propres mouvements du corps
» dans un espace vide suffiraient à faire les mêmes impres-
» sions sur l'esprit que les mouvements excités par des objets
» extérieurs. Une perception de longueur, de hauteur ou
» de vitesse est l'impression mentale, ou l'état de conscience
» qui accompagne certains modes de mouvement musculaire

» et ce mouvement peut être produit par le dedans aussi bien
» que par le dehors ; dans les deux cas, l'état de conscience est
» absolument le même. »

Brown a proposé une théorie de l'Étendue assez semblable, mais il ne tire pas tous les voiles aussi complétement. Telle qu'il l'expose, elle tombe sous la critique de Hamilton, qui en donne, à son avis, une réfutation courte et radicale. Je la cite (1) : « Autant que je peux trouver ce qu'il veut dire dans ce flux de paroles, voici son raisonnement : — « La notion de temps
» ou succession étant supposée, celle d'étendue *longitudinale*
» est donnée dans la succession des sensations qui accompa-
» gnent la contraction graduelle d'un muscle ; la notion de cette
» succession constitue, *ipso facto,* la notion d'une certaine
» longueur ; et la notion de cette longueur (il le tient sans façon
» pour accordé) c'est la notion d'étendue longitudinale cherchée.
» Le paralogisme est évident. Longueur est un terme ambigu,
» c'est la longueur en espace, la longueur étendue et non la
» longueur en temps, la longueur protensive, dont il s'agit de
» dégager la notion. Est-ce que la conversion de la notion
» d'une certaine espèce de longueur (quand il est évident que
» cette certaine espèce n'est que la longueur en temps) en la
» notion d'une longueur en espace est autre chose qu'une
» méchante pétition de principe ? Je demanderai si, dans la
» série de sensations que nous fournit la contraction graduelle
» d'un muscle, nous trouvons l'aperception que cette succes-
» sion est en longueur, 1° en temps seul, ou 2° en espace
» seul, ou 3° en temps et en espace à la fois ? On conviendra
» qu'en dehors de ces trois suppositions il n'y en a plus à faire.
» Si l'on affirme la première, si la conscience nous présente une
» succession en temps exclusivement, on n'a rien fait ; car la
» notion d'étendue ou d'espace n'est nullement contenue dans
» celle de durée ou de temps. Et si l'on affirme la seconde ou la
» troisième ; si la série apparaît à la conscience comme une
» succession en longueur, soit en espace seul, soit en espace et
» en temps à la fois, alors la notion qu'il faut produire sert à
» se produire elle-même. »

Le dilemme paraît formidable, mais une de ses cornes est

(1) *Dissertations on Reid*, p. 869.

inoffensive, car Brown, et tous ceux qui soutiennent la Théorie Psychologique, affirment précisément que la notion de longueur en espace n'étant pas originellement dans notre conscience, les lois de l'esprit la construisent avec la notion de longueur en temps. Leur argument n'est pas, comme Hamilton se l'imaginait, une confusion sophistique des deux sens différents du mot longueur; ils soutiennent que l'une est le produit de l'autre. Hamilton n'a pas complétement compris l'argument. Il a vu qu'une *succession* de sensations, comme celle dont parle Brown, ne pouvait pas nous donner l'idée d'existence *simultanée*. Mais il se trompait en supposant que l'argument de Brown impliquait cette absurdité. Il faut supposer que la notion de simultanéité a déjà été acquise, ainsi qu'elle a dû l'être à la première période de notre vie, grâce à ce fait vulgaire que nous avons souvent des sensations simultanément. Ce que Brown avait à montrer, c'était que l'idée du mode particulier d'existence simultanée appelé Étendue, pouvait naître, non pas d'une simple succession de contractions musculaires, mais de cette succession et de la connaissance déjà acquise que les sensations du toucher peuvent être simultanées. Supposez deux petits corps, A et B, suffisamment rapprochés pour pouvoir être touchés simultanément, l'un avec la main droite, l'autre avec la main gauche. Voilà deux sensations tactiles simultanées, comme peuvent l'être une sensation de couleur et une sensation d'odeur ; et ces deux sensations nous font percevoir les deux objets du toucher comme existant à la fois. Il s'agit de savoir ce que nous avons dans l'esprit, quand nous nous représentons la relation qui unit ces deux objets déjà connus comme simultanés, sous la forme d'Étendue ou d'Espace interposé, relation que nous ne supposons pas entre la couleur et l'odeur. Or, ceux qui pensent comme Brown disent que quelle que soit la notion d'Étendue, nous l'*acquérons* en promenant la main ou tout autre organe du toucher suivant une direction longitudinale de A à B : que le procédé, en tant que nous en avons conscience, se compose d'une série de sensations musculaires diverses, différant selon la quantité d'efforts musculaires, et si l'effort est donné, différent en longueur de temps. Quand nous disons qu'il y a un espace entre A et B, nous voulons dire qu'une certaine quantité de ces sensations musculaires doit s'interposer entre la sensation de A et celle de B ; quand nous disons que l'espace est plus grand ou moindre, nous voulons dire que la série de sensations (la quantité d'effort musculaire étant donnée) est plus longue ou plus courte. Si un autre objet est situé plus loin sur la même ligne, nous jugeons que la distance est plus grande, parce que, pour l'atteindre, les séries de sensations musculaires doivent se prolonger davantage ou qu'il doit y avoir un accroissement d'effort correspondant à l'augmentation de la vitesse. Or, cette série de sensations musculaires, ou cet accroissement d'effort par lequel il est incontestable que nous sommes informés de l'étendue, *c'est*, d'après les psychologues en question, l'étendue. Pour eux l'idée de Corps étendu est l'idée d'une variété de points résistants, existant simultanément, mais qui ne peuvent être perçus par le même organe tactile que successivement, et au bout d'une série de sensations musculaires qui constituent leur distance, et qu'on considère comme situés à des distances différentes l'un de l'autre, parce que la série de sensations musculaires interposée est plus longue dans certains cas que dans d'autres (1).

La théorie peut se résumer comme il suit. La sensation de mouvement musculaire non empêché constitue notre notion d'espace vide et la sensation du mouvement musculaire

(1) Je ne prétends pas que Brown ait vu tout cela clairement. Il est impossible de défendre la théorie, telle que Brown nous l'a exposée. Il semble avoir pensé que l'essence de l'étendue, c'est la divisibilité en parties. « Une succession » de sensations, dit-il, quand elle est rappelée au souvenir par l'esprit qui s'arrête » sur elle, renferme nécessairement la notion de *divisibilité en parties séparées*, » et par conséquent la notion de *longueur, qui n'est qu'un autre nom de la divi-* » *sibilité continuée*. (*Lectures*, XXIV, vol. II, p. 3, 19e édit., 1851.) Il croit avoir » expliqué tout ce qui avait besoin de l'être dans l'idée d'espace, quand il a mon- » tré comment la notion de divisibilité continuée y a pénétré. On le voit quand » il dit : « Il est difficile de donner de la matière une définition plus simple que » de dire : la matière est ce qui a des parties et ce qui résiste aux efforts que nous » faisons pour le saisir ; et dans notre analyse des sensations de l'enfance nous » avons pu découvrir comment ces deux notions peuvent avoir pris naissance dans » l'esprit. » Mais si la divisibilité en parties constitue toute notre notion de l'étendue, toutes les sensations que nous aurons doivent être identifiées avec l'étendue, car elles sont toutes divisibles en parties (parties successives, ce qui pour Brown suffit), quand elles sont prolongées au delà du plus court instant de durée que notre conscience distingue. Il est probable que Brown ne voulait pas dire cela, mais qu'il croyait n'avoir à expliquer dans la conception de l'espace que la divisibilité, parce qu'il supposait tacitement que tout le reste de la notion était déjà donné dans le fait du mouvement musculaire. A le bien comprendre, cela peut se soutenir ; mais Brown ne peut être exonéré de l'accusation qu'il mérite souvent, de laisser une importante question philosophique sans la résoudre entièrement.

empêché constitue celle d'espace plein. L'Espace est le Lieu, — le lieu du Mouvement; ce que son nom allemand *Raum* confirme pleinement (1). Nous avons une sensation qui accompagne le mouvement libre de nos organes, de notre bras, par exemple. Cette sensation se modifie diversement par la direction et par la quantité du mouvement. Nous avons divers états de sensations musculaires correspondant aux mouvements du bras en haut, en bas, à droite, à gauche, ou dans n'importe quel rayon de la sphère dont l'articulation, autour de laquelle tourne le bras, forme le centre. Nous avons aussi différents états de sensation musculaire, suivant que le bras est mû *davantage*, soit avec une vitesse plus grande, soit avec la même vitesse, mais pendant plus longtemps; on apprend vite que ces deux mouvements sont équivalents, en voyant qu'un plus grand effort porte la main en un temps plus court d'un même point à un même point, c'est-à-dire de l'impression tactile A à l'impression tactile B. Ces espèces et ces qualités différentes de sensation musculaire, dont nous faisons l'expérience quand nous passons d'un point à un autre (c'est-à-dire quand nous recevons successivement deux sensations de toucher et de résistance, dont les objets sont regardés comme simultanés), sont tout ce que nous avons en vue, quand nous disons que les points sont séparés par des espaces, qu'ils sont à des distances différentes, et sur des directions différentes. Une série interposée de sensations musculaires que nous percevons avant d'arriver à un objet, après avoir quitté l'autre, telle est la seule particularité qui, d'après cette théorie, distingue la simultanéité dans l'espace, de la simultanéité qui peut exister entre un goût et une couleur, ou un goût et une odeur : et nous n'avons pas de raison de croire que l'Espace ou Étendue en soi diffère de ce qui nous le fait reconnaître. Il me semble que cette doctrine est bonne, et que les sensations musculaires en question sont les sources de toute la notion d'étendue que nous puissions jamais acquérir par les sens du tact et des muscles sans le secours de l'œil.

Mais la participation de l'œil à la production de notre notion actuelle d'étendue, altère profondément son caractère, et constitue, à mon avis, la principale cause de la difficulté que

---

(1) Le texte porte : « Space is Room — room for movement. » (*Trad.*)

nous trouvons à croire que l'étendue tire la signification qu'elle a pour nous, d'un phénomène non de synchronisme, mais de succession. En fait, notre conception actuelle de l'Étendue ou de l'Espace est une peinture oculaire, et comprend un grand nombre de parties d'étendue apparaissant à la fois, ou se succédant si rapidement, que notre conscience les prend pour des parties simultanées.

Comment donc (demande-t-on naturellement) l'esprit peut-il produire cette vaste collection d'aperceptions sensiblement simultanées avec les matériaux fournis par la conscience qu'il a d'une succession, — de la succession des sensations musculaires? On conçoit une expérience qui jetterait une grande lumière sur ce sujet, mais qui par malheur est plus facile à imaginer qu'à faire. Il y a eu des aveugles-nés mathématiciens, je crois même naturalistes; et il n'est pas impossible qu'un aveugle-né soit métaphysicien. Le premier qui sera métaphysicien pourra nous éclairer sur ce point. Il fournira un *experimentum crucis* de la façon d'arriver à la conception et à la connaissance de l'étendue sans le secours de l'œil. Privée de l'aide de ce secours, une personne aveugle dès la naissance doit nécessairement percevoir les parties d'étendue — les parties d'une ligne, d'une surface ou d'un solide, en une succession dont elle a conscience. Elle les perçoit en passant la main sur elles, si elles sont petites, et en marchant sur elles, si elles sont grandes. Les parties d'étendue qu'il lui est possible de percevoir simultanément ne sont que de très-petites parties, presque le minimum d'étendue. Donc si la théorie psychologique de l'idée d'étendue est vraie, le métaphysicien aveugle n'éprouverait guère les mêmes difficultés que les métaphysiciens qui voient à admettre que l'idée d'espace est au fond une idée de temps, et que la notion d'étendue ou de distance est celle d'un mouvement de muscles continué pendant une durée plus ou moins longue. Si le métaphysicien aveugle-né trouvait, comme Hamilton, cette analyse de l'étendue paradoxale, ce serait un fort argument contre la théorie psychologique. Mais si, au contraire, il ne s'en effrayait pas, elle en serait considérablement fortifiée.

Nous n'avons pas d'expérience directe sur cette matière. Mais nous avons une expérience qui s'en rapproche beaucoup. Nous n'avons pas les perceptions et les sensations d'un méta-

physicien aveugle-né racontées et interprétées par lui-même, mais nous avons celles d'un aveugle-né vulgaire interprétées par un métaphysicien; et c'est Hamilton qui les a fait connaître aux lecteurs anglais. « Platner, non moins célèbre comme phi-
» losophe que comme médecin instruit, et littérateur élégant, »
a essayé de constater par l'observation la notion d'étendue que possédait un aveugle-né, et en a fait connaître le résultat en des termes que Hamilton a traduits dans son langage clair (1).
« Quant à ce qui regarde la représentation de l'espace ou de
» l'étendue sans le secours de la vision, l'observation attentive
» d'un aveugle-né, que j'avais d'abord instituée en 1785, et
» qu'ensuite j'ai continuée pendant trois semaines entières,
» cette observation, dis-je, m'a convaincu que le sens du tou-
» cher, par lui-même, est absolument incompétent pour nous
» donner la notion de l'étendue ou de l'espace, et qu'il ne
» prend même pas connaissance de l'extériorité locale ; en un
» mot, qu'un homme privé de la vue n'a absolument aucune
» perception d'un monde extérieur; qu'il ne perçoit que
» l'existence de quelque chose d'actif, différent de ses propres
» sentiments de passivité, et qu'en général, il ne perçoit que la
» différence numérique — dirais-je des impressions, ou des
» choses? En fait, pour les aveugles-nés, *le temps tient lieu*
» *d'espace*. Le voisinage et la distance ne signifient pour eux
» rien de plus qu'un temps plus court ou plus long, un nombre
» plus petit ou plus grand de sensations, qui leur sont néces-
» saires pour passer d'une sensation à une autre. Ce qui peut
» faire tomber dans une erreur grave, c'est d'entendre un
» aveugle-né employer le langage emprunté à la vision, et
» même au commencement de mes observations cela me fit
» tromper; mais en réalité il ne sait pas que les choses existent
» les unes en dehors des autres ; et (je l'ai remarqué d'une
» façon toute particulière) si des objets et des parties de son
» corps touchées par lui ne produisaient pas sur ses nerfs
» sensitifs différentes *espèces* d'impression, il prendrait toutes
» les choses extérieures pour une seule et même chose. Dans
» son propre corps, il ne distinguait pas du tout la tête et le
» pied par leur distance, mais simplement par la différence

(1) *Lectures*, II, 174.

» des sensations (il percevait ces différences avec une finesse
» incroyable) qu'il éprouvait de l'un et de l'autre ; et surtout
» au moyen du temps. De même dans les corps extérieurs, il
» ne distinguait la figure que par la variété des sensations ;
» parce que, par exemple, le cube avec ses angles l'affectait
» autrement que la sphère. »

L'exposition très-instructive que Platner nous fait de l'état mental de cette personne ressemble exactement à celle que nous venons de lire dans M. Bain, et que ce philosophe considère comme la conception primitive de l'étendue que nous nous faisons tous, avant que la vue et les associations qu'elle crée soient entrées en scène avec leur merveilleuse puissance d'abréger les opérations de l'esprit. Ainsi que nous l'avons vu, Platner en conclut que nous n'arrivons à l'idée d'étendue que par la vue; et Hamilton lui-même sent ébranlée sa croyance à l'opinion contraire. Mais Platner, sans le vouloir, interprète mal son observation quand il dit que son sujet n'avait pas de perception d'étendue. Il employait les mots qui expriment l'étendue avec tant d'à propos et de discernement, que Platner, de son propre aveu, ne soupçonna pas d'abord qu'il ne voulait pas désigner par ces mots tout ce que désignent les personnes qui peuvent voir. Il voulait donc dire quelque chose ; il avait les impressions que les mots exprimaient pour son esprit ; il avait des conceptions de l'étendue, à sa manière. Mais son idée des degrés d'étendue n'était que l'idée d'un plus grand ou d'un plus petit nombre de sensations éprouvées successivement pour aller d'une certaine sensation à une autre, c'est-à-dire ce qu'elle devait être d'après la théorie de Brown ou celle de M. Bain : et le sens du toucher et celui des muscles n'étant pas aidé par la vue, l'aveugle continuait à ne concevoir les sensations que comme successives ; sa représentation mentale des sensations restait une conception d'une série et non d'un groupe coexistant. Sans doute il devait avoir l'expérience de la simultanéité, car tout être qui a plusieurs sens ne peut en être dépourvu, mais il semble qu'il n'avait pu se faire une idée complète de la simultanéité des parties de l'espace. Comme ce qui manquait à l'aveugle, c'était ce qui fait le caractère principal de la conception telle qu'elle est en nous, il semblait à Platner, qu'il n'avait aucune notion d'étendue. Mais Platner, heureusement, était un homme capable d'observer et de raconter ses observations avec précision, et il a pu nous faire comprendre la conception que le sujet de ses observations avait réellement de l'étendue ; c'est la même que la nôtre, moins l'élément que le sens de la vue devrait y ajouter, si la théorie psychologique est vraie.

En effet, lorsque ce sens est éveillé, et que les sensations de couleur sont devenues *représentatives* des sensations musculaires et tactiles avec lesquelles elles coexistent, le fait que nous pouvons recevoir un grand nombre de sensations de couleur au même instant (ou durant ce qui paraît tel à notre conscience), nous met dans le même état que si nous avions pu recevoir ce nombre de sensations tactiles et musculaires au même instant. Les idées de toutes les sensations tactiles et musculaires successives qui accompagnent le passage de la main sur une surface colorée éclairent alors l'esprit d'une lumière soudaine, et des impressions qui étaient successives deviennent coexistantes dans la pensée.

Dès lors, nous faisons avec une facilité parfaite, et nous sommes forcés de faire, ce que le sujet de Platner n'avait jamais pu faire complétement, c'est-à-dire que nous concevons toutes les parties de l'étendue comme coexistantes, et nous croyons que nous les percevons comme telles. Et si l'on fait attention au rôle que les lois d'association inséparable déjà admises comme bases d'autres perceptions de la vue, jouent dans ce cas, il est certain que cette perception d'éléments successifs qui nous semblent simultanés devrait se produire, et qu'elle fournirait tout ce que contient notre idée d'étendue de plus que celle du sujet de Platner (1).

(1) M. Mahaffy croit (p. XX,XXI) que Platner a oublié de constater si son sujet pouvait reconnaître la simultanéité ; il croit qu'il ne le pouvait pas, ou que, s'il le pouvait il en était redevable à l'éducation qu'il avait puisée parmi les gens pour» vus du sens de la vue. « Reste la question : pouvons-nous postuler un sens de » cette simultanéité dès l'origine, avant toute notion d'espace, ou d'étendue ? Je » suis porté à penser comme Brown que, bien que nous puissions par la suite les » analyser, tous nos sentiments simultanés ne forment originellement qu'un seul » état mental ; ce qui naturellement exclut la simultanéité jusqu'à ce que l'ana» lyse, à l'aide de l'espace et de l'étendue, nous donne les éléments séparément. » Il en résulte que tant qu'un corps au moins n'est pas donné comme étendue, » nous ne pouvons acquérir la notion d'étendue. ». Brown peut très-bien avoir raison, mais il n'en résulte pas que l'analyse qui nous est nécessaire pour distinguer différentes sensations perdues dans une masse de sensations simultanées, ne puisse se faire qu'au moyen de l'espace et de l'étendue. Si les sensations simultanées diffèrent en espèce, comme par exemple un son et un goût, tout ce qui nous

Je citerai encore une partie de l'exposé que fait M. Bain du mécanisme par lequel notre aperception de l'étendue devient un accessoire de nos sensations de la vue. C'est un exemple frappant de l'influence prépondérante de ce sens. Bien que la vue n'ait pas une plus grande variété d'impressions originales que nos autres sens spéciaux, elle peut, grâce à deux propriétés qui lui permettent de recevoir un grand nombre d'impressions à la fois venant de toutes les distances, diriger le sens du toucher : non-seulement l'œil est l'organe par lequel nous lisons des possibilités innombrables de sensations tactiles et musculaires qui peuvent ne jamais devenir des réalités pour nous, mais il se substitue au toucher et aux muscles, là même où nous pouvons nous en servir. Ce privilége de l'œil fait que ces deux avenues qui mènent à la connaissance sont dans beaucoup de cas abandonnées, — que les sensations tactiles et musculaires n'attirent plus guère d'attention, et que leur souvenir ne se reproduit que vaguement. La vue communique ce qui fait sa prérogative, un caractère de simultanéité à des impressions et à des conceptions produites par d'autres sens, que peut-être elle n'aurait jamais données, mais qu'elle ne fait que suggérer par des signes visibles que l'expérience associe à ses conceptions.

« La couleur », dit M. Bain (1), « est l'objet de la sensibilité
» spécifique de l'œil. La couleur est l'effet spécifique de ce sens

est nécessaire pour les distinguer quand elles sont ensemble, c'est de les avoir éprouvées séparément à un autre moment. Nous connaîtrions, alors, le composé et aussi les éléments : et puisque ceux-ci ne sont pas fondus, à la façon des éléments en chimie, en un produit qui ne présente aucune ressemblance avec ses facteurs, mais qu'ils restent identiques à ce qu'ils sont quand ils sont séparés, si nous les connaissons séparément, nous pouvons les reconnaître dans le composé, c'est-à-dire percevoir les deux sensations comme simultanées.

Le docteur M'Cosh dit que l'expérience d'autres observateurs (p. 143) (et en particulier celle de M. Kinghan, directeur de l'Institut des aveugles de Belfast) et ses propres recherches expérimentales sur de jeunes enfants aveugles-nés, ne confirment pas l'opinion de Platner, mais qu'elles prouvent, au contraire, que ces aveugles-nés ont « une notion très-nette de la figure et de la distance, acquise » directement par le sens du toucher ». C'est précisément le résultat qu'on devait attendre, car je suis loin de croire avec Platner que les notions de figure et de distance proviennent originellement de la vue. Le sens de la vue n'est pas nécessaire pour donner la perception de la simultanéité ; mais il donne un nombre prodigieux de sensations d'un seul coup, et par là accélère beaucoup les opérations qui dépendent de l'observation de la simultanéité. Un aveugle-né peut acquérir peu à peu tout ce que renferme notre notion d'espace, excepté la peinture visible : mais il met plus de temps à la compléter, et même il semble que le sujet de Platner n'y soit pas parvenu.

(1) *The senses and the intellect*, p. 370-374. La citation appartient à la seconde édition (1864). Le passage correspondant commence p. 363 de la première édition.

» Mais la sensation de couleur n'implique par elle-même aucune
» connaissance d'un objet extérieur qui serait la cause de la
» couleur ou une chose à laquelle la couleur serait inhérente.
» Cette sensation est simplement une influence ou un effet men-
» tal, un sentiment ou un état de conscience que nous pour-
» rions distinguer d'autres états de conscience comme, par
» exemple, une odeur ou un son. Nous pourrions aussi mon-
» trer la différence qu'il y a entre cet état de conscience et
» d'autres de même espèce, plus ou moins vifs, plus ou moins
» persistants, plus ou moins étendus. Ce serait distinguer les
» différences qualitatives entre une couleur et une autre. Le
» plaisir ou la peine, avec distinction d'intensité ou de durée,
» s'attacherait à la sensation de couleur. De connaissance
» d'un corps extérieur ou matériel coloré et d'une croyance à
» son existence, il n'y en aurait pas.

» Mais, quand nous faisons intervenir la sensibilité active ou
» musculaire de l'œil, nous obtenons de nouveaux produits.
» Un coup d'œil sur un champ coloré donne la sensation d'une
» somme définie d'*action*, de l'exercice d'une force interne,
» c'est-à-dire de quelque chose qui diffère complétement de la
» sensation passive de lumière. Cette action a beaucoup de
» modes différents ; ils sont tous de même qualité, mais nous
» les reconnaissons et nous les sentons distinctement. Ainsi,
» les mouvements peuvent se faire dans toute direction, hori-
» zontale, verticale ou oblique ; et chacun d'eux fait une im-
» pression différente de l'autre. A ces mouvements, il faut
» ajouter ceux d'adaptation de l'œil déterminés par les diffé-
» rences d'éloignement des objets. Nous avons des sensations
» distinctives pour ces différentes adaptations, tout comme
» nous en avons pour les différents mouvements à travers le
» champ de la vision. Si les yeux sont adaptés d'abord pour
» une vision nette d'un objet à six pouces de l'œil, et qu'en-
» suite leur adaptation change pour se mettre en rapport avec
» un objet distant de six pieds, nous avons distinctement con-
» science du changement, et du degré ou de la quantité de ce
» changement. Nous connaissons que le changement est plus
» grand qu'il ne serait si l'adaptation s'étendait à trois pieds,
» tandis qu'il est moindre que pour une adaption à un objet
» distant de vingt pieds.

» Ainsi, dans les changements que l'œil subit pour la vue
» de près et la vue de loin, nous avons une aperception distinc-
» tive de la quantité ou degré, non moins que dans les mouve-
» ments à droite et à gauche, en haut et en bas. Des sensations
» ayant le caractère d'activité s'incorporent ainsi à la sensibilité
» pour la couleur ; l'impression lumineuse s'associe avec l'acte
» qui nous est propre, et cesse d'être un état purement passif.
» Nous trouvons que la lumière change à mesure que notre
» activité change. Nous y reconnaissons une certaine connexion
» avec nos mouvements ; il se produit une association entre la
» sensation passive et la force active de l'organe de la vision,
» ou plutôt du corps en général, car les changements de la
» vision dépendent des mouvements de la tête et du tronc
» aussi bien que du roulement de l'œil dans son orbite.....

» Quand nous faisons un mouvement en avant, et qu'en même
» temps nous apercevons un changement rapide dans l'aspect
» des objets placés devant nous, nous associons le changement
» à l'effort locomoteur, et, après bien des répétitions, nous
» les rattachons fermement l'un à l'autre. Nous connaissons
» alors ce qui est contenu dans une certaine sensation ocu-
» laire, une certaine adaptation des lentilles, et une certaine
» inclinaison des axes, toutes choses dont nous avons con-
» science ; nous savons que ces choses se rattachent à l'expé-
» rience ultérieure d'une force locomotrice définie qui doit être
» dépensée pour changer cet acte de conscience en un autre
» acte de conscience. Sans cette association on pourrait bien
» reconnaître qu'une sensation oculaire diffère des autres sen-
» sations oculaires, mais on ne pourrait avoir par l'œil des per-
» ceptions d'un autre ordre. L'expérience rattache ces diffé-
» rences d'adaptation oculaire aux différentes actions du corps
» en général, et celle-là peut alors impliquer ou révéler celle-
» ci. La sensation que nous avons quand les yeux sont parallèles
» et la vision distincte, est associée à un effort de marche grand
» et prolongé, ou, en d'autres termes, à une longue distance.
» Une inclinaison des yeux de deux degrés est associée aux deux
» pas qu'il faut pour nous porter à la limite la plus proche de
» la vision, ou à un effort de quelque autre espèce, mesuré,
» en dernière analyse, par la marche pas à pas, ou par le pas-
» sage de la main sur l'objet. Le changement d'une inclinaison

» de 30° à une de 10° est associé à une flexion du bras portant
» la main en avant à huit pouces et demi. »

Ces légers changements dans l'action des muscles moteurs de l'œil, s'effectuant habituellement dans un temps trop court pour être évalué, sont les moyens par lesquels notre impression visuelle, causée par la totalité de cette portion de l'univers qui est visible du point où nous sommes placés, peut se concentrer dans un intervalle de temps si petit que nous avons à peine conscience d'un intervalle; et ces changements musculaires sont, à mon avis, la cause génératrice de tout ce que notre notion d'étendue contient de plus que celle du sujet de Platner. Il lui fallait concevoir deux ou plusieurs corps (ou objets résistants) avec un long enchaînement de sensations de contractions musculaires remplissant leur intervalle, nous, au contraire, nous les concevons comme tombant sous notre vue plusieurs au même instant, et tous dans un laps de temps qu'on pourrait à peine distinguer d'un même instant, et ces images visuelles effacent de notre esprit toute conscience distincte de la série des sensations musculaires dont elles sont devenues représentatives. Les sensations visuelles simultanées sont pour nous des *symboles* de sensations tactiles et musculaires qui se succédaient lentement. « Cette relation symbolique, beaucoup plus
» brève, prend ordinairement dans la pensée la place de ce
» qu'elle symbolise : et de l'usage continué de ces symboles et
» de leur réunion en symboles plus complexes naissent nos
» idées d'étendue visible, — idées qui, comme celles des algé-
» bristes résolvant une équation, sont tout à fait différentes des
» idées symbolisées; mais qui, comme celles des algébristes,
» occupent l'esprit à l'exclusion entière des idées symboli-
» sées. » Cette dernière citation est de M. Herbert Spencer (1), dont les Principes de Psychologie, en dépit de quelques doctrines qu'il soutient en commun avec l'école intuitive, sont en définitive une des plus belles et des plus puissantes applications que nous ayons de la méthode psychologique. L'œuvre de M. Herbert Spencer et celle de M. Bain sont l'une pour l'autre une confirmation et un complément ; et je dois renvoyer à ces ouvrages le lecteur qui désire de plus grandes lumières sur la

---

(1) *Principles of Psychology*, p. 221.

question générale. Le reste du chapitre sera consacré à l'examen de quelques détails que je relève dans la manière dont Hamilton traite ce sujet.

Pour prouver que la vision sans l'aide du toucher donne une connaissance immédiate de l'étendue, Hamilton insiste sur un argument pressenti déjà dans un passage qu'il emprunte à d'Alembert (1), et qu'il expose de la manière suivante (2): « On
» peut aisément montrer que la perception de couleur implique
» la perception d'étendue. On admet que nous avons par la vue
» une perception des couleurs, et par conséquent une perception
» de différentes couleurs. Mais la perception de la distinction
» des couleurs renferme nécessairement la perception d'une
» ligne de démarcation; car si une couleur est placée à côté
» d'une autre ou sur une autre, nous ne distinguons leur dif-
» férence qu'en percevant qu'elles se limitent mutuellement,
» et cette limitation nous présente nécessairement une ligne
» sans largeur, une ligne de démarcation. Une couleur placée
» sur une autre donne une ligne fermée, c'est-à-dire une figure,
» mais une ligne et une figure sont des modifications de l'éten-
» due. Par conséquent la perception de l'étendue est néces-
» sairement donnée par la perception des couleurs ».

Et plus bas : (3) « Tout le monde s'accorde à reconnaître
» que nous voyons des couleurs. Ceux qui soutiennent que nous
» voyons l'étendue admettent que nous ne la voyons que comme
» colorée; et ceux qui nous refusent une vision de l'étendue,
» font de la couleur l'objet exclusif de la vue. Donc, sur cette
» première proposition tout le monde est d'accord. L'accord
» n'est pas moindre sur la seconde;—savoir : que le pouvoir de
» percevoir les couleurs suppose celui de percevoir les diffé-
» rences de couleurs. Par la vue, donc, nous percevons les
» couleurs et nous distinguons une certaine couleur, c'est-à-dire
» un certain corps coloré, — une sensation de couleur d'avec
» une autre. Ceci est admis. Il y a une troisième proposition
» qu'on ne niera pas davantage, c'est que les couleurs distin-
» guées dans la vision sont ou peuvent être placées côte à côte
» en juxtaposition immédiate, ou bien qu'une couleur peut

---

(1) *Lectures*, II, 172.
(2) *Ibid.*, 165.
(3) *Ibid.*, II, 167.

» en limiter une autre quand elle la recouvre en partie. On ne
» disputera pas davantage sur une quatrième proposition : que
» les couleurs mises ainsi en opposition forment en se ren-
» contrant une ligne visible, et que si la couleur qui recou-
» vre l'autre en est entourée, cette ligne reviendra sur elle-
» même, et constituera ainsi le dessin d'une figure visible. Ces
» quatre propositions emportent l'assentiment ; elles sont toutes
» évidentes par elles-mêmes. Mais leur admission détruit tout
» d'un coup le paradoxe en discussion » (que l'étendue ne peut
pas être aperçue par la vue seule). « Or une ligne est l'étendue
» dans une dimension, la longueur : une figure est l'étendue
» de deux dimensions, la longueur et la largeur. Donc, la vi-
» sion d'une ligne est une vision de l'étendue en longueur ; la
» vision d'une figure est une vision de l'étendue en longueur et
» largeur ».

Il faut le reconnaître, je ne puis faire à cet argument une réponse aussi décisive et aussi péremptoire que je le désirerais, car nous n'avons pas le pouvoir de faire l'expérience inverse qui compléterait celle de Platner. Il n'y a pas d'exemple d'une personne née avec le sens de la vue, mais sans ceux du toucher et des muscles ; et il ne faudrait rien moins que cela pour nous permettre de définir avec précision l'étendue et les limites des conceptions que la vue est capable de donner, indépendamment des associations que ses impressions forment avec celles d'un autre sens. Il y a cependant des considérations fort propres à diminuer la confiance excessive que Hamilton accorde à son argument. D'abord, il faut observer que quand l'œil, à présent, prend connaissance d'une figure visible, il ne la prend pas par la couleur seule, mais par toutes les modifications et tous les mouvements des muscles en connexion avec l'œil, qui contribuent pour une si grande part à nous donner nos perceptions acquises de la vue. Pour déterminer ce qui ne peut être connu que par la vue seule, nous devons supposer un œil incapable de ces changements, qui ne puisse subir ni modification des courbures de ses lentilles, ni changement dans la direction de son axe par l'action des muscles, incapable par conséquent de voyager sur les limites qui séparent deux couleurs, mais qui reste fixe dans un regard immobile dirigé sur un point défini. Si nous permettons à l'œil de suivre la direction d'une ligne ou la périphérie d'une figure, nous n'avons plus simplement une sensation de la vue, mais nous avons aussi des sensations musculaires importantes qui viennent s'y ajouter. Il est incontestable que l'œil dont l'axe est immuablement fixé dans une direction, donne une vision complète et claire d'une très-petite portion de l'espace, celle qui se trouve sur la direction de l'axe, et seulement une vision effacée et indistincte des points circonvoisins. Si nous sommes capables de voir une partie considérable d'une surface de manière à nous en faire une idée distincte, c'est parce que nous promenons l'œil sur elle et autour d'elle, en changeant légèrement la direction de l'axe plusieurs fois en une seconde.

Quand l'œil regarde droit vers un point, les impressions légères que nous avons des autres points servent juste d'indications pour diriger l'axe de l'œil sur chacun d'eux tour à tour. Les physiologistes ont expliqué cette différence par le fait que le centre de la rétine est pourvu d'un nombre prodigieusement plus grand de papilles nerveuses, bien plus fines et bien plus délicates et plus étroitement serrées qu'en tout autre endroit. Quelle qu'en soit l'explication, le fait lui-même est indubitable, et semble confirmer la conclusion que si l'axe de l'œil était immobile, si nous étions dépourvus des sensations musculaires qui accompagnent et guident son mouvement, l'impression que nous aurions d'une limite entre deux couleurs serait vague, indistincte, et pour ainsi dire rudimentaire.

Il faut admettre une conception rudimentaire, car il est évident que même sans mouvoir l'œil, nous sommes capables d'avoir deux sensations de couleur à la fois, et que la limite qui sépare les couleurs doit en quelque façon affecter spécifiquement la vue, autrement nous n'aurions pas d'impressions distinctives capables de devenir plus tard, par association, représentatives des cognitions de lignes et de figure que nous devons aux sens tactile et musculaire. Mais conférer à ces impressions distinctives le nom qui exprime notre cognition mûrie et parfaite de l'étendue, ou même supposer qu'il y a dans leur nature quelque chose de commun avec celle de l'étendue, cela me paraît aller trop loin. Hamilton paraît croire que l'étendue, en tant que révélée par l'œil, est identique avec l'étendue que nous connaissons par le toucher, sauf sur un point : elle n'a que deux dimensions. — « Ce n'est pas », dit-il, « toute espèce d'étendue et de forme dont j'attribue la perception » à la vue, ce n'est pas l'étendue figurée dans ses trois dimensions, » mais seulement l'étendue en tant qu'enclose dans des figures » planes, c'est-à-dire seulement en longueur et largeur » (1). Mais avoir la notion de l'étendue même en largeur et en longueur comme nous l'avons, c'est l'avoir de telle façon que nous pourrions connaître certains faits musculaires sans les avoir éprouvés : que, par exemple, quand nous plaçons le doigt sur le bout d'une ligne ou sur la limite d'une surface, nous aurions à passer par un mouvement musculaire avant de pouvoir le placer sur l'autre bout. Y a-t-il la plus faible raison de supposer que, sur le témoignage de la vue seule, nous pourrions arriver à cette conclusion avant de recourir au sens du toucher? Je ne puis admettre que nous puissions avoir ce qu'on appelle une perception de l'espace en surface, à moins de le concevoir comme quelque chose que la main pourrait parcourir; et quelle que puisse être l'impression rétinienne faite par la ligne qui borne deux couleurs, je ne vois pas de raison de croire que par l'œil seul nous puissions acquérir la conception de la chose que nous voulons exprimer maintenant, quand nous disons qu'une des couleurs est en dehors de l'autre (2).

(1) *Lectures*, II, 160.
(2) Toutefois ces idées devraient se modifier en présence d'un fait que j'emprunte à M. M'Cosh (p. 163-165), s'il est exactement rapporté. « La plus belle observation » d'une personne aveugle-née qui ait acquis la vue au moyen d'une opération chirurgicale « est celle du docteur Franz, de Leipzig (*Phil. Trans. of Roy.* » *Soc.*, 1841). Le jeune homme était né aveugle, et avait dix-sept ans quand on » fit la tentative qui lui donna l'usage de l'un de ses yeux. Quand l'œil put sup- » porter la lumière, on plaça en face de lui, à la distance d'environ trois pieds, une » feuille de papier sur laquelle on avait tracé deux fortes lignes noires, l'une hori- » zontale et l'autre verticale. On lui permit d'ouvrir les yeux, et après qu'il eût » considéré attentivement les lignes, il leur donna leur véritable nom. Il reconnut » après un examen attentif et décrivit exactement le dessin en noir d'un carré de » six pouces de diamètre, dans lequel on avait tracé un cercle, et dans ce cercle » un triangle. On plaça devant lui, à la distance de trois pieds et à la hauteur de » l'œil, un cube solide et une sphère de quatre pouces de diamètre chacun ; il » examina attentivement ces corps, il dit qu'il voyait une figure quadrangulaire » et une circulaire, et après un peu de réflexion, il appela l'une un carré et » l'autre un disque. On lui ferma l'œil, puis on enleva le cube auquel on sub- » stitua un disque d'une même dimension qu'on plaça à côté de la sphère. Quand » il rouvrit l'œil, il ne vit pas de différence dans ces objets, mais il crut voir deux » disques. On lui présenta le cube dans une position un peu oblique, et à côté de

THÉORIE PSYCHOLOGIQUE DES QUALITÉS PRIMAIRES.   281

Sur ce point je peux encore citer M. Bain (1) : « Je ne vois
» pas comment on peut sentir qu'une sensation est hors d'une

» lui une figure découpée dans du carton représentant une perspective dessinée de
» ce cube dans cette position. Il prit ces deux objets pour des carrés plats » (des
quadrilatères ?) « Une pyramide fut mise en face de lui, présentant à son œil
» un de ses côtés ; il la vit comme un triangle plat » (plan ?). « On la tourna un
» peu de manière qu'elle lui offrit deux de ses côtés, mais plus de l'un que de l'au-
» tre ; après l'avoir examinée et considérée longtemps, il dit que c'était une figure
» très-extraordinaire, qui n'était ni un triangle, ni un quadrilatère, ni un cercle ;
» il n'en avait pas d'idée et ne put la décrire ; « il faut, dit-il, que j'y renonce. » Pour
» en finir, on lui demanda de décrire les sensations que l'objet avait produites :
» il répondit, que dès qu'il avait ouvert l'œil, il avait découvert une différence
» entre les deux objets, le cube et la sphère placés devant lui, et qu'il s'était
» aperçu que ce n'étaient pas des dessins ; mais qu'il n'avait pu former avec ces ima-
» ges l'idée d'un carré et d'un disque, jusqu'à ce que ce qu'il voyait eût suggéré
» une sensation au bout de ses doigts, comme s'il avait réellement touché l'objet »
(ce fait est très-important à la fois pour la psychologie et pour la physiologie).
« Quand je lui mis dans les mains les trois corps, la sphère, le cube et la pyra-
» mide, il fut fort surpris de n'avoir pas reconnu par la vue que ces objets étaient
» des figures mathématiques avec lesquelles le toucher l'avait familiarisé. »

Ce fait, tel qu'il est rapporté, me semble une preuve expérimentale, que non-
seulement quelque chose qui peut s'appeler étendue, mais une étendue qui s'identifie
promptement avec celle qui était connue par le toucher, peut être perçu par la
vue, dès le premier moment qu'on se sert des yeux, avant d'apprendre par la pratique à diriger les yeux au moyen des mouvements musculaires. Il y a pourtant dans
le récit une circonstance suspecte. Le jeune homme dit qu'il s'est de suite aperçu
que le cube et la sphère n'étaient pas des dessins ; comment pouvait-il savoir ce
que c'est qu'un dessin, puisqu'il n'avait jamais eu de sensation de la vue ? Le
malade de Cheselden fut pendant longtemps trompé par des peintures, et demandait lequel du toucher ou de la vue mentait. On aurait dû nous dire aussi, si
avant l'opération la cécité avait été absolue ; ce qu'elle n'était pas, dans la plupart
des cas cités par M. Samuel Bailey, et ce qu'elle est rarement dans les cas de
cataracte congéniale, d'après Cheselden. Si l'on n'a omis aucune circonstance
essentielle dans le cas du docteur Franz, la doctrine développée dans mon texte
aurait besoin d'une certaine correction. La conception de la figure par l'œil doit
être plus que rudimentaire ; elle doit être considérablement développée, et elle
doit être telle, qu'après un examen attentif, on reconnaisse qu'elle s'accorde avec
les cercles et les carrés qu'on connaissait déjà par le toucher. Sur ce dernier
point, le cas du docteur Franzne s'accorde pas avec les autres cas connus. Dans un
cas récent, par exemple, rappelé par M. Nunnely (j'emprunte la citation au professeur Fraser dans le *North British Review*), un jeune homme, après l'opération,
perçut tout à coup une différence dans la forme des objets, « il put voir que le
» cube et la sphère n'étaient pas la même figure visible », mais il ne pouvait pas
» dire ce qu'ils étaient ; ce ne fut qu'après qu'il eut tenu souvent dans ses mains
» ces objets, qu'il apprit à distinguer par la vue celui qu'il tenait de celui qui était
» à côté. Peu à peu il apprit à juger plus exactement, mais ce ne fut qu'après plu-
» sieurs jours qu'il put dire, avec le secours de l'œil seul, quel objet était la sphère,
» et quel le cube ; quand on l'interrogeait, il demandait toujours à les toucher
» avant de répondre. Même, quand on le lui accordait, au moment où l'on met-
» tait les objets devant ses yeux, il n'était pas certain de leur figure. »

Si le cas du docteur Franz est bien rapporté, son sujet avait probablement une
promptitude naturelle d'observation bien au-dessus de l'ordinaire, et il reconnaissait
les figures, non pas par leur ressemblance propre, mais par analogie, c'est-à-dire
ressemblance de relations. Quoiqu'il regardât pour la première fois un carré et un
cercle, il avait sans doute été informé par ceux qui l'entouraient que les objets

(1) *The Senses and the Intellect.*; 2ᵉ édit., 875, 1ʳᵉ édit., 368.

» autre, sans supposer déjà que nous avons une sensation de
» l'espace. Si je vois deux objets distincts devant moi, comme
» deux flammes de bougies, je les perçois comme objets dif-
» férents et comme séparés l'un de l'autre par un intervalle
» d'espace; mais cette perception présuppose qu'on a déjà
» l'expérience et la connaissance de l'étendue linéaire. Rien ne
» prouve qu'à la première vue de ces objets et avant toute
» association entre des apparences visibles et d'autres mouve-
» ments, je serais capable de percevoir dans cette double
» apparence une différence de lieu. Je sens une distinction d'im-
» pression, on ne peut en douter, en partie optique, en partie
» musculaire; mais pour que cette distinction puisse signifier
» pour moi une différence de position dans l'espace, il faut
» qu'elle révèle un fait additionnel, à savoir, qu'un certain
» mouvement de mon bras porterait ma main d'une flamme à

offerts à sa vue pouvaient être touchés, — qu'il les connaissait déjà par le toucher. Il est probable que pendant l'*examen attentif* auquel il se livra avant de les reconnaître, il se demandait à quels objets de son expérience des choses tangibles, ces choses visibles présentaient la plus grande affinité. Or, il était « très-familia- risé par le toucher avec les figures mathématiques », il possédait donc une idée complète d'une figure close et des limites qui la bornent, — du contour qui sépare l'objet de ce qui n'est pas l'objet. Entre la périphérie visible et la masse de couleur qu'elle renferme, il y a une relation qui ressemble à celle d'une figure tangible avec ses limites. Cette simple analogie a pu suffire à diriger son choix quand il a eu à identifier jusqu'à un certain point un objet visible avec un objet tangible. La grande difficulté était de découvrir qu'un objet visible était le même qu'un objet tangible : cette difficulté une fois écartée par l'avis qu'on lui en donnait, la plus légère circonstance pouvait l'amener à rapprocher une classe d'objets de l'autre. Familiarisé par le toucher et les muscles avec (disons-le) le pourtour d'un triangle, il savait bien qu'il présente des plis aigus et brusques, et que la périphérie en contient trois. Dans le pourtour visible, il y avait le même nombre de points particuliers qui pouvaient ne pas lui avoir rappelé spontanément les plis qu'il connaissait par le toucher, mais s'il y avait un choix à faire, ils lui présentaient plus d'analogie avec eux que le pourtour d'un cercle. Par conséquent, quand on lui demanda de donner à cet objet le nom de quelque chose de tangible, il fut naturellement conduit à l'appeler triangle. Il n'est pas du tout évident que si on l'eût laissé entièrement à lui-même, il eût trouvé, autrement que par une expérience progressive, que le phénomène analogue à l'étendue qu'il percevait par la vue, était l'étendue qu'il connaissait déjà par le toucher. Je puis ajouter que, puisque nous avons par la vue des sensations distinctives répondant aux diverses figures, il est très-naturel que ces sensations, sans ressembler aux sensations tactiles qu'elles représentent, aient entre elles des relations ana- logues à celles que ces sensations tactiles ont entre elles. En résumé, pour moi, le cas du docteur Franz ne prouve pas que nous percevions l'étendue par la vue, mais seulement que nous avons des sensations distinctives de la vue correspondant à toutes les diversités de l'étendue superficielle : mais, si le fait est exactement raconté, il élargit considérablement la portée de ces sensations distinctives, et nous prouve presque que par la vue nous pourrions nous élever à la hauteur de la Géométrie des visibles de Reid.

» l'autre; ou que quelque autre mouvement de ma part chan-
» gerait d'une quantité définie l'apparence que je vois à pré-
» sent. Si je n'ai aucune information sur la possibilité des mou-
» vements du corps en général, je n'ai aucune idée d'espace,
» car nous ne croyons jamais avoir une notion d'espace, sans
» reconnaître distinctement cette possibilité. Mais je ne puis
» comprendre comment une sensation de la vue peut révéler
» à l'avance ce que serait l'expérience de la main ou des
» autres membres en mouvement (1).

Hamilton ne limite pas la perception de l'étendue à la vue et au toucher, soit séparés, soit combinés l'un avec l'autre.

« Je ne partage pas, dit-il, les opinions si généralement ad-
» mises, que nous percevons l'étendue, etc., exclusivement
» par le toucher et les sensations musculaires, ou par le
» toucher et la vue, ou par le toucher, les sensations mus-
» culaires et la vue.... Au contraire, je soutiens que toutes
» les sensations, quelles qu'elles soient, que nous concevons
» l'une en dehors de l'autre, *eo ipso* nous présentent la condi-
» tion qui nous fait appréhender nécessairement et immédia-
» tement l'étendue; car dans la conscience même de cette exté-
» riorité réciproque est impliquée une perception de différence
» de lieu dans l'espace, et par conséquent une perception d'éten-

(1) A ce passage M. Bain a ajouté, dans sa seconde édition (p. 377), la note intéressante qui suit :
« Pour suivre un mouvement d'une grande étendue ou pour promener les
» regards sur une vue immense, il faut mouvoir les yeux ou la tête; sans
» doute, tout le monde accordera que, dans ce cas, les sensations de mouvement
» forment une partie de notre sensation et de l'idée qui la suit. La notion d'une
» montagne contient évidemment des sensations de mouvement visuel. Mais quand
» nous regardons un cercle, par exemple, d'un dixième de pouce de diamètre, l'œil
» peut l'embrasser en entier sans faire de mouvement, et nous pourrions supposer
» que la sensation est, dans ce cas, purement optique, puisqu'il n'y a aucune
» nécessité apparente d'introduire la conscience de mouvements musculaires.
» Une impression optique caractéristique est produite; nous pourrions distinguer
» entre le petit cercle et un carré, ou un ovale, ou entre ce petit cercle, et un
» cercle un peu plus grand ou un peu plus petit, par la seule différence
» optique de l'effet sur la rétine. Pourquoi donc ne pourrions-nous pas dire que,
» par le tracé lumineux seul, nous avons la sensation d'une forme visible ? »
« Quand on se porte à ces extrémités, on n'a pas de peine à rendre toute preuve
» expérimentale directe impossible. Cependant, nous pouvons encore conserver
» de très-fortes raisons pour soutenir la présence d'un élément musculaire, même
» dans ce cas. En premier lieu, nous acquérons manifestement nos notions de
» forme en opérant sur une grande échelle, ou par la vue d'objets assez grands
» pour exiger la rotation de l'œil qui doit les embrasser. Nous posons les fonde-
» ments de notre connaissance du contour visible dans des circonstances où l'œil
» doit être actif, et doit mêler sa propre activité aux sensations rétiniennes. L'idée

due. » On peut admettre en toute sûreté que toutes les fois que nous concevons deux sensations l'*une en dehors de l'autre*, quant au lieu, nous avons une perception d'espace; car les deux expressions sont équivalentes. Mais avoir conscience d'une différence entre deux sensations simultanées, ce n'est pas les concevoir l'*une en dehors de l'autre* quant au lieu, et la question à résoudre est celle de savoir si un de nos sens, abstraction faite des sensations du mouvement musculaire, nous donne la notion de l'*un en dehors de l'autre* au sens qu'il faut pour porter l'idée d'étendue.

Hamilton pense que toutes les fois que deux filets nerveux différents sont simultanément affectés à leurs extrémités, les sensations reçues par leur intermédiaire sont senties l'une en dehors de l'autre. Il est très-probable que l'affection de deux filets nerveux distincts est la condition de la sensibilité distinctive qui nous fournit les sensations susceptibles de devenir représentatives d'objets situés l'un hors de l'autre. Mais ce n'est pas la même chose que de nous donner la perception directement. Sans doute, nous reconnaissons la différence de lieu dans les objets qui affectent nos sens, toutes les fois que nous arrivons à savoir que ces objets affectent différentes parties de notre organisme. Mais quand nous savons cela, nous avons déjà la notion de lieu. Il faut que nous connaissions que les différentes parties de notre corps sont l'une en dehors de l'autre, avant

» d'un cercle s'acquiert d'abord par le mouvement de l'œil autour de quelque
» objet circulaire d'un volume considérable. Cela fait, nous transportons le fait
» du mouvement à des cercles plus petits, quoiqu'ils ne demandent pas pour
» eux-mêmes une rotation oculaire étendue. De sorte que lorsque nous regar-
» dons un petit corps rond, nous avons déjà dans l'esprit la connaissance de la
» double nature de la forme visible, et nous ne sommes pas en état de dire
» l'idée que nous nous en ferions, si nous faisions sur ce petit corps notre pre-
» mière expérience d'un cercle.

» Mais en second lieu, la *signification* essentielle de la forme visible ne peut
» s'acquérir sans l'expérience du mouvement de l'œil. Si nous regardions une
» petite place ronde, nous connaîtrions une différence optique entre elle et une
» place triangulaire, mais ce n'est là qu'une connaissance rétinienne, ou une dis-
» tinction optique. Ce n'est pas reconnaître la forme, parce que par forme nous
» entendons jamais si peu de chose qu'un simple changement de couleur. Nous
» n'entendons par une forme ronde quelque chose qui exigerait une rotation don-
» née de l'œil pour l'embrasser ; et à moins d'identifier le petit rond avec les
» cercles que nous avons déjà vus, nous ne pouvons le percevoir en qualité de
» cercle. Pour notre esprit, ce petit rond n'est qu'une sensation optique, mais
» nous ne pouvons jamais traverser l'abîme qui sépare une simple sensation opti-
» que d'un effet combiné de lumière et de mouvement, autrement qu'en la rame-
» nant à une expérience de mouvement. »

de pouvoir faire usage de cette connaissance comme d'un moyen de reconnaître un fait semblable dans les autres objets matériels. Hamilton l'admet ; et, par conséquent, il est obligé de prouver que la première fois que nous recevons une impression du toucher ou toute autre sensation affectant plus d'un filet nerveux, nous avons conscience d'être impressionnés en plusieurs endroits. Il ne l'essaye même pas, et la preuve directe est manifestement impraticable. A titre de preuve indirecte, nous pouvons opposer à cette théorie celle de M. Bain ; nous pouvons soutenir que sans association, nous n'aurions pas d'impressions de cette espèce, et que nous aurions, seulement d'une manière générale, conscience d'une plus grande masse, ou d'un plus grand *volume*, de sensation quand nous serions impressionnés en deux endroits que lorsque nous le serions dans un seul. C'est ainsi que la sensation de chaleur que nous sentons quand notre corps est plongé dans un bain chaud, nous semble plus grande que celle que nous sentons, quand de la chaleur de même intensité ou d'intensité plus grande est appliquée seulement à nos mains ou à nos pieds. La théorie de M. Bain s'accorde avec les faits admis autant que celle de Hamilton, elle a donc un titre excellent, d'après la loi de parcimonie, à lui être préférée. Mais, en outre, il y a des faits qui s'accordent avec la théorie de M. Bain, et qui sont tout à fait inconciliables avec celle de notre auteur ; pour les trouver, nous n'avons même pas besoin de quitter Hamilton.

Un de ces faits est le même que nous avons eu sous les yeux, celui de Platner. Les détails en sont tout à fait incompatibles avec l'opinion que nous avons une perception directe de l'étendue, quand un objet nous touche en plus d'un endroit renfermant les extrémités de plus d'un filet nerveux. Platner dit expressément que son sujet, quand un objet touchait une partie considérable de la surface de son corps, mais sans exciter plus d'une *espèce* de sensation, n'avait conscience d'aucune différence locale, d'aucune extériorité d'une partie de la sensation par rapport à l'autre partie — mais seulement (nous pouvons le présumer) d'une plus grande *quantité* de sensation : M. Bain dirait d'un plus grand volume. Voici ce que dit Platner : « Si les objets et les parties de son corps qu'il tou-
» chait ne faisaient pas des impressions différentes sur ses nerfs

» sensitifs, il prenait toutes les choses extérieures pour une
» seule et même chose. Dans son propre corps, il ne distinguait
» absolument pas la tête et le pied par leur distance, mais sim-
» plement par les différences de sensation. » Une telle expérience rapportée par un observateur aussi compétent suffit
presque à elle seule pour renverser la théorie de Hamilton.

C'est ainsi que le malade de l'observation célèbre de Cheselden, après l'opération de son second œil, disait qu'il voyait les objets deux fois plus grands avec les deux yeux qu'avec un seul; c'est-à-dire qu'il avait une quantité double ou un volume double de sensation, qui suggérait à son esprit l'idée d'un volume double de l'objet (1).

Un autre cas dont je dois aussi la connaissance à Hamilton, qui l'avait trouvé dans un extrait donné par Maine de Biran de la relation originale de M. Rey Régis, dans son *Histoire Naturelle de l'Ame*, est aussi incompatible avec la théorie de Hamilton que celui de Platner. C'est le cas d'un sujet qui perdit la faculté du mouvement dans une moitié du corps, apparemment à la suite d'une paralysie temporaire des nerfs moteurs, tandis que les fonctions des nerfs sensitifs semblaient intactes. On trouva que le sujet avait perdu le pouvoir de localiser ses sensations. « Des expériences (2) variées et ré-
» pétées ont été faites pour constater avec précision si la perte
» de la faculté motrice avait occasionné une altération dans la
» capacité de sentir, et l'on trouva que le patient, bien qu'il fût

---

(1) On peut voir ici que Hamilton (la même erreur a été commise par M. Bailey) considère le cas de Cheselden comme une preuve que « la perception d'extériorité », en tant que distincte de celle de distance de l'objet à l'œil, est donnée par la vue aussi bien que par le toucher, parce que le patient disait que ces objets semblaient d'abord « toucher ses yeux, comme ce qu'il sentait touchait sa peau » (*Note de Reid*, p. 117). Il semble croire que, si l'autre théorie est vraie, l'opéré aurait été assez métaphysicien pour reconnaître dans la perception « une simple affection de l'organe », ou au moins qu'il aurait perçu les objets « comme dans ses yeux ». Mais il n'avait pas l'habitude de concevoir les objets tangibles comme dans ses doigts, il les concevait en contact avec ses doigts, et il ne faisait que transporter l'expérience du toucher au sens nouvellement acquis. Toutes ses notions de perception étaient associées avec le contact direct, et comme il ne percevait pas que les objets de la vue fussent distants de l'organe par lequel il les percevait, il concluait qu'ils devaient être en contact avec lui.

Sur ce point, le cas de M. Nunnely s'accorde avec celui de Cheselden. Le jeune patient disait que les objets touchaient ses yeux, et il marchait avec précaution, tenant les mains élevées devant ses yeux, pour empêcher les objets de les toucher et de les blesser.

(2) *Dissertations on Reid*, 874, 875.

» aussi sensible que jamais à la douleur, éprouvait, quand on lui
» en causait en exerçant sur lui une compression avec la main
» passée sous les draps, une sensation de souffrance et de ma-
» laise, qui, lorsque la pression devenait forte, lui faisait pous-
» ser des cris; mais ce malaise n'était qu'une sensation générale
» dont il ne pouvait pas indiquer le lieu ni la cause... Le sujet
» recouvra graduellement l'usage de ses membres, et graduel-
» lement aussi le pouvoir de localiser ses sensations. » Il serait
aventureux de tirer une conclusion scientifique d'une seule
expérience; mais qu'elle se renouvelle et se confirme, et elle
sera un *experimentum crucis*. Autant qu'une seule expérience
peut prouver, celle-ci prouve que la sensation sans mouvement
ne donne pas la sensation de différence de lieu dans nos organes
(pour ne rien dire des objets extérieurs), et que cette perception
n'a pas cessé d'être pour nous une inférence basée sur des
sensations musculaires (1).

En tirant de leur obscurité et en faisant connaître deux
expériences qui ruinent à ce point ses propres idées, Hamilton
nous donne une opinion très-favorable de sa sincérité et de son
amour pour la vérité. Sans doute, il ne croyait pas que le cas
cité par Maine de Biran et celui de Platner fussent incompatibles avec sa théorie, mais il ne pouvait manquer de s'apercevoir
qu'on pouvait les retourner contre lui.

Le seul autre point des idées de Hamilton sur les qualités
Primaires qu'il est important de noter, lui est, je crois, particulier, et n'est certainement admis par aucun des philosophes éminents qui l'ont précédé dans la même école. C'est la

---

(1) « Ce cas », dit le docteur M'Cosh (p. 154), « est sans valeur, car évidemment les fonctions de l'appareil nerveux étaient dérangées ». Je suis loin de prétendre que ce cas soit concluant, mais je ne puis pas davantage admettre qu'il ne compte pour rien. Les fonctions des nerfs moteurs étaient dérangées, mais nul dérangement n'avait été observé dans les nerfs sensitifs; à moins d'en voir un dans l'incapacité de localiser les sensations, ce qui est une pétition de principe. Sans doute nous ne pouvons pas prouver que ces nerfs n'étaient pas aussi dans un état morbide : mais les cas pathologiques qui jouent en physiologie le rôle des expériences dans les sciences inorganiques, perdraient toute leur valeur scientifique, si l'on supposait sans preuves que la maladie s'étend à d'autres fonctions que celles qui semblent affectées. Lors même qu'on aurait prouvé un dérangement physique, l'expérience aurait encore établi un point qui n'est pas sans importance. C'est qu'une affection morbide peut ravir la faculté de localiser les sensations sans les supprimer. Par conséquent, la localisation ne dépend pas des mêmes conditions que les sensations, encore moins y est-elle impliquée d'une manière inséparable.

doctrine d'après laquelle les qualités primaires ne sont pas perçues, — ne sont pas directement et immédiatement connues — dans les choses extérieures à nos corps, mais seulement dans nos corps mêmes. « Une perception (1) des qua-
» lités primaires, dans l'origine et en soi, ne nous révèle pas
» l'existence, et l'existence qualitative, en dehors de notre or-
» ganisme, de quelque chose que nous concevons comme étendu,
» figuré, divisé, etc... Nous ne percevons pas, c'est-à-dire nous
» ne connaissons pas immédiatement, les qualités primaires des
» choses extérieures à notre organisme. En effet, nous appre-
» nons seulement à les *inférer* des affections que nous trouvons
» que ces choses déterminent sur nos organes. Ces affections
» nous offrent une perception d'étendue organique, et nous
» découvrons à la longue par l'observation et l'induction qu'el-
» les impliquent une étendue correspondante dans les agents
» extra-organiques. » D'après Hamilton, nous ne percevons pas non plus, ou nous ne connaissons pas immédiatement « l'étendue dans sa vraie et absolue grandeur » ; parce que nos perceptions nous donnent des impressions différentes de grandeur pour le même objet quand il est placé en contact avec différentes parties de notre corps. « Comme l'étendue perçue
» n'est autre chose que la connaissance qu'une affection orga-
» nique est extérieure à une autre, comme un minimum
» d'étendue est ainsi, pour la perception, la plus petite étendue
» d'organisme où les sensations peuvent être distinguées en tant
» que multiples, et comme dans une partie de l'organisme cette
» plus petite étendue est peut-être des millions et certai-
» nement des myriades de fois plus petite que dans d'autres, il
» s'ensuit que pour la perception la même étendue réelle appa-
» raîtra, en cet endroit du corps, des millions ou des myriades
» de fois plus grande que dans celle-là : et cette différence ne se
» présente pas seulement entre un sens et un autre ; car, pour
» le sens même qui a généralement passé pour donner exclusi-
» vement une connaissance de l'Étendue absolue — le toucher
» proprement dit — le minimum, en une partie du corps, est
» quelquefois cinquante fois plus petit que dans une autre. »

Ainsi, suivant Hamilton, toute notre connaissance de l'éten-

---

(1) *Dissertations on Reid*, p. 881, 882.

due et de la figure en quelque autre chose que notre corps, ne sont pas des perceptions ou des états de conscience directe, mais des « inférences », et même des inférences tirées de notre expérience par « observation et induction ». Or, nous savons quel mépris il témoigne pour Brown et les autres *Idéalistes-cosmothétiques*, parce qu'ils soutiennent que l'existence de l'étendue ou des objets étendus, en tant qu'on entend par là autre chose que des affections de l'esprit, n'est pas une perception directe, mais une inférence. Nous savons quels reproches il fait à cette opinion d'être subversive de nos croyances naturelles; nous savons combien de fois il répète que le témoignage de la conscience doit être accepté en entier, ou rejeté en entier ; nous savons avec quelle vigueur et en combien d'endroits il soutient « que nous n'avons pas seule-
» ment une notion, une conception, une imagination, une
» représentation subjective de l'étendue, par exemple, évoquée
» ou suggérée d'une manière incompréhensible à l'esprit, à
» l'occasion d'un objet étendu présenté aux sens; mais que
» dans la perception d'un tel objet nous avons, *comme nous*
» *croyons naturellement l'avoir,* une connaissance immédiate
» ou conscience de cet objet extérieur *en tant qu'étendu*. En
» un mot, que, dans une perception des sens, l'étendue connue
» et l'étendue existante sont synonymes; que l'étendue est con-
» nue parce qu'elle existe, et qu'elle existe puisqu'elle est
» connue » (1). Il se trouve, maintenant, que tout cela n'est vrai que de l'étendue de notre corps. L'étendue d'un autre corps n'est pas connue immédiatement ou par perception, mais comme une inférence de la précédente. Je demande si cette opinion ne contredit pas nos croyances naturelles autant que celles des Idéalistes cosmothétiques peuvent le faire; si, pour un homme qui n'est pas métaphysicien, l'affirmation que nous ne percevons pas l'étendue dans les choses situées hors de notre corps, n'est pas un paradoxe aussi grand que l'affirmation que nous ne la percevons pas dans les choses situées hors de notre esprit. Je demande si ce même homme, après qu'il aurait donné son assentiment à la première idée, trouverait quelque chose d'étrange et d'absurde dans la seconde. Ce n'est certes pas le seul cas où Ha-

---

(1) *Dissertations on Reid,* p. 842.

milton mérite le reproche qu'il adresse avec tant de véhémence à d'autres penseurs, d'affirmer l'autorité absolue de la conscience quand elle est pour eux, et de la rejeter quand elle leur est contraire. Ce qui est vrai, c'est que nul psychologue, pas même Reid, n'y a échappé. Il n'y a pas de personne compétente qui, en s'appliquant à l'étude de l'esprit humain, n'ait découvert que certaines des opinions que les hommes professent d'ordinaire sur leur conscience sont erronées, et que certaines notions en apparence intuitives sont en réalité acquises. Chaque psychologue trace la ligne de démarcation où il pense qu'on peut le faire conformément à la vérité. Il se peut que Hamilton l'ait tracée où il faut, et Brown où il ne faut pas. Hamilton dirait que les opinions qu'il conteste ne sont pas des croyances naturelles, bien qu'on les tienne pour telles. Brown penserait exactement la même chose de ce qui est contraire à sa doctrine. Ni l'un ni l'autre ne peuvent se justifier qu'en indiquant un moyen par lequel les perceptions apparentes qu'on suppose originelles peuvent avoir été acquises. La pire accusation qu'ils puissent porter l'un contre l'autre, c'est d'avoir commis une erreur dans cette opération extrêmement délicate d'analyse psychologique. Ni l'un ni l'autre n'a le droit de donner à une erreur sur ces matières le nom de répudiation du témoignage de la conscience, ni de rabaisser son adversaire par un argument qui ne peut avoir qu'une valeur *ad invidiam*, et qui, dans ce qu'il a de malveillant, s'applique à l'un aussi bien qu'à l'autre, et en général à tous ceux qui méritent le nom de psychologues.

NOTE AU CHAPITRE PRÉCÉDENT.

Une armée de critiques, à la tête desquels sont le D*r* M'Cosh, M. Mahaffy et l'auteur de l'article du *Blackwoad*, a dirigé des attaques contre ce chapitre; mais j'ai avec moi le professeur Fraser qui vaut une armée. Le point essentiel du débat est l'analyse de l'Étendue, je me bornerai donc aux arguments qui portent sur ce point.

L'objection principale est encore celle qu'on faisait aux deux chapitres précédents : on dit que mon explication de l'étendue présuppose l'étendue ; que la notion est introduite subrepticement, pour rendre compte de sa propre origine. M. Mahaffy exprime cette objection d'une façon plus serrée que les autres. Je le cite (1).

« La manière la plus courte de critiquer ce long passage (em-
» prunté à M. Bain) sera d'énumérer les sophismes qu'il ren-
» ferme en les groupant sous des titres généraux. (α) On ne
» peut pas postuler la connaissance de notre organisme en tant
» qu'étendu, quand il s'agit d'expliquer l'étendue ; par consé-
» quent les expressions, « la portée d'un membre », « la courbe
» décrite par un membre » doivent n'exprimer que la simple
» succession des sensations qu'il cause en se mouvant, ou bien
» elles renferment une pétition de principe : et j'ajouterai que,
» comme par elles-mêmes elles suggèrent l'étendue, il faut
» avoir soin de les éviter quand on décrit les phénomènes d'où
» il faut tirer l'étendue. (β) On ne peut pas laisser mentionner
» ni postuler la *direction* ; en effet, que peut-on vouloir dire
» par direction, si ce n'est direction dans l'espace ? En particu-
» lier, la direction linéaire (je pense que M. Bain entend par là
» la rectiligne) ne peut être donnée qu'avec beaucoup de diffi-
» culté par le mouvement des membres, et nous reviendrions
» à la vieille notion des Grecs, qui trouvaient le mouvement cir-
» culaire le plus naturel. M. Abbot, a soulevé cette objection
» parmi beaucoup d'autres avec une grande pénétration (*Sight*
» *and Touch*, chap. V). Il établit principalement, d'après E. H.
» Weber, que le toucher ne peut nous donner l'idée d'une
» ligne droite, et par conséquent pas la plus légère idée de la
» direction. (γ) Les notions de vitesse, de rapidité, ne peuvent
» être admises, encore moins la comparaison de mouvements
» plus rapides et plus lents. En réalité, l'idée de mouvement
» implique comme son antécédent logique à la fois l'espace et
» le temps, et n'est pas identique avec la pure succession. Sup-
» posez que nous n'ayons rien à analyser que les séries de nos
» pensées, nous ne pourrions jamais dépasser l'idée d'une série,
» et rien ne pourrait nous faire acquérir la notion de l'accélé-
» ration ou de la retardation de ses termes. En effet, qu'est-ce

(1) Mahaffy, p. xviii-xx.

» que plus rapide ou plus lent ? Pas autre chose que plus d'es-
» pace traversé en moins de temps, et *vice versâ*. Le mouve-
» ment ne peut être saisi sans quelque chose de fixe que nous
» ne trouvons que dans les relations d'espace, ainsi que Kant
» l'a bien fait voir. Le *mouvement* de nos pensées, n'est
» d'abord qu'une expression analogique ; et en second lieu,
» il ne pouvait être senti sans qu'il y eût dans l'espace quelque
» chose qui servît non-seulement à mesurer la vitesse accrue
» ou diminuée de nos pensées, mais même à apprendre qu'il
» y a réellement une vitesse dans les pensées. Le rêve semble
» venir à l'appui de cette manière de voir. Pourquoi, dès que les
» intuitions de la vitesse que nous donne l'espace sont écartées,
» trouvons-nous que le courant de nos pensées est tout à fait in-
» capable par lui-même de suggérer l'idée de la vitesse ou de
» l'évaluer ? (δ) Ce que nous employons nécessairement pour
» *mesurer* l'étendue ne doit pas pour cette raison l'avoir sug-
» gérée dans le principe. Et pourtant ce que l'école de l'Asso-
» ciation a toujours voulu prouver se borne à ceci : que toutes
» les mesures de l'étendue peuvent être ramenées à des séries
» de sensations musculaires dans le temps. La connaissance de
» l'étendue est une chose, et elle est primitive ; la mesure de
» l'étendue est une autre chose, et elle est empirique ; et
» nous n'accepterons pas la confusion que M. Bain fait de la
» connaissance et de la mesure (je devrais peut-être dire l'i-
» dentification), si nous n'avons pas d'autre preuve que son
» affirmation.

» La théorie de M. Bain repose sur toutes ces hypothèses, et
» le lecteur intelligent les trouvera disséminées sur toute la
» surface de sa démonstration. Je voudrais attirer principalement
» l'attention sur ce passage.... « Nous apprenons à sentir qu'un
» mouvement lent pendant un long temps est la même chose
» qu'un mouvement plus rapide avec moins de durée ; ce que
» nous faisons aisément en voyant que tous les deux produisent
» le même effet en épuisant toute la portée du membre. (*Bain*,
» p. 225) » Assurément il est clair que sans l'espace nous ne
» pourrions jamais acquérir l'idée de mouvement, qui implique
» l'espace autant que le temps, — en réalité, une série dans le
» temps ne fait que changer, elle ne se meut pas ; et même en ad-
» mettant que nous ayons l'idée de mouvement, nous ne pourrions

» jamais distinguer si ce mouvement est plus rapide ou plus lent,
» si nous n'avons pas d'avance la notion de quelque chose de
» permanent dans l'espace, et dans le mouvement. M. Mill
» commet la même pétition de principe. »

Un exposé aussi méthodique et aussi succinct des objections
est très-utile à la réponse. Je reprends les points de M. Mahaffy
dans le même ordre que lui.

(α) Il faut, au moins au début, que la terminologie employée
pour exprimer les données communes aux deux parties, soit
celle du langage ordinaire; puisque aucune autre ne mettrait le lecteur en état de comprendre, sans un travail pénible,
en un sujet déjà si rempli de difficultés, de quels faits l'on
veut parler. Mais il ne faut pas employer cette terminologie de sorte qu'elle implique ce que la théorie qu'on défend,
ou la théorie contraire n'admettent pas. Ainsi que M. Mahaffy
le fait remarquer, l'usage des mots « portée d'un membre »,
ou « courbe décrite par un membre » doit « se borner à une
pure succession des sensations qu'il cause en se mouvant ». Et
si le lecteur relit le premier des passages cités, il trouvera que
M. Bain a mis tous ses soins à appeler l'attention sur les sensations contenues dans le mouvement d'un membre, pour les
distinguer du mouvement lui-même, et à montrer que c'était
des sensations et non du mouvement qu'il parlait.

(β) M. Mahaffy prétend que la direction ne doit être l'objet
ni d'une mention ni d'une allusion dans l'analyse de l'étendue,
parce que direction veut dire espace, et que l'espace ne peut
servir à s'expliquer lui-même. Il aurait été plus près de la vérité si, au lieu de dire que direction signifie espace, il eût dit
qu'espace signifie direction. L'espace est l'ensemble des directions, comme le temps est celui des successions. Par conséquent, postuler la direction, c'est postuler non pas l'espace,
mais l'élément dont la notion d'espace est formée. M. Bain ne
postule même pas la direction. Ce qu'il postule ce sont les sensations distinctives qui, dès le début, accompagnent les mouvements d'un membre dans ce que, avec nos perceptions acquises, nous appelons les diverses directions. Il y a des sensations
distinctives de cette sorte, autrement nous ne saurions pas, les
yeux fermés, dans quelle direction nous mouvons notre bras.
Selon M. Bain, la différence de ces sensations dépend de celle

des muscles en jeu. « Toutes les directions qui réclament le jeu
» des mêmes muscles, sont, pour le corps, similaires : des mus-
» cles différents veulent dire des directions différentes.» (1).
Ces sensations se fondent graduellement l'une dans l'autre, sans
brusquerie et sans interruption ; aussi sont-elles très-propres
à donner naissance au sentiment de continuité qui unit toutes
nos notions de directions différentes dans une seule, celle de
l'espace (2).

(γ) M. Mahaffy dit que la vitesse ou la rapidité, la comparaison des mouvements plus rapides ou plus lents ne doivent
pas être postulés, parce que les mots plus rapide et plus lent
n'ont aucun sens s'ils ne veulent pas dire que dans un
temps donné il y a plus ou moins d'espace parcouru.
Il est vrai que les deux mouvements tirent leur nom de
l'espace ; mais s'ensuit-il que les mouvements eux-mêmes ne
puissent être distingués ? On donne à un instrument le nom de
scie et à un autre celui de hache pour rappeler l'espèce d'ouvrage qu'ils font, mais ne pouvons-nous pas aussi distinguer
ces deux objets quand nous les voyons ? De plus, ce qu'on postule ce n'est pas l'espace parcouru, mais une plus grande ou une
moindre intensité de sensation musculaire. Il reste seulement

---

(1) *The Senses and the Intellect.*, p. 203 (seconde édition).
(2) Parlerai-je des objections de M. Abbot ? En voici un spécimen. « Suppo-
» sons qu'un aveugle essaie d'acquérir la notion de distance par le mouvement
» de sa main. Il trouve qu'une certaine courbe décrite par la main la met en contact
» avec un pupitre, dont la distance est par conséquent représentée par cet effort.
» Mais il faut un plus grand effort pour porter la main aux yeux ou au nez ; et la
» distance étant égale à l'effort locomoteur, il est démontré que le nez est plus loin
» que le pupitre. Il faut croire que le sommet de la tête est encore plus loin, et
» que le dos est plus loin que tout. » M. Abbot paraît supposer que l'aveugle tire
uniquement de sa première expérience l'impression permanente de la distance qui
le sépare des objets ; M. Abbot refuse à l'expérience de son aveugle le privilége
qui appartient à toute expérience, celui de se corriger et de se compléter. Si son
nez est réellement plus près de sa main que son pupitre, ne trouvera-t-il pas bientôt un moyen d'atteindre l'objet le plus proche avec moins d'effort locomoteur que
pour le plus éloigné ? Si l'on dit qu'il ne peut le faire qu'en arrondissant le bras,
et que cette flexion du bras est accompagnée d'une plus forte sensation d'effort
que son extension, je réponds que lors même que cela serait vrai, l'effort est
d'une autre espèce, et que l'aveugle distinguerait promptement les deux espèces
et apprendrait, par d'autres moyens de vérifier la proximité, que les objets qu'il
atteint en arrondissant le bras sont plus près de son corps que ceux qu'il ne peut
toucher qu'en l'étendant. Le D^r M'Cosh (p. 135) tombe dans une erreur de
même espèce.

Le livre de M. Abbot est une répétition de l'attaque dirigée par M. Bailey contre
la théorie de la vision de Berkeley, il a assez de valeur pour mériter une réponse
par lui-même, mais il l'a déjà reçue de M. le professeur Fraser, dans un remarquable article du *North-British Review*, août 1864.

à expliquer comment nous apprenons qu'une sensation plus intense durant moins de temps, équivaut à une intensité moindre durant plus longtemps. M. Bain croit que la notion de cette équivalence, nous vient de ce que les deux espèces de sensation « épuisent toute la portée du membre » pour produire le même effet; il entend par là qu'elles atteignent la limite extrême de la sensation qui accompagne l'extension, — le point qu'elle ne dépasse pas. Où y a-t-il ici une pétition de principe? On peut admettre, je crois, cette solution, — on peut bien supposer que nous prenons la série totale des sensations qui accompagnent l'extension complète du membre, comme une unité de mesure, divisible en une échelle ascendante de degrés, qui peut être parcourue en un temps plus ou moins long, mais dont la somme reste toujours égale à elle-même. J'ai moi-même indiqué un autre moyen d'arriver à la même équivalence. Nous avons deux sensations simultanées du toucher avec les deux mains. Nous mouvons la droite jusqu'à ce qu'elle soit à côté de la gauche, et qu'elle touche le même objet. Il n'est pas besoin de supposer que nous sachions déjà que ce sont nos mains, ni que l'objet est un corps, ni que notre main droite se meut à travers l'espace. Mais les deux sensations simultanées du toucher, que nous pouvons prolonger et répéter à volonté l'une et l'autre, nous ont appris l'existence d'un élément permanent dans toute perception du toucher, et que deux de ces éléments coexistent. Nous avons eu les deux sensations du toucher avec une seule main, mais séparées par une série de sensations accompagnant le mouvement musculaire : et nous trouvons que pour aller de l'une de ces sensations tactiles à l'autre, il faut d'autant moins de temps que l'énergie des sensations musculaires interposées est plus grande. Dans cette opération mentale, le temps est postulé, mais non l'espace; et l'on prétend que le temps plus court, ou, ce qui est la même chose, l'énergie moindre qu'il faut pour aller d'un objet du toucher à un autre qu'on a déjà senti simultanément, est en dernière analyse la mesure de leur distance dans l'espace. Ensuite vient l'œil, qui, avec sa puissante faculté d'éprouver des sensations simultanées, réunit à l'aide de ses perceptions acquises une foule de ces mesures en une seule intuition apparente.

(δ) M. Mahaffy fait observer avec raison que « ce que nous sommes forcés d'employer pour mesurer l'étendue » n'a pas besoin d'avoir été dans l'origine suggéré par l'étendue; mais si tous les faits de conscience impliqués dans ce que nous appelons étendue sont expliqués par la supposition que la mesure est l'étendue même, il n'est pas besoin d'autre preuve. (1) Le témoignage apparent de la conscience en faveur d'une différence entre l'étendue et la mesure de l'étendue peut très-bien s'expliquer par l'aspect tout différent que la perception de l'étendue revêt, quand on suppose que le sens de la vue l'a fournie, ainsi que nous l'avons montré dans le texte du chapitre précédent. Quand un plus grand nombre de faits observés avec soin auront été recueillis sur des aveugles de naissance, et soumis à une analyse plus profonde et plus judicieuse, il faut espérer que nous connaîtrons mieux leur psychologie, et que l'obscurité qui plane encore sur les détails de cette question se dissipera.

Le D^r M'Cosh et l'auteur de l'article du *Blackwood* ne sont pas seulement des philosophes critiques, ils ont leur système; ils veulent prouver directement que la notion d'étendue ne s'acquiert pas par le moyen des sensations musculaires. Leur preuve principale est que, avant toute expérience, nous localisons nos sensations sur différents points du corps : selon M. M'Cosh, aux extrémités des fibres nerveuses, toute sensation étant, par nature, sentie à l'endroit où le nerf se termine. L'auteur de l'article du *Blackwood* (2) dit : « Nous ne débutons pas dans la » vie par des sensations sans siége, — nous n'avons certaine- » ment aucun souvenir de douleurs qui n'aient pas été éprouvées » quelque part, dans cette arène, que nous allons appeler » notre corps. » L'absence de souvenir de ce qui est arrivé aussitôt après la naissance n'est pas, je l'ai déjà fait remarquer, une preuve que cela n'est pas arrivé; aussi on présente la preuve suivante : « Aucune habileté ne parviendra à placer nos dou-

---

(1) L'auteur de l'article du *Blackwood* trouve absurde que la mesure se « mesure elle-même » (p. 32), — que la sensation musculaire, mesure de la distance, soit à ce titre employée à mesurer la sensation musculaire. Mais ne mesure-t-on pas habituellement des quantités par des quantités de même espèce ? Une règle d'un pied mesure la longueur par sa propre longueur. Un boisseau mesure des capacités par sa propre capacité. Les battements d'une pendule mesurent d'autres successions par leur propre succession. Un poids mesure d'autres poids par lui-même.

(2) Pages 26-27.

» leurs dans nos corps, ou à nous donner une connaissance de
» ces corps, si nous ne commençons par admettre que certaines
» douleurs ou certains plaisirs d'ordre physique, dès qu'ils
» parviennent à un certain degré de netteté, sont sentis en
» diverses parties d'une certaine arène, où ils se localisent
» mutuellement..... Beaucoup d'auteurs disent que cette locali-
» sation est une perception acquise. Or, personne ne doute un
» moment que la localisation exacte de nos sensations ne soit
» le résultat de l'expérience; mais, d'après nous, cette expé-
» rience ne serait pas possible si nous n'avions déjà des locali-
» sations vagues qui résultent tout d'un coup de sensations
» simultanées éprouvées en diverses parties de notre système.
» De quelle autre manière pourrions-nous acquérir notre pre-
» mière idée d'espace ou de position? » J'ai déjà répondu à
cette question (1). Je ne vois pas de difficulté à croire que la
localisation de nos sensations externes se fasse exactement par
l'opération même à laquelle, ainsi que l'admet l'auteur de l'article, nous devons notre faculté de « localisation exacte ». Je
suis mordu par un animal, ou ma peau est irritée en un certain
point, et je suis tout d'abord incapable, comme cela arrive
parfois, de fixer la place exacte de la sensation. Je porte
la main le long de la surface de la peau jusqu'à ce que je
trouve la place où le frottement soulage l'irritation, ou bien
l'endroit où le toucher augmente la cuisson. J'exprime ces
faits en langage ordinaire, mais j'ai suffisamment expliqué le
sens de ce langage dans ma propre doctrine. L'idée que j'ai
prise de la manière dont nous acquérons notre notion de lieu,
ne repose pas sur une localisation préalable, fût-elle vague,
de nos sensations. En localisant une sensation, par exemple
dans un membre, je ne fais pas autre chose que d'attribuer à la sensation une liaison uniforme et étroite, de simultanéité ou de succession immédiate, avec le groupe de sensations

(1) Si la voie que j'ai indiquée peut expliquer la distance et la direction, le lieu
et la position en découlent d'une manière évidente. Si l'on admet une fois que des
impressions du toucher sont perçues comme simultanées et séparées par des séries
de sensations musculaires, c'est-à-dire à la fois comme distantes et simultanées —
et que cela revienne à les connaître dans l'espace, la position de ces impressions
les unes parmi les autres, qui constitue leur lieu, résultera aisément des quantités différentes de sensation musculaire qu'il faut pour passer de l'une à l'autre,
combinées avec les qualités distinctives des sensations musculaires dépendantes
de ce que nous appelons la différence dans la direction et le mouvement.

d'espèces diverses qui constitue ma perception de ce membre. D'une manière générale il est probable que nous découvrons d'abord que la sensation se rattache au membre, quand nous percevons que la cause qui excite la sensation s'y rattache. Voici comment M. Bain expose cette question (1) : « Je puis
» associer une douleur avec la vue de mon doigt, une autre
» douleur avec la vue de mon orteil, et une troisième avec la
» position de mon bras qui fixe le sommet de ma tête. Au début,
» un petit enfant ne sait où chercher la cause d'une irritation,
» lorsque quelque chose le touche; peu à peu l'enfant observe
» une coïncidence entre une sensation et une pression qui agit
» sur quelque partie de son corps; il en résulte qu'une sensa-
» tion à la main est associée à la vue de la main, et de même
» pour les autres membres. — Quand la sensation est plus
» interne, comme dans l'intérieur du tronc, nous avons plus
» de difficulté à en indiquer le siége précis, et souvent nous
» sommes tout à fait incapables de le déterminer. Dans ce cas,
» nous sommes obligés de recourir à des indications qui se
» montrent à la surface, ou à l'effet d'une pression sur les par-
» ties profondes. En donnant un coup sur les côtes, nous arri-
» vons à rattacher les sensations qui ont leur siége dans la
» poitrine avec un lieu correspondant de la surface du corps;
» nous pouvons ainsi faire des expériences sur les organes
» profonds, et apprendre le sens de leurs indications. Mais
» moins les parties sont accessibles, plus le lieu qu'on assigne
» à leurs sensations est entaché d'incertitude. » Au sujet de la localisation de nos douleurs internes, il y a encore des difficultés qui ne sont pas complétement résolues, et dont il faut chercher la solution dans une observation plus soigneuse et plus intelligente des petits enfants. Ce qu'on sait suffit, je crois, pour prouver que la localisation de nos sensations n'est pas le point de départ de notre connaissance du lieu et de la position, mais qu'elle la suit. Il est vrai que (ainsi que M. le D^r M'Cosh le fait observer (2)) « si un enfant a mal au bras il ne présentera pas son pied ». Mais avant d'avoir donné des preuves qu'il a « des perceptions acquises » présentera-t-il

---

(1) *The senses and the Intellect.*, 397, 398, 2° édit.
(2) M'Cosh, 150.

son bras? Suivant la théorie qui veut que la localisation soit une perception acquise, il ne doit tendre ni le bras ni le pied (1).

Le Dr M'Cosh a un autre argument pour prouver que nous avons une faculté originelle de localiser nos sensations, et chose étrange, c'est précisément celui qu'on croit le plus fort pour prouver que cette faculté est acquise; je veux parler de la persistance de l'association qui nous fait rapporter des sensations à un membre après l'amputation. « Müller » dit le Dr M'Cosh (2), « a réuni plusieurs cas semblables » dont un seul suffira : « Un » étudiant, appelé Schmidts, d'Aix, eut le bras amputé au-dessus » du coude, il y a treize ans; il n'a jamais cessé d'avoir des » sensations dans les doigts comme s'il les avait encore. » Le Dr M'Cosh commet une étrange méprise, s'il donne ce fait pour prouver que nous localisons la sensation à l'extrémité des nerfs. Il oublie qu'après l'amputation l'extrémité des nerfs était dans le moignon, et que si sa théorie est vraie, c'est là et non dans les doigts que la sensation aurait dû être sentie. Si l'on continuait à la rapporter aux doigts, c'est qu'on obéissait à une association irrésistible. Ce fait ne nie pas directement l'existence d'une localisation instinctive; mais il prouve que, s'il y en a une, elle ne peut résister à une association acquise. Il en est de même pour le cas suivant cité aussi de Müller (3) : « Quand, dans la » restauration d'un nez, un lambeau de peau est rapporté du » front sur le moignon du nez, et y est fixé, le nez nouveau, » ainsi formé, conserve les mêmes sensations que s'il était au » front tant que l'isthme qui l'unit encore à son ancienne posi- » tion n'a pas été coupé; en d'autres termes, quand on lui » touche le nez, le patient sent l'impression au front. » Or, le nerf qui porte l'impression ne se termine plus au front, mais dans le nez nouveau ; et selon la théorie du Dr M'Cosh, la sensation y devrait être sentie, exactement comme elle le sera après

---

(1) Le Dr M'Cosh dit (même page) : « Il est difficile de croire que les » mouvements volontaires instantanés de retrait d'un membre quand il est blessé, » et l'effort que fait le corps pour s'échapper quand un liquide bouillant tombe dans » le gosier puisse venir de l'application d'une loi empirique du siége des sensa- » tions. » La solution évidente de cette difficulté se trouve dans la nature purement automatique de ce retrait, de cet effort pour échapper, quand ils se montrent sur un très-jeune enfant; c'est une action réflexe produite sans l'intervention de la volonté par l'irritation des nerfs moteurs : cette solution est tout à fait conforme à la physiologie.
(2) M'Cosh, 148.
(3) M'Cosh, 149.

la section de « l'isthme de peau », alors que la vieille connexion nerveuse sera coupée, et qu'une nouvelle se sera formée peu à peu. Les faits cités par le D^r M'Cosh sont bien près de détruire sa théorie; mais ils sont tels qu'ils doivent se passer dans la théorie de l'Association. Le dernier surtout a une grande valeur pour cette théorie, parce que c'est un des cas les plus forts qui prouvent qu'il y a un distinctif (*Quale* comme l'appelle une des autorités allemandes invoquées par le D^r M'Cosh) dans la sensation transmise par un nerf, qui l'empêche d'être confondue avec la sensation transmise par un autre nerf, et lui permet de former des associations spéciales avec la partie du corps qu'il dessert, associations qui persistent même après qu'on l'a détaché de cette partie pour l'attacher à une autre.

Je crois avoir rappelé toutes les objections plausibles à l'analyse de l'étendue qu'a présentée M. Bain et à la mienne; j'ai examiné toutes celles qui ont un caractère assez original pour mériter une réponse spéciale. Mais il y a encore dans cette question des recoins obscurs, et il faudra de nouvelles études pour les couvrir de lumière. Ils ne peuvent manquer d'être étudiés à fond, à présent que des penseurs très-compétents s'occupent à étendre la science de l'esprit par la méthode Psychologique fondée sur les lois d'association.

CHAPITRE XIV

DE LA LOI D'ASSOCIATION INSÉPARABLE D'APRÈS HAMILTON ET M. MANSEL.

Les Philosophes qui ont fait un sérieux usage de la méthode de métaphysique que j'appelle psychologique, par opposition à la méthode introspective, ont trouvé dans la loi d'association inséparable la meilleure clé pour pénétrer les mystères les plus profonds de la science de l'esprit. C'est ce qu'on a vu clairement dans les discussions précédentes, et l'étude de ces philosophes le prouve. Les penseurs de l'école intuitive eussent dû, semble-t-il, porter une attention sérieuse sur cette loi, fondement de la théorie rivale, qu'ils ont à combattre partout, et dont la réfutation préalable était la condition nécessaire du triomphe de leurs propres idées; ils l'ont rejetée, il est vrai, mais sans la connaître. Reid et Stewart ne l'ont trouvée que dans Hartley, et n'ont pas cru devoir se donner la peine de la comprendre. Les philosophes français et allemands les plus au courant n'en connaissent tout au plus que l'existence (1). Aujourd'hui même, en Angleterre, où des penseurs de premier ordre ont fait de cette loi l'instrument le plus puissant d'analyse psychologique, les philosophes qui la nient s'en débarrassent avec quelques phrases si superficielles,

(1) Ce n'est qu'en 1864, qu'a été publié le premier ouvrage français, qui, à ma connaissance, admette la psychologie de l'association dans ses développements les plus modernes. C'est l'excellent et intéressant ouvrage : « *Étude sur l'association des idées* », par P. M. Mervoyer.

qu'on voit bien qu'ils n'ont jamais, pas même un instant, appliqué sérieusement à ce sujet les facultés de leur esprit.

Hamilton a écrit une dissertation très-soignée sur les lois d'association, et les plus élémentaires d'entre elles ont quelque temps captivé son attention. (1) Mais il ne laisse voir nulle part qu'il ait eu le moindre soupçon de celle de ces lois qui est le plus imparfaitement connue. Je ne trouve dans ses écrits que deux ou trois passages où il fasse en courant allusion à cette manière d'expliquer les phénomènes de l'esprit. La première et la plus longue de ces allusions se présente à propos, non pas des plus grands problèmes de la philosophie, mais d'une question peu

---

(1) Cette dissertation se terminait brusquement dans l'origine, mais les papiers de l'auteur en ont fourni la conclusion. Il cherche à simplifier la théorie de l'association, en ramenant l'association par ressemblance, non pas à celle par contiguïté, mais à celle-ci combinée avec une loi élémentaire exposée explicitement pour la première fois par Hamilton, bien qu'elle soit impliquée dans toutes les associations et dans tous les faits de mémoire ; à savoir : qu'une sensation ou une pensée présente suggère le souvenir de ce que Hamilton appelle la *même* sensation ou la *même* pensée (il veut dire une sensation ou une pensée exactement semblable) éprouvée précédemment. D'après cette loi, la ressemblance des sensations simples demeure un principe distinct d'association, le fondement de toutes les autres, mais la ressemblance des phénomènes complexes se ramène à ce principe simple combiné avec la loi de contiguïté.

Avec cette idée, Hamilton croit possible de réduire l'association à une loi unique, « Les pensées qui ont fait précédemment partie du même acte intégral » de cognition se suggèrent mutuellement. » (*Lectures*, II, et 238, les passages correspondants de la Dissertation). Ceci, je l'avoue, me semble un essai de généralisation bien malheureux, car il n'est pas possible d'y ramener le cas de suggestion que notre auteur a eu le premier le mérite de faire entrer dans la langue scientifique. La sensation de goût sucré d'aujourd'hui et celle d'il y a une semaine qu'elle me rappelle, n'ont pas « fait précédemment partie du même acte de cognition », à moins de prendre à la lettre les mots comme s'ils exprimaient la *même* sensation de goût, quoique ces deux sensations ne soient pas plus les mêmes que deux hommes, qui par aventure seraient exactement semblables, ne sont le même homme. Il y a encore une objection, c'est que la simplification introduite par Hamilton, en admettant qu'elle soit correcte, ne fait que confondre deux notions claires et donne à leur place une notion obscure ; en effet, tout le monde comprend que les sensations se suggèrent mutuellement parce qu'elles se ressemblent ou parce qu'elles ont été éprouvées ensemble, tandis que la notion d'après laquelle ces sensations auraient fait partie d'un même acte de cognition contient toutes les difficultés métaphysiques qui entourent les idées d'unité, de totalité et de parties.

Après avoir, comme il se l'imagine, ramené de la sorte tous les phénomènes d'association à une loi unique, Hamilton se demande comment on peut expliquer cette loi, et il observe justement que cette loi peut être dernière, et que les lois dernières sont nécessairement inexplicables ; ce qui ne l'empêche pas de citer avec éloge un auteur allemand, H. Schmid, qui essaye de l'expliquer au moyen d'une théorie *à priori* de l'esprit humain. Ce morceau est un spécimen remarquable des idées d'une école de métaphysiciens allemands demeurés de plusieurs siècles en arrière du progrès des sciences philosophiques, et qui n'ont pas encore senti l'influence de la réforme de Bacon (Voyez *Lectures*, II, 240, 243).

grave, celle de savoir si dans la perception des objets extérieurs, notre cognition du tout précède celle des parties, ou, si c'est le contraire. Il se demande si « dans la perception nous acquérons
» d'abord une connaissance générale des touts complexes que les
» sens nous présentent, et si ce n'est que plus tard, par l'effet de
» l'analyse et de l'attention concentrée que nous obtenons une
» connaissance spéciale de leurs diverses parties »; ou bien si
» nous prenons d'abord une connaissance particulière des plus
» petits détails que les sens sont capables de nous présenter, et si
» ce n'est que plus tard, par la synthèse, que nous les
» réunissons en des touts de plus en plus grands (1) ? »
Hamilton se déclare pour la première théorie, et cite comme défenseurs de la seconde Stewart et James Mill : c'est ce dernier qui, plus que tout autre, a rappelé l'attention des philosophes sur la loi d'association inséparable, et indiqué les applications importantes qu'on en peut faire. C'est à propos de son désaccord avec Mill sur cette question très-secondaire, que Hamilton est conduit à citer une partie de l'exposition que ce philosophe a faite de l'association inséparable; et ce qui prouve combien peu il se doutait de l'importance d'une théorie d'une si grande portée et si fertile en conséquences, c'est que la seule fois qu'il en parle, c'est dans un coin de son livre, à propos de la plus petite des questions qu'il y traite. Je prendrai dans l'ouvrage de Hamilton les passages mêmes de Mill, parce que, dans un espace très-borné, ils posent et éclairent par des exemples très-heureusement choisis, les deux propriétés qui caractérisent le mieux nos associations les plus étroites, à savoir que les suggestions qu'elles produisent sont, pour le moment, irrésistibles; et que les idées suggérées (au moins quand l'association est de l'espèce appelée synchrone pour la distinguer de la successive), finissent par se confondre si intimement que le composé qui en résulte paraît simple à notre conscience.

« Quand deux ou plusieurs idées, » dit Mill (2), « ont été sou-
» vent répétées ensemble, et que l'association est devenue très-
» forte, elles entrent dans une combinaison si étroite qu'on ne

---

(1) *Lectures*, II, 144.
(2) *Analysis of the Human Mind*, I, 68-75.

» peut plus les distinguer. De même pour quelques cas de
» sensations. Par exemple, si l'on imprime un mouvement ra-
» pide de rotation à un cercle divisé en sept parties, chacune
» colorée d'une des couleurs du prisme, le cercle ne nous paraît
» pas avoir sept couleurs, mais une seule couleur uniforme, le
» blanc. Par l'effet d'une succession rapide, les sensations ces-
» sent de pouvoir être distinguées. Les idées aussi, qui se sont
» trouvées si souvent jointes que toutes les fois que l'une existe
» dans l'esprit, les autres existent immédiatement à côté d'elle,
» paraissent se combiner, se fondre ensemble pour ainsi dire,
» et de plusieurs idées n'en former qu'une seule complexe en
» réalité, mais qui semble non moins simple que celles dont
» elle se compose...

» C'est à cette grande loi d'association que nous rapportons
» la formation de nos idées de ce que nous appelons les objets
» extérieurs, c'est-à-dire les idées d'un certain nombre de sen-
» sations éprouvées ensemble si fréquemment qu'elles se com-
» binent pour ainsi dire, et qu'on leur applique l'idée d'unité.
» Telle est l'origine de l'idée d'un arbre, de l'idée d'une pierre,
» de l'idée d'un cheval, de l'idée d'un homme.

» Quand j'emploie les noms arbre, cheval, homme, les noms
» de ce que j'appelle des objets, je les rapporte et je ne puis
» les rapporter qu'à mes propres sensations; je ne fais donc
» en réalité, que nommer un certain nombre de sensations
» considérées dans un état particulier de combinaison, c'est-à-
» dire de concomitance. J'ai des sensations particulières de
» la vue, du toucher, des muscles, et c'est aux idées de ces
» sensations, c'est-à-dire à la couleur, à l'étendue, à l'aspérité,
» à la dureté, au poli, au goût, à l'odeur, fondues ensemble
» si intimement qu'elles semblent n'en faire qu'une, que je
» donne le nom d'idée d'arbre.

» C'est à cette forme d'association d'un ordre élevé, à cette
» fusion de plusieurs idées en un composé si cohérent qu'il ne
» semble plus y en avoir plusieurs, mais une seule, que nous
» devons, ainsi que je l'expliquerai complètement plus tard, la
» faculté de classification et tous les avantages du langage. Il
» y a donc une très-grande importance à bien comprendre ce
» phénomène capital.

» Il y a des idées qui, par la fréquence ou la force de l'asso-

» ciation, sont si étroitement combinées qu'elles ne peuvent
» plus être séparées. Si l'une existe, les autres existent à côté
» d'elle, en dépit des efforts qu'on peut faire pour les séparer.

» Par exemple, il n'est pas en notre pouvoir de penser une
» couleur sans penser l'étendue, ou la solidité sans la figure.
» Nous avons constamment vu la couleur combinée avec l'éten-
» due, répandue pour ainsi dire, sur une surface. Nous ne l'a-
» vons jamais vue que dans ce rapport constant. La couleur et
» l'étendue ont toujours été invariablement unies. Par consé-
» quent, l'idée de couleur pénètre constamment dans l'esprit
» associée à celle d'étendue; et l'association est si intime qu'il
» n'est pas en notre pouvoir de la dissoudre. Nous ne pouvons
» pas, quand même nous le voudrions, penser une couleur
» autrement qu'en combinaison avec l'étendue. Une idée évo-
» que l'autre et la retient avec elle tout le temps qu'elle est
» elle-même présente à l'esprit.

» La connexion entre les idées de solidité et de figure nous
» fournit un autre exemple aussi saisissant de cette grande loi
» de notre nature. Nous n'avons jamais les sensations des-
» quelles l'idée de solidité découle, qu'en conjonction avec les
» sensations desquelles l'idée de figure découle. Si nous saisis-
» sons quelque chose de solide, nous le trouvons toujours rond,
» ou carré, ou de quelque autre figure. Les idées correspon-
» dent à leurs sensations. Si l'idée de solidité prend naissance,
» celle de figure naît à côté d'elle. L'idée de figure qui se
» forme est naturellement plus vague que celle d'étendue; parce
» que les figures étant innombrables, l'idée générale est exces-
» sivement complexe, et par suite nécessairement vague. Mais
» telle qu'elle est, l'idée de figure est toujours présente quand
» celle de solidité l'est, et aucun effort ne peut nous faire pen-
» ser l'une sans l'autre. »

Après d'autres exemples, l'auteur conclut en ces termes :
« Une idée suit une autre idée, ou une sensation une autre
» sensation, d'une manière si constante que nous ne pouvons
» empêcher la combinaison, ni éviter la sensation *conséquente*
» chaque fois que nous avons eu l'*antécédente*. Telle est la loi
» d'association dont le domaine, ainsi que nous le ferons voir par
» la suite, est très-étendu, et qui joue le premier rôle dans quel-
» ques-uns des plus importants phénomènes de l'esprit humain. »

Il y a dans cette phrase une promesse que le reste de l'ouvrage a fidèlement tenue.

La seule remarque que cette exposition d'une philosophie si élevée inspire à Hamilton est une réflexion dédaigneuse pour les idées philosophiques de Mill. Mill, dit-il, dans son « ingé- » nieux » traité, « a poussé le principe de l'association à un » extrême qui se réfute par sa propre exagération; il ne se » borne pas à ramener par l'analyse à ce principe de l'associa- » tion, notre croyance à la relation d'effet et de cause, mais il » porte la même analyse sur les lois logiques primaires », en sorte qu'il n'est pas étonnant qu'il « explique notre connais- » sance des touts complexes dans la perception, par le même » principe universel ». En vertu de ce verdict anticipé d'exa- gération, Hamilton se dispense de rechercher la portée véri- table de la loi d'association inséparable, et ne fait aucun usage de ses applications les plus évidentes, tout en les transcri- vant dans son propre ouvrage. Un des faits psychologiques contenus dans le passage cité, l'impossibilité où nous sommes de séparer l'idée d'étendue de celle de couleur, est une vérité sur laquelle Hamilton a lui-même énergiquement insisté. Dans la seconde des leçons qui suivent celle d'où j'ai tiré cette cita- tion, il soutient vivement que nous ne pouvons jamais con- cevoir la couleur sans l'étendue. L'aveugle-né même, pense-t-il, a la sensation d'obscurité, c'est-à-dire d'une couleur noire, et la répand par la pensée sur tous les objets étendus (1). A part cette dernière proposition, qui n'est pas et ne peut pas être prouvée (2), la doctrine est incontestablement vraie, et le fait est un cas si évident d'association, que Stewart lui-même, si peu disposé à expliquer de la sorte les phénomènes psycholo- giques, ne songe pas à lui chercher une autre raison. « Par

---

(1) *Lectures*, II, 168-172.
(2) Suivant tous les physiologistes avancés, il est impossible d'avoir une percep- tion d'obscurité, sans en avoir eu une de lumière. En outre, tout le monde sait qu'un objet complètement noir, s'il occupe tout le champ de la vision, est in- visible; il ne réfléchit pas de lumière. Le noir donc (le noir complet de l'obscurité absolue) n'est pas une sensation, mais l'absence totale de sensation; ce n'est, en réalité, rien du tout; et dire qu'un aveugle-né ne peut imaginer l'étendue sans la revêtir de rien du tout, c'est affirmer une chose qui n'est pas très-intelligible. S'il s'agissait d'une personne *devenue* aveugle, cela pourrait avoir un sens : car le noir pour elle, comme l'obscurité pour nous, ne représente pas une pure impos- sibilité de voir, mais l'effort qu'on fait d'ordinaire pour voir, non suivi de sa con- séquence habituelle.

» suite, dit Stewart, de ce que nous percevons toujours l'éten-
» due au moment même où la sensation de couleur est excitée
» dans l'esprit, nous sommes dans l'impossibilité de penser
» cette sensation sans concevoir l'étendue avec elle. » Il y voit
l'un des cas « d'associations très-intimes, formées entre deux
idées qui n'ont aucune connexion nécessaire entre elles ».
Une analyse au moyen de l'association assez évidente pour
enlever le suffrage de Stewart, ne peut guère mériter l'accusation de pousser le principe à l'extrême. En fait, si une
association peut devenir inséparable par la force de la répétition, comment n'en serait-il pas ainsi de l'association entre
la couleur et l'étendue ? Les deux faits n'existent jamais qu'en
conjonction immédiate, et l'expérience de cette conjonction se
répète à tous les instants de la vie qui ne s'écoulent pas dans
les ténèbres. Pourtant, après avoir transcrit cette explication
donnée à la fois par Stewart et Mill, Hamilton n'y fait pas plus
d'attention qu'auparavant ; mais, sans ajouter un mot de réfutation, il prend note tranquillement de l'inséparabilité des deux
idées, qu'il considère comme un fait mental dernier, prouvant
qu'elles sont toutes deux des perceptions originelles d'un même
organe, l'œil. L'autorité de Hamilton ne peut pas être d'un
grand poids contre la doctrine qui explique les parties les plus
complexes de notre constitution mentale par les lois d'association, puisqu'il est évident qu'il la rejette, non pas après examen,
parce qu'il l'a trouvée en défaut, mais sans examen, parce
qu'il ne l'en croit pas digne.

L'argument que Hamilton emploie contre Stewart et Mill, au
sujet de la question relativement insignifiante sur laquelle il
engage le débat, prouve combien peu il connaissait les lois secondaires, les *axiomata media* de l'Association. Il a à prouver qu'au
« lieu de s'élever du minimum de perception à ses maxima, on
» descend des masses aux détails ».

« Si la doctrine opposée », dit Hamilton, « était juste (1),
» qu'impliquerait-elle ? Elle impliquerait comme première
» conclusion que, puisque nous connaissons le tout par les par-
» ties, nous devrions connaître les parties mieux que le tout.
» Ainsi, par exemple, on suppose que nous connaissons le visage

---

(1) *Lectures*, II, 149-150.

» d'un ami par la multitude de perceptions que nous avons des
» différents points qui le composent ; en d'autres termes, que
» nous connaissons la physionomie entière moins nettement que
» le front, les yeux, le nez, la bouche, etc., et chacune de ces par-
» ties moins bien que les divers points élémentaires, c'est-à-dire
» les minima perçus d'une manière inconsciente, qui les compo-
» sent. D'après la doctrine en question, nous ne percevons au
» même instant qu'un seul de ces points minima, les autres
» étant sans cesse reproduits par la mémoire. Eh bien, pre-
» nons le visage en dehors de la perception, dans la mémoire
» seulement. Fermons les yeux et représentons-nous par
» l'imagination la physionomie de notre ami. Nous pouvons le
» faire avec la plus grande netteté ; ou bien, si nous en voyons
» une peinture, nous pouvons déterminer avec la conscience
» la plus nette si le portrait est ressemblant, ou non. On ne
» peut par conséquent pas nier que nous ayons la plus com-
» plète notion du visable comme ensemble — que son expres-
» sion et le résultat général de ses parties nous soient fami-
» liers. Dans l'hypothèse de Stewart et de Mill, quelle précision
» ne devrait pas avoir notre notion des parties elles-mêmes ? Mais
» faites l'expérience. Vous trouverez qu'à moins de descendre
» par l'analyse d'une vue d'ensemble du visage à un examen
» détaillé de ses parties, vous avez une impression vive du tout,
» et qu'en même temps vous ignorez presque entièrement les
» parties qui le composent. Vous ne pouvez peut-être pas dire
» quelle est la couleur des yeux, et si vous essayez de dessiner
» la bouche ou le nez, vous vous tromperez infailliblement. Ou
» bien, regardez un portrait. Vous pouvez trouver qu'il n'est
» pas ressemblant, mais à moins d'analyser la physionomie, à
» moins de l'avoir étudiée avec l'attention scrupuleuse d'un
» peintre, vous serez assurément incapable de dire en quoi
» l'artiste s'est trompé. Vous ne pourrez préciser l'élément
» constituant qui a été altéré, bien que vous ayez une certitude
» complète de l'existence d'une altération et de l'effet qu'elle
» produit. Ce que nous fait voir cet exemple, un autre le
» montrerait aussi ; — une maison, un arbre, un paysage, un
» concert de musique, etc. » (1).

(1) Ceux qui connaissent l'essai de réfutation qu'a faite M. Bailey de la théorie de Berkeley sur la Vision se rappelleront, en lisant ce passage, un argument exac-

J'ai déjà fait mention d'une partie très-importante des lois d'association, qu'on peut appeler lois de l'oubli. Si Hamilton avait prêté à ces lois une attention suffisante, il n'eût jamais soutenu que, si réellement nous connaissions les parties avant le tout, nous continuerions à connaître les parties mieux que le tout. En vertu d'une des principales lois de l'oubli, lorsque plusieurs idées se suggèrent mutuellement par association avec une rapidité et une vivacité telles qu'elles se fondent ensemble en un groupe, tous les membres du groupe qui restent longtemps sans attirer une attention spéciale tendent à sortir de la conscience. Notre conscience de ces impressions devient de plus en plus faible, de plus en plus effacée, jusqu'à ce que nul effort d'attention ne puisse en évoquer une image distincte, et enfin ne puisse plus l'évoquer du tout. Tous ceux qui observent leurs propres opérations mentales verront, chaque jour de leur vie, ce fait se répéter. Or, d'après la loi d'attention, nous ne faisons attention qu'à ce qui pour soi ou pour une autre raison nous intéresse. Par conséquent, ce qui ne nous inspire qu'un intérêt momentané n'obtient de nous qu'une attention momentanée; et nous cessons d'y faire attention, quand la raison pour laquelle nous nous y sommes intéressés a été satisfaite. Hamilton aurait trouvé dans l'ouvrage de Mill qu'il avait entre les mains, une exposition claire de ces lois, rendue encore plus claire par l'abondance des exemples. On voit dans cet ouvrage qu'un très-grand nombre de nos états de sensibilité s'effacent sans avoir attiré l'attention, et dans bien des cas cette disparition est si habituelle que nous devenons tout à fait incapables d'y faire attention. Reid l'a compris parfaitement; bien qu'il eût peu réfléchi au principe d'association, il connaissait beaucoup mieux les lois de l'oubli que ses disciples d'aujourd'hui, et il a fort bien expliqué par des exemples quelques-unes de ces lois (1). Parmi celles dont il a donné des exemples bien choisis, s'en trouve une d'après laquelle la plupart de nos états de sensibilité qui ne sont par

---

tement semblable employé par cet auteur aussi remarquable par la pensée que par le style, pour prouver le caractère intuitif de ce que les philosophes considèrent presque unanimement comme des perceptions acquises de la vue. J'ai fait ailleurs à M. Bailey la réponse que je fais ici à Hamilton.

(1) Voyez son *Inquiry into the Human Mind*, chap. V, sect. 2 et 8; chap. VI, sect. 2, 3, 4, 7, 8, 19. — *Intellectual Powers*. — *Essay*, II, chap. 16 et 17.

eux-mêmes ni pénibles, ni agréables, et n'ont d'importance que parce qu'ils sont les signes de quelque chose, et qui finissent par l'effet de la répétition, par jouer leur rôle de signes avec une rapidité qui, par rapport à nos sensations, est instantanée, cessent complétement d'attirer l'attention ; puis, par suite de cette inattention, notre perception de ces états cesse tout à fait, ou devient si fugitive et si vague, qu'elle ne laisse pas dans la mémoire de trace qu'on puisse raviver. Ceci se produit même quand les impressions qui remplissent l'office de signe ne sont pas de simples idées ou réminiscences de sensations, mais des sensations réelles. Quand nous posons un livre après en avoir lu un chapitre, nous rappelons-nous d'avoir eu séparément conscience des lettres imprimées et des syllabes qui ont passé devant nos yeux ? Pouvons-nous faire revivre par un effort de l'esprit l'aspect qu'elles présentent, à moins qu'une circonstance insolite n'ait fixé notre attention sur elles pendant la lecture ? Cependant chacune de ces lettres, chacune de ces syllabes doit avoir été présente à notre esprit, ne fût-ce qu'un instant, sans cela le sens n'aurait pu y parvenir. Mais comme la seule chose à laquelle nous nous intéressons, c'est le sens, — ou bien dans quelques cas exceptionnels, le sens est un petit nombre de mots ou de phrases,— nous ne retenons aucune impressions des lettres isolées ni des syllabes. Ce fait est le plus instructif, parce que, pouvant observer l'opération toute entière, nous savons que notre connaissance a commencé par les parties et non par le tout. Nous savons que nous avons perçu et distingué les lettres et les syllabes avant d'apprendre à comprendre les mots et les phrases ; et qu'à cette époque les perceptions des lettres et des syllabes ne passaient pas sans attirer notre attention ; au contraire, l'effort d'attention dont ces lettres et ces syllabes doivent avoir été l'objet, avait probablement tant qu'il durait une intensité égale à celle de tout autre effort que nous ayons été plus tard appelés à exercer. Si l'argument de Hamilton était bon, il en résulterait de deux choses l'une. Ou bien nous aurions, même à présent, quand nous lisons, une conscience plus nette des lettres et des syllabes que des mots et des phrases, et une connaissance plus nette des mots et des phrases que du sens général du sujet ; ou bien nous commencerions à lire des phrases couramment et nous ne découvririons que par une analyse subséquente les lettres et les syllabes. Voilà, ou jamais, une *reductio ad absurdum.*

Les faits sur lesquels repose l'argument de Hamilton sont évidemment expliqués par les lois qu'il ne veut pas connaître. Dans notre perception d'un objet, ce qui nous intéresse c'est généralement, le tout, et le tout seul. Dans l'exemple qu'il prend de la physionomie d'un ami, c'est (à part les raisons spéciales) notre ami seul qui nous intéresse ; nous ne nous soucions des traits que parce qu'ils sont des signes de la présence de notre ami, et non de celle d'une autre personne. A moins donc que le visage ne captive notre attention par sa beauté ou par sa bizarrerie, ou à moins d'en imprimer les traits dans notre souvenir, en portant sur chacun d'eux une attention spéciale, ils passent devant nous, jouent leur rôle de signes, et effleurent si légèrement la conscience qu'il n'en reste pas de trace distincte dans la mémoire. Nous oublions les détails des objets mêmes que nous voyons tous les jours, si nous n'avons pas de raison pour accorder aux parties une attention particulière, si nous n'entretenons pas l'habitude de le faire. Ceci n'empêche pas que nous ayons connu les parties avant les touts ; nous en avons la preuve dans la lecture, dans le jeu d'un instrument de musique, et dans cent autres cas d'une nature aussi familière, et, en réalité, dans tout ce que nous apprenons. Quand les touts nous intéressent seuls, nous oublions vite notre connaissance des parties composantes, à moins d'en entretenir délibérément la fraîcheur par une comparaison et une analyse consciente.

Et ce n'est pas la seule erreur du raisonnement de Hamilton. Si l'on veut y voir une réponse à l'explication que Mill donne de l'origine de nos idées des objets, elle manque le but. Si le raisonnement et les exemples étaient probants, ce qu'ils ne sont pas, ils prouveraient que nous percevons et connaissons dans une certaine mesure l'objet comme ensemble, avant de connaître ses parties *intégrantes*. Mais Mill ne parlait pas de parties intégrantes ; et pour admettre tout ce que Hamilton soutient il n'avait pas à abandonner ses propres idées. La question ne porte pas sur des parties en étendue. Cela ne fait rien à la théorie de Mill que nous connaissions ou ne connaissions pas un homme en tant qu'homme avant d'avoir distingué, par la pensée ou par la perception, sa tête de ses pieds. Pour Mill l'idée que nous avons d'un objet, que ce soit un homme, ou sa tête, ou ses pieds, est formée par association de nos idées de couleur, de la forme, de la résistance, etc., qui appartiennent à ces objets. Ces idées sont ce que les philosophes ont appelé les parties métaphysiques, et non les parties intégrantes de l'impression totale. Or, je ne sache pas qu'un philosophe ait jamais soutenu que ces parties ne sont connues qu'après les objets qu'elles caractérisent; que nous percevons le corps d'abord, et après seulement sa couleur, sa figure, sa forme, etc. Nos sens, que toutes les théories considèrent au moins comme les canaux par lesquels la connaissance des corps nous arrive, ne sont pas faits de manière à introduire tout d'un coup dans la perception la totalité d'un objet. Ils ne laissent passer qu'un seul attribut à la fois. Hamilton l'admet comme tout le monde, excepté quand le sujet le rend aveugle.

Ainsi que cela arrive souvent à notre auteur, sa conclusion vaut mieux que son raisonnement, et quoiqu'elle ne soit pas toute la vérité, elle contient quelque chose de vrai. La proposition, que nous connaissons le tout avant les parties, ne supporte pas l'examen, si l'on veut y voir une loi générale, mais elle est très-souvent vraie dans certains cas. Notre première impression est souvent celle d'une masse confuse, dont toutes les parties semblent être fondues ensemble, et le progrès que nous faisons par la suite consiste à y introduire une distinction nette. C'était bien de nous montrer ce fait : mais si notre auteur avait fait plus d'attention à ses limites, il eût été à même d'en donner une théorie complète, au lieu de ne nous laisser qu'une observation empirique qui attend la main d'un autre pour s'élever au rang d'une loi scientifique.

Hamilton n'a pas compris la force de l'association inséparable qui unit la couleur à l'étendue; il ne l'a pas comprise davantage, dans le seul autre cas où il veut prouver qu'une certaine idée n'est pas produite par association. Il s'agit de la causalité, et son argument est celui qu'emploient d'ordinaire les métaphysiciens de son école. « *La nécessité* (1) » de penser ainsi ne peut provenir d'une *habitude* de penser

---

(1) *Discussions, Appendix*, I. *On Causality*, p. 615.

» ainsi. La force de l'habitude, quelque influence qu'elle puisse
» avoir, ne produit jamais que l'habituel, et l'habituel n'arrive
» jamais au nécessaire, et même n'en approche jamais. » Un
paveur qui ne peut manœuvrer sa demoiselle sans pousser
son cri accoutumé; un orateur qui a si souvent en parlant tortillé entre ses doigts un bout de ficelle, qu'il est devenu incapable de parler dès que par accident il l'a laissé échapper, voilà,
ce me semble, des exemples d'un fait « habituel » qui s'est
approché du « nécessaire » et qui est même devenu nécessaire.
« L'association peut expliquer une croyance forte et spéciale,
» mais elle ne peut jamais expliquer une croyance universelle
» et absolument irrésistible. » Ne l'explique-t-elle pas quand la
conjonction des faits qui engendre l'association est elle-même
universelle et irrésistible ? « Ce que (1) je ne peux pas m'empê-
» cher de penser, doit être *a priori* un élément primitif de la
» pensée ; ce ne peut être le produit de l'expérience et de la
» force de l'habitude. » Comme si l'expérience, c'est-à-dire l'association, ne produisait pas perpétuellement à la fois des incapacités de penser et des incapacités de ne pas penser. « Nous pouvons nous dépouiller par la pensée de toutes les parties de la
» connaissance que nous avons tirées de l'expérience (2). » Sans
aucun doute, des associations produites par l'expérience, peuvent être dissoutes par une somme suffisante d'expérience contraire. Dans la théorie qui veut que la croyance à la causalité
soit le résultat de l'association, « quand (3) l'association est
» récente, le jugement causal devrait être faible et ne parvenir
» que graduellement à la plénitude de sa force, à mesure que
» l'habitude devient invétérée. » Et comment savons-nous que
cela n'est pas ? Toute l'opération de l'acquisition de notre
croyance à la causalité se passe à un âge dont nous ne conservons aucun souvenir, et qui rend impossible la vérification
du fait par l'expérience. Toutes les théories s'accordent à dire
que notre premier type de cause est le pouvoir que nous
avons en propre de mouvoir nos membres ; ce pouvoir est le
plus complet, et il a formé les plus fortes associations, long-

---

(1) *Lectures*, II, 191.
(2) *Lectures*, IV, 74.
(3) *Discussions*, *ut suprà*.

temps avant que l'enfant puisse observer et communiquer ses opérations mentales.

Il est étrange que tous les adversaires de la théorie psychologique fondée sur l'association aient basé leur principal ou leur unique argument pour la réfuter sur le sentiment de la nécessité ; en effet, s'il y a dans notre nature un sentiment que les lois d'association soient évidemment capables de produire, c'est celui-là. D'après la définition de Kant, et il n'y en a pas de meilleure, le nécessaire est ce dont la négation est impossible. Si nous trouvons qu'il est de toute manière impossible de séparer deux idées, nous avons tout le sentiment de nécessité que l'esprit humain peut avoir. Ceux, donc, qui nient que l'association puisse produire une nécessité de la pensée, devraient soutenir que deux idées ne sont jamais tellement nouées ensemble qu'elles soient réellement inséparables. Mais cette affirmation contredit l'expérience la plus vulgaire. Que de personnes, qui pour avoir été épouvantées dans leur enfance, ne peuvent jamais se trouver seules dans l'obscurité sans éprouver d'invincibles terreurs ! Que de personnes, qui ne peuvent revoir un certain endroit, ou penser à un certain événement sans qu'il se réveille en elles de vifs sentiments de douleur ou des souvenirs de souffrance ! Si les faits qui ont créé ces fortes associations dans les esprits de quelques individus avaient été communs à tous les hommes dès la première enfance, et s'ils avaient été complétement oubliés après la formation des associations, nous aurions une nécessité de la pensée, une de ces nécessités que l'on regarde comme des preuves d'une loi objective, et d'une connexion mentale *a priori* entre des idées. Or, dans toutes les prétendues croyances naturelles et les prétendues conceptions nécessaires que nous voulons expliquer par le principe de l'association inséparable, les causes productives des associations ont dû commencer presque au commencement de la vie, et elles sont communes à tous les hommes ou à une grande partie de l'humanité (1).

---

(1) Il est nécessaire de corriger une erreur à laquelle je ne me croyais pas susceptible de donner lieu. Le D^r M'Cosh emploie presque tout son 9e chapitre (*Jugement ou Comparaison*) à protester contre la doctrine qu'une association inséparable produit nécessairement la croyance ; et il termine par un appel solennel à la jeunesse, qu'il conjure de secouer de l'influence la théorie de l'association, et d'apprendre « qu'il est de notre devoir de fonder nos croyances sur

Les bribes que je viens de citer sont, je crois, tout ce que Hamilton a jamais écrit contre la psychologie de l'association. Mais ce n'est pas tout ce qu'on a dit contre cette théorie dans la même école. Dans ce cas comme dans tant d'autres, pour combler les lacunes de Hamilton, on peut avec avantage avoir recours à M. Mansel.

M. Mansel, quoique, en un sens, disciple de Hamilton, est un disciple qu'on peut consulter avec fruit, même après le maître. Outre qu'il voit çà et là des choses que le maître n'a pas aperçues, il soutient mieux le débat contre ses adversaires. De plus, ainsi que je l'ai déjà fait remarquer, il a un goût décidé pour les expositions claires et les discussions précises ; et ce n'est pas un mince mérite, quand il s'agit, non pas de vaincre, mais de comprendre le sujet du débat.

M. Mansel pose exactement la question à débattre contre la théorie psychologique de l'Association, et soumet le débat au vrai critérium. « On a déjà fait observer, » dit-il dans ses *Prolegomena logica* (1) », que toutes les vérités que nous sommes forcés d'ad-
» mettre comme nécessaires en tous lieux et en tout temps,
» doivent avoir leur origine, non pas au dehors, dans les lois
» du monde sensible, mais au dedans, dans la constitution de
» l'esprit même. On a fait des tentatives pour les déduire de
» l'expérience sensible et de l'association des idées, mais cette
» explication est réfutée par le souverain juge de toutes les hy-
» pothèses : elle ne rend pas compte des phénomènes. Elle n'ex-
» plique pas comment il se fait que *d'autres associations, tout*
» *aussi fréquentes et tout aussi uniformes, sont incapables de*

» un jugement préalable », et « de les baser sur l'examen des réalités et des » actualités (214, 215) ». Par ces paroles qu'il dirige contre moi, le D^r M'Cosh non-seulement prêche un converti, mais un missionnaire des mêmes idées. J'ai certainement appelé l'attention sur la vérité psychologique importante, que le D^r M'Cosh ne méconnaît pas, qu'une forte association mentale entre deux faits, même sans inséparabilité, a une grande tendance à nous faire croire à une connexion entre les faits mêmes ; mais, s'il y a jamais eu un auteur qui ait pris grand soin de prémunir les lecteurs contre cette tendance (à laquelle j'ai donné dans ma Logique une place considérable dans l'énumération des sophismes) et de les exhorter à baser leurs croyances exclusivement sur des preuves, cet auteur, c'est moi. L'ouvrage de M. le D^r M'Cosh ne mérite pas l'accusation de déloyauté ; mais ce fait prouve combien peu l'on peut être sûr de comprendre exactement les principes et les tendances d'une philosophie différente de celle qu'on suit.

(1) Au commencement du chap. IV, p. 90.

» *produire plus qu'une conviction d'une nécessité uniquement*
» *relative et physique.* »

Voilà ce qui s'appelle aborder la question, et montrer qu'on comprend comme il faut les conditions de la preuve scientifique. Si d'autres associations aussi étroites et aussi habituelles que celles qui existent dans les cas en question ne produisent pas un sentiment pareil de nécessité, la prétendue cause est insuffisante, et la théorie s'écroule. M. Mansel se met dans les vraies conditions de la méthode psychologique.

Mais quels sont les cas d'association constante et intime qui ne donnent pas naissance à un sentiment de nécessité mentale? Voici le premier exemple que donne M. Mansel (1) : « Je peux
» imaginer que le soleil se lève et se couche comme aujour-
» d'hui, pendant cent ans, et qu'ensuite il reste continuellement
» fixe dans le méridien. Pourtant mon expérience de la succes-
» sion régulière du jour et de la nuit est au moins aussi inva-
» riable que celle des propriétés géométriques des corps. Je peux
» imaginer que la même pierre s'enfonce quatre-vingt-dix-neuf
» fois dans l'eau et qu'elle surnage la centième, mais mon expé-
» rience répète invariablement le premier phénomène, et celui-
» là seul. »

L'alternative du jour et de la nuit est constante dans notre expérience ; mais le phénomène jour est-il si intimement uni dans notre expérience avec le phénomène nuit, que nous ne percevions jamais l'un sans percevoir l'autre au même instant ou à l'instant d'après? C'est la condition qu'on retrouve dans toutes les associations inséparables qui produisent des nécessités de pensée. Les successions constantes dans lesquelles les phénomènes se présentent l'un après l'autre, mais seulement après un certain intervalle, ne donnent pas naissance à des associations inséparables (2). Pour créer une association inséparable,

---

(1) *Prolegomena logica*, 96, 97.
(2) M. Mahaffy a mal compris (p. 24) le sens de cette proposition qui n'est pas exprimée avec assez de soin. Les phénomènes qui, pour créer une association inséparable, doivent avoir été simultanés ou immédiatement successifs, n'ont pas besoin d'être des perceptions actuelles : une association et même une association inséparable peut s'établir entre deux idées, si elles se présentent habituellement ensemble ou en succession immédiate, dans la pensée seulement. Les auteurs qui ont écrit sur l'association ont reconnu si universellement cette vérité qu'elle ne paraît pas avoir besoin d'être énoncée. Mais la succession qui produit une association inséparable doit, en fait ou en idée, présenter une succession immédiate, ou plutôt une succession sans intervalle que la conscience puisse saisir.

il faut des conditions mentales aussi bien que des conditions physiques. Prenons l'autre exemple de M. Mansel, une pierre qui s'enfonce dans l'eau. Nous ne l'avons jamais vue surnager, et pourtant rien ne nous empêche de concevoir qu'elle surnage. Et d'abord, nous n'avons pas vu, dès l'aube de la conscience et presque à chaque instant de notre vie, des pierres s'enfoncer dans l'eau, comme nous avons vu deux et deux faire quatre, deux lignes qui se coupent diverger au lieu d'enclore un espace, des causes suivies d'effets, et des effets précédés par des causes. Mais il y a encore une différence plus radicale. La conjonction fréquente de deux phénomènes ne crée pas entre eux une association inséparable, si pendant tout ce temps il se crée des associations contradictoires. Personne ne suppose que si nous avions vu quelquefois des pierres surnager aussi bien que s'enfoncer, bien que nous les eussions souvent vu s'enfoncer, il se fût formé une association inséparable entre elles et la submersion. Nous n'avons pas vu une pierre surnager, mais nous avons l'habitude constante de voir des pierres ou d'autres corps qui ont la même tendance à s'enfoncer rester dans une position qu'ils abandonneraient, s'ils n'y étaient maintenus par une force invisible. La submersion d'une pierre n'est qu'un fait de gravitation, et nous sommes très-bien accoutumés à voir la force de la gravitation contrebalancée. Tous les faits de cette nature que nous avons vu et entendu rapporter, sont *pro tanto* des obstacles à la formation de l'association inséparable qui nous empêcherait de concevoir une violation de la loi de la pesanteur. La ressemblance est un principe d'association aussi bien que la contiguïté : et quelque contradictoire qu'une supposition puisse être à notre expérience *in hâc materiâ*, si notre expérience *in aliâ materiâ* nous offre des types présentant une ressemblance, éloignée même, avec le prétendu phénomène, tel qu'il serait s'il était réalisé, les associations formées sous l'influence de ces types empêcheront en général les associations spécifiques de prendre une intensité et une force assez irrésistibles pour que notre imagination ne puisse plus se figurer la supposition sous une forme calquée sur l'un ou l'autre de ces types (1).

(1) Dans une habile critique manuscrite de « l'hypothèse de l'Expérience » qui m'a été communiquée, on donne pour exemple d'une séquence uniforme qui

M. Mansel ajoute (1) : «L'expérience m'a constamment présenté
» le corps d'un cheval uni à une tête de cheval, et une tête
» d'homme sur un corps d'homme ; de même que l'expérience
» m'a constamment présenté un espace enfermé dans deux
» lignes courbes, et non dans deux lignes droites. Néanmoins
» je n'ai pas de peine à me figurer un centaure, mais je ne
» puis imaginer un espace enclos dans deux lignes droites.
» Pourquoi, dans le premier cas, considéré-je les résultats de
» mon expérience comme seulement accidentels et susceptibles
» d'infraction, bornés aux phénomènes actuels d'un théâtre
» restreint, et ne possédant pas de valeur hors de ce théâtre;

n'engendre pas une nécessité de la pensée un fait bien familier, à savoir que le feu brûle. Personne, dit l'auteur, ne soutiendra que la perception du fait que deux lignes parallèles n'enferment point un espace, soit plus fréquente que celle du fait : le feu brûle ; cependant nous n'avons pas de peine à imaginer des êtres humains restant dans une fournaise ardente sans être brûlés. Nous pouvons même le croire, si nous admettons l'hypothèse de la magie ou celle d'un miracle. Cela n'est pas douteux ; mais cela trouve son explication dans les associations contraires. Quoique nous n'ayons jamais vu un homme rester dans le feu sans être brûlé, le séjour dans le feu n'est pas inséparablement associé avec la destruction, car nous avons vu beaucoup d'autres objets plongés dans le feu résister à son action. La conception d'un homme dans le feu et non brûlé ne dépasse pas les limites de la faculté essentielle de l'imagination, qui consiste à changer (légèrement dans ce cas) les combinaisons mentales des éléments que l'expérience nous fournit. L'auteur demande pourquoi l'imagination ne peut pas produire toutes les combinaisons ? Les seules qu'elle ne puisse pas produire sont précisément celles qui sont empêchées par des associations réellement irrésistibles, par des associations qui n'ont jamais été contrebalancées par des associations contraires, et qui introduisent de force dans nos représentations mentales, des éléments avec lesquels certaines combinaisons de l'imagination seraient incompatibles.

Le même auteur ajoute que nous croyons par une nécessité de pensée qu'une tangente ne touche un cercle qu'en un seul point, et que pourtant cette croyance nécessaire, bien loin d'être le résultat de l'expérience uniforme, en reçoit un démenti, puisque les tangentes et les cercles de l'expérience se touchent par plus d'un point, se fondent dans une partie appréciable de leur étendue. Je réponds que le cercle de notre imagination est copié seulement sur ceux qui parmi les cercles de notre expérience ne présentent aux sens aucun écart de la définition d'un cercle, c'est-à-dire de celui dont les rayons n'offrent aucune inégalité perceptible. Or, si les rayons sont égaux pour notre perception, une ligne qui, pour notre perception, est droite, touchera le cercle en un lieu qui, pour notre perception, n'est qu'un seul point. Il y a bien des cercles comme ceux-là, je ne dirai pas dans la nature, mais assurément dans les produits des arts mécaniques. Par conséquent la croyance ne heurte pas l'expérience uniforme, mais elle s'accorde avec elle. Et même dans l'hypothèse contraire, lors même qu'il n'y aurait pas d'autres cercles dans l'expérience que ceux qui diffèrent d'une façon appréciable de l'idéal géométrique, nos sens ne nous apprendraient pas moins que dans la mesure où un cercle et une ligne s'approchent de la définition, l'étendue de leur contact se rapproche d'un point : ce qui d'après les principes de l'induction fait de ce principe premier une vérité d'expérience aussi bien que s'il était directement aperçu par les sens.

(1) *Prolegomena logica*, p. 99-100.

» tandis que dans le dernier, je suis contraint de les regarder
» comme universels et nécessaires ? Pourquoi puis-je par l'ima-
» gination donner au corps d'un quadrupède une qualité qui
» d'après l'expérience n'appartient qu'à celui des bipèdes ? Et
» pourquoi ne puis-je pas de la même manière investir les
» lignes droites d'un attribut qui, d'après l'expérience con-
» stante, appartient aux lignes courbes ? »

Je réponds : parce que notre expérience présente mille modèles sur lesquels nous pouvons former la conception d'un centaure, et pas un seul sur lequel nous puissions ébaucher celle de deux lignes droites enfermant un espace. La nature, telle que l'expérience nous la montre, a des lois immuables, mais aussi des combinaisons variées. La combinaison du corps d'un cheval avec une tête d'homme n'a rien, *prima facie*, qui la sépare largement des variétés sans nombre que nous offre la nature vivante. Pour un homme du monde, sinon même pour un savant, ce fait ne sort pas des limites des variations de notre expérience. Toutes les variations analogues que nous avons vu ou entendu rapporter, sont autant de faits qui nous aident à concevoir celle-ci ; et toutes tendent à former une association, non pas de fixité, mais de variabilité, qui fait échouer la formation d'une association inséparable entre une tête humaine et un corps humain à l'exclusion des autres. Nous connaissons tant de têtes différentes unies à tant de corps différents, que nous n'avons pas beaucoup de peine à imaginer la combinaison d'une de ces têtes avec un de ces corps. Bien plus, la mobilité des objets dans l'espace est un fait si universel dans notre expérience, que nous concevons aisément qu'un objet quelconque prenne la place d'un autre ; nous imaginons sans peine un cheval dont la tête a été enlevée et remplacée par celle d'un homme. Mais quel modèle notre expérience nous offre-t-elle pour ébaucher, ou bien quels éléments pour construire la conception de deux lignes droites enfermant un espace ? Il n'y a pas dans ce cas d'associations contradictoires, et par suite, les associations primitives formées dès la naissance et continuées sans interruption pendant nos heures de veille, deviennent aisément inséparables. Mais que l'expérience nous eût seulement présenté, dans une illusion persistante, deux lignes droites qui, après s'être coupées, eussent paru se rencontrer de nouveau, et l'association contradictoire formée à la suite de cette illusion pouvait être suffisante pour permettre d'imaginer que deux lignes droites enferment un espace, et pour détruire la prétendue nécessité de la pensée. Eh bien, les lois de la perspective nous présentent une illusion de cette nature dans le cas des lignes parallèles ; pour l'œil, elles paraissent se rencontrer dans deux sens opposés, et par conséquent enclore un espace. En faisant la supposition qu'il ne nous serait pas possible d'acquérir la preuve qu'elles ne se rencontrent pas en réalité, un ingénieux penseur, que j'ai déjà cité, a pu donner une idée d'un état de la nature dans lequel toute l'humanité aurait cru que deux lignes droites peuvent enfermer un espace. Aujourd'hui, et dans les circonstances présentes, nous sommes incapables de nous figurer ce fait ; mais pour expliquer cette impossibilité, il n'est pas besoin d'invoquer un autre principe que les lois d'association. Car nous y retrouvons non-seulement tous les éléments de l'association la plus intime et la plus inséparable, mais il n'a pas à craindre des associations contraires dans les conditions de l'expérience humaine. (1)

Je suis convaincu que dans tous les exemples de phénomènes invariablement unis, qui malgré cela ne créent pas de nécessités de la pensée, on trouverait qu'il manque quelqu'une des conditions qui, d'après la théorie psychologique de l'association, sont nécessaires pour former une association réellement inséparable. Ce qu'il y a de plus étonnant, c'est que M. Mansel n'ait

---

(1) M. Mahaffy dit que je n'ai pas besoin de sortir de notre monde pour trouver des illusions qui, suivant ma théorie, devraient nous permettre de concevoir quelque chose de contradictoire à un axiome mathématique ; puis il rapporte des illusions dont le caractère illusoire se voit tout d'un coup, parce qu'on peut recourir immédiatement à la preuve qui les réfute, à savoir la double vision, et la cassure apparente du bâton qu'on plonge dans l'eau (p. xxvii). J'ai voulu me prémunir contre des objections aussi peu applicables, et j'ai écrit le mot *permanente* à côté du mot *illusion*. M. Mahaffy raisonne comme si les illusions de notre expérience n'étaient jamais corrigées par une expérience contraire, comme si elles devaient nous décevoir à moins d'être réprimées par une conviction *à priori*. « Tout enfant, » dit-il, « qui jette les yeux sur une rue longue, voit deux lignes parallèles » converger, et nous ne cherchons pas souvent à vérifier le résultat ou à le mettre » en question..... Très-certainement l'enfant qui a vu de longues lignes paral» lèles et constaté leur équidistance, aussi loin qu'il peut le faire aisément, et qui » ne les a pas vu changer brusquement de direction, — cet enfant n'a pas vérifié » par lui-même que ces parallèles ne se rejoignent pas. » Un enfant ne se promène-t-il jamais dans une rue, ou bien M. Mahaffy croit-il que l'enfant ne peut être suffisamment éclairé s'il ne s'est pas promené dans toutes les rues?

pas aperçu la réponse facile qu'on pouvait faire à son objection, puisqu'il explique plusieurs impossibilités de pensée à peu près comme la théorie de l'association. « Nous ne pouvons » dit-il (1), « concevoir dans la pensée que ce que nous avons aperçu » dans la représentation »; il ne faut rien autre pour être incapable de concevoir une chose que de n'en avoir jamais fait l'expérience. M. Mansel soutient souvent que l'exemple capital d'une nécessité de la pensée, la croyance en l'uniformité du cours de la nature peut s'expliquer par l'expérience, sans aucune nécessité objective. « Nous ne pouvons pas concevoir, » dit-il (2), le cours de la nature sans succession constante, » de la même manière que nous ne pouvons pas concevoir un » être voyant sans yeux, ou entendant sans oreilles; parce que » nous ne pouvons, dans les conditions actuelles, avoir l'in- » tuition nécessaire à cette conception. Mais ces choses peuvent » néanmoins exister; et dans d'autres conditions, elles pour- » raient devenir des objets de conception possible, sans que les » lois de la conception fussent changées. » Je sais que lorsque M. Mansel emploie les mots présentation et intuition, il ne veut pas dire exclusivement la présentation par les sens. Néanmoins, s'il n'avait écrit que le passage précédent, personne ne soupçonnerait qu'il y a pour lui une autre cause à notre incapacité de concevoir une figure bilinéaire, que l'impossibilité dans laquelle nous sommes d'en percevoir une. Dans son opinion, il suffit (3) pour constituer des propositions nécessaires que, tandis « que notre constitution et les *circonstances* restent ce qu'elles sont, nous ne puissions pas ne pas concevoir ces propositions. « Il est plus qu'évident que plusieurs propositions, toutes susceptibles d'être uniquement basées sur l'expérience, rentrent dans cette définition. M. Mansel même affirme que les possibilités de pensée dépendent plus complétement des occasions d'expérience que nous pouvons avoir, que je ne le crois moi-même, puisqu'il dit : « nous ne pouvons concevoir que ce que nous » avons aperçu dans la représentation, » tandis qu'en réalité il suffit que nous ayons aperçu quelque chose de ressemblant.

(1) *Prolegomena logica,* 112.
(2) *Ibid.*, p. 129.
(3) *Ibid.*, p. 150.

CHAPITRE XV

DES MODIFICATIONS MENTALES INCONSCIENTES D'APRÈS HAMILTON.

Les lois de l'oubli que j'ai indiquées dans le chapitre précédent sont étroitement liées à une question soulevée par Hamilton et discutée dans son Cours : Y a-t-il des états inconscients de l'esprit? ou, comme il le dit dans sa dix-huitième leçon (1) : « l'esprit exerce-t-il des actions, — est-il le sujet de modifica-
» tions, qui échappent les unes et les autres à la conscience? »
Notre auteur se prononce sans hésitation pour l'affirmative, contrairement à l'opinion de la plupart des philosophes anglais, qui, dit-il, ont jugé inintelligible et absurde l'hypothèse d'un état actif ou passif mais inconscient, de l'esprit ; il ne se met pas moins en contradiction avec quelques-uns des aphorismes qui résument ses idées propres. Par exemple : «Tout acte de l'esprit est un acte de la conscience (2).» Et encore (3): «Nous devons dire
» de tout état de l'esprit, quel qu'il soit, qu'il (l'état d'esprit)
» ne peut être que tel qu'il est senti ; que sa véritable essence
» consiste à être senti, et que s'il n'est pas senti, il n'est pas. »
C'est une de ces nombreuses inconséquences de Hamilton qu'un examen sérieux et la comparaison attentive de ses idées mettent en lumière, et qui montrent qu'en réalité il était loin d'être le penseur systématique, que ferait supposer une

---

(1) *Lectures*, I, p. 338.
(2) *Ibid.*, p. 227.
(3) *Ibid.*, p. 73.

lecture superficielle de ses écrits. A un certain point de vue, ses contradictions sont tout aussi bien un titre d'éloge qu'un motif de blâme, puisque souvent il n'y tombe que parce qu'il a finement saisi des vérités psychologiques importantes beaucoup plus avancées que l'ensemble de ses idées, et parce qu'il n'a pas cherché à élever le reste de sa doctrine à ce niveau. Au lieu de raisonner systématiquement en partant d'un plan consistant et harmonique dans toutes ses parties, il semble que Hamilton n'ait pénétré dans les profondeurs de l'esprit qu'aux points qui présentaient quelque connexion avec les conclusions qu'il avait tirées d'un petit nombre de questions philosophiques spéciales. Aussi lui arrive-t-il de rapporter de ses explorations, comme dans le présent sujet, des résultats dissemblables. Mais à l'endroit où il traite directement cette question en particulier, il se décide sans équivoque pour l'existence des modifications mentales latentes. Le sujet en lui-même n'est pas sans importance, et la façon dont Hamilton le traite permettra d'apprécier ses qualités philosophiques en Psychologie pure.

Hamilton reconnaît que ces états latents sont de trois espèces, ou, suivant sa propre expression, de trois degrés. Après examen, on verra que deux de ces degrés ne sont pas du tout des états latents.

La première espèce comprend toutes les parties de notre connaissance auxquelles nous ne pensons pas pour le moment. « Je connais une science, ou une langue, non-seulement au » moment où j'en fais usage, mais en tant que je peux m'en » servir quand et comme il me plaît. Ainsi, l'immense ma- » jorité de nos richesses mentales demeure toujours hors » de la sphère de la conscience, cachée dans les plus obscurs » replis de l'esprit (1). » Mais, dirai-je, cette connaissance accumulée n'est pas un « état actif ou passif inconscient de l'es- » prit ». Cette connaissance n'est pas un état de l'esprit, elle est seulement apte à le devenir. Une chose à laquelle je ne pense pas n'est pas du tout présente à mon esprit. Elle peut le devenir si quelque chose vient à l'évoquer ; mais elle n'est pas présente maintenant d'une manière latente, pas plus qu'une chose matérielle que je puis avoir ramassée. Je puis avoir rassemblé des

---

(1) *Lectures*, I, p. 339.

provisions de bouche pour me nourrir, mais mon corps n'est pas nourri d'une manière latente par ces provisions. J'ai le pouvoir de me promener dans ma chambre, bien que je sois assis, mais nous ne pouvons guère appeler ce pouvoir une promenade latente. Ce qu'il fallait montrer, ce n'est pas que nous pouvons posséder une connaissance sans l'évoquer, mais qu'elle peut être évoquée dans l'esprit sans que nous en ayons conscience (1).

« La seconde espèce d'états latents comprend les systèmes de
» connaissance, ou les habitudes d'action, que l'esprit possède
» sans en avoir conscience dans l'état ordinaire, mais qui se
» révèlent à la conscience dans certains moments d'exaltation

---

(1) Hamilton rejette décidément cette distinction évidente, et dans sa leçon sur la Mémoire (*Lectures*, XXX) il soutient que toute la connaissance que nous possédons, que nous y pensions ou non, nous est toujours présente, quoique d'une manière inconsciente. « C'est certainement » dit-il « une hypothèse, parce que tout
» ce qui est hors de la conscience ne peut être que supposé ; mais c'est une hypo-
» thèse que les phénomènes non-seulement nous autorisent, mais nous nécessitent
» à faire (*Lectures*, II, 209). » Cette affirmation hardie ne s'appuie que sur un passage d'un auteur dont nous avons déjà parlé au lecteur, H. Schmid (*Versuch einer Metaphysik*). Cependant Schmid ne tire pas sa conclusion « des phénomènes observés », mais il la déduit *à priori* de la proposition que l'acte de la connaissance est « un acte des facultés spontanément actives d'un sujet un et indivi-
» sible ; en conséquence, une partie du moi doit être détachée ou annihilée si une
» cognition qui a une fois existé vient à cesser d'être. » Cette pétition de principe palpable (que Schmid ne se fait aucun scrupule d'étayer sur une demi-douzaine de suppositions gratuites) le met naturellement dans la nécessité d'expliquer comment on peut oublier une chose. Schmid résout cette difficulté en déclarant que cela n'arrive jamais, mais que la chose passe à l'état latent. De tout cela, pas l'ombre d'une preuve. On le pose comme un fait qu'on peut déduire de l'idée du Moi dégagée par Schmid des profondeurs de sa conscience morale. Le passage suivant peut faire juger cette façon de philosopher : « Toute activité
» mentale appartient à l'une des activités vitales de l'esprit en général ; elle y
» est donc indissolublement liée ; elle n'en peut être arrachée, ni y être abolie. »
Il ne lui reste donc plus qu'à donner aux impressions faites sur la mémoire le nom « d'activité mentale », pour prouver que du moment que nous les avons eues nous ne pouvons plus les perdre. S'il n'avait fait que les appeler un *acte* de l'esprit, c'en était fait de son argument ; car il est certain qu'il peut y avoir des actes passagers d'une activité permanente. Schmid prétend en outre, en partant des mêmes prémisses, que les sentiments, les volontés et les désirs sont retenus dans l'esprit, sans l'intermédiaire de la mémoire, c'est-à-dire que nous retenons les états eux-mêmes et non les notions et les souvenirs de ces états : d'où il suit qu'en ce moment même j'ai le désir et la volonté de me lever du lit hier matin, et tous les matins passés depuis que j'ai une volonté. Schmid a une réponse facile à tous les essais d'explication des phénomènes de l'esprit par des hypothèses physiologiques ; il dit que « l'esprit, bien que conditionné par des relations corporelles,
» conserve néanmoins son activité spontanée et son indépendance ». Comme si le vrai point de dispute entre lui et les hypothèses n'était pas précisément de décider si l'esprit conserve ou ne conserve pas cette indépendance. Ces raisonnements conviennent à Schmid, mais il n'était pas digne de Hamilton de les accepter et de se les approprier.

» extraordinaire de ses facultés. Fréquemment l'esprit pos-
» sède des systèmes entiers de connaissance qui peuvent
» bien dans notre état normal s'effacer dans l'oubli, mais qui,
» dans certains états exceptionnels, tels que la folie, le délire
» fébrile, le somnambulisme la catalepsie, etc., éclatent en
» traits lumineux, et même rejettent dans l'ombre de l'incon-
» science les autres systèmes qui les avaient si longtemps
» éclipsés et même éteints ». Hamilton cite alors, d'après
divers auteurs, quelques faits curieux « où la mémoire éteinte
» de langues entières fut rétablie, et, ce qui est encore plus
» remarquable, où les malades ont pu réciter en des langues
» connues ou inconnues des morceaux dont ils n'avaient
» jamais eu de souvenir conscient pendant leur état normal ».
Mais ce ne sont pas là des états latents de l'esprit, ce sont des
choses différentes, des faits de mémoire latente, ce qui est
toute autre chose. Ce ne sont pas les impressions mentales
qui sont latentes, mais le pouvoir de les reproduire. Tous
le monde admet, sans s'embarrasser de la preuve, que nous
avons des facultés et des propriétés dont nous n'avons pas
conscience, mais ce ne sont que des aptitudes à recevoir
des impressions, et non des impressions réelles. Je suis susceptible d'être empoisonné par l'acide prussique, mais cette
susceptibilité n'est pas un phénomène actuel, qui fasse partie de
mon corps d'une manière constante, sans que je le perçoive.
L'aptitude à être empoisonné n'est pas une modification de
mon corps; et l'aptitude que je puis avoir de me ressouvenir,
dans le délire, de ce que j'avais oublié tandis que j'étais en
santé, n'est pas non plus une modification présente de mon
esprit. Ce sont des états futurs contingents, non pas des états
présents et réels. La vraie question est de savoir si je peux
avoir une modification mentale présente et réelle sans le
savoir.

Ceci nous amène au troisième cas, le seul qui soit réellement
dans la question, et nous oblige à nous demander s'il y a dans
le cours régulier de notre vie mentale « des modifications (1)
» de l'esprit, c'est-à-dire des états actifs ou passifs de l'esprit,
» dont nous n'avons pas conscience, mais qui manifestent leur

---

(1) *Lectures*, I, 347, 349.

» existence par des effets dont nous avons conscience ». Hamilton décide qu'il y en a, et même « que ce dont nous
» avons conscience se compose de ce dont nous n'avons pas
» conscience », que « la sphère de nos modifications con-
» scientes n'est qu'un petit cercle situé au centre d'une sphère
» plus vaste d'états actifs et passifs dont nous n'avons con-
» science que par leurs effets ».

Il tire son premier exemple de la perception des objets extérieurs. Voici les faits qu'il avance : 1° Tout *minimum visibile* se compose de parties encore plus petites qui séparément ne sont pas susceptibles d'être des objets de vision. « Prises
» individuellement et à part, elles sont nulles pour la con-
» science. » Pourtant chacune de ces parties « doit elle-même
» avoir produit en nous une certaine modification réelle bien
» qu'inaperçue », puisque l'effet de l'ensemble ne peut être que la somme des effets séparés des parties. 2° « Quand nous
» regardons une forêt dans le lointain, nous percevons une
» certaine étendue de vert. Cette étendue en tant qu'impres-
» sion de notre organisme, nous en avons clairement et distinc-
» tement conscience. Or l'étendue dont nous avons conscience
» se compose évidemment de parties dont nous n'avons pas
» conscience. Peut-être ne voyons-nous pas de feuilles, et même
» pas d'arbres séparément, mais le vert d'une forêt se com-
» pose du vert des feuilles, c'est-à-dire que l'impression totale
» dont nous avons conscience se compose d'une infinité de
» petites impressions dont nous n'avons pas conscience. »
3° Notre sens de l'ouïe nous tient le même langage. Il y a un *minimum audibile* ; le son le plus faible qu'on puisse entendre. Cependant ce son se compose de parties dont chacune doit nous impressionner de quelque manière, sans quoi le tout qu'elles forment ne nous impressionnerait pas. Nous entendons le murmure lointain de la mer, « ce murmure est une somme com-
» posée de parties ; qui serait égale à zéro, si les parties ne
» comptaient pas pour quelque chose..... Si le bruit de chaque
» vague ne faisait aucune impression sur nos sens, le bruit de la
» mer résultant de ces impressions ne pourrait se produire.
» Mais le bruit de chaque vague, à la distance supposée, n'est
» pas susceptible d'être entendu ; nous devons admettre cepen-
» dant que ces bruits produisent sur le sujet qui perçoit ;

» une certaine modification échappant à la conscience, car la
» réalité de leur résultat nous y oblige » (1).

Il est intéressant de se demander comment Hamilton a pu, sans s'en apercevoir, laisser glisser dans son raisonnement une supposition gratuite. Parce que le *minimum visibile* se compose de parties (ainsi que le montre le microscope), et parce que le minimum visibile produit une impression sur notre sens de la vue, Hamilton saute d'un bond à la conclusion que chacune des parties doit en produire une aussi. Mais ce que nous savons de la nature, nous permet de supposer qu'une *certaine quantité* de la cause peut être une condition nécessaire de la production d'*une partie* de l'effet. Dans cette hypothèse, le minimum visibile *serait* cette certaine quantité, et les deux moitiés dont on peut le concevoir composé, bien que contribuant chacune pour moitié à la formation de ce qui produit la vision, ne produiraient pas isolément la moitié de la vision, le concours des deux moitiés étant nécessaire à la production d'un phénomène de vision. Il en est ainsi du murmure lointain de la mer ; la cause qui le produit se compose du roulement de beaucoup de vagues différentes, qui si elles étaient assez proches feraient chacune sur nous l'impression d'un son perceptible ; mais, à la distance où elles sont, il faut le roulement de beaucoup de vagues pour produire dans l'air les vibrations suffisantes, alors que la distance les affaiblit, pour produire un effet sur les nerfs auditifs, et par eux sur l'esprit. Supposer que chaque vague affecte l'esprit séparément, parce que leur ensemble l'affecte, c'est donc, pour le moins, faire une hypothèse sans preuves.

L'hypothèse contraire, que pour produire une quantité quelconque de l'effet, il faut une certaine quantité minimum de la cause, a été méconnue par Hamilton ; il y a lieu de s'en étonner, parce que non-seulement il a adopté une supposition semblable dans d'autres cas (2), mais parce qu'ici cette hypothèse

(1) *Lectures*, I, 349, 351.
(2) « Dans la perception interne d'une série d'opérations mentales, il faut un
» certain temps, une certaine durée pour la subdivision la plus petite de l'activité
» continue dont la conscience soit capable. Il faut admettre comme condition de
» la conscience un minimum de temps » (*Lectures*, I, 369), et encore (*Lectures*, II,
102) : « On peut dire certainement que le minimum de sensation suppose le mi-
» nimum de perception ; car la perception suppose toujours un certain quantum
» de sensation. »

est indispensable à sa théorie. Il ne veut pas admettre qu'au-dessous d'une certaine quantité, un agent extérieur ne produit pas de modification mentale ; mais il suppose qu'au-dessous d'une certaine quantité la modification mentale ne produit pas d'effet sur la conscience. Cependant si son argument *à priori* est bon pour une conséquence, il est bon pour l'autre. Si l'effet d'un ensemble doit être la somme d'effets homologues produits par toutes ses parties, si tous les états de conscience sont les effets d'une modification de l'esprit composée d'une infinité de petites parties, l'état de conscience doit aussi être composé d'une infinité de petits états de conscience produits chacun respectivement par ces infiniment petites modifications mentales. Nous ne pouvons pas à volonté adopter une théorie pour le premier terme du couple, et une autre pour le second. Après avoir montré qu'il n'y a pas de raison de préférer une théorie à l'autre, notre auteur aurait agi plus philosophiquement en ne choisissant pas entre elles. Mais appliquer une moitié du fait à une théorie et une moitié à l'autre, sans en donner la raison, c'est dépasser les justes limites des hypothèses scientifiques.

Après ces exemples tirés de la perception, notre auteur passe à des cas d'association ; et comme il expose ici d'importants phénomènes de l'esprit avec clarté et exactitude, je le cite un peu longuement (1) :

« Il arrive quelquefois que nous voyons une idée s'élever im-
» médiatement après une autre dans la conscience, sans pouvoir
» ramener cette succession à une loi d'association. Or, en géné-
» ral, dans ces cas nous pouvons découvrir par une observation
» attentive, que ces deux idées, bien que non associées entre
» elles, sont chacune associées à certaines autres idées ; de sorte
» que la série aurait été régulière, si ces idées intermédiaires
» avaient pris dans la conscience leur place entre les deux idées qui
» ne sont pas immédiatement associées. Supposez, par exemple,
» trois idées A, B, C ; supposez que les idées A et C ne peuvent
» se suggérer l'une l'autre immédiatement, mais que l'une et
» l'autre sont associées à l'idée B, en sorte que A suggère
» naturellement B, et B naturellement C. Or, il peut arriver

(1) *Lectures*, I, 352, 353.

» que nous ayons conscience de A, et immédiatement après
» de C. Comment expliquer cette anomalie? On ne le peut que
» par le principe des modifications latentes. A suggère C, non pas
» immédiatement, mais par l'intermédiaire de B ; mais comme
» B, de même que la moitié du *minimum visibile* et du *mini-*
» *mum audibile,* ne se présente pas dans la conscience, nous
» pouvons le considérer comme non existant. Il y a un fait de
» mécanique que vous connaissez probablement. Si des billes
» de billard sont placées en ligne droite, se touchant l'une l'au-
» tre, et si l'on pousse une bille contre celle qui forme la tête
» de la ligne, qu'arrivera-t-il ? Le mouvement de la bille lan-
» cée ne se divise pas dans la rangée des billes, l'effet auquel
» nous aurions pu nous attendre *à priori* n'arrive pas, mais
» l'impulsion se transmet à travers les billes intermédiaires, qui
» restent chacune en place, à la bille située à l'autre bout de
» la ligne, et cette bille seule suit l'impulsion. Il semble qu'il
» se passe souvent quelque chose de semblable dans le cours
» de la pensée. Une idée suggère immédiatement une autre
» idée dans la conscience. — La suggestion agit à travers une
» ou plusieurs idées qui ne se présentent pas elles-mêmes dans
» la conscience. Les idées qui éveillent et celles qui sont éveil-
» lées correspondent à la bille qui frappe et à celle que le
» mouvement détache de la file ; tandis que les idées inter-
» médiaires dont nous n'avons pas conscience, mais qui effec-
» tuent la suggestion, ressemblent aux billes intermédiaires qui
» restent immobiles tout en transmettant le mouvement. Il me
» vient à l'esprit un cas dont j'ai été récemment frappé. Je
» pensais au Ben Lomond, cette pensée fut immédiatement
» suivie de la pensée du système d'éducation prussien. Or, il
» n'y avait pas moyen de concevoir une connexion entre ces deux
» idées en elles-mêmes. Cependant un peu de réflexion m'expli-
» qua l'anomalie. La dernière fois que j'avais fait l'ascension de
» cette montagne, j'avais rencontré à son sommet un Allemand,
» et bien que je n'eusse pas conscience des termes intermé-
» diaires entre Ben Lomond et les écoles de Prusse, ces termes
» étaient indubitablement — Allemand, — Allemagne, —
» Prusse, — et je n'eus qu'à les rétablir pour rendre évidente
» la connexion des extrêmes. »

Notre auteur nous dit que ces faits peuvent seulement

trouver leur explication dans l'hypothèse que les idées interposées ne se sont jamais présentées dans la conscience, mais il sait bien qu'on peut concevoir une autre explication et admettre que ces idées auraient passé momentanément dans la conscience, et qu'ensuite elles auraient été oubliées, en vertu des lois de l'oubli dont nous avons parlé. Telle est l'explication que donne Stewart. On peut expliquer de même son exemple de la fin, qui appartient à une classe soumise aussi aux lois d'association, « la dextérité et l'habitude acquises ». (1) Quand nous apprenons une opération manuelle, par exemple celle de jouer du piano, l'opération consiste d'abord dans une série de volitions conscientes, suivies du mouvement des doigts; mais quand, après un nombre suffisant de répétitions, nous avons acquis une certaine facilité, nous exécutons les mouvements sans pouvoir reconnaître ensuite si nous avons eu conscience des volitions qui les ont précédés. Dans ce cas, nous pouvons, soutenir, ou bien avec Hamilton que les volitions (auxquelles il faut ajouter les sensations de contraction musculaire, et du contact de nos doigts avec les touches) ne sont pas du tout, chez l'exécutant exercé, présentes à la conscience, ou bien avec Stewart que l'exécutant en a conscience, mais dans un laps de temps si court, qu'il n'en garde pas le souvenir. Ces mouvements sont devenus secondairement automatiques suivant le langage de Hartley. Notre auteur voit dans ce langage une troisième opinion, mais il n'est pas certain que Hartley ait voulu dire autre chose que Stewart.

Voyons maintenant les raisons de Hamilton pour préférer son explication à celle de Stewart. La première et la principale, c'est que la supposition d'un état de conscience qui n'est pas remémoré (2) « est contraire au sens même de la conscience. » La conscience suppose la mémoire; et nous n'avons conscience » qu'à la condition de rattacher et d'opposer un cas de notre » existence intellectuelle à un autre. » — « Si légère que soit » l'impression sur la conscience, la mémoire doit en garder » un souvenir, si faible qu'il soit. Mais ceci est en désaccord avec » les faits, car les idées A et C peuvent se précéder et se suivre

---

(1) *Lectures*, I, 355.
(2) *Ibid.*, I, 354, 355.

» l'une l'autre sans intervalle appréciable, et sans qu'il y ait le
» plus faible souvenir de B. »

Je suis forcé, non sans étonnement, de montrer que ce raisonnement ne prouve rien. Quand Hamilton dit que la conscience implique la mémoire, il veut dire, comme ses expressions l'indiquent, que nous n'avons conscience qu'au moyen d'un changement, en distinguant l'état présent d'un état qui le précède immédiatement. Cela admis, comme je l'admets avec les explications qu'il faut, tout ce qui en résulte, c'est qu'un état conscient de l'esprit a besoin d'être remémoré pendant un temps assez long, pour être comparé avec l'état mental qui le suit immédiatement. Par conséquent, l'état d'esprit que notre auteur suppose avoir été latent, doit, s'il a passé dans la Conscience, avoir été remémoré jusqu'à l'arrivée d'une autre modification mentale ; il n'y a certes pas l'ombre d'une raison qui prouve qu'il n'en a pas été ainsi ; car, si nous l'avons oublié une minute après, c'est une conséquence habituelle des lois de l'oubli, ce n'est pas une preuve. Il est peut-être vrai que toute impression sur la conscience doive être suivie d'un acte de mémoire, mais je ne vois pas de raison pour qu'un état fugitif de conscience doive être suivi d'un acte de mémoire plus durable, — si toutefois il est suivi d'un acte de mémoire. « C'est une » loi de l'esprit », dit plus loin notre auteur (1), « que l'intensité » de la conscience présente détermine la vivacité de la mémoire » future. Conscience vive, mémoire longue ; conscience faible, » mémoire courte ». Fort bien : dans le cas en question, l'intensité de la conscience est au minimum ; donc, du propre aveu de Hamilton, la durée de la mémoire doit l'être aussi. Si la conscience elle-même est trop fugitive pour fixer l'attention, *à fortiori*, son souvenir. En réalité, le souvenir est souvent fugitif quand la conscience ne l'est pas du tout, et quand, au contraire, elle est si distincte et si soutenue qu'elle ne peut passer pour latente. Prenez le cas d'un joueur de piano, encore élève et avant que la succession des volitions ait atteint chez lui la rapidité que la pratique finit par lui donner. A ce moment, il n'y a pas à en douter, il a conscience des volitions qui précèdent chaque note. Et pourtant le musicien a-t-il,

(1) *Lectures*, I, 368, 369.

son morceau fini, le plus faible souvenir de chacune de ses volitions en tant que faits distincts? De même, quand nous avons fini la lecture d'un volume, avons-nous le plus faible souvenir de nos volitions successives de tourner les pages? Au contraire, nous savons que nous les avons tournées, parce que sans cela nous n'aurions pu arriver au bout. Et pourtant ces volitions n'étaient pas latentes : chaque fois que nous avons tourné une page, nous devons avoir formé avec conscience le dessein de les tourner ; mais comme l'accomplissement de ce dessein a été instantané, l'attention s'est arrêtée sur l'opération trop peu de temps pour qu'elle laissât autre chose qu'un souvenir momentané. Les sensations de la vue, du toucher et des muscles, éprouvées en tournant les feuillets, étaient au moment même aussi vives que celles de nos autres impressions sensibles habituelles qui n'ont pour nous d'importance qu'à titre de moyens pour atteindre une fin. Mais parce qu'elles n'ont pas en elles-mêmes d'intérêt agréable ou pénible ; parce que l'intérêt qu'elles présentent comme moyen disparaît à l'instant que le but est atteint, et parce qu'il n'y a rien qui puisse associer l'acte de lire à ces sensations particulières plutôt qu'à d'autres sensations exactement semblables éprouvées auparavant, leur passage dans la mémoire n'est que momentané, à moins que quelque chose d'insolite et de remarquable, en s'unissant aux divers feuillets tournés, ne les retienne dans le souvenir.

Si des sensations qui sont évidemment dans la conscience peuvent ne laisser qu'un souvenir si court qu'elles semblent n'en avoir pas laissé du tout, quoi d'étonnant qu'il arrive la même chose quand les sensations ont un caractère si fugace que l'on peut même contester qu'elles aient paru dans la conscience? Quelque vrai que puisse être ce fait qu'il doit y avoir mémoire partout où il y a conscience, que prouve-t-il contre une théorie qui suppose un faible degré de conscience accompagné du degré de mémoire exactement correspondant qui lui appartient en propre ?

Imaginez en physique un argument analogue à ce raisonnement métaphysique. Nos lecteurs connaissent probablement les belles expériences de M. Pasteur qui semblent avoir détruit définitivement l'ancienne hypothèse de l'hétérogénie, en faisant voir que même les animalcules microscopiques les plus petits ne se développent pas dans un milieu d'où l'on a soin d'exclure radicalement leurs germes encore plus microscopiques. Que penserions-nous de celui qui croirait réfuter M. Pasteur en disant que les germes ne peuvent se voir à l'œil nu, et qui soutiendrait que des animalcules invisibles doivent, s'ils proviennent de germes, sortir de germes visibles? Ce raisonnement serait exactement le pendant de celui de Hamilton.

A bout d'argument, notre auteur se borne à opposer à la doctrine de Stewart les habitudes acquises, en présence desquelles, dit-il (1), la supposition d'un fait de conscience réel, mais oublié, « nous obligerait d'admettre les con- » clusions les plus monstrueuses ». En effet, quand nous lisons à haute voix, si le sujet ne nous intéresse pas, nous pouvons suivre une série d'idées (même une « méditation sérieuse ») sur un sujet tout à fait différent, et cela « sans distraction ni fatigue » : ce qui serait impossible si nous avions une aperception distincte « de chacun des plus petits changements qui composent ces deux opérations », ou (en changeant un peu gratuitement l'idée) si nous portions sur eux une attention spéciale. Hamilton perd ici de vue une partie de son propre système, qui méritait d'autant moins d'être oubliée qu'elle en est une partie très-importante. Dans une des plus graves discussions psychologiques de son Cours, (2) il soutient énergiquement que nous sommes capables de suivre plusieurs séries d'états de conscience à la fois ; et il va jusqu'à soutenir, non seulement que la conscience, mais ce qui est plus, la « conscience *concentrée*, ou attention », peut se partager entre six impressions (3). Ailleurs, revenant au même sujet, il cite un passage excellent et décisif, tiré d'un philosophe français moderne, Cardaillac (dans un ouvrage intitulé : *Études élémentaires de philosophie*), qui fait voir la grande quantité d'états plus ou moins conscients qui, coexistent souvent dans l'esprit, et servent à déterminer les séries subséquentes d'idées ou d'impressions ; ce passage montre en outre les causes qui font que certains de ces états l'emportent

---

(1) *Lectures*, I, 360.
(2) *Ibid.*, I, 238, 254.
(3) *Ibid.*, I, 254.

sur les autres dans un cas donné (1). Notre conscience n'a donc pas, d'après Hamilton, beaucoup de peine à donner place aux deux séries simultanées d'états qu'il reproche à la théorie de Stewart d'admettre ; et nous ne sommes pas forcés sous peine de tirer des « conclusions monstrueuses » de considérer comme latentes une de ces séries. Hamilton dit même fort bien (2) que « plus il y a d'objets » présents à la conscience simultanément, plus l'intensité de » l'attention qu'elle peut accorder à chacun d'eux est petite ». Mais l'intensité de conscience nécessaire pour bien lire à haute voix dans une langue connue, n'étant pas très-considérable, une grande partie de la faculté d'attention reste disponible pour la « méditation sérieuse » à laquelle, d'après la supposition, l'esprit se livre en même temps. Malgré tout cela, je ne conseillerai à aucune personne (à moins qu'elle ne soit douée comme Jules César) de parier en faveur de la valeur réelle d'une méditation qu'elle aurait suivie en lisant à haute voix un livre sur un autre sujet. Je crois qu'elle ferait bien de la reprendre quand l'esprit n'aurait pas d'autre occupation.

Une chose étrange, mais qui est le défaut caractéristique de Hamilton, c'est qu'on ne peut pas compter qu'il se rappellera dans une partie de ses spéculations ce qu'il a dit de mieux dans d'autres ; pas même les vérités auxquelles il a si utilement consacré les brillantes facultés de son esprit, qu'il les a faites siennes.

Néanmoins, bien que Hamilton n'ait pas donné une seule bonne raison pour préférer son hypothèse à celle de Stewart, il ne s'ensuit pas qu'il n'ait pas raison, au moins dans certains cas. Le différend entre les deux opinions n'est pas du domaine de

---

(1) *Lectures*, II, 250, 258. Je ne citerai qu'un seul passage de cette longue exposition (p. 258), mais je signale le passage entier à l'attention de mes lecteurs.

« Si nous apprécions exactement les phénomènes de reproduction et de réminiscence, nous reconnaîtrons, comme un fait incontestable, que nos pensées ne se suggèrent pas réciproquement l'une après l'autre, ainsi que l'ordre auquel le langage est condamné pourrait nous le faire admettre ; mais que l'ensemble des circonstances au milieu desquelles nous existons à chaque instant éveille simultanément un grand nombre d'idées, et les met en présence de l'esprit, soit pour les placer à notre disposition, si nous jugeons à propos de les employer, soit pour leur faire jouer ensemble un rôle dans nos délibérations, en leur donnant, conformément à notre nature et à nos habitudes, une influence plus ou moins active sur nos jugements et les actes qui les suivent. »

(2) *Lectures*, I, p. 237.

l'expérience, et toutes les deux sont également d'accord avec les faits qui se présentent spontanément, il n'est donc pas facile de décider entre elles. La partie essentielle du phénomène, c'est que nous avons ou que nous avons eu plusieurs sensations, que plusieurs idées entrent ou sont entrées dans nos séries de pensées, et que par la suite, pour employer les expressions de James Mill (1), nous sommes « soumis à une incapacité acquise de faire attention » à ces sensations et à ces idées. Lorsque cette incapacité d'attention est devenue complète, il en est pour la conscience, comme si nous ne les avions pas eues du tout : nous avons beau nous examiner nous-mêmes, nous ne pouvons les retrouver. Nous savons que ces sensations et ces idées perdues, bien qu'elles semblent perdues, laissent des traces de leur existence passée ; elles continuent à agir en amenant d'autres idées par association. Par conséquent, on peut admettre qu'elles ont été présentes assez longtemps pour faire naître des associations, mais pas assez pour être remémorées quelques moments après ; ou bien qu'elles ont été, comme Hamilton le suppose, présentes d'une façon inconsciente ; ou bien encore qu'elles n'ont pas été présentes du tout, et qu'à leur place quelque chose a produit les mêmes effets. Je suis porté à penser comme Hamilton, et à admettre ces modifications mentales inconscientes, mais avec la seule forme sous laquelle je puisse leur donner un sens très-précis, à savoir, sous la forme de modifications inconscientes des nerfs. A l'appui de cette hypothèse, il y a des faits bien plus forts que ceux qu'invoque Hamilton, et il est bien plus difficile de concilier ces faits avec la supposition que les sensations sont éprouvées, mais d'une façon trop instantanée, pour laisser sur la mémoire une impression qu'on puisse reconnaître. Par exemple, un soldat reçoit une blessure dans la bataille ; mais dans l'ardeur qui l'emporte, il ne s'en aperçoit pas ; dans ce cas, il est difficile de ne pas croire que si la blessure eût été accompagnée de la sensation habituelle, une impression aussi vive eût forcé l'attention et fût restée dans la mémoire. La supposition qui semble la plus probable, c'est que les nerfs d'une certaine partie sont affectés comme ils le seraient en tout autre circonstance, mais que les centres ner-

---

(1) *Analysis of the Human Mind*, I, 33.

veux étant occupés vivement par d'autres impressions, l'affection des nerfs locaux ne les atteint pas, et qu'il n'y a pas de sensation produite. De même, si nous admettons (ce que la physiologie rend de plus en plus probable) que nos impressions mentales aussi bien que nos sensations ont pour antécédents physiques des états particuliers des nerfs, nous pouvons bien croire que les anneaux qui manquent à la chaîne de l'association, ceux que Hamilton regarde comme latents, le sont en effet; qu'ils n'ont pas été sentis, ne fût-ce qu'un instant, parce que l'enchaînement des causes ne s'est continué que d'une manière physique, par un état organique des nerfs succédant à un autre si rapidement que l'état de conscience correspondant à chacun d'eux ne s'est pas produit. Nous n'avons le choix qu'entre deux suppositions : ou bien une modification nerveuse d'une durée trop courte qui ne produit pas de sensation ou d'impression mentale, ou bien une succession rapide des diverses modifications nerveuses qui fait que les impressions produites réagissent les unes sur les autres et finissent par se confondre en un bloc. La première de ces suppositions est très-probable, mais nous avons la preuve positive de la vérité de la seconde, nous en voyons un exemple dans l'expérience que Hamilton a citée d'après Mill, et que Hartley avait indiquée avant eux. On sait que les sept couleurs du prisme combinées en certaines proportions produisent la lumière blanche du rayon solaire. Eh bien, si l'on étend les sept couleurs sur des espaces de grandeur proportionnelle à l'étendue de chacune d'elles dans le spectre, et qu'on fasse passer devant les yeux cette surface ainsi peinte par un mouvement rapide de rotation, le tout paraît blanc. On peut déduire l'explication physiologique de ce phénomène d'une autre expérience vulgaire. Si l'on agite rapidement devant les yeux un flambeau allumé ou une barre chauffée au point d'être lumineuse, l'apparence qui en résulte est celle d'un ruban de lumière ; ce qui prouve pour tout le monde que la sensation visuelle persiste un certain temps après que la cause a cessé. Or, si cela arrive avec une seule couleur, il en sera de même avec plusieurs couleurs ; et si l'on tourne la roue peinte des sept couleurs aussi rapidement que le flambeau, chacune des sept sensations colorées durera assez longtemps pour être synchrone à toutes les autres, de sorte qu'elles produiront naturellement par leur combinaison la même couleur que si dès le début elles avaient été excitées simultanément. S'il arrive quelque chose de semblable dans la conscience (et il n'y a pas de doute que le cas se présente souvent), il s'ensuivra que toutes les fois que les modifications organiques de nos fibres nerveuses se succéderont à un intervalle moindre que la durée de la sensation ou des autres impressions correspondantes, ces sensations ou impressions se recouvriront pour ainsi dire l'une l'autre, et par là devenant simultanées au lieu de successives, elles se fondront en un état de sensibilité, ressemblant probablement aussi peu à ses éléments constituants que la couleur blanche aux couleurs du prisme. Cette fusion peut être la source de plusieurs de ces états de sensibilité interne ou mentale auxquels nous ne pouvons trouver de prototype dans l'expérience, puisqu'elle fournit seulement les éléments qui, grâce à cette espèce de chimie mentale, entrent dans sa composition. On peut dire alors que les sensations élémentaires sont présentes d'une façon latente, ou bien qu'elles sont présentes mais qu'elles n'apparaissent pas dans la conscience. Toutefois ce qui est vrai, c'est ce que les impressions elles-mêmes ne sont présentes ni d'une façon consciente ni d'une façon latente, mais que les modifications nerveuses, leurs antécédents habituels, ont été présentes, tandis que les conséquents ont été annulés et qu'un autre conséquent s'est produit à leur place (1).

(1) Ces considérations peuvent servir de réponse au D^r M'Cosh. Il soutient, avec beaucoup d'autres philosophes de l'école intuitive, que les associations ne peuvent produire un état mental spécifiquement distinct des éléments qui le composent; c'est nier la possibilité de la chimie mentale. J'avais cru qu'une expérience telle que celle de la roue aux sept couleurs, dans laquelle sept sensations qui se suivent très-rapidement deviennent, ou au moins produisent, une seule sensation totalement différente de l'une quelconque des sept, prouvait suffisamment la possibilité de cette chimie que nie le D^r M'Cosh ; mais il écrit comme s'il n'avait jamais entendu parler de cette expérience. « Je ne puis découvrir aucune preuve, » dit-il (p. 185) « que deux sensations qui se succèdent fassent jamais autre chose que » deux sensations. » On ne peut en appeler à des faits analogues dans l'ordre des idées, parce que c'est là que gît l'objet de la dispute ; mais il y a des cas semblables en abondance dans la sensation. Laissons la succession des couleurs, et prions le D^r M'Cosh de regarder une roue ordinaire tournant avec rapidité, ce qu'on voit souvent dans les appareils de mécanique, il aura une sensation qui n'est nullement celle d'un mouvement rotatoire, mais une image vertigineuse en apparence stationnaire, agitée seulement d'un léger tremblement.

CHAPITRE XVI.

DE LA CAUSALITÉ D'APRÈS HAMILTON.

Hamilton, en commençant à traiter la question de la Causalité, met ses lecteurs en garde contre « certains philosophes qui, au lieu de conformer leurs conclusions aux données du problème, en ont conformé les données à leurs solutions ». On pourrait presque s'imaginer que cette phrase a été écrite pour Hamilton lui-même. Il a posé le problème comme personne ne l'a fait, et sans autre raison appréciable que de préparer des conclusions auxquelles personne n'avait songé (1).

« Quand nous apprenons, dit-il (2), qu'une chose commence à exister, nous sommes contraints par les lois de notre intelligence à croire qu'elle a une cause. Mais que veut dire cette expression : avoir une cause ? Si nous analysons notre pensée, nous trouverons que cela signifie simplement que, puisque nous ne pouvons pas concevoir le commencement d'une nouvelle existence, il faut que tout ce qu'on voit apparaître ait existé auparavant sous une autre forme. Nous sommes tout à fait incapables de concevoir que le contingent d'existence puisse augmenter ou diminuer. D'une part, nous sommes incapables de concevoir que rien devienne quelque chose, et d'autre part, que quelque chose devienne rien.

---

(1) Quand je dis personne, je devrais peut-être excepter Krug, dont notre auteur cite ailleurs une phrase (*Lectures*, IV, 135) qui contient au moins le germe de sa propre théorie.
(2) *Lectures*, II, 377-378.

» Quand on dit que Dieu crée de rien, nous nous représentons
» la proposition en supposant qu'il tire l'être de soi-même ; nous
» considérons le Créateur comme la cause de l'univers. L'apho-
» risme : *Ex nihilo nihil, in nihilum nil posse reverti*, exprime
» dans sa forme la plus nette le phénomène intellectuel de la
» causalité.

» On conçoit donc qu'un effet et ses causes sont absolument
» la même chose. Nous croyons que les causes contiennent tout
» ce qui est dans l'effet, et que l'effet ne renferme rien de plus
» que ce qui était contenu dans les causes. Exemple : un sel
» neutre est un effet de la combinaison d'un acide et d'un alcali.
» Nous ne pouvons pas concevoir que dans cette combinaison
» une nouvelle existence ait été ajoutée, et nous ne pouvons pas
» non plus concevoir qu'une existence ait été supprimée. Autre
» exemple : la poudre à canon est l'effet d'un mélange de
» soufre, de charbon et de nitre, et ces trois substances sont
» aussi des effets, des résultats de constituants plus simples dont
» on connaît, ou dont on peut concevoir, l'existence. Or, dans
» cette série de combinaisons, nous ne pouvons pas concevoir
» que quoi que ce soit commence à exister. Nous sommes forcés
» d'admettre que la poudre à canon contient la même quotité
» d'existence que ses constituants élémentaires en contenaient
» avant la combinaison. Mettons le feu à la poudre. Pouvons-
» nous concevoir que l'existence ait été diminuée par la des-
» truction d'un seul élément existant auparavant, ou accrue
» par l'addition d'un seul élément qui jusque-là n'existait pas
» dans la nature ? *Omnia mutantur ; nihil interit*, c'est ce que
» nous pensons, ce que nous devons penser. C'est là le phéno-
» mène mental de la Causalité : nous nions nécessairement que
» l'objet qui semble commencer d'être, commence en réalité ;
» et nous identifions nécessairement son existence présente
» avec son existence passée. »

Comprenant ainsi le sens du mot causalité, Hamilton juge inutile de supposer, avec la plupart des philosophes de l'école intuitive, un principe spécial de notre nature qui explique pourquoi
nous croyons que tout phénomène a une cause. Il explique cette
croyance « non par un pouvoir (1), mais par une impuissance

---

(1) *Lectures*, II, 397.

de l'esprit, » c'est-à-dire par la loi du Conditionné ; en d'autres termes par l'incapacité de comprendre l'absolu. Nous sommes incapables de nous figurer et de concevoir un commencement absolu. Quel que soit l'objet de notre pensée, nous ne pouvons pas ne pas le concevoir comme existant ; et quelle que soit la chose dont nous concevions l'existence, nous sommes forcés de nous la figurer comme ayant toujours existé dans le passé, et destinée à exister toujours dans l'avenir. Il n'en résulte pas qu'il en soit ainsi en réalité, car il y a bien des choses, inconcevables pour nous, qui non-seulement peuvent être vraies, mais qui doivent l'être. En conséquence, il se peut qu'il y ait un commencement absolu, il peut ne pas être vrai que tout phénomène ait une cause. Les volitions humaines en particulier peuvent se manifester sans cause, et dans l'opinion de Hamilton il en est ainsi ; mais pour nous, le commencement et la fin d'une existence sont l'un et l'autre inconcevables. « Nous (1)
» sommes incapables de concevoir qu'un atome puisse abso-
» lument être ajouté à l'ensemble des existences ou en être
» absolument retranché. Faites l'expérience. Formez-vous une
» notion de l'univers ; pouvez-vous après cela concevoir que la
» quantité d'existence dont l'univers est la somme soit augmen-
» tée ou amoindrie ? Vous pouvez concevoir la création du monde
» aussi clairement que vous pouvez concevoir celle d'un atome.
» Mais qu'est-ce qu'une création ? Ce n'est pas le passage de
» rien à quelque chose. Loin de là, la création n'est connue et
» concevable par nous que comme le dégagement d'une nouvelle
» forme d'existence par le *fiat* de la Divinité. Supposons l'in-
» stant même de la création. *Pouvons-nous nous figurer qu'un*
» *instant après que l'univers est devenu un être manifeste, il y*
» *ait eu un plus grand contingent d'existence dans l'univers*
» *et son Auteur pris ensemble, qu'il n'y en avait un moment*
» *auparavant dans la Divinité toute seule ?* Nous ne pouvons pas
» nous le figurer. Ce que je viens de dire de nos conceptions de
» création est vrai de nos conceptions de l'anéantissement. —
» Nous ne pouvons pas concevoir d'anéantissement réel, nous
» ne pouvons pas nous figurer qu'une chose tombe à l'état de
» rien. Mais nous ne pouvons concevoir la création que comme

---

(1) *Lectures*, II, 405-406.

» une manifestation du pouvoir divin, l'anéantissement ne peut
» donc être conçu par nous que comme une rétractation de
» l'appui divin. Nous concevons tout ce qu'il y a actuellement
» d'existence dans l'univers, comme ayant existé virtuellement,
» avant la création, dans le Créateur; et en imaginant l'anéan-
» tissement de l'univers par son Auteur, nous l'imaginons seu-
» lement comme la rétractation d'une force manifestée qui
» repasse à l'état de puissance. »

Si cette étrange façon de comprendre la causalité émanait d'un penseur moins éminent et moins respecté que Hamilton, je crois que bien peu de lecteurs, en arrivant à la phrase que j'ai marquée par des italiques y eussent vu autre chose qu'une *mauvaise plaisanterie*.

Quelque étrange que paraisse une opinion de Hamilton, il faut la prendre au sérieux, et toutes les opinions sérieuses d'un homme de cette valeur méritent l'examen. Je continuerai donc à rechercher si le problème dont il propose la solution est le vrai problème de la causalité, et si la solution qu'il en donne est vraie. Commençons par la seconde question : Est-il vrai que nous ne concevions pas le commencement d'une existence ? Est-il vrai que toutes les fois que nous concevons l'existence d'une chose, nous soyons incapables de concevoir un temps où elle n'existait pas, ou bien un temps où elle n'existera plus ?

Si l'incapacité de concevoir un commencement absolu veut dire seulement que nous ne pouvons imaginer un temps où rien n'existait, et si notre incapacité de concevoir l'anéantissement, signifie seulement que nous ne pouvons nous figurer un univers vidé d'existences ; je ne le nie pas. Supprimons par la pensée tout ce que nous voudrons, il restera toujours la conception de l'espace vide. Hamilton a même probablement raison de penser que nous ne pouvons pas imaginer un espace vide sans lui donner mentalement une couleur ou une figure. Quiconque admet la possibilité de l'association inséparable, ne peut s'empêcher d'en voir un cas dans ces incapacités, et de reconnaître que nous sommes incapables d'imaginer un objet autrement que dans l'espace, ou d'imaginer qu'on puisse l'écarter, sans que l'espace reste vacant, ou soit occupé par autre chose. Mais nous pouvons concevoir un commencement et une fin à toute existence physique. C'est à titre de pure hypothèse que la notion de l'indestructibilité de la matière s'est d'abord présentée ; et ce n'est que plus tard que la science en a fait une croyance démontrée. Dans notre expérience journalière, il y a tout ce qu'il faut pour imaginer l'anéantissement de la matière. Nous voyons un anéantissement apparent, quand l'eau s'évapore ou que le combustible se consume sans laisser de résidu visible. Le fait ne pourrait se présenter à nous sous une forme plus palpable, si l'anéantissement était réel. Le vulgaire de tous les pays a un type exact sur lequel il peut former sa conception de l'annihilation de la matière, par suite il n'a pas de peine à s'en faire une idée parfaite. Ceux, s'il en est, qui ne peuvent pas la concevoir, sont des philosophes et des savants ; ils se sont formé une conception familière de l'univers sur la théorie opposée ; ils ont acquis une association inséparable pour leur propre compte, et ils ne peuvent pas la dissoudre. Pour eux, la vapeur qui a remplacé l'eau desséchée par le soleil, les gaz qui ont pris la place du combustible brûlé et transformé, font irrévocablement partie de leur conception du phénomène dans son entier. Mais l'ignorant, qui n'a jamais entendu parler de ces détails, ne s'aperçoit pas qu'ils manquent à sa conception du phénomène ; il vivrait et mourrait sans se douter que l'eau, le bois ou le charbon n'ont pas été détruits, si on ne lui apprenait pas le contraire.

Hamilton ne nie rien de cela ; mais il répond que si l'univers venait à périr, il serait encore capable d'exister, ce qui revient au même. Nous concevons l'univers « comme ayant existé » virtuellement avant sa création, » et comme existant virtuellement après sa destruction. Nous ne pouvons pas concevoir qu'il y ait eu au moment qui a suivi la création « un plus grand » contingent d'existence dans l'univers et dans son Auteur » pris ensemble, qu'il n'y en avait un moment auparavant dans » la Divinité toute seule ». La Création n'est pour nous que la conversion de la puissance en une existence manifeste ; l'anéantissement n'est que « la rétractation d'une force manifestée qui » repasse à l'état de puissance ». De sorte que l'existence potentielle est exactement la même chose que l'existence actuelle ; il n'y a qu'une différence de forme. Non-seulement la puissance est une entité réelle, mais la puissance de créer un univers *est* l'univers; toutes les choses créées ne sont qu'une partie de sa substance, et peuvent être ré-absorbées en elle. Voilà la théorie qu'on nous présente, non comme une théorie ontologique abstruse, que le philosophe est forcé d'admettre pour échapper à des difficultés insurmontables, mais comme l'expression de ce que nous pensons tous, de ce que nous ne pouvons pas ne pas penser, en vertu de la constitution même de la pensée. En est-il ainsi ? Y a-t-il quelqu'un, à l'exception de Hamilton, qui croie que dans la somme totale de l'existence, les mondes que Dieu aurait pu créer, mais qu'il n'a pas créés, ont la même valeur que s'il les avait créés ? Il y a une conséquence de cette doctrine qui mérite l'attention. Si la somme d'existence en puissance et en acte est toujours la même, toute augmentation d'existence actuelle doit amener une diminution de la puissance ; car s'il y avait auparavant la puissance sans l'univers, et s'il y a maintenant la même quantité de puissance plus l'univers, ce que notre auteur appelle en termes militaires « le contingent d'existence » a été augmenté : ce qui est contraire à la théorie. Chaque fois qu'il exerce son pouvoir, Dieu perd donc de sa puissance ; il a moins de pouvoir à présent que l'univers existe, qu'avant que son pouvoir de le créer n'eût passé en acte ; s'il « retirait » l'existence actuelle pour la ramener à l'état de puissance, il serait plus puissant qu'il ne l'est à présent, et l'augmentation de sa puissance serait rigoureusement égale à la valeur représentée par l'univers. Est-ce là ce que tout le monde pense et se trouve forcé de penser en vertu d'une nécessité originelle ? Est-ce ainsi que la « loi du Conditionné » nécessite chacun de nous d'une manière absolue à nous figurer la création ? Oui, dit Hamilton.

En faisant un effort désespéré pour donner à la théorie un sens intelligible, on pourrait dire qu'avant que l'univers existât en fait, il existait comme idée de l'Esprit Divin, et que l'idée d'un univers complet dans tous ses détails est équivalente pour le « contingent d'existence » à un univers actuel. On pourrait peut-être le soutenir, mais on n'y gagnerait rien. En effet, cette idée de l'Esprit Divin, — l'Esprit Divin en est-il maintenant privé ? La Divinité a-t-elle *oublié* l'univers, depuis que la conception divine a passé en acte ? Si elle en possède encore l'idée, il y a maintenant à la *fois* l'univers et l'idée de l'univers, c'est-à-dire un double « contingent d'existence » au lieu d'un seul (1).

Mais quand il serait vrai que nous sommes incapables de concevoir le commencement de quelque chose, et que nous sommes nécessités à croire que tout ce qui existe à présent, doit avoir existé sous la même forme, ou sous une autre, durant tout le passé, ce ne pourrait être que par l'effet de la plus singulière des aberrations contenues dans ses livres qu'un penseur du mérite de Hamilton y pourrait voir la loi de cause et d'effet. D'après Hamilton, quand nous disons que toute chose doit avoir une cause, nous voulons dire que rien ne commence à exister, mais que chaque chose a toujours existé. J'en appelle à tout le monde, au philosophe aussi bien qu'à l'homme du monde, n'est-ce pas le contraire ; n'est-ce pas parce que les choses commencent à exister, qu'on doit admettre une cause à leur existence ? Les mots eux-mêmes qui servent à formuler l'axiome de la causalité, et que notre auteur adopte dès le début de son exposition, expriment que tout ce qui *commence à exister* doit avoir une cause. Est-il possible de faire reposer cet axiome sur le fait que nous ne supposons jamais qu'une chose commence à exister ? Celui qui refuse un commencement à l'existence ne supprime-t-il pas toute causalité, toute nécessité d'une cause ? Hamilton se trompe du tout au tout sur la nature de ce que la causalité est appelée à expliquer. Quelle que soit la théorie philosophique que nous adoptions au sujet de la matière, nous savons par expérience que la matière qui compose l'univers conserve une quantité constante ; qu'elle ne commence pas, qu'elle ne finit pas,

---

(1) La notion curieuse de l'équivalence de l'existence potentielle et de l'existence actuelle reparaît dans l'appendice aux Discussions (p. 620.) : « La création » a *nihilo* signifie seulement que l'univers quand il a été créé n'a pas tout simple- » ment reçu une forme ; qu'un chaos originel, qu'un amas de matière inerte a » préexisté à l'action de la force organisatrice d'une intelligence ; mais que le » *fiat* divin a fait passer l'univers de l'existence potentielle à l'existence actuelle. » Le *fiat* divin par conséquent a été la cause prochaine de la création ; et la Divi- » nité qui contenait la cause contenait potentiellement l'effet. »
Il est si commun dans les écrits de notre auteur de trouver à une page l'affirmation de doctrines très-tranchées et à d'autres leur négation implicite ou déclarée, qu'on ne pouvait pas espérer qu'une théorie aussi étrange que celle dont nous parlons pût échapper à ce fait. En conséquence, à la page 703 du même volume, « le potentiel » est défini « ce qui n'est pas à présent, mais peut être à un autre » moment ». S'il en est ainsi, l'univers, quand il n'avait qu'une existence potentielle, *n'était pas* : et ne comptait pas dans le « contingent » d'existence présente.

et qu'elle change seulement de forme. Mais ses formes ont un commencement et une fin : et c'est pour ses formes seulement, ou plutôt pour ses changements de forme, pour la fin d'une forme et le commencement d'une autre, que nous cherchons une cause et que nous croyons à une cause. Les *événements* c'est-à-dire les *changements*, sont soumis à la loi de causalité, et non les substances. Pour le psychologue, la question n'est pas de savoir pourquoi nous croyons qu'une substance doit avoir une cause, mais pourquoi nous croyons qu'un changement dans la forme d'une substance doit en avoir une. Hamilton, dans une défense tardive de sa théorie contre les objections qu'elle soulève (1), est forcé en quelque sorte de l'admettre, et de reconnaître implicitement que tout ce que nous considérons en réalité comme causé, nous le considérons comme commençant d'exister. Rien n'est causé que les événements ; et il sera difficile de dire que nous concevons un événement comme n'ayant jamais eu de commencement, mais comme ayant existé à titre d'événement, tout aussi bien avant son apparition qu'après. Et comme un événement est la seule chose qui nous suggère la croyance ou l'idée qu'il a, ou qu'il faut lui trouver, une cause, Hamilton mérite peut-être l'accusation d'avoir commis la bévue scientifique qu'il reproche avec beaucoup moins de justice à Brown : « de prétendre expliquer le phénomène de » causalité, mais de commencer par le vider de tout ce qui a » besoin d'explication (2) ».

Hamilton connaissait très-bien l'enseignement des écoles aristotéliciennes sur les quatre causes, — ou plutôt sur les quatre sens du mot cause, car la synonymie et l'homonymie étaient très-souvent confondues dans leurs classifications : 1° Materia; 2° Forma; 3° Efficiens; 4° Finis : Efficiens est la seule qui réponde à la notion vulgaire de cause, et à l'acception que la philosophie moderne donne à ce mot. Hamilton confond Materia avec Efficiens ; ou plutôt il ignore tout à fait Efficiens, et s'imagine quand tout le monde parle d'Efficiens qu'on veut dire Materia. C'est surtout cela qu'on ne veut pas dire. Hamilton peut ne donner le nom d'Existence qu'à l'élément per-

---

(1) *Lectures*, II, 538, *Appendix on Causation*.
(2) *Ibid.*, II, 384.

manent des phénomènes ; mais c'est l'élément variable, et pas un autre, qui a affaire avec une cause, et qui peut avoir donné la notion de Causalité.

Hamilton dit (1) : la cause totale, les « causes concou-» rantes ou coefficientes, en fait, constituent l'effet ». Et encore (2) : « un effet n'est rien de plus que la somme ou tota-» lité de toutes les causes partielles, dont le concours constitue » son existence ». Un « effet n'est que l'union actuelle de ses » entités constituantes (3) ». « Les causes continuent toujours » d'exister actuellement dans leurs effets ». Quoi ! parce que la matière primitive continue d'exister dans la matière transformée, il faut que l'Efficiens qui l'a transformée continue à exister dans le fait du changement ! Naturellement Hamilton prend pour exemple un cas où les matériaux sont la chose principale, celui d'un sel composé d'un acide et d'un alcali. « Si l'on consi-» dère (4) le sel comme un effet, quelles sont les causes » concourantes, les causes coefficientes, qui le font ce qu'il » est ? Ce sont d'abord l'acide avec son affinité pour l'alcali ; » ensuite l'alcali avec son affinité pour l'acide ; et troisième-» ment la force transposante (peut-être la main de l'homme) » qui met leurs affinités en état d'agir en plaçant deux corps » dans la sphère de leur attraction mutuelle. Chacun de ces » trois termes concourants, peut être considéré comme une » cause partielle, car si l'un manque, l'effet ne se produit » pas. » Il est étrange que ce premier degré d'analyse n'ait pas suffi à lui faire voir clairement que du moment qu'il fait entrer dans la *causa efficiens* quelque chose de plus que *materia*, c'en est fait de sa théorie. En effet, il trouvera dans le sel deux de ces trois « co-efficients », l'acide et l'alcali, avec leur affinité ; mais où y trouvera-t-il « la force transposante, la » main de l'homme si l'on veut » ? Cette « *concause* » essentielle ne l'embarrasse pas du tout, il ne lui coûte rien de s'en débarrasser. « Cette dernière (5), dit-il, n'étant qu'une condition transitoire, nous la mettons hors de compte. » Si nous mettons hors de compte tout ce qui est transitoire, nous n'aurons pas de

---

(1) *Lectures*, I, 59.
(2) *Ibid.*, II, 540.
(3) *Ibid.*, II, 97.
(4) *Ibid.*, II, 59.
(5) *Ibid.*, I, 97.

peine à prouver que tout ce qui reste est permanent. Mais les conditions transitoires font aussi bien partie de la cause que les permanentes. Notre auteur vient précisément de dire qu'il prend le mot cause « comme synonyme de tout ce sans quoi » l'effet ne serait pas » ; et si l'effet est « la somme ou le contin- » gent » de toutes les causes, les transitoires aussi bien que les permanentes doivent s'y trouver. Exclure toutes les parties transitoires de la cause, c'est exclure toutes les causes moins la matière première. Supposons que l'effet soit l'église de Saint-Paul : si en énumérant les causes, nous rejetons la volonté du Gouvernement, le génie de l'architecte, le travail des maçons, parce que toutes ces causes sont transitoires, il ne restera que les pierres et le mortier (1).

On aura remarqué qu'en proposant cette théorie de la croyance à la Causalité, Hamilton cesse de regarder la Causalité comme une loi nécessaire de l'univers ; il soutient qu'il ne faut pas supposer qu'un fait est impossible à la Nature, parce que nous sommes dans l'impuissance de le concevoir, et même il regarde les actes libres d'un être intelligent comme une exception à l'universalité de la loi de cause et d'effet. Mais s'il rend hommage ici à ses propres principes, ailleurs il les abandonne et se laisse retomber dans la vieille ornière de l'école de philosophie qui, faisant des facultés de conception de l'homme la norme de l'univers, soutient qu'il faut qu'il y ait des causes, parce que nous sommes incapables de concevoir des phénomènes sans leur assigner des causes. Après avoir représenté arbitrairement la méthode qui consiste à remonter de cause en cause, comme un progrès vers l'unité, Hamilton ajoute : (2) « La philosophie, c'est-à-dire la connaissance des effets dans » leur cause, tend nécessairement, non pas vers une pluralité

---

(1) C'est contre ce même écueil que vient échouer un argument ajouté à la même discussion, et sur lequel notre auteur compte beaucoup pour la démonstration d'une Cause Première. Le progrès de la cause à l'effet, dit-il, (*Lectures*, I, 59-60), va du plus simple au plus complexe. « Plus on descend dans la série » des causes, plus le produit est complexe ; plus on monte, plus il est simple. » Pour le prouver il a recours à son exemple favori, la composition d'un sel. Or le sel est sans aucun doute plus complexe qu'aucun de ses éléments chimiques, l'acide et l'alcali ; mais a-t-il besoin d'être et est-il plus complexe que le « co-efficient » restant, la main de l'homme, ou la force quelconque naturelle ou artificielle qui met en présence l'acide et l'alcali ? L'événement qui cause, peut être à un degré quelconque, un fait plus complexe que celui qu'il produit.

(2) *Lectures*, I, 60.

» de causes premières, mais vers une seule. Cette cause pre-
» mière, le Créateur, elle ne peut l'atteindre comme objet de
» connaissance immédiate ; mais puisque la convergence vers
» l'unité dans la série ascendante est manifeste, en tant que
» cette série tombe dans notre champ d'observation » (ici il
confond la concentration qui ramène beaucoup à peu, avec
celle qui ramène à l'unité) « *et comme il est aussi impossible*
» *que l'esprit suppose la concentration interrompue et incom-*
» *plète*, il s'ensuit, à moins de rejeter toute analogie, à moins
» d'accuser notre intelligence de mensonge, que nous devons,
» philosophiquement parlant, croire à cette unité première dont
» nous ne sommes pas destinés à comprendre la nature intime,
» durant notre existence présente ».

On aurait de la peine à formuler une proposition en désaccord plus radical avec les propres règles de notre auteur. D'abord, une des principales veut que notre incapacité de concevoir la possibilité d'une chose ne prouve pas qu'elle n'est pas vraie. En second lieu, l'impossibilité prétendue de concevoir qu'aucun phénomène de l'univers existe sans cause, s'applique également de son propre aveu, à la Cause Première même. En effet, bien qu'il ne parle ici que d'une inconcevabilité, nous sommes, si sa théorie est correcte, pris entre deux inconcevabilités contradictoires, et nous sommes également incapables de concevoir un commencement sans cause, un enchaînement sans fin d'effets et de causes passées : nous ne pouvons pas mieux comprendre qu'il y ait, et qu'il n'y ait pas, une Cause Première. En présence de cette difficulté, de quel droit Hamilton (je ne parle de lui que comme philosophe et d'après ses propres principes) choisit-il une des inconcevabilités rivales, et y voit-il l'interprète réel de la Nature, de préférence à l'autre ? Et son choix fait, pourquoi n'en fait-il l'application que jusqu'à un certain point, pour s'arrêter ensuite ? Pourquoi faut-il rapporter tous les phénomènes d'expérience à une cause unique en vertu de notre incapacité de concevoir une chose sans cause, tandis qu'on proclame que cette Cause unique est sans cause nonobstant la même incapacité ? Un argument de Hamilton ne serait pas complet s'il n'y joignait son ennuyeuse ritournelle « à moins d'accuser notre intelligence de mensonge ». Il est temps de comprendre une fois pour toutes ce que cela veut dire. Cela signifie-t-il que si notre intelligence ne peut concevoir une chose séparée d'une autre, la chose ne peut exister sans cette autre? Si oui, que devient la philosophie du Conditionné? Si non, que devient l'argument?

Hamilton fait meilleure figure quand il combat les autres théories de la Causation, que lorsqu'il défend la sienne. Il met d'ordinaire beaucoup de finesse à trouver les points faibles des systèmes des autres, et il déploie son talent dans le sujet qui nous occupe avec assez de succès. A la vérité, il n'est pas heureux quand il combat la doctrine (au fond, celle de Hume et de Brown) d'après laquelle c'est l'expérience qui prouve le fait de la causation, et l'association qui en engendre l'idée; en effet, il ne trouve qu'une chose à répondre, c'est que l'expérience et l'association ne peuvent expliquer la nécessité. Or, pour ce qui est de la nécessité réelle, nous ne savons pas si elle existe dans le fait de la cause. Hamilton lui-même ne le croit pas, et il pense qu'il y a des phénomènes (les volitions des intelligences raisonnables) qui ne dépendent pas de causes. Et pour ce qui est du *sentiment* de la nécessité, ou ce qu'on appelle une nécessité de la pensée, c'est (comme je l'ai déjà fait observer) de tous les phénomènes celui que l'Association est le plus évidemment capable de produire. Je ne puis donc reconnaître aucune force à l'argumentation de Hamilton sur ce point; mais quand il réfute quelques-unes des théories de la causation nées dans les régions qu'habite sa philosophie, il est vraiment très-heureux. Prenez par exemple la doctrine de Wolf et des Leibnitziens (qui n'est pas celle de Leibnitz), « cette doctrine qui cherche à établir le » principe de Causalité sur le principe de contradiction ». « Écou- » tez », dit notre auteur (1), « ce qu'on donne pour une démon- » stration : Tout ce qui est produit sans cause, n'est produit par » rien, ou en d'autres termes, a rien pour sa cause. Mais rien » ne peut pas plus être une cause qu'être quelque chose. La » même intuition qui nous apprend que rien n'est pas quelque » chose, nous montre que toute chose doit avoir une cause de » son existence. — A cet argument, il suffit de répondre, que » l'existence des causes étant le point en litige, il ne faut pas » la prendre pour vraie dans le raisonnement même qui doit

---

(1) *Lectures*, II, 396, 397.

» prouver sa réalité. En excluant les causes nous excluons
» toutes les causes ; et par conséquent nous excluons Rien con-
» sidéré comme cause ; on ne peut donc pas, contrairement à
» l'effet de cette exclusion, supposer que Rien soit une cause,
» et de l'absurdité de la supposition conclure à l'absurdité
» de l'exclusion même. Si toutes les choses doivent avoir une
» cause, il s'ensuit que par la raison qui a fait exclure les
» autres causes, il faut faire de Rien une cause. Mais c'est
» là précisément le point en question, on veut savoir si toutes
» les choses ont une cause ou non ; on viole donc le premier
» principe du raisonnement en prenant pour vrai l'objet du
» débat. Cette opinion », ajoute notre auteur, « est aujourd'hui
» partout abandonnée. »

Mais il y a une autre théorie de la Causation qui n'est pas abandonnée et qui sert depuis quelque temps de boulevard de l'école intuitive. D'après cette théorie, nous acquérons notre notion de la causalité et notre croyance en elle par la conscience intérieure d'un pouvoir que nous exerçons dans nos actions volontaires, c'est-à-dire dans les mouvements de notre corps, car notre volonté n'a pas d'autre action directe sur le monde extérieur. Ce rapport de l'acte de la volonté au mouvement corporel, dit-on, n'est « pas un simple rapport de succes-
» sion. La volonté n'est pas pour nous un pur acte sans efficacité ;
» c'est une force productive ; en sorte que, dans la volonté, la
» notion de cause nous est donnée ; et nous transportons par
» la suite cette notion, — nous la projetons hors de nous, —
» nous la transférons de nos forces internes aux changements
» du monde extérieur. »

A cette théorie Hamilton fait une réponse péremptoire (1) :
« Pour réfuter ce raisonnement en ce qui regarde le fait empi-
» rique de notre conscience de la causalité dans le rapport de
» notre volonté qui meut, et de nos membres qui sont mus, il
» suffit de considérer qu'entre le fait patent du mouvement cor-
» porel dont nous prenons connaissance, et l'acte interne de la
» détermination mentale dont nous prenons également connais-
» sance, se place une nombreuse série d'actions intermédiaires
» dont nous n'avons aucune connaissance ; et qu'en conséquence

---

(1) *Lectures*, II, 391-392.

« nous ne pouvons avoir conscience d'une connexion causale
» entre le premier et le dernier anneau de la chaîne, la vo-
» lonté de mouvoir, et le membre mû, ainsi que cette hypothèse
» l'affirme. Personne ne connaît par une aperception immédiate
» qu'il meut son bras par sa volonté. Antérieurement à ce mou-
» vement final, des muscles, des nerfs, une multitude de parties
» solides et liquides sont mis en jeu par la volonté, mais la con-
» science ne nous en apprend rien. Une personne frappée de
» paralysie n'a pas conscience que son membre est incapable
» d'accomplir la détermination de sa volonté; et ce n'est qu'après
» avoir voulu, et trouvé que son membre n'obéit pas à sa volition,
» qu'elle apprend, par cette expérience, que le mouvement
» extérieur ne suit pas l'acte intérieur. Mais de même que le
» paralytique apprend après la volition que son membre n'obéit
» pas à son esprit, de même c'est après la volition que l'homme
» en santé apprend que son membre obéit aux prescriptions de
» sa volonté » (1).

J'adhère entièrement à ce raisonnement, emprunté à Hume
ainsi que notre auteur le reconnaît, et je m'étonne qu'il n'ait
pas prouvé à Hamilton combien l'objection qu'on fait à une
doctrine, en disant qu'elle est contraire à nos croyances naturelles, mérite peu la valeur exagérée qu'il y trouve. En
effet, s'il est une croyance naturelle à l'homme, c'est, je suppose, celle que nous avons directement conscience de notre

(1) Le même argument est reproduit dans les *Dissertations ou Reid* (p. 866-
867) avec quelques développement nouveaux. « La volonté de mouvoir le membre
» et le mouvement effectif du membre sont le premier et le dernier terme d'une
» série qui contient plus de deux événements successifs, et par conséquent ne peu-
» vent se présenter d'une manière immédiate dans le rapport de cause à effet. Ce-
» pendant ils peuvent être dans ce rapport d'une manière médiate. Mais alors, s'ils
» apparaissent dans la conscience, unis par un rapport médiat, la condition néces-
» saire de cette connaissance, c'est que la série intermédiaire de causes et d'effets
» par lesquels on suppose que le mouvement final du membre se rattache par une
» dépendance médiate à la volition motrice primaire, soit connue de la conscience
» immédiatement dans cette relation. Mais cette série intermédiaire, ce trait
» d'union, bien loin d'être connu à la conscience comme série de causes et d'ef-
» fets, n'est, il faut l'avouer, pas connu du tout. Par conséquent il s'ensuit *à for-
» tiori* que la dépendance qui rattache le dernier événement au premier comme un
» effet à sa cause, doit être inconnue à la conscience. En d'autres termes, n'ayant
» pas conscience que la volonté de mouvoir soit la force efficace (la puissance) en
» vertu de laquelle l'événement qui la suit immédiatement, c'est-à-dire la trans-
» mission de l'influx nerveux du cerveau aux muscles, se produit, puisque cet évé-
» nement est lui-même caché à la conscience; nous pouvons bien moins encore
» avoir conscience que cette volition soit la force efficace qui détermine directement
» le mouvement final du membre. »

pouvoir de mouvoir nos membres. Néanmoins notre auteur pense que cette croyance est sans fondement, et que nous apprenons un fait intimement uni à notre être de la même manière qu'un spectateur pourrait l'apprendre, par l'observation extérieure (1).

M. Mansel qui s'accorde sur tant de points avec Hamilton, s'en sépare ici, et adopte une modification de la théorie fondée sur la volition. Il reconnaît la force de l'argument de Hume et de Hamilton, et ne tire pas l'idée de Pouvoir ou de Causation d'une prétendue action de l'esprit sur le corps, — de la production de mes mouvements corporels par ma volonté. Il la déduit de la production de ma volonté par moi-même. « Dans tout (2) » acte de volition, j'ai pleinement conscience qu'il est en mon » pouvoir de former une résolution ou de m'abstenir; c'est là ce » qui constitue la conscience représentative de la volonté libre » et de la puissance. » Et si nous avons une notion de la Causalité dans le monde extérieur, qui soit quelque chose de plus qu'une antécédence et une conséquence invariables, « c'est uni- » quement celle (3) d'une relation entre deux objets, semblable » à la relation qui existe entre nous-mêmes et nos volitions. » A ce point de vue, continue M. Mansel (4), « cette notion est un » exemple intéressant de la tendance universelle qui porte les » hommes à identifier, autant que possible, les autres agents » avec eux-mêmes, et à pousser ce système d'identification jus- » qu'à la confusion des idées : — Voilà l'explication psychologique » d'une forme de langage qui a régné et qui régnera toujours » dans le monde et dans tous les temps, mais qu'on ne peut pas » appeler proprement *une vérité nécessaire*, et qui n'est pas sus- » ceptible d'une application scientifique. En effet, dans une appli- » cation scientifique, cette forme du langage peut être vraie ou » fausse, sans que nous puissions déterminer lequel des deux, » puisque l'objet qu'elle représente n'est jamais tombé sous les

---

(1) Hamilton ajoute comme une dernière objection à la théorie, qu'elle n'explique pas ce qui dans notre notion de la causation, peut seul servir de base à la réfutation de la théorie empirique, c'est-à-dire « sa qualité de nécessité et d'universalité ». Et c'est vrai : les philosophes qui combattent la théorie empirique de la causation par la théorie fondée sur la volition, se privent eux-mêmes d'un très-mauvais argument, mais pourtant du meilleur que leur école ait formulé.
(2) *Prolegomena logica*, p. 139.
(3) *Ibid.*, 140.
(4) *Ibid.*, 142-143.

» prises de nos facultés. Qu'entend-on par le *pouvoir* qu'a le
» le feu de fondre la cire? Quand et comment s'exerce-t-il, et
» de quelle manière en prenons-nous connaissance? Supposez
» cette force suspendue par un acte de la Toute-Puissance,
» l'Être Suprême produisant en même temps la succession des
» phénomènes par l'intervention de sa volonté propre. Avons-
» nous un moyen de découvrir le changement? Ou bien sup-
» posez le cours de la nature gouverné par des lois préétablies,
» en vertu desquelles à un certain moment le feu et la cire se
» trouveraient dans le voisinage l'un de l'autre, le feu brû-
» lerait de lui-même, et la cire en vertu de ses propres lois fon-
» drait, sans que l'un de ces corps ait une action sur l'autre,
» — tous les phénomènes perceptibles ne seraient-ils pas pré-
» cisément les mêmes qu'à présent? Ces suppositions sont peut-
» être extravagantes, bien qu'elles aient pour appui les noms
» les plus éminents de la philosophie; mais il suffit qu'il soit
» possible de les faire pour que l'hypothèse rivale ne soit pas
» une vérité nécessaire; les principes différents restent en
» présence comme les tourbillons de Descartes et la gravitation
» de Newton, ce sont des façons plus ou moins plausibles d'ex-
» pliquer le même phénomène physique. » M. Mansel reconnaît qu'il est possible que dans une autre partie de l'univers
les phénomènes se succèdent au hasard, sans lois de causation, ou en vertu de lois qui changent continuellement. Nous
ne pouvons, dit-il, concevoir cet état de choses, mais nous
pouvons le supposer; et cette incapacité même de concevoir
un phénomène sans cause — en d'autres termes, cette nécessité
subjective de la loi de cause et d'effet — ne résulte, dans son
opinion, que des conditions de notre expérience. Si l'on nous
demandait pourquoi il faut qu'un changement physique ait une
cause, « nous (1) répondrions probablement : parce que la
» matière ne peut changer d'elle-même. Mais pourquoi ne pou-
» vons-nous concevoir que la matière se modifie elle-même?
» Parce que la force et *la création du changement* ou détermi-
» nation spontanée, ne nous ont jamais été présentées que
» sous la forme des actions du moi conscient. Quand j'ai à con-
» cevoir comment une chose se produit, il faut que je conçoive

---

(1) *Prolegomena logica*, p. 148.

» cette production par la seule manière de se produire qui m'ait
» jamais été présentée. » (Ici M. Mansel exagère une des conséquences de la loi d'association inséparable parce qu'il y est arrivé par la voie empirique et qu'il ne l'a pas analysée au moyen de la loi.) « La loi de Causalité se réduit donc à un
» principe empirique, mais d'un caractère tout particulier,
» c'est-à-dire à un principe sur lequel il est psychologique-
» ment impossible que l'expérience témoigne de plus d'une ma-
» nière. Les principes de cette sorte, bien qu'empiriques à
» l'origine, sont dans l'application aussi étendus que le domaine
» de la pensée. »

Et plus loin (1) : « Il ne serait pas juste de donner au prin-
» cipe de Causalité ainsi expliqué, le nom de loi de la pensée.
» Si nous ne pouvons pas penser le contraire, ce n'est pas
» qu'une loi de la pensée nous le défende, mais c'est que l'ob-
» jet de la pensée manque. La pensée est soumise à deux espèces
» de restrictions : d'abord, par ses propres lois qui la limitent
» quant à sa forme, et ensuite par les lois de l'intuition qui la
» limitent quant à sa matière. La restriction qui nous occupe
» est de cette dernière espèce. Nous ne pouvons concevoir un
» cours de la nature sans succession uniforme, comme nous ne
» pouvons concevoir un être qui voie sans yeux, ou entende
» sans oreilles, parce que nous ne pouvons pas, au milieu des
» circonstances existantes, avoir l'intuition nécessaire. Mais ces
» choses peuvent, néanmoins, exister ; et au milieu d'autres
» circonstances, elles pourraient devenir des objets de concep-
» tion possible, les lois de la conception restant les mêmes. »

Cette exposition contient, je n'hésite pas à le dire, plus de saine philosophie qu'on n'en pourrait trouver sur le même sujet dans les écrits de Hamilton. Je dois cependant en excepter la thèse principale, que le type sur lequel nous formons notre notion de Force ou de Causalité en général est le pouvoir, non de nos volitions sur la matière, mais du moi sur nos volitions. Avec la moitié du monde psychologique, je ne me reconnais pas ce pouvoir. Je peux sans doute agir sur mes propres volitions, mais seulement comme un autre pourrait le faire en mettant en œuvre des moyens convenables. Je n'ai pas

(1) *Prolegomena logica*, p. 149.

conscience d'avoir un pouvoir direct sur mes volitions. Sans doute, il se pourrait que j'eusse un tel pouvoir sans le savoir ; mais un fait de conscience contestable et contesté ne peut être la source, le prototype d'une idée commune à l'humanité entière. Cependant je suis d'accord avec M. Mansel sur une opinion qu'il partage avec Comte, James Mill, et plusieurs autres penseurs qui ne voient dans la cause qu'une antécédence invariable ; avec eux je pense que nous formons naturellement et inévitablement notre première conception de toutes les forces de l'univers par analogie sur les volitions humaines. Cela tient évidemment à ce que presque toutes les choses qui nous intéressent, viennent, dans notre première enfance, soit de nos propres mouvements volontaires, soit (considération trop négligée) des mouvements volontaires des autres ; et parmi les successions peu nombreuses de phénomènes consécutifs qui tombent à cette époque sous le coup de nos perceptions, il n'y en a guère qui nous présentent le spectacle d'un commencement en apparence absolu, d'une chose qui mette les autres en mouvement sans être elle-même en mouvement, ou qui produise des changements dans d'autres choses sans subir elle-même de changement visible. Mais je ne crois pas plus que Hamilton ou M. Mansel que l'état de l'esprit appelé volition, porte en lui-même une notion prophétique qui nous informe avant toute expérience que la volonté sera suivie d'un effet ; je pense qu'ici, pas plus que dans tout autre cas de causation, rien ne nous prouve qu'il y ait autre chose que ce que l'expérience nous apprend ; et l'expérience ne nous apprend qu'une succession immédiate, invariable et inconditionnée.

Tout le monde accorde qu'une partie pour le moins de notre idée de Force est notre attente de l'effet quand la cause existe. Mais Hume lui-même admet qu'il y a dans la notion vulgaire de force un élément additionnel, un *nisus* animal, comme il l'appelle, qui serait mieux nommé conception d'effort. La part que cette idée d'effort prend dans notre notion de force, est, à mon avis, une des plus fortes preuves que cette notion n'est pas dérivée de la relation entre nous et nos volitions, mais de celle de nos volitions à nos actions. L'idée d'effort est essentiellement une notion dérivée de l'action de nos muscles ou de cette action combinée avec les affections du cerveau et des nerfs.

Tous nos mouvements musculaires ont à vaincre une résistance, soit celle d'un objet extérieur, soit le simple frottement et le poids de nos organes de mouvement; en conséquence, tout mouvement est suivi de la sensation musculaire de la résistance, et s'il se prolonge assez, d'une sensation musculaire de fatigue. L'effort considéré comme l'accompagnement de l'action sur le monde extérieur ne signifie, pour nous, que ces sensations musculaires. Puisque nous avons l'expérience d'un effort toutes les fois que nous mettons volontairement un objet en mouvement, quand il nous arrive de voir le même objet mû par le vent ou par tout autre agent, nous pensons que le vent surmonte le même obstacle, et nous nous figurons qu'il dépense le même effort. Les enfants et les sauvages commettent l'erreur de croire que, derrière ces phénomènes, il y a un effort conscient. En grandissant nous nous débarrassons de cette croyance, mais il n'est pas dans les modes d'action de l'intelligence humaine de passer, *uno saltu*, d'une assimilation complète des deux phénomènes à la distinction complète des mêmes phénomènes. La « tendance naturelle » (si bien caractérisée par M. Mansel) qui porte les hommes à identifier, autant que possible, les autres agents avec eux-mêmes, ne se déclare pas vaincue et ne cède pas après un échec. Si, tandis que les conséquents restent les mêmes, l'esprit ne peut plus supposer une parité exacte entre les antécédents, il croit encore qu'il doit y avoir quelque chose de commun entre eux; et quand il est obligé d'admettre que dans un cas il y a une volition et dans l'autre un objet inconscient, il place entre l'antécédent et le conséquent une entité abstraite pour exprimer ce qu'on suppose commun aux forces animées et aux inanimées : un intermédiaire à travers lequel ces forces agissent, et en l'absence duquel rien ne pourrait s'effectuer. Cette notion purement subjective, produit de la généralisation et de l'abstraction opérant sur la sensation réelle d'effort musculaire ou nerveux, c'est la force. C'est ainsi que je comprends l'analyse psychologique de la grande généralisation historique de Comte, d'après laquelle la conception métaphysique (c'est ainsi qu'il l'appelle) de l'univers succède par une loi naturelle à la conception fétichique, et devient un instrument qui transforme le Fétichisme en Polythéisme, celui-ci en Monothéisme, et décompose le Monothéisme lui-même en forces et attributs de la Nature et autres abstractions subordonnées.

Voilà ce qu'est la causalité en tant que conception de l'esprit. La loi de cause et d'effet sous son aspect objectif, en tant que principe fondamental de l'ordre de l'univers, base de la plus grande partie de notre connaissance et guide de nos actions, a été l'objet d'une étude si complète dans mon système de logique, que je ne crois pas nécessaire d'en parler ici.

CHAPITRE XVII

DOCTRINE DES CONCEPTS OU NOTIONS GÉNÉRALES.

Nous arrivons maintenant à des questions qui font la transition de la psychologie à la logique, de l'analyse et des lois des opérations de l'esprit à la théorie de la constatation de la vérité objective : le chaînon naturel qui les unit est la théorie des diverses opérations mentales qui servent à constater et à légaliser la vérité. Suivant la classification commune adoptée sans modification par Hamilton, ces opérations sont au nombre de trois : la Conception ou formation des notions générales, le Jugement, et le Raisonnement. Nous commençons par la première.

Deux questions se présentent. Premièrement : Y a-t-il des notions générales, et secondement, quelles sont ces notions ? S'il y a des notions générales, elles doivent être celles qui sont exprimées par des termes généraux; et tous ceux qui ont la connaissance la plus élémentaire de l'histoire de la métaphysique savent qu'il y a, ou qu'il y a eu, trois opinions différentes au sujet de ces termes généraux.

La première est celle des Réalistes pour qui les noms généraux étaient les noms des choses générales. Outre les choses particulières, ils reconnaissaient une autre espèce de choses non particulières, qu'ils appelaient en langage technique substances secondes, ou universaux *à parte rei*. Au-dessus de tous les individus, hommes et femmes, il y avait une entité appelée homme — l'homme en général, — inhérente aux hommes et aux femmes individuels et leur communiquant son essence. Les Réalistes regardaient ces substances universelles comme des êtres plus nobles que les substances particulières, et les seuls dont la connaissance méritât le nom de science. Les existences individuelles étaient fugitives et périssables, mais les êtres appelés genres et espèces étaient immortels et immuables.

Cette doctrine, qui a régné durant le moyen âge, est aujourd'hui universellement abandonnée; elle constitue un fait d'une grande signification dans l'histoire de la philosophie; c'est un des plus frappants exemples de la tendance qui porte l'esprit humain à conclure de la différence des noms à la différence des choses, à supposer que chaque classe de noms implique une classe correspondante d'entités réelles dénotées par ces noms. Soient deux noms différents tels que : *homme* et *Socrate*. Les réalistes pensaient qu'il ne fallait pas dire que le mot *homme* n'était qu'un nom qui convenait à Socrate et à d'autres êtres semblables à lui à un certain point de vue. Selon eux, *homme* étant un nom commun à plusieurs, devait être le nom d'une substance commune à plusieurs, et unie d'une façon mystérieuse aux substances individuelles, Socrate et autres.

Vers la fin du moyen âge, il s'éleva une école rivale de métaphysiciens appelés Nominalistes, qui rejetaient les substances universelles et soutenaient qu'il n'y a rien de général que des noms. Un nom, disaient-ils, est général s'il s'applique avec la même acception à une pluralité de choses, mais chacune des choses est individuelle. La dispute entre ces deux sectes fut très-âpre, et prit le caractère d'une lutte religieuse : l'autorité, hélas! intervint, et, suivant l'usage, prit le parti de ceux qui avaient tort. La théorie réaliste fut proclamée orthodoxe, et imposée à la croyance comme un devoir religieux. Cependant elle ne pouvait pas résister naturellement à la critique philosophique, et elle a péri. Mais le Nominalisme ne resta pas maître du champ de bataille. Une troisième doctrine naquit, qui essaya de se tenir entre les deux premières. On la connaît sous le nom de Conceptualisme. Suivant elle, la généralité n'est pas seulement un attribut des noms, elle est aussi un attribut des idées. Les objets extérieurs sont tous individuels, mais à chaque nom correspond une notion générale ou conception, que Locke et d'autres ont appelées idées abstraites. Les noms généraux sont les noms de ces idées abstraites.

Le Réalisme n'existe plus et sa résurrection n'est pas probable ; le débat s'agite aujourd'hui entre le Nominalisme et le Conceptualisme ; l'une et l'autre école comptent des adhérents parmi les plus illustres penseurs modernes. Hamilton se déclare des deux en affirmant (1) « que les partis opposés n'en font réellement qu'un », mais sa façon générale de penser et ses façons habituelles de parler sont conceptualistes. On le voit tout de suite dans le passage que je citerai en premier lieu, où il expose la question. Ce passage est précédé d'une remarque sur l'abstraction, remarque parfaitement juste, qui jette une grande lumière sur les opérations de la pensée humaine. L'abstraction, dit Hamilton (2), est simplement l'acte par lequel notre attention se concentre sur un objet particulier, ou une qualité particulière d'un objet, et se détourne de tous les autres. Il peut donc y avoir abstraction sans généralisation. « La notion de la figure
» du pupitre que j'ai devant moi est une idée abstraite, une
» idée qui fait partie de la notion totale de ce corps, et sur
» laquelle j'ai concentré mon attention, afin de la considérer
» exclusivement. Cette idée est abstraite, mais elle est en
» même temps individuelle ; elle représente la figure de ce
» pupitre particulier, et non la figure d'un autre corps. »

» Il y a donc des « notions abstraites individuelles », mais il y a aussi « des notions abstraites générales ». Celles-ci se
» forment quand (3), par la comparaison de plusieurs ob-
» jets, nous saisissons leurs ressemblances, quand nous con-
» centrons notre attention sur ces points de ressemblance,
» détournant ainsi l'esprit de la considération des diffé-
» rences ; et quand nous donnons un nom à la notion du
» détail par lequel tous se ressemblent. La notion générale est
» donc cette notion qui nous fait connaître une qualité, une
» propriété, une force, une notion, une relation ; bref, un point
» de vue duquel nous reconnaissons l'unité d'une pluralité

---

(1) *Lectures*, II, 286 ; et note à Reid, p. 412.
(2) *Ibid.*, 287.
(3) *Ibid.*, 287-290.

» d'objets. Elle nous apprend une qualité, un aspect commun
» à plusieurs choses. C'est une notion de ressemblance ; voilà
» pourquoi les noms généraux, les signes des notions générales,
» ont été appelés *termes de ressemblance (termini similitu-*
» *dinis)*. Dans cette œuvre de généralisation, nous ne nous
» arrêtons pas au premier pas. Une première généralisation
» nous a donné plusieurs classes d'individus qui se ressemblent.
» Mais nous pouvons comparer ensemble ces classes, observer
» leurs points de ressemblance, faire abstraction de leurs diffé-
» rences et donner à la circonstance commune qu'elles présen-
» tent un nom commun. Nous pouvons encore faire la même
» opération sur ces secondes classes ; et ainsi en remontant
» l'échelle des notions générales, en rejetant toujours un plus
» grand nombre de différences, et en saisissant toujours un
» plus petit nombre de ressemblances dans la formation de nos
» classes, nous arrivons enfin à la limite de notre ascension,
» à la notion d'*être* ou d'*existence*. Une fois au sommet de
» l'échelle des classes, nous descendons par un procédé inverse
» de celui par lequel nous sommes montés, nous divisons et
» subdivisons les classes en introduisant toujours plus de
» caractères, et en faisant abstraction de plus de différences ;
» les notions deviennent ainsi de plus en plus complexes, jus-
» qu'à ce qu'enfin nous arrivions aux individus.

» Il faut remarquer ici qu'il y a deux sortes de quantité à
» considérer dans les notions. Il est évident que la classe, en
» proportion de son degré de généralisation, renfermera d'a-
» bord un plus grand nombre de classes, et ensuite la somme
» la plus petite d'attributs. Ainsi, l'*être* ou l'*existence* renferme
» toutes les classes, et pourtant, quand nous disons qu'une
» chose existe, nous en disons le moins qu'il est possible. D'autre
» part, un individu, bien qu'il ne comprenne que lui-même,
» renferme la plus grande somme d'attributs. Par exemple,
» quand je dis : voilà Richard ; j'affirme non-seulement du sujet
» toutes les classes depuis l'être jusqu'à l'homme, mais aussi
» plusieurs circonstances propres à Richard en tant qu'indi-
» vidu. La première de ces quantités, l'externe, s'appelle l'ex-
» tension d'une notion ; la dernière, l'interne, s'appelle la
» compréhension ou l'intension..... Les quantités externe et
» interne sont en raison inverse l'une de l'autre. Plus grande

» est l'extension, moindre est la compréhension, plus grande
» la compréhension, moindre l'extension. »

S'il ne sagit que d'une exposition populaire de la Classification pour des élèves, destinée à faire place à une exposition plus scientifique, ce passage répond pleinement au but; mais il est écrit dans le langage ordinaire des conceptualistes, et nous serions en droit d'en conclure que l'auteur était conceptualiste. Cependant il affirme avec les nominalistes qu'il n'y a pas de notions générales, « et qu'il est non-seulement vrai, mais de toute évidence », que la notion suggérée par un nom général est toujours une notion singulière ou individuelle (1). Il cite même l'argument « irréfragable » de Berkeley, dirigé contre la possibilité même des idées abstraites. Le passage de Berkeley se trouve dans l'introduction à ses « *Principes de la connaissance humaine* » ; le voici :

« Tout le monde accorde que les qualités ou modes des
» choses, n'existent pas en réalité chacune par elle-même et
» séparée de toutes les autres, mais qu'elles sont mélangées,
» pour ainsi dire, et comme fondues ensemble, dans le même
» objet. Mais on admet que l'esprit pouvant considérer chaque
» qualité isolément, c'est-à-dire abstraite des autres qualités
» auxquelles elle est unie, il se construit pour lui-même, par
» ce moyen, des idées abstraites. Par exemple, la vue perçoit
» un objet étendu, coloré et en mouvement; l'esprit a une idée
» mixte et composée qu'il décompose en ses éléments sim-
» ples; puis considérant chacun de ces éléments séparément à
» l'exclusion des autres, il forme l'idée abstraite d'étendue, de
» couleur et de mouvement. Non pas que la couleur et le
» mouvement puissent exister sans étendue ; cela veut dire seu-
» lement que l'esprit peut former par *abstraction* l'idée de
» couleur à l'exclusion de celle d'étendue, et l'idée de mou-
» vement à l'exclusion à la fois de celles de couleur et d'éten-
» due.

» En outre, l'esprit ayant observé que dans toutes les
» étendues particulières perçues par les sens, il y a quelque
» chose de commun et de semblable, et certaines autres choses
» spéciales qui les distinguent, comme par exemple cette

(1) *Lectures*, II, 298.

» figure-ci ou celle-là, cette grandeur-ci ou celle-là, considère
» à part, ou isole ce qui est commun, pour en faire une idée
» plus abstraite d'étendue, qui n'est ni ligne, ni surface, ni
» solide, ni figure, ni une grandeur quelconque, mais une idée
» absolument distincte de celles-là. Pareillement l'esprit, en dé-
» pouillant les couleurs particulières perçues par les sens de ce
» qui les distingue, et ne retenant que ce qui est commun à
» toutes, se fait une idée de couleur abstraite qui n'est ni le
» rouge, ni le bleu, ni le blanc, ni aucune autre couleur déter-
» minée. De la même manière, quand on porte la pensée sur le
» mouvement, abstraction faite non-seulement du corps mû,
» mais aussi de la figure qu'il décrit, et de toutes les directions
» et de toutes les vitesses particulières, l'idée abstraite de mou-
» vement se forme ; et cette idée correspond également à tous
» les mouvements particuliers quelconques que les sens peuvent
» percevoir. »

» Je ne sais si d'autres personnes ont cette admirable faculté
» d'abstraire leurs idées : pour moi, je trouve que j'ai la faculté
» d'imaginer ou de me représenter les idées des choses parti-
» culières que j'ai perçues, de les combiner, et de les séparer
» de diverses manières. Je peux imaginer un homme à deux
» têtes, ou la partie supérieure de son corps jointe au corps d'un
» cheval. Je peux considérer la main, l'œil, le nez, l'un après
» l'autre, abstraits ou séparés du reste du corps. Mais quelle
» que soit la main ou quel que soit l'œil que j'imagine, il faut
» qu'ils aient une forme, une couleur particulières. De même,
» mon idée d'homme doit être l'idée d'un homme blanc, ou
» noir, ou basané, droit ou contrefait, grand ou petit, ou de
» taille moyenne. Je ne peux, par aucun effort de pensée,
» concevoir l'idée abstraite ci-dessus décrite. Et il m'est éga-
» lement impossible de me former l'idée abstraite de mou-
» vement distinct du corps qui se meut, et qui ne soit ni
» rapide, ni lent, ni curviligne, ni rectiligne ; et l'on peut en
» dire autant de toutes les autres idées générales abstraites.
» Pour parler clairement, je suis moi-même capable d'abstraire
» en un sens, par exemple, quand je considère certaines par-
» ties ou qualités particulières séparées des autres auxquelles
» elles sont unies dans quelque objet, mais aussi sans lesquelles
» il est possible qu'elles existent réellement. Mais je nie que je

» puisse abstraire l'une de l'autre, ou concevoir séparément
» les qualités qui ne peuvent exister séparées, ou que je puisse
» former une notion générale par abstraction sur des faits
» particuliers de la manière dite ci-dessus. Ces deux derniers
» sens sont les acceptions propres du mot *Abstraction*. Et il
» y a des raisons de penser que la plupart des hommes recon-
» naîtront qu'ils sont dans mon·cas. » Il est évident que
l'existence des idées abstraites, — la conception des qualités
génériques prises à part et non personnifiées dans un individu — est effectivement empêchée par la loi d'Association
inséparable.

Ce n'est que dans ses leçons sur la Logique que nous apprenons comment Hamilton s'arrange pour combiner deux théories contradictoires dans les termes, et qui ont toujours paru
directement contradictoires au fond. A moins que le professeur n'ait donné oralement les éclaircissements qui manquent
au texte de ses leçons sur la métaphysique, ses auditeurs
ont dû être embarrassés pour trouver le moyen de concilier les
deux doctrines qu'il leur jetait en bloc. Cependant dans les
leçons sur la Logique, il essaye de le trouver pour eux. On y
lit (1) que la notion générale appelée concept par Hamilton,
cette notion d'un certain « point de ressemblance » entre des
objets particuliers, « n'est pas susceptible en soi de tomber
» sous la connaissance, c'est-à-dire qu'elle ne présente pas
» d'objet absolu et indépendant de connaissance, mais qu'elle
» ne peut être réalisée dans la conscience qu'à la condition de
» s'appliquer comme un terme de relation à une ou plusieurs
» des choses qui se ressemblent par le point ou les points
» qu'elle exprime. Du moment que nous voulons nous repré-
» senter ces concepts, ces généralités abstraites, comme objets
» absolus, à part, et hors de toute relation avec des réalités
» concrètes ou individuelles, leur nature relative reparaît tout
» d'un coup ; nous trouvons, en effet, qu'il est impossible de
» nous représenter aucune des qualités exprimées par un con-
» cept, si ce n'est comme attachée à un objet individuel et
» déterminé, et toute leur généralité consiste en ce que, si
» nous devons nous les figurer sous la forme d'un certain

(1) *Lectures*, III, 128-129.

» individu de la classe, nous pouvons le faire sous la forme de
» l'un quelconque d'entre eux. Par exemple, nous ne pouvons
» effectivement nous représenter le faisceau d'attributs conte-
» nus dans le concept *homme*, comme un objet absolu, en lui-
» même, et à part de tout ce qui le fait retomber du rang de
» connaissance générale à celui d'une représentation indivi-
» duelle. Nous ne pouvons nous imaginer d'objet adéquate à la
» notion générale du mot *homme*; car l'homme qui serait cet
» objet ne serait ni grand ni petit, ni gras ni maigre, ni blanc
» ni noir, ni homme ni femme, ni jeune ni vieux, mais à la fois
» tout cela et rien de tout cela. La relativité de nos concepts
» est donc démontrée par la contradiction et l'absurdité de
» l'hypothèse contraire. »

Voilà de la bonne philosophie. Mais c'est du pur Nominalisme, comme le passage de notre auteur déjà cité était du pur Conceptualisme. Il est nécessaire de rapporter les éclaircissements additionnels présentés dans les Leçons suivantes (1). « Un Con-
» cept ou Notion (générale), dit Hamilton, se distingue d'une
« Présentation de la Perception, ou d'une Représentation de
» l'Imagination », en ce que « notre connaissance acquise par
» chacune des deux dernières est une cognition directe, immé-
» diate, indépendante, indéterminée, individuelle et adéquate.
» Un objet particulier, un individu, est connu en lui-même, à
» part, par tous ses attributs, sans relation avec autre chose
» que soi. Un concept, au contraire, est une cognition indi-
» recte, médiate, indéterminée et partielle d'un objet quel-
» conque pris dans un groupe d'objets, mais non une repré-
» sentation effective de tous, ni de tous les attributs de l'un
» d'eux..... ».

« Formés par comparaison », les concepts « n'expriment
» qu'une relation. On ne peut donc soutenir qu'ils sont pour
» la conscience des objets absolus ; ils ne peuvent se représen-
» ter à l'imagination comme universaux. On ne peut les
» concevoir qu'en relation avec l'un des objets individuels qu'ils
» servent à classer, et ce n'est que lorsqu'ils sont considérés en
» relation avec cet objet qu'ils peuvent être représentés dans
» l'imagination. Mais alors, en tant que représentés effective-

(1) *Lectures*, 131-137.

» ment, ils ne constituent plus des attributs généraux, ils
» retombent au rang de simples déterminations spéciales des
» objets particuliers dans lesquels ils sont représentés. Il est
» donc vrai que la généralité ou l'universalité des concepts est
» potentielle, non actuelle. Ils ne sont généraux qu'en tant
» qu'ils peuvent s'appliquer à n'importe quel des divers
» objets qu'ils renferment; mais s'ils ne peuvent se produire
» actuellement dans la conscience qu'en s'appliquant à l'un
» ou à l'autre de ces objets, ils ne peuvent s'y appliquer
» sans perdre, *pro tanto*, leur universalité. Prenez, par exem-
» ple, le concept *cheval* : si par cheval nous ne pensons que
» le mot, c'est-à-dire la combinaison des lettres c. h. e. v.
» a. l., — ce n'est pas du tout un concept, ce n'est qu'une
» pure représentation de certains objets individuels. Ceci posé,
» n'en parlons plus, pour éviter qu'une ambiguïté puisse s'y
» cacher. Par *cheval*, nous ne voulons plus dire une simple
» représentation du mot, mais un concept concernant certains
» objets classés sous ce mot. — Le concept *cheval*, dis-je, ne
» peut, restant un concept, c'est-à-dire une attribution uni-
» verselle, être imaginé, mais à moins d'être imaginé, il ne
» peut s'appliquer à aucun objet, et à moins d'être appliqué à
» un objet quelconque, il ne peut être conçu. Essayez d'échap-
» per au dilemme, vous ne le pouvez pas. Vous ne pouvez pas
» concevoir un concept absolu ou indépendant, correspondant
» en universalité à l'application du mot, car cette supposition
» implique de nombreuses contradictions. Un cheval existant
» n'est pas une relation, mais un objet étendu, pourvu d'une
» forme, d'une couleur, d'une grandeur..... etc., détermi-
» nées; le *cheval*, en général, ne peut être représenté, si ce
» n'est par une image de quelque chose d'étendu, d'une
» figure, d'une couleur, d'une grandeur..... etc., déterminées.
» Or c'est ici que la contradiction apparaît. Si, d'une part, vous
» ne vous représentez pas quelque chose d'étendu, d'une figure,
» d'une couleur et d'une grandeur déterminées, vous n'avez
» pas de représentation de cheval. Il n'y a donc rien de ce côté
» de l'alternative qui puisse s'appeler le concept d'un cheval ou
» l'image d'un cheval. Si, d'autre part, vous vous représentez
» quelque chose d'étendu, d'une figure, d'une couleur, d'une
» grandeur déterminées, vous avez l'image d'un cheval indivi-

» duel, mais non un concept universel coadéquate avec *le che-*
» *val* en général. Car comment est-il possible d'avoir une
» représentation actuelle d'une figure qui n'est pas une figure
» déterminée? Mais si c'est la représentation d'une figure dé-
» terminée, il faut que ce soit celle de l'une des différentes
» figures sous lesquelles se montrent les chevaux; et alors,
» si ce n'est que la représentation de l'une d'elles, ce ne peut
» être le concept général des autres qui ne sont pas représen-
» tées. De même, comment est-il possible d'avoir la représenta-
» tion actuelle d'une chose colorée, qui n'est pas la représen-
» tation d'une couleur déterminée, c'est-à-dire blanche ou
» noire, ou grise, ou brune, etc.? Si cette représentation est
» celle de l'une d'elles, elle ne peut représenter qu'un cheval de
» telle ou telle couleur particulière, et ne peut être le concept
» général des chevaux de toutes couleurs. Le même résultat
» est fourni par les autres attributs; et ma proposition devient
» évidente : les concepts n'ont qu'une universalité potentielle et
» non actuelle, c'est-à-dire ils ne sont universels qu'autant
» qu'ils peuvent être appliqués à tous les individus d'une cer-
» taine classe d'objets, mais en tant qu'ils sont actuellement
» appliqués, ils cessent d'être des attributs généraux et ne sont
» plus que des attributs spéciaux. »

Si, comme notre auteur le dit, les concepts sont « tout à fait incapables d'être réalisés dans la pensée », si ce n'est comme représentation d'objets particuliers, comment sont-ils, ne fût-ce que potentiellement, universels? Pures créations mentales, ils ne *sont* que ce qu'on peut les concevoir, et l'on ne peut les concevoir comme universels, mais seulement comme partie de l'idée d'un objet particulier, bien qu'il ne soit pas nécessaire que l'objet particulier soit toujours le même. Ce n'est pas une universalité potentielle, bien que ce soit une potentialité universelle.

Si donc les nominalistes ont si complétement raison, comment se peut-il que les conceptualistes n'aient pas tout à fait tort?

Notre auteur ne voit entre les deux écoles qu'une différence apparente qui se réduit à une pure équivoque provenant de ce qu'elles « emploient le même mot pour exprimer les « représen-
» tations de l'Imagination et les notions ou concepts de l'En-

» tendement ». «Une relation », dit-il (1), « ne peut être repré-
» sentée dans l'imagination. Les deux termes, les deux objets
» relatifs peuvent être imaginés séparément dans une représen-
» tation sensible, mais non la relation même. La relation est
» l'objet de la Faculté comparative et de l'Intelligence propre-
» ment dite. Il aurait fallu donner des noms différents à des
» objets aussi différents que les images des sens et les notions
» de l'intelligence, qui ne peuvent être figurées. » En Allema-
» gne (2), la question du nominalisme et du conceptualisme n'a
» pas été agitée; pourquoi? Uniquement parce que la langue
» allemande fournit des termes pour distinguer les concepts
» (ou notions de la pensée proprement dite) des présenta-
» tions ou représentations des facultés subsidiaires (3). » Il faut
donc comprendre que, bien que l'Imagination ne puisse se
figurer quelque chose de général ou d'universel, la Pensée
proprement dite, la Faculté comparative, l'Entendement, le
peut. Je ne crois pas que Berkeley, dont notre auteur déclare
l'argument « irréfragable », ou tout autre parmi ces grands
penseurs nominalistes cités par Hamilton, eût accepté cette
distinction. Ils auraient, je crois, déclaré que les attributs
compris dans la prétendue notion générale ne peuvent être
pensés séparément, pas plus qu'ils ne peuvent être représentés
séparément par une image. Mais pourquoi parler de Berkeley?
Hamilton a lui-même nié la distinction dans le passage même
que je viens de citer, en disant : « Le concept *cheval* ne peut,
» s'il reste un concept, c'est-à-dire un attribut universel, être
» représenté par l'imagination ; mais *à moins d'être représenté*
» *par l'imagination*, il ne peut s'appliquer à aucun objet, et à
» moins d'être appliqué à un objet, il ne peut être *réalisé dans*
» *la pensée..* » La question se réduit à ceci : les attributs du
cheval, en tant que classe, peuvent-ils être des objets de
pensée autrement que comme faisant partie de la représentation d'un cheval particulier? Si le concept ne peut exister
dans l'esprit qu'enveloppé dans les attributs divers d'un individu, — ce qui est vrai, et pleinement reconnu vrai dans le

---

(1) *Lectures*, II, 312.
(2) *Ibid.*, III, 136.
(3) Les mots dont il veut parler sont : *Begriff* et *Anschauung*. Voyez une note à Reid, p. 412.

passage de Hamilton, — alors il ne peut pas plus être pensé séparément par l'intelligence que dépeint séparément par l'imagination.

Pour faire accepter cette notion qui fait d'un concept quelque chose qui peut être pensé, mais « ne peut être dépeint par la » sensibilité ou l'imagination (1) » on l'appelle, comme nous l'avons vu, une relation. « En tant que résultat d'une comparaison », un concept « exprime nécessairement (2) une relation », et « une relation ne peut être représentée par l'imagination ». Si un concept est une relation, quelle est cette relation, et sur quelles choses porte-t-elle? « Comme le résultat d'une compa- » raison, le concept doit être une relation de ressemblance » entre les choses comparées. » Je pourrais faire observer qu'un concept, qui d'après la définition de notre auteur est « un faisceau d'attributs » ne signifie pas le pur fait de ressemblance entre les objets; mais la représentation mentale de ce en quoi ils se ressemblent, de la « circonstance commune » dont Hamilton parlait dans son exposition de la classification. Les attributs ne sont pas la relation, ils sont le *fundamentum relationis*. Je pourrais donc repousser cette objection. Toutefois, malgré l'impropriété de l'expression, admettons qu'un concept soit une relation. Mais si une relation ne peut être représentée par l'imagination, notre auteur a dit avec raison que « les deux termes, les deux objets relatifs », peuvent être représentés. D'après lui, si l'on ne peut imaginer la relation, on peut la concevoir. Mais peut-on concevoir une relation sans concevoir les objets entre lesquels la relation existe? Assurément non : et Hamilton peut d'autant moins nier cette impossibilité, qu'il l'a prise pour base de sa théorie de la conscience, — de l'appréhension directe du moi et du non-moi. En conséquence, penser une relation, c'est penser qu'elle existe entre certains objets particuliers pensés au même moment : et un concept même en admettant qu'il soit l'appréhension d'une relation, ne peut être pensé que comme individu, non comme généralité.

---

(1) Mansel, *Prolegomena Logica*, p. 15. M. Mansel fait voir que cette distinction n'est qu'un jeu de mots. Quelques pages plus bas, il dit (p. 29) : « Dans tout acte complet de conception, les attributs qui forment le concept apparaissent comme coexistant dans un objet possible d'intuition »; de sorte qu'ils *sont* « dépeints par l'imagination », seulement ils ne sont pas dépeints séparément.

(2) *Lectures*, III, 128.

Je crois qu'il n'est pas nécessaire de rechercher la vraie théorie des concepts ailleurs que dans l'explication que notre auteur donne de leur origine : « Dans la formation (1) d'un
» concept ou notion, dit-il, on peut trouver quatre temps. En
» premier lieu, il faut que nous ayons une pluralité d'objets
» présentés ou représentés par les facultés subsidiaires. Ces
» facultés doivent fournir les matériaux bruts pour l'élabora-
» tion de la notion. En second lieu, ces objets sont, com-
» parés ensemble par un acte de l'Entendement, et leurs
» diverses qualités jugées semblables ou dissemblables. En
» troisième lieu, un acte de volition appelé attention concentre
» la conscience sur les qualités dont on reconnaît la simili-
» tude ; et cette concentration de la conscience sur ces qualités
» par l'attention, suppose que la conscience fait abstraction de
» celles qui ont été reconnues dissemblables, et à ce titre,
» mises de côté. En effet, le pouvoir de la conscience est limité,
» et sa clarté et sa précision sont en proportion de la simpli-
» cité et de l'unité de l'objet. L'attention et l'abstraction sont
» les deux pôles du même acte de pensée : comme les deux
» plateaux opposés d'une balance, l'un doit monter quand
» l'autre descend. En quatrième lieu, les qualités qui par com-
» paraison sont jugées semblables, et par l'attention consti-
» tuées à l'état d'objet exclusif de la pensée, sont déjà par ce
» procédé identifiées dans la conscience ; car elles ne sont
» jugées semblables, qu'en tant qu'elles produisent sur nous des
» effets qu'on ne peut distinguer les uns des autres. Pour être
» plus précis, on peut considérer la synthèse dans la con-
» science comme un quatrième temps de l'opération. Mais il
» faut se rappeler que les trois derniers temps au moins, ne
» sont pas, en réalité, des actes distincts et indépendants, et
» ne sont distingués et énoncés que pour que nous puissions
» comprendre et décrire l'opération indivisible sous les aspects
» différents que nous pouvons envisager en elle. » Qu'on me permette de remarquer en passant que cette dernière phrase contient une reconnaissance éclatante d'un principe important, déjà plusieurs fois signalé, de la théorie de la Nomen-
clature.

(1) *Lectures*, III, 132-133.

La formation d'un concept ne consiste donc pas à séparer les attributs qui le composent de tous les autres attributs du même objet, et de nous mettre en état de concevoir ces attributs détachés de tout autre. Nous ne les concevons pas, nous ne les pensons pas, nous ne les appréhendons pas comme chose à part, mais seulement comme formant, par leur combinaison avec beaucoup d'autres attributs, l'idée d'un objet particulier. Mais, tout en les concevant comme partie d'un agrégat plus grand, nous avons le pouvoir de fixer notre attention sur eux, au point de négliger les autres attributs avec lesquels nous concevons qu'ils sont combinés. Tant que dure effectivement la concentration de l'attention, si elle est assez intense, nous pouvons temporairement ne pas avoir conscience de certains des autres attributs, et nous pouvons, pour un peu de temps, n'avoir présents à notre esprit que les attributs qui constituent le concept. Toutefois, en général, l'attention n'est pas aussi exclusive, et laisse place dans la conscience pour d'autres éléments de l'idée concrète, quoique la conscience de ces éléments soit faible en raison de l'énergie, de l'effort de concentration ; et au moment où l'attention se relâche, si la même idée continue à occuper l'esprit, ses autres éléments constituants apparaissent dans la conscience. En conséquence, à proprement parler, nous n'avons pas de concepts généraux ; nous n'avons que des idées complexes d'objets au concret : mais nous pouvons porter exclusivement notre attention sur certaines parties de l'idée concrète : et par cette attention exclusive nous donnons à ces parties le pouvoir de déterminer exclusivement le cours de nos pensées telles que l'association les évoque subséquemment ; et nous sommes à même de suivre un enchaînement de méditations ou de raisonnements relatifs à ces parties seulement, tout comme si nous étions capables de les concevoir séparées du reste.

Ce qui nous donne ce pouvoir, c'est surtout l'emploi des signes, et en particulier, l'espèce de signes la plus efficace et la plus familière, c'est-à-dire les noms. Hamilton expose bien et fortement cette idée, et pour bien des raisons je dois la présenter dans la même forme (1).

---

(1) *Lectures*, III, p. 137.

« Une fois ainsi formé par abstraction des qualités sem-
» blables d'avec les qualités non-semblables des objets, le con-
» cept retomberait dans la confusion et l'infini d'où l'esprit
» l'a évoqué, si un signe verbal, qui le fixe et le ratifie ne le
» rendait permanent pour la conscience. En général, la pen-
» sée et le langage sont réciproquement dépendants ; chacun
» présente toutes les imperfections et toutes les perfections
» de l'autre ; mais sans langage il ne pourrait y avoir une
» connaissance des propriétés essentielles des choses, ni de la
» connexion de leurs états accidentels. »

Ceci revient à dire que, lorsque nous voulons nous mettre en état de penser des objets, au point de vue de certains de leurs attributs, de ne pas nous rappeler d'autres objets que ceux qui sont doués de ces attributs, et de nous les rappeler en dirigeant notre attention exclusivement sur ces attributs, nous y parvenons en donnant à cette combinaison d'attributs, ou à la classe d'objets qui les possèdent, un nom spécifique. Nous créons une association artificielle entre ces attributs et une certaine combinaison de sons articulés, qui nous assure que, quand nous entendons le son, ou que nous voyons écrits les caractères correspondants, il s'élèvera dans notre esprit l'idée d'un certain objet possédant ces attributs ; et dans cette idée ces attributs seuls seront suggérés vivement à l'esprit, tandis que la conscience que nous aurons du reste de l'idée concrète demeurera faible. Comme le nom n'a été directement associé qu'à ces attributs, il peut aussi bien les rappeler sous une combinaison concrète que sous une autre. L'appel de telle ou telle combinaison dans des cas particuliers, dépend de l'époque récente de l'expérience, des accidents de mémoire, ou de l'influence des autres pensées qui ont traversé ou qui traversent l'esprit : il s'ensuit que la combinaison est loin d'être toujours la même, et rarement elle se montre fortement associée au nom qui la suggère ; tandis que l'association du nom avec les attributs qui forment sa signification conventionnelle devient de plus en plus forte. L'association de cette série particulière d'attributs avec un mot donné, c'est ce qui les lie ensemble dans l'esprit, par une attache plus forte que celle qui les associe au reste de l'image concrète. Pour parler le langage de Hamilton, cette association leur donne une unité (1) dans la conscience. Ce n'est que lorsque cette association est accomplie que nous possédons ce que Hamilton appelle un concept ; et voilà tout le phénomène mental impliqué dans le concept. Nous avons une représentation concrète, dont certains éléments constitutifs sont distingués par une marque qui les désigne à une attention spéciale ; et cette attention quand elle se produit avec une intensité exceptionnelle, exclut toute conscience des autres éléments constitutifs.

Pourtant Hamilton pense que nous pouvons former, mais que nous ne pourrions guère conserver des concepts sans l'aide de signes. « Le langage », dit-il (2), « est l'attribution de
» signes à nos cognitions des choses. Mais comme une cognition
» doit avoir déjà existé avant qu'elle puisse recevoir un signe,
» il en résulte que la connaissance exprimée par la formation
» et l'application d'un mot doit avoir précédé le symbole qui
» la dénote. » Cependant, ajoute-t-il, dans un de ses plus heureux exemples, un signe « est nécessaire pour donner de la
» stabilité à nos progrès intellectuels, — pour fixer chaque pas
» de notre marche, et en faire un nouveau point de départ
» pour de nouveaux progrès. Une armée peut se répandre sur
» un pays, mais elle n'en fait la conquête qu'en y établissant
» des forteresses. Les mots sont les forteresses de la pensée.
» Les mots nous permettent d'établir notre domination sur
» le territoire que la pensée a déjà envahi ; de faire de chacune
» de nos conquêtes intellectuelles, une base d'opération pour
» en effectuer de nouvelles. Prenons un autre exemple : Vous

---

(1) Un des passages les meilleurs et les plus profonds des écrits de Hamilton, est celui où il indique (quoique d'une manière incidente) les conditions qui nous portent à assigner une unité à un agrégat. « Bien que ce soit par l'expérience seule
» que nous arrivons à donner une unité extérieure à quelque chose d'étendu d'une
» façon continue, c'est-à-dire à le considérer comme un système ou comme un
» tout constitué ; pourtant, en tant que nous le considérons ainsi, *nous concevons*
» *les parties comme rattachées ensemble par une certaine force*, et par conséquent
» le tout comme pourvu du pouvoir de résister à la dissociation des parties.
» En effet, c'est seulement parce que nous trouvons qu'une continuité matérielle
» résiste à la dissociation, que nous y voyons quelque chose de plus qu'une
» agrégation fortuite de plusieurs corps, c'est-à-dire un seul corps. L'Univers
» matériel, par exemple, quoiqu'il ne soit pas *de facto* étendu d'une façon conti-
» nue, est pour nous un système en tant que, mais seulement en tant que,
» nous trouvons que tous les corps tendent les uns vers les autres par l'effet
» d'une attraction réciproque. » (*Diss. on Reid*, 852-853).
(2) *Lectures*, III, 138, 140.

» avez entendu parler du percement d'un tunnel dans un banc
» de sable. Dans cette opération, il est impossible de réussir
» à moins qu'à chaque pas, on pourrait dire à chaque pouce, on
» ne se mette en sûreté en bâtissant une voûte de maçonnerie
» avant de creuser plus avant. Or, le langage est précisément
» pour l'esprit ce que la voûte est pour le tunnel. Le pouvoir
» de penser et le pouvoir de creuser ne dépendent pas, le premier
» du mot, le second de la maçonnerie, mais sans ces auxiliaires
» aucune des deux opérations ne pourrait aller au delà de son
» premier pas. Nous reconnaissons que chaque mouvement en
» avant dans le langage doit être déterminé par un mouvement
» en avant dans la pensée, mais à moins que la pensée ne soit
» accompagnée à chaque pas de son évolution par une évolution
» correspondante du langage, son développement s'arrête.....
» Et même si l'on admet que l'esprit est capable de certains con-
» cepts élémentaires, que le langage n'a pas fixés en y apposant
» son sceau, ils ne sont que des étincelles qui ne brillent que
» pour mourir ; il faut des mots pour leur donner de la saillie,
» et pour nous permettre de les réunir, d'en tirer de nouveaux,
» et de faire jaillir une lumière vive et durable de ce qui, sans
» cela, n'aurait été qu'une gerbe d'étincelles bientôt éparpillées
» et éteintes. »

M. Mansel qui s'accorde avec Hamilton sur les points essentiels de sa doctrine des concepts, le dépasse sur ce point ; il pense que sans signes, nous ne pouvons pas du tout former de concepts. On objecte qu'il faut que nous ayons le concept avant de pouvoir lui donner un nom ; il répond par la supposition que les noms, dans le principe, n'étaient que des noms individuels, mais que par le fait de leur extension d'un objet à un autre, et en vertu de la loi d'association par ressemblance, ils s'associent d'une manière spéciale avec les points de ressemblance et produisent ainsi un concept. D'après M. Mansel [1] personne « sans l'aide de symboles » ne peut avancer « au delà des objets individuels des sens ou de
» l'imagination. Dans plusieurs individus de la même espèce
» qui lui sont présentés, l'œil peut observer des points de res-
» semblance, et pour cela il n'est pas besoin de symbole ; mais

---

[1] *Prolegomena Logica*, p. 15, 17.

» chacun des traits ainsi observé est l'attribut distinct d'un
» individu distinct, et bien que semblables, on ne peut les
» regarder comme identiques. Par exemple, je vois épars sur
» la table, devant moi, plusieurs pièces de monnaie de même
» effigie. Si je les examine séparément, l'effigie et la légende
» de chaque pièce ne présentent rien qui puisse les distinguer
» de l'effigie et des légendes des autres ; mais si je les exa-
» mine à côté l'une de l'autre, l'espace est une condition néces-
» saire de ma perception, et les différences de lieu suffisent à
» faire de ces pièces des individus distincts quoique semblables.
» Il en est de même de toute image représentative, soit de
» celle que nous offre un miroir, soit de celle que nous repro-
» duit une peinture, soit de celle que nous représente l'imagi-
» nation pendant la veille ou le rêve. On ne peut la dépeindre
» que comme occupant une certaine place ; et par conséquent
» que comme un individu et représentative d'un individu. Sans
» doute je ne puis dire qu'elle représente telle pièce particu-
» lière plutôt que telle autre ; donc on peut la considérer
» comme représentative de toutes, successivement mais non
» simultanément. Pour trouver un représentatif qui les em-
» brasse toutes à la fois, je dois les dépouiller de la condition
» d'occuper l'espace, et l'expérience nous apprend que cela ne
» peut se faire qu'au moyen de *symboles*, verbaux ou autres,
» qui fixent le concept dans l'entendement. Telle est, par
» exemple, la description verbale de la pièce en question,
» qui renferme une collection d'attributs affranchis de la con-
» dition de lieu, et par suite de toute ressemblance avec un
» objet de sensation. Si au lieu de l'espace, nous mettons le
» temps, les mêmes remarques sont encore applicables aux
» objets de notre conscience interne. Tout appétit, tout désir,
» toute affection, toute volition, en tant que *présenté*, est
» un état individuel de conscience distinct de tous les autres
» par sa relation avec une période de temps différente. Des
» états exactement semblables sous d'autres rapports peuvent
» se succéder à des intervalles réguliers ; mais la faim que je
» ressens aujourd'hui est une sensation individuelle, aussi numé-
» riquement distincte de celle que j'ai sentie hier, ou de celle
» que je sentirai demain, que la pièce de monnaie qui est
» dans ma poche, l'est d'une pièce semblable enfermée dans

» ma caisse. Au lieu que ma *notion* de faim, ou de crainte, ou
» de volition, est un concept général qui n'a pas de rapport
» avec une période de temps, plutôt qu'avec une autre, et
» comme telle a besoin, ainsi que les autres, d'un signe
» représentatif. Le langage, en prenant le mot en son sens
» le plus large, est donc indispensable, non-seulement à la
» communication, mais à la formation de la pensée. »

Cette doctrine est un peu plus avancée que celle de Hamilton, mais elle prête le flanc à la même critique, c'est-à-dire qu'après avoir montré que tous les concepts sont concrets et individuels, elle tâche de leur faire, par une voie indirecte, une sorte d'existence abstraite. D'après M. Mansel les signes sont nécessaires aux concepts, parce que les signes seuls peuvent donner cette existence abstraite. Il faut des signes pour que notre conception mentale s'affranchisse des conditions d'espace et de temps qui sont dans toutes nos représentations concrètes. Les autres attributs divers qu'il faut rejeter, n'embarrassent pas, lui semble-t-il, la formation des concepts, mais les conditions d'espace et de temps l'entravent, et ce n'est qu'au moyen des signes que nous pouvons nous en défaire. Mais pouvons-nous nous en défaire en employant des signes? Prenons l'exemple même de M. Mansel : quand nous établissons notre concept d'une pièce de monnaie par une description verbale, la description nous met-elle en état de concevoir la pièce comme n'occupant pas d'espace? Quand nous pensons à une pièce par l'effet d'un nom ou sans nom, la circonstance d'occuper l'espace ne s'offre-t-elle pas comme une partie inévitable de la représentation? Je ne veux pas dire la circonstance d'occuper une *partie donnée* de l'espace; mais si c'est cela qu'entend M. Mansel, il s'ensuit que nous avons besoin de signes pour nous former même une représentation mentale d'un objet individuel, s'il est mobile, car le même objet n'occupe pas toujours la même partie de l'espace. La vérité est qu'on ne peut exclure la condition d'espace; c'est une partie essentielle du concept de corps, et de toute espèce de corps. Mais un espace donné ou un temps donné n'est pas une partie du concept, pas plus qu'une quelconque des particularités légères par lesquelles une pièce diffère d'une autre, ne fait partie du concept de la pièce. Un espace, un laps de temps et des particularités sont toujours pensées en même temps que le concept, et complètent la totalité dont on ne peut le concevoir que comme une partie; mais ces attributs ne sont pas directement évoqués par le nom générique, tandis que ceux qui composent le concept le sont. M. Mansel donc n'a pas, à mon avis, touché le but; mais dans les passages suivants il fait preuve d'un vrai discernement métaphysique.

» Observez ce qui arrive en réalité (1) chez nous dans la
» formation du langage et de la pensée. Pour l'enfant qui
» apprend à parler, les mots ne sont pas les signes des pensées,
» mais des intuitions (2) : les mots *homme* et *cheval*, ne
» représentent pas une collection d'attributs, ils sont seule-
» ment les noms d'individus qui sont actuellement devant lui.
» Ce n'est qu'après que le nom a été successivement approprié
» à différents individus, que la réflexion commence à fouiller
» dans les caractères communs de la classe. Donc le langage,
» tel qu'on l'enseigne à l'enfant est chronologiquement anté-
» rieur à l'idée et postérieur à la sensation. En recherchant
» jusqu'où on peut expliquer l'invention du langage par la
» même opération qui sert à l'enseigner, la vraie question
» se réduit à ceci : Est-ce que l'acte de donner des noms à
» *des objets individuels de sensation* est une chose telle-
» ment au-dessus du pouvoir d'un homme créé dans la pleine
» maturité de ses facultés, que nous devions supposer un Insti-
» tuteur divin accomplissant précisément la même fonction que
» remplissent maintenant auprès de l'enfant la mère ou la nour-
» rice, qui lui apprennent à associer *tel son* à *telle vue?*.....
» Tous les concepts se forment au moyen de signes qui ont au-
» paravant été représentatifs d'objets particuliers seulement....
» On remarque plutôt les ressemblances que les différences;
» et l'on peut dire que nos premières abstractions se forment
» à mesure que nous apprenons à donner le même nom à
» des individus qui se présentent à nous avec des différences
» légères, et d'abord inaperçues. Le même nom s'applique aussi
» à différents objets, longtemps avant que nous apprenions à

---

(1) *Prolegomena Logica*, pp. 19-20, et 23, 31.
(2) Par intuition, M. Mansel entend les *Anschauungen* de Kant, ou ce qu'il nomme lui-même présentations des sens, auxquelles il ajoute les représentations de l'imagination.

» analyser les forces grandissantes du discours et de la pensée,
» à nous demander ce que nous voulons faire chaque fois que
» nous les appliquons, enfin à corriger et à fixer la valeur
» des mots employés d'abord vaguement et obscurément. Il est
» tout aussi impossible d'indiquer tous les temps de l'opération
» par laquelle les signes d'intuition deviennent graduellement
» des signes d'idée, que d'indiquer les divers moments où
» l'enfant qui grandit acquiert les accroissements successifs de
» sa taille ! »

Ces remarques de M. Mansel écartent à ce qu'il me semble, le seul argument réel en faveur de l'hypothèse que les concepts, ou ce qu'on appelle notions générales, se forment sans l'aide de signes. Mais il faut admettre la doctrine contraire avec une réserve spéciale. Les signes sont nécessaires, mais il n'est pas nécessaire qu'ils soient artificiels. Il y a des signes naturels. La seule réalité qu'il y a dans le concept, c'est que, de façon ou d'autre, nous devenons aptes et nous sommes amenés, non-seulement une fois et par accident, mais dans le cours ordinaire de nos pensées, à porter une attention spéciale et plus ou moins exclusive sur certaines parties de la présentation des sens ou de la présentation de l'imagination dont nous avons conscience. Or, qu'est-ce qui nous le fait faire ? Il doit y avoir quelque chose qui, aussi souvent qu'il revient en présence de nos sens ou de nos idées, *dirige* notre attention vers ces éléments particuliers de la perception ou de l'idée : et tout ce qui remplit cet office est virtuellement un signe ; mais il n'est pas nécessaire que ce soit un mot ; l'opération se fait certainement, mais sur une échelle moindre chez les animaux inférieurs ; et même chez les hommes qui n'ont à leur disposition qu'un petit vocabulaire, plusieurs opérations de la pensée se font d'ordinaire par d'autres symboles que des mots. Un des plus féconds penseurs des temps modernes, Auguste Comte, a dit qu'outre la logique des signes, il y en a une des images, et une des sentiments. Dans plusieurs opérations familières de la pensée, et spécialement chez les esprits sans culture, une image visuelle tient lieu de mot. Nos sensations visuelles, par la seule raison peut-être qu'elles accompagnent toujours des impressions de nos autres sens, ont la facilité de s'y associer. Il en résulte que l'apparence visuelle caractéristique d'un objet groupe aisément autour d'elle, par association, les idées de toutes les autres particularités qu'une expérience fréquente nous a présentés en même temps qu'elle : elle les réveille avec une force et une certitude de beaucoup supérieures à celles des associations purement fortuites qu'elle peut aussi faire naître, et par là concentre l'attention sur ces idées. C'est une image qui sert de signe — logique des images. La même fonction peut être remplie par une sensation. Une sensation forte et très-intéressante reliée à un attribut d'un groupe, classe spontanément tous les objets, suivant qu'ils possèdent ou ne possèdent pas l'attribut de la produire. Nous pouvons être à peu près certains que les choses capables de satisfaire la faim forment une classe parfaitement distincte dans l'esprit de quelques-uns des plus intelligents animaux; tout à fait comme s'ils étaient capables de comprendre et d'employer le mot nourriture. Nous voyons ici d'une manière éclatante qu'il n'y a en psychologie rien d'universel, excepté des lois d'association. Comme presque toutes les propositions générales qu'on peut avancer sur l'esprit, sont des conséquences de ces lois, de même ces lois dernières, en variant les cas, produisent diverses lois dérivées, et opposent continuellement aux généralisations empiriques fournies par l'observation directe de l'esprit des exceptions qui, dans la mesure où elles sont vraies, ne sont que des cas de lois plus vastes.

Nous voici maintenant arrivés à une théorie de la Classification, des Genres, et des Noms génériques, théorie claire, facile, et dont les éléments essentiels sont compris et admis par Hamilton. A l'exception de quelques points d'importance secondaire, je n'y vois pas de faute. Mais quand il passe à la pratique, je suis obligé de me séparer de lui. Sa théorie est une condamnation complète de sa pratique, sa théorie est celle du Nominalisme; mais il affirme contre tous les conceptualistes, que le Nominalisme et le Conceptualisme sont la même chose; et grâce à cette raison, il expose toutes les opérations de l'intelligence, avec le langage et les suppositions du Conceptualisme. Si un concept n'existe pas comme objet distinct et indépendant de pensée, s'il n'est jamais qu'une partie d'une image concrète, et s'il n'a rien qui le distingue des autres parties, si ce n'est une somme d'attention qui lui est garantie par l'association spéciale qui l'unit à un nom, que signifie la place suprême qu'on assigne aux concepts dans toutes les opérations intellectuelles ? A-t-on le droit de fonder la logique tout entière, toute la théorie du jugement et du raisonnement, sur une chose qui n'a qu'une existence fictive et interprétative ? Est-il correct de dire que nous pensons au moyen de concepts ? Ne serait-il pas plus clair et plus vrai de dire que nous pensons au moyen d'idées de phénomènes concrets, tels qu'ils sont présentés dans l'expérience ou représentés dans l'imagination, et au moyen de noms qui, en vertu de leur association particulière avec certains éléments des images concrètes, arrêtent notre attention sur ces éléments ? Hamilton nous a dit qu'un concept ne peut comme tel être « réalisé en pensée » ni « amené dans la conscience. » Se peut-il que nous pensions et raisonnions au moyen de ce qui ne peut être pensé, de ce dont nous ne pouvons avoir conscience ? Naturellement Hamilton ne veut pas dire, pas plus que moi, que nous ne pouvons avoir idée et conscience des attributs qui sont censés composer le concept ; mais il veut dire que nous ne pouvons les concevoir que comme formant une représentation conjointement avec d'autres attributs qui n'entrent pas dans le concept. La différence entre les parties de la même représentation qui sont en dedans, et celles qui sont en dehors, de ce que nous appelons le concept, ne consiste pas en ce que les premières sont l'objet de l'attention et que les secondes ne le sont pas, car chacune de ces propositions n'est pas toujours vraie ; mais en ce que, prévoyant que nous désirerons fréquemment, ou accidentellement, porter notre attention sur les premières, nous avons inventé nous-mêmes ou reçu de nos devanciers un moyen artificiel de nous les rappeler, et qui sert aussi à fixer exclusivement notre attention sur ces parties quand elles sont appelées dans l'esprit. Dire, par conséquent, que nous pensons au moyen de concepts, ce n'est qu'une façon détournée et obscure de dire que nous pensons au moyen de noms généraux ou de noms génériques (1). Pour donner une idée intel-

(1) C'est pour avoir méconnu cette façon de comprendre la question, que Hamilton (*Lectures*, III, 31-32) accuse Whately de se contredire, parce qu'il a au commencement et dans le cours de son traité de logique représenté le raisonnement comme l'objet de cette science, et qu'ensuite dans certains passages, il dit que la Logique a pour objet unique l'usage des mots. Il n'y a là de con-

ligible du fait, il nous faut toujours le traduire de la première
forme du langage dans la seconde. Il est possible, sans doute,
de définir les termes, de sorte que les deux expressions signifient
la même chose. Mais le moins convenable de ces deux langages
a l'immense désavantage de ne pouvoir être employé si l'on ne
suppose tacitement que les concepts qui ne sont que des parties
de nos perceptions et de nos idées concrètes complexes, ont une
existence mentale distincte, ce qu'on n'admet pas. Personne
plus que Hamilton ne reconnaît la vraie théorie; mais elle ne
lui sert qu'à s'excuser de se livrer sans réserve à toutes les
conséquences logiques de la fausse. A lire l'explication que
lui-même et M. Mansel, avec la grande majorité des logiciens
modernes, donnent de nos opérations intellectuelles, qu'ils font
toujours consister essentiellement en des opérations sur des
concepts, on ne se douterait jamais que ces concepts ne sont
pas des propriétés de l'esprit complètes, bien limitées, distinctes
et indépendantes, et dont l'esprit s'occupe d'ordinaire tout à fait
à part de toute autre chose; c'est-à-dire ce que les concepts sont
en général dans l'opinion des conceptualistes : mais que (suivant Hamilton et M. Mansel), ils sont au fond, et toujours, incapables d'être pensés, si ce n'est comme des parties de quelque
autre chose dont on s'occupe en même temps, mais que ces
philosophes dans leurs expositions suppriment complétement,
comme s'ils avaient oublié que leur théorie a nécessairement
besoin de sa présence. Pour ces raisons et pour d'autres, je
crois que l'on doit s'abstenir d'employer, toutes les fois qu'il
faut de la précision, les mots concepts, notions générales et
les autres expressions de même sens, quelle que soit leur
utilité dans le cours ordinaire des discussions philosophiques.
Par dessus tout, je crois qu'on ne peut gagner que confusion

---

tradiction qu'au point de vue de Hamilton. Si Whately avait eu les mêmes idées
que Hamilton sur les concepts considérés comme l'objet du raisonnement, il
aurait bien mérité cette accusation. Mais ses deux propositions étaient parfaitement conséquentes, s'il pensait que la formation des concepts et l'opération
subséquente qui consiste à les combiner dans les raisonnements, sont des opérations du langage. Cette doctrine (qui est en réalité celle de M. Mansel),
Hamilton la juge trop absurde pour l'attribuer à Whately (*Discussions*, p. 138).
Cependant il s'imagine être nominaliste ; il comprend et admet tous les raisonnements des nominalistes. Malheureusement l'adhésion intelligente qu'il donne
à une doctrine ne nous garantit jamais qu'il ne soutiendra pas dans l'application
la doctrine rivale.

à introduire dans la logique le mot concept, et qu'au lieu de concept d'une classe, nous devrions toujours dire la signification d'un nom générique (1).

La signification d'un nom générique présente deux points de vue correspondant à la distinction à laquelle Hamilton attache une si grande importance, celle de l'extension et la compréhension d'un concept, distinction qui n'est après tout qu'une mauvaise manière d'exprimer celle des deux significations d'un nom général concret. La plupart des noms sont encore ce que d'après M. Mansel ils ont tous été à l'origine, des noms d'objets ; et ils n'ont pas cessé de l'être en devenant des noms génériques ; mais quoiqu'ils soient des noms d'objets, ils finissent par exprimer certains attributs de ces objets, et quand on les donne à un objet, on affirme que cet objet possède ces attributs. Pour parler comme les logiciens, on dit que le nom *dé*note les objets et *con*note les attributs. *Blanc* dénote la chaux et d'autres substances blanches, et connote la couleur particulière qui est commune à toutes. *Oiseau* dénote les aigles, les moineaux, les corbeaux, les oies, etc., et connote la vie, les ailes et les autres propriétés à cause desquelles nous appliquons le nom. Les divers objets dénotés par le nom générique sont ce qu'on entend par l'extension du concept, tandis que les attributs connotés forment sa compréhension. Il faut remarquer cependant, que l'extension n'est pas quelque chose d'intrinsèque au concept, c'est la somme de tous les objets dont nos images concrètes renferment le concept ; mais la compréhension est le concept lui-même, et n'a d'autre sens que d'exprimer notre représentation mentale de la somme des attributs qui le composent.

Il est important de remarquer ici une vérité psychologique

---

(1) Le D^r M'Cosh dit (276) : « Je crois qu'il est bon d'avoir une expression pour
» dénoter non pas la signification du nom générique, mais la chose signifiée par
» le nom générique ; et je crois que le mot le plus convenable est concept. »
Mais la chose que signifie le nom générique est le genre ; les divers objets appelés
de ce nom : le mot genre est un nom qui suffit pour ces objets, et le mot concept n'a jamais été appliqué à ces objets, mais seulement à ce que Hamilton
appelle « des faisceaux d'attributs ».

Je dois ajouter que le chapitre du D^r M'Cosh auquel j'emprunte cette citation, celui intitulé « La notion logique », contient beaucoup de bonne philosophie, et peu de propositions auxquelles je refuse mon assentiment.

M. M'Cosh ne commet qu'une erreur, qu'on retrouve, il est vrai, dans tout le chapitre : c'est de croire que je ne suis pas d'accord avec lui.

qui fournit une raison de plus pour préférer une expression à l'autre, et dire que nous pensons par des noms généraux et non par des concepts. Puisque le concept n'existe que comme une partie d'un état mental concret ; si nous disons que nous pensons au moyen du concept, et non par le tout dont il n'est qu'une partie, il faudrait au moins qu'il fût *la* partie par laquelle nous pensons. Puisqu'il n'y a que cette distinction entre le concept et le reste de la présentation ou de la représentation dans laquelle il est engagé, elle devrait au moins être réelle : tout ce qui entre dans le concept doit produire un effet dans la pensée. C'est si loin d'être vrai, que dans nos opérations intellectuelles il est rare que l'attention se porte sur plus d'une partie et quelquefois d'une très-petite partie du concept. Cette vérité est exposée avec force, bien qu'en langage, conceptualiste, par M. Mansel : « Nous pouvons, dit-il (1), employer
» et dans la majorité des cas nous employons les concepts
» comme instruments de pensée, sans les soumettre à l'épreuve
» d'une individualisation même possible..... Je ne puis *con-*
» *cevoir* un triangle qui n'est ni équilatéral, ni isocèle, ni sca-
» lène ; mais je puis juger et raisonner d'un triangle sans
» essayer de le concevoir au moment même. Voilà une des
» conséquences de la représentation des concepts par le lan-
» gage. Le *signe est substitué à la notion signifiée;* c'est un pas
» qui facilite beaucoup l'accomplissement des opérations com-
» plexes de la pensée, mais qui expose aussi beaucoup la pré-
» cision logique de chacun des pas qui suivent, si nous ne nous
» arrêtons pas à chaque pas pour vérifier nos signes. Les mots
» ressemblent alors à des symboles algébriques, que, durant le
» cours d'un long calcul nous combinons les uns avec les
» autres de diverses manières, sans songer au moment même
» à la signification primitive de chacun d'eux. » Quand on veut avoir à la fois un pied dans deux théories incompatibles, on en vient à parler un langage d'une bizarrerie singulière. M. Mansel dit que nous pensons au moyen de concepts que nous sommes incapables de former, que nous n'essayons même pas de former, et à la place desquels nous employons des signes. Cependant il ne veut pas consentir à appeler cette opération de son

---

(1) *Prolegomena Logica,* 31, 32.

vrai nom, et à dire que nous pensons par des signes, mais il répète avec insistance que ce sont bien les concepts qui sont dans ce cas « les instruments de la pensée ». Il faut certainement se trouver dans une position logique bien fausse, pour être forcé d'employer une façon de parler si entortillée, quand ce qu'on a à dire est si parfaitement juste.

Hamilton donne un excellent exemple du même fait psychogique dans l'un des meilleurs chapitres de ses œuvres, la dixième leçon du *Cours de logique* où on lit les lignes suivantes (1) : » Comme une notion ou concept est le tout fictif,
» ou l'unité composée d'une pluralité d'attributs, — un tout
» souvent même d'une très-complexe multiplicité, — et comme
» cette multiplicité n'est groupée que par un lien mental, en tant
» que le concept est fixé et légalisé par un signe ou un mot, il
» arrive souvent que dans son emploi le mot ne suggère pas
» toute la somme d'idées dont il est l'expression adéquate, mais
» au contraire, nous présentons fréquemment et nous rece-
» vons le signe, soit avec une conscience obscure et indistincte
» de sa signification, ou même sans en avoir actuellement con-
» science. » Le mot n'atteint pas toujours le but de fixer notre attention sur la totalité des attributs qu'il connote ; quelques-uns d'entre eux peuvent n'être rappelés que faiblement, il se peut que d'autres ne le soient pas du tout : phénomène facile à expliquer par les lois de l'oubli. Mais la partie des attributs signifiés que le mot rappelle, peut constituer tout ce que nous avons besoin de penser en ce moment, et pour ce que nous voulons faire, et peut suffire pour mettre en mouvement les associations au moyen desquelles nous allons par cette idée à d'autres idées. Et même c'est parce qu'une portion des attributs a suffi en général à cette tâche, que l'habitude s'est prise de ne pas faire attention au reste. Quand les attributs auxquels on ne fait pas attention n'ont réellement pas d'importance pour le but proposé, et si le résultat de l'opération mentale n'est pas changé quand l'attention se porte sur ces attributs, il n'y a pas d'inconvénient à les négliger : une bonne part de nos meilleures pensées se font ainsi, et c'est grâce à cette abstraction que la pensée marche avec une rapidité qui

(1) *Lectures*, III, 171.

est devenue proverbiale. Cette espèce de pensée a été appelée symbolique par Leibniz. Dans un passage de l'un de ses premiers écrits, cet éminent penseur parle de cette opération avec sa clarté habituelle : j'emprunte ce passage à Hamilton qui l'a cité en le traduisant (1).

» Pour la plupart, spécialement dans une analyse d'une
» certaine longueur, nous ne considérons pas à la fois (*non
» simul intuemur*) la totalité des caractères ou attributs de la
» chose, mais à leur place nous employons des signes, dont
» nous sommes habitués à négliger l'explication au moment
» même où nous pensons, sachant ou croyant que nous
» pouvons toujours la retrouver. Ainsi quand je pense à un
» chiliagone (polygone de mille côtés), je ne considère pas tou-
» jours les divers attributs du côté, de l'égalité, et du nombre
» mille, mais j'emploie ces mots (dont le sens est obscurément et
» imparfaitement présent à mon esprit) au lieu des notions que
» j'en ai, parce que je me rappelle que je possède la significa-
» tion de ces mots, bien que je ne juge pas nécessaire d'en faire
» à présent l'application et l'explication : j'ai l'habitude d'ap-
» peler ce mode de penser, *aveugle* ou *symbolique* : nous
» l'employons en algèbre et en arithmétique, et en réalité par-
» tout. Et certainement quand la notion est très-complexe, nous
» ne pouvons penser à la fois toutes les notions qui la com-
» posent : mais quand c'est possible, au moins dans la mesure
» où c'est possible, j'appelle la cognition *intuitive*. Il n'y a
» pas d'autre connaissance des premiers éléments de nos
» notions que l'intuitive, comme il n'y a, la plupart du temps,
» de possible pour nos notions composites qu'une connaissance
» symbolique (1). »

Cependant les éléments que nous laissons de côté d'ordinaire

---

(1) On remarquera que Leibniz emploie ici le mot intuitive en un sens tout autre que les métaphysiciens anglais, et que Hamilton lui-même. Pour Leibniz, nous connaissons une chose intuitivement en tant que nous avons conscience des attributs de la chose elle-même, symboliquement en tant que nous pensons simplement à son nom, comme représentant un agrégat d'attributs, sans avoir tous ces attributs présents à l'esprit, et peut-être sans en avoir aucun. Je ne puis m'empêcher d'être surpris que Hamilton ait regardé cette distinction de Leibniz comme coïncidant avec celle que Kant et les penseurs allemands modernes ont établi entre Begriff et Anschauung, en d'autres termes entre concept et présentation. Hamilton regarde Begriff comme le nom « des notions symboliques de l'entendement », par opposition à Anschauung qui signifie « les présentations

et dont il *faut* laisser une partie de côté, si Leibniz a raison, quand il s'agit d'une notion complexe, sont réellement des parties de la signification du nom ; et si le mot concept a un sens, ce sont des parties du concept. Par conséquent, Leibniz se serait bien gardé de dire comme M. Mansel, ou de faire entendre comme Hamilton, que, même dans ces cas, nous pensons au moyen du concept. D'après lui, il nous arrive quelquefois de penser tout à fait sans le concept, et en général nous ne pensons qu'avec une partie du concept, partie qui peut n'être pas la bonne, ou qui peut être insuffisante, mais qui peut être aussi et qui dans toute saine philosophie est suffisante. Sur ce point donc, il y a dans la doctrine qui fait du concept l'instrument de la pensée une fausse idée des faits de pensée. Leibniz aurait peut-être dit, que le nom est l'instrument dans une des deux espèces de pensée, et le concept dans l'autre. La doctrine la plus raisonnable est sûrement que le nom est l'instrument dans les deux ; la différence est que dans l'une il a le rôle tout entier à jouer, et que dans l'autre il n'en a qu'une partie, peut-être le minimum du rôle pour lequel on l'a établi et employé, c'est-à-dire de nous rappeler les parties de nos représentations mentales concrètes, sur lesquelles nous croyons que nous aurons à porter notre attention.

En résumé, si la doctrine que nous pensons par des concepts veut dire qu'un concept est la seule chose présente à l'esprit en même temps que l'objet particulier que (pour me servir du langage de Hamilton) nous pensons par le concept, elle est fausse : puisqu'il y a toujours une idée ou image présente dont les attributs compris dans le concept ne sont et ne peuvent être conçus que comme une partie. En outre, si l'on veut dire que le concept, bien qu'il ne soit qu'une partie de ce qui est présent à l'esprit, est celle qui joue un rôle dans l'acte de la pensée, cela n'est pas plus vrai : car ce qui joue un rôle est, dans a

---

intuitives des sens et les représentations de l'imagination ». (*Lectures*, III, 183). Il a raison quant à Anschauung, mais pour ce qui est des « notions symboliques de l'entendement », notre pensée ne reçoit de Leibniz le nom de symbolique qu'en tant qu'elle a lieu absolument sans « notions », concept ou Begriff, uniquement parce que nous savons qu'il y a un Begriff que le mot représente, et que nous pourrions rappeler si nous en avions besoin. Quand la pensée est complétement symbolique, le sens du mot est écarté de la pensée, le mot reste seul, comme dans le cas de l'exemple cité par Leibniz, l'algèbre.

grande majorité des cas, bien moindre que le concept entier;
c'est seulement la partie à laquelle nous avons pris l'habitude
de faire une attention distincte. Ce n'est donc pas dans l'un de
ces sens, qu'on peut dire que nous pensons au moyen du
concept; et tout ce qui est vrai, c'est que lorsque nous rapportons un objet ou un système d'objets à une classe, quelques-uns au moins des attributs renfermés dans le concept sont
présents à l'esprit; leur association avec le nom générique les
rappelle à la conscience et les fixe dans l'attention.

Avant de quitter cette question, il est nécessaire de remarquer
que Hamilton n'est pas du tout conséquent dans l'étendue
qu'il donne à la signification du mot concept. Dans la
plupart des cas où il l'emploie, il le fait synonyme de Notion
générale, et n'accorde que des concepts de classe, et non
d'individus (1). Un concept, « dit-il (2), est la cognition
» ou l'idée du caractère général ou des caractères généraux,
» du point ou des points, sur lesquels une pluralité d'ob-
» jets coïncident. » « Un concept », dit-il encore (3), « est
» synonyme de *notion générale*, ou plus exactement de *notion*
» simplement. Il avoue que l'extension du mot à la con-
» naissance directe que nous avons des individus est un
» abus consacré par l'usage (4). Il dit aussi (5) : « On désigne
» quelquefois les notions et les concepts par les expressions de
» *notions générales*, *conceptions générales*. C'est un pléo-
» nasme; car dans la véritable acception des mots, les notions
» et les concepts sont, par leur nature même, généraux. » Cependant en certains endroits il parle de concepts d'individus.
« Si je pense à Socrate (6), comme fils de Sophronisque,
» comme Athénien, comme philosophe, ce sont seulement ces
» caractères, ces limitations, ou ces déterminations que je lui
» attribue, qui le distinguent de tous les autres hommes, et
» qui par leur réunion forment ma *notion*, mon *concept* de
» Socrate. » Et encore (7) : « Quand l'extension d'un concept

(1) *Lectures*, III, 119, 121, 127, 128, 130 et ailleurs.
(2) *Ibid.*, 122.
(3) *Discussions*, p. 283.
(4) *Lectures*, III, 121.
(5) *Ibid.*, 146.
(6) *Ibid.*, III, 212.
(7) *Lectures*, 148.

» devient un minimum, c'est-à-dire quand il ne contient pas
» d'autres notions, on l'appelle un individu. » Et plus loin (1) :
« Il est évident que plus le concept contient de caractères dis-
» tinctifs, plus il détermine et distingue avec précision, et que
» s'il contient un maximum de caractères distinctifs, il doit
» contenir les caractères distinctifs et déterminants de quel-
» que objet particulier. Que deviennent alors les deux quan-
» tités ? Évidemment la compréhension ou capacité, a ici son
» maximum, puisque le concept est la totalité de tous les
» attributs d'un objet individuel qu'il représente et distingue
» de tous les autres au moyen de ces attributs. Au contraire,
» l'extension ou surface du concept est ici à son minimum ; en
» effet, comme la grandeur de l'extension est en proportion du
» nombre des objets auxquels on peut appliquer le concept, et
» comme l'objet n'est ici qu'un individu, il est évident qu'il ne
» peut être moins sans cesser d'exister. » Mais sans quitter le
même sujet, il semble trouver impropre cet emploi du mot
concept et l'abandonner (2) : « Si un concept » dit-il « est un
» individu, c'est-à-dire seulement un faisceau de qualités indi-
» viduelles, il est.... non pas un concept abstrait proprement
» dit, mais seulement une représentation concrète de l'Imagi-
» nation. » Sans doute, nulle autre doctrine n'est compatible
avec la proposition avancée ailleurs par notre auteur (bien
que fondée, à mon avis, sur une erreur), que les « mots
» conception, concept, notion, doivent être limités aux idées
» de ce qui ne peut être représenté par l'imagination, comme,
» par exemple, l'idée suggérée par un terme général (3) ».

M. Mansel, au contraire, justifie l'expression concept d'un individu, en soutenant que « les sujets de tous les jugements logiques
sont des concepts (4) ». L'homme, dit-il (5), « comme individu
» ayant existé dans le passé, ne peut devenir immédiatement
» un objet de pensée, et par conséquent, il n'est pas à propre-
» ment parler le sujet d'une proposition logique. Si je dis :

---

(1) *Lectures*, 78.
(2) *Ibid.*, 152.
(3) *Note à Reid*, p. 360.
(4) *Prolegomena logica*, p. 63.
(5) *Ibid.*, p. 62.

» César fut le vainqueur de Pompée, l'objet immédiat de ma
» pensée n'est pas César, en tant qu'individu ayant existé il y a
» deux mille ans, mais un concept actuellement présent dans
» mon esprit, qui comprend certains attributs qui ont, je crois,
» coexisté dans un certain homme. Je peux *historiquement*
» connaître que ces attributs n'ont existé que dans un individu ;
» et par là mon concept, virtuellement universel, devient sin-
» gulier actuellement par le fait contingent d'être l'attribut de
» cet individu seul. Mais nulle objection *logique* n'empêche de
» croire que toute l'histoire de l'humanité pourrait se répéter
» à des intervalles périodiques, et que le nom et les actions
» de César pourraient se rencontrer successivement dans
» divers individus, à des périodes correspondantes de chaque
» cycle. »

Alors, de deux chose l'une : ou, si je rencontre une personne correspondant exactement au concept que j'ai formé de César, je dois supposer que cette personne est effectivement César, qu'elle a vécu dans le siècle qui a précédé la naissance de Jésus-Christ; ou bien encore, je ne puis penser à César en tant que César, mais seulement en tant qu'*un* César; et tous les noms qu'on a par erreur appelés des noms propres sont des noms généraux, les noms de genres virtuels signifiant une série d'attributs qui portent le nom avec eux partout où on les trouve. Il semble que pour réfuter chacune de ces théories, il suffise de les énoncer. Assurément la vraie doctrine est celle de Hamilton : ce qu'on appelle le concept de César, c'est la présentation à l'imagination de l'individu César comme individu. M. Mansel eût mieux fait de suivre Reid qui a écrit :
» La plupart des mots (et même tous les mots généraux) sont
» les signes des idées; mais les noms propres signifient des
» individus et non des idées (1). » Reid ajoute un peu plus loin (2) : « Le même nom propre ne s'applique jamais à plu-
» sieurs individus quelle que soit leur ressemblance, parce
» que le véritable objet d'un nom propre est de distinguer
» un individu de tous les autres; de là la règle de grammaire :
» les noms propres n'ont pas de pluriel. Un nom propre ne

---

(1) *Essays on the Intellectuals Powers, Works*, p. 404, Reid entend par idées des attributs. Trad. franç. de Jouffroy, IV, 245.

(2) *Ibid.*, p. 412. Trad. franç. de Jouffroy, IV, 267.

» signifie que l'individu dont il est le nom ; et quand nous
» l'appliquons à l'individu, nous n'affirmons et nous ne nions
» rien de lui. » Les idées de Reid, sur les noms généraux et les notions générales sont beaucoup plus claires, et se rapprochent bien plus de la vraie doctrine de la connotation des noms, que celle de Hamilton ou celle de M. Mansel (1).

(1) Par conséquent, quand Hamilton (note à son édition de Reid, 691) soutient contre Reid qu'il y a des définitions qui sont non pas nominales mais *notionnelles*, puisqu'elles ont pour objet, « de déterminer plus exactement le contenu d'une notion », il n'y a pas entre eux de différence réelle : le contenu de la notion n'étant que la connotation du nom.

Hamilton entre dans une longue explication de ce qu'on doit entendre par la clarté et la netteté des concepts. D'après lui, un concept est clair si nous pouvons le distinguer comme un tout des autres concepts ; net, si nous pouvons discerner les caractères ou attributs dont il est la somme. (*Lectures*, III, 158.) La dernière proposition est intelligible, mais que signifie la première ? Si nous ne connaissons pas de quels caractères le concept se compose, vu qu'il n'a pas d'existence que par ces caractères, comment pouvons-nous le connaître de manière à le distinguer des autres concepts? Certainement notre auteur n'a pas une idée claire de ce qui rend une idée claire, et la preuve c'est qu'il adopte comme une partie de son texte une citation de la logique d'Esser, où Esser fait dépendre la clarté d'un concept de la possibilité de distinguer non pas le concept lui-même, mais les objets qu'il renferme, en un mot, de la possibilité d'appliquer exactement le nom générique. Suivant Esser, « un concept est clair quand le degré de con-
» science qui l'accompagne suffit à distinguer » non pas le concept d'autres concepts, mais « ce que nous pensons dans et par lui, de ce que nous pensons dans et par
» les autres notions » : et « les notions absolument claires » sont « des notions
» dont les *objets* » (et non *les notions mêmes* comme le dit Hamilton), « ne peuvent
» pas être confondus avec d'autres, quels qu'ils soient, connus ou inconnus. »
(*Lectures*, III, 160, 161.) De sorte que d'après Esser la clarté d'un concept se rapporte à son extension et sa netteté à sa compréhension. Ce n'est pas le seul exemple où notre auteur s'appuye sur des citations écrites à des points de vue plus ou moins différents du sien.

CHAPITRE XVIII

DU JUGEMENT.

On a vu dans le dernier chapitre que si la proposition que nous pensons par des concepts n'est pas positivement fausse, elle est au moins une expression inexacte et dangereuse de la vérité; cependant il n'en faut pas conclure que les idées de Hamilton sur la Logique reposant toutes sur cette proposition soient complétement sans valeur. Beaucoup d'auteurs ont donné de bonnes et utiles expositions des principes et des règles de la logique au point de vue conceptualiste. Les doctrines qu'ils ont établies sur la conception, le Jugement et le Raisonnement, ont pu se traduire en règles équivalentes sur les Mots, les Propositions et les Arguments; au fond c'étaient ces dernières choses que ces auteurs avaient en vue, et tout le mal consistait dans l'emploi d'une expression à laquelle on voulait donner un air plus philosophique. Sans parler d'exemples moins illustres, ce que je viens de dire est vrai pour la partie de l'*Essai* de Locke qui regarde la logique. Pour mettre son admirable troisième livre au niveau actuel de la science, il n'y a pas d'autre changement à faire que d'effacer partout les mots idée abstraite, et d'écrire à leur place : « la connotation du nom générique ».

En conséquence, nous allons examiner les explications du jugement et du raisonnement que Hamilton a édifiées sur la doctrine des concepts.

« Juger, dit-il (1), c'est reconnaître la relation de concor-
» dance ou d'opposition que deux concepts, deux individus, ou
» un concept et un individu comparés ensemble, soutiennent
» l'un avec l'autre. » Cette reconnaissance considérée comme
fait de conscience interne s'appelle « Jugement ; considérée
» comme expression verbale, elle s'appelle Proposition ou Pré-
dication. »

Pour bien comprendre ceci, il faut rechercher ce que signifie une relation de concordance ou d'opposition entre concepts. Consulter les définitions de Hamilton, ce n'est pas, nous l'avons vu, un moyen sûr de constater le sens qu'il donne dans la pratique aux termes qu'il emploie ; mais, enfin, c'est un moyen qui peut nous servir, et nous devons à l'auteur d'y recourir en premier lieu. Quelques pages plus haut, il a donné une sorte de définition de ces mots (2). « Des concepts en relation entre
» eux sont compatibles, s'ils peuvent être rattachés ensemble
» dans la pensée ; ou incompatibles s'ils ne le peuvent pas. Ce
» dernier cas constitue l'*opposition* des notions. Cette opposi-
» tion est double : 1° opposition *immédiate* ou *contradictoire*
» et 2° opposition *médiate* ou *contraire*. La première existe
» quand un concept détruit directement, ou par une simple né-
» gation, ce que l'autre établit ; la dernière, quand un concept
» ne le fait pas directement, ou par une simple négation, mais
» par l'affirmation de quelque autre chose. »

Des concepts compatibles ne veulent donc pas dire des concepts qui coïncident tout à fait ou seulement en partie, mais des concepts susceptibles d'être affirmés du même individu, ou d'être combinés dans la même présentation des sens ou la même représentation de l'imagination. Un passage de Krug introduit par notre auteur dans son propre texte le fait bien mieux voir (3) :
« Il ne faut pas confondre l'identité avec la compatibilité, ni la
» diversité avec l'incompatibilité. Si tous les concepts iden-
» tiques sont compatibles, toutes les notions compatibles
» ne sont pas identiques. Ainsi *science* et *vertu*, *beauté* et

---

(1) *Lectures*, III, 225-226.
(2) *Ibid.*, III, 213-214.
(3) *Ibid*, III, 214.

» *richesse, magnanimité* et *haute taille*, sont des notions com-
» patibles, en tant que lorsque nous pensons à une chose
» elles peuvent aisément se combiner dans la notion que
» nous en formons, bien qu'elles soient elles-mêmes très-
» différentes les unes des autres. De même toutes les notions
» incompatibles sont des notions diverses et différentes, car sans
» cela elles ne pourraient pas être mutuellement incompatibles;
» d'autre part, tous les concepts différents ne sont pas compa-
» tibles, mais ceux seulement dont la différence est si grande
» que l'affirmation de l'un implique la négation de l'autre,
» comme, par exemple, *vertu* et *vice*, *beauté* et *difformité*,
» *richesse* et *pauvreté*. » Ainsi interprétée, la doctrine de
notre auteur revient à dire que juger c'est reconnaître que
deux concepts, deux choses, ou un concept et une chose, sont
capables de coexister comme parties de la même représentation. J'appelle cette doctrine la première théorie de Hamilton
sur le Jugement, et j'ajouterai, la meilleure.

Mais bientôt après il poursuit ainsi (1) : « Quand deux ou
» plusieurs idées sont dans la conscience, nous faisons en
» général un effort pour y découvrir et en dégager une relation
» de compatibilité ou d'incompatibilité; c'est-à-dire, nous nous
» efforçons de découvrir si ces pensées sont susceptibles de
» coïncider, si elles peuvent ou non se fondre en une seule. Si
» elles coïncident, nous jugeons, nous énonçons qu'elles
» sont compatibles : si elles ne coïncident pas, nous jugeons,
» nous énonçons qu'elles sont incompatibles. Ainsi, si nous
» comparons les idées *eau*, *fer* et *rouiller*, nous y trouvons de la
» compatibilité, et nous les rattachons ensemble dans une idée
» unique en disant : *l'eau rouille le fer*, — nous formons un
» jugement.

» Mais si l'on juge deux notions compatibles, en d'autres
» termes, si on les conçoit comme n'en faisant qu'une, leur unité
» ne peut être représentée à la conscience qu'en tant qu'une
» de ces notions est considérée comme un attribut ou une déter-
» mination de l'autre. En effet, d'une part, il nous est impossible
» de concevoir deux attributs comme n'en faisant qu'un, c'est-
» à-dire deux choses considérées comme déterminantes dont

(1) *Lectures*, III, 226-227.

» pourtant aucune ne détermine ni qualifie l'autre ; d'autre
» part, on ne peut concevoir comme se déterminant mutuelle-
» ment deux sujets, c'est-à-dire deux choses conçues comme
» déterminées, et dont pourtant aucune n'est déterminée ni
» qualifiée par l'autre. »

En remontant ainsi de l'*ignotum* à l'*ignotius*, la première chose à constater c'est la relation entre une idée et une autre qu'on exprime par le verbe « déterminer ». On peut trouver quelques pages plus haut l'explication que notre auteur a cru nécessaire de donner. Il y dit (1) que par les mots déterminer une notion, il veut dire y ajouter un plus grand nombre de caractères, dont chacun sert à déterminer et à délimiter « l'incertitude abstraite ou l'extension de la notion ; jusqu'à ce
» qu'enfin, lorsque tous les attributs y sont annexés, la somme
» des attributs contenus dans la notion soit la même chose que
» la somme des attributs dont quelque individu ou être concret
» se compose ». En substituant la définition à la chose définie, nous trouvons que notre auteur pense que deux notions ne peuvent être compatibles, c'est-à-dire capables de se fondre en une seule, que si nous concevons l'une d'elle comme ajoutant à l'autre des attributs nouveaux. Ce n'est pourtant pas très-clair. Il faut avoir recours à l'exemple que prend l'auteur. « Nous ne
» pouvons » dit-il (2), « concevoir les deux attributs *électrique*
» et *polaire* comme une seule notion, à moins de convertir un
» de ces attributs en un sujet que l'autre doit déterminer et
» qualifier. » Est-ce que nous concevons jamais les deux attributs électrique et polaire comme une seule notion ? Nous les concevons comme des parties distinctes d'une même notion, c'est-à-dire comme des attributs qui sont constamment combinés. « Mais si nous le faisons, si nous disons, « *ce qui est*
» *électrique est polaire*, nous réduisons tout d'un coup la dualité
» à l'unité; *nous jugeons que la polarité est un des caractères*
» *constituants de la notion de l'électricité, ou que ce qui est*
» *électrique est contenu dans la classe des choses désignées par le*
» *caractère commun de la polarité* ». Je mets les dernières lignes en italique, pour marquer l'endroit où un sens intelligible

---

(1) *Lectures*, III, 194.
(2) *Ibid.*, p. 227.

commence à se dégager. « Nous pouvons donc définir (1) dis-
» tinctement un jugement ou une proposition en disant qu'ils
» sont le produit de l'acte dans lequel nous prononçons que de
» deux notions, conçues comme sujet et attribut, *l'une consti-*
» *tue* ou ne *constitue pas une partie de l'autre*, soit en quantité
» d'extension, soit en quantité de compréhension. »

Voilà la seconde théorie de Hamilton sur le Jugement énoncée à trois pages de distance de la première, sans qu'il soupçonne un moment que ces deux théories ne sont pas identiques. Cependant il y a entre elles toute la différence qu'il y a entre *être une part de* et *être à côté de*. D'après la première théorie, on reconnaît que les concepts sont compatibles, quand ils peuvent être réalisés objectivement l'un à côté de l'autre, quand les attributs contenus dans les deux concepts peuvent être possédés simultanément par le même objet. Dans la seconde, ils ne sont compatibles que lorsque l'un est une partie de l'autre. Le seul point de ressemblance des deux théories, c'est qu'elles sortent toutes les deux de l'expression vague : « susceptibles d'être rattachés ensemble dans la pensée ». En réalité, ce sont deux interprétations différentes et opposées de cette expression. On voit en descendant dans les détails à quel point elles sont inconciliables. Les exemples de Krug, la science et la vertu, la beauté et les richesses, etc., sont compatibles dans le premier sens, puisque ce sont des attributs qu'on peut concevoir réunis dans le même sujet. Mais le concept science est-il une partie du concept vertu, le concept beauté une partie du concept richesse, ou *vice versâ*? Hamilton n'oserait pas affirmer que ces concepts sont en relation de partie et de tout dans la compréhension; et leur relation en extension n'est pas une relation entre concepts, mais entre les agrégats de choses réelles dont ils sont des attributs. Un de ces agrégats pourrait être une partie de l'autre, bien que cela ne soit pas, mais un de ces concepts ne peut jamais être une partie de l'autre. On ne peut jamais trouver la notion de beauté dans celle de richesse, et réciproquement.

Notre auteur ayant glissé doucement à reculons dans la théorie conceptualiste du jugement, qui en fait la reconnaissance

---

(1) *Lectures*, p. 229.

de l'identité ou de la non-identité de deux notions, lui garde dorénavant toute la fidélité dont il est capable. Nous pouvons considérer comme sa théorie définitive du jugement, comme la base sur laquelle il bâtit toutes ses spéculations logiques subséquentes, qu'un jugement est la reconnaissance mentale, et qu'une proposition est l'énoncé verbal, de ce fait qu'une notion est ou n'est pas une partie d'une autre. Il fait usage du mot notion (sans nul doute), pour y comprendre le cas où l'un des termes de la proposition est singulier. Les deux notions dont l'une est ou n'est pas une partie de l'autre, peuvent être des concepts, c'est-à-dire des notions générales, ou bien l'une d'elles peut être une représentation mentale d'un objet particulier.

La première objection qui, je crois, doit se présenter à la vue de cette définition, c'est qu'elle néglige l'élément principal et caractéristique d'un jugement et d'une proposition. Est-ce que nous n'affirmons jamais autre chose que les pures notions que nous avons des choses ? Est-ce que nous ne faisons pas de jugements, est-ce que nous n'affirmons pas de propositions, sur les choses actuelles ? Un concept est une pure création de l'esprit : c'est la représentation en nous d'un phénomène, ou plutôt c'est une partie de cette représentation, marquée d'un signe dans un but particulier. Mais quand nous jugeons ou affirmons, un nouvel élément surgit, celui de la réalité objective, ainsi qu'un nouveau fait mental, la croyance. Nos jugements et les assertions qui les expriment n'énoncent pas seulement de purs modes de concevoir les choses, mais la conviction ou persuasion que les faits tels que nous les concevons existent effectivement ; et une théorie du jugement et des propositions qui ne tient pas compte de cet élément ne peut être la théorie vraie. Reid dit (1) : « Je donne le nom de » Jugement à toute détermination de l'esprit sur *ce qui est vrai* » ou *ce qui est faux*. Voilà, je crois, ce que les logiciens depuis » Aristote ont appelé jugement. » C'est précisément l'élément que Hamilton néglige dans sa définition.

Je sais que Hamilton aurait un semblant de réponse à faire.

---

(1) *Essays on the Intellectual Powers*, p. 415. Traduct. franç. de Jouffroy, IV, 11.

Il pourrait répondre, je pense, qu'il ne néglige pas la croyance d'une réalité actuelle impliquée dans l'adoption d'une proposition, mais qu'il en tient compte ailleurs. La croyance, dirait-il, n'est pas inhérente au jugement, mais aux notions qui sont le sujet et l'attribut du jugement ; ces notions ou bien sont des représentations mentales d'objets réels, qui, s'ils sont vraiment représentés dans l'esprit, doivent l'être à titre d'objets réels, ou bien de concepts formés par la comparaison d'objets réels, qui par conséquent existent dans l'esprit comme des concepts de réalités. En effet, quand nous jugeons et que nous faisons des affirmations touchant des objets imaginaires, les jugements ne sont suivis d'aucune croyance à des existences réelles quelconques, excepté celles des images mentales que notre auteur appelle les « présentations de la fantaisie ». Toutefois quand on forme un jugement ou qu'on fait une affirmation touchant quelque chose d'imaginaire supposé réel, comme par exemple sur un esprit, on a une croyance à l'existence réelle de quelque chose de plus que l'image mentale ; mais cette croyance n'est pas quelque chose de surajouté à la comparaison des concepts ; elle existait déjà dans les concepts ; on concevait un esprit comme quelque chose qui possède une existence réelle.

Voilà ce qu'on pourrait dire en faveur de Hamilton, bien qu'il ne l'ait pas fait lui-même. Mais si cette réponse échappe au reproche de négliger l'élément de la croyance dans la définition du jugement, ce n'est qu'en renversant complétement l'opération logique de la définition. L'élément de la croyance ou de la réalité peut se trouver dans les concepts ; mais il ne peut y avoir pris place s'il ne s'est pas trouvé auparavant dans les jugements par lesquels les concepts ont été construits. Si la croyance à la réalité ne s'était pas trouvée dans ces jugements à l'origine, elle n'aurait jamais pu s'y ajouter par le moyen des concepts. La croyance est un élément essentiel d'un jugement ; elle peut être présente ou absente dans un concept. Notre auteur et ceux qui pensent comme lui, renvoient cette partie du sujet après l'examen de la distinction entre les Propositions vraies et les fausses. Ils disent que si la relation qu'on juge exister entre les notions existe entre les réalités correspondantes, la proposition est vraie, que dans le cas contraire la proposition est fausse. Mais si l'opération de former un jugement ou une proposition contient quelque chose, c'est le jugement que le jugement ou la proposition sont vrais. La reconnaissance de la vérité du jugement ou de la proposition n'est pas seulement une partie essentielle, mais l'élément essentiel de cette opération, considérée comme jugement; ôtez cette reconnaissance, il ne reste plus qu'un jeu de pensée où nul jugement n'est porté. Il est impossible de séparer l'idée de jugement de l'idée de la vérité d'un jugement; car tout jugement consiste à juger que quelque chose est vrai. L'élément de la croyance, au lieu d'être un accident qu'on peut passer sous silence, et n'admettre que comme sous-entendu, constitue la véritable différence entre un jugement et un autre fait intellectuel, et l'on viole toutes les lois de la définition à définir le jugement par autre chose. La vraie signification d'un jugement, ou d'une proposition, c'est quelque chose qui est susceptible d'être cru ou révoqué en doute, qui peut être vrai ou faux, auquel il est possible de répondre oui ou non; et bien qu'il ne puisse être cru tant qu'il n'a pas été conçu, ou (en termes clairs) compris, l'objet réel de la croyance n'est pas le concept ou une relation quelconque du concept, mais le fait conçu. Ce fait n'a pas besoin d'être extérieur, il peut être un fait d'expérience interne ou mentale. Mais même alors le fait est une chose, son concept en est une autre, et le jugement concerne le fait, non le concept. Le fait peut être purement subjectif, comme celui que j'ai rêvé la nuit passée; mais le jugement n'est pas la cognition d'une relation entre la présentation *moi* et le concept *avoir rêvé*, mais celle d'un souvenir réel d'un événement réel.

Cette première et insurmontable objection, que nous trouverons toujours de plus en plus forte en avançant, s'applique à toutes les formes de la doctrine conceptualiste du jugement, et en particulier, à celle de Hamilton. Celle-ci du reste soulève d'autres objections spéciales.

Dans ce que j'ai appelé la première théorie de Hamilton sur le Jugement, il nous dit que la comparaison qui finit par une reconnaissance de compatibilité ou de d'incompatibilité, peut porter sur « des individus », aussi bien que sur des concepts? Mais dans sa seconde théorie il faut qu'un au moins des termes de comparaison, soit un concept. Car,

un jugement est « le produit de cet acte par lequel nous pro-
» nonçons que de deux notions conçues comme sujet et at-
» tribut, l'une constitue ou ne constitue pas une partie de
» l'autre ». Or, un concept, c'est-à-dire un faisceau d'attributs,
peut être une partie d'un autre concept, et peut être une partie
de notre image mentale d'un objet individuel ; mais une notion
d'un objet individuel ne peut être une partie d'une autre notion
d'un objet individuel. Un objet peut être une partie intégrante
d'un autre, mais il ne peut être une partie en compréhension
ou en extension, au sens que l'on donne à ces mots dans un
concept. Saint-Paul est une partie intégrante de Londres,
mais n'est ni un attribut de Londres, ni un objet dont Londres
puisse être l'attribut.

Ainsi donc, puisque d'après la seconde théorie de Hamilton,
un jugement est une reconnaissance d'une relation de partie et
de tout, soit entre deux concepts, soit entre un concept et une
présentation individuelle, la théorie suppose que l'esprit se
pourvoit lui-même de concepts ou de notions générales avant
de commencer à juger. Or, non-seulement cela est évidemment
faux, mais Hamilton affirme le contraire de la façon la plus
décisive. Il affirme, et personne ne nie, que tous les concepts
sont édifiés par une succession de jugements. Nous concevons
un objet mentalement comme ayant tel et tel attribut, parce que
nous avons d'abord jugé qu'il a cet attribut en réalité. Voyons
ce que dit notre auteur sur ce point dans son Cours de métaphysique. Il dit qu'il y a un jugement impliqué dans tout acte
mental.

« La quatrième (1) condition de la conscience qu'on peut
» regarder comme très-généralement admise, c'est qu'elle im-
» plique un jugement. Un jugement est l'acte mental par lequel
» une chose est affirmée ou niée d'une autre. Il peut sembler
» étrange que la conscience, l'acte simple et primitif de l'intel-
» ligence, soit un jugement, c'est-à-dire une opération que des
» philosophes en général » (y compris Hamilton dans sa seconde
théorie) « ont considéré comme complexe et dérivée. Mais cette
» opinion est une erreur complète. Un jugement est, comme
» je vous le montrerai plus tard, un acte simple de l'esprit,

---

(1) *Lectures*, I, 204.

» car tout acte de l'esprit implique un jugement. Est-ce que
» nous percevons ou imaginons sans affirmer, dans l'acte
» même, l'existence externe ou interne de l'objet? Or, ces
» affirmations fondamentales sont les affirmations, — en d'au-
» tres termes, les jugements — de la conscience. »

Et dans une autre partie de son Cours, plus bas : « Vous
» vous (1) rappellerez qu'en traitant de la conscience en géné-
» ral, je vous ai dit que la conscience implique nécessairement
» un jugement : et comme tout acte de l'esprit est un acte de
» conscience, tout acte de l'esprit, par conséquent, implique un
» jugement. Un acte de conscience est nécessairement la con-
» science d'une certaine chose déterminée, et nous ne pouvons
» être conscients d'une chose sans affirmer virtuellement son
» existence, c'est-à-dire, sans juger qu'elle est. La conscience
» est ainsi originairement un jugement ou une affirmation
» d'existence. En outre, la conscience n'est pas seulement
» l'affirmation d'une existence nue, mais l'affirmation d'une
» certaine existence qualifiée ou déterminée. Nous avons con-
» science de notre existence, seulement dans et par la con-
» science que nous avons, que nous existons en tel ou tel état
» particulier, que nous sommes actifs de telle ou telle façon :
» et nous n'avons conscience de tel ou tel état particulier d'exis-
» tence qu'en tant que nous discernons qu'il est différent de
» certains autres états d'existence dont nous avons eu con-
» science auparavant, et que nous nous rappelons maintenant ;
» mais cette distinction suppose dans la conscience, l'affirmation
» de l'existence d'un état, d'un caractère spécifique, et la né-
» gation d'un autre. C'est pour cette raison que je prétendais
» que la conscience, outre un souvenir, ou mieux une certaine
» continuité de représentation, implique nécessairement aussi
» un jugement et une comparaison ; et en conséquence, que
» la *comparaison ou le jugement, bien loin d'être une opération*
» *toujours consécutive à l'acquisition de la connaissance par*
» *la perception et la conscience de soi, sont impliqués à titre de*
» *condition de l'opération acquisitive.* Mais si le jugement est
» une comparaison de deux concepts ou d'un concept et d'un
» individu, et une reconnaissance que l'un d'eux est une partie

(1) *Lectures,* II, 277-278.

» de l'autre (ou même seulement compatible avec l'autre), il
» *faut* que le jugement soit une opération toujours consécutive
» à l'acquisition de la connaissance », ou, en d'autres termes, à
la formation des concepts. La théorie du jugement dans le
troisième volume du Cours appartient à un mode de pensée
tout à fait différent de la théorie de la conscience dans le premier et le second ; mais quand Hamilton en avait une dans
l'esprit, il devait momentanément oublier l'autre.

Dans le troisième volume même, cette inconséquence se reproduit d'une manière encore plus évidente. On nous dit clairement (1) : « Les concepts et les raisonnements peuvent
» les uns et les autres se réduire à des jugements ; car l'acte de
» juger, c'est-à-dire d'affirmer ou de nier une chose d'une
» autre par la pensée, est celui où l'entendement ou faculté de
» comparaison, montre son caractère essentiel. Un concept est
» un jugement : car d'une part, *un concept n'est pas autre
» chose que le résultat d'un jugement antérieur, ou de séries
» de jugements fixés et inscrits dans un mot*, un signe, et il
» n'est amplifié que par l'annexion d'un nouvel attribut, par la
» continuation de la même opération. D'un autre côté, comme
» *un concept est la synthèse ou la complexion, et, je puis ajou-
» ter, le signe rémémoratif d'un ou de plusieurs actes anté-
» rieurs de jugement*, on peut évidemment le décomposer en
» ces jugements ; en fait, tout concept est un jugement ou un
» faisceau de jugements, jugements non explicitement déve-
» loppés dans la pensée, et non exprimés formellement par
» des mots. »

Et ces paroles sont du même philosophe qui, un peu plus de cent pages avant, définissait un jugement : le résultat d'une comparaison de concepts, soit entre eux, soit avec des individus. Voilà, je pense, qui met le comble aux contradictions que nous avons trouvées semées dru dans les spéculations de Hamilton. La vue d'un spectacle pareil chez un penseur d'une si grande force est bien propre à nous faire désespérer de notre propre intelligence et de celle de tous les hommes, et douter de la possibilité d'atteindre la vérité sur les sujets les plus compliqués de la pensée.

---

(1) *Lectures*, III, 117.

Il faut nécessairement renoncer à l'une ou à l'autre théorie. Ou un concept n'est pas la « synthèse et le signe remémoratif d'un ou de plusieurs jugements antérieurs », ou un jugement n'est pas, au moins dans tous les cas, la reconnaissance d'une relation dont un terme ou les deux termes sont des concepts. Le moins qu'on puisse demander à Hamilton, ce serait de modifier sa doctrine de telle sorte qu'elle comportât deux espèces de jugement : l'une qui forme les concepts, l'autre qui suit leur formation. Hamilton pourrait dire que lorsque les concepts ont été formés, et que nous voulons plus tard les analyser, nous portons des jugements qui reconnaissent un concept comme un tout dont un autre est une partie. Mais les jugements par lesquels nous construisons les concepts, et tous les jugements subséquents par lesquels, pour me servir de ses propres expressions, nous les amplifions en leur ajoutant un nouvel attribut, n'ont rien à faire avec la comparaison des concepts, ce sont les *Anchauungen* : les intuitions, les présentations de l'expérience, que dans ce cas nous comparons et jugeons (1).

(1) C'est à ce moyen d'esquiver la contradiction que M. Mansel a eu recours. Il distingue ce qu'il appelle les jugements psychologiques de ceux auxquels il donne le nom de logiques. Les jugements psychologiques affirment simplement qu'un certain objet de conscience, soit externe soit interne, est présent : on « peut » en général les mettre sous la forme de la proposition : ceci est ici ». Ce sont les seuls jugement impliqués dans la formation des concepts et qui lui soient nécessaires : et ces jugements, en tant qu'ils affirment un sujet de conscience présente, sont nécessairement vrais. « Mais le jugement psychologique ne doit pas être con- » fondu avec la logique. Le premier est le jugement d'une relation entre le sujet » conscient et l'objet immédiat de la conscience : le dernier est le jugement d'une » relation entre deux objets de pensée... Le jugement logique contient néces- » sairement deux concepts, et par conséquent il peut être regardé comme logi- » quement et chronologiquement postérieur à la conception qui n'en veut qu'un. » (*Prolegomena logica*, 53, 56).

Mais l'opération par laquelle un concept se construit suppose beaucoup plus qu'une connaissance de l'existence présente d'un fait ou de plusieurs faits de conscience, et qu'un jugement dans la forme de « ceci est ici ». La formation d'un concept suppose toute l'opération qui consiste à comparer des faits de conscience, et à reconnaître, ou en d'autres termes à juger, en quels points ils se ressemblent. Cela implique que l'esprit dans ses jugements « psychologiques » fait pour les intuitions ou les présentations tout ce qu'il est supposé faire pour les concepts dans les jugements « logiques ».

Par conséquent la distinction entre les deux espèces de jugement de M. Mansel, n'existe que dans leur matière et non dans l'opération de l'esprit ; elle est donc, dirait-il, extralogique, et, j'ajouterai moi, insignifiante. On verra dans le texte, qu'il n'y a pas de différence entre elles et que ce n'est qu'en se fondant sur une fausse théorie qu'on distingue deux classes de jugements, l'une comme ayant rapport avec des présentations, et l'autre avec des concepts, et qu'on donne à cette dernière le nom de logique.

Prenons l'exemple de jugement que Hamilton présente lui-même, « l'eau rouille le fer, » et supposons que cette vérité soit nouvelle pour nous. N'est-ce pas une dérision que de dire avec notre auteur, que nous la connaissons, en comparant « les *idées*, eau, fer et rouiller? » Ne devait-il pas dire les faits eau, fer et rouiller? et même est-ce que comparer est le mot qui convient à cette opération mentale? Nous n'examinons pas si les trois idées s'accordent, mais si les faits extérieurs coexistent. Quand nous vivrions jusqu'à la fin du monde, nous ne trouverions jamais dans nos concepts la proposition que l'eau rouille le fer, si nous ne l'avions pas trouvée auparavant dans les phénomènes extérieurs. La proposition exprime une succession, et ce que nous appelons une causation, non entre nos concepts, mais entre les deux présentations sensibles du fer mouillé et de la rouille. Quand nous avons déjà jugé que cette séquence existe hors de nous, c'est-à-dire indépendamment de nos combinaisons intellectuelles, nous la connaissons, et une fois connue elle pénètre dans nos concepts. Mais nous ne pouvons tirer d'un concept un jugement que nous n'avons pas commencé par y mettre, que nous n'avons pas accepté sciemment dans l'acte de la formation du concept. Toutes les fois donc que nous formons un nouveau jugement, — que nous jugeons une vérité nouvelle pour nous, — le jugement n'est pas une reconnaissance d'une relation entre des concepts, mais d'une succession, d'une coexistence, ou d'une similitude entre des faits (1).

Ce n'est pas moins que cela que Hamilton aurait à dire pour mettre d'accord sa théorie du Jugement avec sa théorie de la Conscience. Mais après cette réconciliation, sa théorie ne serait pas mieux fondée. On peut la déloger successivement de tous les points sans qu'elle puisse faire front nulle part. En effet, supposons que le jugement n'est pas nouveau; que la vérité l'eau rouille le fer, nous est connue depuis longtemps. Quand nous y repensons, quand nous la concevons comme une vérité, et que nous l'acceptons, est-ce que nous rendons un compte exact de ce qui se passe dans notre esprit, en appelant cet acte de jugement une comparaison de nos idées — de nos concepts, — de nos notions, de l'eau, de la rouille et du fer? Nous ne

---

(1) *Dissertations on Reid*, p. 787, 788.

comparons pas les constructions artificielles de notre esprit, mais nous consultons notre souvenir direct des faits. Nous nous rappelons que nous avons vu, ou appris par un témoignage digne de foi, que lorsque le fer reste longtemps en contact avec l'eau, il se rouille. La question ne porte pas sur des notions, mais sur des croyances ; sur une croyance à des représentations passées et à des représentations futures de nos sens. Sans doute, il est vrai psychologiquement, que lorsque nous croyons, nous avons la notion de ce que nous croyons ; mais ce n'est pas à la notion que nous en appelons en dernier ressort, c'est à la représentation, à l'intuition. Si j'ai quelque doute, quelle est la question que je me pose? Est-ce, — est-ce que je pense, est-ce que je me figure, l'eau rouillant le fer? — ou bien est-ce ceci ; — est-ce que j'ai jamais perçu, est-ce que d'autres personnes ont jamais perçu que l'eau rouille le fer? Il y a sans doute des personnes qui prennent pour critérium de leurs jugements une relation entre leurs propres concepts, mais d'ordinaire le monde n'a pas trouvé que leurs jugements fussent dignes d'être adoptés. Si la solution du débat entre Copernic et Ptolémée eût dépendu de la question de savoir si nous *concevons* la terre en mouvement et le soleil au repos, ou le soleil en mouvement et la terre au repos, je suis bien sûr que la victoire serait restée à Ptolémée.

Mais lors même que juger serait une opération notionnelle, consistant dans la reconnaissance de certaine relation entre des concepts, il resterait à prouver que la relation est celle du tout à la partie. Pourrait-on, même alors, dire que tout jugement dans lequel nous affirmons une chose d'une autre, sur la foi de jugements antérieurs consignés, comme le dit notre auteur, dans les concepts, consiste à reconnaître que l'un des concepts renferme l'autre comme un tout une de ses parties? Quand je juge que Socrate est mortel, ou que tous les hommes sont mortels, le jugement consiste-t-il à avoir conscience que mon concept mortel est une partie de ma représentation de Socrate ou de mon concept homme?

Cette doctrine ne tient pas compte de la distinction célèbre adoptée, je crois, sous une forme ou sous une autre par tous les philosophes, mais plus connue dans la métaphysique moderne sous celle que lui a donnée Kant : je veux parler de la distinction entre les jugements analytiques et les jugements synthétiques. Les jugements analytiques, dit-on, développent le contenu d'un concept, en affirmant explicitement, au sujet d'un genre, des attributs qui faisaient déjà partie du concept correspondant et que la simple analyse de ce concept peut faire distinctement concevoir. Les jugements synthétiques, au contraire, affirment au sujet d'un genre des attributs qui ne sont pas dans le concept, et que par conséquent nous ne pouvons considérer comme une partie du concept, mais seulement comme unis en fait aux attributs qui le composent. Cette distinction que notre auteur trouvait nettement posée dans des écrits qu'il connaissait bien, s'accorde si peu avec sa façon de philosopher qu'il n'y fait que des allusions légères dans un petit nombre de passages de ses œuvres : cependant (1), dans l'un d'eux, il en parle comme d'une chose de grande importance, il propose de donner à ces deux espèces de jugements de nouveaux noms (explicatifs et amplificatifs) et discute non pas la distinction elle-même, mais son historique ; apparemment sans se douter que sa doctrine s'en écarte tout à fait. D'après lui, en effet, tous les jugements sont analytiques ou, d'après sa dénomination, explicatifs. Et même, si l'on abandonnait tout ce qui, dans sa théorie, contredit sa propre doctrine de la formation des concepts, la partie restante l'obligerait à soutenir que tous les jugements qui ne contiennent rien de nouveau sont analytiques, et que les jugements synthétiques sont limités à des vérités, ou à des vérités supposées, que nous apprenons pour la première fois.

Le désaccord qui existe entre notre auteur et presque tous les philosophes, même ceux de son école (y compris M. Mansel), naît du fait qu'il comprend par concept quelque chose de différent de ce qu'ils ont habituellement compris par ce mot. Pour Hamilton, le concept d'un genre renferme tous les attributs que nous avons jugés et que nous jugeons encore communs à tout le genre. En un mot, concept veut dire toute la connaissance du genre. Mais pour les philosophes en général, le concept d'un genre mon concept d'homme, par exemple, en tant que distinct de ma représentation mentale d'un homme individuel, renferme non pas tous les attributs que j'assigne à

---

(1) *Dissertations on Reid*, p. 787, 788.

l'homme, mais ceux d'entre eux seulement sur lesquels repose la classification, et qui sont impliqués dans le sens du nom. L'homme est un être vivant, ou l'homme est raisonnable, seraient des jugements analytiques, parce que les attributs vie et raison sont du nombre de ceux qui se trouvent déjà dans le concept homme. Mais, l'homme est mortel, serait compté comme un jugement synthétique, parce que tout ordinaire que soit le fait, il n'était pas déjà affirmé dans le nom homme lui-même, mais qu'il a été ajouté dans le prédicat.

Un philosophe a parfaitement le droit (bien qu'il ne soit pas prudent de le faire) de changer le sens d'un mot, pourvu qu'il fasse clairement connaître son intention ; mais il est tenu alors de rester conséquent avec lui-même et fidèle au nouveau sens, et de ne pas lui rapporter des propositions qui ne sont vraies que dans l'ancien. Hamilton n'observe pas cette loi. Souvent les opinions différentes qu'il professe appartiennent à des systèmes philosophiques différents et incompatibles ; c'est, paraît-il, qu'il emprunte à des écrivains qui l'ont précédé certaines doctrines et qu'il les garde alors même qu'il en a ruiné les bases. Toute sa théorie des concepts est viciée par une inconséquence de cette espèce, — la conservation de conclusions conceptualistes à côté de prémisses nominalistes ; il n'est donc pas étonnant de rencontrer dans la plupart des détails des erreurs de cette nature. En voici une des plus évidentes. Comme nous venons de le dire, le concept d'un genre, pour notre auteur, renferme tous les attributs du genre, dans les limites où celui qui pense les connaît. — Le concept est la totalité de la connaissance que celui qui pense a du genre. Voilà la doctrine même de Hamilton ; mais à côté il en conserve une autre relative à un autre sens du mot concept que j'ai mis en opposition avec le sien : « L'exposition (1) de la compréhension d'une notion s'appelle définition » : et encore (2), « la définition est l'analyse d'un concept en ses parties composantes ou attributs. » Mais on n'a pas décomposé une chose en ses éléments constituants si l'on n'a pas tenu compte de toutes ses parties. Les deux opinions prises ensemble conduisent donc à la conséquence re-

---

(1) *Lectures*, III, 141.
(2) *Ibid.*, 151.

marquable, que la définition d'un genre devrait renfermer la totalité de ce qu'on connaît du genre. Ceux qui entendent par concept non pas tous les attributs connus de la classe, mais seulement ceux qui sont renfermés dans la connotation du nom, ont bien la liberté de dire d'une définition qu'elle est l'analyse du concept, mais non Hamilton. Pour mettre le comble à son inconséquence, il présente encore l'exemple (1) : « l'homme est un animal raisonnable » comme une bonne définition et un spécimen type de la définition ; comme si les notions animal et raisonnable épuisaient le contenu du concept homme, ou, suivant sa définition du concept, la somme entière des attributs communs au genre. On aurait peine à croire, avant de soumettre ses écrits à une attention minutieuse, que, sous la belle apparence de précision philosophique qui le distingue (2), se cache une indécision d'idées qui le conduit à admettre sans s'en douter un pêle-mêle de doctrines opposées.

Laissons là les contradictions de Hamilton et revenons à la question. Le mot jugement, d'après tout le monde, équivaut au mot proposition : on peut dire d'une proposition qu'elle est l'expression verbale d'un jugement. Or, si un jugement exprime une relation entre des concepts (ce que j'ai accordé pour le moment), la proposition correspondante représente cette même relation au moyen de noms : les noms doivent être les signes

---

(1) *Lectures*, III, 143, 144.
(2) Hamilton ne reconnaissant pas la différence qui existe entre les jugements analytiques et les jugements synthétiques, il en résultait implicitement qu'il ne reconnaissait pas davantage la connotation des noms ; ce qui seul suffisait pour infirmer tout son système logique pour le mettre bien au-dessous des meilleurs penseurs conceptualistes qui la reconnaissent tout en l'enveloppant d'une phraséologie très-dangereuse. On peut assigner la même cause à l'explication si vulgaire qu'il donne de quelques-uns des principaux termes de métaphysique, dans sa huitième leçon. Par exemple, il définit la distinction entre les qualités essentielles et les accidentelles de la manière suivante. Les qualités essentielles d'une chose sont « celles qu'elle ne peut perdre sans cesse d'exister ». Cette retraite du conceptualisme sur le réalisme prouve seulement qu'il copiait cette définition chez un scolastique réaliste. Plus loin, toujours dans ses leçons (IV, 11), il l'oublie (*more suo*) et la remplace par une autre à lui cette fois ; mais dans cette seconde définition, il laisse voir qu'il n'a jamais vu le sens naturel de cette distinction, si mal exprimée par les scolastiques dans le langage d'un faux système. Hamilton, en distinguant les qualités essentielles des accidentelles, ne voit que la différence entre les attributs du genre entier et les attributs limités à quelques-unes de ses espèces. La connaissance qu'il avait des écrits des scolastiques était extraordinaire ; et pourtant bien des personnes qui n'ont pas de ces écrits le dixième de la connaissance que possédait Hamilton, y ont puisé plus largement et se sont mieux assimilé des matériaux importants dont ces livres sont remplis.

des concepts et les concepts le sens des noms. Pour que ceci soit vrai, il faut que le concept ne se compose que des attributs connotés par le nom. Corporéité, vie, raison et d'autres attributs de l'homme qui font partie du sens du mot, en sorte que là où ces attributs ne sont pas nous pouvons refuser le nom d'homme, — ces attributs font partie du concept. Mais la mortalité et tous les autres attributs humains qui font le sujet de traités soit sur le corps humain, soit sur la nature humaine, ne sont pas dans le concept parce que nous ne les affirmons pas d'un individu par le seul fait que nous l'appelons homme ; ce sont autant de connaissances additionnelles. Le concept homme n'est pas la somme des attributs d'un homme, mais seulement des attributs essentiels, de ceux qui font qu'il est un homme ; en d'autres termes, ceux sur lesquels est basé le genre homme, et qui sont connotés par le nom, ce qu'on appelait l'essence de l'homme, ce sans quoi l'homme ne peut être, ou ne serait pas ce qu'on dit qu'il est. Sans la mortalité ou sans trente-deux dents, il serait encore appelé homme ; nous ne dirions pas qu'il n'est pas un homme, nous dirions, cet homme n'est pas mortel, ou, a moins de trente-deux dents.

Au lieu donc de dire avec Hamilton, que les attributs qui composent le concept du prédicat font partie de ceux qui composent le concept du sujet, nous pouvons dire ou bien qu'ils en sont une partie, ou qu'ils y sont invariablement unis non pas dans notre conception, mais en fait. Les propositions dans lesquelles le concept du prédicat est une partie du concept du sujet, ou, pour nous exprimer d'une façon plus philosophique, dans lesquelles les attributs connotés par le prédicat sont une partie de ceux connotés par le sujet, sont une sorte de propositions identiques ; elles n'apprennent rien, tout au plus nous rappellent-elles ce que nous savions dès qu'on a prononcé le mot qui sert de sujet à la proposition, si nous en comprenions le sens. Les propositions de cette espèce sont ou des définitions ou des parties de définitions. Ces jugements sont analytiques : ils analysent la connotation du nom-sujet, et affirment séparément les divers attributs que le nom affirme collectivement. Tous les autres jugements affirmatifs sont synthétiques et affirment qu'un certain attribut ou système d'attributs ne fait pas partie de ceux rappelés par le nom-sujet, mais qu'ils l'accompagnent invariablement (1).

Il reste quelque chose à dire d'un autre trait important de la théorie du jugement de Hamilton. Après avoir dit que dans tout jugement nous comparons « deux notions, pensées comme sujet et attribut », et déclarons que « l'une constitue ou ne constitue pas une partie de l'autre », il ajoute : « soit dans la

---

(1) M. Mansel l'a parfaitement compris (*Prolegomena logica*, 58) : « Quand
» j'affirme, dit-il, que A est B, je ne veux pas dire que les attributs constitutifs du
» concept A sont identiques avec ceux qui constituent le concept B, car ceci n'est vrai
» que pour les jugements identiques ; mais que l'objet dans lequel se trouve l'un
» des systèmes d'attributs est le même que celui où l'on trouve l'autre système.
» Affirmer que tous les philosophes sont sujets à l'erreur, ce n'est pas affirmer
» que le sens du mot *philosophe* est identique avec le sens des mots *sujet à l'erreur* ;
» mais que les attributs compris dans ces deux termes distincts sont unis dans le
» même sujet. » L'idée que M. Mansel énonce clairement se trouvait contenue, quoique moins distinctement, dans la première théorie du jugement de Hamilton, celle qu'il a illustrée d'exemples tirés de Krug. En adhérant à cette première théorie aussi bien qu'en restreignant le concept aux attributs connotés par le nom — car la restriction résulte clairement de sa définition du concept (60), et d'autres passages, — M. Mansel, à ce qu'il me semble, est beaucoup plus près de la vérité que Hamilton ; et il en serait encore plus près s'il n'était pas empêtré dans les mailles de la phraséologie hamiltonienne.

Un exemple qui prouve combien cette phraséologie le domine, c'est son étrange affirmation (p. 144, 185) que tout concept pour être concevable « doit contenir une pluralité d'attributs », car une idée simple comme un *summum genus* est par elle-même inconcevable ». Il est vrai qu'elle est inconcevable, mais non pas dans un sens où un concept doit être concevable, elle ne l'est que dans le sens qu'elle n'est pas concevable séparément : « Les idées simples ne sont jamais
» conçues comme telles, mais seulement comme faisant partie d'un objet com-
» plexe ; » en d'autres termes, elles sont inconcevables au sens où d'après Hamil-
» ton et M. Mansel lui-même tous les concepts sont inconcevables. »

Avec une pareille confusion, bien que son exposition de la définition et de la division soit décidément meilleure que celle de Hamilton, M. Mansel marche sur les pas de ce philosophe, en traitant cette dernière opération logique comme une division du concept ; comme si le concept était divisé quand on divise les choses dont il est prédicable (191, 194).

M. le D^r M'Cosh croit (p. 294) qu'il y a des (autres jugements que ceux dans lesquels les prédicats sont des noms propres) qui n'affirment pas ou ne nient pas des attributs : ces jugements sont ceux dans lesquels nous comparons ce qu'il appelle de « purs abstraits ». « Nous ne pouvons pas les appeler attributifs ; on aurait tort de dire que 4 est un attribut de $2+2$ », mais *faire* 4 n'est-ce pas un attribut de $2+2$? Plus loin il dit (333) que l'attribut dans cette classe de proposition « n'a pas de quantité ou d'extension, car ce n'est pas une notion géné-
» rique. « Quand nous disons que $3 \times 3 = 9$, le sujet, ni l'attribut n'embras-
» sent un nombre indéfini d'objets ». Les objets embrassés dans 9 sont neuf pommes, neuf billes, neuf heures, neuf lieues, et tous les autres agrégats dont neuf peut être le prédicat. Tout nombre est le nom d'un genre, et d'un genre des plus compréhensifs composé de toutes les choses imaginables. La même observation s'applique à 3×3.

qualité d'extension, soit dans celle de compréhension (1) ». Il développe cette distinction comme il suit (2) :

« Si le sujet ou notion déterminée est considéré comme le
» tout contenant, nous avons une proposition intensive ou com-
» préhensive : si le prédicat ou notion déterminante est considéré
» comme le tout contenant, nous avons une proposition exten-
» sive... La relation du sujet et du prédicat est contenue dans
» celle du tout et de la partie, car nous pouvons toujours consi-
» dérer soit la notion déterminante soit la déterminée, comme le
» tout qui contient l'autre. Cependant, le tout sujet, et le tout
» prédicat diffèrent, puisqu'ils sont chacun déterminés sépare-
» ment par les quantités opposées de compréhension et d'ex-
» tension ; et comme le sujet et l'attribut sont nécessairement
» entre eux dans la relation de ces quantités inverses, il est
» évidemment indifférent de savoir, pour ce qui regarde le sens
» de la proposition, si nous considérons le sujet comme le tout
» de compréhension qui contient le prédicat, ou bien le prédicat
» comme le tout d'extension qui contient le sujet. En réalité,
» il est rare qu'on voie dans une proposition unique duquel
» des deux touts il s'agit ; en effet, la copule *est* exprime aussi
» bien une des formes de la relation que l'autre. Ainsi dans la
» proposition *l'homme est un animal à deux pieds*, — la
» copule équivaut à *comprend* ou *contient*, car la proposi-
» tion veut dire *l'homme contient un animal à deux pieds*,
» c'est-à-dire le sujet homme comme tout intensif ou notion
» complexe comprend, comme une de ses parties, le prédicat
» *animal à deux pieds*. En outre, dans la proposition *l'homme
» est un bipède*, la copule correspond à *contenu dans*, car
» cette proposition est équivalente à *l'homme est contenu dans
» le bipède*, — c'est-à-dire le prédicat *bipède*, comme tout ex-
» tensif ou genre, contient comme sa partie le sujet *homme*.
» Mais en réalité aucune des deux propositions ne montre d'une
» manière évidente si elle doit être considérée comme in-
» tensive ou extensive, et dans une proposition unique cela n'a
» pas d'importance. Tout ce qu'on peut dire, c'est qu'une forme
» d'expression convient mieux à l'une de ces propositions, et

---

(1) *Lectures*, III, 229.
(2) *Ibid.*, III, 231, 232.

» l'autre forme convient mieux à l'autre. Ce n'est que
» lorsque les propositions sont reliées en syllogismes, qu'on
» voit clairement lequel du sujet ou de l'attribut est le tout
» dans lequel l'autre est contenu ou compris ; et ce n'est qu'en
» constituant ainsi deux formes de raisonnement différentes,
» contrastées, — formes les plus générales, puisque cha-
» cune d'elles contient toutes les autres, — que cette distinc-
» tion devient nécessaire pour les concepts et les propositions. »

Je n'insisterai pas sur les objections soulevées par ce passage que j'ai déjà indiquées ; par exemple, il est impropre de dire que la notion homme *contient* l'attribut animal à deux pieds, puisque cet attribut n'est évidemment pas une partie de la signification du mot ; ou de dire que le sens d'une proposition est qu'un attribut est une partie d'une notion : la première fois qu'on observe un attribut, on ne peut pas dire qu'il est une partie du concept, ce n'est jamais cela que la proposition veut affirmer, excepté dans les cas qui sont évidemment des définitions. Je laisse de côté ces considérations, et je veux même faire à la théorie de notre auteur les corrections dont elle a besoin, en restituant aux propositions le sens alternatif qui leur appartient, à savoir, qu'un certain attribut ou bien est une partie d'un système donné d'attirbuts, ou bien coexiste avec eux. Après avoir débarrassé par cette correction la doctrine contenue dans la citation de toutes les erreurs qui lui étaient accidentelles et non essentielles, nous pouvons la formuler de la manière suivante : on peut comprendre toute proposition en deux sens qui s'impliquent l'un l'autre, en sorte que si l'un est vrai l'autre l'est aussi, mais qui sont néanmoins différents ; l'un d'eux seulement peut se trouver et communément se trouve dans l'esprit, et les mots employés n'indiquent pas toujours lequel. Ainsi tous les hommes sont bipèdes peut aussi bien signifier que tous les objets appelés hommes sont tous comptés au nombre des objets appelés bipèdes, ce qui est interpréter la proposition en extension ; ou bien que l'attribut d'avoir deux pieds est un de ceux qui composent la notion homme, ou coexiste avec eux, ce qui est interpréter la proposition en compréhension.

Je soutiens que ces deux significations prétendues de la proposition sont non pas deux faits ou deux idées qu'on peut inférer réciproquement l'une de l'autre, mais un seul et même fait formulé de manières différentes ; que le prétendu sens en extension ne signifie rien du tout tant qu'il n'est pas interprété par le sens en compréhension; que tous les concepts et noms généraux qui entrent dans les propositions doivent être interprétés en compréhension, et que leur compréhension est toute leur signification.

Si le sens en compréhension est accordé, le sens en extension en découle ; tout le monde est d'accord sur ce point. Si l'attribut signifié par le mot bipède est ou bien l'un des attributs signifiés par le mot homme, ou leur est toujours uni, nous avons le droit d'affirmer que la classe homme est comprise dans la classe bipède et qu'elle en fait partie. Mais ce que je veux dire, c'est que cette seconde assertion n'est pas un corollaire, mais une simple répétition de la première. En effet, qu'est la seconde assertion si nous en enlevons tout ce qui se rapporte aux attributs? Elle ne peut alors signifier qu'une chose, que nous avons constaté le fait indépendamment de ses attributs, — c'est-à-dire que nous avons examiné le tout collectif « tous les hommes » et le tout collectif plus grand « tous les bipèdes », et que tous les premiers ont été trouvés parmi les derniers. Or, est-ce cela que nous affirmons? et est-il vrai que nous ayons fait cet examen? Assurément personne ne s'est jamais représenté, n'a jamais contemplé, fût-ce avec les yeux de l'esprit, ces deux touts ; — encore moins les avons-nous comparés comme des réalités, et constaté que le fait est conforme à la proposition. Ces deux examens ne pourraient être l'œuvre que d'une puissance infinie, car tous les hommes et tous les bipèdes, à l'exception d'un nombre relativement petit, ou bien ont cessé d'exister, ou n'ont pas encore vu le jour. Qu'est-ce donc que nous voulons dire en faisant une assertion touchant tous les hommes? L'expression ne signifie pas tous les individus sans exception d'un grand nombre d'objets, connus ou représentés séparément. Elle signifie tous les individus sans exception d'un nombre indéterminé et indéfini d'individus, en grande partie inconnus et non représentés, mais qui, s'ils se présentaient à nos occasions de connaître, pourraient être reconnus à la possession d'un certain système d'attributs, à savoir : ceux qui forment la connotation du mot.

« Tous les hommes » et « le genre homme » sont des expressions qui n'indiquent rien que des attributs ; ils ne peuvent être interprétés qu'en compréhension. Dire tous les hommes sont bipèdes, c'est tout simplement dire, étant donné les attributs d'homme, on trouvera à côté d'eux celui de bipède, ce qui est le sens en compréhension. Si la proposition n'a rien à faire avec le concept homme, si ce n'est quant à sa compréhension, encore moins a-t-elle affaire avec le concept bipède. Quand je dis tous les hommes sont bipèdes, qu'est-ce que mon affirmation a à faire avec le genre bipède, quant à son extension ? Ai-je quelque chose à démêler avec le reste du genre après que l'homme en a été retiré ? Sais-je nécessairement s'il y a un reste ? Je ne pense à rien de tel, mais seulement à l'attribut d'avoir deux pieds, et c'est cela que j'entends affirmer. Je le conçois comme un attribut de l'homme, mais je ne m'inquiète pas de savoir s'il est aussi l'attribut d'autre chose. Ainsi toutes les propositions où entrent des noms généraux, et par conséquent tous les raisonnements, ne portent que sur la compréhension. On peut bien écrire des propositions et des raisonnements en extension, mais on les comprend toujours en compréhension. Il n'y a d'exception que pour les propositions qui n'ont pas de sens en compréhension et qui n'ont rien à démêler avec les concepts, celles dont le sujet et le prédicat sont à la fois des noms propres, comme Tullius est Cicéron, ou saint Pierre n'est pas saint Paul. Ces mots ne connotent rien, et le seul sens qu'ils aient, c'est l'individu qu'ils dénotent. Mais là où un sens en compréhension ou en d'autres termes en connotation est possible, c'est toujours le seul qu'on entend. Et la distinction que Hamilton (quoiqu'il y insiste beaucoup) établit entre le raisonnement en compréhension et le raisonnement en extension, ne sera toujours, comme nous le verrons plus loin, qu'une superfétation en Logique.

Il est à peine nécessaire d'ajouter que même en admettant que les propositions générales aient un sens en extension qu'on puisse concevoir différent de leur sens en compréhension, Hamilton aurait encore tort de croire que la reconnaissance de ce sens dépend ou peut résulter d'une comparaison des concepts. L'extension d'un concept, comme je l'ai déjà remarqué, ne lui est pas, comme sa compréhension, intrinsèque et essentielle;

c'est une relation extérieure et tout à fait accessoire, et nulle analyse, nul examen du concept ne peut nous en rien apprendre. C'est un nom abstrait donné à l'agrégat des objets qui possèdent les attributs renfermés dans le concept : et la grandeur ou la petitesse de cet agrégat ne dépend pas des propriétés du concept, mais de la fécondité infinie de la nature.

CHAPITRE XIX

DU RAISONNEMENT.

Avec la majorité des auteurs modernes qui ont écrit sur la Logique, et qui parlent généralement le langage des conceptualistes, Hamilton considère le raisonnement comme il a considéré le jugement, il y voit une comparaison de notions : soit une comparaison de concepts entre eux, soit de concepts avec les représentations mentales des objets particuliers. Seulement, dans un simple jugement la comparaison est immédiate et dans le raisonnement médiate. Le raisonnement est la comparaison de deux notions au moyen d'une troisième (1). « Le raisonne-
» ment est un acte de comparaison ou de jugement médiat ; car
» raisonner, c'est reconnaître que deux notions sont entre elles
» dans la relation du tout et de ses parties, en reconnaissant
» que ces notions ont chacune le même rapport avec une troi-
» sième. » Le fondement donc de tout raisonnement, c'est « le
» principe évident par lui-même (2) qu'une partie de la partie
» est une partie du tout. Sans le raisonnement (3), nous aurions
» été réduits à la connaissance de ce que donne l'intuition
» immédiate ; nous aurions été incapables de tirer une infé-
» rence de cette connaissance, et nous aurions été privés de
» la découverte de cette multitude innombrable de vérités, qui

---

(1) *Lectures*, III, 274.
(2) *Ibid.*, 271.
(3) *Ibid.*, 277.

» bien que d'une grande et suprême importance, ne sont pas
» évidentes par elles-mêmes ». Reconnaître que nous découvrons « une multitude innombrable de vérités », c'est-à-dire une grande partie de l'ensemble de notre connaissance au moyen du simple raisonnement, s'accorde mal avec la théorie de notre auteur sur le raisonnement et l'ensemble de ses idées sur la nature et les fonctions de la Logique, qu'il réduit à n'être que la science du raisonnement : mais il partage cette inconséquence avec presque tous les auteurs qui ont écrit sur la Logique, parce que, comme lui, ils enseignent une théorie de cette science trop étroite pour contenir les faits qu'ils avancent eux-mêmes.

Malgré le grand nombre des philosophes qui ont considéré la définition citée ci-dessus comme une explication exacte du raisonnement, il s'élève contre elle des objections si évidentes, qu'on a bien de la peine à se décider à les présenter avant d'avoir beaucoup médité sur le sujet, tant il semble impossible que des difficultés si visibles aient passé inaperçues, ou qu'elles ne soient pas susceptibles d'une réfutation facile. Le raisonnement, nous dit-on, est une manière de constater qu'une notion est une partie d'une autre ; et l'usage du raisonnement a pour but de nous mettre en état de découvrir des vérités qui ne sont pas évidentes par elles-mêmes. Mais comment peut-il se faire qu'une vérité qui consiste dans une notion qui est une partie d'une autre, ne soit pas évidente par elle-même ? Les notions sont par supposition toutes deux dans notre esprit. Pour percevoir de quelles parties elles se composent, il ne faut rien que fixer notre attention sur elles. Nous ne pouvons concentrer notre conscience sur deux idées de notre esprit, sans connaître avec certitude si l'une d'elles, en tant que tout, comprend l'autre comme partie. Si nous avons la notion bipède et la notion homme, et si nous savons ce qu'elles sont, nous devons savoir si la notion bipède est une partie de la notion que nous nous faisons d'un homme. Dans ce cas, la simple méthode introspective est à sa place. Nous n'avons pas besoin de sortir de la conscience que nous avons de ces notions mêmes.

De plus, s'il est réellement vrai qu'en comparant deux notions nous pouvons ne pas découvrir si l'une d'elles est une partie de autre, il est impossible de comprendre comment nous pourrions en venir à bout en comparant chacune de ces deux notions avec une troisième. A, B et C sont trois concepts et, nous sommes supposés connaître que A est une partie de B, et B une partie de C, mais jusqu'à ce que nous mettions ces deux propositions ensemble, nous ne savons pas que A est une partie de C. Nous avons perçu B en C intuitivement par comparaison directe : mais qu'est ce que B ? Par supposition B est, et on perçoit qu'il est A plus quelque chose. Nous avons donc perçu par intuition directe que A plus quelque chose est une partie de C, sans percevoir que A est une partie de C. Assurément, il y a ici une grande difficulté psychologique à surmonter, et les logiciens de l'école conceptualiste l'ont singulièrement méconnue.

Si nous essayons, non pas de comprendre ce qu'ils disent, parce qu'ils n'ont jamais abordé la question en face, mais d'imaginer ce qu'ils pourraient dire, pour faire disparaître cette absurdité manifeste, il se présente deux choses à l'esprit. On peut dire que quand une notion est dans notre conscience, mais que nous ne pouvons pas connaître si une chose est ou n'est pas une partie de cette notion, cela vient de ce que nous avons oublié certaines de ses parties. Nous possédons la notion, mais nous n'avons conscience que d'une partie de cette notion, et elle n'opère dans nos séries de raisonnement que d'une manière symbolique. Ou, encore, on peut dire que toutes les parties de la notion sont dans notre conscience, mais à l'état indistinct. D'après Hamilton, nous avons une notion distincte quand nous pouvons discerner les caractères ou attributs dont elle se compose. Par conséquent une fois qu'on a admis que nous pouvons avoir des notions indistinctes, on peut avoir dans ce fait une preuve que nous pouvons posséder une notion et ne pas savoir d'une manière positive ce qui y est renfermé. Voilà le meilleur et à vrai dire le seul argument présentable que je puisse trouver à l'appui du paradoxe qui se trouve au fond de la théorie conceptualiste du raisonnement.

Il est beaucoup plus facile de réfuter ces arguments que de les découvrir. La réfutation est double comme la difficulté originelle. Pour commencer : une notion dont une partie a été oubliée, est, pour cette partie une notion perdue, et c'est comme si on ne l'avait jamais eue. Les parties que nous n'y pouvons plus discerner n'y sont plus, et on ne peut pas plus prouver qu'elles y sont, par le raisonnement que par l'intuition. Nous pouvons peut-être découvrir par le raisonnement qu'elles doivent s'y placer, et en conséquence les y mettre ; mais ce n'est pas reconnaître qu'elles y sont déjà. De même qu'une notion en partie oubliée est une notion en partie perdue, de même une notion indistincte est une notion qui n'est pas encore formée, mais en voie de formation. Nous avons une notion indistincte du genre quand nous percevons d'une manière générale que certains objets diffèrent d'autres objets, mais sans avoir encore trouvé en quoi ; ou bien quand nous percevons des points de différence, sans avoir encore perçu, ou généralisé les autres points. Dans ce cas, notre notion n'est pas encore une notion complète, et, les parties que nous n'y pouvons pas discerner ne peuvent pas y être découvertes, parce qu'elles n'y sont pas encore. Comme dans le premier cas, le raisonnement peut avoir pour résultat de les y mettre ; mais ce n'est certainement pas en prouvant qu'elles y étaient déjà.

Quand même ces explications dissiperaient l'étrange mystère d'avoir conscience du tout sans avoir directement conscience des parties, elles ne réussiraient pas à nous faire comprendre comment, si nous n'avons pas cette notion directement, nous sommes capables de l'acquérir par l'entremise d'une troisième. Par hypothèse nous avons oublié que A est une partie de C, jusqu'à ce que nous l'apprenions de nouveau par la relation de A et de C avec B. Donc nous n'avons pas oublié que A est une partie de B, ni que B est une partie de C. Quand nous avons conçu B, nous avons conçu A comme une partie de B ; quand nous avons conçu C, nous avons conçu B comme une partie de C. Donc dans le seul fait de concevoir C, nous avons été conscients de B dans C, et la conscience de A est une partie nécessaire de la conscience de B, et pourtant notre conscience de C ne nous permettait pas d'y trouver notre conscience de A, bien qu'elle y fût réellement, et quoique toutes les deux fussent réellement présentes. Si quelqu'un peut le croire, nulle contradiction, nulle impossibilité dans une théorie de la conscience ne pourra l'arrêter. Substituons maintenant à l'hypothèse de l'oubli celle de l'obscurité. Nous avions la notion de C qui était si obscure que nous ne pouvions pas distinguer A des autres parties de la notion. Mais elle n'était pas assez obscure pour nous empêcher de distinguer B, autrement le raisonnement échouerait aussi bien que l'intuition. De plus, la notion de B, quelque obscure qu'elle ait pu être dans ses autres côtés, doit avoir été assez nette pour nous permettre de distinguer clairement que A y était contenu. Nous voici donc encore en présence de la même absurdité : A est distinctement présent dans B, qui est distinctement présent dans C, par conséquent A, si le raisonnement prouve quelque chose, est distinctement présent dans C; pourtant A ne peut être distingué ni perçu dans la notion où il est distinctement présent : de sorte qu'avant de commencer notre raisonnement, nous avions en même temps une conscience distincte de A et nous n'en avions pas du tout conscience. Voilà ou jamais une réduction à l'absurde.

La raison pour laquelle un jugement qui n'est pas intuitivement évident peut être obtenu par l'intermédiaire de prémisses, c'est que les jugements qui ne sont pas intuitivement évidents ne consistent pas à reconnaître qu'une notion est une partie d'une autre. Quand cela arrive, la conclusion nous est aussi connue *ab initio* que les prémisses; ce qui est réellement le cas pour les jugements analytiques. Quand le raisonnement mène réellement à la découverte de cette « multitude innombrable de vérités non évidentes par elles-mêmes » dont notre auteur parle — c'est-à-dire : quand les jugements sont synthétiques — nous apprenons non pas que A est une partie de C, parce que A est une partie de B et B de C, mais que A est uni à C parce que A est uni à B et B à C. Le principe du raisonnement n'est pas : une partie de la partie est une partie du tout, mais : un signe du signe est un signe de la chose signifiée, *nota notæ est nota rei ipsius*. Cela veut dire que deux choses qui coexistent constamment avec une troisième coexistent ensemble ; les choses dont il est ici question ne sont pas nos concepts, mais les faits d'expérience sur lesquels nos concepts doivent être fondés.

Cette théorie du raisonnement est à l'abri des objections sous lesquelles succombe la théorie conceptualiste. Nous ne pouvons découvrir que A est une partie de C en découvrant qu'il est une partie de B, puisque s'il en est réellement ainsi, une de ces vérités doit être autant un fait de conscience directe que l'autre. Mais nous pouvons découvrir que A est uni à C en découvrant qu'il est uni à B ; puisque notre connaissance de son union avec B peut être le résultat d'une série d'observations où l'on ne pourrait apercevoir C. C, nous devons nous le rappeler, représente un attribut, c'est-à-dire non pas une présentation sensible actuelle, mais le pouvoir de la produire : et nous savons qu'une puissance peut avoir été présente sans se manifester ; pour cela, dans le cours ordinaire des choses, il faut rien de plus que l'absence de quelques-unes des conditions nécessaires pour qu'elle passe en acte. On peut d'une manière analogue avoir constaté que cette puissance ou potentialité C est unie à B, et cela par une autre série d'observations où à à son tour A n'agissait pas, ou peut-être agissait sans attirer l'attention. En combinant les deux séries d'observations, nous parvenons à découvrir ce qui n'était contenu dans aucune des deux, à savoir que C et A sont unis d'un lien permanent, de sorte que l'un devient un signe de l'autre : sans que dans aucune des deux séries d'observations, ni dans d'autres, on ait jamais rencontré A et C ensemble ; ou bien, s'ils l'ont été, sans que ce soit avec la fréquence, et sous les conditions expérimentales, qui nous autoriseraient à généraliser le fait. Tel est le procédé par lequel nous acquérons en réalité la plus grande partie de notre connaissance ; toute celle (comme dit notre auteur) qui n'est pas « donnée par intuition immédiate ». Mais dans ce procédé, il n'y a rien qui ressemble à la reconnaissance de parties et d'un tout, ou d'une relation quelconque entre concepts, lesquels n'ont rien à faire dans la question en dehors du fait que nous ne pouvons raisonner sur des choses sans les concevoir, ou nous les représenter.

La théorie qui fait du jugement et du raisonnement une comparaison de concepts, est forcée de prendre le mot concept pour le représentant non pas de la notion que celui qui conçoit ou raisonne a d'une chose, mais d'une sorte de notion normale, qu'on suppose acceptée par tout le monde, bien que tout le monde ne s'en serve pas toujours : c'est cette substitution tacite d'un concept planant dans l'air au vrai concept que j'ai dans mon propre esprit, qui nous permet de nous figurer que nous pouvons par le raisonnement découvrir dans le concept quelque chose que nous ne pouvions pas y découvrir par la conscience, parce qu'en réalité *ce* concept n'existe pas dans la conscience. Mais un concept d'une chose qui n'est pas celui par lequel je la conçois, est pour moi autant un fait externe qu'une présentation des sens peut l'être, c'est le concept d'une autre personne, mais non le mien. Ce peut être le concept conventionnel du monde en général, celui qu'on est tacitement convenu d'associer an genre, en d'autres termes ce peut être la connotation du nom générique; s'il en est ainsi, il se peut qu'il contienne des éléments que je ne peux pas y reconnaître directement et que je dois demander au témoignage externe ; mais c'est parce que je ne connais pas la signification du mot, les attributs qui déterminent son application, et alors ce que j'ai à faire, c'est de les apprendre ; cela fait, je n'aurai plus de peine à reconnaître comme une partie de ces attributs une chose qui l'est réellement. Mais pour les attributs qui ne sont pas compris dans la signification du nom, non-seulement je ne les trouve pas dans le concept, mais ils n'en font jamais partie même après que je les ai appris par l'expérience ; à moins qu'on ne comprenne par le mot concept, non pas, avec les philosophes en général, l'essence seulement du genre, mais, avec Hamilton, tous ses attributs connus. Même en adoptant le sens de Hamilton, on ne les trouve pas dans le concept, on les y ajoute; et on ne les y ajoute qu'après les avoir reconnus comme faits objectifs, et par conséquent après le raisonnement qui les constate.

Prenons un exemple. Voici deux propriétés des cercles. D'après l'une, un cercle est limité par une ligne dont chaque point est à égale distance d'un point situé à l'intérieur du cercle. Cet attribut est connoté par le nom, et dans les deux théories il fait partie du concept. D'après une autre propriété du cercle, la longueur de la circonférence est à celle du diamètre dans le rapport approximatif de $3,14159$ à 1. Cet attribut a été découvert, et maintenant on y arrive par le raisonnement. Or, y a-t-il un sens compatible avec la signification des mots, dans lequel on puisse dire que cette propriété cachée faisait partie du concept du cercle, avant d'être découverte par les mathématiciens ? Même dans le sens que Hamilton donne au mot concept, elle ne se trouve à présent dans le concept de personne, excepté dans celui d'un mathématicien : nous reconnaissons que c'est aux mathématiciens qu'il appartient de déterminer le concept d'un cercle pour l'humanité en général, mais les mathématiciens eux-mêmes n'ont pas trouvé le rapport du diamètre à la circonférence dans le concept, ils l'y ont mis, et ils ne pouvaient le faire qu'après avoir complété la longue chaîne de raisonnements difficiles dont la découverte était le couronnement.

Il est donc impossible rationnellement de soutenir à la fois les deux opinions professées simultanément par Hamilton : — que le raisonnement est la comparaison d'une notion au moyen d'une troisième, et que le raisonnement est une source où nous puisons de nouvelles vérités. Et comme la vérité de la dernière proposition est incontestable, c'est la première qui doit céder. La théorie du raisonnement qui cherche à les unir est viciée par le même défaut qui corrompt la théorie correspondante du jugement : elle veut que le raisonnement fasse sortir d'un concept une chose qui n'y a jamais été, et qui, si elle s'y introduit, ne le fait qu'après le raisonnement et comme sa conséquence.

CHAPITRE XX

IDÉES DE HAMILTON SUR LA LOGIQUE CONSIDÉRÉE COMME SCIENCE. — LA LOGIQUE EST-ELLE LA SCIENCE DES LOIS, OU FORMES DE LA PENSÉE.

Après avoir discuté la nature des trois opérations psychologiques qui, ensemble, forment les actes de l'intelligence, et après avoir examiné la théorie que Hamilton donne de chacune d'elles, nous sommes en état d'examiner l'idée générale qu'il se fait de la science ou de l'art, qui a pour but de diriger nos opérations intellectuelles dans leurs cours et de les préserver de l'erreur.

Hamilton définit la Logique, « la science des lois de la pensée en tant que pensée. » (1) Puis il se met à justifier chacun des termes qui composent cette définition. Et d'abord, la Logique est-elle une science ?

Whately dit qu'elle est à la fois une science et un art. Il le dit dans un sens qu'on peut comprendre. Pour lui, la Logique détermine ce qui est, et en même temps elle prescrit ce qui doit être. Elle étudie la nature de l'opération qui se fait dans le raisonnement, et pose les règles d'après lesquelles on dirige cette opération comme il faut. Hamilton reproche durement à Whately cette distinction. En donnant aux mots le même sens que Whately, dit-il, on n'a jamais contesté et on n'a jamais pu contester que la logique ne soit à la fois une science et un art.

(1) *Lectures*, III, 4.

Mais (1) « la distinction de l'art et de la science est mauvaise.
» Whately voit dans la science une connaissance considérée au
» point de vue absolu, et non en rapport avec la pratique. (En
» ce sens, tout art serait, dans sa partie doctrinale, une science);
» et définit l'art l'application de la connaissance à la pratique,
» en sorte que l'éthique, la politique et les principales
» sciences seraient des arts. Ainsi donc sa distinction de l'art et
» de la science est mauvaise. Mais, fût-elle juste, elle ne ser-
» virait de rien, car elle ne distinguerait rien, puisque l'art
» et la science n'indiqueraient pas de différence réelle entre les
» diverses branches de la connaissance, mais seulement des
» points de vue différents sous lesquels nous pouvons envisager
» la même branche, chacune étant en des relations différentes
» à la fois un art et une science. En fait, le docteur Whately
» confond la distinction entre la science théorique et la science
» pratique avec la distinction entre la science et l'art. »

Mais si les différences entre la science et l'art ne sont pas les
mêmes qu'entre la science théorique et la science pratique, nous
sommes en droit de demander ce qu'elles sont? Si Whately
a mis la distinction là où elle n'est pas, son critique, son aigre
censeur nous dit-il où elle est? Il décline le problème. « Je sais
» bien qu'il ne serait pas facile de donner une définition géné-
» rale de la science qui la distinguât de l'art, ni de l'art qui
» le distinguât de la science; mais si l'on ne peut distinguer
» convenablement les mots, il serait absurde de vouloir distin-
» guer quelque chose d'après eux. » Dans l'unique passage de
son Cours où il touche la distinction de l'art et de la science (2),
il dit « que la façon en apparence vague et capricieuse avec
» laquelle on applique les mots art et science » n'est pas « le
» résultat de quelque usage de hasard et tombé dans l'oubli »,
qu'au contraire elle repose sur un principe « rationnel que nous
» pouvons découvrir ». Mais alors que le lecteur s'attend à voir
formuler ce principe rationnel, Hamilton le congédie avec une
explication purement historique. Sans dire ce qu'est actuellement l'usage, il le fait descendre d'une distinction établie par
Aristote entre « une habitude productive » et « une habitude

---

(1) *Lectures*, III, 11. Voyez aussi *Discussions*, 133, 134.
(2) *Ibid.*, I, 115, 119.

pratique », qui n'est peut-être pas au-dessus de la critique » ;
il ne cherche pas à la « justifier » et confesse qu'elle a été perdue de vue par les modernes depuis qu'ils ont cessé de penser que les arts « mécaniques » sont « au-dessous de leur attention », et donné à tous le nom d'art sans avoir égard la distinction d'Aristote (1). De sorte que Hamilton ne peut pas même se prévaloir de l'accord avec l'usage de la distinction qu'il semble soutenir mais qu'il ne professe pas nettement. Cependant le principal reproche qu'il fait à celle de Whately, c'est de n'être pas d'accord avec l'usage. D'après cette distinction, dit-il (2), « l'éthique, la politique, la religion et les autres » sciences pratiques seraient des arts » : et il signale « l'impro- » priété qu'il y aurait à dire, l'art de l'éthique, l'art de la re- » ligion, etc., quoique ce soient des sciences éminemment pra- » tiques » (3).

Il faut mettre la religion hors de question, car si les sentiments communs ne permettent pas d'appeler la religion un art, ils ne permettent pas davantage de l'appeler science, et en

---

(1) Voici la distinction d'Aristote telle que la rapporte Hamilton. Dans la philosophie d'Aristote, les mots πρᾶξις et πρακτικός, c'est-à-dire *pratique* substantif et *pratique* adjectif, sont employés à la fois dans un sens générique ou plus étendu, et dans un sens spécial ou plus étroit. Dans son sens générique, πρᾶξις, pratique substantif, était opposé à théorie ou spéculation, et comprenait la pratique dans son sens spécial, et un autre terme de même ordre auquel la pratique dans sa signification la plus stricte était opposée. Ce terme était ποίησις, que nous traduisons imparfaitement par le mot *production*. La distinction de πρακτικός et de ποιητικός consiste en ceci : le premier dénotait l'action aboutissant à une action, le dernier l'action qui avait pour résultat un produit permanent. Par exemple, la danse et la musique sont pratiques parce qu'elles ne laissent rien après elles, tandis que la peinture et la sculpture sont productives, parce qu'elles laissent un produit en sus de l'activité dépensée. Or, Aristote en définissant formellement l'art, l'appelle une habitude productive, et non une habitude pratique, ἕξις ποιητικὴ μετὰ λογου ; et bien qu'il ne soit pas lui-même resté fidèle à cette démarcation, sa définition a été adoptée par ses successeurs, et le mot dans ses applications aux sciences pratiques (le mot pratique étant ici employé dans son sens naturel) devint exclusivement limité à ceux dont la fin n'est pas dans l'action seule. En conséquence, comme l'éthique, la politique, etc., se proposaient pour fin le bonheur, et comme le bonheur était une action ou du moins accompagnait l'action, ces sciences aboutissaient à l'action et par conséquent étaient *pratiques*, non *productives*. D'un autre côté, la logique, la rhétorique, etc., n'aboutissaient pas une pure action, à une action fugitive, mais à un produit permanent, durable. En effet, la fin de la logique était la production d'un raisonnement, la fin de la rhéthorique la production d'un discours, et ainsi de suite. » (*Lectures*, I, 117, 188.) La langue anglaise exprime la même distinction par les deux verbes *to do* et *to make*.

(2) *Discussions*, p. 134.
(3) *Lectures*, I, p. 116.

particulier science pratique, comme si les doctrines théoriques
de la religion ne faisaient pas partie de la religion. Si la religion est une science ou un art, il faut qu'elle soit l'un et l'autre,
et on la fait d'ordinaire consister en des choses qui diffèrent de
l'art comme de la science, à savoir un certain état de sentiments
et une inclination de la volonté. Quant à l'éthique et à la politique, l'une et l'autre sont comme la Logique à la fois des
sciences et des arts. L'éthique en tant qu'elle consiste dans la
théorie des sentiments moraux, et la recherche du bien-être
de l'homme révélées par l'expérience que sa partie pratique a
pour objet d'assurer, est dans tous les sens du mot une science.
Les règles et les préceptes de la morale sont un art. Si l'on éprouve
quelque répugnance à appeler la morale un art, ce n'est pas
parce qu'on préfère lui donner le nom de science, mais parce
que beaucoup de gens ne veulent pas du tout la regarder
comme scientifique, et aiment mieux y voir une affaire d'instinct, ou de croyance religieuse, ou une pure dépendance de
l'état de la volonté et des affections. Pour la politique le mot
art n'est impropre pour personne : au contraire, « l'art du gouvernement » est l'expression vulgaire et « la science du gouvernement » une sorte de raffinement spéculatif. Les philosophes qui ont écrit sur la politique ont pour la plupart donné
à leur sujet le nom de science afin d'indiquer qu'il est digne
des spéculations des penseurs, tandis que le mot art suggère
aux oreilles des modernes (il n'en était pas de même chez les
anciens) l'idée d'une chose qui ne concerne proprement que
des praticiens. En réalité la politique comprend à la fois une
science et un art. La science de la politique s'occupe des lois,
des phénomènes politiques, c'est la science de la nature humaine
sous les conditions sociales. L'art de la politique consiste (ou
consisterait s'il existait) en règles basées sur la science, pour
bien conduire et gouverner les affaires de la société.

Mais, dit Hamilton, si la différence entre la science et l'art
n'était que la différence qu'il y a entre des affirmations et des
préceptes, la distinction serait sans valeur, puisqu'elle « n'indi-
» querait pas de différence réelle entre les diverses branches
» de connaissance, mais seulement des points de vue différents
» sous lesquels nous pouvons envisager la même branche, cha-
» cune étant en des relations différentes à la fois une science et

» un art. » Quoi ! aurions-nous dû attendre de Hamilton la déclaration que cette distinction est sans valeur parce qu'elle n'indique pas une différence entre deux choses, mais une différence dans les points de vue sous lesquels nous regardons la même chose ? Combien de fois ne nous a-t-il pas dit, à propos des plus importantes distinctions qu'on trouve en philosophie, qu'elles ont précisément ce caractère ! De plus cette remarque, dans le cas particulier qui nous occupe, est tellement superficielle, que, venant d'un auteur qui n'avait pas l'habitude de se contenter d'un coup d'œil superficiel, elle démontre plus qu'aucun des autres exemples qui fourmillent dans ses écrits, qu'il n'avait guère réfléchi sur les sciences et les arts en dehors de sa propre spécialité. La raison qu'il y a de distinguer les systèmes de préceptes d'avec les systèmes de faits, c'est que les fins de la connaissance théorique et celles de son application pratique sont d'un ordre tout différent. Prenons par exemple l'art de la navigation : où est l'unique science qui correspond à cet art, ou qu'on pourrait proprement appeler du même nom ? La navigation est un art qui dépend de presque tout le cercle des sciences physiques : de l'astronomie pour les signes qui servent à déterminer le point du navire sur l'océan ; de l'optique pour la construction et l'usage des instruments qui lui sont nécessaires ; de la mécanique abstraite pour l'intelligence et la direction des mouvements du vaisseau ; de la pneumatique pour les lois des vents ; de l'hydrostatique pour les marées, les courants et l'action des vents sur les vagues ; de la météorologie pour le temps ; de l'électricité pour les tempêtes ; du magnétisme pour l'usage de la boussole ; de la géographie physique et d'à peu près toute la liste des sciences physiques. Non-seulement chacune de ces sciences a fourni son contingent aux règles qui composent le seul art de la navigation, mais beaucoup de règles n'ont pu être formulées que par la combinaison de considérations tirées de plusieurs sciences. Pour les besoins de l'art, les règles suffisent, partout où il a été possible d'en donner d'assez précises. Mais si, non content de connaître et de pratiquer les règles, on veut en comprendre les raisons, et posséder ainsi la science aussi bien que l'art, on ne trouve pas de science qui s'occupe des mêmes sujets que l'art ; il faut chercher dans plusieurs sciences les vérités que la navigation a mises à profit. Tout ceci est évident pour toutes les personnes (je ne dirai pas de la sagacité de Hamilton) qui ont assez réfléchi sur les sciences et les arts, pour connaître leur rapport. La distinction établie par Whately ne mérite donc pas le traitement dédaigneux qu'elle reçoit dans le Cours, et encore moins celui des Discussions. Elle est éminemment pratique, elle est conforme à l'ordre naturel et logique de la pensée, et s'accorde mieux avec les fins et même avec l'habitude du langage, que toute autre manière de distinguer les arts d'avec les sciences. Hamilton, tout en la condamnant, s'est bien gardé d'en opposer une, mais (comme nous l'avons vu) il déclare presque qu'on n'en peut pas trouver de satisfaisante.

Après la question de savoir si la logique est une science, se présente la considération de son objet comme science, c'est-à-dire « les lois de la pensée en tant que pensée. » « L'examen de ce point, dit notre auteur, se divise (1) en trois » questions. — 1° Qu'est-ce que la pensée? — 2° Qu'est-ce » que la pensée en tant que pensée? — 3° Quelles sont les lois » de la pensée en tant que pensée? » Il discute à part ces trois questions.

A la question : « Qu'est-ce que la pensée? » Hamilton répond : — Ce n'est pas la perception directe d'un objet, ni sa représentation dans la mémoire ou l'imagination, ni la pure suggestion de cet objet par association, mais c'est un produit de l'intelligence. L'intelligence n'agit que par comparaison. « Toute pen- » sée (2) est une comparaison, une reconnaissance de ressem- » blance ou de différence, une union ou une séparation, en » d'autres termes, une synthèse ou une analyse de ces objets. Dans » la conception, c'est-à-dire dans la formation des concepts (ou » notions générales) l'intelligence compare, sépare ou unit des » attributs; dans un acte de jugement, elle compare, sépare ou » unit des concepts; dans le raisonnement, elle compare, sé- » pare ou unit des jugements. A chaque temps de cette opéra- » tion, il y a un élément essentiel; pour penser, comparer, » unir ou séparer, il est nécessaire de reconnaître une chose » *par* ou *sous* une autre, et par conséquent en définissant la

---

(1) *Lectures*, III, p. 12.
(2) *Ibid.*, III, p. 13, 14.

» pensée proprement dite, nous pouvons ou bien la définir
» comme un acte de comparaison, ou comme une reconnais-
» sance d'une notion comme comprise *dans* ou *sous* une autre.
» C'est cet acte de penser une chose sous une notion générale
» qu'on appelle la comprendre ou la saisir. Par exemple : Voilà
» un objet, un livre : cet objet détermine une impression, et
» j'ai même conscience de l'impression, mais sans reconnaître
» ce qu'est la chose ; dans ce cas, il n'y a qu'une perception
» et non pas à proprement parler de pensée. Mais supposez que
» je reconnaisse l'objet pour ce qu'il est, en d'autres termes,
» que je le compare avec un certain concept, une certaine classe;
» un certain système d'attributs que j'appelle *livre*, que je l'y
» *fasse rentrer*, il y a plus qu'une perception, il y a une pensée. »

Plus loin il définit encore (1) un acte de pensée « l'acte
» mental par lequel on reconnaît qu'une chose rentre *dans*
» un concept; en d'autres termes, l'acte par lequel on marque
» un objet par un attribut ou des attributs déjà connus comme
» communs à divers objets, et auxquels on donne par consé-
» quent un nom général. » Et ensuite (2), comme la « com-
» préhension d'une chose sous une notion générale ou un attri-
» but général » et encore (3) « la cognition d'un objet mental par
» un autre dans lequel il est considéré comme renfermé ; en
» d'autres termes, la pensée est *la connaissance des choses
» sous des conceptions*. » Et encore (4), la pensée est la con-
» naissance d'une chose par un concept ou notion générale, ou
» d'une notion par une autre. »

Nous pouvons conclure de ces diverses expressions que
notre auteur réserve le nom de pensée aux cas où il y a
un jugement, et, à ce qu'il paraît, un jugement affirmant plus
qu'une simple existence. Nous pensons un objet, ou nous
faisons de quelque chose un objet de pensée, quand nous
sommes capables d'en affirmer quelque chose, d'affirmer qu'il
est quelque chose en particulier, qu'il est une certaine espèce
de chose, qu'il appartient à un genre, qu'il possède un caractère qui est (ou qui peut être) commun à cette chose, à d'autres,

---

(1) *Lectures*, III, p. 15.
(2) *Ibid.*, p. 21.
(3) *Ibid.*, p. 40.
(4) *Ibid.*, p. 43.

en un mot qu'il a un certain attribut ou de certains attributs. Ceci est intelligible et incontestable ; mais les expressions techniques de notre auteur au lieu de faciliter l'intelligence de cette définition, tendent au contraire fort à y jeter la confusion. A l'exemple des métaphysiciens transcendantalistes en général, Hamilton, quand il cherche à préciser la nature d'un phénomène mental, le fait en employant des propositions vulgaires avec un vague étrange. S'agit-il de rapporter un objet à un genre, quelle lumière jette-t-on sur l'opération en l'appelant, la recognition d'une chose par, dans ou sous une autre? Quel sens précis peuvent avoir les expressions « penser une chose sous une notion générale », « la ramener à un concept », « connaître les choses sous ou par des conceptions » ? Pour trouver le sens de l'explication nous avons besoin de revenir à la chose expliquée. Le seul passage où notre auteur parle nettement, est celui où il paraphrase ces expressions par les suivantes : « c'est marquer un objet par un attribut ou des » attributs déjà connus comme communs à divers objets, et » auxquels nous avons en conséquence donné un nom général. » Donc penser un objet c'est le marquer d'un attribut, ou d'un système d'attributs, qui a reçu un nom, ou (ce qui est plus essentiel) qui donne un nom à l'objet. L'attribut donne à l'objet le nom concret qui correspond à son propre nom abstrait s'il en a un : mais il n'est pas indispensable que l'attribut ait reçu un nom, pourvu qu'il en donne un à l'objet qui le possède. Un animal est appelé taureau en signe qu'il possède certains attributs, mais il n'existe pas de nom abstrait *tauréité*. Ainsi quand, pour employer le langage de Hamilton, on a pensé l'objet en le marquant d'un nom dérivé d'un attribut, on peut dire, en employant une expression acceptable quoique obscure, que nous connaissons la chose par l'attribut, ou la notion de l'attribut ; mais qu'entendons-nous en disant que nous la pensons *sous* l'attribut? Nous la connaissons et nous la pensons simplement comme possédant l'attribut. L'autre expression qui semble vouloir dire plus, dit moins. En outre, quand on nous affirme que « nous connaissons une notion par une autre ; » quand, par exemple, nous pensons, ou nous jugeons, que les hommes c'est-à-dire tous les hommes, sont mortels, est-ce que nous connaissons la notion hommes par la notion mortel?

La connaissance que nous avons réellement, c'est que les objets appelés hommes ont l'attribut appelé mortalité ; en d'autres termes, que les faits extérieurs par lesquels nous distinguons les hommes existent en compagnie d'un assujettissement à un autre fait extérieur, la mort. S'il est une recommandation que je voudrais inculquer à tous ceux qui commencent à étudier la métaphysique, c'est d'être toujours sûrs de ce qu'ils entendent par les particules qu'ils emploient. Une bonne part des idées embrouillées et confuses de la métaphysique vient de ce qu'on fait un usage vague de ces petits mots.

Après avoir ainsi défini la pensée, notre auteur explique ce qu'il entend par la pensée en tant que pensée. Il veut dire (1) « que la Logique a affaire à la forme de la pensée, à l'exclusion » de sa matière ». Nous voici arrivés à l'un des points cardinaux de la philosophie hamiltonienne de la Logique. Bien que notre auteur puisse varier sur d'autres doctrines, il reste fidèle à celle-ci ; pour lui le domaine de la Logique est toujours la forme et non la matière de la pensée. Il est fâcheux de voir que pour exprimer la distinction, il ne trouve que deux ou trois expressions des plus obscures et des plus confuses qui soient dans la métaphysique. Et qui pis est, se croyant obligé d'employer ces termes, il n'en a jamais exprimé le sens dans un langage clair. Quand Whately nous dit, en termes à peu près semblables, que la Logique a affaire aux formes du raisonnement, mais non à son objet, nous savons ce qu'il veut dire. C'est que la Logique ne s'inquiète pas de la vérité actuelle de la conclusion, ni de celle des prémisses, mais qu'elle considère seulement si celle-là découle de celles-ci, si la conclusion doit être vraie alors que les prémisses sont vraies. Hamilton ne se contente pas de cela. Il veut dire beaucoup plus ; mais si nous voulons savoir quoi, la seule explication qu'il nous donne est une citation d'un philophe allemand, Esser. « Nous pouvons, par abstraction, distinguer » l'un de l'autre, 1° l'objet pensé, et 2° la manière de le » penser. Employons les vieilles expressions techniques en » usage, appelons le premier la *matière*, le second la *forme* » de la pensée. Par exemple, quand je pense que le livre placé

---

(1) *Lectures*, III, p. 15.

» devant moi est un in-folio, la matière de ma pensée est livre
» in-folio, la forme de la pensée est un jugement. » Voilà ce que
dit Esser. La forme de la pensée, seul objet de la Logique, n'est
donc pas l'objet pensé, mais « la manière de le penser ». Il n'est
pas besoin de montrer l'insuffisance de cette explication. Pour
en trouver une autre, ce n'est pas à Hamilton qu'il faut recourir, mais à M. Mansel. Dans les « Prolegomena Logica » de ce
dernier il y a un chapitre intitulé : « De la matière et de la
forme de la pensée ». Il commence ainsi (1) :

« Pour faire comprendre ce qui distingue la matière de la
» forme dans la pensée, nous nous servirons de ce qui distingue
» ce qu'on appelle vulgairement la forme et la matière dans
» les œuvres d'art. Le mot matière s'applique d'ordinaire à
» tout ce qui est donné à l'artiste, et que, par conséquent, l'art
» n'a pas à fournir. La forme est ce qui est donné dans et par
» l'opération proprement dite de l'art. En sculpture, par
» exemple, la matière est le marbre à l'état brut tel qu'on le
» livre au sculpteur ; la forme est ce que le sculpteur dans
» l'exercice de son art donne à ce bloc. » Qu'on me permette
une question : le bloc de marbre n'avait-il pas une forme en
sortant de la carrière ? « On distingue d'une manière analogue la
» matière et la forme, dans une opération mentale. La première
» renferme tout ce qui est donné *à* l'opération, la seconde tout
» ce qui est donné *par* l'opération. Dans la division des notions,
» par exemple, faite ou non par un acte de pensée pure, la no-
» tion générique est celle qui est donnée pour être divisée ;
» l'addition de la différence dans l'acte de la division constitue
» l'espèce. Et c'est pour cela que les logiciens ont souvent ap-
» pelé le genre la partie *matérielle*, et la différence la partie
» *formelle* de l'espèce. » (Cette illustration quoi qu'elle puisse
valoir d'ailleurs, n'explique rien). « Ainsi donc, dans toute opé-
» ration de pensée pure, la matière comprend tout ce qui est
» donné à la pensée, et qui lui vient du dehors ; la forme tout
» ce qui est présenté dans et par l'acte de penser lui-même. »

Voilà une bonne explication du sens de la matière et de la
forme dans la philosophie kantienne et dans celles qui en dérivent généalogiquement, mais ce sens doit toujours être pris

---

(1) *Prolegomena Logica*, p. 226, 227.

avec la doctrine caractéristique de la métaphysique kantienne et interprété par elle, à savoir que l'esprit ne perçoit pas, mais qu'il crée tous les attributs les plus généraux que, par l'effet d'une illusion naturelle, nous rapportons aux choses extérieures; et qu'en conséquence cette philosophie appelle des formes. L'étendue et la durée, par exemple, sont pour elle des formes de la sensibilité; la substance, la causalité, la quantité, des formes de l'entendement, c'est-à-dire de la faculté de penser. Mais ce n'est pas cela que Hamilton et M. Mansel entendent, quand ils disent que la logique est la science des formes de la pensée. Il ne veulent pas dire que la Logique est la science de la subtance, de la causalité et de la quantité. La vérité est que dès que le mot forme est étendu au delà de sa propre signification d'une figure corporelle, il devient tout à fait vague : chaque penseur s'en sert dans un sens à lui. Le seul lien qui rattache tous les sens différents de ce mot est négatif, c'est son opposition au mot matière. Partout où une chose reçoit le nom de forme, il y en a une autre qui, relativement à elle, est considérée comme matière : et partout où il y a une chose appelée matière, il y en a une autre dont on peut la revêtir, et qui, après cela, s'appellera sa forme. Nous trouvons dans Aristote un magnifique exemple qui montre combien la notion de forme est inséparable de celle de matière : il définit l'âme la forme du corps ; au moins c'est ainsi que Hamilton traduit, très-librement sans doute, le mot ἐντελέχεια.» (1) Les habitudes des métaphysiciens autoriseraient à appeler un composé la forme de ses éléments constitutifs; l'eau, par exemple, serait la forme de l'hydrogène et de l'oxygène. Puisqu'il n'y a rien qu'on ne puisse regarder comme matière relativement à quelque autre chose, nous avons une sorte d'emboîtement de formes. Kant donne effectivement à la conclusion d'un syllogisme le nom de forme du syllogisme, les prémisses en sont la matière ; de sorte que, dans une série de raisonnements, les conclusions successives passent l'une après l'autre du rang de forme à celui

---

(1) Voyez Reid, p. 202, et la note de Hamilton. Reid donne un exemple encore plus bizarre dans ses *Essays on the active Powers* (*Works*, 649, 650). « Du temps de la scolastique une action bonne en soi était dite *matériellement* bonne, et une action faite avec une bonne intention s'appelait *formellement* bonne. Cette dernière façon d'exprimer la distinction est encore en usage chez les théologiens.»

de matière. Sans aller jusque-là, Hamilton (1), d'après Krug, considère les propositions et les mots comme la matière du syllogisme et le mode de leur connexion comme sa forme. Pourtant les propositions et les mots (c'est-à-dire les concepts) sont classés par lui comme des formes de la pensée. Ainsi il n'est pas possible de tirer une ligne de démarcation entre la matière de la pensée et sa forme, ou de donner une idée nette du domaine d'une science en disant qu'elle s'occupe de l'une et non de l'autre. Nous pouvons pourtant comprendre d'une manière générale que pour Hamilton l'objet de la logique n'est pas le contenu actuel de la connaissance, les objets particuliers ou les vérités que nous connaissons, mais seulement la manière de les connaître ; ce que l'esprit fait quand il connaît ou pense, en dehors de tout rapport avec les choses particulières sur lesquelles il pense : la théorie de l'acte de la pensée, en tant que cet acte est le même dans toute pensée, ou peut être ramené à des principes universels.

Mais l'acte de la pensée est un phénomène psychologique : et la Logique n'est pas la Psychologie. C'est dans l'intention d'établir cette différence que Hamilton ajoute un troisième terme à sa définition de la logique, quand il l'appelle la science non-seulement de la pensée, en tant que pensée, mais des lois de la pensée en tant que pensée. Car la psychologie traite aussi de la pensée considérée simplement comme pensée ; et a pour objet d'expliquer la pensée en tant qu'opération mentale. En quoi donc consiste la différence entre les deux sciences ? Je ne puis m'aventurer à le dire qu'en me servant des propres termes de notre auteur (2) :

« Les phénomènes des phases formelles ou subjectives de la
» pensée sont de deux sortes. Ils sont ou bien contingents,
» c'est-à-dire pouvant apparaître ou non, ou bien nécessaires,
» c'est-à-dire ne pouvant pas ne pas apparaître. Toutefois ces
» deux classes de phénomènes ne se manifestent qu'en con-
» jonction ; ils ne sont pas distingués les uns des autres dans
» les opérations actuelles de la pensée ; et il faut l'analyse psy-
» chologique pour les séparer et les ranger dans leurs classes

---

(1) *Lectures,* III, 287, 288. — Voyez aussi M. Mansel, *Prolegomena logica,* p. 235.
(2) *Ibid.,* III, p. 24.

» respectives. En tant que ces phénomènes sont considérés
» seulement comme des phénomènes, c'est-à-dire en tant que
» la philosophie n'y voit que des manifestations, ils appar-
» tiennent à la science dite psychologie empirique ou his-
» torique. Mais quand la philosophie, par une abstraction
» réflective, sépare par l'analyse les formes nécessaires de la
» pensée d'avec les contingentes, il en résulte une science qui
» se distingue de toutes les autres en ce qu'elle prend pour
» objet la première de ces classes ; cette science est la Logique.
» La Logique est donc en définitive complétement définie : la
» science des formes nécessaires de la pensée. »

Si le langage a un sens, ce passage veut dire que les « lois ou formes » domaine de la logique, sont certains phénomènes de pensée qui se distinguent des autres en ce qu'ils sont nécessairement présents dans la pensée, « comme ne pouvant pas ne pas apparaître », tandis que les autres « peuvent apparaître ou n'apparaître pas ». Si c'est cela qu'on veut dire, nous aboutissons à une étrange conclusion. Il y a une science, la Psychologie, qui est la science de tous les phénomènes de l'esprit, et entre autres des phénomènes de la pensée ; et pourtant il faut une autre science pour nous apprendre les phénomènes nécessaires qui appartiennent à la première. Il y a des propriétés de la pensée qui sont expressément exclues de la science qui traite de la pensée, pour faire l'objet d'une autre science, et ce sont précisément ses propriétés nécessaires. Celles qui ne sont que contingentes qui « peuvent apparaître ou n'apparaître pas, » — celles qui ne sont pas communes à toutes les pensées, ou qui ne leur appartiennent pas dans tous les temps ; la psychologie, nous dit-on, en connaît quelque chose : mais les propriétés nécessaires, « celles qui ne peuvent pas ne pas apparaître », — celles que toutes les pensées possèdent, que la pensée doit posséder, sans lesquelles elle ne serait pas la pensée, — celles-là, la psychologie ne les connaît pas, et c'est à une autre science de les étudier. Attendons-nous donc à ce qu'on vienne nous dire que la science de la dynamique ne connaît rien des lois du mouvement, de la composition des forces, de la théorie des forces continues et accélératrices, des doctrines du moment et de la force vive, etc., qu'elle ne connaît que la force vent, la force eau, la force vapeur, et la force animale, et les accidents de diverse nature qui les accompagnent et en troublent les actions.

Cependant on voit par là que notre auteur pense ce qu'il dit expressément. On voit qu'il entend par « lois de la pensée » et « formes nécessaires de la pensée » les modes et les conditions que la constitution de notre nature impose à notre pensée. Mais tournons quelques feuillets, arrivons à l'endroit où il se met en devoir de traiter de ces lois ou formes nécessaires une à une, — tout ceci n'est qu'une erreur complète. Les lois ne sont plus des nécessités de nature, ce sont des lois en un sens tout autre; ce sont des préceptes : et les formes nécessaires de la pensée ne sont plus des attributs qui lui sont imposés, mais qu'elle fait bien de rechercher. « Quand (1) je
» parle de lois et de leur nécessité absolue pour la pensée, nous
» ne devons pas supposer que ces lois et cette nécessité sont
» les mêmes dans le monde de l'esprit que dans celui de la ma-
» tière. Pour les intelligences libres, une loi est une nécessité
» idéale donnée sous la forme d'un précepte que notre devoir
» est de suivre, mais que nous pouvons violer si nous le voulons;
» tandis que pour les êtres qui constituent l'univers une loi
» n'est qu'une autre façon d'appeler les causes aveugles et uni-
» verselles qui produisent des résultats inévitables. Par *loi de*
» *la pensée* ou par *nécessité logique*, nous n'entendons pas une
» loi physique telle que la loi de la gravitation, mais un pré-
» cepte général que nous sommes certainement capables de
» violer, mais qui violé rend toute notre opération contradic-
» toire et nulle. Ces lois sont donc par conséquent les condi-
» tions premières de la possibilité d'une pensée valide et... la
» Logique pure tout entière n'est qu'un développement métho-
» dique de leurs divers modes d'application (2). »

(1) *Lectures*, III, p. 78.
(2) On pourrait supposer que le double sens du mot loi, bien qu'il ait trompé au siècle dernier même Montesquieu, a été l'objet d'assez d'écrits depuis ce temps, pour être compris par des esprits beaucoup moins larges que celui de Hamilton; cependant dans ce passage il le méconnaît, et même il paraît croire que la différence entre une loi au sens scientifique, et une loi au sens législatif ou éthique ne porte pas sur un double sens du mot, mais tient à la différence entre « le monde de l'esprit et celui de la matière ». Une « intelligence libre », d'après lui, ne connaît que des préceptes auxquels elle peut désobéir, et n'est pas gouvernée comme le monde physique par des lois inexorables. Et pourtant Hamilton est ce philosophe qui ne cesse de nous parler des nécessités de la pensée, auxquelles nous ne pouvons absolument pas résister, dont nous ne pou-

En sorte qu'après tout, la théorie vraie de la pensée, les lois (au sens scientifique du terme) de la pensée en tant que pensée, n'appartiennent pas à la Logique mais à la Psychologie : et c'est seulement la *validité* de la pensée qui fait l'objet de la Logique. Ce n'est pas avec la pensée en tant que pensée, mais seulement en tant que pensée valide que la logique a affaire. Rien ne nous empêche de penser contrairement aux lois de la Logique : seulement en les violant nous ne penserons ni bien, ni juste, ni conformément aux fins de la pensée, mais au contraire faussement, confusément et avec inconséquence. Cette doctrine est en désaccord complet avec les déclarations de notre auteur dans sa controverse avec Whately, quand il dit que la Logique au sens que lui donne Whately est indubitablement à la fois une science et un art. En effet, la définition d'à-présent la réduit à l'idée d'art la plus étroite, — celle d'un simple système de règles ; elle abandonne la science à la Psychologie et représente la Logique comme un simple recueil de préceptes à l'usage des penseurs, que ceux-ci sont obligés d'observer non pas pour penser, mais pour penser correctement ou valablement.

Cependant, il me semble que bien qu'inconséquent avec lui-même, notre auteur est bien plus près de la vérité dans cette dernière façon de considérer la Logique que dans la précédente. Je crois que la Logique est la théorie de la pensée valable et non de la pensée en tant que pensée. Ce n'est pas une science distincte de la Psychologie et du même ordre qu'elle. Bien loin d'être une science, c'est une partie ou une branche de la psychologie, en différant d'un côté comme une partie diffère

---

vons nous affranchir par aucun effort, et qui fonde sur ce fait plus de la moitié de sa philosophie. En le voyant mettre en oubli tous ses principes, nous sommes tentés de croire que nous avons ouvert par mégarde un volume d'un autre écrivain. En traitant le même sujet à un autre endroit, notre auteur se rappelle mieux sa propre philosophie. Dans la leçon où il divise la science mentale en « phénoménologie de l'esprit » et en « momologie de l'esprit », la première, classification et analyse des facultés mentales ; la dernière, investigation de leurs « lois » (*Lectures*, I, p. 121 *et seq.*), le mot lois représente toujours des « faits nécessaires et universels », « les lois qui gouvernent nos facultés » et non les préceptes auxquels elles font bien d'obéir, et il dit expressément que les lois de la pensée objet de la Logique font partie de ces faits nécessaires et universels. Il les classe à côté des « lois de la mémoire, des lois d'association, des lois qui gouvernent les facultés de jouissance » et de toutes celles qu'on décrit exactement comme des faits nécessaires et non comme des préceptes. Mais le vent emporte tout cela dès qu'il s'agit de traiter la logique comme une science séparée.

du tout, et de l'autre, comme un art diffère d'une science. Ses bases théoriques sont toutes empruntées à la psychologie, et comprennent tout ce qui est nécessaire pour justifier les règles de l'art. La Logique n'a besoin de connaître de la science de la pensée qu'une chose, la différence entre penser juste et penser faux. Il résulte de là que les lois nécessaires de la pensée, que dans sa première définition, notre auteur réservait spécialement à la Logique, sont précisément celles avec lesquelles cette science a le moins affaire et qui appartiennent le plus exclusivement à la Psychologie. La Logique ne s'inquiète pas de ce qui est bon ou mauvais, commun à toute pensée, et inséparable de la pensée, si ce n'est pour la lumière que cela peut jeter sur le reste. Les propriétés de la pensée qui relèvent de la Logique sont certaines de ses propriétés contingentes; celles en particulier de la présence desquelles dépend la pensée juste en tant que distincte de la fausse.

J'accepte donc la seconde manière de voir de notre auteur, qui fait de la Logique un recueil de préceptes et de règles pour penser, fondés sur l'étude scientifique des conditions d'une pensée valable. C'est cette doctrine qui le dirige quand il descend dans les détails, et c'est en ce sens que nous devons interpréter sa proposition, que la Logique n'a pour sujet que les formes de la pensée. Par la forme de la pensée, nous devons entendre l'acte de penser même; l'œuvre entière de l'intelligence. La matière de la pensée se compose des sensations, des perceptions ou autres présentations (intuitions pour M. Mansel), où l'intellect n'a pas de rôle, qui lui sont présentées sans qu'il y fasse rien. Ce que l'esprit y ajoute, ce qu'il y met, c'est les formes de la pensée. La Logique donc ne s'occupe que des formes qui, en leur qualité de règle de la pensée, ne peuvent avoir d'autorité que sur ce qui dépend de la pensée. La Logique et le penser se tiennent; la logique est l'art du penser, de tout le penser, et n'est l'art que du penser. Et puisque toute variété de penser appréciable s'appelle une forme de pensée, les formes de la pensée composent tout le domaine de la Logique. Il faut avouer cependant qu'il serait difficile de trouver pour exprimer ce simple fait des termes plus impropres.

Mais que sont les formes de la pensée? Kant, ainsi que nous l'avons vu, donne à cette expression un sens très-large. Il soutient que tout attribut que nous assignons aux objets extérieurs est une forme de la pensée créée, et non pas seulement discernée par l'entendement. Ni Hamilton, ni M. Mansel ne vont jusque-là ; et en tous cas ils ne considèrent pas la théorie des divers attributs des corps comme une partie de la Logique. C'était à eux cependant de nous dire clairement ce que sont ces formes de la pensée auxquelles la Logique a affaire, et auxquelles elle fournit des règles. Hamilton ne répond jamais sous une forme nette à cette question : mais la réponse qu'il ne nous présente pas directement et qu'il se laisse plutôt arracher, résulte de l'étude de sa classification des opérations intellectuelles. Il les réduit à trois : la conception, le jugement et le raisonnement. Il doit donc avoir reconnu trois formes de la pensée. Les formes de la pensée sont la conception, le jugement et le raisonnement : la logique est la science des lois (c'est-à-dire des règles) de ces trois opérations. Si toutefois nous voulons arrêter notre auteur à cette courte liste, nous nous tromperons constamment sur ce qu'il veut dire : car (ainsi que nous l'avons vu) l'usage du mot forme est de nature à faire admettre un emboîtement de formes à l'infini. Tout concept, jugement ou raisonnement, après avoir reçu sa forme de l'esprit, peut encore être considéré comme matière d'un nouvel acte mental ultérieur ; et le produit de cet acte ultérieur (d'après Kant) ou la relation du produit à la matière (d'après Hamilton et M. Mansel) est encore une forme de la pensée ; à mesure que nous avançons leur nombre s'accroît pour notre plus grand embarras, et nous les voyons se multiplier d'autant plus que nous avançons davantage. Cependant nous avons d'abord à considérer une proposition de Hamilton qui précise sa définition du domaine de la Logique.

« La Logique, dit-il (1), considère la pensée, non comme l'opération de penser, mais comme son produit ; elle ne s'occupe pas de la conception, du jugement et du raisonnement, mais des concepts, des jugements et des raisonnements. »

On me permettra de dire en commençant que je donne mon adhésion entière à cette distinction, et que je propose de réformer la définition de la logique en conséquence. Elle ne se

---

(1) *Lectures*, III, p. 73.

rapporte pas, comme nous le voyons à présent, aux lois de la pensée en tant que pensée, mais à celles des produits de la pensée. Au lieu de lois de la conception, du jugement et du raisonnement, nous devons dire lois des concepts, des jugements et des raisonnements. Si l'on prend le mot loi dans son acception scientifique, cela n'a pas de sens : car un produit comme tel ne peut avoir d'autres lois que celles des opérations d'où il sort. Mais si l'on entend par lois, comme Hamilton paraît le faire, des préceptes, la logique devient la science des préceptes pour la formation des concepts, des jugements et des raisonnements ; ou plutôt (comme science de préceptes est un terme impropre) la science des conditions sous lesquelles les concepts, les jugements et les raisonnements sont justes. Ainsi la logique est l'art de penser, ce qui signifie penser correctement, et la science des conditions d'une pensée correcte. Il me semble que la définition est assez précise. Mais en cherchant à pousser plus profondément l'analyse métaphysique de cette distinction, notre auteur soulève de nouvelles difficultés (1).

« La forme de la pensée peut être considérée à deux points
» de vue, ou dans deux relations. Elle est, comme nous l'avons
» dit, à la fois en relation avec son sujet et avec son objet, et
» elle peut par conséquent être considérée soit dans l'une, soit
» dans l'autre de ces relations. La forme de la pensée considérée
» en relation avec l'esprit qui pense, avec l'esprit par lequel
» elle est mise en jeu, est un acte, une opération, une fonc-
» tion ; et dans cette relation elle appartient à la Psychologie
» phénoménale. Tandis que, considérée en relation avec l'objet
» de la pensée, elle est le produit de cet acte, et dans cette
» relation elle appartient à la Logique. Ainsi la Psychologie
» phénoménale traite de la pensée proprement dite comme
» conception, jugement, raisonnement : la Logique, ou la
» Nomologie de l'entendement, traite la pensée proprement
» comme un concept, un jugement, un raisonnement. »

Au moment où le lecteur intrigué s'imaginait toucher à une explication claire, arrive une explication qui le rejette dans les ténèbres. Le lecteur avait traversé un labyrinthe de pensées en tant que pensées, de lois qui ne sont pas des lois, de formes de

---

(1) *Lectures*, III, 73, 74.

pensée où le mot forme représentait quelque chose qu'il n'avait jamais vu exprimer par ce mot, et à la fin il apercevait une apparence de solidité. On lui disait que la conception, le jugement et le raisonnement sont des actes de l'esprit, et que les concepts, les jugements et les raisonnements sont les produits de ces actes; que la Psychologie s'occupe des premiers et la Logique des derniers. Et maintenant on revient à dire que les produits sont les actes. Les deux séries de choses ne sont qu'une seule et même série. L'acte et le produit ne sont qu'une même chose « la pensée proprement dite ». Le produit est une autre façon de dénommer l'acte lui-même, considéré sous un de ses aspects « par rapport à l'objet de la pensée ». Il est curieux que notre auteur ait écrit ces lignes seulement quelques pages après celles où il a tancé Whately pour avoir réduit une distinction à une inutilité, en la faisant coïncider avec une différence, non entre les choses, mais entre les aspects sous lesquels on considère la chose.

Hamilton croit donc que l'acte de penser, quoique différant d'une manière verbale de la pensée elle-même, n'en diffère pas psychologiquement parlant. Il ne soutient pas, comme Berkeley, qu'une idée est un objet concret distinct de l'esprit, et contenue dans l'esprit comme un meuble dans une maison; ni comme Locke (si telle était l'opinion de Locke), que c'est une modification de l'esprit, mais une modification distincte de l'acte par lequel l'esprit en prend connaissance; mais comme Brown, qu'une sensation c'est moi-même sentant, et une pensée moi-même pensant. Les concepts, les jugements et les raisonnements, ne sont que des actes de conception, de jugement et de raisonnement; des actes de pensée considérés, non dans leur relation avec l'esprit pensant, mais avec leur objet, avec « ce qui est l'objet de la pensée ». (1) Mais quel *est* l'objet de la

---

(1) Hamilton soutient une théorie correspondante par rapport à l'identité de l'imagination avec l'acte imaginatif. « Une représentation considérée comme un
» objet est logiquement, non réellement, différente d'une représentation consi-
» dérée comme un acte. Ici l'objet et l'acte ne sont qu'un même mode indivisible
» de l'esprit considéré sous deux relations différentes. Considéré par rapport à
» un objet médiat représenté, c'est un objet représentatif; considéré par rap-
» port à l'esprit représentant et contemplant la représentation, c'est un acte repré-
» sentatif. Si l'on considère un objet représentatif comme postérieur dans l'ordre
» de la nature, mais non dans l'ordre du temps, à l'acte représentatif, on y voit
» un *produit*; et si l'on considère l'acte représentatif comme antérieur dans l'ordre

pensée? Ce n'est pas les concepts, car toutes nos pensées n'ont pas pour objet l'acte de la pensée. Ce doit être la présentation objective, l'*Anschauung* ou intuition que le concept représente, et d'où il a été abstrait. Donc, d'après la doctrine que Hamilton a nettement exposée, il n'y a que deux choses dans n'importe quelle de nos opérations intellectuelles : d'une part, l'esprit lui-même pensant (c'est-à-dire concevant, jugeant et raisonnant), et d'autre part, une présentation ou représentation mentale de la réalité phénoménale qu'il conçoit, ou sur laquelle il juge et raisonne. Je puis comprendre que l'acte pensant, ou, en d'autres termes, l'esprit dans un état pensant, puisse être considéré dans sa relation avec la réalité qu'il pense, et puisse recevoir un nom qui connote cette réalité ; mais comment cela peut-il nous donner le droit de l'appeler *produit* de la pensée? Comment peut-on, même d'une façon hypothétique, regarder l'acte de la pensée, ou l'esprit pensant, comme un produit de la pensée? Comment peut-on regarder les concepts, les jugements et les raisonnements comme des produits de la pensée, s'ils sont la pensée elle-même? Peuvent-ils être à la fois l'acte et le résultat de l'acte? Sont-ils des résultats et des produits d'eux-mêmes?

Je conçois un moyen de sortir de cette difficulté, un sens qui concilie les deux assertions, bien qu'il n'ait pas été indiqué par Hamilton et qu'il s'accorde mal avec certaines de ses opinions. Il y a une différence entre ce qu'on peut appeler les actes de l'esprit, et les autres phénomènes qu'on peut appeler ses états passifs. Je ne vois qu'un moyen de concevoir la distinction, et peut-être de la soutenir, c'est de considérer comme des actes les seuls phénomènes de l'esprit qui sont les résultats de la volition. Or, la première formation d'un concept, et en général (quoique pas toujours), toute opération nouvelle de jugement ou de raisonnement exige un effort mental, une concentration de conscience sur certains objets déterminés ; cette concentration dépend de la volonté et s'appelle l'attention. Quand elle a lieu, on dit proprement que l'esprit est actif. Mais

» de la nature, quoique non dans l'ordre du temps, à l'objet représentatif, ou » le regarde comme l'opération productive. » *Dissertation on Reid*, p. 809.) Hamilton n'a pas expliqué comment dans l'ordre de la nature ou tout autre ordre, une chose peut être antérieure ou postérieure, ou bien antérieure et postérieure à elle-même.

après une fréquente répétition de cet acte de volonté, les associations auxquelles il a donné naissance sont suffisamment consolidées pour agir spontanément ; l'effort d'attention devient de plus en plus faible et enfin se réduit à rien, et l'opération, qui dans le principe était volontaire, devient, suivant l'expression de Hartley, secondairement automatique. Quand cette transformation s'est achevée, ce qui reste du phénomène mental a perdu le caractère d'un acte, et prend rang parmi les états passifs. Ce n'est plus qu'une pure représentation mentale d'un objet différant par un seul point de ceux qui sont copiés d'après les sens, à savoir que certaines de ses parties ont acquis artificiellement plus d'intensité et de saillie ; ou bien c'est un *faisceau* de représentations rattachées par le lien d'une association artificielle. Quand le phénomène mental a pris ce caractère passif, on l'appelle concept, ou, plus familièrement et plus vaguement, idée, et on le sent, pour ainsi dire, non comme l'esprit modifié, mais comme quelque chose dans l'esprit ; et dans cette dernière phase de son existence, nous pouvons à proprement parler le considérer non pas comme un acte, mais comme le produit d'un acte antérieur, puisqu'il a lieu maintenant sans aucune activité consciente, et qu'il devient un sujet sur lequel une nouvelle activité peut s'exercer par un acte d'attention volontaire qui concentre la conscience sur lui, ou sur quelqu'une de ses parties. Cette explication, que je livre à l'examen des philosophes, n'eût pas convenu à Hamilton, parce qu'elle l'aurait forcé à réduire l'extension qu'il donne habituellement aux mots « acte mental ». On a dit non sans raison de Condillac et d'autres que leurs explications psychologiques faisaient notre nature mentale toute passive, et négligeaient son côté actif. On peut accuser Hamilton de l'erreur contraire, celle d'ignorer son côté passif. Tous les phénomènes de l'esprit, jusqu'à la simple réception d'une sensation, sont pour lui des actes ; différant en cela de Kant, il supprime le besoin et l'usage du mot, dont la seule fonction est de distinguer ce que l'esprit produit de ce qui est produit dans l'esprit par autre chose.

Revenons à la définition de la logique comme science des formes de la pensée, considérée dans ses rapports, non avec l'acte de penser lui-même, mais avec les produits de la pensée, en tant qu'on peut les en distinguer. Les produits de la pensée sont des concepts, des jugements, des raisonnements, et les formes de la pensée sont la conception, le jugement et le raisonnement. La Logique est la science de ces formes, en tant qu'elle formule les règles qui président à la bonne formation des produits : ou, comme notre auteur le dit quelque part, elle est la science des « conditions formelles » d'une pensée valable. Cette manière de s'exprimer possède à un rare degré la faculté d'obscurcir le sujet, mais je tâche de lui donner un sens clair en me servant de ce qu'elle a la prétention d'expliquer. Si toute pensée consiste à ajouter, à une matière donnée, une forme tirée de l'esprit même, que dirons-nous de la division sur laquelle on insiste tant, qui partage la pensée en deux espèces, la pensée formelle, et la pensée matérielle, dont la première seule appartient à la Logique, ou en tout cas à la Logique pure? M. Mansel a écrit une volume dans le dessein exprès de montrer que cette science n'a affaire qu'à la pensée formelle ; et la division de Hamilton en logique pure et logique modifiée s'accorde avec la distinction de M. Mansel. Cependant, d'après la définition que nous venons d'examiner, tout acte de pensée est pensée formelle, puisque tout acte de pensée est ou bien concevoir, ou juger, ou raisonner, et que ce sont là les formes de la pensée. Si la logique étudie les conditions de la bonne formation des concepts, des jugements et des raisonnements, elle recherche les conditions de la pensée juste, car il n'y a pas d'autre espèce de pensées que ces trois ; et si elle occupe tout ce domaine, que reste-t-il pour la prétendue logique matérielle dont on dit aussi que la Logique s'occupe?

La réponse à cette question donne un nouvel exemple de la confusion incurable où tombent les opération de la pensée, quand on a le malheur de leur appliquer le terme métaphorique de forme. Quoique on dise que les concepts, les jugements et les raisonnements sont les formes de la pensée, et les seules formes que la pensée revêt, ou plutôt qu'elle donne, les métaphysiciens qui parlent de formes ont l'habitude de recourir à des explications qui signifient que les concepts, les jugements et les raisonnements, quoique formes, ont aussi en eux une partie formelle et une partie matérielle. Les divers concepts, jugements et raisonnements ont diverse matière suivant l'objet de la conception, du jugement et du raisonnement, et comme toute partie d'une chose qui n'est pas sa matière s'appelle toujours sa forme, on appelle forme des concepts tout ce qui est commun à tous les concepts, ou tout ce qui leur appartient, abstraction faite des différences qu'ils présentent dans leur matière ; de même pour les jugements et les raisonnements. Ainsi la différence entre un jugement négatif et un affirmatif est une différence de forme, parce qu'un jugement peut être affirmatif ou négatif quelle que soit la matière à laquelle il se rapporte. La différence entre un syllogisme catégorique et un hypothétique est une différence de forme, parce qu'elle ne dépend pas de différences dans la matière, et qu'elle n'en est pas affectée. La Logique d'après M. Mansel, la Logique pure d'après Hamilton, — s'occupe seulement des formes des concepts, des jugements et des raisonnements, et non de leur matière. Non-seulement elle s'occupe exclusivement des formes de la pensée, mais encore exclusivement des formes de ces formes. Je déclare que je renonce à chercher davantage à déduire l'idée que Hamilton et M. Mansel se font de la Logique des définitions qu'ils en donnent ; je m'en rapporte au témoignage général de leurs traités, et je vais montrer pourquoi je pense qu'ils ont tort.

La logique, nous a dit Hamilton, établit les lois ou préceptes indispensables à une pensée valide ; les conditions auxquelles la pensée est tenue de se conformer sous peine de n'être pas valide, d'être vaine et de ne pas atteindre son but. Et quel est, spécialement et avant tout, le but de la pensée ? Assurément la conquête de la vérité. Assurément l'élément, je ne dirai pas unique, mais essentiel d'une pensée valide, c'est que ses résultats soient vrais. Les concepts, les jugements, les raisonnements doivent s'accorder avec la réalité des choses, c'est-à-dire avec les phénomènes ou présentations sensibles auxquels ils se rapportent. Un concept, s'il est bien formé, doit être un concept de quelque chose de réel, et doit s'accorder avec le fait réel qu'il veut représenter, c'est-à-dire que la collection d'attributs qui compose le concept doit réellement exister dans les objets marqués par le nom générique et non par aucun autre. Un jugement, s'il est bien formé, doit être un jugement vrai, c'est-à-dire que les objets jugés doivent posséder réellement les attributs affirmés par le jugement. Un raisonnement, s'il est bien formé, doit conduire à une conclusion vraie, puisque le seul but du raisonnement est de nous faire connaître les vérités que nous ne pouvons connaître par intuition directe. Même ceux qui se font l'idée la plus restreinte de la Logique, reconnaissent que la conclusion doit être vraie conditionnellement, c'est-à-dire pourvu que les prémisses soient vraies. La qualité la plus importante et au fond la seule importante d'une pensée, c'en est la vérité ; donc il faut que les lois ou préceptes proposés pour la diriger aient pour but principal d'assurer la vérité des produits de la pensée. D'après M. Mansel, cependant, la logique n'aurait pas à s'en occuper, et Hamilton en fait l'objet d'une espèce d'appendice qu'il appelle Logique modifiée. Les questions de vérité et de fausseté, d'après ces deux auteurs, ne regardent que la pensée matérielle, tandis que la pensée formelle est le vrai domaine de la Logique. Les seuls préceptes à suivre pour penser dont la logique s'occupe, ont un autre but que la conformité de nos pensées avec le fait. Cependant tout précepte possible, s'il est bon, doit se proposer cette conformité au moins pour objet ultime. Qu'exclut-on de la logique et que lui laisse-t-on, quand on dit qu'elle ne s'occupe que de la pensée formelle ? Ce qu'on exclut, c'est la totalité des preuves de la validité de la pensée. Ce qu'on y laisse, c'est une partie des preuves de son invalidité.

Dans aucun cas, la pensée ne peut être valable que si les conclusions qui en résultent peuvent se conformer aux faits. Et dans aucun cas l'examen d'une partie de l'enchaînement de nos idées avec une autre, ne nous suffit pour nous persuader de cette conformité. Nous devons remonter aux sources originelles, aux présentations de l'expérience, et examiner l'enchaînement de nos idées en relation avec ces présentations. Mais nous pouvons quelquefois découvrir, sans remonter aux sources, que l'opération de la pensée n'est *pas* valide, qu'elle a été conduite de telle sorte qu'elle ne peut nous donner des concepts, des jugements ou des conclusions d'accord avec les faits. Cela arrive, par exemple, quand nous prenons la licence de passer des prémisses aux conclusions au moyen d'un terme ambigu. L'opération ne peut, dans ce cas, nous donner aucune raison de croire à la vérité de la conclusion ; la conclusion peut être vraie, mais nous n'avons pas plus de raison de le croire qu'auparavant. Ou

encore, le concept, le jugement ou le raisonnement peuvent impliquer contradiction, et en conséquence ils ne peuvent pas correspondre à une réalité. C'est de cette partie du sujet seulement, d'après ces philosophes, que la Logique s'occupe. Pour M. Mansel, la Logique (1) « reconnaît pour logiquement
» valides tous les concepts, jugements et raisonnements qui,
» directement ou indirectement, n'impliquent pas contradic-
» tion ; elle les proclame pensées légitimes tant qu'elles ne se
» détruisent pas elles-mêmes.... laissant à telle ou telle partie
» de la science matérielle à déterminer si les mêmes produits
» de pensée sont garantis par le témoignage de telle ou telle
» expérience spéciale. » M. Mansel ne s'est pas fait de cette partie du sujet une idée digne de la précision qui lui est habituelle. Il restreint le champ de la Logique plus qu'il ne veut. La Logique ainsi restreinte reconnaît comme valides tous les concepts et tous les jugements qui n'impliquent pas contradiction, mais non tous les raisonnements. Elle les rejette non-seulement quand ils sont contradictoires, mais quand ils ne sont pas concluants. Elle condamne un raisonnement non-seulement s'il tire une conclusion inconséquente, mais s'il en tire une que les prémisses ne garantissent pas ; non-seulement quand la conclusion doit, mais quand elle peut, être fausse, les prémisses étant vraies. En effet, la notion de vrai et de faux pénètre même dans la logique formelle, quelques efforts que Hamilton et M. Mansel fassent pour lui substituer les notions de conséquent et d'inconséquent, de concevable et d'inconcevable. On ne peut éliminer du raisonnement les idées de fausseté et de vérité. Nous pouvons faire abstraction de la vérité actuelle, mais la validité du raisonnement est toujours une question vérité conditionnelle, — une proposition est-elle vraie si d'autres sont vraies, ou bien une proposition peut-elle être vraie si d'autres sont vraies ? Quand les jugements et les raisonnements sont en question, « les conditions du concevable » sont simplement les conditions du croyable.

Ce que MM. Mansel et Hamilton veulent, c'est de séparer du reste de la théorie de la recherche de la vérité tout ce qui n'exige pas qu'on recherche si la base expérimentale est suffisante, ou si son interprétation est correcte; ils appellent

---

(1) *Prolegomena logica*, p. 265.

exclusivement cette partie Logique, ou Logique pure. Ils supposent que les concepts ont été formés et les jugements portés d'une façon ou d'une autre, et s'il n'y a rien dans les quatre coins du concept ou du jugement qui en prouve l'absurdité, c'est-à-dire s'il n'y a pas de contradiction, ils n'en demandent pas davantage. Si le concept ou le jugement sont fondés sur un fait ou sur une simple supposition, et dans le cas où c'est sur un fait, si ce fait est vrai ou non, ils ne le demandent pas, mais ils ne pensent qu'aux conditions nécessaires pour protéger l'opération de la pensée contre les erreurs qui ne se trouvant pas dans les notions ou les prémisses dont elle provient, pourraient se glisser dans l'opération. C'est la théorie de ces conditions (dont la doctrine du syllogisme est la principale partie) que M. Mansel appelle Logique et Hamilton Logique pure. L'expression de Logique formelle qu'on lui applique quelquefois est peut-être aussi précise que toute autre et n'est pas plus susceptible d'induire en erreur; à défaut de meilleure, je m'en contente. Il est tout naturel qu'on distingue cette partie de la Logique, qu'on lui donne un nom, et qu'on s'en occupe à part. Mais je proteste contre la doctrine de M. Mansel, de Hamilton et de plusieurs autres qui veulent faire de cette partie le tout, qui prétendent qu'il n'y a pas d'autre logique, ou logique pure, que tout ce qui est en dehors n'appartient pas à une science générale et à un art de penser, mais (comme le dit M. Mansel) à telle ou telle science matérielle.

Cette doctrine admet qu'à l'exception des règles de la logique formelle, c'est-à-dire syllogistique, on ne peut formuler d'autres règles applicables à la pensée en général, abstraction faite de toute matière particulière : qu'on peut faire une théorie des rapports que les parties d'une opération présentent entre elles, mais non des rapports proprement dits de la pensée avec sa matière ; que le problème que Bacon se proposa et dont il fraya la voie, est insoluble ; qu'il n'y a pas et qu'il ne peut pas y avoir de théorie de la preuve ; que lorsque nous avons pris soin que nos notions et nos propositions touchant les choses soient conséquentes chacune avec elles-mêmes et avec les autres, et que nous n'en avons pas tiré d'autres conséquences que celles dont la fausseté serait incompatible avec les assertions déjà faites, nous avons accompli tout ce qu'une philo-

sophie de la pensée peut accomplir, l'accord ou le désaccord de nos croyances avec les lois de la chose même restant pour chaque cas une question spéciale qui regarde la science de cette chose en particulier; que l'étude de la nature, la recherche de la vérité objective n'admet pas de règles, et sa conquête pas de preuve générale. En effet, si ces règles, si cette preuve existent, si leur étude n'appartient pas à la logique, à quelle science, à quelle étude appartient-elle? Il n'y a pas d'autre science qui, sans tenir compte de la matière particulière, ait pour but de diriger l'entendement dans l'application de ses facultés à un sujet dont la connaissance est possible. Ces philosophes doivent donc penser qu'il n'y a pas de règles ou que, s'il y en a, elles ne peuvent être que de l'espèce la plus vague. Hamilton dit la même chose: « Si nous (1) faisons abstraction de ce qui appartient d'une manière spéciale aux objets
» particuliers, et aux sciences particulières, et si nous considé-
» rons seulement les règles qui doivent gouverner notre ma-
» nière d'opérer nos recherches sur les matières dont s'oc-
» cupent les sciences en général, — et c'est tout ce qu'une
» logique universelle peut se proposer, — nous voyons que
» ces règles sont peu nombreuses, et d'une application simple
» et évidente. Une Logique matérielle ou objective, à moins
» d'être subordonnée spécialement aux circonstances des sciences
» particulières, a donc des limites très-étroites, et tout ce
» qu'elle peut nous dire est bientôt dit. » Il est très-vrai que tout ce que Hamilton peut en dire est bientôt dit. Rien de plus maigre, de plus banal, de plus vague que ce qu'il trouve à dire sur ce qu'il appelle la Logique modifiée. Et il n'y a pas à s'en étonner quand nous lisons ce passage extraordinaire que j'emprunte aux conclusions de sa trentième leçon sur la Logique. Il parle de la science physique en général, et s'exprime ainsi :

« Dans cette section (2) de la science, ce qui est surtout
» nécessaire, c'est l'habitude de considérer les détails avec une
» attention patiente pour découvrir des phénomènes; mais
» quand une fois ils sont découverts, la généralisation en est si
» aisée que les plus hautes facultés de jugement et de raison-

---

(1) *Lectures*, IV, 282. (*Appendice*, i.)
(2) *Ibid.*, IV, 138.

» nement entrent à peine en action. Bacon se flattait que
» l'induction, appliquée à la nature, égaliserait les talents,
» nivellerait l'aristocratie du génie, accomplirait des merveilles
» par la coopération et la méthode, et laisserait peu à faire
» à la force des intelligences individuelles. Cette présomption
» s'est vérifiée ; la science, grâce à l'induction, a été mise au
» niveau d'esprits, qui auparavant auraient été incompétents
» pour la cultiver, et la physique occupe utilement bien des
» personnes qui sans cela auraient manqué d'un but raison-
» nable. »

Hamilton a bien raison de limiter sa logique à une fraction secondaire de la science et de l'art de penser, puisqu'il manque, comme ce passage le prouve, des connaissances préliminaires sans lesquelles on ne montre pas de talent dans les branches supérieures. Tous ceux qui ont acquis quelque connaissance des sciences physiques par une étude réellement scientifique, savent que les questions de preuve et les généralisations d'ordre supérieur qui exigent l'emploi des facultés d'abstraction, sont de nature à mettre à contribution les plus hautes facultés de l'esprit humain : et un penseur, quel que soit son mérite, qui n'est pas assez familiarisé avec les procédés employés aujourd'hui dans la recherche de la vérité objective pour savoir qu'il en est ainsi, n'a aucune autorité pour nier la possibilité d'une philosophie de la preuve et de l'investigation de la nature ; son instruction particulière ne lui donne pas les moyens de juger si elle est possible ou non (1).

(1) D'après cela, tout ce que Hamilton trouve à dire sur les conditions d'une induction légitime, c'est qu'il ne faut pas qu'il y ait d'exemples pour le contraire, et qu'il faut que le nombre des exemples observés soit suffisant. (*Lectures*, IV, 168, 169.) Si c'est là « tout ce qu'une Logique objective et matérielle peut nous dire », Hamilton la traite comme elle le mérite. Le point de vue d'une induction complète, c'est-à-dire, un point de vue où la nature des faits est telle que le résultat auquel on arrive et celui-là seul soit compatible avec la loi universelle de causalité, ne s'est jamais montré au-dessus de l'horizon de Hamilton. La même étroitesse de vues qui ne provient pas d'une faiblesse d'esprit, mais qui résulte du manque de connaissances nécessaires, se montre partout dans le peu qu'il dit de l'étude de la nature. Par exemple, il adhère implicitement à l'erreur de Kant, en affirmant qu'il y a une différence intrinsèque entre les conclusions de l'induction et celle de l'analogie. L'induction, dit-il (*Lectures*, IV, 165-166), infère que « si un certain nombre d'objets du même genre possèdent en commun un certain attribut... » Cet attribut est possédé par tous les objets de ce genre ; tandis que l'analogie infère que « si..... deux ou plusieurs choses s'accordent par divers caractères internes et essentiels..., elles s'accordent pareillement dans tous les autres caractères, c'est-à-dire, font partie du même genre ». Un peu plus de connais-

S'il peut y avoir une théorie de la suffisance de la preuve et
de la légitimité de la généralisation, ce doit être la Logique
κατ' ἐξοχήν, et toute autre chose qui porterait ce nom ne pourrait
être qu'une de ses dépendances. En effet, la Logique dite formelle ne tend qu'à écarter l'un des obstacles qui empêchent
d'atteindre la vérité, elle sert à prévenir des erreurs qui rendraient nos idées inconséquentes avec elles-mêmes ou les unes
avec les autres : et il n'y a aucune importance à savoir si
nous pensons avec conséquence ou non, dans le cas où nous
pensons mal. Ce n'est que parce qu'elle peut servir à atteindre
la vérité matérielle, que la validité formelle d'une opération de
pensée a quelque valeur : et même cette valeur est souvent négative : nous n'avons pas fait le plus petit progrès vers la vérité,
quand nous avons pris soin seulement de rester conséquent
dans ce qui est peut être une erreur systématique. Je n'entends
pas dire que la Logique formelle, même dans son sens le plus
étroit, n'ait pas une valeur très-grande quoique purement négative. Au contraire, je souscris volontiers à tout ce que Hamilton et M. Mansel ont dit de son importance. Il est bon de bien
marquer la route et de placer des parapets aux points dangereux,
que la route conduise où nous voulons aller ou ailleurs. Mais
appeler cela seul du nom de Logique, ou de Logique pure,
comme si tout le reste de la philosophie de la pensée et de la
preuve, n'en était qu'une application pure et simple, c'est ignorer le but pour lequel toutes les règles de nos opérations mentales doivent servir. Ce but, c'est de nous mettre en état de
décider si quelque chose est vrai, et quel est ce quelque chose.
La Logique formelle conduit indirectement à cette fin en nous
permettant de voir si l'opération que nous venons d'achever est
de celles qui ne peuvent rien prouver, ou de celles qui prouvent

sance du sujet lui aurait montré que les deux espèces d'arguments sont homogènes
et ne diffèrent que par le degré d'évidence. Le type des deux espèces, c'est l'inférence que les choses qui s'accordent entre elles, sous certains rapports, s'accordent
aussi sous d'autres rapports. Un argument allant des points connus de ressemblance
aux points inconnus est une inférence d'analogie ; et une induction n'est rien de
plus. L'induction conclut que si un certain nombre d'As ont l'attribut B, toutes
les choses qui s'accordent avec elles en étant des As leur ressemblent aussi par
la possession l'attribut B. La seule particularité qu'ait l'induction comparée aux
autres cas d'analogie, c'est que les points connus de ressemblance d'où l'on
infère une autre ressemblance, ont été résumés dans un seul mot, et qu'on en a
fait le fondement d'un genre. Pour plus d'explication voy. *System of Logic*, Book,
III, chap. xx, et la traduction française de M. Peisse.

quelque chose, à moins que, par aventure, les prémisses ne soient fausses. Cette assistance indirecte est très-importante; mais ce n'est que parce que le but, la constatation de la vérité est très-important, et seulement à titre de complément d'une partie bien plus essentielle de l'opération, où la Logique Formelle ne sert de rien.

Je ne nie pas qu'il ne soit utile pour la science de considérer cette partie restreinte de la Logique, à part du reste, — la doctrine du syllogisme, par exemple, à part de la théorie de l'induction, et de l'enseigner au début de l'éducation de l'esprit. On peut l'enseigner en premier lieu parce qu'elle ne ne présuppose pas, comme la Logique inductive, la connaissance exacte des opérations de l'investigation scientifique; et le plus grand service qu'on peut en attendre, celui de préserver la netteté de l'esprit, elle peut le rendre bien mieux à cette époque où l'esprit n'a pas encore pris l'habitude de penser confusément. Non-seulement, il est indispensable que la Logique plus large, qui embrasse toutes les conditions générales de la constatation de la vérité, soit étudiée après la Logique plus restreinte, qui ne s'occupe que des conditions qu'il faut observer pour être conséquent; mais en définitive, on doit étudier cette Logique restreinte comme une partie de la grande Logique, comme une partie des moyens qui concourent au même but; — et sa relation avec les autres parties — avec les autres moyens — doit être montrée distinctement. Si la pensée est autre chose qu'un badinage où l'esprit s'exerce, son but est de nous mettre en état de connaître ce qui peut être connu des faits de l'univers : ses jugements et ses conclusions expriment, ou ont pour but d'exprimer quelques-uns de ces faits : et la connexion que la Logique formelle, par son analyse des raisonnements, nous fait voir entre une proposition et une autre n'existe que parce qu'il y a une connexion entre une vérité objective et une autre; ce qui nous permet de connaître des vérités objectives qui n'ont jamais été observées, par le moyen d'autres qui l'ont été. Cette possibilité est un mystère impénétrable et une pierre d'achoppement pour la Logique formelle. La simple idée qu'on peut tirer d'un concept, que l'analyse peut toujours y trouver, une vérité nouvelle que la synthèse n'y a pas mis d'abord, est absurde à ses yeux;

voilà toute l'explication que la Logique formelle, telle que la comprend Hamilton, est capable de donner de ce fait; et M. Mansel limite expressément le domaine de la Logique aux jugements analytiques, à ceux qui sont purement et simplement identiques. Mais ce que la logique qui s'occupe seulement des raisonnements conséquents ne peut faire, la logique de la constatation de la vérité, la théorie de la preuve dans sa plus large acception, le peut. Elle peut expliquer la fonction du procédé du raisonnement en tant qu'instrument de l'entendement pour découvrir la vérité, et le placer dans ses vrais rapports avec les autres instruments. Elle est donc seule compétente pour donner une théorie philosophique du raisonnement. Sans doute il est utile et même nécessaire pour penser avec précision d'étudier tout à fait à part la Logique formelle et l'opération du raisonnement, mais cela ne fait que démontrer davantage la nécessité d'une logique plus compréhensive qui les contienne, et donne un sens et une raison à leur existence.

CHAPITRE XXI

DES LOIS FONDAMENTALES DE LA PENSÉE,
D'APRÈS HAMILTON.

Après avoir assigné à la Logique pour seul objet « les lois de la Pensée », Hamilton nous dit quelles sont ces lois. Les lois fondamentales de la pensée, dont toutes les autres lois qui peuvent s'imposer à la pensée ne sont que des applications particulières, sont pour notre auteur au nombre de trois : la loi d'identité, la loi de contradiction et la loi d'alternative. Dans son Cours, il en reconnaît une quatrième, « la loi de raison et de conséquence », qui paraît formée de la loi de causalité et de ce que Leibnitz appelait « le principe de la raison suffisante ». Mais comme dans ses dernières spéculations, il ne la considérait plus comme un fait dernier, il n'est pas nécessaire d'en parler.

Il donne à ces trois lois un autre nom, « les conditions du concevable (1) », d'après lequel on pouvait croire qu'il y voyait des lois de la pensée au sens scientifique du mot loi ; des conditions auxquelles la pensée *ne peut pas ne pas* se conformer, et en dehors desquelles elle est impossible. On pouvait dire à priori qu'il ne pouvait pas y voir autre chose, puisque sans cela l'expression « condition du concevable » eût été détournée de

---

(1) *Lectures*, III, 79. Dans l'*appendice* (IV, 244-245), il les appelle les lois du concevable ; et il les distingue des lois de la conception, du jugement et du raisonnement en donnant à ces dernières le nom de « lois de la pensée au sens strict ».

son sens. Néanmoins, ce n'est pas ce qu'il veut dire au moins en cet endroit. Il saisit même cette occasion pour protester contre l'application de l'acception scientifique du mot loi aux lois de la pensée, et pour déclarer qu'elles sont (comme les lois portées par le Parlement) des préceptes généraux ; non pas des nécessités de l'acte pensant, mais des instructions pour penser juste. Et pourtant il n'eût pas élevé des prétentions excessives en faveur de ces lois, s'il les eût considérées comme des lois au sens le plus absolu, comme des nécessités de la pensée. Notre auteur ne pouvait pas dire que nous pouvons douter qu'une chose soit ce qu'elle est, ou bien que nous pouvons croire qu'une chose est, et en même temps qu'elle n'est pas. Non-seulement, avec tout le monde, il suppose toujours que c'est impossible, mais il prend cette impossibilité pour fondement de quelques-unes de ses principales doctrines philosophiques ; par exemple, quand il dit qu'il nous est impossible de douter des faits actuels de conscience, « parce que ce doute implique contradiction (1) ». Il est vrai qu'une personne peut en un sens, croire des propositions contradictoires, c'est-à-dire qu'elle peut croire l'affirmative à un moment et la négative à un autre, en oubliant les deux croyances tour à tour. Il est vrai aussi que l'on peut donner une adhésion passive à deux formes verbales qui, si l'on avait une pleine connaissance de leur sens, seraient en totalité ou en partie l'affirmation ou la négation du même fait. Mais quand une fois on a vu qu'il y a une contradiction, il est tout à fait impossible d'y croire.

Or, faire voir une contradiction où elle est, c'est le but de la Logique dans le sens limité que Hamilton lui donne ; et il a parfaitement raison de dire que toute la Logique en ce sens étroit repose sur les trois lois qu'il a indiquées. Les appeler les lois fondamentales de la pensée c'est leur donner un mauvais nom ; mais ce sont les lois de la conséquence. Toute inconséquence est une violation de quelqu'une de ces lois ; violation inconsciente sans doute, car il est impossible de les violer sciemment.

Il reste quelque chose à dire sur les trois lois considérées isolément, et sur la façon dont notre auteur les envisage.

---

(1) Note à Reid, p. 113, et ailleurs.

La loi ou principe d'identité (*principium identitatis*) n'est autre chose que le vieil axiome : « Tout ce qui est, est », ou en d'autres termes : « une chose est la même chose qu'elle-même » : proposition que Locke, dans son chapitre sur les axiomes, traitait avec si peu de respect. Hamilton a trouvé probablement qu'il était difficile d'établir le principe de toute affirmation logique sur une pareille base, et il nous présente l'axiome sous une forme modifiée (1), comme l'affirmation de l'identité entre un tout et ses parties, ou plutôt, entre un concept tout entier et ses parties en compréhension — les attributs qui le composent ; car la Logique comme il la conçoit n'a pas affaire à d'autres touts qu'aux concepts, et fait complétement abstraction (à ce qu'il affirme) de la réalité des choses conçues (2).

Quoique Hamilton reste encore fidèle à l'ancienne version du principe d'identité au point de dire qu'elle est « exprimée par la formule A est A, ou $A = A$ », je dois reconnaître que tout en payant ce tribut de respect à notre vieille connaissance, il a pris avec elle des libertés réelles et très-utiles, et lui a fait dire beaucoup plus qu'on n'avait fait auparavant. La seule faute qu'on peut relever (et c'en est une sérieuse), c'est que si nous acceptons cette idée de l'axiome, nous aurons besoin de « plusieurs principes d'affirmation logique » au lieu d'un seul. Car si nous avons à poser un principe séparé pour chaque mode suivant lequel nous aurons occasion de réaffirmer la même chose avec des mots différents, il nous en faudra un grand nombre. Si quand nous avons affirmé un système d'attributs conjointement, il nous faut un principe spécial pour nous autoriser à réaffirmer les mêmes attributs séparément

---

(1) *Lectures*, III, 79-80.

(2) Nous voyons qu'ici notre auteur admet implicitement qu'un concept n'a de parties qu'en compréhension ; ce qu'il appelle ailleurs ses parties en extension ne sont en aucun sens des parties du concept, mais des parties de quelque autre chose, à savoir des agrégats ou objets concrets auxquels le concept correspond. Si Hamilton avait accepté cette doctrine rationnelle il eût dû abandonner ses jugements en extension : au contraire, non-seulement il les conserve, mais il les considère comme fondés aussi sur le principe d'identité : bien qu'il ait eu l'inconséquence de réduire ce principe à ne servir de base qu'aux jugements en compréhension. Cette contradiction méritait d'être indiquée, mais il n'est pas besoin d'y insister, puisqu'on peut la rectifier en étendant la première loi à l'identité de *n'importe quel* tout avec ses parties, au lieu de le borner à l'identité d'un concept avec ses parties en compréhension seulement.

il nous faudra une longue liste de principes, tels que les suivants : quand une chose est devant une autre, l'autre est derrière : quand une chose est derrière une autre, l'autre est devant : quand une chose est à côté d'une autre, l'autre est à côté de la première : quand une chose ressemble ou ne ressemble pas à une autre, l'autre ressemble ou ne ressemble pas à la première. Autant de principes fondamentaux qu'il y a d'espèce de relation. En effet, nous avons besoin de tous ces changements dans l'expression de la loi pour nos opérations de pensée et nos raisonnements. Ce qu'il y a au fond de toutes ces formes, c'est que la Logique (pour emprunter une expression de notre auteur) demande le droit d'affirmer le même sens par tous les mots qui, d'une manière compatible avec leur sens propre, peuvent l'exprimer. Le sens d'une loi fondamentale de la pensée, c'est qu'elle affirme en termes généraux le droit de faire quelque chose que l'esprit peut avoir besoin de faire. C'est dans ce sens que le *dictum de omni et nullo* est une loi fondamentale du syllogisme. Mais pour cela il faut nécessairement déposer la loi ou postulat d'une manière assez compréhensive et universelle pour s'étendre à tous les cas où l'on aura besoin de recourir à l'acte autorisé. Ainsi compris, le principe d'identité devait s'exprimer de la manière suivante. Tout ce qui est vrai dans une certaine forme verbale, est vrai dans toute forme verbale qui a le même sens. Ainsi formulée, cette loi remplit toutes les conditions d'un premier principe de la pensée ; car c'est l'expression la plus large possible d'un acte de pensée qui est toujours légitime, et qu'on ne cesse pas d'avoir à faire (1).

Ainsi compris, le principe d'identité absorbe le postulat de la Logique sur lequel Hamilton insiste beaucoup, qu'il a fait ressortir, mais qu'il n'applique pas toujours bien. Il l'exprime de la manière suivante (2) : « Le seul postulat de la Logique,
» c'est qu'avant de porter un jugement ou de faire un raison-
» nement exprimés par des mots, le sens de ces mots soit bien
» compris ; en d'autres termes, la Logique demande à poser

---

(1) Ce principe suffit à tout ce que Kant appelait les conclusions de l'entendement, et que le docteur M'Cosh (290) nomme des jugements impliqués ou transposés. Ce ne sont pas des conclusions, ni des actes nouveaux de jugement, mais les jugements originels exprimés en d'autres termes.

(2) *Lectures*, III, 114.

» verbalement en langage explicite, tout ce qui est contenu
» implicitement dans la pensée. » On ne peut rien demander
de plus juste ; mais remarquons avec soin les termes dont
notre auteur se sert, afin de pouvoir l'y tenir par la suite. On
peut formuler verbalement d'une manière explicite, tout ce qui
est « contenu d'une manière implicite dans la pensée », c'est-à-
dire (suivant sa propre interprétation) dans « le sens des mots »
qu'on emploie. En d'autres termes, nous avons le droit d'exprimer explicitement ce qui déjà a été affirmé en des termes
qui, en réalité, ne signifient pas autre chose, mais qui ne le
déclarent pas explicitement. Je dis ce qui a déjà été affirmé, et
non ce qu'on peut *inférer* de quelque chose qui a été affirmé.
Une proposition peut en impliquer une autre, mais à moins
que l'implication ne soit dans le sens même des mots, cela ne
sert à rien. Peut-être est-il impossible que cette proposition
soit vraie sans que l'autre le soit aussi, et pourtant la Logique
ne peut « demander qu'on l'autorise » à affirmer cette dernière ;
elle en doit la preuve. Ainsi interprété, le postulat de Hamilton est
légitime, mais ce n'est qu'un cas particulier du principe d'identité sous sa forme la plus généralisée. On ne demande que le droit
d'exprimer par une nouvelle forme verbale un sens déjà donné.

Ainsi que nous l'avons déjà dit, le principe d'identité est pour
Hamilton « le principe de toute affirmation logique ». Je ne puis
pas admettre cette opinion, soit qu'on entende ce principe dans
le sens étroit de Hamilton, soit dans le sens plus large que
je lui donne. La réaffirmation sous une nouvelle forme de ce
qui a déjà été affirmé, — ou (pour descendre dans les détails,
et me servir de la phraséologie de notre auteur) la pensée
d'un concept par un attribut qui en fait partie, ne peut, je l'ai
déjà fait voir, rendre un compte exact de la nature d'une
affirmation que dans le cas des jugements analytiques.
Dans un jugement synthétique, l'attribut affirmé n'est pas
conçu comme une partie du groupe d'attributs composant le
concept, mais comme existant dans un sujet commun à côté de
ce groupe : il est clair que le principe d'identité ne peut pas
rendre compte de cette opération de la pensée, puisqu'elle
introduit un nouvel élément qui n'est identique avec rien de
ce qui existait déjà dans la pensée. M. Mansel l'a bien vu, aussi
limite-t-il le domaine de la loi d'identité aux jugements analy-

tiques (1), et avec une rigueur irréprochable regarde-t-il les jugements analytiques comme les seuls auxquels la Logique ait affaire. Si donc il faut voir dans le principe d'identité le principe de toute affirmation logique, il faut comprendre par ces mots, non pas toutes les affirmations, mais seulement celles qui n'apprennent point de fait, et se bornent à affirmer que ce qui a reçu un nom est ce que le nom déclare.

Si notre auteur avait dit que la loi d'identité est le principe non de l'affirmation logique, mais du raisonnement affirmatif, il eût dit quelque chose de plus plausible, et que plusieurs de ses devanciers ont soutenu. La vérité pourtant est qu'autant que cette loi est un principe de raisonnement, elle est aussi bien un principe de raisonnement négatif que de raisonnement affirmatif. Quand on prouve une proposition négative, autant que lorsqu'on prouve une affirmative, on a besoin de la liberté d'échanger une proposition contre une autre équivalente, et d'affirmer séparément d'un sujet tous les attributs que nous en avons affirmés conjointement. C'est avec raison que l'esprit revendique cette liberté dans toutes ses opérations. Le principe d'identité n'est pas le fondement particulier d'une façon spéciale de penser, mais un postulat indispensable de toute pensée.

La seconde des « lois fondamentales » est la loi ou le principe de contradiction (*principium contradictionis*) ; c'est-à-dire que deux assertions, dont l'une nie ce que l'autre affirme ne peuvent être pensées ensemble. D'autres auraient dit qu'on ne peut y croire en même temps ; mais notre auteur refuse résolûment de reconnaître la croyance comme un élément de l'analyse scientifique d'une proposition. « Cette loi, « dit-il, » est le » principe de toute négation et de toute distinction logique (2), » et s'exprime d'une manière logique par la formule : ce qui » est contradictoire est inconcevable (3). » Il ajoute comme formule mathématique équivalente, « $A = \text{non} A = 0$, ou $A - A = 0$: » application impropre et perversion du sens des symboles algébriques qui prouve une fois de plus combien il était peu familier avec les idées des mathématiques.

(1) *Prolegomena logica*, p. 196-197.
(2) *Lectures*, III, 82.
(3) *Id.*, III, 84.

Hamilton fait observer (1) que cette loi qui « fait de l'absence de contradiction la condition indispensable de la pensée devrait être appelée, non pas loi de contradiction, mais loi de non-contradiction, ou des *non-repugnantia*. » Un penseur a beau connaître à fond et dans les détails l'opinion de ses devanciers, cela ne l'empêche pas de donner une fausse interprétation de leurs idées dès qu'il leur prête la confusion qui règne parmi les siennes. La loi de contradiction ne « prescrit pas l'absence de contradiction », ce n'est pas du tout une prescription. Si ceux qui ont écrit avant Hamilton sur la loi de contradiction avaient compris ces mots comme lui, c'est-à-dire comme une règle ou un précepte, ils auraient commis une absurdité évidente en donnant à un précepte de non-contradiction, le nom de loi de contradiction. Mais j'ose dire que lorsqu'ils parlaient de la loi de contradiction (ce que la plupart d'entre eux, je crois, n'ont jamais fait ; ils disaient le principe), ils ne songeaient pas plus à prescrire quelque chose, qu'ils ne songeaient à prescrire l'identité quand ils parlaient de la loi ou principe d'identité. Ils employaient ces mots dans leur sens scientifique proprement dit, et non comme Hamilton le fait dans leur sens moral ou législatif. Par la loi d'identité, ils entendaient une des propriétés de l'identité, à savoir qu'une proposition identique doit être vraie. Et par la loi de contradiction, ils entendaient une des propriétés de contradiction, à savoir que ce qui est contradictoire ne peut être vrai. Nous exprimerions mieux ce qu'ils voulaient dire si, au lieu du mot loi, nous employions les mots, doctrine d'identité et doctrine de contradiction. Voilà ce qu'ils avaient dans l'esprit, et même c'est ce qu'ils ont exprimé dans les mots qu'ils employaient ; le mot principe pour eux signifiait une certaine doctrine, à savoir une doctrine qui sert de base et d'autorité à toute classe d'opérations intellectuelles. Si l'on veut conserver le mot loi, on traduirait mieux *principium contradictionis*, non pas par loi de contradiction, mais par loi des propositions contradictoires, si ce n'était que le principe de l'alternative est aussi une loi des propositions contradictoires.

D'après Hamilton, la loi de contradiction « est le principe

---

(1) *Lectures*, III, 82.

de toute négation logique » (1). Je ne vois pas comment elle peut être le principe d'une négation quelconque, excepté de la négation qu'une chose est le contraire d'elle-même. La vue n'est pas le goût, voilà une négation, et pour lui refuser le nom de négation logique, il faut restreindre beaucoup l'usage des mots. Mais il n'y a pas contradiction entre la vue et le goût. Le bleu n'est pas gris, n'implique pas de contradiction logique. Nous pourrions croire qu'une chose grise peut être bleue, aussi aisément que nous croyons qu'un rond peut être bleu, si l'expérience ne nous avait pas appris l'incompatibilité des deux premiers attributs et la compatibilité des derniers. Il est vrai qu'on peut faire reposer sur le principe de contradiction le jugement négatif, qu'un homme n'est pas un cheval, en tant que le jugement opposé, un homme est un cheval est, dans certaines de ses parties, contradictoire, tandis que dans les autres il n'est que faux. Le mot homme signifie (en langage logique précis, connote), parmi d'autres propriétés, celle d'avoir deux pieds, le mot cheval celle d'en avoir quatre ; en sorte qu'à considérer cette partie du sens des mots, homme et cheval, le sujet et le prédicat sont contradictoires, l'un affirmant et l'autre niant un surplus dans le nombre des pieds. Mais supposons que le sujet et le prédicat du jugement soient des noms génériques constitués par des attributs positifs sans attributs négatifs, par exemple, mathématicien moraliste, ou marchand et philosophe. Une affirmation qui les unit peut bien être fausse, mais elle peut ne pas être contradictoire. La loi de contradiction ne peut être la raison pour laquelle on affirme qu'un mathématicien n'est pas un moraliste, car les deux concepts sont seulement différents, mais non contradictoires, encore moins incompatibles.

D'autres ont dit que la loi ou doctrine de contradiction est le principe du raisonnement négatif. Mais il est évident que c'est le principe de tout raisonnement, en tant qu'on peut considérer le raisonnement à part de la vérité ou de la fausseté objective. Car abstraction faite de cette considération, la validité du raisonnement ne veut dire qu'une chose, c'est qu'il n'implique pas contradiction, et qu'on n'en peut pas inférer quelque

(1) *Lectures*, III, 82.

chose dont la négation ne contredise les prémisses. Un raisonnement valable au point de vue de la Logique purement formelle est une conception négative ; c'est un raisonnement qui ne se détruit pas lui-même, dont on ne peut découvrir la nullité en partant des données. Il serait absurde de supposer que la validité du raisonnement tant affirmatif que négatif, puisse être prouvée par la doctrine de contradiction ; car si l'on peut montrer qu'un syllogisme donné est bon, en faisant voir que la fausseté de la conclusion combinée avec la vérité d'une prémisse contredirait la vérité de l'autre, ce n'est qu'au moyen d'un autre syllogisme, de sorte qu'en essayant de prouver la validité du raisonnement, c'est sur elle qu'on s'appuie. La loi de contradiction est un principe de raisonnement dans le même sens, et seulement dans le même sens que la loi d'identité, c'est la généralisation d'un acte mental, qui se répète constamment et dont on ne peut se passer quand on raisonne. De même que nous demandons la permission de substituer à une assertion donnée, la même assertion avec des mots différents, de même nous demandons la permission de substituer à une assertion la négation de l'assertion contradictoire. L'affirmation de l'une et la négation de l'autre sont des équivalents logiques, qu'il est licite et indispensable d'employer comme mutuellement équivalents.

La troisième « loi fondamentale » est la loi ou le principe de l'alternative (*principium exclusi medii vel tertii*), dont la signification est que de deux propositions directement contradictoires, l'une ou l'autre doit être vraie. J'exprime maintenant l'axiome dans mon propre langage, car la phraséologie tortueuse par laquelle notre auteur (1) échappe à l'obligation de reconnaître les idées de vérité et de fausseté a été suffisamment démasquée, et je puis l'abandonner. Cet axiome est la seconde moitié de la doctrine des propositions contradictoires. En vertu de la loi de contradiction, des propositions contradictoires ne peuvent être vraies en même temps ; mais en vertu de la loi de l'alternative, elles ne peuvent toutes les deux être fausses. Ou, pour me servir d'autres expressions, en vertu de la loi de contradiction, une proposition ne peut être à la fois vraie et

(1) *Lectures*, III, 83.

fausse ; en vertu de la loi de l'alternative, il faut qu'elle soit vraie ou fausse, il n'y a pas de milieu.

Hamilton dit que cette loi est « le principe des jugements disjonctifs (1) ». Les logiciens ont toujours entendu par jugements disjonctifs des jugements sous cette forme : ou bien ceci est vrai, ou bien cela est vrai. La loi de l'alternative ne peut être le principe des jugements disjonctifs que si le sujet des deux membres est le même, et l'un des attributs la négation de l'autre ; exemple : A est B ou bien non B. Ce jugement, il est vrai, repose sur le principe de l'alternative ou plutôt c'en est la vraie formule. Il faut remarquer ici que Hamilton, d'après Krug, mais par une dérogation tout à fait inexplicable aux usages reçus de tous les logiciens, restreint le nom de jugements disjonctifs à ceux dans lesquels les propositions alternatives ont le même sujet : « D est ou B ou C ou A (2) ». Ce n'est pas seulement altérer arbitrairement le sens des mots, c'est encore rendre incomplète la classification des propositions, en laissant deux espèces de propositions disjonctives (ou bien B, C, ou D est A, et ou bien A est B ou C est D), en dehors du cadre et sans nom. Mais même au sens restreint que notre auteur donne au mot disjonctif, je ne vois pas comment on peut dire que la loi de l'alternative est le principe de *tous les* jugements disjonctifs. Le jugement A est ou B ou non B est garanti, et la vérité en est certifiée par la loi de l'alternative ; mais le jugement A est ou B ou C, B et C étant tous deux positifs, a besoin d'une autre garantie que la loi en vertu de laquelle une des deux propositions contradictoires doit être vraie. Ainsi le jugement « X est un homme ou une bête », n'est pas fondé sur le principe de l'alternative, puisque le mot bête n'est pas une pure négation du mot homme, mais qu'il renferme les attributs positifs de l'animal ; ce que X peut ne pas être.

On pourrait dire avec plus de raison que la loi de l'alternative est le principe du raisonnement disjonctif. Ainsi dans le même exemple, la proposition « X est ou un homme ou une bête, peut être la conclusion de deux prémisses, que X est un animal, et que tout animal est un homme ou une bête, dont la dernière

---

(1) *Lectures*, III, 84.
(2) *Id.*, III, 239.

est un jugement disjonctif fondé sur le principe de l'alternative. Mais il n'est pas vrai que toutes les conclusions disjonctives soient inférées de prémisses de cette nature. Si l'on m'a dit que A a perdu son fils, j'en conclus que B ou C ou D (A n'ayant pas d'autres fils) est mort : de quelle espèce est ce raisonnement? Il est disjonctif assurément : il a une prémisse disjonctive et il aboutit à une conclusion disjonctive. Mais la prémisse disjonctive (tout fils de A est ou B, ou C, ou D) ne repose pas sur la loi de l'alternative ni sur une nécessité de la pensée, elle repose sur la connaissance d'un fait particulier.

La troisième loi, cependant, comme les deux autres, est un des principes de tous les raisonnements, c'est la généralisation d'un procédé dont on peut avoir besoin dans chacun d'eux. De même que la doctrine de contradiction nous autorise à substituer à l'assertion de l'une des deux propositions contradictoires, la négation de l'autre, de même la doctrine de l'alternative nous autorise à substituer à la négation de l'une des deux propositions contradictoires, l'affirmation de l'autre. Ainsi les trois principes que notre auteur appelle les lois fondamentales de la pensée, sont des postulats universels du raisonnement; et à ce titre, ils méritent la position éminente que notre auteur leur assigne dans la Logique : cependant il est évident qu'ils ne doivent pas être placés en tête du sujet, mais tout au plus dans la seconde partie, dans la théorie des jugements ou propositions : puisqu'ils impliquent essentiellement les idées de vérité et de fausseté, qui ne sont pas les attributs des noms ni des concepts, mais des jugements seuls.

Que devons-nous penser de ces trois principes considérés, non comme expressions générales des opérations intellectuelles, mais comme vérités spéculatives? C'est une question toute différente. Hamilton leur donne une signification universelle, puisque d'après lui nous sommes forcés de les croire vraies même au-delà de la sphère de l'expérience phénoménale tant réelle qu'imaginable, — vraies des choses en elles-mêmes, — vraies des noumènes. « Nous sentons, dit-il (1), que tout ce qui
» viole les lois d'identité, de contradiction, ou de l'alternative,

---

(1) *Lectures*, III, 98.

» est impossible, non-seulement dans la pensée, mais dans
» l'existence. Ainsi nous ne pouvons reconnaître à la Toute-
» Puissance le pouvoir de faire qu'une chose soit autre qu'elle-
» même, qu'une chose soit et ne soit pas en même temps. Ces
» trois lois circonscrivent donc pour nous la sphère du possible
» et de l'impossible; non-seulement pour la pensée, mais pour
» la réalité, non-seulement pour la logique, mais pour la méta-
» physique. » Nous lisons à un autre endroit (1) : « Si le véri-
» table caractère de la validité objective est l'universalité, les
» lois de la Logique l'ont effectivement, car ces lois nous
» obligent, par leur autorité propre, à les considérer comme
» des lois universelles, non-seulement pour la pensée de l'homme,
» mais pour la raison universelle. » Quelques pages plus haut,
notre auteur faisait tous ses efforts pour nous faire regarder ces
lois, non pas comme des nécessités, mais comme des préceptes
généraux « que nous pouvons violer » : mais à présent voilà
que ce sont des nécessités de la pensée et plus encore.

J'admets sans peine que ces trois propositions générales sont
vraies universellement de tous les phénomènes. J'admets aussi
que s'il y a des nécessités inhérentes dans la pensée ce sont ces
vérités. Je fais ces réserves, parce que tous ceux qui savent
combien les produits des circonstances sont artificiels et
modifiables, et combien la plupart des prétendues nécessités
de la pensée sont susceptibles d'être modifiées par des circonstances (bien que nécessités réelles pour une personne
donnée à un moment donné), hésiteront à affirmer que ces
nécessités sont des éléments primitifs de notre constitution
mentale. Ces trois prétendues lois fondamentales sont-elles des
lois de nos pensées en vertu de la nature de notre esprit, ou
bien parce que nous voyons qu'elles sont universellement vraies
de tous les phénomènes observés? Je ne me prononcerai pas
positivement, mais ce sont à présent des lois de notre pensée
et des lois irrésistibles. Qu'elles soient susceptibles ou non
d'être modifiées par l'expérience, les conditions de notre existence nous refusent l'expérience nécessaire pour les modifier
Donc une affirmation qui heurte ces lois — par exemple, une
proposition affirmant une contradiction, quoique sur un sujet

(1) *Lectures*, IV, 65.

tout à fait inaccessible à notre expérience, est pour nous incroyable. La croyance en est, dans la constitution actuelle de la nature, impossible comme fait mental. (1)

Mais Hamilton va plus loin : il pense que l'obstacle à la croyance n'est pas seulement dans une incapacité de notre faculté de croire, mais dans des incapacités objectives d'existence ; que les lois fondamentales de notre pensée sont aussi les lois de l'existence, et qu'on peut s'assurer de leur vérité, non-seulement pour les phénomènes, mais encore pour les noumènes. Cependant sur ce point, comme sur tous ceux qui touchent aux noumènes, je crains que la philosophie ne confesse notre complète ignorance. La distinction elle-même ne vaut rien : en effet, puisque les noumènes, s'ils existent, nous sont tout à fait inconnaissables, et ne peuvent nous être connus que d'une manière phénoménale, par leurs effets sur nous, et puisque tous les attributs qui existent pour nous, même ceux de notre imagination, ne sont que des phénomènes, nous n'avons rien à affirmer ou à nier des noumènes, si ce n'est des attributs phénoménaux ; l'existence même telle que nous la concevons, n'étant que le pouvoir d'en produire. Or, pour ce qui est des attributs phénoménaux, personne ne nie que les trois lois fondamentales ne soient universellement vraies. Puisque ce sont des lois de tous les phénomènes, et puisque l'existence n'a de sens pour nous que par rapport aux phénomènes, nous pouvons avec sécurité les regarder comme des lois de l'existence. Cela suffit pour ceux qui soutiennent la doctrine de la relativité de la connais-

(1) Quand nous nous rappelons une certaine chose en un certain lieu, le lieu et la chose sont représentés ensemble ; au contraire penser la non-existence de la chose en ce lieu, implique une conscience dans laquelle le lieu est représenté, mais non la chose. De même, si au lieu de penser un objet comme incolore, nous le pensons comme coloré, le changement consiste dans l'addition au concept d'un élément qui auparavant n'y était pas compris. On ne peut pas penser l'objet d'abord comme rouge, puis comme non rouge, sans que l'une des composantes de la pensée soit complétement expulsée de l'esprit par une autre. La loi de l'alternative n'est donc qu'une généralisation de l'expérience universelle qui nous apprend que certains états de l'esprit en détruisent directement d'autres. Il formule une certaine loi d'une constance absolue, à savoir que l'apparence d'un mode positif de conscience, ne peut se présenter sans exclure un mode négatif corrélatif ; et que le mode négatif ne peut se présenter sans exclure le mode positif corrélatif ; l'antithèse de positif et de négatif n'est que l'expression de cette expérience. Il en résulte que si la conscience n'est pas dans l'un des modes, il faut qu'elle soit dans l'autre. (M. Herbert Spencer, *Fortnightly Review*, 15 juillet 1865.)

sance humaine. Mais Hamilton, on l'a vu, ne soutient pas cette doctrine, bien qu'il affuble de ce nom un lieu commun choisi tout exprès. D'après lui nous connaissons quelque chose de plus que des phénomènes : nous connaissons les qualités primaires des corps comme elles existent dans le noumène, dans les choses elles-mêmes, et non comme de simples pouvoirs de nous affecter. Hamilton a besoin d'un autre argument pour établir la doctrine que les lois d'identité, de contradiction et de l'alternative, sont des lois de toute existence : et le voici (1) :

» Nier l'application universelle de ces trois lois, c'est en
» fait renverser la réalité de la pensée ; et comme ce ren-
» versement est lui-même un acte de la pensée, il se détruit
» en réalité. Quand, par exemple, je dis que A est, et que je
» dis ensuite que A n'est pas, je renverse, je supprime par la
» seconde affirmation ce que j'avais établi par la première.
» La pensée défait dans un cas ce qu'elle a fait dans l'autre. »
Ceci prouve seulement qu'une contradiction est inconcevable, et non qu'elle est impossible en réalité. Mais ce qui suit va plus directement au but. « Quand on affirme que A existant
» et A non existant sont à la fois vrais, qu'est-ce que cela impli-
» que ? Cela implique que la négation et l'affirmation ne
» correspondent en rien en dehors de l'esprit, qu'il n'y a ni
» ressemblance ni dissemblance entre la pensée et ses objets ;
» et c'est comme si l'on disait que la vérité et la fausseté ne
» sont que de vains sons. Car si nous pensons seulement par
» affirmation ou par négation, et si l'une et l'autre sont seule-
» ment, ce qu'elles sont en effet exclusives l'une de l'autre, il
» s'ensuit qu'à moins que l'existence et la non existence soient
» opposées objectivement de la même manière que l'affirma-
» tion et la négation le sont subjectivement, toute notre pensée
» est une pure illusion. Ainsi donc, on voit que ceux qui affir-
» meraient que des contradictions peuvent être vraies à la fois,
» anéantiraient réellement la possibilité de la vérité elle-même,
» et toute la valeur de la pensée. »

Nous avons déjà donné plusieurs exemples de cet argument favori de Hamilton. Nous en avons déjà dit assez pour être bref en cette circonstance. Admettons que « nier l'application uni-

---

(1) *Lectures*, 99-100.

» verselle de ces trois lois » en tant que lois de l'existence, « ce soit renverser la réalité de la pensée » : est-ce qu'on ajoute quelque chose à la force de cette considération en disant que « ce » renversement est lui-même un acte de la pensée » ? Si la réalité de la pensée *peut* être renversée, y a-t-il quelque chose de particulièrement monstrueux à ce que ce soit au moyen de la pensée elle-même ? Pouvons-nous imaginer que ce soit par un autre moyen ? Si la pensée est une opération sans valeur, pourrait-on en fournir une meilleure preuve qu'en montrant que nous pourrions, en pensant, arriver à la conclusion que nos pensées ne méritent pas confiance ? Hamilton semble toujours supposer que le sceptique imaginaire qui doute absolument de la validité de la pensée est forcé de réclamer pour ses pensées subversives plus de validité qu'il n'en reconnaît aux pensées renversées. C'est inutile ; il lui suffit de réclamer la même validité, pour que toutes les opinions tombent dans la même incertitude (1). Hamilton plus que tout autre doit le savoir, car lorsqu'il attaque une question avec les armes des sceptiques, aussi bien que lorsqu'il parle de l'absolu, ou de toute autre chose qu'il croit inaccessible aux facultés humaines, il raisonne de cette manière. Il prouve l'invalidité de la pensée sur ces sujets, en montrant qu'elle nous jette dans la contradiction (2).

(1) Le principal interprète de l'ancien scepticisme, Sextus Empiricus, en définit nettement l'essence et le but, τὸ παντὶ λόγῳ, λόγον ἴσον ἀντικεῖσθαί (*Pyrrh. Hypot.*). Il est impossible de comprendre le scepticisme autrement. Quelque chose de plus ne serait pas le scepticisme, mais le dogmatisme négatif.

(2) « Si j'ai acquis, dit notre auteur, quelque titre en philosophie (*Appendix » to Lectures*, I, 402), c'est pour avoir cherché à expliquer les phénomènes de ces » contradictions, en montrant qu'elles se produisent quand l'intelligence s'élance » hors des limites de son action légitime ». « En produisant les antinomies, la rai- » son de Kant sortait de ses limites, violait ses lois... La raison ne se contredit » que lorsqu'elle franchit ses limites légitimes. *Appendix to Lectures*, II, 543). Ce » n'est que lorsqu'elle dépasse ses limites, lorsqu'elle bâtit aussi bien sur son » action illégitime que sur son action légitime, qu'elle produit des résultats con- » tradictoires..... L'affirmation dogmatique de la nécessité, du fatalisme, et l'affir- » mation dogmatique du libre arbitre, sont les conclusions contraires et également » inconcevables auxquelles on arrive quand on s'appuie sur l'illégitime et » qu'on n'envisage qu'un seul côté de la question. » (*Appendix to Lectures*, I, 408). Voy. aussi M. Mansel, passim (*Limits of Religious Thought*).

Dans l'un de ses appendices au cours de métaphysique (II, 527-528), Hamilton dresse une longue liste d'antinomies ou contradictions (dont nous aurons quelque chose à dire plus tard) qu'on rencontre à ce qu'il croit quand on veut concevoir l'infini, et qu'il considère comme ne preuve que cette notion dépasse la portée des facultés humaines. Cependant il n'accorderait pas que le fait de conduire à des contradictions, dont il se sert d'ordinaire comme d'un argument con-

Mais il est entièrement inadmissible que l'opération de la pensée soit infirmée par la supposition qu'une loi de la pensée n'a pas nécessairement besoin d'être une loi de l'existence. Sans doute, s'il y avait une loi qui nous forçât de concevoir entre les *phénomènes* une relation qui n'y existerait réellement pas, l'invalidité de l'opération de la pensée serait certainement démontrée, parce qu'elle nous forcerait à concevoir comme vrai quelque chose qui serait réellement faux. Mais si l'esprit est incapable de rien concevoir des noumènes si ce n'est les phénomènes qu'il considère comme en procédant et auxquels il a recours pour vérifier ses idées, et s'il n'y a aucune nécessité pour nous à les concevoir autrement que ce qu'ils sont en réalité; nous pouvons refuser de croire que les généralisations faites sur les attributs phénoménaux des noumènes puissent s'appliquer aux noumènes à un autre point de vue, sans invalider pour cela le moins du monde l'opération de la pensée dans ses applications légitimes. Nous pouvons dire comme Hamilton dans une autre circonstance (1) : « Je dis seulement que la pensée a des » limites, je n'en nie pas, je n'en ruine pas la vérité. » Ailleurs il fait observer, en traduisant Esser (2), que la vérité consiste « uni- » quement dans la correspondance de nos pensées avec leurs » objets ». Si les seuls objets de pensée, même quand nous parlons expressément des noumènes, sont des phénomènes, nos pensées sont vraies quand nous les faisons correspondre avec les phénomènes : et comme personne ne nie la possibilité de cette correspondance, l'opération de la pensée est valable, que ses lois soient ou non les lois de l'absolu.

tre la validité de telle ou telle pensée, fût un argument recevable contre la pensée en général, s'il pouvait être prouvé contre elle. Au moins il ne l'accorde pas ici, car dans sa théorie de la véracité de la conscience, il en convient. (*Lectures*, I 277.)

(1) *Lectures*, III, 100.
(2) *Id.*, III, 107. Voy. aussi IV, 61.

CHAPITRE XXII

DES PRÉTENDUS PROGRÈS DE LA LOGIQUE FORMELLE DUS A HAMILTON.

De toutes les découvertes philosophiques de Hamilton, il n'en est point, excepté peut-être sa « théorie du Conditionné », dont on ait fait plus de bruit que les additions et les corrections qu'il est censé avoir faites à la doctrine du Syllogisme. On peut les résumer en deux théories principales avec leurs corollaires et leurs applications; la reconnaissance de deux espèces de syllogisme, les uns en extension et les autres en compréhension, et la doctrine de la *quantification* du prédicat. Hamilton attribuait une grande importance à la première. D'après lui, tous les logiciens qui l'ont précédé, « sauf l'exception douteuse d'Aristote », ont complétement méconnu le « raisonne-
» ment en compréhension. Ils ont singulièrement méconnu
» la plus simple et la plus naturelle espèce de raisonnement,
» le raisonnement en quantité de compréhension » : et il prétend qu'en y attirant l'attention, il a redressé un vice radical et une inconséquence capitale du système logique actuel (1). Pour l'autre théorie, celle de la quantification du prédicat, lui-même et d'autres avec lui en font le plus grand bruit. M. Baynes, avec un enthousiasme naturel et touchant dans un élève, termine son Essai (qui demeure encore la plus claire exposition des doctrines de son maître) par les lignes

---

(1) *Lectures*, III, 297, 304, 378. *Appendix*, IV, 250.

suivantes (1) : « Cependant nous ne pouvons pas finir sans
» exprimer la véritable joie que nous ressentons (que la force
» de ce sentiment serve d'excuse à notre témérité) de ce que
» cette découverte a été faite dans notre pays et dans notre
» temps. Nous nous réjouissons de savoir qu'il s'est élevé un
» homme capable de comprendre et de compléter le plan du
» grand architecte, Aristote, de placer la dernière pierre du
» monument, dont les fondations étaient posées depuis deux
» mille ans, par la main puissante du philosophe de Stagyre,
» et qui après les efforts de tant de générations d'ouvriers qui
» en ont de temps en temps, tantôt élevé, tantôt démoli des
» parties, reste au fond tel qu'il l'avait laissé; mais qui, une
» fois achevé apparaîtra dans sa merveilleuse beauté, son
» harmonie et sa perfection. »

Avant de discuter ces additions à la théorie syllogistique, il faut revenir sur une doctrine rapidement exposée dans un chapitre précédent, mais qui n'a pas reçu tous les éclaircissements dont elle a besoin, et qui présente le rapport le plus important avec les deux prétendues découvertes de Hamilton. D'après cette doctrine, tous les jugements (excepté quand les deux termes sont des noms propres), sont réellement des jugements en compréhension, bien que l'on ait l'habitude et qu'on soit porté naturellement à les exprimer presque toujours en termes d'extension. En d'autres termes, nous n'affirmons réellement jamais que des attributs, bien que dans le langage ordinaire nous les affirmions par des mots qui sont des noms d'objets concrets.

Quand je dis, par exemple, Le ciel est bleu, je veux dire que le ciel a une couleur particulière et pas autre chose. Je ne pense pas au genre bleu, quant à l'extension. Je ne cherche pas, et je ne sais pas nécessairement quelles choses bleues il y a, ou s'il y a une chose bleue autre que le ciel. Je ne pense qu'à la sensation de bleu. Je juge que le bleu produit cette sensation sur ma faculté de sentir ; ou (pour traduire ce jugement en langage technique) que la qualité qui répond à la

---

(1) *An Essay on the New Analytic of Logical Forms*, qui a remporté le prix proposé par Hamilton en 1846 pour la meilleure exposition de la nouvelle doctrine proposée dans ses leçons. Avec un appendice historique, par Thomas-Spencer Baynes, traducteur de la Logique de Port-Royal, p. 80.

sensation de bleu, ou le pouvoir d'exciter la sensation de bleu, est un attribut du ciel. Ensuite quand je dis Tous les bœufs ruminent, je n'ai pas affaire à l'attribut considéré en extension. Je peux savoir ou ignorer qu'il y a outre les bœufs d'autres animaux ruminants. Que je le sache ou non, cela ne se présente à mon esprit qu'accidentellement. Quand je juge que les bœufs ruminent, je ne pense qu'accidentellement sous la notion ruminer (pour emprunter le langage de Hamilton), que la notion d'un bœuf. La compréhension du prédicat, l'attribut ou le groupe d'attributs qu'elle signifie, voilà tout ce que j'ai dans l'esprit; et la relation de cet attribut ou de ces attributs avec le sujet, voilà toute la matière du jugement.

Dans l'un des exemples qui précèdent le prédicat est un adjectif, et dans l'autre un verbe, qu'on met, logiquement parlant, avec les adjectifs, mais ce serait un substantif qu'il n'y aurait pas de différence. Il est facile de voir qu'un substantif est plus fortement associé aux idées des objets concrets qu'il dénote, que ne l'est un adjectif ou un verbe. Mais quand nous prenons un substantif pour attribut, quand nous disons Philippe est un homme, ou Un hareng est un poisson, les mots homme et poisson signifient-ils autre chose que les groupes d'attributs qu'ils connotent? Ces propositions signifient-elles autre chose que les attributs humains appartiennent à Philippe, et les attributs des poissons au hareng? Assurément non. Toute notion d'un grand nombre d'hommes parmi lesquels se trouve Philippe, ou d'une variété de poissons autres que les harengs, est étrangère à la proposition. La proposition ne décide pas si cette quantité additionnelle est ou n'est pas : elle affirme les attributs pour son sujet particulier et non pour d'autres.

Passons maintenant de l'attribut au sujet, nous trouverons que le sujet aussi, si c'est un terme général ou une notion générale, est toujours interprété en compréhension, c'est-à-dire par les attributs qui le constituent, et qu'il n'a pas d'autre sens pour la pensée. Quand je juge que tous les bœufs ruminent, que veux-je dire par tous les bœufs? Je n'ai pas d'image de tous les bœufs dans mon esprit. Je ne les connais pas tous, et je ne les connaîtrai jamais tous, je ne pense même pas à tous ceux que je connais. « Tous les bœufs » dans ma pensée ne signifie pas des animaux particuliers, mais les objets quels qu'ils soient qui ont les attributs auxquels on reconnaît les bœufs et qui composent la notion d'un bœuf. Partout où l'on trouvera ces attributs, je juge qu'on trouvera aussi celui de ruminer, voilà tout le sens du jugement. Il porte sur des attributs et non sur autre chose. Il suppose des sujets, mais simplement comme tous les attributs les supposent.

Mais il y a un autre moyen d'interpréter la même proposition, c'est de la considérer comme une partie du tableau d'une classification et d'une coordination mentale des objets de la nature. La proposition est alors une assertion touchant des objets donnés, désignant quels autres objets particuliers sont classés ensemble par le système général du langage humain. Ainsi comprise, la proposition « tous les bœufs ruminent, » peut se lire comme il suit : si toutes les créatures qui ruminent étaient rassemblées dans une vaste plaine, et si l'on me demandait de chercher tous les bœufs, je les y trouverais, et nulle part ailleurs. De plus je les y aurais trouvés autrefois, et je les y trouverais de même à l'avenir, tant que durera l'ordre présent de la nature. Voilà la proposition « tous les bœufs ruminent » interprétée en extension. Dira-t-on qu'une opération mentale de cette sorte se présente à l'esprit de quiconque fait une affirmation ? C'est un point de vue sous lequel on peut regarder la proposition; c'est un des aspects du fait qu'on y affirme. Mais ce n'est pas l'aspect sous lequel la proposition se présente à l'esprit.

Cependant on objectera tout naturellement, si le sens présent à notre esprit est que les attributs des bœufs sont toujours accompagnés par l'attribut ruminer, pourquoi (excepté pour des raisons de logique abstraite ou de métaphysique), ne parlons-nous jamais ainsi, mais disons-nous toujours « tous les bœufs ruminent ? » C'est que nous n'avons pas d'autre façon plus convenable et plus concise de le dire. La plupart des attributs, et presque tous les grands « groupes d'attributs » n'ont pas de nom qui leur soit propre. Nous ne pouvons les nommer que par une circonlocution. Nous avons l'habitude de parler des attributs, non pas avec des noms qui leur soient propres, mais par les noms des objets dont ils sont les attributs. Nous ne disons pas les phénomènes qui accompagnent la *piscéité*, nous disons les phénomènes des poissons. Nous ne donnons pas une définition de la *piscéité*, mais une définition d'un poisson. Cependant la définition d'un poisson est la même que serait celle de la *piscéité* ; une énumération des mêmes attributs. Le principe qui sert de base au langage consiste à nommer d'abord les objets concrets ; on ne nomme pas toujours les abstractions, et quand on le fait, les noms sont toujours dérivés de ceux des objets concrets. Les raisons en sont évidentes. Comme pour concevoir les objets, — et même les classes d'objets, — il faut un effort d'abstraction bien moindre que pour les attributs, ce sont eux que dans l'ordre nécessaire des choses, on conçoit et nomme en premier lieu, et qui restent toujours les plus familiers à l'esprit : les attributs, lors même qu'ils viennent à être conçus, ne peuvent l'être à l'état séparé, mais ils sont toujours (comme on dirait en appliquant la phraséologie hamiltonienne) conçus par quelque sorte d'objets. En conséquence, toutes les propositions familières s'expriment en des termes qui dénotent des objets, et non en des termes qui dénotent des attributs. Et ce n'est pas tout. Ce qui est surtout important pour nous, dans nos sensations et nos impressions, c'est les groupes permanents qu'elles forment. Dans nos sensations particulières et fugitives (excepté dans les cas d'intensité exceptionnelle), la chose importante pour nous, c'est non pas la sensation elle-même, mais le groupe auquel elle appartient, l'objet concret, la possibilité permanente de sensation dont elle indique la présence. L'esprit court au plus vite des impressions sensibles qu'il reçoit d'un objet extérieur à cet objet, et ses pensées subséquentes roulent autour de ce centre. C'est sur l'objet concret indiqué que repose l'attente des sensations futures ; et c'est l'objet concret par conséquent qui, dans la plupart des cas, met exclusivement nos pensées en mouvement, et nous pousse à le marquer d'un nom. Le nom pour répondre à son but doit nous faire souvenir et informer les autres personnes des sensations que nous avons, ou qu'elles ont à attendre, c'est-à-dire il doit connoter un attribut ou un groupe d'attributs. Dans le principe on n'a donné des noms aux attributs que de cette manière indirecte. On n'a pas donné directement des noms aux attributs, parce qu'on ne conçoit pas les attributs avec une existence séparée. De même qu'au commencement on n'a donné des noms qu'aux objets concrets, de même aussi les premiers noms dont on s'est servi pour exprimer les résultats de l'abstraction n'étaient pas des noms d'attributs abstractivement considérés à part de leurs objets, mais des noms d'objets concrets signifiant la présence des attributs. Les hommes ont parlé de bleu ou de choses bleues avant de parler du bleu. Et même quand on a parlé du bleu, ce n'était pas d'abord de l'attribut, mais de la cause imaginaire de l'attribut, on se la représentait comme une chose concrète, résidant dans l'objet.

Il semble donc que bien que tous les jugements consistent à assigner des attributs, ils s'exprimaient primitivement d'une manière naturelle par des noms généraux dénotant des objets concrets, et connotant seulement les attributs ; et par l'effet de la structure du langage, cette façon de s'exprimer reste la seule concise, et la seule qui s'adressant aux associations familières présente tout d'un coup le sens à des esprits qui ne sont pas rompus aux abstractions métaphysiques. Mais ceci ne change rien à la vérité évidente que les objets concrets ne sont connus et distingués que par des attributs, et que les noms concrets par lesquels nous les désignons ne signifient rien que des attributs ou « des groupes d'attributs ». La représentation mentale d'un objet concret n'est qu'une représentation d'attributs, et le concept d'un genre d'objets concrets n'est qu'une certaine partie de ces attributs qui sont non pas représentés et dépeints séparément, mais le seul objet de l'attention. Quand nous affirmons une proposition générale, il n'y a donc dans nos esprits rien que des attributs et leur coexistence ou leur incompatibilité ; et il est démontré que tous nos jugements exprimés par des termes généraux, sont des jugements en compréhension, bien qu'ils soient toujours exprimés en extension, à moins d'une raison particulière.

Si telle est la véritable doctrine des jugements, que prétend-on en disant qu'il y en a de deux sortes, les uns en extension, les autres en compréhension, et deux espèces de raisonnements correspondantes, dont l'une en compréhension, a été méconnue par tous les logiciens, sauf peut-être Aristote, jusqu'au temps de Hamilton. Tous nos jugements ordinaires sont en compréhension seulement, l'extension n'étant pas pensée. Mais nous pouvons si nous voulons faire de l'extension de nos termes généraux un objet de pensée, et l'on peut dire alors que l'on pense en extension, quoiqu'il soit plus juste de dire sur l'extension. Quand je juge que tous les bœufs ruminent, je n'ai dans ma pensée que des attributs et leur coexistence. Mais quand en réfléchissant je m'aperçois de ce que la proposition implique, je remarque que d'autres choses que les bœufs peuvent ruminer, et que la multitude inconnue des choses qui ruminent forme une masse avec laquelle la multitude inconnue des choses pourvues des attributs des bœufs est identique, ou qui la comprend en entier. Lequel des deux est vrai, je puis ne pas le savoir, ou si je le sais, je ne l'ai pas remarqué quand j'ai donné mon assentiment à la proposition « tous les bœufs ruminent ». Mais en réfléchissant, je m'aperçois que l'une ou l'autre proposition doit être vraie. Quoique je n'aie pas eu cette alternative présente à mon esprit quand j'ai affirmé que tous les bœufs ruminent, je peux l'avoir maintenant; je peux faire des objets concrets exprimés par chacun de ces deux noms un objet de pensée, un agrégat collectif bien qu'indéfini; en d'autres termes, je peux faire de l'extension des noms (ou notions), un objet de conscience directe. Je m'aperçois alors que cette opération, loin d'introduire un fait nouveau, n'est qu'une manière différente d'envisager le fait même que j'ai déjà exprimé en disant « tous les bœufs ruminent ». Le fait est le même, mais la façon de l'envisager est différente : l'opération mentale, l'acte de la pensée n'est pas seulement un acte distinct, mais un acte d'une espèce différente.

Il y a donc dans toutes les propositions (sauf celle où les deux termes sont des noms propres, c'est-à-dire sans signification), un jugement portant sur des attributs (appelé par Hamilton jugement en compréhension) que nous faisons naturellement, et un jugement possible en extension ou portant sur l'extension que nous pouvons faire, et qui sera vrai si le premier est vrai. Néanmoins (comme on vient de le voir) dans le principe à cause des conditions de la pensée, et plus tard pour la commodité du langage, nous formulons généralement nos propositions en termes plus appropriés au jugement dérivé que nous faisons rarement, qu'au jugement primitif que nous faisons toujours. Ceci explique pourquoi, bien que le sens de toutes les propositions exprimées en termes généraux soit en compréhension, les logiciens ont toujours expliqué les règles du syllogisme en les rapportant à l'extension seule. C'est parce que ceux qui ont fait les règles ne se sont pas occupés des propositions ou des raisonnements tels qu'ils existent dans la pensée, mais seulement tels qu'ils sont exprimés verbalement. En cela ils ont eu raison. En effet, le syllogisme n'est pas la forme nécessaire de notre raisonnement, mais la preuve du raisonnement : une forme dans laquelle nous pouvons le mettre afin de passer en revue tous les points où une conclusion illégitime aurait pu se glisser. D'après cette idée du syllogisme, dont on trouvera la justification dans le second livre de mon Système de Logique, la théorie syllogistique ne s'occupe qu'à donner des formes propres à vérifier la validité des conclusions ; et il n'était pas nécessaire que les formes dans lesquelles le raisonnement était destiné à être écrit fussent celles qu'il reçoit dans la pensée, tant que ces formes étaient pratiquement équivalentes, c'est-à-dire tant que les propositions verbales étaient vraies ou fausses, suivant que les jugements dans l'esprit étaient vrais ou faux. Les propositions en extension, étant en ce sens exactement équivalentes aux jugements en compréhension, servaient tout aussi bien de fondement aux formes du raisonnement : et comme on montrait plus facilement et plus commodément la validité des formes par la conception concrète qui consiste à comparer des genres d'objets, que par la conception abstraite qui consiste à reconnaître la coexistence des attributs, les logiciens ont eu parfaitement raison de suivre la voie que, dans certains cas, les formes reçues du langage leur auraient sans doute imposée. En cela ils n'ont pas mérité le blâme, bien que leur manière de faire ait donné lieu à des inconvénients pratiques en détournant l'attention des penseurs de ce qui fait en réalité le sens des propositions. De là vient aussi le préjugé si général qu'on a nourri pendant les trois derniers siècles contre la théorie syllogistique. En effet, une doctrine pour laquelle l'une des trois grandes opérations de la découverte du vrai consistait à mettre les objets dans un genre, et à les y trouver ensuite, ne pouvait jamais satisfaire réellement un vrai penseur, ni se faire adopter que faute de mieux. Au fond, on n'en a jamais été satisfait, et l'on a toujours senti vaguement que c'était définir l'opération du raisonnement par un de ses accessoires, bien que ce soit un accessoire inséparable (1).

Hamilton distingue deux espèces de syllogisme; l'extensif et le compréhensif. « En effet (2), le syllogisme infère que la » partie d'une partie est une partie du tout, soit en quan- » tité d'extension, l'attribut des deux notions comparées dans » la question et la conclusion étant le plus grand tout, et le » sujet la plus petite partie, soit en quantité opposée de com- » préhension, le sujet de ces deux notions étant le plus grand ». tout, et le prédicat la plus petite partie. » Cependant il reconnaît que les deux syllogismes sont identiquement le même raisonnement; « tout syllogisme en l'une de ces quantités » étant convertible en un syllogisme absolument équivalent en » l'autre ». Mais alors quelle différence formelle ou verbale y a-t-il entre les deux syllogismes? Suivant notre auteur, il n'y a qu'une différence dans l'ordre des prémisses. Voici d'après lui un syllogisme en extension (3).

« Tout agent moralement responsable est un agent libre;

---

(1) M. le docteur M'Cosh présente sur ce sujet des observations en partie justes. Il admet que dans le plus grand nombre des propositions (292), le sens primitif, celui qui domine, est en compréhension. Toutefois il dit (page 294), que dans certaines la « pensée dominante est en extension ». Ainsi quand « on dit » à un jeune homme qui apprend l'histoire naturelle que le crocodile est un rep- » tile, il a l'idée d'un genre dont il peut apprendre par la suite les signes ». Il est vrai que quand la proposition a pour but connu de déclarer la place que l'objet occupe dans la classification, le sens réel de la proposition est un fait de classification. Voilà bien l'exception qui prouve la règle. M. M'Cosh ajoute : « l'esprit dans son opération discursive tend à aller de la compréhension à l'extension ». Je l'admets; mais la proposition en compréhension précède; l'idée en extension s'appuie sur celle en compréhension, et la suit; mais elle y est si étroitement liée qu'elle ne peut pas ne pas la suivre. Toutefois, le fait qu'une proposition est exprimée couramment en langage concret ne prouve pas qu'elle soit pensée en extension. L'habitude de l'exprimer ainsi doit provenir, dit M. M'Cosh, « d'une loi de la pensée qu'on applique aux choses » ; mais cette loi de la pensée n'est autre que la loi évidente que le langage concret exigeant pour sa formation un degré inférieur d'abstraction s'est formé le premier, a pris possession du terrain, et est resté le plus familier. M. M'Cosh dit ensuite (303) que bien que « la pensée spontanée soit principalement en compréhension; tant qu'il est question de propositions, il n'en est pas de même quand il est question de raisonnement, la pensée dominante y étant toujours en extension ». Je ne puis ici être de son avis. Si, dans la conscience, le sens des prémisses prises à part est en compréhension, il n'est pas naturel que le sens dérivé et subordonné en extension, surgisse au moment où les prémisses sont réunies. Mais si au lieu de dire, dans le raisonnement, M. M'Cosh avait dit, dans la formule artificielle du raisonnement qu'on appelle le syllogisme, je crois qu'il aurait eu raison.

(2) *Lectures*, III, 286-287.
(3) *Ibid.*, III, 270.

» L'homme est un agent moralement responsable,
» Donc l'homme est un agent libre. »

Transposez les prémisses et écrivez-le comme il suit : (1)

« L'homme est un agent moralement responsable,
» Mais un agent responsable est un agent libre. »
» Donc l'homme est un agent libre »,

et nous avons d'après lui un syllogisme en compréhension. Loin de constituer deux espèces de raisonnement, cet exemple ne nous offre même pas deux formes différentes de raisonnement. Hamilton dit lui-même ailleurs (2) que « la transposition des » propositions d'un syllogisme ne donne que des modifications » d'un caractère superficiel ». Et même cette différence superficielle, il la détruit de ses propres mains, en disant (3) : qu'un syllogisme quelconque « peut être nettement exprimé, non-» seulement par la normale, mais par toutes les cinq consé-» quences de ses propositions qui s'écartent de l'ordre régulier », et « qu'un syllogisme en compréhension est susceptible d'une » transposition de ses propositions, tout comme un syllogisme » en extension ». En sorte que la distinction légère de forme que Hamilton semblait d'abord réclamer n'existe pas; un syllogisme en compréhension et le syllogisme en extension correspondant sont mot pour mot le même syllogisme. Au lieu de dire que « tout syllogisme en une quantité » est « convertible en » un syllogisme en l'autre quantité absolument équivalent », il faut dire que tout syllogisme est déjà un syllogisme dans les deux quantités (4).

Cette distinction ne porte donc pas sur deux espèces, ni même

---

(1) *Lectures*, III, 273.
(2) *Ibid.*, III, 399.
(3) *Ibid.*, III, 397-398.
(4) Il est curieux d'observer avec quelle facilité Hamilton accouple de force deux opinions contraires. Les passages cités dans le texte renversent toute idée d'une différence dans l'ordre des prémisses d'un syllogisme d'extension et d'un syllogisme de compréhension. Cependant cette notion règne dans l'esprit de notre auteur. Nous avons vu qu'il accusait les logiciens de méconnaître le raisonnement en compréhension, mais il pense qu'ils l'ont par exception reconnu dans le sorite, et que dans ce cas, par une erreur contraire, ils ont complètement méconnu la possibilité d'un raisonnement en extension » (*Lectures*, III, 379, 384) uniquement parce que dans le sorite, ils ont retourné l'ordre habituel des prémisses. C'est pour des raisons analogues qu'il accuse la quatrième figure d'être « un monstre intolérable » parce qu'au lieu de rester dans l'une des deux quantités, l'extension et la compréhension, il va (dit-il) de l'une à l'autre. C'est tout simplement parce que la quatrième figure, en tirant la même conclusion qu'on pourrait tirer de la première, renverse l'ordre des prémisses (*Lectures*, III, 425, 428).

sur deux formes de syllogisme, mais sur deux façons d'interpréter le sens du même syllogisme. Quelles sont-elles? Pour Hamilton, elles se distinguent par une différence dans le sens de la copule. « Dans (1) l'une de ces opérations, à savoir celle en extension, la copule *est* signifie *est contenu sous*, tandis que dans l'autre elle signifie *comprend dans*. Ainsi la proposition *Dieu est miséricordieux*, considérée au point de vue de la première quantité, signifie : *Dieu est contenu sous miséricordieux*, c'est-à-dire la notion *Dieu* est contenue sous la notion *miséricordieux;* considérée dans l'autre, elle signifie : *Dieu comprend miséricordieux*, c'est-à-dire la notion Dieu *comprend en soi* la notion *miséricordieux*. »

Je ne puis voir là une analyse fidèle du sens de la proposition, soit en extension, soit en compréhension. Dans la proposition Dieu est miséricordieux, je vois une affirmation qui ne concerne pas la notion Dieu mais l'être Dieu. En compréhension, ainsi que je l'entends, elle veut dire que cet être a l'attribut signifié par le mot miséricordieux, ou, dans le langage de notre auteur, l'attribut compris dans le concept miséricordieux. En extension, je la rends ainsi : l'être Dieu est ou le seul être, ou l'un des êtres formant le genre miséricordieux, ou en d'autres termes possédant l'attribut miséricorde. Sous ces formes, qui hésitera un instant à reconnaître celle des deux qui est le jugement primitif et naturel, et celle qui est la façon dérivée et artificielle d'énoncer de nouveau ce jugement? La différence entre elles est légère, mais réelle, et consiste en ceci, que la seconde construction introduit l'idée d'autres êtres miséricordieux possibles, idée non suggérée par la première. Cette suggestion donne naissance à l'idée qu'il y a un *genre* miséricordieux, et que Dieu en est membre; ces notions ne sont pas du tout présentes à l'esprit quand on affirme la proposition que Dieu est miséricordieux. Il n'y aurait de distinction à faire entre le raisonnement en extension et le raisonnement en compréhension, quand le même syllogisme sert pour les deux, que si nous employions les mêmes mots, ayant dans l'esprit tantôt le sens en extension, tantôt le sens en compréhension. Mais en réalité tout raisonnement est pensé en compréhension seulement, excepté quand nous opérons un second acte de pensée sur l'extension, ce que nous ne faisons pas et n'avons pas besoin de faire.

Ce n'est pas la seule objection que soulève la doctrine de Hamilton. Il y en a une autre moins apparente, mais aussi fatale. La proposition en compréhension est que A a les attributs compris dans B. La proposition en extension est que A appartient à la classe des choses qui ont les attributs compris dans B. Ces propositions sont ou bien, comme je l'affirme, une seule et même assertion exprimée par des mots très-peu différents, ou bien des assertions différentes. Si la même, il n'y a qu'un jugement à la fois en extension et en compréhension, et qu'une seule espèce de raisonnement à la fois en ces deux quantités. Mais supposons, je le veux bien, que ces propositions soient deux assertions différentes, le jugement en extension est un corollaire de celui en compréhension exprimant un point de vue artificiel, sous lequel nous pouvons considérer le jugement naturel. Or, dans l'hypothèse que le jugement touchant l'extension n'est pas le même, mais un jugement additionnel, il est, comme les autres jugements, un jugement en compréhension. « A est une partie du genre B » peut se traduire ainsi : Le phénomène A possède, ou le concept A comprend, l'attribut d'être renfermé dans le genre B. De sorte que, tandis que tout jugement en compréhension légitime par une inférence immédiate, un jugement correspondant en extension, ce même jugement en extension n'est lui-même qu'une espèce particulière de jugement en compréhension. Ainsi donc, dans la doctrine insoutenable qu'il y a deux jugements différents ici, la distinction entre les jugements en extension et les jugements en compréhension ne peut se défendre; et au lieu d'avoir ajouté un perfectionnement à la théorie du syllogisme, Hamilton n'a fait que l'encombrer d'embarras inutiles.

Tout ceux qui suivront notre auteur dans les détails de la théorie syllogistique seront en état de juger de ces embarras. Non-seulement il trouve nécessaire d'exposer et de démontrer chacune des doctrines deux fois, pour les adapter à l'extension et à la compréhension, mais il fait de violents efforts pour exprimer tous les principes fondamentaux de manière à combiner les deux points de vue. Il se voit forcé d'énoncer ces principes en termes trop larges et trop abstraits pour être compris facilement, quand il veut rendre applicable aux deux espèces de touts (l'extension et la compréhension), les propositions sur les touts et les parties ; ou bien encore, il impose au lecteur l'embarras de suivre à la fois deux ordres d'idées, afin de comprendre un principe unique. Je n'ai pas besoin d'insister sur l'erreur accessoire qui consiste à considérer le rapport du tout à ses parties comme la base du syllogisme aux deux points de vue. Pour l'extension, cette relation est applicable. Dans toute proposition affirmative, si elle est vraie, l'objet ou le genre d'objets dénoté par le sujet est une partie (si non le tout) du genre d'objets dénoté par le prédicat. Mais il n'y a pas de relation semblable entre les deux « groupes d'attributs » compris dans le sujet et dans le prédicat, excepté dans le cas des jugements analytiques, c'est-à-dire des simples propositions verbales. Dans les jugements synthétiques, c'est-à-dire, dans toutes les propositions qui apprennent autre chose que le sens des mots, la relation entre les deux systèmes d'attributs n'est pas une relation de tout à partie, mais de coexistence.

Je passe maintenant à la doctrine de la quantification du prédicat, en l'examinant à la lumière des mêmes principes que nous avons apliqués à la distinction établie par Hamilton, entre les deux prétendues espèces de raisonnement.

Il est bon d'emprunter à Hamilton lui-même les expressions par lesquelles, en 1846, il vantait sa doctrine et les conséquences importantes auxquelles, d'après lui, elle aboutit.

« La vérité évidente par elle-même (1), que nous ne pou-
» vons rationnellement traiter que de ce que nous avons déjà
» compris, détermine le simple postulat logique, — *énoncer*
» *explicitement ce qui est pensé implicitement*. De l'appli-
» cation conséquente de ce postulat que la Logique impose
» toujours, mais que les logiciens n'ont pas toujours observé
» fidèlement, il résulte : que logiquement, nous devons tenir
» compte de la *quantité*, toujours comprise dans la pensée,
» mais usuellement, et par des raisons évidentes, supprimée
» dans son expression, non-seulement pour le *sujet*, mais aussi
» pour le *prédicat* d'un jugement. Cela fait, et nous prouve-
» rons contre Aristote et ses imitateurs la nécessité de tenir
» compte de la quantité, nous obtenons *inter alia* les résultats
» suivants :

---

(1) *Discussions, appendix*, II, 650-651.

» 1° Les termes *préindésignés* (1) d'une proposition, sujet ou
» prédicat, ne sont jamais, à cause de cela, pensés comme indé-
» finis (ou indéterminés) en quantité. Il n'y a de quantité *indé-*
» *finie* que la particulière en tant qu'opposée à la quantité
» *définie*, et cette dernière en tant qu'elle est un *maximum*
» extensif indivis, ou un *minimum* extensif indivisible, constitue
» la quantité *universelle* (générale) et la quantité *singulière* (in-
» dividuelle). En fait, le *défini* et l'*indéfini* sont les seules quan-
» tités dont nous devions entendre parler en logique; car c'est
» seulement comme indéfinies que les quantités particulières,
» c'est seulement comme définies que les quantités indivi-
» duelles ou générales ont une (et la même) valeur logique.

» 2° Le rétablissement des *deux termes d'une proposition*
» dans leur *vraie relation*; une proposition étant toujours une
» équation de son sujet et de son prédicat. »

» 3° La réduction de la *conversion des propositions* de trois
» espèces à *une*, — celle de simple conversion.

» 4° La réduction de toutes les *lois générales des syllogismes*
» catégoriques à un *canon unique*. »

» 5° L'évolution d'après *ce canon* unique de toutes les
» espèces et variétés de syllogisme. »

» 6° L'*abrogation* de toutes les *lois spéciales du syllogisme*.

» 7° Une démonstration de la *possibilité exclusive de trois*
» *figures de syllogisme*, et (par de nouvelles raisons) l'*aboli-*
» *tion* scientifique et définitive *de la quatrième* ».

» 8° Une démonstration que la figure est une *variation*
» *non essentielle* dans la forme syllogistique, et par conséquent
» l'*absurdité* de réduire les syllogismes des autres figures à la
» première. »

» 9° Un énoncé d'*un principe organique* pour *chaque fi-*
» *gure*. »

» 10° Une détermination du véritable *nombre* des *modes*
» légitimes, avec

» 11° Leur *amplification* numérique (trente-six) ;

» 12° Leur *égalité* numérique sous toutes les figures; et

» 13° Leur *équivalence relative*, ou identité virtuelle dans
» toutes les différences de figure.

(1) Hamilton veut dire les termes dont la *quantité* n'est pas désignée par les
mots ou par la forme de la proposition. (*Trad.*)

» 14° Que dans la seconde et la troisième figure les extrêmes
» ayant tous deux la même relation avec le terme moyen, *il n'y*
» *a pas*, comme dans la première, *une opposition et une subor-*
» *dination entre un terme majeur et un terme mineur, se*
» *contenant l'un l'autre, et étant contenus l'un dans l'autre*
» *mutuellement, dans les touts opposés d'extension et de com-*
» *préhension*.

» 15° En conséquence, dans la *seconde* et la *troisième* figure,
» il n'y a pas de *majeure*, ni de *mineure* déterminées, et
» il y a *deux conclusions indifférentes ;* tandis que dans la
» première, les *prémisses* sont *déterminées*, et il y a une *con-*
» *clusion prochaine unique*.

» 16° Que la troisième figure où domine la *compréhension*
» est plus appropriée à l'*induction*.

» 17° Que la seconde figure où domine l'*extension* est plus
» appropriée à la *déduction*.

» 18° Que la première figure, où la *compréhension* et l'*ex-*
» *tension* sont en équilibre, est commune à l'*induction* et à la
» *déduction* indifféremment. »

La doctrine qui conduit à toutes ces conséquences, ou plutôt qui nécessite tous ces changements d'expression (car il n'y a pas autre chose), consiste en ce que le prédicat est toujours quantifié dans la pensée ; que nous le pensons toujours comme signifiant le tout, ou comme ne signifiant qu'une partie des objets renfermés dans son extension. « Dans la réalité et dans
» la pensée, toute quantité est nécessairement ou tout, ou une
» partie, ou rien » (1). La proposition, tout le genre A est B, doit signifier, en pensée, ou tout le genre A est tout le genre B, ou tout le genre A est quelque B. Quand je juge que tous les bœufs ruminent, il faut non-seulement que ce soit vrai, mais je dois entendre, ou que tout le genre bœuf est tout le genre ruminant, ou que tout le genre bœuf est quelque ruminant. La

---

(1) *Discussions*, appendix II, p. 601. Mais tout le sens de cette affirmation, en tant qu'elle pourrait servir à notre auteur, est renversé par la proposition qu'il est actuellement obligé de faire que « l'indésigné est pensé, ou bien nette-
» ment comme tout ou comme partie, ou bien *vaguement comme l'un ou l'autre*,
» *on ne sait lequel, mais on doit présumer le pire* ». La concession lui est fatale et n'est qu'une partie de la vérité ; car l'indésigné n'est pas nécessairement pensé soit comme un tout, soit comme une partie, ou comme « on ne sait lequel », souvent même il n'est pensé dans aucun rapport et sous aucune quantité.

logique, donc, demande la liberté d'exprimer en mots ce qui est déjà dans les idées, et d'écrire toutes les propositions dans l'une ou l'autre de ces formes ; ce qui oblige de changer toutes les règles du raisonnement, au moins dans l'expression, et à les fonder sur la relation d'égalité parfaite entre les termes.

Mais si, comme j'ai essayé de le montrer, le prédicat B est présent dans la pensée seulement au point de vue de sa compréhension ; si c'est une erreur de supposer que nous le pensons comme un agrégat d'objets, c'est une erreur bien plus grande de croire que nous le pensons comme un agrégat avec une quantité déterminée d'objets, comme quelques ou comme tous les objets qui le composent. Je renouvelle l'appel que j'ai déjà fait à la conscience du lecteur : quand il juge que tous les bœufs ruminent, se pose-t-il, ne fût-ce qu'un instant, la question de savoir s'il y a d'autres choses qui ruminent? Cette considération se trouve-t-elle dans la pensée plus que toute autre considération étrangère au sujet immédiat? Une personne peut savoir qu'il y a d'autres animaux ruminants, une autre peut croire qu'il n'y en a point, une troisième peut ne pas avoir d'opinion sur ce sujet : mais si toutes savent ce que veut dire le mot ruminant, toutes, en jugeant que le bœuf rumine, veulent dire exactement la même chose. L'opération mentale qu'elles effectuent en tant qu'il est question d'un jugement, est précisément la même pour toutes les personnes, bien que quelques-unes puissent aller au delà et y ajouter d'autres jugements (1).

---

(1) Non-seulement nous ne quantifions pas (si ce n'est par exception pour un but spécial) le prédicat dans la pensée, mais nous ne quantifions même pas le sujet, au sens demandé par la théorie de Hamilton. Même dans une proposition universelle nous ne pensons pas le sujet comme un tout collectif, mais comme ses diverses parties : nous ne jugeons pas que tout le genre A est B, mais que tous les A sont des B, ce qui est différent. La proposition que ce qui est vrai du tout doit être vrai de toutes les parties, n'est vraie que lorsque le tout signifie les parties elles-mêmes, et non quand il signifie la collection des parties. Tous les A est une notion très-différente de tout A ; ce qui est vrai du genre A seul comme tout n'est pas un élément de jugement pour ses parties, pas même pour toutes ses parties. Hamilton pense que la relation de quantité en extension que le genre A offre avec le genre B, est toujours présente dans ma pensée quand j'affirme B de A. Cependant cette relation de quantité n'appartient pas aux As individuels, mais d'une façon spéciale et uniquement au genre A en tant qu'un tout, et je ne pense pas au genre A en tant que tout. Quand j'affirme B de tous les As séparément, je ne fais pas attention à une propriété ou relation quelconque appartenant au genre A comme leur agrégat. Par conséquent nous ne devons pas dire tout le genre bœuf rumine, mais tous les bœufs ruminent. La distinction n'a qu'une petite importance quand le genre A est seulement coextensif avec une partie de B ; car si le genre A n'est

Loin que la proposition « seulement A est B » signifie tout A est *quelque* B, soit présente dans la pensée ; elle n'est pas saisie du premier coup sans difficulté par les commençants en logique. Il faut un certain effort de pensée pour voir que quand nous disons : tous les A sont des B, nous ne faisons qu'identifier le genre A avec une portion du genre B. Quand l'élève entend dire que la proposition « tous les A sont des B » ne peut être convertie qu'en celle « quelques B sont des A », je crains qu'il n'y voie une nouvelle idée, et que la vérité de la proposition ne soit pas tout à fait évidente pour lui, à moins d'être vérifiée par un exemple particulier, où il sache déjà que la simple inversion serait faussé, comme dans celui-ci, tous les hommes sont des animaux, donc tous les animaux sont des hommes. C'est si loin d'être vrai, que la proposition tous les A sont des B se quantifie spontanément dans la pensée et devient tout le genre A est quelque B.

Par conséquent, je soutiens que la prétention de la doctrine du prédicat quantifié à représenter et analyser l'opération du raisonnement plus exactement que la doctrine commune du syllogisme est psychologiquement fausse. Cela suffit pour la ruiner, si nous admettons avec Hamilton que la Logique est la science des lois auxquelles la pensée *doit* obéir pour être valable. Mais d'après l'idée très-différente que je me fais moi-même de la Logique formelle, cette doctrine pourrait avoir encore de l'importance, puisque selon moi la théorie syllogistique n'est pas du tout une analyse du raisonnement, et se borne à servir d'épreuve à la validité des raisonnements, en donnant des formules dans lesquelles on peut mettre tous les raisonnements s'ils sont valables, et qui, s'ils ne le sont pas, font découvrir le défaut caché qui les vicie. A ce point de vue, il se pourrait qu'une forme, qui montrerait toujours la

---

qu'une partie, cela doit être encore plus vrai d'un A particulier, et il est indifférent que nous disions tout le genre A est quelque B, ou tout A est quelque B. Mais c'est toute autre affaire quand on dit que tout le genre A est tout le genre B, cette fois, si l'affirmation est vraie, elle est vraie *seulement* du genre A considéré comme un tout, et exprime une relation entre les deux genres considérés comme entiers, et non entre l'un d'eux et ses parties. Or, affirmer que lorsque nous jugeons que chaque A est un B, nous reconnaissons toujours et nécessairement par la pensée un fait qui n'est pas vrai de chaque A, ou même d'un A quelconque, mais seulement de l'agrégat composé de tous les A, cela me semble l'idée la moins fondée qui se soit jamais logée dans l'esprit d'un penseur éminent.

quantité du prédicat, fût un perfectionnement de la forme vulgaire. Et je ne nierai pas que pour l'usage ordinaire, et quand il s'agit d'éclairer par des exemples, il n'y ait là un vrai perfectionnement. On donne plus de clarté à l'exposition de la théorie du syllogisme en indiquant que la proposition tous les A sont des B implique seulement que tout A est quelque B, et que la proposition nul A n'est B exclut A de B tout entier. En réalité, c'est ce que les élèves qui étudient la logique à la manière commune apprennent par ce qu'on appelle la théorie de la supposition, ou (dans les ouvrages qui laissent cette doctrine de côté) par celle de la conversion et les règles syllogistiques contre le moyen indistribué et contre le raisonnement *à non distributo ad distributum*. Il n'y a pas de mal, et l'on gagne quelque chose à donner à ces doctrines essentielles l'expression plus explicite préconisée par Hamilton. Mais pour en retirer quelque avantage, il faut nous contenter de quantifier des propositions qui sont affirmées et admises dans leur forme non quantifiée. Glisser la quantification dans toute autre proposition, c'est obscurcir au lieu d'éclairer la théorie. « Tout le genre A est quelque B » est admissible parce que c'est la quantification réellement impliquée dans tous les A sont B ; mais « tout le genre A est tout le genre B » est inadmissible parce qu'il n'est pas l'équivalent d'une proposition unique quelconque susceptible d'être affirmée sous une forme non quantifiée. Comme tous les raisonnements, à l'exception de ceux qu'on emploie pour enseigner la logique, sont mis sous des formes usitées d'ordinaire dans la pratique, et comme l'on n'a pas d'autre raison de leur donner d'autres formes que de faire subir une épreuve à celles qu'on emploie réellement, il est essentiel que les formes nouvelles soient des formes dans lesquelles on puisse traduire les propositions exprimées en langage vulgaire, — que toute proposition en forme logique soit l'équivalent exact de quelque proposition sous la forme commune. Or aucune proposition susceptible d'être exprimée dans la forme ordinaire n'est équivalente à la proposition « tout le genre A est tout le genre B ». Cette forme d'expression combine le sens de deux propositions en termes vulgaires, exprimant deux jugements distincts, tous les A sont des B, et tous les B sont des A.

Si cette vérité n'avait pas été niée, je l'aurais jugée assez évidente pour n'avoir pas besoin de preuve ou d'exemple. Mais Hamilton la nie, il faut donc y insister. Quand nous faisons une affirmation sous la forme embarrassée et forcée, « tout le genre homme est tout le genre raisonnable », y a-t-il rien de plus évident que la nécessité de deux propositions pour remplir tout l'espace occupé par cet énoncé; d'abord, tout homme a l'attribut raison, et ensuite, rien de ce qui n'est pas homme n'a cet attribut, ou (ce qui est la même chose) toute créature raisonnable a les attributs de l'homme? Comment est-il possible de formuler un seul jugement avec une affirmation divisible en deux parties, dont l'une peut être inconnue et l'autre connue, l'une apprise et l'autre ignorée, l'une fausse et l'autre vraie? (1)

Si Hamilton n'est pas disposé à soutenir que toutes les fois que la réciproque universelle d'une proposition universelle affirmative est vraie, nous ne pouvons pas connaître l'une sans connaître l'autre, c'est en vain qu'il soutiendra qu'une forme affirmant ces deux propositions à la fois ne fait qu'une seule et même proposition. Si en jugeant que « tous les triangles équilatéraux sont équiangles », nous jugeons que tous les triangles équilatéraux sont tous les équiangles, dans quelle situation est l'esprit du commençant à qui l'on vient de prouver que tous les triangles équilatéraux sont équiangles, mais qui ne connaît pas encore la preuve de la proposition réciproque que tous les triangles équiangles sont équilatéraux? Si la proposition « tous les triangles équilatéraux sont tous les équiangles » ne fait qu'un jugement, qu'est-ce que la proposition « tous les

---

(1) A ceci je ne vois qu'une réponse, c'est que lorsque nous avons les deux concepts, homme et raisonnable, et que nous sommes en train de les comparer ensemble, il nous *faut* voir et juger si l'un est seulement une part de l'autre, ou un tout coïncidant avec lui. Mais cette réponse, ni Hamilton, ni aucun autre conceptualiste n'a le droit de la faire. Un adversaire de Hamilton le pourrait. J'ai moi-même dit, et j'ai présenté comme une *reductio ad absurdum* de son analyse du raisonnement, que si nous comparons deux concepts, nous ne pouvons pas ne pas percevoir une relation de tout et de parties qui existe entre eux. Cependant il est défendu à Hamilton de faire cette réponse; car tous les raisonnements, même l'opération la plus longue des mathématiques, consiste suivant lui à découvrir cette relation de tout ou de partie par des moyens détournés, quand la comparaison directe ne la découvre pas. A son point de vue, cependant, l'argument est sans valeur; et au mien il est sans justesse, parce que je n'admets pas que le raisonnement soit une comparaison de concepts.

triangles équilatéraux sont équiangles? » Est-ce la moitié d'un jugement? (1)

(1) Hamilton va jusqu'à dire (*Appendix to Lectures*, IV, 292) que, pour une personne qui sait que toutes les figures trilatérales sont triangulaires, la proposition « tous les triangles sont trilatéraux » doit, si elle est exprimée comme elle est comprise, s'écrire « tous les triangles sont toutes les figures trilatérales », comme si toute proposition que j'affirme d'un sujet devait renfermer tout ce que je sais de ce sujet.

M. de Morgan a déjà objecté à Hamilton que la proposition tout le genre A est B n'est pas un simple jugement, mais un composé de deux jugements, et nous avons la réponse de Hamilton (*Discussion, Appendix*, II, 687-688). Par malheur M. de Morgan (par une erreur étrange chez cet éminent penseur) a donné à Hamilton l'apparence de la victoire, en se trompant sur les deux jugements dont il prétend que la proposition unique se compose. Il paraît avoir dit que la proposition « tous les Xs sont tous les Ys » se compose des propositions, tous les Xs sont quelques Ys, et « quelques Xs sont tous les Ys ». Hamilton réplique que ces deux propositions sont (dans son langage à lui) *incompossibles*, puisque nous ne pouvons pas penser X à la fois comme quelque Y, c'est-à-dire comme une partie d'Y, et comme tout Y. L'argument n'est qu'une argutie, parce qu'on n'entend pas (quoique Hamilton l'entende) par quelque *seulement quelque*, mais *au moins quelque*; et si la première proposition de M. de Morgan identifie X avec seulement quelques parties d'Y, la seconde ajoute le reste. Mais en réalité les deux propositions qui entrent dans la composition de « tout le genre A est tout le genre B » ne sont pas du tout des jugements avec des prédicats quantifiés. Ces jugements sont tout le genre A est le genre B et tout le genre B est tout le genre A. L'un assigne les attributs de B à tout A, l'autre les attributs de A à tout B. Il n'existe pas de jugements plus distincts et plus indépendants l'un de l'autre.

D'après Hamilton (*Appendix to Lectures*, IV, 259), « le langage ordinaire » quantifie le prédicat aussi souvent que cette détermination devient de la plus » petite importance ». Et il cite comme exemple : « La vertu est la *seule* noblesse, » parmi les animaux l'homme seul est raisonnable », etc. La vérité est que le langage ordinaire quantifie le prédicat dans les cas rares où il est quantifié dans la pensée, et non dans d'autres. Et même alors la proposition quantifiée est une expression abrégé de deux jugements. Le logicien allemand Schiebler, auquel notre auteur renvoie dans une note (*Ibid.*, p. 261), aurait pu le mettre sur la bonne voie.

« Hamilton », dit M. Grote (*Westminster Review*, p. 31-32), « insiste pour poser » explicitement non pas seulement ce qui est posé implicitement, mais beaucoup » plus; il y ajoute quelque chose qu'on peut bien penser aussi en même temps, » mais qui bien plus souvent n'est pas pensé du tout. Il veut que nous empaque- » tions deux jugements distincts dans une seule et même proposition : Il interpose » le sens de la propositio conversa *simpliciter* dans la forme de la propositio con- » vertenda, (quand elle est universelle affirmative) et alors il trouve qu'il y a un » grand profit à ce que la proposition ainsi interpolée puisse être convertie *sim-* » *pliciter* et non *per accidens* simplement..... Si un homme est préparé à nous » donner une information sur un *quæsitum*, pourquoi serait-il contraint d'em- » ployer une manière de parler qui impose en même temps à son attention un » second quæsitum distinct, en sorte qu'il doive nous donner une information sur » les deux à la fois, ou confesser qu'il ne sait rien du second ? » M. Grote prend même dans l'arsenal d'autorités de Hamilton un passage excellent d'un philosophe juif du XIVe siècle, Levi Ben Gerson, qui réfute complétement la théorie de Hamilton. « Ce qui fait qu'on ne joint pas d'ordinaire au prédicat la note quan- » titative, c'est qu'il y aurait deux quæsita à la fois; à savoir, si le prédicat est » affirmé du sujet, et s'il est nié de toute autre chose. En effet, quand nous disons » tout le genre homme est tout le genre raisonnable, nous jugeons que tout le » genre homme est raisonnable, et nous jugeons pareillement que le prédicat rai-

Ce n'est pas le seul cas où Hamilton insiste pour envelopper deux affirmations différentes dans une même forme verbale, et demande qu'on les considère comme une seule assertion. Il soutient énergiquement que la forme « quelque A est B », ou (en forme quantifiée) « quelque A est quelque B » doit logiquement parlant être employée et comprise au sens de « quelque et *seulement quelque* » (1). Il ne donne pas l'ombre d'une raison pour justifier sa dérogation aux usages de tous les auteurs qui ont écrit sur la logique et de tous ceux qui pensent et parlent avec quelque précision, et l'introduction dans la logique d'un simple *sous-entendu* usité dans le langage ordinaire le plus vague. Si je dis à quelqu'un : « J'ai vu quelques-uns de vos enfants aujourd'hui », il aurait raison d'en conclure que je ne les ai pas vus tous, non pas parce que les mots le disent, mais parce que si je les avais vus tous, je l'aurais dit très-probablement ; et cependant on ne doit pas le présumer, à moins de supposer d'avance que je devais savoir si les enfants que j'ai vus étaient ou non tous ses enfants. Mais l'introduction dans la Logique de cette manière *familière* d'interpréter une proposition est une chose nouvelle. Si dans quelque A est B, on doit comprendre *seulement* quelque, c'est qu'il y a un double jugement composé des propositions, quelques A sont des B, et quelques A ne sont pas des B. Si l'on quantifie ces propositions à la façon de notre auteur, elles deviennent : quelque A est quelque B, et quelque A (un autre) est nul B. Si deux propositions dont l'une affirme et l'autre nie un prédicat différent d'un sujet différent ne sont pas deux jugements distincts, il est impossible de dire quels le sont. Un des grands avantages de la discipline en Logique formelle, c'est de nous faire connaître si ce qui passe pour une seule proposition, se compose réelle-

» sonnable est refusé à toute autre chose que l'homme. Mais il y a là en réalité deux
» quæsita différents ; et en conséquence on a pris l'habitude de les poser non pas
» en une, mais en deux propositions différentes. Ceci est évident de soi, vu qu'un
» quæsitum en lui-même ne dit pas autre chose que, ceci est-il ou n'est-il pas
» inhérent à cela ? et non, ceci est-il ou n'est-il pas inhérent à cela, et en même
» temps n'est-il inhérent à nulle autre chose ? »
Les propositions en extension n'ont absolument aucun autre sens que celui qu'elles tirent de la compréhension. La logique du prédicat quantifié en supprime la compréhension, et n'y laisse après qu'un *caput mortuum*.

(1) Voyez entre autres, *Discussions, Appendix*, II, 6Q0-604, il y dit : « Toute quantité est nécessairement *tous* ou *aucuns* ou *quelques-uns* ; la dernier *exclut* formellement les deux autres.

ment de plusieurs, qui n'étant pas nécessairement impliquées l'une dans l'autre ont besoin d'être séparées et considérées chacune à part avant qu'on admette l'assertion composée. On peut avec raison dire que cette séparation rend implicitement d'une manière verbale ce qui est implicitement dans la pensée. Mais poser *im*plicitement en mots ce qui est *ex*plicitement dans la pensée, c'est ajouter à la Logique un nouveau postulat, et je ne crois pas que cette acquisition l'enrichisse.

Otez ces propositions composées, et le mode quantifié d'exprimer les propositions ne peut plus prétendre à donner des conclusions légitimes que l'ancienne Logique ne reconnaît pas. Tout ce qui peut être prouvé par « tout le genre A est tout le genre B » peut être prouvé dans l'ancienne forme par un de ses deux éléments ou par tous les deux, tous les A sont des B, et tous les B sont des A. Tout ce qu'on peut prouver par « quelque et seulement quelque A est quelque (ou tous les) B » peut être prouvé sous l'ancienne forme, par ses éléments, quelques A sont des B, quelques A ne sont pas des B, et (dans le cas mentionné en dernier lieu) tous les B sont des A. Si nous voulons changer les formes de toutes nos propositions, les formes de nos syllogismes demandent naturellement aussi des changements ; et il peut y avoir un plus grand nombre de formes où des conclusions quantifiées peuvent être tirées des prémisses, quantifiées, que de celles dans lesquelles des conclusions non-quantifiées peuvent être tirées des prémisses non-quantifiées. Mais il n'y a pas un seul cas, et la nature des choses ne permet pas qu'il y en ait un seul, où une conclusion qui peut être prouvée par des prémisses quantifiées, ne puisse être prouvée par les mêmes prémisses non quantifiées, si nous en tirons tout ce qui y est impliqué réellement. S'il pouvait y avoir un cas de cette espèce le syllogisme quantifié serait réellement une addition à la théorie de la Logique : sinon, non.

J'ai déjà une fois remarqué que si le syllogisme quantifié n'est pas une expression vraie de ce qui est dans la pensée, il n'en résulte pas que l'*art* de la Logique ne puisse tirer un secours réel de la règle d'écrire le prédicat avec une quantification. Quoique ce ne soit pas une analyse exacte de l'opération du raisonnement, cela peut dans quelques cas nous permettre de voir plus facilement si les conclusions découlent réellement des prémisses. Mais sans rejeter cette règle, sans nier qu'elle soit utile pour atteindre ce but, je dois faire remarquer que son usage dans cette mesure me semble très-limité, pour deux raisons. D'abord, le problème à résoudre c'est l'épreuve de la validité d'un raisonnement exprimé dans le langage dans lequel on raisonne d'ordinaire. Nous faisons cette épreuve en prenant les propositions comme elles sont, et en mesurant l'étendue respective des assertions faites dans les deux prémisses et dans la conclusion, de manière à constater si les premières sont assez larges pour couvrir et renfermer la dernière. Pour cela il faut un peu de pratique; mais on n'évite pas la tâche en quantifiant le prédicat; au contraire, il faut qu'elle ait été déjà effectivement remplie pour que le prédicat puisse être quantifié correctement; de sorte qu'en quantifiant une proposition on ne gagne rien. Ma seconde raison c'est qu'après que le prédicat a été quantifié, il est souvent aussi difficile ou plus difficile de suivre l'enchaînement des idées à travers les symboles, que quand ils sont exprimés en langage ordinaire. Prenons un exemple d'inférence non-valable, un syllogisme de la première figure avec la prémisse majeure particulière, comme :

> Quelques Ms sont des Ps,
> Tous les Ss sont des Ms,
> Donc tous les Ss sont des Ps.

La conclusion est fausse parce que les Ms qui sont identifiés avec les Ss peuvent n'être pas les mêmes Ms qui sont des Ps, mais d'autres Ms. Quantifions le prédicat :

> Quelques Ms sont quelques Ps,
> Tous les Ss sont quelques Ms,
> Donc tous les Ss sont quelques Ps.

L'invalidité de la conclusion est-elle plus claire ?

Faut-il moins d'effort d'esprit pour s'apercevoir que « quelques Ms » peuvent ne pas signifier les mêmes *quelques* dans les deux prémisses, qu'il n'en fallait pour reconnaître la vérité équivalente relative à M dans la mineure, et à « quelque M » dans la majeure? Au contraire, la somme quantifiée est évidemment la plus dangereuse des deux, puisque le terme moyen, quoique réellement ambigu, est dans cette forme verbalement le même, ce qu'il n'est pas dans la forme inquantifiée.

Le résultat général de ces considérations c'est que l'utilité des nouvelles formes n'est pas du tout de nature à compenser la grande complication qu'elles introduisent dans la théorie syllogistique; complication qui la rendrait en même temps difficile à apprendre ou à retenir, et intolérablement ennuyeuse à la fois à apprendre et à employer. Le seul but des formes syllogistiques est de donner une bonne pierre de touche pour l'opération qui consiste à tirer des conclusions en langage ordinaire de prémisses posées dans le même langage ordinaire; et les formes ordinaires du syllogisme remplissent fort bien ce but. Les nouvelles formes ne facilitent nullement l'opération, au contraire, elles méritent bien plus que les formes communes, l'accusation de détourner l'esprit du vrai sens des propositions (qui est d'assigner des attributs à des objets considérés séparément), et de le concentrer sur la considération très-artificielle, et en général très-peu importante, de la relation d'étendue entre des genres d'objets considérés non pas séparément mais comme des tout collectifs. Les nouvelles formes n'ont donc point d'avantage pratique qui contre-balance le reproche de n'être pas conformes à la psychologie; il y a peu de mérite à les avoir inventées, et peu de profit à les acquérir, à moins qu'on ne les regarde comme un exercice de gymnastique mentale propre à fortifier les facultés des élèves. En un mot, il faut les traiter comme Hamilton traite les formes de syllogismes « numériquement définis » de M. de Morgan, et dire qu'elles sont « considérées par la Logique comme des » formes authentiques, mais qu'elles sont abandonnées dans la » pratique comme peu utiles, et qu'elles encombrent la science » d'une quantité de mots superflus » (1).

(1) *Appendix to Lectures*, IV, 355.

CHAPITRE XXIII

DE QUELQUES QUESTIONS SECONDAIRES DE DOCTRINE D'APRÈS LES IDÉES DE HAMILTON SUR LA LOGIQUE FORMELLE.

Les deux théories examinées dans le chapitre précédent sont les seules nouveautés importantes que Hamilton a introduites dans la science ou l'art de la Logique. Mais il s'est écarté çà et là sur des points secondaires de la doctrine suivie par tous les logiciens. Quelques-unes de ces déviations méritent qu'on recherche leur connexion avec quelqu'une des idées principales de notre auteur, d'autres jettent du jour sur le caractère de son esprit. Celle dont je m'occupe en premier lieu appartient à la première classe.

I. Presque tous les auteurs qui ont écrit sur la Logique syllogistique ont fait remarquer que quoique nous ne puissions pas, si nous observons fidèlement les formes de la logique, tirer une conclusion fausse de prémisses vraies, nous pouvons cependant tirer une conclusion vraie de prémisses fausses ; en d'autres termes, que la fausseté des prémisses ne prouve pas la fausseté de la conclusion, et que la vérité de la conclusion ne prouve pas la vérité des prémisses. Il faut en être averti ; car il n'est pas rare qu'on prenne une réfutation des raisons qui servent d'appui à une doctrine pour la réfutation de la doctrine même ; et il n'y a pas d'idée fausse plus répandue que celle qui fait accepter la vérité des prémisses parce qu'elles aboutissent à une conclusion déjà admise comme vraie. Non-seulement cet avertissement est utile, mais c'est à la Logique même, à la Logique restreinte, à la Logique formelle qu'il appartient de le donner. Quand on affirme que la Logique formelle n'a rien à faire avec la vérité matérielle, tout ce qu'on doit entendre par là, c'est qu'en Logique nous n'avons pas à considérer si la conclusion supposée démontrée est vraie en fait. Mais nous devons considérer si elle est vraie conditionnellement, vraie si ses prémisses sont vraies : cette question est le but même de la Logique formelle ; si la Logique formelle ne nous apprend pas cela, elle n'a rien à nous apprendre. Le théorème que dans un syllogisme valide la fausseté des prémisses ne prouve pas la fausseté de la conclusion, appartient aussi bien à la Logique que celui que la vérité des prémisses prouve la vérité de la conclusion. Nous avons donc lieu de nous étonner que Hamilton s'exprime comme il suit :

« La Logique ne garantit la vérité de ses prémisses qu'en
» tant qu'elles sont les conclusions formelles de raisonnements
» antérieurs ; elle garantit seulement (dans l'hypothèse que les
» prémisses sont effectivement admises) la vérité de la con-
» clusion. A ce point de vue, la conclusion peut, comme une
» proposition séparée, être vraie ; mais si elle n'est pas une
» conséquence nécessaire des prémisses, c'est une conclusion
» fausse en fait, ce n'est pas une conclusion. Or il y a sur ce
» point une doctrine admise par les logiciens, qui n'est pas
» seulement fausse, mais dont l'admission ruinerait la distinc-
» tion de la logique en tant que science purement formelle. La
» doctrine en question revient à ceci, — que si la conclusion
» d'un syllogisme est vraie, les prémisses peuvent être vraies
» ou fausses, mais que si la conclusion est fausse, une des
» deux prémisses doit être fausse : en d'autres termes, qu'il
» est possible d'inférer le vrai du faux, mais non le faux du
» vrai. Prenons pour exemple le syllogisme suivant :

» Aristote est Romain,
» Un Romain est Européen,
» Donc Aristote est Européen.

» La conclusion, telle qu'elle est exprimée, est vraie, mais
» je remarquerai que toute l'inférence que les prémisses né-
» cessitent, et que la conclusion contient par conséquent vir-

» tuellement, n'est pas vraie, qu'elle est fausse. En effet, les
» prémisses du syllogisme précédent ne donnent pas seulement
» la conclusion, *Aristote est Européen* mais aussi la conclusion, *Aristote n'est pas Grec* ; car il ne résulte pas simplement
» de la prémisse qu'Aristote est conçu sous la notion univer-
» selle dont le concept *Romain* forme une section particulière,
» mais aussi qu'il est conçu comme exclu de toutes les autres
» sections particulières contenues dans cette notion universelle.
» La question de la vérité de la prémisse, *Aristote est Romain*,
» doit être plus justement regardée comme extra-logique ;
» mais s'il en est ainsi, il est pareillement extra-logique de
» considérer la conclusion, *Aristote est Européen*, à tout autre
» point de vue que celui d'une pure inférence formelle tirée
» de certains antécédents hypothétiques. La Logique ne s'oc-
» cupe que de la vérité formelle, — de la validité technique,
» — de ses syllogismes, et elle n'a rien à rechercher en dehors
» de la légitimité des conséquences qu'elle tire de certains
» antécédents hypothétiques. La vérité logique et la fausseté
» logique rentrent ainsi dans l'exactitude ou l'inexactitude de
» l'inférence logique, et ce n'est pas à tort par conséquent que
» nous avons fait des mots vrai ou correct et de faux ou in-
» correct appliqués au syllogisme des termes équivalents. »

Cette proposition qu'une conclusion vraie peut être tirée de prémisses fausses, ou en d'autres termes, qu'une opinion vraie peut s'appuyer sur des raisons fausses, est une de celles que nous ne pouvions guère nous attendre à voir contester, quoi qu'on puisse dire de ses connexions avec la logique. Un paradoxe aussi imprévu avait besoin des arguments les plus forts ; qui donc se serait attendu à ces vieilleries qui ne sont pas des raisons, mais des ombres de raisons que notre auteur nous présente ? Il s'arrête court au milieu de la première, comme s'il avait peur de la voir tomber en poussière en s'y appuyant, et court à la seconde qui est encore plus incapable de résister. « Il est extra-logique de considérer la conclusion, *Aristote est* » *Européen*, à un autre point de vue qu'à celui d'une simple » inférence formelle tirée de certains antécédents hypothéti- » ques. » Personne ne propose de la regarder comme autre chose qu'une inférence formelle tirée de certains antécédents hypothétiques. Le fin mot de la question c'est qu'une pareille inférence et par conséquent une proposition réellement vraie peut être une inférence formelle de prémisses entièrement ou partiellement fausses : en d'autres termes la fausseté de la conclusion n'est pas une conséquence de la fausseté des prémisses. La théorie de « l'inférence formelle » doit nous montrer aussi bien les conclusions qui ne sont pas formellement légitimes que celles qui le sont. Ce n'est pas l'affaire de la Logique formelle de déterminer ce qui est réellement vrai, mais c'en est l'affaire de nous dire ce qui est ou ce qui n'est pas une conclusion, et de quoi c'est la conclusion. Dans la première partie inachevée de son raisonnement, Hamilton fait un faible effort pour montrer que la conclusion, Aristote est Européen, n'est pas vraie. Il admet qu'elle est vraie telle qu'elle est exprimée, mais qu'elle contient virtuellement quelque chose de faux, à savoir, qu'Aristote n'est pas Grec. Par quelle analyse peut-il trouver cette affirmation dans la proposition, Aristote est Européen? Ce n'est pas, d'après lui, dans la proposition considérée en soi, mais seulement dans la proposition en tant qu'inférée de « Aristote est Romain ». Mais c'est une étrange doctrine que de soutenir qu'une proposition est vraie ou fausse non pas selon ce qu'elle affirme, mais selon la manière dont on est arrivé à y croire. C'est une façon de parler très-irrationnelle que de dire qu'une proposition outre son sens évident, en contient un que les mots ne rendent pas, qu'ils n'expriment pas dans la bouche des autres, mais qui en est une partie si essentielle, que sa fausseté rend fausses des propositions qui sans cela seraient vraies. Supposez que l'acte de naissance d'un homme ait été détruit, et qu'une personne intéressée à la date de cette naissance la prouve par une fausse inscription au registre paroissial : cela fait-il que l'individu en question ne soit pas né le jour dit? Mais accordons-le, bien que ce ne soit pas raisonnable, et admettons que la proposition, Aristote est Européen, quand elle est tirée de la prémisse qu'il est Romain, renferme cette prémisse comme une partie de son sens. Contient-elle donc par implication qu'il n'est pas Grec? Supposez que je n'aie jamais entendu parler de Grecs ou que, en ayant entendu parler, je suppose qu'un Grec est une espèce de Romain, ou un Romain une espèce de Grec. Cette ignorance ou cette erreur de ma part m'empêche-t-elle de conclure

que si un Romain est Européen, et si Aristote est Romain, Aristote doit être Européen ; ou bien rendra-t-elle l'inférence illégitime ou la conclusion fausse ? On voit avec une évidence singulière dans une phrase de notre auteur jusqu'où il va pour soutenir sa thèse favorite. « Les prémisses du syllogisme, dit-
» il, ne donnent pas seulement la conclusion, Aristote est
» Européen, mais aussi la conclusion Aristote n'est pas Grec. »
» Voyons :

> Aristote est Romain,
> Un Romain est Européen,
> Donc Aristote n'est pas Grec.

Voilà de la logique formelle. Voilà le philosophe qui s'attache d'une manière si rigoureuse à rejeter de la Logique toute considération sur ce qui est vrai ou faux *vi materiæ*. Quelle ombre de connexion y a-t-il entre cette conclusion et les prémisses à moins qu'il n'y en ait une *vi materiæ* ? Rien ne peut expliquer cette abnégation chez un penseur de la pénétration de Hamilton si ce n'est une détermination opiniâtre à ne reconnaître sous aucune forme la croyance comme élément de jugement, ou que la vérité ait rien à faire avec la Logique pure.

Hamilton a un moyen d'échapper que personne, je pense, n'imaginerait. D'après lui, il y a deux espèces de vérités, ou plutôt le mot vérité a deux sens, de sorte qu'il est possible qu'une proposition soit vraie quoiqu'elle soit fausse. Il y a une vérité formelle et il y a une vérité réelle. (1) La vérité réelle est « l'harmonie entre une idée et son objet. » La vérité formelle est de deux sortes, logique et mathématique. « La
» vérité logique est l'harmonie ou l'accord de deux idées entre
» elles en tant qu'idées, en d'autres termes, la correspondance
» de l'idée avec les lois universelles de la pensée. » La vérité mathématique est une autre harmonie de la pensée, dans laquelle la vérité de fait est également superflue. Ailleurs, il dit (2) que si le conséquent est correctement « déduit » de l'an-

---

(1) *Lectures*, IV, 64, 68.
(2) *Ibid.*, II, 343.

técédent, la conclusion correctement déduite des prémisses, on « a la vérité logique ou formelle ou subjective; et qu'une infé- » rence peut être subjectivement ou formellement vraie, et » objectivement ou réellement fausse ». Pour soutenir cette négation de la doctrine commune, il faut qu'il change le sens des mots, et qu'il rende faux dans le nouveau sens ce dont on ne peut nier la vérité dans l'ancien. Mais je rejette *in toto* cet abus de langage qui affirme qu'une proposition fausse est vraie, parce qu'elle affecte avec une autre proposition fausse une relation telle, que si celle-ci au lieu d'être fausse eût été vraie elle eût été vraie pareillement. Il n'y a rien dans le mot vérité qui permette d'exprimer cette simple relation de conséquence entre propositions fausses. Nulle qualification par des adjectifs, tels que subjectif, formel, logique, ne fera de cette affirmation autre chose qu'un solécisme verbal qui veut passer pour la correction d'une doctrine philosophique.

Toute la théorie de la différence entre la vérité formelle et la vérité réelle est traitée comme elle mérite de l'être dans un passage d'un des auteurs favoris de Hamilton, Esser, qu'il cite et, ce qui est étrange, avec approbation.

« Il y a des philosophes, dit Esser, (1) qui tout en définis- » sant la vérité en général, l'harmonie absolue de nos idées » et cognitions, divisent la vérité en formelle ou logique et en » matérielle ou métaphysique, suivant que cette harmonie est » en accord avec les lois de la pensée formelle, et surtout, avec » les lois de la connaissance réelle. Le critérium de la vérité » formelle se trouve, pour eux, dans les principes de contra- » diction et de raison suffisante, c'est-à-dire que tout ce qui » n'est pas contradictoire est formellement vrai. Ce critérium, » positif et immédiat pour la vérité formelle (en tant que ce » qui est non-contradictoire et conséquent peut toujours être » pensé comme possible) reçoit d'eux le nom de critérium » négatif et médiat de la vérité matérielle : ce qui est contra- » dictoire et logiquement inconséquent est en réalité impos- » sible; mais ce qui est non contradictoire et non logiquement » inconséquent, ne doit pourtant pas être regardé comme ayant » une existence actuelle. Mais ce fondement est fallacieux : la

(1) *Lectures*, III, 106-107.

» notion de la vérité est fausse. Quand nous parlons de vérité,
» nous ne nous contentons pas de savoir qu'une idée s'harmo-
» nise avec un certain système d'idées ou de cognitions; mais
» ce dont nous avons surtout besoin d'être assurés, c'est que ce
» que nous pensons est réel, et tel que nous le pensons.
» Sommes-nous satisfaits sur ce point, nous regardons nos
» pensées comme vraies, tandis que si nous ne sommes pas
» satisfaits nous les regardons comme fausses, si bien qu'elles
» s'adaptent à une théorie ou à un système. Ce n'est donc pas
» dans une absolue harmonie de pure pensée que la vérité
» consiste, mais seulement dans la correspondance de nos
» pensées avec leurs objets. La distinction entre la vérité for-
» melle et la vérité matérielle, est ainsi non-seulement défec-
» tueuse en elle-même, mais opposée à la notion de la vérité
» universellement admise et formulée dans toutes les langues.
» Mais si cette distinction est mauvaise, il ne faut plus voir
» dans la Logique la pierre de touche de la vérité; elle ne
» peut être qu'un critérium négatif, puisqu'elle ne s'occupe
» que des idées et non des choses, de la possibilité et non de
» l'actualité de l'existence. »

Malgré tous les exemples que nous avons recueillis de la facilité avec laquelle Hamilton oublie dans une partie de ses
spéculations ce qu'il a pensé dans une autre, on aura encore
peine à croire qu'il prend à son compte cette énergique protestation, dans son troisième volume, contre la distinction qu'il
tire et l'opinion qu'il soutient dans le second et le quatrième.
« Deux doctrines opposées, dit-il, (1) se sont produites qui
» toutes deux ont méconnu les vraies relations de la logique »,
l'une d'elles est la doctrine (notre auteur l'appelle « inexacte »)
contre laquelle Esser proteste dans le passage que je viens de
citer. Et à ce propos, Hamilton cite la condamnation que sa
propre doctrine subit de la part d'Esser. En vérité, si les arguments *ad hominem* suffisaient, un controversiste aurait facilement raison de Hamilton.

II. — J'ai déjà fait remarquer que notre auteur s'écarte du
sens habituel que les Logiciens donnent au mot disjonctif ; en

(1) *Lectures*, III, 106.

limitant les jugements disjonctifs à ceux où les propositions alternatives ont le même sujet : A est ou B, ou C, ou D. Cette limitation exclut deux autres formes de l'affirmation d'une alternative : celle dans laquelle les propositions ont différents sujets, mais le même prédicat, « ou A, ou B, ou C est D ; et celui où elles ont différents sujets et différents prédicats, « ou A est B, ou C est D ». Voici des exemples de la première, Brown ou Smith ont fait cet acte ; c'est Jean ou Thomas qui est mort. Voici des exemples de la dernière : ou le témoin a dit une fausseté, ou le prisonnier a commis un meurtre; ou Macbeth a tué tous les enfants de Macduff, ou Macduff avait des enfants qui n'étaient pas présents. En privant ces deux espèces d'assertion de la place et de la dénomination qu'on leur a toujours reconnue, notre auteur ne leur en donne pas d'autre ; en sorte que non-seulement il innove dans le langage, mais encore il laisse un hiatus dans son système logique ; ces deux espèces de jugement n'ayant ni place, ni nom, ni légitimité dans ce système. Il faut que j'indique à présent une autre espèce de dérogation à la doctrine commune des logiciens, qui se rattachent au même sujet. Parlant de la classe des jugements auxquels il limite le nom de disjonctifs, ceux dans lesquels on affirme disjonctivement deux attributs ou davantage pour le même sujet, il tient pour accordé dans toute son exposition (1), que lorsque nous disons A est ou B ou C, nous disons implicitement qu'il ne peut être les deux à la fois ; que nous pouvons aussi légitimement raisonner en disant, A est ou B ou C, or il est B, donc il n'est pas C, que raisonner ainsi, A est ou B ou C, or il n'est pas B, donc il est C. Voilà ce qui lui permet d'affirmer que le principe des jugements disjonctifs est la loi de l'alternative. On suppose que les attributs sont implicitement ou explicitement contradictoires, en sorte que l'un ou l'autre doit être vrai du sujet, mais que tous les deux à la fois ne le peuvent. Pour moi, ceci constitue à la fois une imperfection dans sa théorie et une erreur positive en fait. C'est une imperfection, parce que nous pouvons juger, et juger légitimement qu'une chose est ceci ou cela, quoique nous sachions qu'elle peut bien être l'un et l'autre. Hamilton reproche si durement à la Logique ordinaire d'omettre, à ce qu'il

---

(1) *Lectures*, III, 326 et seq.

croit, des formes valables de pensée, qu'il lui appartenait plus spécialement de ne pas commettre une semblable erreur dans l'exposition qu'il fait lui-même de cette science. Mais il ne se borne pas à laisser de côté les jugements disjonctifs où les attributs alternatifs sont compatibles entre eux ; il suppose que l'affirmation disjonctive nie leur compatibilité, ce qui n'est pas. Si nous affirmons qu'un homme qui a agi de certaine façon est un coquin ou un fou, nous n'affirmons pas du tout, et nous n'entendons pas affirmer qu'il ne puisse pas être l'un et l'autre. On peut quelquefois tirer des conséquences très-importantes de la connaissance que nous avons qu'une des deux suppositions parfaitement compatibles doit être vraie. Supposez un argument comme celui-ci. Pour faire un usage entièrement désintéressé du pouvoir despotique, un homme doit être un saint ou un philosophe ; mais les saints et les philosophes sont rares ; donc ceux qui font un usage entièrement désintéressé du pouvoir despotique sont rares. La conclusion découle des prémisses, et a une grande importance pratique. Mais est-ce que la prémisse disjonctive implique nécessairement, ou faut-il l'interpréter comme supposant, que la même personne ne peut être à la fois un saint et un philosophe ? Cette interprétation serait ridicule. (1)

Dans les leçons de notre auteur et leurs appendices, il y a bon nombre de réflexions obscures et embarrassées sur les propositions disjonctives ou hypothétiques. Bien qu'il ait beaucoup réfléchi sur ce sujet, il ne lui est jamais venu à l'esprit une idée bien simple (qu'il aurait pu trouver dans la Logique de Whately) ; c'est que tout jugement disjonctif se compose de deux ou plusieurs jugements hypothétiques. Le jugement « ou » bien A est B, ou C est D » signifie si A n'est pas B, C est D ; et si C n'est pas D, A est B. Pour la plupart des gens, c'est suffisamment évident. Mais, si Hamilton y avait réfléchi, il l'aurait peut-être nié : en l'acceptant il n'eût pas été fidèle à la disposition qu'il montre souvent en bien des endroits, à considérer comme un seul jugement tout ce qu'on peut affirmer en une seule formule. En outre, malgré la peine qu'il prend pour déterminer ce qui fait l'importance réelle d'un jugement hypothé-

---

(1) M. Mansel ne commet pas cette faute (*Prolegomena logica*, p. 221).

tique, il n'a jamais l'idée que ce soit un jugement concernant d'autres jugements. Le jugement « si A est B, C est D »; signifie : le jugement C est D découle comme conséquence du
» jugement A est B. En ne voyant pas cela Hamilton adopte
» tacitement l'affirmation de Krug, que la conversion d'un syl-
» logisme hypothétique en un syllogisme catégorique n'est pas
» toujours possible. » (1)

III. — Vient ensuite l'innovation relative au sorite. Je n'ai pas besoin de dire qu'un sorite est un raisonnement dans la forme, A est B, B est C, C est D, D est E, donc A est E : expression abrégée d'une série de syllogismes, mais qu'on n'a pas besoin de décomposer pour en mettre en lumière la légitimité. Hamilton accuse tous les auteurs en Logique de n'avoir pas vu la possibilité du sorite dans la seconde et la troisième figure (2). Il n'entend pas par là un sorite où le dernier syllogisme qui résume tout le raisonnement serait de la seconde ou de la troisième figure, car tous les logiciens l'ont admis. Par exemple, au sorite ci-dessus on peut ajouter la proposition nul F n'est E, et dans ce cas, le dernier syllogisme serait, A est E, or nul F n'est E, donc A n'est pas un F, syllogisme de la seconde figure. Ou bien on pourrait ajouter à l'autre bout de la série A est G, quand le dernier syllogisme serait dans la troisième figure, A est E, or A est G, donc quelque G est un E. Voilà de vrais sorites, de véritables chaînes de raisonnement qui concluent dans la seconde et dans la troisième figure; nous pouvons les appeler si nous voulons sorites dans la seconde et dans la troisième figure, la vérité étant que ce sont des sorites où l'un des degrés est de la seconde ou de la troisième figure, tous les autres étant de la première. Tous ceux qui comprennent les lois de la seconde et de la troisième figure (ou même les lois générales du syllogisme) peuvent voir qu'il ne peut y avoir dans le sorite plus d'un degré de l'une ou de l'autre de ces figures, et que ce degré doit être le premier ou le dernier. Sur ce point, les logiciens ont toujours été d'accord. Ce ne sont pas là les espèces de sorite en faveur desquelles Hamilton élève la voix. Pour lui

---

(1) *Lectures*, III, 342.
(2) *Appendix to Lectures*, IV, 395.

un sorite de la seconde ou de la troisième figure à tous ses degrés dans la seconde, ou tous dans la troisième (chose impossible dans un vrai sorite), et par conséquent, au lieu d'une succession de termes moyens établissant une connexion entre les deux extrêmes, il ne contient qu'un seul terme moyen. Son paradigme de la seconde figure serait : Nul B n'est A, nul C n'est A, nul D n'est A, nul E n'est A, tout F est A ; donc nul B, nul C, nul D, nul E n'est F. Dans la troisième figure ce serait, A est B, A est C, A est D, A est E, A est F ; donc quelque B, ou quelque C, ou quelque D, ou quelque E, sont F. Il semble que quiconque a la plus petite notion de ce que c'est qu'un sorite, eût dû voir que ces deux raisonnements ne sont pas du tout des sorites. Ce ne sont pas des raisonnements enchaînés ; ils ne montent pas à la conclusion par une série de degrés introduisant chacun une nouvelle prémisse. Ils ne tirent pas une conclusion d'une succession de prémisses toutes nécessaires à son établissement. Ils tirent autant de conclusions différentes qu'il y a de syllogismes, chaque conclusion dépendant seulement des deux prémisses d'un seul syllogisme. La conclusion nul B n'est F découle de nul B n'est A, et de tout F est A ; et non de ces prémisses combinées avec nul C n'est A, nul D n'est A, nul E n'est A. La conclusion quelque B est F découle de A est B et de A est F, et serait prouvée même quand on rejetterait toutes les autres prémisses du prétendu sorite. Si Hamilton avait trouvé dans un autre auteur un abus du langage logique tel que celui dont il se rend coupable ici, il l'aurait accusé de n'avoir jamais lu un livre de logique. On ne peut pas lui faire ce reproche ; aussi ne puis-je imputer son erreur qu'à la passion qui semble s'être emparée de lui dans les dernières années de sa vie, de trouver toujours quelque chose de nouveau dans la théorie syllogistique. S'il avait porté son ardeur pour l'originalité dans d'autres départements de la science où il y a encore tant de découvertes à faire, il aurait plus reculé les bornes de la philosophie, qu'il ne l'a fait, à mon avis.

IV. Je reviens à une application fausse du langage logique dans laquelle Hamilton s'écarte étrangement des bonnes autorités, et méconnaît une des plus importantes distinctions posées par la logique aristotélicienne. Je veux parler de l'emploi

qu'il fait du mot contraire. Il confond la contrariété avec la
» simple incompatibilité. « L'opposition des notions, dit-il, est
» double (1) : 1° opposition immédiate ou contradictoire appelée
» autrement incompatibilité (τὸ ἀντιφατικῶς ἀντικεῖσθαι, ἀντίφασις,
» *oppositio immediata*, sive *contradictoria, repugnantia*; et
» 2° opposition médiate ou contraire (τὸ ἐναντίως ἀντικεῖσθαι, ἐναν-
» τιότης, *oppositio media* vel *contraria*). La première a lieu quand
» un concept abolit (*tollit*) directement ou par simple négation
» ce que l'autre établit (*ponit*) ; la dernière quand un concept
» l'abolit, non directement ou par simple négation, mais par
» l'affirmation de quelque autre chose. »

L'exemple qui jettera de la lumière sur ceci n'est pas de
notre auteur, c'est une citation de Krug qui l'a devancé dans
l'erreur (2) : « Parlons maintenant de la distinction des opposi-
» tions contradictoires et contraires, ou de la contradiction et de
» la contrariété; la première, la contradiction, a pour exemple
» les termes opposés, *jaune, non jaune; marchant, ne marchant
» pas*. Ici chaque notion est directement, immédiatement et
» absolument incompatible avec l'autre, ce sont des négations
» réciproques. On appelle donc convenablement cette opposi-
» tion *contradiction* ou *incompatibilité*; et les notions oppo-
» sées elles-mêmes sont des notions *contradictoires* ou *incom-
» patibles*, en un mot des *contradictions*. On trouve un exemple
» de la dernière ou opposition contraire dans les termes oppo-
» sés, *jaune, bleu, rouge*, etc., *marchant, debout, couché*, etc.

Il est difficile que Krug ou Hamilton aient cru que le sens
habituel de contrariété soit celui qu'ils donnent, ou que l'on
ait jamais dit que le jaune ou le bleu étaient les contraires du
rouge, ou même les opposés du rouge. L'expression même « *le
contraire* » prouve qu'une chose ne peut avoir plus d'un contraire. On dit que le blanc est le contraire du noir, mais on ne
connaît pas d'autre contrariété parmi les couleurs. Hamilton,
connaissant à fond la littérature de la logique, n'a pas pu s'imaginer que les logiciens fussent plus de son avis que les gens du
monde. Dans la langue scientifique comme dans la langue usuelle,
une chose n'a qu'un contraire, son extrême opposé; la chose
qui en est le plus éloignée de tout le genre. Noir est le con-

---

(1) *Lectures*, III, 214-215.
(2) *Ibid.*, III, 213, 214.

traire de blanc, mais ni l'un ni l'autre n'est celui de rouge. Infiniment grand est le contraire d'infiniment petit, mais non le contraire de fini. Il est d'autant plus étrange que Krug et Hamilton ne l'aient pas compris ou l'aient rejeté, que la définition qu'ils dédaignent est la base de la distinction entre les propositions contradictoires et les contraires, dans le fameux parallélogramme d'opposition. La proposition contraire à tout A est B, est nul A n'est B, son extrême opposé, c'est-à-dire celle qui en diffère le plus possible; qui ne se borne pas à la nier, mais qui en nie toutes les parties. La contradictoire de cette proposition est quelque A n'est pas B. Hamilton ne pouvait croire que la distinction entre ces propositions négatives fût, que l'une nie par simple négation, l'autre par l'affirmation de quelque autre chose.

Il est facile de montrer par autant de citations qu'on voudra que les maîtres de la doctrine syllogistique ont adopté ce sens du mot contrariété et non celui de Hamilton. Je n'ai consulté que les autorités que j'ai sous la main. Je commence par Aristote Τὰ γὰρ πλεῖστον ἀλλήλων διεστηκότα τῶν ἐν τῷ αὐτῷ γένει, ἐναντία ὁρίζονται (1).

Et encore Aristote : Τὰ γὰρ ἐναντία, τῶν πλεῖστον διαφερόντων περὶ τὸ αὐτό (2).

Aristote ἐν τῷ δεκάτῳ τῆς θεολογικῆς πραγματείας, cité par Ammonius fils d'Hermias (3), Ἐπεὶ δὲ διαφέρειν ἐνδέχεται ἀλλήλων τὰ διαφέροντα πλεῖον καί ἔλαττον, ἔστι τίς, καὶ μεγίστη διαφορά, καὶ ταύτην λέγω ἐναντίωσιν.

Ammonius lui-même ajoute : Ἡ τῶν ἐναντίων διαφορὰ μεγίστη τῶν ἄλλων, καὶ οὐδὲν ἔχουσα ἐξωτέρω αὐτῆς δυνάμενον πεσεῖν.

La citation suivante provient d'un traité bien connu qu'Hamilton recommandait spécialement à ses élèves, *Institutiones logicæ* de Burgersdyk.

« Oppositorum species sunt quinque : Disparata, contraria,
» relative opposita, privative opposita, et contradictoria. »

« Disparata sunt, quorum unum pluribus opponitur, eodem
» modo. Sic homo et equus, album et cæruleum, sunt dispa-
» rata : quia homo non equo solum sed etiam cani, leoni, cæ-

---

(1) *Categoriæ*, chap. vi.
(2) Περὶ Ἑρμηνείας, chap. xiv.
(3) *Ammonii Hermiæ in Aristotelis de Interpretatione Librum Commentarius*, ed., Aldi., p. 75, 176.

» terisque bestiarum speciebus, et album, non solum cœruleo,
» sed etiam rubro, viridi, cæterisque coloribus mediis, oppo-
» nitur *eodem modo*, hoc est, eodem oppositorum genere....

« Contraria sunt duo absolute, quæ sub eodem genere pluri-
» mum distant (1). »

Ce passage nous apprend non-seulement que ce que Hamilton appelle des contraires n'étaient pas appelés ainsi par les logiciens de l'école d'Aristote, mais aussi le nom qu'on leur donnait. On leur donnait le nom de disparates : mot que Hamilton emploie, mais dans un sens tout différent (2).

La citation qui suit est tirée de la meilleure et, malgré son peu d'étendue, d'une des plus complètes sur les points essentiels de toutes les expositions que j'ai vues de la Logique au point de vue purement aristotélicien : *Manuductio ad Logicam*, par le Père Du Trieu, de Douai (3).

« Contraria sunt, quæ posita sub eodem genere maxime a se
» invicem distant, eidem subjecto susceptivo vicissim insunt,
» a quo se mutuo expellunt, nisi alternum insit a natura;
» ut, *album* et *nigrum*.

» In hac definitione continentur quatuor conditiones, sive
» leges contrariorum.

» Prima, ut sint sub eodem genere.....

» Secunda conditio contrariorum est ut sub illo eodem genere
» maxime distent, id est *precise* repugnent..... Hinc excludun-
» tur disparata. »

La citation qui suit est tirée du *Compendium logicæ artis* de Saunderson, un des meilleurs traités élémentaires de Logique écrits par des auteurs anglais (4).

« Oppositio contraria est inter terminos contrarios. Sunt
» autem ea contraria quæ posita sub eodem genere maxime
» inter se distant, et vim habent expellendi se vicissim ex
» eodem subjecto susceptibili. »

Grackanthorp (5) : « Contraria sunt opposita quorum unum al-
» teri sic opponitur ut nulli alteri aut æque aut magis oppona-

---

(1) Burgersdicii, *Institutiones logicæ*, lib. I, chap. xxii, Theorema, 1.
(2) *Lectures*, III, 224.
(3) *Pars tertia*, chap. iii, art. 1.
(4) *Pars prima*, chap. xv.
(5) *Logica*, chap. xx.

» tur. Sic albedo nigredini, homini brutum, rationale irrationali
» contrarium est. Nam nihil est quod æque albedini opponi-
» tur atque nigredo, et sic in reliquis. » D'un autre côté :
» disparata sunt opposita quorum unum uni sic opponitur, ut
» alteri vel æque vel magis opponatur. Sic liberalitas et avaritia
» disparata sunt. Nam avaritia magis opponitur prodigalitati
» quam liberalitati. Sic albedo et rubedo disparata sunt, quia
» albedo æque opponitur viriditati atque rubedini, et magis
» nigredini quam ambobus. Nam plus inter se distant extre-
» ma, quam vel media inter se, vel medium ab alterutro ex-
» tremo. »

Brerewood (1) : « Contraria a dialecticis ita definiri solent :
» Sunt opposita quæ sub eodem genere posita maxime a se invi-
» cem distant, et eodem subjecto susceptibili vicissim insunt,
» a quo se mutuo expellunt, nisi alterum insit a natura..... Sed
» quoniam hæc definitio (quamvis sit præcipue in Dialecticorum
» scholis authoritans) laborat et tœdio, et summa difficultate,
» placet ex Aristotele faciliorem adducere, et breviorem :
» *Contraria sunt quæ sub eodem genere posita, maxime dis-*
» *tant.* »

Samuel Smith (2) : « Contraria sunt quæ sub eodem genere
» posita, maxime a se invicem distant et eidem susceptibili
» vicissim insunt, a quo se mutuo expellunt, nisi alterum eorum
» insit a natura. Ad contraria igitur tria requiruntur : primo
» ut sint sub eodem genere, scilicet qualitatis : nam solarum
» qualitatum est contrarietas; secundo, ut maxime a se invicem
» distent in natura positiva, id est, ut ambo extrema sint posi-
» tiva. »

Wallis (3) : « Contraria definiri solent, quæ sub eodem ge-
» nere maxime distant. Ut calidum et frigidum, album et
» nigrum : quæ contrariæ qualitatis dici solent. »

Aldrich lui-même, qui a raison une fois, peut prendre place
sur la liste des autorités d'Oxford (4) : « Contraria sub eodem

---

(1) *Tractatus Quidam Logici de Prædicabilibus et Prædicamentis. Tractatus decimus, de Post-Prædicamentis*, sect., 5 et 6.
(2) *Aditus ad Logicam*, (Oxoniæ, 1656), lib. 1, chap. xiv.
(3) *Institutia Logicæ*, lib. I, chap. xvi.
(4) *Artis Logicæ Compendium, Quæstionum Logicarum Determinatio* quæst. 19.

» genere maxime distant. Non maxime distant *omnium* ; magis
» enim distant quæ nec idem genus summum habent, magis
» contradictoria : sed maxime eorum quæ in genere conve-
» niunt. »

Keckerman (1) n'emploie pas cette définition des contraires, mais une autre; cependant ce n'est pas celle de Hamilton, et ses exemples de contraires sont tous pris dans les extrêmes opposés.

Casparus Bartholinus (2) : « Contraria sunt, quæ sub eodem
» genere maxime distant, eidemque subjecto susceptibili a quo
» se mutuo expellunt, vicissim insunt, nisi alterum insit a
» natura. »

Du Hamel (3) : « Oppositio contraria est inter duo extrema
» positiva, quæ sub eodem genere posita maxime distant, et ab
» eodem subjecto sese expellunt. »

Grammatica Rationis, sive Institutiones Logicæ (4) : « Contra-
» ria adversa sunt accidentia, posita sub eodem genere, quæ
» maxime distant, et se mutuo pellunt ab eodem subjecto in
» quo vicissim insunt. »

Familier comme il l'était avec tous les livres de Logique, Hamilton ne peut pas ne pas avoir vu des passages tels que ceux-là, et il est difficile qu'il les ait oubliés. Je n'ai pas eu le bonheur de rencontrer un seul passage d'un seul auteur de l'école d'Aristote qu'on puisse citer à l'appui de son opinion. Je pense donc qu'il a opéré avec intention (ou emprunté à Krug) un changement dans le sens d'un mot scientifique, à contre-pied de ce que la science doit faire et fait habituellement. Au lieu de donner à un mot vague une signification plus précise en le rattachant à une distinction spécifique précise, il s'empare d'un nom qui désignait autrefois une espèce définie, et l'applique au genre entier, qui n'avait pas besoin de nom, laissant ainsi l'espèce particulière sans nom. Mais s'il a pris sciemment cette liberté très-peu scientifique avec un terme de science, pour le détourner à la fois de

---

(1) *Systema Logicæ*.
(2) *Enchiridion Logicæ* (*Lipsiæ*, 1618), lib. I, chap. XXIII.
(3) *Philosophia vetus et nova ad usum scholæ anomodata* (*Amstelodami*, 1700), p. 197.
(4) *Oxonii*, 1673.

ses deux acceptions technique et vulgaire, laissant le vocabulaire scientifique, qui n'est jamais trop riche, avec une expression de moins et une distinction scientifique importante dépourvue de nom, au moins n'eût-il pas dû le faire sans en prévenir le lecteur. Il n'aurait pas amené l'élève confiant à croire que c'était là le sens admis. Et remarquez qu'il ne se borne pas à détourner subrepticement de leur sens les mots anglais, mais qu'il le fait pour leurs équivalents grecs et latins, comme s'il était d'accord avec les auteurs grecs et latins, et qu'il ne fît qu'expliquer le sens des mots.

V. Une des accusations portées par Hamilton contre la façon ordinaire d'exposer la doctrine du syllogisme, c'est qu'elle ne prévient pas l'objection qu'on a si souvent faite au syllogisme d'être une *petitio principii*, par la raison reconnue qu'il ne peut affirmer dans la conclusion rien qui n'ait été déjà affirmé dans les prémisses. « Cette objection », dit notre auteur (1), « reste, jusqu'ici, non réfutée sinon irréfutable. » Mais il a l'idée singulière qu'on peut s'en défaire en écrivant les propositions dans un ordre différent, et en mettant la conclusion en tête. On pourrait croire qu'il se moque. Mettre la conclusion en tête ! Désormais on ne pourra plus dire que le syllogisme affirme dans la conclusion ce qui a *déjà* été affirmé dans les prémisses, et ceux qui pensent que la relation logique entre les prémisses et une conclusion dépend de l'ordre dans lequel on les lit, sont, je l'avoue, réduits au silence. Mais il faut que notre auteur ait bien peu réfléchi au sens de l'accusation de pétition de principe portée contre le syllogisme, pour penser qu'un pareil artifice la ferait disparaître. La difficulté exprimée par cette accusation gît à une profondeur où ne pénètre pas une logique comme la sienne, et il avait raison de la regarder comme non réfutée. Pour ma part, je ne crois pas qu'on puisse la réfuter dans une autre théorie que dans celle qui considère le syllogisme, non pas comme un procédé de conclusion, mais comme la simple interprétation de la note qui rappelle une opération antérieure ; la majeure comme une simple formule pour tirer

(1) *Appendix to Lectures*, IV, 401, et *Appendix to Discussions*, p. 652.

des conclusions particulières, et les conclusions du raisonnement non pas comme des inférences tirées de la formule, mais d'après la formule. Cette théorie et les bases sur lesquelles elle repose ont été traitées à fond dans un autre ouvrage, ici il n'est pas nécessaire d'en rien dire de plus.

CHAPITRE XXIV

DE QUELQUES PRÉJUGÉS NATURELS FAVORISÉS PAR HAMILTON, ET DE QUELQUES SOPHISMES QU'IL CROIT IRRÉFUTABLES.

Nous avons fini notre examen des idées de Hamilton sur la Logique ; mais il nous reste à considérer quelques points qui n'appartiennent rigoureusement ni à la Psychologie ni à la Logique, mais à ce qu'on a fort mal à propos nommé Philosophia prima. Il vaudrait mieux l'appeler *ultima* ; en effet, elle se compose des généralisations les plus vastes sur les lois d'existence et d'activité. Par suite d'une erreur funeste, mais inévitable au début, on s'est figuré qu'on pouvait s'élancer *uno saltu* jusqu'à ces généralisations, et on les a placées au seuil de la science, tandis que la preuve de leur légitimité, si elle est jamais possible, ne peut être que le résultat lent et final des progrès de la science. Avant Bacon toutes les sciences physiques étaient remplies de principes tels que : les voies de la nature sont parfaites ; la nature a horreur du vide ; *natura non habet saltum* ; rien ne peut venir de rien ; le semblable ne peut être que produit par le semblable ; les choses se meuvent toujours vers leur propre lieu ; les choses ne peuvent être mues que par ce qui est soi-même en mouvement ; et ainsi de suite. La révolution opérée par Bacon fut loin de les bannir tous de la philosophie. Au contraire, le mouvement cartésien qui pendant un long siècle cotoya le mouvement baconien donna lieu à une éruption plus grande encore de ces principes imaginaires sur les choses en général ; ils poussèrent de profondes racines dans la philosophie du continent, passèrent même en Angleterre, et aujourd'hui encore ils ne sont pas tombés dans le discrédit qu'ils méritent. La plupart se sont imposés avec autorité aux philosophes qui les regardaient comme des vérités intuitivement évidentes, comme des révélations de la Nature enfouies dans les profondeurs de la conscience humaine, et que la lumière de la raison pouvait seule découvrir : tandis qu'elles n'étaient que de mauvaises généralisations de l'expérience externe la plus vulgaire, que des interprétations grossières des phénomènes sensibles les plus familiers, qui, à cause de leur fréquence, avaient formé dans la pensée les associations les plus fortes sans avoir jamais subi l'épreuve des conditions d'une induction légitime, non-seulement parce que ces conditions étaient inconnues, mais encore parce que ces misérables essais de généralisation passaient pour avoir une origine plus noble que l'induction, et qu'on les élevait au rang de lois générales desquelles on pouvait déduire l'ordre de l'univers, et auxquelles toute théorie scientifique des phénomènes de la nature devait obéir. Quand on veut juger un philosophe et ses doctrines, il est essentiel de savoir s'il a pris parti pour ou contre cette manière de philosophe; s'il a favorisé de son adhésion quelques-uns de ces faux axiomes. Hamilton s'en est rendu coupable dans plusieurs cas.

En traitant le problème de la causalité, Hamilton a eu l'occasion d'avancer que nous n'avons pas besoin d'une loi mentale spéciale pour expliquer la croyance que toute chose doit avoir une cause, puisque cette croyance est suffisamment expliquée par la « Loi du Conditionné » qui nous met dans l'impossibilité de concevoir le commencement absolu d'une chose quelconque. Je ne veux pas revenir à la discussion de cette théorie de la causalité ; mais demandons-nous pourquoi il nous est interdit d'admettre une loi spéciale pour rendre compte de ce qui trouve une explication suffisante dans une loi générale. La raison de cette prohibition, est ce que notre auteur appelle la loi de parcimonie; principe identique à la fameuse maxime des Nominalistes, connue sous le nom de rasoir d'Occam : *Entia non sunt multiplicanda præter necessitatem* ; où l'on entend par *Entia* non-seulement les substances, mais aussi les facultés. Hamilton, au lieu de s'appuyer sur ce principe logique, se base sur une théorie ontologique. D'après lui, « la Nature n'emploie jamais des instruments plus compli- » qués qu'il n'est nécessaire » (1). Il cite (2) en les approuvant les maximes d'Aristote : « Dieu et la nature n'opèrent jamais sans effet » (οὐδὲν μάτην, οὐδὲν ἐλλειπῶς, ποιοῦσι) ; Dieu et la Nature ne font rien de superflu (μηδὲν περίεργον — περιττῶς — ἀργῶς) ; Dieu et la Nature emploient un seul moyen de préférence à plusieurs (καθ' ἕν, μᾶλλον ἢ κατὰ πολλὰ). Il emprunte ainsi le secours d'une théorie générale ruinée par Bacon, en faveur d'une règle qui peut fort bien s'en passer. Quelle autorité avons-nous pour déclarer qu'il y a une chose que Dieu et la nature ne font jamais? Connaissons-nous toutes les combinaisons de la nature? Nous a-t-on demandé conseil pour lui fixer des limites? En vertu de quelles règles d'induction a-t-on établi cette théorie? Par quelles observations l'a-t-on vérifiée? Nous savons fort bien que la nature, dans beaucoup d'opérations, emploie des moyens d'une complexité extrême, au point qu'elle oppose des obstacles presque insurmontables à nos recherches. Quelle preuve avons-nous que cette complexité fût nécessaire, et que l'effet ne pût pas être obtenu d'une façon plus simple? Si nous regardons au sens des mots, de quel genre est cette nécessité prétendue qui lie Dieu et la Nature — dont ils ne peuvent esquiver la pression? Y a-t-il dans la Nature une nécessité que la Nature n'ait pas faite? S'il en est, qui l'a faite? Quel est ce pouvoir supérieur à la Nature et à son Auteur, et auquel la Nature est forcée de se conformer?

Il y a une supposition qui permet de donner un sens intelligible à cette doctrine, c'est l'hypothèse des deux principes. Si l'univers a reçu sa forme présente d'un être qui ne l'a pas achevé, parce qu'il en était empêché par un obstacle qu'il ne pouvait pas surmonter complétement, que cet obstacle ait été une intelligence rivale, ou comme Platon le pensait, une incapacité inhérente à la matière, on peut admettre que le Démiourgos a toujours opéré par les moyens les plus simples possibles ; les plus simples, c'est-à-dire ceux que lui permettaient d'employer la puissance rivale ou la résistance insurmontable de la

---

(1) *Appendix to Discussions*, 622.
(2) *Ibid.*, 629.

matière. Telle est en réalité la doctrine de la Théodicée de Leibniz, de sa fameuse théorie d'après laquelle un monde, œuvre de Dieu, doit être le meilleur de tous les mondes possibles, c'est-à-dire le meilleur monde qui puisse sortir des mains de la Providence créant dans les conditions restrictives auxquelles, semble-t-il, elle était soumise. Cette doctrine, qu'on appelle vulgairement Optimisme, n'est que le Manichéisme, et son nom véritable est Sabéisme. Le mot « possible » suppose l'existence d'obstacles que la puissance divine ne peut surmonter, et Leibniz n'a eu qu'un tort, celui de donner à un pouvoir restreint par ces obstacles le nom d'omnipotence ; en effet, une omnipotence réelle aurait pu réaliser ses fins absolument sans moyens, ou créer des moyens suffisants ; c'est si évident que cela ne vaut pas la peine de le dire. La théorie sabéenne est la seule qui mette d'accord avec la science l'affirmation que la Nature travaille toujours par les moyens les plus simples. Dans ce cas même l'affirmation reste sans preuves, et, fût-elle prouvée, ce ne serait qu'une vérité théologique, incapable de nous donner une règle de pratique. Nous n'avons jamais le droit de rejeter une hypothèse parce qu'elle est trop compliquée, puisque nous ne pouvons pas imposer de limites à la complication des moyens dont le Créateur a pu avoir besoin pour déjouer les obstacles qu'Ahriman ou la Matière peuvent avoir malignement jetés sur sa route.

La « loi de Parcimonie » n'a pas besoin d'un appui de ce genre. Elle ne repose pas sur une hypothèse sur les voies et les moyens de la Nature. C'est un précepte purement logique ; c'est un cas du grand principe pratique qui défend de croire une chose dénuée de preuve. Quand nous n'avons pas de connaissance directe d'un fait, et nulle autre raison de le croire, si ce n'est qu'il rend compte d'un autre fait, toute raison pour l'admettre cesse du moment que le fait à expliquer a trouvé son explication dans les causes connues. L'hypothèse d'une cause superflue est une croyance sans preuve ; c'est comme si l'on supposait qu'un homme mort d'une chute dans un précipice a dû aussi prendre du poison. Le même principe qui interdit d'admettre un fait superflu, interdit d'admettre une loi superflue. Quand Newton eut montré que le même théorème exprimait les conditions des mouvements planétaires et celles de la chute des corps, il eût été illogique de reconnaître deux lois distinctes dans la nature, une pour l'attraction céleste, et une autre pour la terrestre; puisque ces deux lois, une fois dépouillées des circonstances étrangères à l'effet, devaient s'exprimer dans les mêmes termes. Ces deux généralisations réduites à n'exprimer que les circonstances influant sur le résultat, ne sont toutes deux qu'une seule et même proposition; et refuser d'y voir deux propositions, ce serait supposer entre les cas une différence qu'aucune observation n'autorise. Par conséquent la règle de parcimonie, qu'elle s'applique aux faits ou aux théories, n'implique aucune idée générale des procédés et des tendances de la Nature. Quand même les voies et les tendances de la Nature seraient le contraire de ce qu'on les suppose, il serait tout aussi illégitime qu'à présent d'admettre un fait sans preuve, ou de considérer la même propriété comme deux propriétés différentes, par la raison qu'on l'observerait dans deux espèces différentes d'objets.

A un autre endroit (1), Hamilton dit que la loi de parcimonie qu'il appelle « la règle la plus importante des spéculations » philosophiques, quand il est nécessaire d'avoir recours à une » hypothèse, n'a jamais peut-être été exprimée d'une manière » adéquate », et il propose de la formuler ainsi : « il ne faut » pas admettre *plus* de causes, ni des causes *plus onéreuses*, » qu'il n'est nécessaire pour expliquer les phénomènes ». Cette idée de causes « plus onéreuses » que d'autres au système général des choses, établit une distinction qui a grandement besoin d'être « *distinctement exprimée* », ce qui, d'après notre auteur, n'a pas encore été fait. Cependant il ne l'exprime pas distinctement en termes généraux, mais seulement en l'appliquant à la question particulière de la causalité. Voici ce que nous y trouvons : 1° Qu'un « pouvoir positif » est plus onéreux qu'une « impuissance négative »; 2° qu'une hypothèse spéciale qui ne sert qu'à expliquer un seul phénomène est plus onéreuse qu'une hypothèse générale qui en explique plusieurs; 3° que l'explication d'un effet par une cause dont l'existence même est hypothétique, est plus onéreuse que son explication hypothétique par une cause dont on con-

). *Appendix to Discussions*, 628, 631.

naît d'ailleurs l'existence. De ces trois règles, les deux dernières ne sont que des cas particuliers de la règle générale qui interdit de supposer une cause hypothétique pour un phénomène explicable par une cause dont il y a une autre preuve (1). La règle qui reste veut qu'on préfère l'hypothèse d'une incapacité à celle d'un pouvoir ; je crains bien qu'elle n'ait de valeur que lorsque sa violation serait une infraction à l'une des deux autres.

L'hypothèse sur la Nature dont je m'occupe à présent et qui a si longtemps joui de la faveur des philosophes, bien qu'elle n'eût aucun fondement, n'est pas la seule généralité appartenant au type à la mode avant Bacon que Hamilton ait adoptée. Il adhère à la vieille doctrine d'après laquelle « une chose ne peut agir que là où elle est ». L'aphorisme se montre dans cette forme directe dans l'un de ses derniers écrits, les notes pour une biographie projetée du professeur Dugald-Stewart (2). Il y croit tellement qu'il en fait la base de deux de ses doctrines favorites. D'après l'une (3), « la chose perçue et
» l'organe percevant doivent se trouver au même lieu, doivent
» être contigus. La conséquence de cette doctrine est une sim-
» plification complète de la théorie de la perception, et un re-
» tour à des idées plus anciennes sur ce sujet. Toute cogni-
» tion sensible en un certain sens peut se ramener au toucher ;
» c'est la conclusion même qui a pour elle la vénérable auto-
» rité de Démocrite. D'après cette doctrine, il est faux que
» nous percevions les objets distants ». C'est fidèle à cette idée, que nous l'avons vu soutenir contre Reid, que nous ne voyons pas le soleil, mais seulement une image du soleil peinte dans notre œil, et que nous percevons directement l'étendue, soit par la vue, soit par le toucher, seulement dans nos organes corporels ; il préfère ainsi un axiome *à priori* d'après lequel une chose ne peut agir que là où elle est, à l'autorité de ces

---

(1) C'est ce que Newton appelle *vera causa* dans sa fameuse maxime. « Causas rerum naturalium non plures admitti debere quam quæ *et veræ sint*, et » earum phænomenis explicandis sufficiant. » Il est étrange que Hamilton n'ait pas compris que par *veræ causæ* Newton voulait dire des forces dont l'existence était d'ailleurs constatée ; en effet, il dit (note à Reid, p. 236) : « Dans leur véri-
» table sens, les mots *et veræ sint* sont superflus, ou ce qui suit est redondant, et
» la règle dans son entier n'est qu'une banalité. »

(2) *Appendix to Lectures*, II, 522.
(3) *Ibid.*

« croyances naturelles » qu'il affirme ailleurs si énergiquement contre ses adversaires; de ces croyances qu'il veut si souvent nous imposer l'obligation d'accepter en bloc, sous peine de renoncer pour jamais à les invoquer.

L'autre théorie que notre auteur soutient en vertu du même axiome, c'est que l'esprit agit directement dans tout le corps, et non pas seulement par l'intermédiaire du cerveau (1). « Il » n'y a pas de bonne raison de supposer que l'esprit n'a son » siége que dans le cerveau, ou exclusivement dans une partie » du corps. Au contraire, la supposition qu'il est réellement » présent partout où nous avons conscience qu'il agit, en un » mot l'aphorisme péripatétique : l'âme est toute dans le tout, » et toute dans chaque partie, est plus philosophique, et par » conséquent plus probable que toute autre opinion..... Même » en admettant qu'elle est unie au système nerveux plus intime- » ment qu'aux autres parties, nous savons que le système ner- » veux est ramifié dans tout le corps; et nous n'avons pas plus le » droit de nier que l'esprit sente au bout du doigt, ainsi que la » conscience l'atteste, que d'affirmer qu'il pense exclusivement » dans le cerveau ». Hamilton aurait dû au moins nous montrer comment cette hypothèse peut se concilier avec le fait qu'une légère pression sur le nerf qui va du doigt au cerveau, ôte à l'esprit le pouvoir de sentir dans le doigt, tandis qu'au-dessus de ce point la sensation reste la même qu'auparavant. S'il objecte que ce n'est pas nécessairement par l'interruption des communications entre le doigt et le cerveau que la pression met obstacle à la sensation, mais que ce peut être par le trouble apporté dans les fonctions du nerf lui-même, nous demanderons pourquoi ce trouble reste limité au-dessous du point de pression, tandis qu'au-dessus les fonctions restent intactes. Je pourrais élever bien d'autres objections contre la théorie de Hamilton, si j'avais à discuter la question de physiologie, mais je me borne à montrer que Hamilton ferme les yeux à l'évidence pour ne pas admettre qu'une chose peut agir directement sur une autre sans contact immédiat (2). Il ne nous

---

(1) *Lectures*, III, 127-128.
(2) Dans le Cours, car dans les *Dissertation* sur Reid, p. 801, la doctrine que nous sentons dans l'orteil, et non dans le *sensorium commune*, est tellement rétractée que la possibilité de l'opinion opposée est presque reconnue.

a pas dit ce qu'il pensait de l'application de cette théorie au système solaire (les développements récents qu'a reçus la doctrine de l'Unité de Force n'étaient pas alors connus); mais il admet que la gravitation agit par l'intermédiaire d'un milieu dont il ne se borne pas à supposer l'existence, mais qu'il doue de propriétés inscrutables; il se met ainsi en contradiction évidente avec la loi de parcimonie, et avec toutes les règles qui en dépendent. C'est en vertu du même axiome que Descartes supposait ses tourbillons.

Cependant quelle est la valeur de cette idée, que les choses ne peuvent agir les unes sur les autres que par contact direct? « Une chose » dit M. Carlyle, « ne peut agir que là où elle est; je » le veux bien; mais où est-elle? En un sens, une chose *est* » partout où est son action : son pouvoir y est, sinon son corps. » Mais dire qu'une chose ne peut agir que là où est son pouvoir, c'est avancer la plus oiseuse des propositions identiques. Qui nous autorise à affirmer qu'une chose ne peut agir quand elle n'est pas contiguë de position à celle sur laquelle elle agit? Nous dira-t-on que cette action est inconcevable? Quand cela serait, d'après les idées de Hamilton, ce ne serait pas une preuve d'impossibilité. Mais elle est concevable, tous les contes de fées et toutes les religions le prouvent. Que signifie donc la contiguïté? D'après nos connaissances physiques, les plus positives, les choses ne sont jamais réellement contiguës. Ce que nous appelons contact entre les parties, signifie seulement qu'elles sont à un degré de proximité tel que leurs répulsions mutuelles sont en équilibre avec leurs attractions. S'il en est ainsi, ce n'est pas jamais, c'est toujours, que les choses agissent l'une sur l'autre à une certaine distance, bien que très petite. La croyance qu'une chose ne peut agir que là où elle est, est un cas vulgaire d'association inséparable mais non définitivement indissoluble. C'est une généralisation inconsciente de l'espèce la plus grossière tirée d'une observation superficielle des cas les plus familiers de l'action réciproque des corps. La difficulté qu'on a trouvée quelque temps à comprendre une action d'un corps sur un autre, différente de celles que l'on était accoutumé à reconnaître, a donné naissance à un préjugé naturel qui empêcha longtemps d'admettre la théorie de Newton; mais on espérait que le triomphe définitif de cette théorie aurait fait disparaître pour toujours le préjugé, et que toute personne éclairée saurait à présent que l'action à distance est intrinsèquement tout aussi croyable que l'action au contact, et qu'à part l'expérience spécifique, il n'y a pas de raison de croire que l'une soit à un point de vue quelconque moins probable que l'autre. Et pourtant Hamilton est un exemple du contraire qui montre de quelle vitalité tenace sont douées les *idola tribûs*, et que nous ne sommes jamais sûrs de ne pas voir renaître l'erreur la plus surannée, si en la rejetant nous n'avons pas réformé la mauvaise habitude de penser, la tendance nuisible et anti-scientifique de l'esprit qui a donné naissance à l'erreur (1).

En quittant cet ordre de préjugés naturels, je passe à un autre qui n'a sans doute avec ces préjugés qu'une parenté éloignée, mais qui appartient aussi à la classe des sophismes. Je veux parler de la partialité étrange de notre auteur pour un certain groupe de sophismes, les arguments des Éléates pour prouver l'impossibilité du mouvement. Il reconnaissait que ces arguments conduisent à une conclusion fausse, mais il les jugeait irréfutables ; c'est ainsi que Brown croyait que l'argument de Berkeley sur l'existence de la matière était invincible comme raisonnement, mais que la conclusion qui en découlait était inadmissible pour l'esprit humain ; oubliant que ce serait une *reductio ad absurdum* de la faculté du raisonnement. Il n'y a pas, je pense, de philosophe à qui Hamilton eût moins aimé à se voir assimiler que Brown ; et très-probablement il aurait dit pour se défendre de l'assimilation que l'argument des Éléates ne prouve pas l'impossibilité, mais l'inconcevabilité du mouvement. Cependant si un fait que nous voyons et sentons à tous les instants

(1) Dans le cours de ses spéculations notre auteur tombe sur un fait positivement inconciliable avec cet axiome, le fait de la répulsion. Il s'arrête court ; il ne sait plus s'il doit avancer ou reculer. La répulsion, dit-il (*Dissertations on Reid*, 852), « en tant qu'elle paraît être une *actio in distans*, peut bien nous être » imposée comme fait, sa possibilité n'en reste pas moins inconcevable. » Bientôt après il est obligé d'avouer la même chose de l'attraction. « Comme l'attraction » et la répulsion sont également *actiones in distans*, il n'est pas plus difficile de » nous figurer l'action de l'une que l'action de l'autre. » L'action à distance est « un fait », bien qu'inconcevable, et il semble que ce fait devrait exiger de Hamilton la rétractation de son axiome ; pourtant il ne le rétracte pas. Je n'ai pas besoin de faire remarquer que l'attraction et la répulsion ne sont pas du tout inconcevables, si ce n'est dans un seul des nombreux sens de ce mot équivoque ; celui que notre auteur emploie quand il nous dit que tous les faits derniers sont inconcevables, ce qui signifie seulement qu'ils sont inexplicables,

de notre vie n'est pas concevable pour nous, qu'est-ce donc qui est concevable ? Notre auteur n'entre pas dans les détails de la question, mais en diverses occasions il exprime incidemment son opinion. « C'est, dit-il (1), sur l'incapacité où est l'esprit de » concevoir ou l'indivisibilité définitive, ou la divisibilité infinie » de l'espace et du temps, que reposaient les arguments de Zénon » d'Élée contre la possibilité du mouvement : ces arguments » prouvent au moins que le mouvement, quoique certain » comme fait, ne peut être conçu comme possible, car il » implique contradiction. » Hamilton a dit, en y insistant, que la loi de contradiction n'oblige pas seulement nos conceptions, mais aussi les choses. Si donc, le mouvement implique contradiction, comment est-il possible ? et s'il est possible, si c'est un fait, comme nous le savons, comment peut-il impliquer contradiction ? L'apparence de la contradiction doit nécessairement être fallacieuse, lors même que nous serions incapables de signaler l'erreur. Il semble que notre auteur ait essayé de la résoudre, et n'ait pas réussi. Il appelle l'argument (2) « une » exposition des contradictions impliquées dans la notion du » mouvement, » et ajoute : « que ce sophisme n'a pas encore » été découvert. » Ailleurs, il dit encore (3) : « La démonstra- » tion que Zénon d'Élée a donnée de l'impossibilité du mouve- » ment n'est pas plus insoluble que celle qu'on pourrait faire » pour prouver que le présent n'a pas de réalité ; en effet, bien » que nous soyons certains de l'existence de l'un et de l'autre, » nous ne pouvons positivement pas les concevoir. » Il faut sans doute que ce qui semble insoluble à Hamilton soit une bien grande difficulté. La « démonstration », en tous cas, n'a pu être réfutée, et il faut un génie surhumain pour la réfuter. Cependant le sophisme qui en fait le fond a été maintes et maintes fois montré ; et les contradictions qui, d'après Hamilton, y sont exprimées, n'existent pas.

Les raisonnements de Zénon contre le mouvement, tels qu'Aristote nous les a transmis, se composent de quatre arguments que Bayle a exposés et critiqués avec une grande prolixité. C'est en substance toujours le même argument sous différentes

---

(1) *Lectures*, II, 373. — Voyez aussi, IV, 71.
(2) Note à Reid, p. 102.
(3) *Discussions*, Appendix, p. 606.

formes, et il suffira d'en examiner les deux qui sont les plus plausibles. Le premier est l'ingénieux sophisme d'Achille et de la tortue. Si Achille est à mille pas de la tortue, et qu'il courre cent fois plus vite qu'elle ; dans le temps qu'Achille fait ces mille pas, la tortue en fait encore dix ; tandis qu'Achille fait ces dix, la tortue avance encore d'un dixième de pas ; on peut continuer ainsi à l'infini, Achille n'atteindra jamais la tortue. Pour notre auteur, cet argument est correct logiquement parlant, et dégage une contradiction impliquée dans la notion du mouvement. Non, il n'est pas correct logiquement, et il ne dégage aucune contradiction. Il suppose la divisibilité infinie de l'espace. Mais nous n'avons pas besoin de nous engager dans une discussion métaphysique pour savoir si cette supposition est légitime. Admise ou non, l'argument n'en reste pas moins un sophisme. Le sophisme consiste dans l'affirmation que « cette opération peut se continuer à l'infini ». L'Infini ici est ambigu. La conclusion du raisonnement est que l'opération peut se continuer pendant une *durée infinie* de temps. Mais la prémisse n'est vraie qu'au sens que l'opération peut se continuer pendant un *nombre infini de divisions du temps*. L'argument confond l'infinité et la divisibilité infinie. Il suppose que pour traverser un espace divisible à l'infini, il faut un temps infini. Or, la divisibilité infinie de l'espace signifie la divisibilité infinie d'un espace *fini*; et ce n'est que l'espace infini qui a besoin d'un temps infini pour être parcouru. Ce que l'argument prouve, c'est que pour traverser un espace divisible à l'infini, il faut un temps divisible à l'infini ; mais un temps divisible à l'infini peut être fini; le plus petit temps fini est divisible à l'infini ; donc l'argument ne s'oppose pas à ce que la tortue soit atteinte dans le plus petit espace de temps fini. C'est un sophisme du genre de l'*ignoratio elenchi*, ou de ce que Whately appelait, des conclusions étrangères au sujet : c'est un argument qui prouve une autre proposition que celle qu'il a la prétention de démontrer ; la différence des sens s'y cache sous l'ambiguïté des mots.

L'autre forme plausible de l'argument de Zénon semble au premier abord plus favorable à l'opinion de Hamilton, et tend véritablement à prouver que le fait du mouvement implique des conditions impossibles. Voici comment on le formule d'ordinaire. Si un corps se meut, il doit se mouvoir ou bien à la place où il est, ou bien à la place où il n'est pas ; mais l'un et l'autre sont impossibles : donc il ne peut se mouvoir. Avant tout, cet argument, lors même que nous serions incapables de le réfuter, ne montre pas qu'il y ait dans l' « idée » de mouvement la moindre contradiction. Nous ne concevons pas un corps en mouvement à la place où il est, ni à la place où il n'est pas, mais nous le concevons allant de la première à la dernière : en d'autres termes, nous concevons que le corps est à la première place et à l'autre en des instants successifs. Où est la « contradiction » entre être à une place à un moment, et à une autre à un autre moment ? Pour ce qui est du sophisme lui-même, il est étrange que lorsque tout le monde voit la réponse, un logicien expérimenté ait quelque difficulté à la mettre sous des formes logiques. Il n'est pas nécessaire que le mouvement soit *en* un lieu ; un corps doit être en un lieu, mais le mouvement n'est pas un corps, c'est un changement ; et un changement de lieu ne peut être ni à l'ancien ni au nouveau, c'est une vraie contradiction dans les termes. Pour mettre l'idée sous une autre forme, on peut comprendre le mot lieu en deux sens : une partie divisible de l'espace ou une partie indivisible. Si c'est une partie divisible comme une chambre ou une rue, il est vrai que dans ce sens, tout mouvement se fait dans un lieu, c'est-à-dire dans une partie limitée de l'espace : mais dans ce sens le dilemme tombe, car le corps se meut réellement dans le lieu où il est ; la chambre, le champ, ou la maison. Si, au contraire, nous entendons par lieu un minimum indivisible d'espace, la proposition que le mouvement doit être en un lieu est évidemment fausse, car il ne peut y avoir de mouvement *dans* ce qui n'a pas de parties ; le mouvement doit aller *vers* ce point ou s'*en* éloigner.

On pourrait faire un sophisme analogue sur le temps aussi bien que sur l'espace. On pourrait dire que le coucher du soleil est impossible, parce que s'il était possible il devrait avoir lieu, ou tandis que le soleil est encore sur l'horizon, ou quand il est au-dessous : La réponse est évidente, c'est justement le passage de l'une à l'autre de ces positions qui constitue le coucher du soleil. De même c'est le changement d'une position à une autre dans l'espace qui est le mouvement. Hamilton avait vu l'analogie des deux cas, mais il n'y découvrait pas le sophisme, c'est ce qu'il avait en vue quand il disait que nous ne pouvons pas penser positivement le présent. Il est fort étrange qu'il ait fait la faute de ne pas trouver la solution du sophisme, mais il est bien plus curieux de voir ce vaillant champion de « nos croyances naturelles » affirmer que nous n'avons de conception positive ni du mouvement ni du moment présent.

Ces paralogismes ne forment qu'une partie d'une longue liste de difficultés sur l'infini, faciles à éclaircir, mais que notre auteur déclare insolubles. Je donne en note la liste entière (1).

---

(1) Contradictions qui prouvent la théorie psychologique du conditionné.

1° Le fini ne peut comprendre, contenir l'infini. Cependant un pouce ou une minute sont finis et divisibles *ad infinitum*, c'est-à-dire, on ne peut concevoir de fin à leur division.

2° L'Infini ne peut avoir de fin ni de commencement. Cependant l'éternité *ab ante* finit maintenant et l'éternité *à post* commence maintenant. De même pour l'espace.

3° Il ne peut y avoir deux maxima infinis. — Cependant l'éternité *ab ante* et *à post* sont deux maxima infinis de temps.

4° Si l'on divise en deux le maximum infini, les deux moitiés ne peuvent être l'une et l'autre infinies, car rien ne peut être plus grand que l'infini, et ainsi elles ne peuvent être des parties; elles ne peuvent pas non plus être finies parce qu'alors deux moitiés finies feraient un tout infini.

5° Ce qui contient des quantités infinies (extensions, protensions, intensions) ne peut être interrompu, ne peut finir. Un pouce, une minute, un degré, en contient donc, etc. Prenons par exemple une minute, elle contient une infinité de quantités pro-tendues qui doivent se suivre l'une l'autre; mais une série infinie de protensions successives ne peut *ex termino* jamais finir; ergo, etc.

6° Un maximum infini ne peut pas ne pas contenir tout. Le temps *ab ante* et le temps *à post* sont infinis et s'excluent réciproquement, ergo, etc.

7° Un nombre infini de quantités doit constituer un tout infini ou fini, — I. Le premier, — mais un pouce, une minute, un degré contiennent chacun un nombre infini de quantités; donc un pouce, une minute, un degré, sont chacun des touts infinis, ce qui est absurde. — II. Le dernier. — Un nombre infini de quantités deviendrait par là une quantité finie, ce qui est également absurde.

8° Si nous prenons une quantité finie comme un pouce, une minute, un degré, il semble également qu'il y a, et qu'il n'y a pas, un nombre égal de quantités entre celles-ci et une plus grande, et entre celles-ci et une moindre.

9° Un mouvement d'une rapidité absolue est celui qui passe d'un point à un autre de l'espace dans le minimum de temps. Mais le mouvement le plus rapide d'un point à un autre, soit une distance d'un mille, et un mouvement d'un point à un autre, soit une distance d'un million de millions de milles, sont conçus comme la même chose, ce qui est absurde.

10° Une roue tourne avec le mouvement le plus rapide; si l'on prolonge un rayon, il devra donc se mouvoir par un mouvement plus rapide que le plus rapide; on peut en dire autant du moyeu ou des jantes.

11° Les points de Boscowich sont contradictoires, ils occupent l'espace et sont inétendus. Le dynamisme est donc inconcevable. *E contra.*

12° L'atomisme est aussi inconcevable; car il suppose des atomes, — minimi étendus mais indivisibles.

Plusieurs de ces difficultés sont déjà résolues par les observations que j'ai faites; il s'agit seulement de séparer les deux idées d'infini et d'infiniment divisible. D'après notre auteur, l'infinie divisibilité et le fini sont contradictoires. Mais quand on accorderait (et on a vu dans un chapitre antérieur que je ne l'accorde pas) que l'infinie indivisibilité est inconcevable, elle n'implique pas pour cela contradiction. Les autres difficultés résultent en grande partie de l'incapacité de concevoir un infini plus grand ou moins grand qu'un autre; c'est pourtant une conception familière aux mathématiciens. Notre auteur refuse de considérer qu'un espace et un temps qui sont infinis dans une direction et bornés dans l'autre sont nécessairement moindres qu'un espace ou un temps infinis dans les deux sens. L'espace compris entre deux lignes parallèles, ou entre deux lignes ou surfaces divergentes, s'étend à l'infini, mais il est nécessairement moindre que l'espace tout entier, puisqu'il en est une partie. Non-seulement un infini est plus grand qu'un autre, mais un infini peut être infiniment plus grand qu'un autre. Les mathématiciens ont l'habitude de l'admettre, et en font la base de leurs raisonnements; et les résultats étant toujours vrais, l'hypothèse se trouve vérifiée. Mais les mathématiciens, je le reconnais, savent très-rarement ce qu'ils font quand ils adoptent cette hypothèse. Comme les résultats sont toujours justes, ils savent d'une manière empirique que l'opération ne peut être mauvaise, — que les prémisses doivent être vraies en un sens; mais dans quel sens? cela dépasse la portée d'esprit de la plupart d'entre eux. La doctrine a fait longtemps partie de ce mysticisme mathématique, si impitoyablement dévoilé par Berkeley dans son « Analyste » et sa « Défense de la liberté de penser des mathématiciens ». Pour éclaircir ce mystère, il fal-

---

13° Une quantité, un pied par exemple a une infinité de parties. Une partie de cette quantité, soit un pouce, en a aussi une infinité. Mais une infinité n'est pas plus grande qu'une autre. Donc un pouce est égal à un pied.

14° Si l'on prolonge *à l'infini* deux lignes divergentes, à partir d'un point où elles forment un angle aigu, comme dans une pyramide, la base sera infinie et en même temps non infinie, 1° parce qu'elle se termine par deux points; 2° parce qu'elle est plus courte que les côtés; 3° la base ne peut être tracée parce que les côtés sont infiniment longs.

15° Un atome, en tant qu'existant, doit pouvoir être retourné, mais s'il est retourné, il doit avoir un côté droit et un côté gauche, etc. etc., ces côtés doivent changer de place : donc, l'atome est étendu. (*Appendix to Lectures*, II, 527, 529.)

lait un mathématicien philosophe, quelqu'un qui fût à la fois mathématicien et métaphysicien. Il s'en est trouvé un. Pour compléter la défaite de Hamilton, ce mathématicien philosophe s'est rencontré dans son vieil adversaire, M. de Morgan, qu'il croyait trop mathématicien pour avoir rien du philosophe (1). Toutefois M. de Morgan s'est montré en cette occasion meilleur métaphysicien que Hamilton. Il a porté la lumière de la raison dans les obscurités logiques et les paradoxes du calcul infinitésimal. C'est en suivant plus fidèlement qu'on ne l'avait fait avant lui la conception rationnelle de la division infinitésimale comme synonyme de la division en parties aussi nombreuses et aussi petites qu'on le veut, et sans limite, que M. de Morgan, dans son Algèbre, a complétement expliqué et justifié la conception des ordres successifs des différentielles, dont chacune est infiniment plus petite que la différentielle de l'ordre précédent, et infiniment plus grande que celle de l'ordre suivant. Ceux qui connaissent cet admirable spécimen d'analyse, trouveront leur chemin au milieu des énigmes de Hamilton sur l'infini, sans être jamais embarrassés pour les résoudre. Je n'en fatiguerai donc pas davantage le lecteur.

(1) *Appendix to Discussions*, p. 707.

CHAPITRE XXV

THÉORIE DU PLAISIR ET DE LA PEINE, D'APRÈS HAMILTON.

J'ai maintenant terminé mes remarques sur la partie principale de la Psychologie de Hamilton qui se rapporte aux facultés cognitives. Les deux ou trois sections qui divisent le reste de la Psychologie sont les Sentiments et les Facultés conatives, c'est-à-dire celles qui tendent à l'action. Il ne fait que toucher aux facultés conatives dans la conclusion de sa dernière leçon, et il ne s'occupe pas longtemps des sentiments. Sur ce sujet, il se borne à donner une théorie générale du plaisir et de la peine; non pas une théorie de ce que le plaisir et la peine sont en eux-mêmes; il n'est pas assez dupe des mots pour croire que ces sentiments soient autrement que nous les sentons. Ses réflexions ne portent donc point sur l'essence, mais sur la cause de ces sentiments : « C'est-à-dire les conditions générales qui dé» terminent l'existence du plaisir et de la peine..... les lois » fondamentales qui gouvernent ces phénomènes dans toutes » leurs manifestations. »

Cette étude est légitime au point de vue scientifique, et présente un grand intérêt; mais il ne faut pas se faire illusion, la croire facile, et s'attendre à un résultat positif. Il se peut qu'en cherchant les lois du plaisir et de la peine nous fassions comme Bacon, quand il cherchait les lois des propriétés sensibles des corps, que nous croyions voir une cause unique là où il y a plusieurs et peut être beaucoup de causes différentes.

Ces essais, bien qu'ils ne soient pas couronnés de succès, sont loin d'être sans fruit. Ils conduisent souvent à une étude plus approfondie d'un fait sous quelques-uns de ses aspects, et à la découverte de relations nouvelles, et si cette découverte n'équivaut pas à une théorie complète de ce fait, elle jette de la lumière sur certaines de ses formes et de ses variétés. Il faut reconnaître ce mérite à la théorie de Hamilton et à plusieurs autres qui l'ont devancée sur le même terrain. Mais si l'on veut y voir un théorème des conditions universelles qui sont présentes toutes les fois que le plaisir (ou la peine) est présent, et absentes toutes les fois qu'il est absent, ses idées ne supporteront pas l'examen. Ce sont précisément les cas les plus simples et les plus familiers qui se refusent obstinément à rentrer dans la formule.

Suivant mon habitude, j'exposerai la théorie de Hamilton en citant le texte, bien que cela ne présente, dans le cas qui nous occupe, qu'un avantage douteux ; en effet, notre auteur emploie des termes si généraux, si abstraits, qu'on a bien de la peine à les comprendre sans le secours d'exemples. « Le plaisir, » dit-il, est (1) un reflet de l'exercice spontané et libre d'une » faculté dont notre conscience nous révèle l'action. La peine » est un reflet de l'exercice forcé ou comprimé de cette » faculté. » Il a dit auparavant très-brièvement que, par « reflet », il entendait (2) simplement un « accompagnement », mais je crois qu'il veut dire au moins un effet. En tout cas, voilà ce qu'il regarde comme les conditions dernières du plaisir et de la peine, l'expression la plus générale des circonstances dans lesquelles ils se produisent.

Cette théorie était naturellement suggérée par les plaisirs ou les peines de l'activité fonctionnelle de l'esprit ou du corps, ou, comme on dit autrement, de leur exercice. Voilà les phénomènes qui lui donnent une base expérimentale et une apparence de vérité. Ainsi que nous le savons tous, un exercice modéré du corps ou de l'esprit est agréable ; un plus grand est pénible, excepté quand il est le résultat d'une impulsion qui le rend « spontané » au sens que notre auteur donne à ce mot : et

(1) *Lectures*, II, 440.
(2) *Ibid*, 436.

quand nous sentons un obstacle qui arrête l'élan d'une de nos activités fonctionnelles, nous éprouvons de la peine. Il semble d'abord que Hamilton ait négligé les peines et les plaisirs dans lesquels le corps et l'esprit sont passifs, c'est-à-dire la plupart des plaisirs et des peines organiques, et une grande partie de ceux qui doivent leur origine aux émotions. Il a pourtant la prétention de les faire rentrer aussi dans sa formule. Les « pouvoirs » et les « énergies » dont l'action libre est pour lui la condition des plaisirs, et dont l'exagération ou l'empêchement sont les conditions de la peine, comprennent nos susceptibilités passives aussi bien que nos énergies actives. En conséquence, il propose de corriger sa définition (1), en remplaçant le mot « énergie » par les mots « occupation » ou « exercice », qui lui semblent plus convenables. « Le mot « *énergie* », qui
» représente l'*action* ou l'*opération*, sert ici à représenter aussi
» tous les états mixtes d'action et de passion dont nous avons
» conscience ; car le fait d'avoir conscience d'une modification
» de l'esprit, implique nécessairement plus qu'une simple pas-
» sivité du sujet ; la conscience elle-même impliquant au moins
» une réaction. » (Que fait-il de sa doctrine d'après laquelle avoir conscience d'un sentiment n'est pas autre chose que d'avoir ce sentiment ?) « Quoi qu'il en soit, il faut comprendre
» que les noms *énergie, activité, acte, opération*, et les verbes
» correspondants, dénotent indifféremment et d'une manière
» générale toutes les opérations de notre vie supérieure et in-
» férieure, dont nous avons conscience. »

Prenons la théorie en ce sens étendu, et éprouvons-la par une application à l'un de nos plus simples sentiments organiques, le plaisir d'un goût doux. Ce plaisir, dit la théorie, naît de l'exercice libre, sans contrainte ni excès, d'une de nos facultés ou d'une de nos aptitudes : quel nom donnerons-nous à cette aptitude ? Sera-ce goûter la douceur ? Non, car si l'aptitude à avoir la sensation de douceur est mise en jeu à un degré quelconque, fort ou faible, l'effet produit est un goût doux, c'est-à-dire un plaisir. En outre, au lieu d'un goût doux, supposons un goût âcre ; dans ce goût l'aptitude mise en jeu est celle de goûter l'âcreté. La mise en jeu de cette aptitude n'est ni com-

---

(1) *Lectures*, II. Note de la page 435 et p. 466.

primée, ni exagérée ; d'après la théorie le résultat devrait être un plaisir, or, c'est un goût âcre, c'est-à-dire une peine. Il faut donc entendre que l'aptitude dont le libre jeu donne du plaisir, et dont l'activité excessive ou la compression donne de la peine, est une aptitude plus générale que celle de goûter la douceur ou l'âcreté, savoir la faculté du goût au sens abstrait. Nous dirons que la faculté du goût, l'action organique des nerfs du goût, donne, par son exercice spontané, du plaisir, et par son exercice comprimé ou exagéré, de la peine. La théorie emprunte donc son sens à ce qu'on entend par le mot spontané ; ainsi que les commentaires de notre auteur le montrent encore plus clairement. « Nous avons dit », fait-il observer en récapitulant sa doctrine (1), « que nous éprouvons un sentiment de plaisir,
» quand une de nos facultés s'exerce d'une manière convenable
» et que nous en avons conscience, c'est-à-dire quand, d'une
» part, nous n'avons conscience d'aucune contrainte sur l'acti-
» vité que cette faculté est prête à déployer spontanément, ni,
» d'autre part, d'aucun effort de sa part pour manifester plus
» d'énergie en degré ou en durée, qu'elle n'était prête à en
» exercer librement. En d'autres termes, nous sentons un
» plaisir positif, dans la mesure où nos facultés s'exercent;
» mais non quand elles exagèrent leur action ; nous sentons
» une peine positive dans la mesure où nous sommes con-
» traints à ne pas faire ou à faire trop. Tout plaisir prend
» donc naissance dans le libre jeu de nos facultés et aptitudes;
» toute peine dans leur répression ou leur activité forcées. »

Tout dépend donc de ce qu'on entend par une activité « libre » ou spontanée » et par une activité « forcée ». La différence ne peut pas être celle que les mots représentent, la présence ou l'absence de la volonté. On ne peut entendre que le plaisir accompagne l'opération quand elle est tout à fait involontaire, et que la douleur commence quand l'élément volontaire intervient dans l'exercice de la sensibilité. Il n'y a rien de volontaire dans les souffrances de la torture, ni dans celles d'une maladie déchirante ; tandis que quand il s'agit d'un plaisir, l'exercice de la volonté dans le seul mode où elle puisse agir sur un sentiment, c'est-à-dire quand on y fait volontairement attention,

---

(1) *Lectures*, II, 477.

au lieu de changer le plaisir en douleur, a souvent pour effet d'accroître le plaisir. Cette opinion serait donc absurde et Hamilton n'en est pas responsable. Nous trouvons dans le passage suivant et dans d'autres semblables ce qu'il veut dire en appliquant l'épithète de « spontané » à nos aptitudes à sentir.

« Toute faculté, lorsque toutes les conditions favorables
» sont réunies et tous les obstacles écartés, tend naturellement
» et sans effort à manifester un certain maximum déterminé
» extensif et protensif d'activité libre. Ce maximum d'activité
» libre, elle le déploie donc spontanément : si la faculté n'en
» émet qu'une quantité moindre, une certaine quantité de sa
» tendance a été réprimée par force ; tandis que si une plus
» grande s'est réellement manifestée, il a fallu qu'une certaine
» somme d'effort fût excitée par force dans la faculté. Le terme
» *spontanément* exprime que l'exercice de la faculté n'a pas été
» porté forcément au delà de la limite naturelle, au delà du
» maximum auquel il s'élèverait librement, s'il était livré à lui-
» même. En outre, le terme *non-empêché* fait connaître que
» les conditions favorables à cette élévation sont réunies, et
» que tous les obstacles qui auraient pu l'empêcher ont été
» écartés. Cela suppose naturellement la présence d'un objet. »

L'exercice spontané et libre d'une aptitude signifie donc, à ce qu'il paraît, l'exercice qui a lieu quand « toutes les conditions favorables » sont « réunies », et tous les obstacles « écartés ». Appliquons cette définition à un cas particulier. Je goûte à des moments différents deux objets différents : une orange et de la rhubarbe. Dans les deux cas, toutes les conditions favorables sont réunies; l'objet est en contact avec mes organes du goût : et dans les deux cas, tous les empêchements à l'action naturelle et modérée de l'objet sur mes organes sont écartés. Cependant dans l'un des cas le résultat est un plaisir et dans l'autre une sensation nauséabonde. Dans la théorie de Hamilton, il devrait y avoir du plaisir dans les deux cas : car dans aucun d'eux rien n'intervient pour gêner la libre action de mon sens du goût.

Hamilton ne peut pas ne pas avoir vu cette objection, et la réponse qu'on peut supposer qu'il aurait faite serait que dans le cas de la rhubarbe l'objet est de lui-même de nature à troubler le jeu de la faculté du goût, à le contraindre à une action plus grande (ou moindre, je ne me charge pas de dire lequel) que ne le fait l'orange. Mais la preuve? Et même que signifie cette affirmation? De quelle action s'agit-il? Est-ce l'action de goûter? S'il en est ainsi, une peine ne diffère d'un plaisir que parce qu'elle est plus (peut-être moins) intense. Cette action dont parle notre auteur est-elle une opération occulte effectuée dans notre organe? Mais quelle raison a-t-on d'affirmer que l'organe ou le sens du goût agit plus dans une sensation désagréable que dans une agréable? Il est peut-être vrai qu'une quantité d'action qui dépasse une certaine limite est toujours pénible : toute sensation exagérée au delà d'un certain degré devient une peine. Mais je ne vois pas de raison d'admettre la réciproque, que partout où il y a une peine il y a un excès d'action (ou un défaut, car nous avons le choix). Bien plus, si on l'admettait, elle impliquerait, à mon avis, la conséquence que dans tous les cas de peine, un degré plus élevé ou inférieur de la cause qui la produit, donnerait du plaisir.

Notre auteur est bien près de reconnaître que sa théorie ne va pas avec les sensations organiques passives, car il dit (1) : « Quand on nous demande d'expliquer en particulier et en » détail pourquoi la rose par exemple, produit cette sensation » d'odeur, l'*asa fœtida* cette autre, etc., et de dire en quoi » consistent en particulier l'activité parfaite ou agréable, [et » l'imparfaite ou pénible, il nous faut avouer notre igno- » rance. » Il rejette la responsabilité de l'échec, non pas sur sa théorie, mais sur ce que les faits derniers sont inexplicables. « Mais », dit-il, « il en est de même pour toutes nos tenta- » tives d'expliquer les phénomènes ultimes de la création. En » gros, nous pouvons expliquer beaucoup ; dans le détail, » nous expliquons rarement quelque chose : car nous arrivons » vite aux faits qui dépassent nos facultés d'analyse et d'obser- » vation. »

Il me semble que notre auteur se méprend étrangement sur les obligations d'un théoricien. Il n'a pas le droit de faire une théorie pour une classe de phénomènes et de l'étendre à une autre classe avec laquelle elle ne s'accorde pas, en donnant pour excuse que les faits ultimes sont inexplicables. Newton n'a

---

(1) *Lectures*, II, 495.

pas suivi cette méthode dans sa théorie de la gravitation. Il se fit un devoir absolu de la mettre d'accord avec tous les faits ; et quand, à cause de données inexactes, il se vit empêché de rendre cet accord parfait, il l'abandonna pendant plusieurs années. On nous dit que l'odeur de la rose et celle de l'asa fœtida sont des faits ultimes, je le veux bien : mais alors il ne sert de rien de faire une théorie pour les expliquer. Dès que nous proposons une théorie, nous sommes astreints à prouver tout ce qu'elle affirme : c'est-à-dire dans le cas actuel, que lorsque nous sentons une rose, l'organe est dans une activité « parfaite », mais que lorsque nous sentons l'asa fœtida, il est dans une activité « imparfaite », plus grande ou plus petite que l'activité parfaite. Il n'est pas philosophique d'affirmer ceci et de se replier derrière l'incompréhensibilité du sujet, pour se dispenser de prouver. Ce qui empêche de prouver une théorie doit aussi empêcher de l'affirmer.

Et de fait, quel sens peut-on attacher aux expressions activité parfaite ou imparfaite que Hamilton emploie ? La perfection et l'imperfection sont pour lui une question de quantité ; l'activité est parfaite quand elle a la quantité qu'il faut, imparfaite quand elle a plus ou moins. Mais qu'est-ce qui établit la quantité qu'il faut ou celle qu'il ne faut pas, si ce n'est le plaisir ou la peine qui l'accompagnent ? La théorie revient à dire que l'on sent du plaisir ou de la peine suivant que l'activité a le degré nécessaire pour produire l'un ou l'autre. Aristote, l'un des plus grands penseurs dont l'histoire ait gardé le souvenir, a donné à notre auteur l'exemple de ces explications futiles, mais il eût fallu un génie surhumain pour se garder, avec les connaissances et la culture scientifique de son temps, des erreurs qu'aujourd'hui même on a bien de la peine à éviter. La théorie d'Aristote, telle que Hamilton la comprend, diffère fort peu de la sienne. Voici comment il l'expose (1) : « Quand » un sens, par exemple, est dans un état parfait, et qu'on lui » présente un objet de l'espèce la plus parfaite, il déploie la » plus parfaite énergie, qui à chaque moment de sa durée est » accompagnée de plaisir. Il en est de même pour la fonction » de l'Imagination, de la Pensée, etc. Le plaisir est l'accompa-

(1) *Lectures*, II, 452.

» gnement nécessaire de l'action dans tous les cas où les facultés
» sont parfaites, et les objets en eux-mêmes parfaits, et qu'il y
» a entre les facultés et les objets des rapports convenables. »
D'après cela, les conditions dont dépend le plaisir sont le bon
état du sens et la perfection de l'objet présenté. Voilà qui s'appelle expliquer le fait par le fait. Quand un sens est-il en parfait état? Quand son objet est-il parfait? La fonction d'un sens
est double : c'est une source de cognition et une source de
sensation. Si la perfection dont on parle appartient à la fonction de cognition, dire que le plaisir en dépend, c'est tomber
dans une erreur manifeste; d'après Hamilton, c'est le contraire
de la vérité, car il soutient que la connaissance fournie par un
acte d'un sens et la sensation qui l'accompagne sont en raison
inverse l'une de l'autre. Reste la supposition que la perfection
dont parle Aristote ne se rapporte pas à la cognition, mais à la
sensation. Cependant ce ne peut être l'acuité des sensations, car
nos sensations les plus aiguës sont des peines. Qu'est-ce donc
qui la constitue? La qualité agréable de la sensation : et la
théorie nous dit seulement que le plaisir est le résultat d'une
disposition du sens à éprouver du plaisir et d'une qualité de
l'objet propre à en donner. Certainement Aristote et Hamilton
ne se sont pas représenté leur théorie ainsi, mais c'est à cela
qu'ils la réduisent en affirmant que le plaisir et la peine
dépendent de l'action parfaite ou imparfaite du sens, alors
qu'il n'y a pas d'autre critérium de la perfection ou de l'imperfection de l'action que le plaisir ou la peine qu'elles produisent.

Puisque la théorie de notre auteur, considérée comme
résumé des conditions universelles du plaisir ou de la peine,
est insuffisante, il n'y a pas lieu de rechercher les fragments
détachés empreints d'un talent remarquable qui y sont disséminés. Un homme de mérite peut toujours glaner quelque
vérité inconnue parmi les phénomènes de la nature humaine.
Ce que Hamilton dit des différentes classes de plaisirs ou de
peines de l'esprit, bien que très-court, peut donner beaucoup
à réfléchir. Pour faire son profit des idées qu'il émet sur
l'explication des plaisirs causés par le sublime et le beau, il
faudrait une longue étude, et un examen étendu de la question, ainsi que des spéculations des autres penseurs sur ce

sujet. La question n'a pas de connexion directe avec celles qui font l'objet de cet ouvrage, et ne change rien au mérite philosophique de Hamilton ; en effet, il les traite si brièvement qu'on pourrait croire qu'il n'a pas consacré à ces importants sujets toutes les méditations qui auraient pu donner à ses idées la valeur d'une théorie philosophique.

CHAPITRE XXVI

DU LIBRE ARBITRE.

La troisième classe des phénomènes de l'esprit, celle de la Conation, en d'autres termes, du désir et de la volonté, n'est qu'ébauchée dans les dernières pages de la dernière leçon de Hamilton. Cette lacune provient peut-être de ce que, durant le temps de son enseignement, il n'a jamais dépassé ce point, peut-être aussi de ce que les leçons orales de la fin de son cours n'ont pas été conservées. Il n'a pas non plus traité *ex professo* dans ses écrits le sujet de la volonté ; mais on doit croire qu'il l'aurait fait, si sa santé lui eût laissé le temps d'achever ses dissertations sur Reid. Aussi savons-nous peu de chose de ses idées sur les questions comprises dans cette branche de la Psychologie, à l'exception de la *vexata quæstio* du libre arbitre ; sur lequel il ne pouvait pas, dans le cours de ses ouvrages, ne pas donner à connaître l'opinion qu'il professait, ni taire les raisons sur lesquelles il s'appuyait. La doctrine du libre arbitre était si fondamentale pour lui, qu'on peut la considérer comme l'idée centrale de son système, comme la cause déterminante de la plupart de ses opinions philosophiques, et en particulier des deux qui sont le plus exclusivement des productions de son propre esprit : la loi du conditionné et sa singulière théorie de la causation. Il entame le sujet au début même de ses leçons, dans ses remarques préliminaires sur l'utilité de l'étude de la métaphysique. Il réclame pour la métaphysique, qui s'appuie sur la doctrine du libre arbitre, l'honneur d'être le seul moyen par lequel notre raison peut s'élever « d'elle-même à la connaissance d'un Dieu (1). » A l'appui de cette thèse, il présente une série d'arguments qui, je crois, doivent effrayer la majorité des croyants.

« La divinité », dit-il, « n'est pas un objet de contemplation
» immédiate; nous ne pouvons la saisir dans son existence et
» en soi; nous ne pouvons la connaître que médiatement par
» ses œuvres, nous ne pouvons affirmer qu'elle existe, que
» parce qu'il nous faut une cause pour expliquer un certain
» état de choses dont nos facultés nous révèlent la réalité.
» L'affirmation de Dieu est donc une conclusion régressive de
» l'existence d'une certaine classe d'effet à l'existence d'une
» espèce particulière de cause. Il est donc évident que tout le
» raisonnement roule sur ce fait, — y a-t-il réellement un état
» de choses dont l'existence ne soit possible que par l'action
» d'une cause divine? En effet, si un tel état de choses n'existe
» pas, la conclusion par laquelle nous admettons une cause
» nécessaire à son explication devient forcément nulle.

» Cela posé, je vais montrer que les phénomènes qui ont
» besoin de la cause que nous appelons divinité, sont tous
» exclusivement des phénomènes de l'esprit; que ceux de la
» matière pris à part (remarquez cette restriction pris à part),
» loin de légitimer une inférence à l'existence de Dieu, servi-
» raient au contraire d'argument pour la nier; qu'en corrigeant
» l'étude du monde extérieur par celle du monde intérieur,
» en la subordonnant à cette étude, on lui enlève non-seulement
» sa tendance athéistique, mais que, grâce à cette subordina-
» tion, elle peut conduire à la grande conclusion dont elle nous
» éloignerait, si on la laissait à elle-même. »

Le raisonnement par lequel il croit démontrer cette proposition se réduit à ceci. Un Dieu n'est qu'une inférence tirée de la nature, une cause hypothétique qu'on croit nécessaire pour l'expliquer; or le destin ou la nécessité, sans Dieu, pourraient expliquer les phénomènes de la matière. C'est donc uniquement parce que l'homme est une intelligence libre que son existence ne peut s'expliquer sans l'hypothèse d'un créateur qui soit aussi une intelligence libre. Si le sentiment de la liberté est une illusion, si l'intelligence n'est que le résultat

(1) *Lectures*, I, 25, et seq.

de l'organisation matérielle, nous sommes en droit de conclure que, dans l'univers aussi, les phénomènes qui supposent une intelligence ou un plan ne sont en définitive que les produits d'une nécessité aveugle. Nous ne pouvons connaître les êtres en eux-mêmes, et tout ce que nous pouvons faire, c'est d'inférer leur nature de l'ordre particulier que nous présente la sphère de notre expérience, c'est-à-dire, dans le cas qui nous occupe, l'observation de nos propres esprits. Si, donc, notre intelligence est produite et bornée par un destin aveugle, on peut en conclure qu'il en est de même de l'Intelligence Divine. Si au contraire l'intelligence de l'homme est une force libre, indépendante de la matière, nous pouvons conclure légitimement qu'il en est de même de l'intelligence qui se révèle dans l'univers. En outre, on peut dire qu'il n'y a pas de Dieu s'il n'y a pas un Être moral qui gouverne le monde. « Or (1), il est évident, en
» premier lieu, que s'il n'y a pas de monde moral, il ne peut y
» avoir un être moral qui le gouverne ; et, en second lieu, que
» nous n'avons et ne pouvons avoir de raison de croire à la réa-
» lité d'un monde moral que si nous sommes nous-mêmes des
» êtres moraux….. Mais en quoi consiste le caractère d'agent
» moral que possède l'homme ? L'homme n'est un agent moral
» que s'il est responsable de ses actions ; en d'autres termes,
» que s'il est un objet de mérite ou de démérite ; et il n'est tel
» que si une règle de devoir lui a été prescrite, et s'il est suscep-
» tible d'agir ou de n'agir pas conformément à cette règle. La
» possibilité de la moralité dépend donc de la possibilité de la
» liberté ; car si l'homme n'est pas un agent libre, il n'est pas
» l'auteur de ses actions, il n'a donc pas de responsabilité,
» il n'a pas de personnalité morale (2). »

Il faudrait un long chapitre pour développer les objections qu'on peut opposer à cette seule thèse. D'abord, on viole toutes les règles d'une saine philosophie ; on fait plus, on compromet gravement la moralité de la science quand on se permet de circonvenir l'intelligence de l'auditeur et de lui faire accepter un dogme métaphysique, en lui faisant espérer ou craindre que de ce dogme seul dépende la démonstration d'une conclusion

---

(1) *Lectures*, I, 32-33.
(2) Voyez aussi un passage de l'*Essai sur l'étude des mathématiques. Discussions*, p. 307-308.

préconçue. Les ardents efforts de presque tous les métaphysiciens pour solliciter en faveur de leurs idées les préventions religieuses sont très-dangereux en philosophie. Si je pouvais me permettre, ne fût-ce que pour répondre, de suivre un exemple funeste, je prémunirais les défenseurs de la religion contre le danger de sacrifier tour à tour chacune de ses preuves pour ne s'appuyer que sur les autres. On a remarqué avec raison qu'il n'y a pas un des arguments reçus en faveur de la religion naturelle ou de la révélation, dont on ne puisse trouver la condamnation formelle dans les écrits de tel ou tel philosophe sincèrement attaché à la religion. Je suis loin de les en blâmer : il est honorable pour eux de rejeter les arguments qu'ils regardent comme de mauvais auxiliaires d'une bonne cause, quand ils y sont portés naturellement par les prescriptions de leur propre raison, et non par une préférence vaniteuse pour leur propre système apologétique. Mais, à ne consulter que la prudence, ils agiraient sagement, quel que soit l'argument qu'ils veuillent abandonner, de ne jamais renoncer à celui de la finalité ; d'abord c'est le meilleur, puis c'est de beaucoup le plus saisissant. Il serait difficile de trouver un plus fort argument en faveur du théisme, que celui qui consiste à dire que l'œil doit avoir été fait par un être qui voit, et l'oreille par un être qui entend. Après cela, s'il plaît à Hamilton ou à tout autre de dire que si nous ne croyons pas au libre arbitre, l'être qui par hypothèse a fait l'oreille et l'œil n'est pas Dieu ; ou que, si nous regardons la bonté de Dieu comme une nécessité qui, d'après le vrai sens de Cause première, ne peut être qu'une nécessité de sa propre nature, un amour du bien qui fait partie de Dieu, qui est inséparable de Dieu, nous nions que Dieu soit un être moral ; il ne nous reste réellement qu'à affirmer tout aussi positivement le contraire, car nous ne pourrons jamais nous entendre sur le sens des mots.

On pourrait citer bien d'autres exemples de la mauvaise logique qui corrompt les efforts de Hamilton pour prouver que le théisme dépend de l'admission de sa thèse favorite. Il prétend partout que ce qu'on appelle faussement la doctrine de la nécessité (1) est la même chose que le matérialisme. Il n'y

---

(1) Hamilton et M. Mansel l'appellent quelquefois d'un nom qui convient mieux, le déterminisme ; mais tous deux, en l'attaquant, l'appellent doctrine de la

fait point de différence (1). Et pourtant il ne peut y avoir deux systèmes plus distincts. Reid, qui les combattait tous les deux, affirme que la nécessité « bien loin d'être une conclusion directe du matérialisme, n'en reçoit pas le moindre secours » (2); néanmoins il se peut que toujours, ou du moins en général, les matérialistes, soient partisans de la nécessité; et on ne nie pas que beaucoup de partisans de la nécessité ne soient matérialistes : mais on peut dire aussi que presque tous les théologiens de la Réformation, à commencer par Luther, et toute la série des théologiens calvinistes avec Jonathan Edwards pour interprète, apportent la preuve que les plus sincères spiritualistes peuvent logiquement défendre le système de la prétendue nécessité. Nous trouvons un autre exemple d'un illustre spiritualiste dans Leibniz, pour ne rien dire de Condillac (3) et de Brown. Tous trois croyaient l'homme un être spirituel, indépendant de la matière, mais soumis quant à ses actions et sous d'autres rapports à la loi de causalité; ils pensaient que ses volitions n'ont pas leur cause en elles-mêmes, mais qu'elles sont déterminées par des antécédents spirituels (des désirs, des associations d'idées, etc., qui tous sont spirituels, si l'esprit est spirituel), de sorte que lorsque les antécédents sont les mêmes, les volitions sont toujours les mêmes. Mais quoique la confusion du système de la nécessité avec le matérialisme soit une erreur en histoire aussi bien qu'en psychologie, l'argument de Hamilton ne peut s'en passer, car il tire ses principaux effets du tableau d'un Dieu asservi à une « nécessité aveugle » et purement matérielle. En effet, si la nécessité qui domine les actions humaines n'est pas matérielle mais spirituelle, si en disant que l'homme vertueux l'est nécessairement,

---

nécessité ou, ce qui est moins excusable, fatalisme. La vérité est que les adversaires de nos opinions ne peuvent se défaire des associations créées par le double sens du mot nécessité, qui, ici, ne signifie pas autre chose qu'invariabilité, mais qui au sens vulgaire veut dire contrainte. (Voy. *System of Logic*, Book VI, ch. II.)

(1) « L'athée qui voit dans la *matière ou la nécessité* le principe originel de » tous ce qui est (*Lectures*, I, 26, 37). Ceux qui n'accordent pas que l'esprit soit de » la matière, qui soutiennent qu'il y a dans l'homme un principe d'action supérieur » aux déterminations d'une nécessité physique, d'un destin aveugle et brutal » (*Ibid.*, p. 133), et l'argument tout entier p. 31 du même volume.

(2) *Reid's Works Hamilton's*.

(3) On voit la preuve du spiritualisme de Condillac dans le chapitre sur l'âme, le premier de l'Art de penser.

on veut dire tout simplement qu'il l'est parce qu'il craint de s'écarter des sentiers de la vertu plus qu'il ne redoute les fâcheuses conséquences que sa bonne conduite peut entraîner pour lui-même, il n'y a rien d'absurde, rien de révoltant à se représenter ainsi la Divinité, et à croire qu'elle est nécessitée à vouloir ce qui est bien, par l'amour du bien et par la détestation du mal, amour et détestation qui sont dans sa nature.

Il y a encore à la base du raisonnement de notre auteur une autre erreur logique. Il conclut que toutes les lois de l'intelligence humaine révélées par l'observation et l'analyse, doivent être des lois absolues de l'intelligence divine. Il dit avec raison que l'intelligence divine n'est qu'une hypothèse destinée à expliquer les phénomènes de l'univers; et que ce n'est que par une analogie tirée des effets de l'entendement humain que nous pouvons légitimement rapporter l'origine de ces phénomènes à une intelligence suprême. Mais cette analogie peut-elle devenir une identité complète dans les conditions et les modes d'action entre l'intelligence humaine et l'intelligence divine? Hamilton conclut-il ainsi dans d'autres cas? Au contraire, il soutient que nous sommes tenus de croire que la divinité, soit comme volonté, soit comme intelligence, est absolue, affranchie de toute condition, quoique nous ne puissons plus, alors, la connaître ni la concevoir. Pour moi, bien que je reconnaisse pas l'obligation de croire ce qu'on ne peut connaître ni concevoir, je ne peux pas admettre que la volonté divine ne puisse être libre que si la nôtre l'est; autant vaudrait dire que Dieu ne peut connaître les vérités de la géométrie par intuition directe, parce que nous sommes forcés d'y arriver au prix de beaucoup de peine à travers les douze livres d'Euclide.

C'en est assez sur l'argument par lequel Hamilton veut prouver que quiconque ne croit pas au libre arbitre n'a que faire de croire à un Dieu. Mais examinons sa doctrine sur la liberté, et ses preuves.

Le plan qu'il adopte dans le débat est nouveau, mais il s'accorde avec la philosophie du conditionné; et il semble même qu'elle doive surtout son origine aux nécessités prétendues de la question de la liberté. Hamilton croit que le libre arbitre et la nécessité sont tous deux inconcevables. Le libre arbitre parce qu'il suppose que les volitions naissent sans cause (1), parce qu'il affirme un commencement absolu, ce que notre auteur, nous l'avons vu, regarde comme inconcevable pour l'esprit humain. D'un autre côté, l'esprit est également incapable de concevoir une régression infinie, une chaîne de causation reculant jusque dans l'éternité. L'une et l'autre théorie impliquent des difficultés insurmontables aux facultés humaines. Mais, Hamilton nous l'a dit souvent, l'inconcevabilité d'une chose ne prouve pas que les lois de l'univers ne puissent la réaliser ; au contraire il arrive souvent que nous ne pouvons pas plus concevoir un côté de l'alternative que l'autre, tandis que nous sommes forcés, par le fait même, de croire à la vérité de l'un ou de l'autre. D'après Hamilton, il y a une alternative de cette sorte entre les théories rivales du libre arbitre et de la nécessité. En vertu de la loi de l'alternative, l'une ou l'autre doit être vraie, et l'inconcevabilité qui leur est commune ne prouvant pas plus contre l'une que contre l'autre, ne prouve contre aucune. La balance doit donc pencher du côté où il y a une preuve positive. En faveur du libre arbitre il y a un témoignage précis de la conscience, témoignage direct peut-être, quoique notre auteur paraisse conserver des doutes (2) ; mais en tous cas, indirect, puisque la liberté est impliquée dans la conscience de la responsabilité morale. Comme il n'y a pas de preuve correspondante en faveur de l'autre théorie, la doctrine du libre arbitre doit prévaloir. « Dans les limites qui sont imposées à nos facultés (3), » nous ne pouvons aucunement concevoir comment la volonté » peut être libre. Nous ne pouvons pas concevoir un commen-

(1) Hamilton croit rendre bien la théorie du libre arbitre en disant qu'elle suppose que nos volitions ne sont pas causées. Mais l'*Inquirer* (p. 45) y voit une mauvaise interprétation, et pense que la forme réelle de la théorie est : *je* suis la cause. J'aime mieux l'autre expression, elle s'accorde mieux avec l'usage qu'on fait du mot *cause* dans les autres cas. En prenant le mot, il faut prendre en même temps la loi reconnue de la causation, c'est-à-dire qu'une cause qui est la même sous tous les rapports est toujours suivie des mêmes effets. Mais dans la théorie du libre arbitre, le *je* est le même, toutes les autres conditions sont les mêmes, et pourtant l'effet peut non-seulement être autre, mais encore contraire. Car au lieu de dire que *je* suis la cause, l'*Inquirer* aurait dû dire au moins, quelque état ou quelque mode de moi, lequel est différent quand l'effet est différent : quoiqu'il soit difficile d'imaginer quel pourrait être cet état ou ce mode, à moins que ce ne soit la volonté de vouloir (notion dont Hobbes s'est moqué avec raison). Je persiste donc à dire avec Hamilton que, dans la théorie du libre arbitre, les volitions sont affranchies absolument de la loi de causation.
(2) *Notes à l'éd. des œuvres de Reid*, p. 599, 602, 624.
(3) *Lectures*, II, 412-413.

» cement absolu ; nous ne pouvons donc pas concevoir de voli-
» tion libre. Mais nous ne pouvons pas concevoir davantage
» l'alternative en vertu de laquelle on nie la liberté et on affirme
» la nécessité. Et de plus, nous trouvons un témoignage en
» faveur de notre nature morale dans la conscience d'une loi
» absolue du devoir, dans la conscience de notre responsabilité
» morale ; et on ne peut repousser ce fait de la liberté en se
» fondant sur son incompréhensibilité, car la doctrine du con-
» ditionné prouve, contre les partisans de la nécessité, qu'une
» chose dont l'esprit ne peut se figurer la possibilité peut, et
» même doit être vraie, tout en montrant que l'objection de
» l'incompréhensibilité s'applique non moins à la théorie fata-
» liste qu'à celle de la liberté morale. »

Notre auteur soutient que la théorie du libre arbitre est inconcevable, non-seulement par la raison déjà produite, que
nous ne pouvons concevoir un commencement absolu, mais par
une raison différente et particulière, à savoir, que la volonté
est déterminée par des motifs. En écrivant une seconde fois le
passage qui précède pour l'ajouter à l'appendice de ses « Discussions », il y ajouta ce qui suit (1) : « Une détermination par
» des motifs ne peut éviter la nécessitation. Bien plus, fallût-
» il admettre la vérité de ce dont nous ne pouvons pas conce-
» voir la possibilité, la doctrine de la volonté sans motif ne se-
» rait qu'une doctrine de casualisme ; et les actes libres d'un être
» indifférent n'ont, au point de vue moral et rationnel, pas plus
» de valeur que les passions préétablies d'une volonté prédé-
» terminée (2). Nous sommes donc, je le répète, incapables de
» concevoir spéculativement *comment* la liberté morale est
» possible dans l'homme ou dans Dieu. Mais..... le système de
» la liberté n'est pas plus inconcevable que celui de la nécessité.

---

(1) *Discussions*, Appendix, p. 624-625.
(2) On trouve la même idée dans un autre passage : « Ce qui montre encore
» plus clairement notre impuissance, c'est qu'une volonté sans motif, si on pouvait
» la concevoir, n'aurait point de valeur au point de vue moral » (*Discussions*,
Appendix, p. 614-615). Et dans une *Note à Reid* (602) : « La personne est-elle
une cause *originelle et indéterminée* de la détermination de sa volonté ? Si elle
ne l'est pas, elle n'est pas un agent libre, et le système de la nécessité est admis.
Si elle l'est, en premier lieu, il est impossible d'en concevoir la possibilité ; et en
second lieu, en accordant le fait, tout inconcevable qu'il est, il est impossible de
voir comment une cause non déterminée par un motif, peut être raisonnable,
morale et responsable. »

» Car si le fataliste s'appuie sur l'inconcevabilité plus évidente
» d'un commencement *absolu*, fait qui sert de base à la doctrine
» de la liberté; il méconnaît l'inconcevabilité moins évidente
» mais égale, d'un non-commencement *infini*, sur lequel en
» définitive repose son système de nécessité. » Ce système ne
repose pas sur un non-commencement infini, si le fataliste
admet une cause première, ce qu'il peut très-bien faire. Bien
plus, lors même qu'il ne reconnaît pas une cause première, il
n'*affirme pas un non-commencement*; il se borne à refuser
d'affirmer un commencement; et par conséquent, il n'est pas
réduit à affirmer ce qui est inconcevable : ce qui, pourtant, Hamilton ne cesse de le déclarer, est parfaitement légitime, et
même c'est ce qu'il fait dans le sujet qui nous occupe. Je poursuis la citation. « En tant qu'également inconcevables, les deux
» systèmes opposés, exclusifs l'un de l'autre, ont théoriquement
» les mêmes chances. Mais en pratique, notre conscience de la
» loi morale qui, sans une liberté morale dans l'homme, serait
» un impératif mensonger, donne une prépondérance décisive
» à la doctrine de la liberté sur celle du destin. Nous sommes
» libres en fait, si nous sommes responsables de nos actions. »

Hamilton est d'avis que chacune des deux théories est incapable de repousser les attaques de l'autre ; il ne croit pas que les
facultés humaines soient de force à ruiner les arguments qui s'élèvent contre l'une et contre l'autre (1). « Les champions des deux
» théories sont à la fois irrésistibles dans l'attaque et impuissants
» dans la défense; chacune succombe et semble périr sous les
» coups de l'adversaire; mais chacune reprend vie par la mort
» de son ennemie, et pour emprunter une similitude, elles sont
» comme les héros du *Walhalla* qui renaissent pour reprendre
» leurs interminables combats qui ne font pas de victimes. La
» doctrine de la liberté morale ne peut être conçue, car nous
» ne pouvons concevoir que le déterminé et le relatif. Comme
» je l'ai déjà dit, tout ce qu'on peut faire, c'est de montrer,
» 1° que le *fait* de la liberté nous est attesté directement ou
» indirectement par la conscience, et 2° qu'il y a parmi les
» phénomènes de l'esprit beaucoup de faits que nous devons
» admettre comme actuels, mais dont nous sommes tout à fait

(1) *Note à Reid*, p. 602.

» incapables de concevoir la possibilité ; je me bornerai à citer
» le *mouvement* dont on peut nier la possibilité par des raisons
» non moins fortes que celles sur lesquelles on veut fonder la
» négation de la liberté. » Ces « raisons non moins fortes »,
ce sont les paralogismes examinés dans un chapitre précédent,
au sujet desquels notre auteur a montré un défaut de pénétration et de finesse qui surprend dans un esprit aussi bien doué.

Conformément à ces idées, Hamilton, dans les Notes aux œuvres de Reid, balaye quelques-uns des arguments que ce philosophe dirige contre le système dit de la nécessité. Quand Reid affirme que les motifs ne sont pas des causes, qu'ils peuvent pousser à agir, mais qu'ils n'agissent pas, Hamilton fait observer que (1) : « Si les motifs poussent à agir, ils doivent
» coopérer à l'action en produisant un certain effet sur l'agent ;
» et cet effet, c'est la détermination à agir, et à agir d'une ma-
» nière particulière. Les motifs sont ainsi, d'après Reid lui-même,
» dans cette relation, des *causes*, et des causes *efficientes*. Cela
» ne change rien au raisonnement de dire que les motifs déter-
» minent l'homme à agir, ou bien qu'ils l'influencent (c'est-à-
» dire le déterminent) à se déterminer à agir (2). » Voilà un des plus beaux exemples que les écrits de Hamilton nous offrent d'un sophisme tranché d'un seul coup.

Quand Reid dit que nous agissons souvent sans motif, ou quand il n'y a pas de motif de recourir à tels moyens plutôt qu'à tels autres qui pourraient atteindre le même but, Hamilton demande (3) : « Pouvons-nous concevoir un acte sans une
» cause, ou un concours de causes suffisant pour que l'homme
» l'accomplisse, et non un autre ? Si nous ne le pouvons pas,
» appelez cette cause ou ces con-causes le *motif*, et la dispute
» est finie. »

Mais, demande Reid : « N'y a-t-il pas dans l'homme une chose
» qu'on appelle caprice, obstination ou entêtement ? » « Mais »,
reprend Hamilton (4), « ces défauts ne sont-ils pas des tendances
» et des tendances fatales à agir ou à ne pas agir ? Nous les dis-
» tinguons d'avec ce qui constitue nos motifs proprement dits,

---

(1) *Note à Reid*, p. 608.
(2) Voyez *Discussions*, Appendix on causality, 614.
(3) *Note à Reid*, 609.
(4) *Ibid.*, 610.

» ou nos impulsions raisonnables, mais cela ne nous fait pas
» avancer d'un pas et ne nous rend pas la liberté plus intelligible. »

D'après Reid, la détermination est le fait de l'homme et non du motif. « Mais, demande Hamilton (1), n'y avait-il aucun motif qui déterminât l'*homme* à cette détermination ? Sa volition spécifique pour ceci ou pour cela était-elle sans cause ? Si nous supposons la somme des influences (motifs, dispositions et tendances) pour la volition A égale à 12, et la somme d'influences pour la volition B égale à 8, pouvons-nous concevoir que la détermination de la volition A ne soit pas nécessaire ? Nous ne pouvons concevoir la détermination pour la volition B « qu'en
» supposant que l'homme *crée* (appelle de la non-existence à
» l'existence) un supplément d'influence. Mais cette création
» en tant qu'actuelle, ou en soi, est inconcevable, et même
» pour concevoir la possibilité de cet acte inconcevable, il faut
» supposer qu'une certaine cause porte l'homme à le faire.
» Nous ne pouvons donc jamais, *en pensée*, échapper à la
» détermination ou nécessité. On observera que je ne consi-
» dère pas cette incapacité d'acquérir la *notion* du libre ar-
» bitre comme la réfutation du *fait*. » Ce n'en est pas une ; mais si, comme notre auteur le répète si vivement : « tout (2)
» effort pour faire concevoir le fait de la liberté n'est qu'un
» escamotage qui lui substitue une forme plus ou moins dé-
» guisée de nécessité », c'est une forte preuve que l'opinion que nous suggère notre expérience collective de la vie est une forme de croyance à la nécessité (3).

Hamilton ayant ainsi, comme il lui arrive souvent (et c'est une des choses dont il s'acquitte le mieux), épargné à ses adversaires la peine de répondre à ses amis, sa doctrine ne repose plus que sur les appuis qu'il lui a lui-même dressés. En les examinant, mettons-nous d'abord à son point de vue

---

(1) Note à *Reid*, 611.
(2) *Lectures*, I, 34.
(3) Il est si difficile d'y échapper que Hamilton dit (*Lectures*, I, 188) : « La
» conation volontaire est une faculté qui ne peut être déterminée à l'action que
» par la peine ou le plaisir, par une estimation de la valeur relative des objets. »
Si je suis déterminé à préférer l'innocence à la satisfaction d'un certain désir, par l'estimation que je fais de la valeur relative de l'innocence et de la satisfaction de mon désir, cette estimation, tant qu'elle ne change pas, me laisse-t-elle libre de choisir la satisfaction du désir plutôt que celle de l'innocence ?

et accordons-lui que les deux hypothèses rivales d'un commencement absolu et d'une régression infinie sont également inconcevables. Mais ce n'est pas seulement dans le cas des volitions que nous avons à choisir entre ces deux notions inconcevables. Nous sommes, non-seulement Hamilton l'admet, mais il le soutient, en présence de la même alternative dans tous les cas de causation quels qu'ils soient. Il est vrai que nous en sortons d'une façon bien différente. Quand il s'agit des autres espèces de faits, nous ne pouvons pas choisir l'hypothèse que l'événement est arrivé sans cause : nous acceptons l'autre supposition, celle d'une régression remontant, non pas sans doute à l'infini, mais jusque dans la région de l'Inconnaissable, ou jusqu'à une Cause universelle que nous pouvons bien considérer comme un fait dernier, puisqu'elle ne nous intéresse que par des attributs qui la relient avec ce qu'elle précède, et que nous n'avons que faire de savoir si elle a été précédée par quelque chose.

Or, pourquoi choisissons-nous toujours ce côté de l'alternative pour expliquer toutes les choses qui sont du domaine de notre expérience, excepté quand il s'agit de nos volitions? Pourquoi ne nous faisons-nous aucun scrupule d'admettre que toutes ces choses dépendent de causes, qui (pour nous servir du langage de notre auteur) les déterminent nécessairement, quoique cette croyance soit, d'après Hamilton, tout aussi inconcevable que l'hypothèse d'après laquelle elles auraient lieu sans cause? Apparemment c'est parce que l'hypothèse de la causation, bien que, à son avis, inconcevable, possède l'avantage d'avoir l'expérience de son côté. Et comment, ou par quelle preuve, l'expérience nous l'affirme-t-elle? Ce n'est pas en découvrant un *nexus* entre la cause et l'effet ou, dans la cause elle-même, une raison suffisante qui la fait suivre de l'effet. Nul philosophe ne fait aujourd'hui cette supposition, et Hamilton la repousse positivement. Ce que l'expérience fait connaître, c'est le fait d'une succession invariable entre tout événement, et une certaine combinaison particulière de conditions antécédentes, en sorte que partout et toujours quand cette union d'antécédents existe, l'événement ne manque pas d'arriver. Y a-t-il ici une nécessité autre que l'universalité inconditionnelle du fait? nous n'en savons rien. Pourtant cette *affirmation* à posteriori, bien qu'elle ne soit pas confirmée par une *nécessité* à priori, décide notre choix entre les deux inconcevables, et nous conduit à croire que tout événement dans l'univers phénoménal, à l'exception des volitions humaines, est déterminé à se produire par une cause. Or, les prétendus nécessitariens demandent qu'on applique la même règle de jugement à nos volitions. Ils soutiennent que la preuve est bonne pour elles. Ils affirment, comme une vérité d'expérience, que les volitions suivent, en fait, des antécédents moraux déterminés, avec la même uniformité, et (quand nous avons une connaissance suffisante des circonstances) avec la même certitude que les effets physiques suivent leurs causes physiques. Ces antécédents moraux sont les désirs, les aversions, les habitudes et les dispositions combinés avec les circonstances extérieures propres à mettre en jeu ces stimulants internes. Tous ces antécédents sont des effets de causes, dont celles qui sont mentales résultent de l'éducation, et d'autres influences morales ou physiques. Voilà ce qu'affirment les nécessitariens : et ils font appel à toutes les manières de vérifier leurs idées. Ils les vérifient par l'observation que chaque personne fait de ses propres volitions. Ils les vérifient par l'observation que chaque personne fait des actions volontaires de ceux avec qui elle est en contact ; et par le pouvoir que possède tout individu de prévoir des actions, avec un degré de précision proportionné à son expérience préalable et à la connaissance qu'il a de l'auteur de ces actions, précision qui peut souvent acquérir une exactitude tout à fait égale à celle avec laquelle nous prédisons les événements physiques les plus vulgaires. Ils les vérifient, en outre, par les résultats statistiques relevés sur des groupes d'hommes assez nombreux pour éliminer les influences qui n'opèrent que sur un petit nombre, et qui sur une large échelle se neutralisent mutuellement, et laissent en somme le résultat total à peu près ce qu'il eût été si les volitions de toute la masse avaient été affectées par les seules causes communes à tous les individus. Dans les cas de cette espèce, les résultats se présentent aussi uniformément, et on peut les prédire aussi exactement que dans les questions de physique, où l'effet dépend de causes multiples. Les cas où les volitions paraissent trop incertaines pour qu'on puisse les prédire avec confiance, sont précisément ceux où notre connaissance des influences qui agissent comme antécédents est si incomplète, que des données aussi imparfaites amèneraient la même incertitude dans les prédictions de l'astronome et dans celles du chimiste. Voilà les raisons sur lesquelles on se fonde pour dire que notre choix, entre les inconcevables opposés, doit être le même pour les volitions que pour tout autre phénomène; nous devons rejeter également partout l'hypothèse de la spontanéité, et ne voir partout que des cas de causalité. Une volition est un effet moral qui suit ses causes morales aussi certainement et aussi invariablement qu'un effet physique suit ses causes physiques. Est-il *forcé* de les suivre, j'avoue que je n'en sais rien, que le phénomène soit moral ou physique; et en conséquence, je condamne l'emploi du mot *nécessité* dans ce cas : tout ce que je sais, c'est que les choses *se passent* toujours ainsi (1).

Hamilton néglige cet argument tiré de l'expérience, mais il insiste sur le côté opposé de la question, sur l'argument tiré de la conscience. Nous avons conscience, nous dit-il, de notre liberté; ou, en tous cas (il est bien étrange que cela soit douteux dans sa théorie), de quelque chose qui implique la liberté. S'il en est ainsi, notre conscience interne nous dit que nous avons un pouvoir, et l'expérience externe de l'humanité tout entière nous dit que nous n'en faisons jamais usage. Voilà certes une position fâcheuse pour nous, et une rude épreuve pour le métaphysicien. La philosophie est bien loin d'avoir une tâche aussi aisée que le croit notre auteur : l'arbitre Conscience n'est pas du tout appelé à faire pencher la balance entre deux difficultés égales; tant s'en faut, il doit décider entre son propre témoignage et une induction complète tirée de l'expérience. La conscience, dira-t-on peut-être, est le plus sûr témoin; sans doute, si nous étions toujours assuré du sens de son témoignage. Mais

---

(1) L'*Inquirer* accuse cet argument (p. 45) de « supposer gratuitement que le » libre arbitre est incompatible avec la prescience. » C'est une erreur. Cette question controversée n'est pas même effleurée dans le texte. Tout ce que je prétends, c'est que la possibilité de prédire les actions humaines implique une succession constante entre les mêmes antécédents et les mêmes conséquents, succession qui, pour tous les événements à l'exception des volitions, nous paraît légitimer l'affirmation d'une loi de la nature (que les partisans du libre arbitre appellent nécessité). Cette constance de succession entre les motifs, les dispositions mentales et les actions est une forte raison pour ne pas admettre la liberté comme un fait; mais je n'ai pas touché, et je ne veux pas toucher à la question métaphysique de savoir si un événement contingent peut être un objet de prescience.

on l'a interprété de tant de façons différentes. Hamilton lui-même ne nous dit-il pas (1) ? « Plusieurs philosophes ont cher-
» ché à établir sur les principes du sens commun des proposi-
» tions qui ne sont pas des données originelles de la conscience,
» tandis que les données originelles de la conscience, les prin-
» cipes d'où leurs propositions tirent leur nécessité et leur vé-
» rité, ces mêmes penseurs (chose étrange à dire) ne sont pas
» disposés à les admettre. » Par exemple, Cousin et presque tous les philosophes allemands ne trouvent-ils pas dans la conscience l'Infini et l'Absolu que Hamilton juge totalement incompatibles avec elle ? N'y a-t-il pas eu durant bien des générations des philosophes qui ont cru avoir des idées abstraites, concevoir un triangle qui ne fût, ni équilatéral, ni isocèle, ni scalène (2), ce qu'Hamilton, et tout le monde aujourd'hui, regarde comme absurde ? Au milieu de ces opinions contradictoires sur le sens du témoignage de la conscience, que doit penser le philosophe perplexe ? La philosophie doit-elle, comme notre auteur le fait dire à Hume, aboutir toujours à mettre en contradiction une de nos facultés avec l'autre ? Nous produirons une solution qui tire l'esprit de cet embarras. Nous ferons voir que la question à laquelle l'expérience répond oui, est différente de celle à laquelle la conscience répond non.

Interrogeons à notre tour ce témoignage de la conscience qu'on invoque. D'abord, Hamilton ne sait pas bien si la conscience ne rend qu'un seul témoignage sur l'objet du débat ou si elle en rend deux : si nous n'avons conscience que de notre responsabilité morale, où se trouve impliqué le libre

---

(1) *Dissertations on Reid* (p. 749).

(2) « Ne faut-il pas beaucoup de peine et de talent », dit Locke (*Essay on the human understanding*, Book IV, chap. VII, sect. 9), « pour se faire l'idée générale d'un triangle (et ce n'est pas l'une des plus abstraites, des plus compré-
» hensives, des plus difficiles ?) car il faut que ce triangle ne soit ni oblique, ni
» rectangle, ni équilatéral, ni isocèle, ni scalène ; mais tout cela à la fois, et aucun
» en particulier. En effet, c'est quelque chose d'imparfait qui ne peut exister ; une
» idée dans laquelle des parties d'idées différentes et incompatibles sont réunies. »
Pourtant un penseur tel que Locke pouvait croire qu'il concevait cette union d'éléments contradictoires. Je ne connais pas d'exemple plus saisissant de la tendance de l'esprit humain à croire que les choses qu'on peut séparer en leur donnant des noms différents, peuvent par cela même exister séparément. Cette tendance est assez forte, dans le cas qui m'occupe, pour avoir fait croire à un esprit aussi puissant que Locke qu'il avait conscience d'une chose qui, en vertu des lois de l'esprit, ne peut être un objet de conscience.

arbitre, ou si nous avons directement conscience du libre arbitre. Dans son Cours, Hamilton ne parle que du premier témoignage. Dans les notes à son édition de Reid, il paraît affirmer les deux, mais avec des doutes et de l'hésitation pour le dernier : tant il trouve difficile de dire avec certitude ce que la conscience atteste. Mais comme il y a beaucoup de philosophes bien plus confiants que lui, qui soutiennent que nous avons une intuition du libre arbitre (1), il est nécessaire d'examiner la question.

Avoir conscience du libre arbitre signifie, avoir conscience, avant d'avoir choisi, d'avoir pu choisir autrement. On peut *in limine* blâmer l'emploi du mot conscience avec une telle acception. La conscience me dit ce que je fais ou ce que je sens. Mais ce que je suis capable de faire ne tombe pas sous la conscience. La conscience n'est pas prophétique : nous avons conscience de ce qui est, non de ce qui sera ou de ce qui peut être Nous ne savons jamais que nous sommes capables de faire une chose qu'après l'avoir faite, ou qu'après avoir fait quelque chose d'égal ou de semblable. Nous ne saurions pas du tout que nous sommes capables d'action si nous n'avions jamais agi. Quand nous avons agi, nous savons, dans les limites de cette expérience, comment nous sommes capables d'agir ; et quand cette connaissance est devenue familière, elle est souvent confondue avec la conscience et en reçoit le nom. Mais de ce qu'elle est mal nommée, elle n'en a pas plus d'autorité ; la vérité qu'elle possède n'est pas supérieure à l'expérience, mais repose sur l'expérience. Si la prétendue conscience de ce que nous pouvons faire n'est pas née de l'expérience, ce n'est qu'une illusion. Le seul titre qu'elle ait à la croyance, c'est d'être une inter-

---

(1) M. Mansel entre autres affirme que « dans tout acte de volition, j'ai pleinement conscience que je peux à ce moment agir ou n'agir pas, en prenant ce moyen ou cet autre, et que tous les antécédents étant absolument les mêmes, je puis prendre aujourd'hui ce moyen et demain cet autre. » (*Prolegomena Logica*, 152). Oui, quoique les phénomènes antécédents restent les mêmes, mais non, si le jugement que je porte sur eux reste le même. Si ma conduite change, c'est que les sollicitations du dehors ou bien l'appréciation que je porte sur elles ont changé.

M. Mansel, je l'ai déjà fait observer, va jusqu'à soutenir que notre intuition immédiate de Force nous est donnée par le moi produisant ses propres volitions, et non par ses volitions produisant les mouvements corporels (p. 139-140, 151).

prétation de l'expérience, et si l'interprétation est fausse, il faut la rejeter (1).

Mais cette conviction, qu'on l'appelle intuition ou seulement croyance, que notre volonté est libre, qu'est-elle? De quoi sommes-nous convaincus? On me dit que, soit que je me décide à agir, soit que je m'abstienne, je sens que je pourrais avoir décidé autrement. Je demande à ma conscience ce que je sens, et je trouve que je sens, ou que j'ai la conviction, que j'aurais pu choisir l'autre voie, et même que je l'aurais choisie, si je l'avais préférée, c'est-à-dire si je l'avais mieux aimé; mais je ne trouve pas que j'aurais pu choisir l'un tout en préférant l'autre. Quand je dis préférer, je comprends naturellement avec la chose elle-même tout ce qui la suit. Je sais que je peux choisir, parce que

(1) M. Alexander répond à la proposition que ce que je suis *capable* de faire n'est pas un sujet de conscience (p. 22 et seq.): « C'est possible; dit-il, mais ce que je » *sens* que je suis capable de faire est bien un sujet de conscience... On nous dit » que la conscience n'est pas prophétique, que nous avons conscience de ce qui » est, non de ce qui sera ou de ce qui peut être; il suffit de répondre que si nous » avons conscience d'une force libre de volition continuellement inhérente en nous, » nous avons conscience de ce qui *est* ». Si nous pouvons être conscients d'une force, et si nous pouvons sentir une aptitude indépendamment de tout exercice présent ou passé de cette force ou de cette aptitude, c'est un fait unique qui n'a point d'analogue dans tout le reste de notre nature. Nous n'avons pas conscience d'une force musculaire continuellement inhérente en nous. Si nous étions nés avec la cataracte, nous n'aurions pas conscience, avant d'être opérés, de notre aptitude à voir. Nous ne nous sentirions pas aptes à marcher si nous n'avions jamais marché, ni à penser si nous n'avions jamais pensé. L'aptitude et la force ne sont pas des entités réelles dont on peut sentir la présence, lors même qu'aucun effet ne les suit; ce sont des noms abstraits qui s'appliquent à l'apparition d'un effet quand les conditions nécessaire se montrent, ou qu'on donne à notre attente de cette apparition. Tout ceci est peut-être faux, il y a peut-être une chose concrète réelle appelée aptitude, dont la conscience nous révèle l'existence positive dans cet unique cas, bien qu'il y en ait pas de preuve pour les autres. Il est assurément bien plus probable que nous prenons pour une intuition l'affirmation que nous nous faisons habituellement d'une connaissance ou d'une croyance acquise. M. Alexander peut ne pas avoir remarqué cette erreur très-commune; ne prend-il pas (p. 23) la connaissance pour la même chose que la conscience directe! Mais on ne peut pas refuser de considérer cette possibilité quand on prend pour critérium (p. 25) la « conscience générale du genre humain »; surtout si, comme M. Alexander, on réduit « le genre humain » à ceux qui ne sont pas philosophés, par la raison qu'aucun philosophe, « excepté peut-être un sur mille », ne peut voir ou sentir quoi que ce soit qui contrarie son opinion préconçue. Si tel est l'effet normal de la philosophie sur l'esprit humain, si, neuf cent quatre-vingt-dix-neuf fois sur cent, la culture de notre faculté de jugement a pour effet de la corrompre, fermons les livres, et reconnaissons en métaphysique l'autorité du premier venu plutôt que celle de Locke ou de Kant, et en astronomie plutôt que celle de Newton. Pour qu'un appel à la conscience ait quelque valeur, il faut qu'il s'adresse à ceux qui ont pris l'habitude de la sonder, de distinguer ce qu'ils perçoivent et ce qu'ils sentent de ce qu'ils concluent; à ceux à qui on peut faire comprendre qu'ils ne voient pas le soleil marcher ; et

je choisis souvent de faire une chose quand j'aimerais mieux en faire une autre prise en soi, abstraction faite de ses conséquences ou d'une loi morale que je viole en la faisant. C'est cette préférence d'une chose pour elle-même, abstraction faite des conséquences qui lui servent de cortége, qu'on donne souvent par défaut de précision pour une préférence de la chose. C'est grâce à ce défaut de précision dans les termes que nous ne trouvons pas absurde de dire que nous agissons contrairement à nos préférences; que nous faisons une chose quand nous aimerions mieux en faire une autre; que la conscience morale l'emporte sur les désirs, comme si la conscience morale n'était pas elle-même un désir, le désir de bien faire. Prenons un exemple : tuerai-je ou ne tuerai-je pas? On

ceux-là n'ont pu acquérir cette faculté de faire la critique de leur propre conscience qu'en réfléchissant sur les sujets métaphysiques assez pour mériter le nom de philosophe.

M. Alexander nie que l'expérience *à posteriori* puisse vérifier la croyance que j'étais libre d'agir, puisque l'expérience me dit seulement dans quel sens j'ai agi et ne m'apprend rien sur mon aptitude à agir autrement. L'idée que M. Alexander se fait des conditions de la preuve par l'expérience est bien étroite. Supposez que l'expérience que j'ai de moi-même m'apporte deux cas incontestablement semblables par tous leurs antécédents physiques et mentals, et que dans l'un de ces cas j'aie agi dans un sens, et que dans l'autre j'aie agi dans le sens contraire : il y aurait bien une preuve expérimentale que j'ai été capable d'agir dans un sens ou dans l'autre. C'est par une telle expérience que j'apprends que je peux agir, c'est-à-dire en trouvant qu'un événement a lieu ou n'a pas lieu suivant que (les autres circonstances restant les mêmes) une volition à moi a ou n'a pas lieu. Mais quand ce pouvoir de mes volitions sur mes actions est devenu un fait familier, la connaissance que j'en ai reste présente à mon esprit d'une manière si constante qu'elle reçoit le nom vulgaire de conscience, et est habituellement confondue avec la conscience. Le pouvoir prétendu que j'ai sur mes volitions, qu'on appelle libre arbitre, bien qu'il ne puisse pas être un fait de conscience, ne s'en présenterait pas moins, s'il est vrai, et même si l'on y croit, dans notre plus intime connaissance de nous-même de telle sorte qu'on le prendrait pour un fait de conscience.

M. Alexander croit avoir découvert une inconséquence entre ce que je dis ici et ce que j'aurais écrit dans un autre livre, où je reconnaissais un « sentiment pratique du libre arbitre, un sentiment de liberté morale dont nous avons conscience. » Je n'en parlerais pas, si M. Alexander n'en tirait la conclusion que j'ai eu autrefois conscience d'un fait auquel aujourd'hui, pour les besoins de ma thèse, je refuse la qualité de fait de conscience. M. Alexander cite les propres expressions que j'employais pour expliquer que je n'entendais pas du tout ce sentiment pratique dans le sens que suppose la théorie du libre arbitre; je prenais de la peine pour faire comprendre ce qu'était réellement ce sentiment, je déclarais expressément qu'il n'est que le sentiment de notre aptitude à modifier notre propre caractère, *si nous voulons*. Quand j'appliquais les mots sentiment et conscience à cette connaissance acquise, je ne me servais pas de ces mots en leur donnant leur sens psychologique rigoureux; il n'était pas nécessaire de le faire alors; mais, me conformant à l'usage vulgaire, je les étendais à la totalité (qui n'a pas de nom scientifique) de la connaissance familière et intime que nous avons de nous-même.

me dit que si je choisis de tuer, j'ai conscience que j'aurais pu choisir de m'abstenir; mais ai-je conscience que j'aurais pu m'abstenir, si mon aversion pour le crime et mes craintes de ses conséquences avaient été plus faibles que la tentation qui me poussait à le commettre? Si je choisis de m'abstenir, en quel sens ai-je conscience que j'aurais pu commettre le crime? Uniquement dans le sens que j'aurais désiré de le commettre avec un désir plus fort que mon horreur pour le meurtre, et non avec un moins fort. Quand nous supposons que nous aurions agi autrement que nous n'avons fait, nous supposons toujours une différence dans les antécédents. Nous feignons d'avoir connu quelque chose que nous n'avons pas connu, ou de n'avoir pas connu quelque chose que nous avons connu, c'est-à-dire une différence dans les sollicitations externes; ou d'avoir désiré quelque chose, ou d'avoir réprouvé quelque chose plus ou moins que nous n'avons fait; ce qui constitue une différence dans les sollicitations internes (1).

On dit pour réfuter cette analyse, qu'en résistant à un désir, j'ai conscience que je fais un effort; et qu'après que j'ai résisté j'ai le souvenir d'avoir fait cet effort; que « si la tentation a
» duré longtemps, ou si j'ai résisté à la volonté énergique d'un
» autre, je suis épuisé par cet effort d'une façon tout aussi sen-
» sible, qu'après un exercice physique; » et on ajoute « si ma
» volonté est complétement déterminée par le désir présent le
» plus énergique, elle sera décidée sans effort... Pour que le
» poids le plus fort s'abaisse et que le plus léger s'élève, la

---

(1) M. Alexander nous dit qu'il préfère un exemple vulgaire; en conséquence il suppose (p. 29) qu'un homme pose le doigt sur son nez, et il demande : « A-t-il
» conscience d'être capable de toucher à volonté le côté droit ou le gauche ?
» supposons qu'il a touché le côté gauche, n'a-t-il pas conscience d'avoir pu tou-
» cher le droit s'il avait voulu, n'a-t-il pas conscience qu'il *pouvait* le vouloir, le
» choisir, le préférer? » M. Alexander croit que son adversaire répondra autrement à cause de la futilité de l'exemple, il s'y attend si naïvement qu'il fait songer à l'*âne de Buridan*. Dans le cas supposé, je serais certain (je ne dis pas conscient) que j'aurais pu toucher le côté droit si je l'avais voulu; et je serais certain que j'aurais pu, si j'avais voulu, choisir et préférer, et même que j'aurais choisi et préféré de toucher le côté droit, si j'y avait été suffisamment sollicité, et non autrement. Si la conscience de quelqu'un lui dit qu'il aurait pu toucher le côté droit sans sollicitation, ou malgré une sollicitation plus forte, j'oserai, pour exprimer mon opinion, emprunter des expressions à M. Alexander, et je dirai que ce n'est pas sa « véritable conscience ». Mais je ne dirai pas comme lui que « c'est un faux représentant frauduleusement substitué » par son système philosophique.

» balance n'a pas d'effort à faire (1). » Cet argument suppose que dans une lutte entre des impulsions contraires la victoire doit toujours se décider dans un instant ; que la force qui est réellement la plus forte, et qui en définitive l'emporte, doit prévaloir instantanément. Il n'en est pas tout à fait ainsi même dans la nature inanimée : l'ouragan ne rase pas une maison, ne renverse pas un arbre sans résistance ; la balance même tremble et les plateaux oscillent quelques instants, quand la différence des poids n'est pas grande. Mais quand il s'agit de deux forces morales, ou même vitales, dont l'intensité n'est pas fixe, mais toujours changeante, on peut dire encore moins que la victoire doit appartenir sans débat à la plus grande. Dans la lutte des passions, il n'y a pas un seul instant où des idées ne traversent l'esprit, qui enlèvent et ajoutent de la force à l'une et à l'autre des deux puissances en lutte. A moins que l'une de ces deux forces ne soit à l'origine incomparablement plus forte que l'autre, il doit s'écouler quelque temps avant que la balance ne prenne sa direction entre deux sollicitations qui ne sont l'une et l'autre jamais les mêmes deux instants de suite. Durant cet intervalle, l'agent est dans l'état particulier mental et physique que nous appelons un conflit de sentiments : et nous savons tous qu'un conflit entre des sentiments énergiques épuise d'une manière extraordinaire les forces nerveuses (2). La conscience de l'effort, dont on nous parle est cet état de conflit. L'auteur que je cite croit que ce qu'il appelle, à mon avis improprement, un effort, n'a lieu que d'un côté, parce qu'il se représente le conflit entre moi et une force extérieure dont je triomphe, ou qui triomphe de moi. Mais il est évident que *je* suis les deux parties engagées dans la lutte ; le conflit a lieu entre moi et moi ; entre (par exemple) moi qui désire un plaisir, et moi qui crains les remords. Ce qui fait que moi, ou, si vous aimez mieux, ma volonté s'identifie avec un côté plu-

---

(1) *The Battle of the Two Philosophies*, 13-14.
(2) « Peser des motifs », dit l'auteur que je cite, « ce n'est pas vouloir, c'est juger. » L'état d'esprit dont je parle n'est pas du tout un jugement. C'est un état de passion, non d'entendement, et le jugement peut être fini avant que cet état commence. S'il y avait à ce moment un acte de jugement, ce serait pour décider lequel des deux plaisirs, ou laquelle des deux peines l'emportait : y voir la force qui agit, c'est concéder le point de vue des nécessitaires.

tôt qu'avec l'autre, c'est que l'un des *moi* représente un état de mes sentiments plus permanent que ne fait l'autre. Après que la tentation l'a emporté, le *moi* qui désire finit, mais le *moi* dont la conscience est blessée peut durer jusqu'à la fin de la vie.

Je conteste donc absolument que nous ayons conscience d'être capables d'agir contrairement au désir le plus fort ou à l'aversion la plus forte que nous éprouvons au moment de l'action. La différence entre un homme méchant et un homme bon ne consiste pas en ce que le dernier agit en opposition avec ses désirs les plus vifs ; mais en ce que son désir de faire le bien, et son aversion pour le mal sont assez forts pour vaincre, et, si sa vertu est parfaite, pour réduire au silence tout autre désir ou toute autre aversion contraires. C'est parce que cet état d'esprit est possible à la nature humaine, que les hommes sont capables de gouvernement moral ; l'éducation morale consiste à les soumettre à la discipline qui a le plus de tendance à les amener à cet état. L'éducation morale a pour objet l'éducation de la volonté ; mais on ne peut faire l'éducation de la volonté qu'en agissant sur les désirs et les aversions, en affaiblissant et en déracinant ceux qui paraissent le plus propres à conduire au mal ; en exaltant au plus haut degré le désir de la bonne conduite et l'aversion pour la mauvaise, en encourageant tous les autres désirs et aversions qui agissent ordinairement comme auxiliaires pour le bien, tout en les empêchant de prendre un empire excessif dont le sentiment moral ne pourrait peut-être pas triompher, si par hasard ils venaient à entrer en lutte avec lui. Les autres conditions sont une idée claire qui serve de critérium du bien et du mal, afin que le désir moral ou l'aversion morale soient bien dirigés, et des habitudes mentales générales qui ne permettent pas d'oublier ou de négliger les raisons morales dans les cas où elles pourraient trouver leur application.

Nous rejetons donc la fiction d'un témoignage direct de la conscience en faveur de la liberté ; ou, en d'autres termes, de notre aptitude à vouloir contrairement à nos plus fortes préférences. Il nous reste à considérer si, comme Hamilton l'affirme, cette liberté est impliquée dans ce qu'on appelle la conscience de la responsabilité morale. Il faut qu'il y ait quelque chose de très-plausible dans cette opinion, puisque les Nécessitaires eux-mêmes la partagent. Plusieurs d'entre eux, en particulier M. Owen et ses disciples, partant du fait que les volitions sont des effets de causes, ont été amenés à nier la responsabilité humaine. Je ne veux pas dire qu'ils aient nié les distinctions morales ; peu de personnes ont eu un sentiment plus vif du bien et du mal, et se sont plus dévouées à ce qu'elles regardaient comme le bien ; mais ce qu'ils ont nié, c'est la justice du châtiment. Les actions d'un homme, disent-ils, sont le résultat de son caractère, et il n'est pas l'auteur de son caractère. Son caractère a été fait *pour* lui, non *par* lui. Il n'est pas juste de le punir pour ce qu'il ne peut pas ne pas faire. Nous devrions le convaincre et le persuader qu'il eût mieux agi en faisant autrement ; et élever tout le monde, et spécialement la jeunesse, dans des habitudes et des dispositions qui conduisent au bien. M. Owen a cependant oublié de nous dire comment on peut arriver à ce résultat sans faire entrer les punitions dans les moyens d'éducation. Il faut donc que la confusion d'idées, qui fait paraître la soumission des volitions humaines à la loi de causalité incompatible avec l'imputabilité, soit très-naturelle à l'esprit humain : mais on peut en dire autant de mille erreurs, et même de quelques sophismes purement verbaux. Sans doute, il y a ici plus qu'un sophisme verbal ; mais les sophismes verbaux y sont bien pour quelque chose.

Qu'entend-on par responsabilité morale ? Responsabilité signifie châtiment. Quand on dit que nous avons le sentiment d'être moralement responsables de nos actions, l'idée qui domine notre esprit, c'est l'idée d'être punis à cause d'elles. Mais le sentiment de la responsabilité est de deux espèces. Ou il peut signifier, que si nous agissons d'une certaine manière, nous nous attendons à subir un châtiment réel de la part de nos semblables ou de la part d'un Pouvoir suprême. Ou bien il peut signifier, que nous savons que nous mériterons ce châtiment.

On ne peut pas dire, si l'on veut s'attacher au sens propre des mots, que le premier sens, notre attente d'un châtiment, soit attesté par la conscience. Si nous croyons que nous serons punis pour avoir mal fait, c'est parce que cette croyance nous a été enseignée par nos parents, nos maîtres ou notre religion, ou bien, que cette idée est généralement admise par ceux qui nous entourent; ou bien que nous y sommes arrivés par le raisonnement ou par l'expérience. Ce n'est pas un témoignage direct de la conscience. Quelque nom qu'on donne à cette croyance, elle ne repose pas sur une théorie quelconque de la spontanéité de la volition. Le châtiment du péché, dans un autre monde, est un article de foi absolu pour les Turcs fatalistes, et pour des chrétiens déclarés qui sont non-seulement nécessitaires, mais qui croient que la majorité des hommes sont prédestinés par Dieu, de toute éternité, au péché et au châtiment de leur péché. Ce n'est donc pas la croyance à notre imputabilité future qui réclame ou présuppose l'hypothèse du libre arbitre, c'est la croyance que nous sommes moralement obligés à rendre compte; que nous sommes imputables à juste titre; que la faute mérite châtiment. C'est sur ce point que les deux opinions entrent en conflit.

Dans cette discussion, il n'est pas nécessaire de supposer telle ou telle théorie sur la nature ou le critérium des distinctions morales. Il n'importe pas de savoir si le bien ou le mal des actions dépend des conséquences qu'elles tendent à produire, ou d'une qualité inhérente aux actions elles-mêmes. Il est indifférent que nous soyons utilitaires ou anti-utilitaires; que notre éthique repose sur l'intuition ou sur l'expérience. Il suffit de croire qu'il y a une différence entre le bien et le mal, et une raison naturelle de préférer le premier; qu'en général les hommes, à moins qu'ils n'attendent du mal un profit personnel, préfèrent naturellement et habituellement ce qu'ils croient être le bien : soit parce que nous dépendons tous, pour les conditions qui rendent l'existence tolérable, de la bonne conduite des autres, tandis que leur mauvaise conduite est une menace suspendue sur notre sécurité, soit pour une raison transcendante ou mystique. Quelle qu'en soit la cause, nous sommes autorisés à admettre le fait : il en résulte que celui qui cultive une disposition mauvaise met son esprit hors de la sympathie de ses semblables, qui, venant à s'apercevoir des dispositions qu'il nourrit, ne tardent pas à lui témoigner leur éloignement par leurs actes. Non-seulement il se prive ainsi du plaisir de leur bon vouloir; mais il perd le profit qu'il aurait pu tirer de leurs bons offices, à moins que la compassion pour un être humain ne l'emporte sur le dégoût qu'inspire un méchant; et de plus il s'expose à tout ce que nous jugeons à propos de faire pour nous protéger contre lui, c'est-à-dire probablement un châtiment, comme tel, et certainement l'équivalent indirect d'un châtiment. Par là, il est certain d'être rendu imputable, au moins devant ses semblables, par l'effet normal de leurs sentiments naturels. Il vaut bien la peine d'examiner si l'expectative réelle de cette imputabilité n'est pas pour beaucoup dans le sentiment interne de la responsabilité, sentiment qu'on trouve rarement bien vif là où manque la menace de l'imputabilité. On ne voit pas d'ordinaire que les despotes de l'Orient, à qui personne ne peut demander compte de leurs actions, aient un sentiment bien vif de leur responsabilité. Mais (ce qui est bien plus significatif) dans les sociétés au sein desquelles les distinctions de castes ou de classes sont réellement tranchées, dans cet état de société tellement étranger à nos mœurs actuelles que nous pouvons rarement nous le figurer dans toute sa rigueur, on voit tous les jours des personnes montrer le sentiment le plus vif de leur responsabilité vis-à-vis de leurs égaux qui peuvent leur redemander compte, et ne pas en laisser voir la plus petite trace à l'égard de leurs inférieurs qui ne le peuvent pas.

Je ne veux pas dire que le sentiment de l'imputabilité, même quand il se mesure exactement aux chances d'être appelé à rendre compte, ne soit qu'un calcul intéressé, qu'il ne soit rien de plus que l'attente et la crainte d'une punition venant du dehors. Quand on a pensé longtemps qu'une peine était la conséquence d'un fait donné, ce fait s'engage dans des associations qui le rendent pénible en soi, et portent l'esprit à s'en écarter, lors même que dans le cas particulier, il n'y aurait à redouter aucune conséquence pénible. C'est ainsi que l'aversion pour la dépense, qui se développe quand on a de la peine à économiser, peut devenir une passion tyrannique quand celui qu'elle domine est devenu assez riche pour n'avoir plus rien à craindre de la dépense. En admettant ce principe d'association, il y a toute certitude que lors même que le mal voudrait seulement dire le défendu, il se développerait naturellement une détestation désintéressée du mal, qui à cause de sa force, de sa promptitude, et de l'instantanéité de son action, ne pourrait se distinguer de nos instincts et de nos passions naturelles.

Un autre fait qu'il ne faut pas perdre de vue, c'est que le sentiment le plus élevé et le plus énergique de l'excellence du bien et du caractère odieux de son contraire est parfaitement compatible avec les formes les plus exagérées du fatalisme. Supposez qu'il y ait deux races d'hommes, les uns constitués dès l'origine de telle façon que, quels que soient l'éducation qu'on leur donne et le traitement qu'on leur fasse subir, on ne puisse les empêcher de sentir et d'agir pour le bien de ceux qu'ils approchent, et les autres tellement pervers de leur nature, que nulle éducation, nul châtiment ne puisse leur inspirer l'idée du devoir, ni les empêcher de faire du mal. Ni les uns ni les autres n'auraient de libre arbitre : pourtant les uns seraient honorés comme des demi-dieux et les autres traités comme des bêtes malfaisantes. Peut-être ne les punirait-on pas, parce que la punition n'aurait aucun effet sur eux, et qu'on croirait mal faire en cédant à un sentiment vindicatif, mais on les tiendrait à distance avec vigilance, et on les tuerait même comme les autres créatures dangereuses s'il n'y avait pas d'autre moyen de s'en défaire. Nous voyons par cet exemple que même avec l'exagération la plus grande possible du système de la nécessité, la distinction entre le bien et le mal moral dans la conduite de l'homme, non-seulement subsisterait, mais qu'elle serait encore plus tranchée qu'à présent, puisqu'on admet que le bon et le méchant présentent, malgré toutes leurs différences, une nature commune.

Mais, peut dire un adversaire, ce n'est pas là une distinction entre le bien et le mal *moral*. Je suis bien loin de vouloir faire contre lui une pétition de principe. Mais aussi personne n'a le droit de faire une pétition de principe en supposant que la distinction n'est pas morale, parce qu'elle n'implique pas le libre arbitre. La réalité des distinctions morales et la liberté de nos volitions sont deux questions indépendantes l'une de l'autre. Ce que je soutiens, c'est qu'un être humain qui a pour ses semblables un amour désintéressé et constant, qui recherche tout ce qui tend à leur faire du bien, qui nourrit une haine vigoureuse contre tout ce qui leur fait du mal, et dont les actions sont de même nature que les sentiments, est naturellement, nécessairement et raisonnablement un objet d'amour, d'admiration et de sympathie, et digne que l'humanité l'entoure de son affection et le récompense par son admiration ; tandis qu'au contraire, une personne qui ne possède aucune de ces qualités, ou qui les possède à un si faible degré, que ses actions sont continuellement en opposition et en conflit avec le bien des autres, et que pour le succès de ses desseins elle est toujours prête à leur infliger de grands maux, cette personne est un objet naturel et légitime de leur aversion permanente et de leur hostilité ; et cela, que la volonté soit libre ou non, et indépendamment de toute théorie sur la différence du bien et du mal ; soit que le bien consiste à produire le bonheur, et le mal la misère, soit que le bien et le mal soient des qualités intrinsèques des actions, pourvu seulement que nous y reconnaissions une différence et que nous la jugions très-importante. Ce que je soutiens, c'est que cette différence entre le bien et le mal moral suffit pour les fins de la société et pour la conscience de l'individu : que nous n'avons pas besoin d'autre distinction ; que s'il y en a d'autres, nous pouvons nous en passer ; et que, à supposer que mes actes en eux-mêmes bons ou mauvais aient été déterminés aussi absolument dès le commencement des choses que s'ils étaient des phénomènes de la matière brute, s'il a été déterminé dès le commencement des choses qu'ils seraient le résultat de mon amour du bien et de ma haine du mal, je suis encore un objet d'estime et d'affection ; et s'il a été déterminé qu'ils seraient le résultat de mon égoïsme et de mon indifférence au bien, je suis le légitime objet d'une aversion qui peut aller jusqu'à l'horreur. Aucune personne compétente ne niera que ceux qui ont professé ces idées aient eu en réalité un sentiment aussi vif des distinctions morales que les autres, quels qu'ils fussent, et qu'ils l'aient prouvé à la fois par leur cœur et par leurs actes (1).

(1) M. Alexander fait un tableau désolant de la condition où tomberait l'humanité, si la croyance à la nécessité devenait générale. Tout « ce qu'on appelle moralité » ne serait plus « qu'une forme de superstition », toute « idée morale qu'une illusion », et les idées morales ayant perdu toute influence comme motifs », la sanction interne de la conscience n'existerait plus. « Les sanctions » externes demeurent ; mais non plus comme elles étaient. Toute la sanction qui » repose sur l'approbation ou sur la désapprobation *morales* de nos semblables » s'est évanouie : » et « par l'effet d'une indifférence morale délétère », les autres sanctions extérieures « ne reçoivent qu'un appui bien plus faible. » De

Sans doute ces considérations ne sont point étrangères au sujet, mais elles ne touchent pas au fond de la question. La vraie question c'est la justice, la légitimité de la récompense ou du châtiment. Dans la théorie de la nécessité (nous dit-on), l'homme ne peut pas ne pas agir comme il agit; il n'y a donc point de justice à le punir pour ce qu'il ne peut pas s'empêcher de faire.

N'y a-t-il point de justice à le punir, si la crainte du châtiment le rend capable de s'en empêcher, et si c'est le seul moyen de lui en donner le pouvoir?

Il est vrai et faux de dire qu'il ne peut pas s'en empêcher, cela dépend des restrictions qui accompagnent l'affirmation. Supposons qu'il ait une disposition vicieuse, il ne peut s'empêcher d'accomplir l'acte criminel, s'il a lieu de croire qu'il peut le commettre avec impunité. Si, au contraire, il a dans l'esprit vivement empreinte l'idée qu'une grave punition doit s'ensuivre, il peut s'en empêcher, et dans la plupart des cas il s'en empêche.

La question qu'on trouvait si embarrassante se réduit à ceci : comment le châtiment peut-il être légitime, si les actions

dégradation en dégradation, l'homme « en viendrait avec le temps à reproduire le type primitif du gorille (p. 118-121). » Effrayant tableau : mais M. Alexander ne doit pas supposer que les sentiments des autres personnes sur des matières qui sont pour elles d'une grande importance, sont liés à un certain dogme spéculatif et même à une certaine combinaison de mots, par la raison que les siens le sont, à ce qu'il paraît. Tant que le crime sera regardé comme un mal, on pourra, même en toute sûreté, soutenir avec Platon qu'il est pour l'esprit ce que la maladie est pour le corps : on serait tout aussi empressé de l'éviter pour soi et d'en guérir les autres. Qu'on se fasse illusion sur tout le reste, on ne se fait pas illusion sur ce point qu'il y a des types de conduite et des types de caractères qui font du bien et d'autres qui font du mal à la race et à chacun de ses membres ; il n'y a pas à craindre que les hommes renoncent à leur faculté de préférer ce qui fait du bien à ce qui fait du mal, et de parler et d'agir d'après leur préférence. Ce n'est pas une illusion que les êtres humains sont des objets de sympathie ou d'antipathie selon qu'ils appartiennent à l'un ou à l'autre type, et que les sympathies et les antipathies excitées en nous par d'autres réagissent sur nous-mêmes. Les qualités que tout homme trouve odieuses chez les autres, méritent la haine chez lui, sans illusion. La base de la sombre prophétie de M. Alexander lui manque. Je pourrais même ajouter que, si ses pronostics sans fondements devaient se réaliser de quelque autre façon, si la vertu désintéressée et la haine du crime s'effaçaient sur la terre, quoique la race humaine à ce point dégénérée ne fût guère digne d'être conservée, il est probable qu'elle trouverait encore les moyens de se conserver elle-même. Il est probable que les sanctions externes, au lieu de languir, seraient au contraire appliquées avec bien plus de rigueur qu'à présent ; car des pénalités plus rigoureuses deviendraient nécessaires, le sentiment interne ne leur prêtant plus une assistance assez forte : et si dépourvus de vertu pure que les hommes pussent être, chacun d'eux connaîtrait trop bien ce qu'il y a d'important pour ses intérêts dans la conduite d'autrui, pour ne pas appliquer ces pénalités sans restriction, et sans aucun des scrupules qui tourmentent aujourd'hui les hommes consciencieux qui redoutent de pousser la répression trop loin.

des hommes sont déterminées par des motifs au nombre desquels se trouve le châtiment lui-même. Il serait plus difficile de comprendre comment le châtiment pourrait être légitime si l'homme n'était pas déterminé par des motifs. Le châtiment part de la supposition que la volonté obéit à des motifs. Si la punition n'avait pas le pouvoir d'influer sur la volonté, il serait illégitime de l'infliger, quelque tendance naturelle qu'on eût à le faire. C'est précisément lorsqu'on suppose que la volonté est libre, c'est-à-dire capable d'agir *en sens inverse* des motifs, que la punition est détournée de son but et perd sa justification.

Il y a deux fins, qui, dans la théorie des nécessitaires, suffisent pour justifier le châtiment : le profit qu'en retire le coupable lui-même, et la protection des autres hommes. Le premier justifie le châtiment, parce que faire du bien à une personne ce ne peut être lui faire du tort. Le punir pour son propre bien, pourvu que celui qui inflige la peine ait un titre à se faire juge, n'est pas plus injuste que de lui faire prendre un remède. Pour ce qui regarde le criminel, la théorie veut qu'en contre-balançant l'influence des tentations présentes ou des mauvaises habitudes acquises, la peine rétablisse dans l'esprit cette prépondérance normale de l'amour du bien que beaucoup de moralistes et de théologiens regardent comme la vraie définition de la liberté (1). A l'autre point de vue, le

---

(1) « La liberté, complète, réelle, de l'homme est la perfection humaine, le » but à atteindre ». Extrait d'un article de M. Albert Réville, *Revue germanique*, septembre 1863, dans lequel l'auteur traite d'une manière incidente le problème du libre arbitre, avec un bon sens et un esprit philosophique qu'on trouve rarement dans les écrits publiés récemment sur ce sujet.

L'*Inquirer* m'accuse de mettre de côté (p. 49, 51) « une opinion bien approfondie et mûrie, parce qu'elle ne peut s'accorder avec une conclusion tirée précédemment sur une autre question », quand j'affirme que le bien de la personne punie peut être une des fins du châtiment; et il cite à l'appui mon essai sur la Liberté. Je suis responsable de l'Essai, mais non de cet absurde travestissement de mes idées. Ai-je affirmé quelque part que les enfants ne doivent pas être punis pour leur bien ? que les parents et les magistrats, quand ils ont affaire à un délinquant de cette espèce, ne sont pas en droit de se constituer juges de son bien, et même ne sont pas obligés de le considérer avant toute chose ? N'ai-je pas expressément réservé le cas des sociétés d'hommes faits, dont le développement n'est pas encore sorti de la période d'enfance ? Ai-je jamais dit, ou quelqu'un a-t-il dit, que lorsque nous punissons pour la protection de la société ceux qui lui ont causé du dommage, nous ne devons pas tendre à réformer les infracteurs, au moins par le genre de punition ?

L'*Inquirer* ajoute (p. 49): « Si je ne mérite un châtiment que parce que mon » amour du bien est trop faible et que mon désir des plaisirs mauvais est trop fort, » et que le châtiment ait pour effet de me faire détester les derniers, je mérite » des récompenses, car les récompenses, en contre-balançant l'influence de la ten-

châtiment est une précaution que la société prend pour sa propre défense. Pour que le châtiment soit juste, il faut seulement que le but poursuivi par la société soit juste. Si la société s'en sert pour fouler aux pieds les justes droits des particuliers, le châtiment est injuste. Si elle s'en sert pour protéger les justes droits des citoyens contre une agression injuste et criminelle, il est juste. Si l'on a des droits justes (ce qui revient à dire qu'on a des droits), il ne peut être injuste de les défendre. Avec ou sans libre arbitre, la punition est juste dans la mesure où elle est nécessaire pour atteindre le but social, de même qu'il est juste de mettre une bête féroce à mort (sans lui infliger des souffrances inutiles) pour se protéger contre elle.

On nous dit que nous avons conscience dès l'origine de notre imputabilité, et que nous sentons que si nous violons la règle du devoir nous méritons une punition. Je soutiens que

» tation présente ou des mauvaises habitudes, rétablissent dans l'esprit la pré-
» pondérance de l'amour du bien..... En sorte que plus je serai pervers, plus je
» mériterai de récompenses.... Pour les enfants, et pour tous les méchants, si l'on
» considère leur propre perfectionnement, les récompenses doivent être bien
» plus morales que les châtiments, car elles tendent directement à diminuer la mi-
» sère, et à accroître la somme du bonheur humain. »
A supposer même qu'il y eût assez de récompenses pour dédommager chaque individu des tentations qu'il repousse, ce procédé ne peut pas atteindre le but de l'autre, surtout la fin principale, le découragement des transgresseurs à venir. Et même pour les enfants, dont le perfectionnement est pendant toute la durée de leur éducation la fin principale qu'on a à se proposer, chacun sait, même ceux qui l'oublient quand il s'agit de réfuter un adversaire, que la peine est chose plus forte que le plaisir, que la punition est infiniment plus efficace que la récompense. La punition seule peut produire les associations dont l'effet est de rendre détestable en soi la conduite qui y expose, et qui, en rendant ce qui est dommageable à la société un objet de répulsion sincère pour ses membres, produit la confraternité de sentiments qui leur inspire un intérêt commun, et leur permet de sympathiser et d'unir leur action comme des créatures d'une même famille. C'en est assez pour montrer, si c'était nécessaire, qu'en préférant la punition à la récompense comme moyen de protection contre les violations du droit, je n'abandonne pas l'idée de justice sociale que j'ai exposée dans le texte. Maintenant si mon adversaire me demande : Mais supposons qu'il n'en est pas ainsi, et que la récompense soit un moyen aussi efficace que la punition pour améliorer un caractère et protéger la société, la récompense se recommande-t-elle au même titre à notre sentiment du mérite? Je réponds, non. La récompense choquerait le désir naturel, je dirais même animal, de représailles, qui nous porte à faire du mal à qui nous en a fait, soit dans notre personne, soit dans un objet qui nous intéresse, ce désir, dont j'ai fait moi-même ailleurs la base de tout ce qui distingue notre sentiment de justice de notre sentiment de l'expédient. C'est ce sentiment naturel, qu'il soit instinctif ou acquis, qui, tout en n'ayant rien en soi de moral, devient pourtant, une fois moralisé par son alliance avec l'idée du bien général, qui le limite, notre sentiment moral de justice. Ce sentiment est nécessairement offensé par la récompense du délinquant et satisfait par sa punition. Il faut tenir grand compte de ce sentiment dans un monde comme le nôtre, où

cette déclaration de la conscience n'est pas autre chose que la connaissance que nous avons que cette punition est juste ; que cette conduite nous exposera à une punition juste de nos semblables, ou de Dieu, ou à la fois de nos semblables et de Dieu. En employant le mot *juste,* je ne suppose pas dans mon explication la chose même à expliquer. Je l'ai déjà fait observer, j'ai le droit d'admettre la réalité des distinctions morales, et la connaissance et le sentiment de ces distinctions. Au point de vue métaphysique il est évident, et l'histoire démontre par les faits, que ces distinctions sont indépendantes des théories de la volonté. On suppose que nous sommes capables de comprendre que les autres personnes ont des droits ; toutes les distinctions découlent de là. L'esprit qui possède cette idée, s'il est capable de se mettre à la place d'un autre, doit reconnaître qu'il n'est pas injuste que les autres se protégent contre le penchant qui peut l'entraîner à violer leurs droits ; et il le reconnaîtra d'autant plus aisément qu'il a aussi des droits, et que ces droits ont besoin de la même protection. C'est en cela, à

---

la punition est nécessaire. Mais dans l'hypothèse absurde d'un état de société, où il serait plus expédient de récompenser les malfaiteurs que de les punir, ces sentiments moraux ne seraient plus nécessaires, et ils s'éteindraient probablement, comme d'autres sentiments dont l'emploi ne trouve plus de place, par suite des changements survenus dans l'humanité.

Le chapitre dans lequel j'ai discuté cette question (*Utilitarianism,* ch. v) est parfaitement connu de M. Alexander ; il nous fait voir qu'il en connaît à fond toutes les parties, sauf celles qui concluent contre ses idées. Au moment même où (p. 52, 59) il y fait la merveilleuse découverte des deux propositions que la justice, de l'avis général, tient essentiellement à la notion de mérite, et que le juste n'est pas le synonyme de l'expédient, aucun de ses lecteurs ne soupçonnera que j'ai expliqué dans le même chapitre ce que j'entends par la notion de mérite, et ce qu'il y a dans la notion du juste de plus que dans celle de l'expédient.

M. Alexander nous montre comment il comprend les premiers éléments du système éthique qu'il dénonce, en mettant en avant un argument dont il est si infatué, qu'il le répète plusieurs fois ; d'après lui si la protection de la société est une raison suffisante pour faire pendre quelqu'un, elle doit suffire à faire pendre un innocent ou un fou (36, 37, 65, 89). Il dit itérativement que ces supplices sont tout aussi propres à détourner du crime que celui d'un vrai criminel ; il pense apparemment que le supplice d'un homme qui n'est pas coupable donne aux gens un motif de s'abstenir de l'être. Quant au fou, il demande (65) : « De ce que l'état » d'esprit d'un aliéné ne lui permet pas d'obéir a des motifs, cela diminue-t-il » l'efficacité du supplice que nous lui infligeons pour un meurtre en vue de dé- » tourner les autres hommes du meurtre ? » M. Alexander n'a réellement pas droit à une réponse, s'il ne fait encore un pas ou deux. Toutefois, il comprendra peut-être que tout l'effet préventif que la vue du supplice peut produire sur l'esprit des gens susceptibles d'obéir à des motifs, vient de ce qu'on envoie au supplice des gens susceptibles d'obéir à des motifs. Pendre, par surcroît, ceux qui ne le sont pas, n'ajoute rien à l'effet préventif, et ce n'est qu'une cruauté sans raison.

mon avis, que consiste notre sentiment de l'imputabilité, autant qu'on peut le séparer des associations engendrées par la perspective d'avoir réellement à rendre compte. Tous ceux qui comprennent la puissance du principe d'association, ne peuvent douter qu'il ne suffise pour créer, avec les éléments que j'ai énumérés, le sentiment tout entier dont nous avons conscience. Pour repousser cette conclusion, il faudrait une preuve positive ; par exemple il faudrait prouver que le sentiment de l'imputabilité précède dans l'ordre de développement toute expérience de châtiment. On n'a pas produit et l'on ne peut pas produire cette preuve. La difficulté d'observer les opérations mentales de l'enfance empêche l'un et l'autre parti de fournir une preuve directe ; mais si la loi de parcimonie de Hamilton a quelque valeur, nous ne devons pas admettre un fait mental comme dernier, s'il peut s'expliquer par d'autres propriétés de notre esprit.

A tous ceux qui pensent que la protection des justes droits ne suffit pas à légitimer le châtiment, je demanderais comment ils concilient leur idée de justice avec le châtiment des crimes prescrits par une conscience pervertie. Ravaillac et Balthazar Gérard ne se sont pas regardés comme des criminels, mais comme des martyrs héroïques. Si leur supplice a été juste, le châtiment n'est pas juste à cause de l'état d'esprit du criminel, mais seulement parce que c'est un moyen efficace pour atteindre la fin qui lui est propre. Il est impossible d'affirmer la justice du châtiment des crimes dictés par le fanatisme, si l'on ne dit pas qu'il est nécessaire pour atteindre un but juste. Si ce n'est pas une justification, il n'y en a point. Toutes les autres justifications imaginaires tombent dès qu'on les applique aux crimes du fanatisme (1).

(1) La force de cet argument est attestée par les embarras dans lesquels il jette mon plus acharné adversaire, M. Alexander, (63-64). Il se trouve contraint de dire que si « nous avions la certitude » que ces fanatiques, « n'ont enfreint la » règle du respect de la vie que pour se sacrifier eux-mêmes à ce qu'ils considè- » rent comme un devoir supérieur et sacré, nous serions obligés de reconnaître » que la sentence qui les condamna ne fut pas juste ». Fort bien, mais il nous faut de la pratique aussi bien que de la théorie. Les feriez-vous mourir? M. Alexander avoue à moitié, avec embarras, qu'il le ferait. « C'est, dit-il, un point » où la justice est douteuse, — douteuse parce que le véritable motif de l'acte doit » toujours rester obscur — et qu'on peut laisser trancher par un arrêt d'expé- » dient franc et puissant. » M. Alexander voudrait donc qu'on fît mourir un homme, quand il est douteux qu'il le mérite, pour un acte qui « peut avoir été

Mais si l'on inflige le châtiment pour une autre raison que pour agir sur la volonté; si l'on poursuit un autre but que l'amélioration du coupable ou la protection efficace des droits justes des hommes contre une violation injuste, je reconnais que la question change tout à fait. Si l'on croit qu'il y a de la justice à infliger des souffrances sans but, qu'il y a entre les deux idées de crime et de châtiment une affinité naturelle qui fait que partout où il y a crime, il faut qu'une peine soit infligée en manière de rétribution, j'avoue que je ne puis en aucune façon justifier le châtiment infligé en vertu de ce principe. Je puis dans certains cas l'admettre comme satisfaction légitime des sentiments d'indignation et de ressentiment qu'il est utile et bon d'entretenir; mais c'est encore punir pour atteindre un but. La théorie que je défends ne donne aucune raison qui fasse considérer le châtiment comme une simple rétribution. Mais la théorie du libre arbitre n'en donne pas davantage. Si l'on admet que la volonté d'un malfaiteur est libre quand il commet un crime, ou en d'autres termes, qu'il a mal agi non pas parce qu'il a des penchants mauvais, mais sans raison particulière, il n'est pas facile d'en conclure qu'il est juste de le punir. Son acte peut être une bonne raison pour que nous évitions de nous trouver sur sa route, ou pour que nous lui imposions une contrainte corporelle, mais ce n'en est pas une pour lui infliger un châtiment, puisque, par hypothèse, cette peine ne pourrait lui servir de frein (1).

l'effet d'une vertu sublime ». Mais qu'y a-t-il de douteux dans les crimes du fanatisme ? De tous les actes qu'un homme peut faire, ceux par lesquels il sacrifie sciemment sa vie, et quelquefois en bravant d'horribles tourments, peuvent être, moins qu'aucun autre, soupçonnés d'avoir leur origine ailleurs que dans des motifs honorables. M. Alexander parle de Brutus et de Charlotte Corday; mais Ravaillac me suffit. Y a-t-il la plus petite raison de douter que l'attentat par lequel Ravaillac a « transgressé l'obligation au respect de la vie », fut un acte de sacrifice personnel à ce qui dans son opinion était « un devoir supérieur et plus sacré ? » Quel motif pouvait avoir Ravaillac de commettre cette action abominable, si ce n'est qu'il s'y croyait obligé pour obéir à Dieu, et ne regardait-il pas cette obéissance comme son devoir le plus haut et le plus sacré ? M. Alexander veut nous faire entendre que si Ravaillac ne fut pas coupable dans l'acte, il « le fut dans la perversion de sa conscience qui le conduisit au crime ». C'est la vieille et odieuse hypothèse des persécuteurs que des actes où ils ne peuvent montrer la culpabilité de l'intention, proviennent d'une perversité antérieure. L'acte de Ravaillac prit naissance dans un enseignement faux puisé à la même source que tout ce qu'il avait appris de bon dans sa vie. Il tirait son origine de la source du bien et non de celle de la perversité.

(1) Hamilton fait plusieurs aveux qui sont de forts arguments contre la connexion prétendue évidente par elle-même entre la volonté libre et l'imputabi-

La théorie que je défends ne permet pas de ne voir dans le châtiment qu'une pure revanche, mais elle fait plus, elle explique le sentiment général et naturel qui le regarde comme des représailles. Dès notre première enfance, l'idée de la mauvaise action (c'est-à-dire de l'action défendue, ou de l'action dommageable pour les autres) et l'idée de punition se présentent ensemble à notre esprit ; et l'intensité des impressions fait que l'association qui les lie nous offre le plus haut degré d'intimité. Est-il étrange et contraire aux habitudes de l'esprit humain, que nous puissions dans ces circonstances conserver le sentiment et oublier la raison qui lui sert de base? Mais pourquoi parler d'oubli? Le plus souvent, pendant notre première éducation, cette raison n'a pas été présentée à notre esprit. Les seules idées qui se sont présentées ont été celle du mal et celle de la punition, et une association inséparable s'est créée entre elles directement sans le secours ni l'intervention d'une autre idée. Cela suffit pleinement pour que les sentiments spontanés de l'humanité considèrent le châtiment et le méchant comme fait l'un pour l'autre, comme liés naturellement, indépendamment de toute conséquence. Hamilton reconnaît qu'une des sources les plus abondantes d'erreurs, « c'est qu'on « prend à tort des associations d'idées pour des connexions « réelles (1). » Si cette proposition est vraie, c'est surtout pour

lité. Nous l'avons vu affirmer qu'une volition non déterminée par des motifs « serait, » si elle était conçue, conçue comme moralement sans valeur » ; que « les actes » libres d'un indifférent sont moralement et rationnellement aussi sans valeur que » les passions préétablies d'une volonté prédéterminée » ; et « qu'il est impossible » de voir comment une cause non déterminée par un motif peut être une cause » raisonnable, morale et responsable. » S'il en est ainsi, il n'y a pas et il ne peut pas y avoir de connexion nécessaire entre le libre arbitre et la moralité ; il semble au contraire que nous sommes naturellement incapables de reconnaître la moralité d'un acte, s'il est libre, au sens que la théorie donne à ce mot.

M. Alexander (p. 80) reconnaît que dans ces passages, Hamilton « affirme que la volonté est déterminée par des motifs » ; et il ne peut croire que Hamilton ait voulu soit affirmer qu'un commencement absolu est « le mode sous lequel la liberté, quoique inconcevable, doit pourtant être admise » : puisque ce « serait se jeter les yeux ouverts sur une contradiction évidente, et affirmer qu'une chose est en même temps causée et non causée. Pourtant dans le même écrit, un peu plus loin, il accuse Hamilton d'exiger qu'on croie à deux contraires inconcevables. Dans le cas présent il demande seulement qu'on croie à l'un des deux, un commencement absolu ou sans cause. M. Alexander n'a pas la prétention de bien connaître Hamilton ; et certainement tous ceux qui ont compris ce que ce philosophe, et la plupart de ceux qui ont discuté cette question, veulent dire par « déterminer », verront sans faute que pour lui la détermination de la volonté par des motifs signifie le déterminisme ou, comme on dit vulgairement, la nécessité.

(1) *Lectures*, III, 47.

les associations où entrent nos émotions. Quand nous éprouvons en présence d'un objet un sentiment vif, il nous semble (à moins qu'il ne soit contredit par les sentiments vifs d'autres personnes) qu'il suffit à sa propre justification ; nous croyons qu'il n'y a pas à en chercher la raison pas plus que l'explication de la chaleur que le gingembre donne à la bouche : il faut presque être philosophe pour s'apercevoir que nos sentiments ont besoin d'explication, à moins qu'on n'ait eu besoin de les expliquer à des personnes qui ne les partageaient pas.

On dit que celui qui admet la théorie de la Nécessité doit *sentir* de l'injustice aux punitions qu'on lui inflige pour ses mauvaises actions, cela me paraît une chimère. Ce serait vrai, s'il *ne pouvait* réellement *pas s'empêcher d'agir* comme il l'a fait, c'est-à-dire, si l'action qu'il a faite ne dépendait pas de sa volonté, s'il était soumis à une contrainte physique, ou s'il subissait l'empire d'un motif si violent qu'aucune crainte de châtiment ne pût avoir d'effet. Si l'on peut constater ces raisons impérieuses, elles constituent des causes d'immunité, et c'est la raison pour pour laquelle les lois de la plupart des pays ne punissent pas les crimes qu'on est poussé à commettre par un danger de mort imminent. Mais si le criminel était dans un état où la crainte du châtiment pouvait agir sur lui, il n'y a a pas d'objection métaphysique qui puisse, à mon avis, lui faire trouver son châtiment injuste. Il ne croira pas davantage que son acte ne lui est pas imputable, parce qu'il a été le résultat de motifs agissant sur une certaine disposition mentale. En effet, d'abord son défaut ou son imperfection morale étaient certainement le mal que la crainte du châtiment était destinée à guérir. En second lieu, le mot faute, bien loin d'être inapplicable, est le nom spécifique du défaut ou de l'infirmité qu'il a manifesté, — un amour insuffisant du bien, et une aversion insuffisante du mal. La faiblesse ou la force de ces sentiments est dans l'esprit de chacun le critérium de la faute ou du mérite, des degrés de faute ou de mérite. Que nous jugions les actions particulières d'une personne ou son caractère, nous n'avons pas d'autre guide que les indications fournies sur l'énergie de ces influences. Si le désir du bien et l'aversion pour le mal ont cédé à une faible tentation, nous jugeons qu'ils sont faibles, et notre blâme est fort. Si la tentation à laquelle ils ont succombé a été si grande que même des sentiments puissants de vertu n'y auraient pas résisté, notre réprobation morale est moins intense. Enfin, si les désirs et les aversions qui constituent la moralité ont prévalu, mais sur une force moins intense, nous jugeons que l'action a été bonne, mais qu'il y a en elle peu de mérite ; et notre appréciation du mérite s'élève en raison directe de la grandeur de l'obstacle que les sentiments moraux ont eu à vaincre.

M. Mansel croit (1) réfuter les nécessitariens par un argument qu'il importe d'autant plus d'examiner qu'il est dirigé contre des remarques que j'avais faites sur la question de la nécessité dans un de mes ouvrages (2). Je ne me proposais pas de démontrer ce qu'on appelle la nécessité, et je ne voulais que mettre dans meilleur jour le sens de cette doctrine qu'on entend mal. Dans ce but, j'écrivais : « Lorsqu'on dit que les » actions d'un homme sont le résultat nécessaire de son carac- » tère, tout ce qu'on veut dire réellement (car on ne veut pas » dire autre chose dans un cas de causation quel qu'il soit), » c'est qu'il agit constamment conformément à son caractère, et » que celui qui connaîtrait à fond son caractère pourrait cer- » tainement prédire comment il agirait dans un cas donné. Il n'y » a qu'un Asiatique fataliste qui puisse demander davantage. » « Et il n'en faut pas plus », ajoute M. Mansel, « pour édifier un » système fataliste aussi rigoureux qu'un Asiatique pourrait » le désirer. »

M. Mansel se trompe ; la doctrine de la causation des actions humaines n'est point identique avec le fatalisme, et ne produit pas les mêmes effets moraux. En l'appelant fatalisme, on renverse une distinction fondamentale. Le fatalisme vrai est de deux espèces. Le fatalisme pur, l'asiatique, celui d'Œdipe, soutient que nos actions ne dépendent pas de nos désirs. Quels que soient nos désirs, une puissance supérieure, ou une destinée abstraite sera plus forte qu'eux, et nous forcera à agir, non pas comme nous le voudrons, mais comme nous sommes prédestinés à le faire. Notre amour du bien, notre aversion pour le mal sont sans efficacité ; ils peuvent être vertueux en eux-mêmes,

---

(1) *Prolegomena logica*, note C à la fin.
(2) *System of logic*, Book VI, ch. II.

mais il ne sert de rien de les entretenir, car ils n'exercent aucune influence sur la conduite. L'autre espèce de Fatalisme, que j'appellerai modifié, soutient que nos actions obéissent à notre volonté, notre volonté à nos désirs, et nos désirs à l'influence combinée des motifs qui s'offrent à nous et de notre caractère personnel ; mais il ajoute que notre caractère a été fait pour nous, et non par nous, que nous n'en sommes par conséquent pas responsables, pas plus que des actions qu'il nous porte à faire, et que ce serait en vain que nous chercherions à les changer. La vraie doctrine de la Causation des actions humaines soutient, contrairement à ces deux systèmes, que non-seulement notre conduite, mais notre caractère dépend en partie de notre volonté ; que nous pouvons, en employant les moyens convenables, améliorer notre caractère, et que si notre caractère est tel qu'en restant ce qu'il est il nous nécessite au mal, il sera juste de mettre en œuvre des motifs qui nous nécessiteront à faire nos efforts pour l'améliorer et à nous affranchir ainsi de l'autre nécessité : en d'autres termes, nous sommes moralement obligés de travailler au perfectionnement de notre caractère. A la vérité, nous ne le ferons que si nous en venons à désirer de nous perfectionner, et si le désir de mettre en œuvre les moyens qui conviennent à ce but l'emporte sur la répugnance qu'ils nous causent. Est-ce que M. Mansel, ou tout autre partisan du libre arbitre, pense que nous pouvons vouloir les moyens si nous ne désirons pas la fin, ou si l'aversion pour les moyens l'emporte sur le désir de la fin (1) ?

(1) Cette importante vérité de psychologie morale, que nous pouvons, si nous voulons, améliorer notre caractère, est une pierre d'achoppement pour l'*Inquirer* et pour M. Alexander. Ils soutiennent que cela n'y fait rien, et que la causation des actions humaines est exactement la même chose que le fatalisme modifié. On ne sera pas surpris de voir que l'*Inquirer* n'y trouve aucune différence, puisqu'il se dit (46) incapable de comprendre « comment notre conduite est susceptible d'obéir à notre » volonté si elle est tout entière causée par notre caractère et les circonstances ». L'idée même contre laquelle il dispute ; n'est-ce pas que notre caractère et les circonstances causent notre conduite *par le moyen de* notre volonté ? Lui et M. Alexander affirment avec véhémence, et le dernier avec beaucoup de longueur, que la doctrine de la causation est aussi incompatible avec le libre arbitre que peut l'être le fatalisme. Comme si quelqu'un le niait. Au paragraphe suivant, en argumentant contre Kant je l'ai affirmé expressément. Mais si ce n'est pas trop exiger, je les prierai de quitter un instant leur point de vue et de se placer au mien. Supposez (j'ai autant de droit qu'eux d'en faire la supposition) qu'une personne déteste une partie de son caractère et fût heureuse de la changer. Elle ne peut pas, elle le sait, la changer par un acte de volonté ; il faut qu'elle use des moyens que la nature nous donne, comme elle les avait donnés à nos parents

M. Mansel se fait des exigences de la théorie du libre arbitre une idée plus étroite que l'un des éminents penseurs qui l'ont adoptée. D'après lui, si l'on croit que celui qui connaîtrait parfaitement notre caractère et les circonstances au milieu desquelles nous aurons à agir, pourrait prédire nos actions, on professe le fatalisme asiatique. D'après Kant, dans la *Métaphysique des mœurs*, cette faculté de prédire est tout à fait compatible avec le libre arbitre. A première vue, il semble que cette concession doive satisfaire les adversaires. Mais Kant esquive la conséquence en dessaisissant (comme on dirait au palais) le libre arbitre de la direction des actions pour le saisir de la formation du caractère. C'est en cela, pense-t-il, que consiste notre liberté, et il est presque disposé à admettre que tant que notre caractère est ce qu'il est, il nécessite nos actions. Par cette distinction, le philosophe de Kœnigsberg échappe à des faits incommodes, en sacrifiant la logique. Il ne peut pas y avoir une théorie pour une espèce d'actions volontaires et une autre pour les autres espèces. Quand nous nous exerçons volontairement, comme notre devoir l'exige, à perfectionner notre caractère, ou quand nous agissons (sciemment ou sans le savoir) de manière à le pervertir, nos actions, comme tous les autres actes volontaires, supposent qu'il y avait déjà quelque chose dans notre caractère, ou dans notre

---

et à nos maîtres, pour influencer notre caractère par des circonstances appropriées. Si elle professe le fatalisme modifié, elle ne recourra pas à ces moyens, car elle ne croit pas à leur efficacité ;-elle restera passivement mécontente d'elle-même, ou ce qui est pis, elle apprendra à se contenter de la pensée que son caractère a été fait pour elle, et que sa volonté n'y peut rien. Si au contraire cette personne croit à la doctrine de la causation morale, elle saura que tout n'est pas fini irrévocablement ; que l'amélioration de son caractère peut encore être opérée par des moyens appropriés, à la seule condition nécessaire, qu'elle le désire, ce que l'hypothèse admet : en conséquence, si le désir est plus fort que les moyens ne sont désagréables, elle se mettra à faire ce qui perfectionnera son caractère. Je ne puis admettre que mes critiques soient capables de soutenir qu'une telle différence entre les deux théories n'a pas d'importance pratique : et avec tout le respect que j'ai pour eux, je ne puis reconnaître le droit de juger la question, à ceux qui ne peuvent pas saisir une différence si grande et si évidente.

M. Alexander nous dit (p. 18, 20) qu'un motif est lui-même un acte. Cette proposition curieuse ne peut avoir de sens que si elle se rapporte à l'influence de nos actes volontaires sur nos dispositions mentales. Je ne suppose pas que M. Alexander lui-même aille jusqu'à prétendre qu'on peut par un acte de volonté se donner ou s'ôter un désir ou une aversion : mais nous pouvons par une culture attentive finir par modifier, plus ou moins, nos désirs ou nos aversions ; c'est ce que dit la doctrine de la causation morale, et ce qui la distingue du fatalisme modifié.

caractère combiné avec les circonstances extérieures, qui nous a amenés à agir ainsi, et qui explique pourquoi nous avons agi ainsi. Par conséquent celui qui pourrait prédire nos actions d'après notre caractère tel qu'il est à présent, pourrait aussi, avec la même connaissance exacte de notre caractère, prédire ce que nous ferions pour le changer ; et si par le mot nécessité on veut faire allusions à cette faculté de prédire, cette dernière partie de notre conduite est aussi nécessaire que tout le reste. Si par nécessité on entend quelque chose de plus que cette possibilité abstraite de prédiction, si l'on veut dire une contrainte mystérieuse, indépendante de la simple invariabilité de succession, je la nie aussi énergiquement que personne dans les volitions humaines, mais je la nie aussi dans les autres phénomènes. Le principal objet des remarques que M. Mansel a critiquées était d'appuyer cette distinction. Si la distinction n'est pas essentielle au point de vue de M. Mansel, elle l'est au mien ; et elle a pour la pratique une importance capitale.

Les métaphysiciens qui ont soutenu le système du libre arbitre, ont fait peu d'efforts pour prouver que nous pouvons vouloir contrairement à notre plus fort désir ; mais ils ont énergiquement soutenu que nous pouvons vouloir quand nous n'avons pas un désir plus fort que les autres. C'est à l'appui de cette idée que Reid d'abord, et M. Mansel de nos jours, ont jeté à la tête des déterministes le fameux *asinus Buridani*. Si, disent-ils, la volonté n'était déterminée que par des motifs, l'âne placé entre deux tas d'avoine exactement semblables et à égale distance de lui, resterait indécis jusqu'à mourir de faim. Les notes que Hamilton a ajoutées au chapitre de Reid qui contient ce bel argument, me font croire qu'il n'en faisait pas grand cas ; en effet, il est surprenant que des auteurs de mérite y aient vu l'ombre d'une preuve. Je laisse de côté l'objection que si l'argument est applicable, il prouve que l'âne a aussi un libre arbitre, car il se peut qu'il en ait un. Mais l'âne, assure-t-on, mourra de faim avant de se décider. C'est possible, s'il reste tout le temps sans sortir de sa délibération ; s'il ne cesse pas un instant de comparer les deux attractions rivales, et si elles se ressemblent si exactement que l'attention la plus minutieuse n'y puisse découvrir aucune différence. Mais les choses ne vont pas ainsi sur notre planète. La lassitude seule à défaut d'autre raison mettrait fin au procès et empêcherait de songer davantage à la rivalité des objets ; il arriverait un moment où l'âne ne verrait qu'un tas, ne penserait qu'à un seul, et ce fait combiné avec la sensation de la faim le déterminerait à se décider.

Mais il y a encore un argument sur lequel M. Mansel insiste vivement (et c'est encore Reid qui le lui fournit), le voici : Les Nécessitaires disent que la volonté est gouvernée par les motifs les plus forts, « mais je ne connais la force des motifs » par rapport à la volonté que par le témoignage de leur pré- » pondérance définitive; en sorte que cela veut dire tout simple- » ment que les motifs prépondérants sont prépondérants. » J'ai jusqu'ici félicité M. Mansel de voir quelquefois plus loin que son maître. A présent je suis obligé de faire remarquer qu'il n'a pas vu aussi loin. Hamilton n'était pas homme à négliger un argument pareil, s'il n'y avait eu un vice. Le fait est qu'il y en a deux. D'abord, quand on dit que la volonté suit le plus fort motif, on ne veut pas dire le plus fort par rapport à la volonté, ou en d'autres termes, on ne dit pas que la volonté obéit au motif qui lui commande. On veut dire le motif le plus fort par rapport au plaisir ou à la peine ; puisqu'un motif n'étant qu'un désir ou une aversion, est proportionnel à l'attrait que présente la chose désirée, et à la répulsion qu'inspire la chose qu'on évite. Plus tard, lorsque ce qui était d'abord une impulsion directe vers le plaisir, ou une répulsion pour la peine, a passé en habitude ou à l'état de dessein fixe, la force du motif veut dire que l'association formée entre une idée et un acte extérieur est complète, et que les deux termes s'appellent promptement. Voilà ma première réponse à M. Mansel. Voici ma seconde : Quand même on supposerait qu'il n'y a pas d'autre preuve de la force des motifs que leur effet sur la volonté, la proposition, que la volonté obéit au plus fort motif, ne serait pas, comme M. Mansel le suppose, identique et dépourvue de sens. Nous disons, sans absurdité, que si deux poids sont placés dans les plateaux opposés d'une balance, le plus lourd fera monter l'autre ; cependant quand nous disons le plus lourd, nous ne voulons pas dire autre chose que celui qui fait monter l'autre. Et pourtant la proposition n'est pas dépourvue de sens ; elle signifie que dans beaucoup de cas, ou dans la plupart des cas, il y a un poids plus lourd, et que c'est toujours le même, et non l'un ou l'autre suivant l'occasion. Pareillement, lors même que le motif le plus fort signifierait le motif qui l'emporte, s'il y a toujours un motif qui l'emporte — si, tous les autres antécédents restant les mêmes, le motif qui prévaut aujourd'hui, prévaudra demain et tous les autres jours — Hamilton était trop pénétrant pour ne pas voir que cet argument ne sauve pas la théorie du libre arbitre. Je suis fâché de ne pouvoir reconnaître ici la même pénétration à M. Mansel.

En finissant, il est bon de faire remarquer que non-seulement la théorie de la nécessité, mais la prédestination dans sa forme la plus grossière, la croyance que toutes nos actions sont prédestinées par Dieu (croyance qui, à mon avis, ne permet pas d'accorder d'attributs moraux à la Divinité), pourvu qu'elle s'allie à la croyance que Dieu agit d'après des lois générales, dont il faut demander la connaissance à l'expérience, n'a pas pour effet de nous faire agir autrement que nous ne le ferions, si nous pensions que nos actions sont réellement contingentes. En effet, si Dieu agit d'après des lois générales, quelque soit l'ordre qu'il ait préétabli, il a préétabli un ordre qui s'accomplit en vertu des causes dont l'expérience nous fait voir qu'il est le résultat; et si Dieu a préétabli que j'atteindrai mes fins, il a préétabli que je les atteindrai en étudiant et en mettant en œuvre les moyens qui y conduisent. Quand la croyance à la prédestination a un effet paralysant sur la conduite, comme cela arrive quelquefois chez les mahométans, c'est qu'on s'imagine pouvoir inférer par anticipation ce que Dieu a prédestiné. On croit que par des signes particuliers ou par l'aspect général des choses, on peut découvrir le but auquel Dieu travaille, et une fois qu'on croit l'avoir découvert, on juge tout à fait inutile de chercher à s'y opposer. De ce qu'une chose arrivera certainement si l'on ne fait rien pour l'empêcher, on conclut qu'elle arrivera certainement quoi qu'on fasse pour l'empêcher. En un mot, c'est qu'on croit à la Nécessité en lui donnant le seul sens qui convienne à ce mot, c'est-à-dire à un événement que les désirs et les efforts des hommes ne peuvent changer.

CHAPITRE XXVII

OPINIONS DE HAMILTON SUR L'ÉTUDE
DES MATHÉMATIQUES.

Un compte rendu de la philosophie de Hamilton ne serait pas complet s'il omettait sa fameuse attaque contre la tendance des études mathématiques : si ce morceau ne se rattache pas directement aux opinions métaphysiques de l'auteur, il prouve de la façon la plus manifeste que le cercle de ses connaissances présentait des lacunes fatales qui l'ont empêché de prendre une idée large, ou même une idée exacte des opérations par lesquelles l'esprit humain établit la vérité. S'il est une condition que doive remplir celui qui veut donner des lois à l'esprit humain, c'est, de l'aveu de tous, la connaissance complète des procédés que l'intelligence de l'homme a mis en œuvre dans les cas où, par la constatation universelle, fondée sur une vérification directe subséquente, elle a pu constater le plus grand nombre de vérités importantes et cachées. Cette condition, Hamilton ne l'a remplie aucunement Il semble qu'il n'ait pas été au delà des simples rudiments des mathématiques pures. On lui ferait trop d'honneur si l'on disait qu'il avait une connaissance même superficielle des mathématiques appliquées à l'étude des lois du monde physique, et de la manière dont les propriétés de nombre, d'étendue et de figure deviennent des instruments pour constater des vérités qui ne sont ni arithmétiques ni géométriques. Pas une ligne dans ses écrits ne montre qu'il en ait eu la plus faible notion. Il n'a eu aucune idée de la nature de cette application. Par là il a différé grandement et à son désavantage de son prédécesseur immédiat dans la même école de métaphysique, le professeur Dugald Stewart. Ce qui donne aux ouvrages de ce dernier une grande partie de leur valeur, c'est qu'ils reposent sur une science vraie et exacte qu'il avait puisée dans ses études mathématiques et physiques, et qu'il put, grâce à des études métaphysiques ultérieures, éclairer et ramener à des principes avec tout le succès que comportait sa capacité personnelle.

Si Hamilton s'était contenté de dire que les Mathématiques à elles seules ne constituent pas un système d'éducation suffisant pour les facultés humaines; qu'elles ne cultivent qu'une partie de l'esprit; qu'il y a des genres importants de culture intellectuelle qu'elle ne favorise pas, auxquels elle est même préjudiciable si on la poursuit à l'exclusion de celles qui peuvent les développer, il aurait dit une chose vieille, sans doute, mais vraie, non pas seulement des mathématiques, mais de toute occupation limitée et spéciale des facultés mentales. Il en est de même de toute étude dans laquelle l'esprit de l'homme peut s'engager, à l'exception de deux ou trois des plus élevées, des plus difficiles et des plus imparfaites, qui, parce qu'elles exigent l'emploi de toutes les facultés portées au plus haut degré de perfection qu'elles puissent atteindre, ne peuvent servir à préparer et à discipliner l'esprit, mais sont le but suprême que cette préparation permettra d'atteindre. Hamilton va plus loin, il veut prouver que l'étude des mathématiques n'est pas une bonne discipline pour l'esprit, si ce n'est par un avantage relativement sans importance qu'elles partagent avec les études les plus méprisées; il prétend que si les mathématiques devenaient l'objet d'une occupation assidue, elles rendraient l'esprit positivement incapable d'employer utilement ses facultés à d'autres objets. Ainsi qu'on pouvait le prévoir, en voyant soutenir une thèse pareille par un homme qui, avec toute la perspicacité dont il fait preuve dans les autres sujets, n'avait pas une connaissance suffisante des matières sur lesquelles il écrivait, sa fameuse dissertation sur les mathématiques est la plus faible partie de ses œuvres. Il ignore non-seulement le jeu de son adversaire, mais il ne tient pas bien le sien; et il a dirigé contre les tendances des études mathématiques une attaque bien moins forte que n'aurait pu aisément le faire un homme plus au courant du sujet. En réalité, il a méconnu la plupart des mauvais effets que les études mathématiques ont contribué à produire ; et il n'a pas jeté du jour sur l'insuffisance ordinaire des mathématiciens qui se révèle d'une façon si éclatante dans les pauvretés qu'ils débitent sur les généralités de leur propre science. Il ne trouve à dire sur la fâcheuse influence de ces études que des choses tellement rebattues et évidentes, que le plus fanatique partisan des mathématiques pourrait les laisser sans réponse en insistant seulement sur les inestimables bienfaits qu'on peut opposer à ces redites ; et qui seuls doivent faire l'objet des débats ; car ce n'est pas une objection que de reprocher à la herse de ne pas être la charrue, et à la scie de ne pas être le ciseau.

Par exemple, sommes-nous plus avancés quand on nous a dit longuement, et qu'à grand renfort d'autorités on nous a affirmé que les mathématiques ne s'occupant que de la certitude démonstrative, ne nous apprennent pas plus par la théorie que par la pratique à évaluer les probabilités? Y a-t-il un mathématicien ou un apologiste des mathématiques qui ait jamais prétendu le contraire? La science à laquelle Hamilton assigne une place au-dessus de toutes les autres comme discipline intellectuelle, la Métaphysique nous permet-elle de juger de la preuve probable ? A-t-on jamais élevé en sa faveur cette prétention? Je n'en ai rien appris ; et Hamilton connaissait trop bien la métaphysique pour le faire. La métaphysique comme les mathématiques et toutes les autres sciences fondamentales veulent, non pas une preuve probable, mais une preuve certaine. La Probabilité n'a pas pour domaine les sciences abstraites, mais ce que Aug. Comte appelle les sciences concrètes ; celles qui traitent des combinaisons réellement existantes dans la nature, considérées à part des lois générales qui peuvent aussi gouverner d'autres combinaisons des mêmes éléments : la zoologie et la botanique, en tant qu'opposées à la physiologie ; la géologie en tant qu'opposée à la thermologie et à la chimie. Dans une science abstraite, la probabilité n'a rien à faire ; la probabilité n'est qu'une halte d'un moment sur la route de la certitude, et une incitation à de nouvelles expériences.

Les sciences abstraites en général, et les sciences mathéma-

tiques en particulier, ne sont d'aucun secours pour l'évaluation
des probabilités opposées, c'est-à-dire pour le genre de sagacité
que réclament les affaires; il en résulte que lorsqu'on s'occupe
de ces sciences d'une manière assez exclusive pour empêcher
l'esprit d'acquérir la pratique des affaires par d'autres moyens,
on s'en trouve plus mal que si on ne les avait pas cultivées du
tout; elles empêchent de l'acquérir, et *pro tanto* rendent l'homme
impropre à la conduite de la vie. Il est naturel que les gens
qui sont de mauvais juges de la probabilité soient, selon leurs
dispositions natives, ou crédules à l'excès ou sceptiques dérai-
sonnables. Notre auteur jette avec véhémence ces deux accusations à la tête des mathématiciens et les appuie d'une grosse
artillerie d'autorités. Mais eût-il dressé une liste plus complète des défectuosités de l'esprit d'un mathématicien qui n'est
que mathématicien, il n'eût pas prouvé grand'chose. On peut
sentir vivement ces imperfections et leur porter, comme Aug.
Comte, une haine sans égale, tout en considérant l'étude des
mathématiques, non-seulement comme utile, mais comme le
prélude indispensable de toute éducation scientifique vraiment
digne de ce nom (1). Quand on prend une idée raisonnable
des mathématiques, on ne peut se refuser à reconnaître, dans
les fautes mêmes que notre auteur impute aux mathématiciens, les excès d'une qualité de la plus grande valeur. Soyons
certains que si nous voulons bien dresser une intelligence,
l'étude qui se recommande le plus à nous est celle qui a l'avantage d'habituer de bonne heure le plus facilement l'esprit à
conserver en lui-même un type de preuve complète. Un esprit
ainsi meublé, s'il n'est pas suffisamment instruit des autres

(1) Je ne sache pas que la valeur logique des mathématiques ait été jamais
appréciée avec plus de finesse et de discernement que par M. Comte, dans son
dernier ouvrage, *Synthèse subjective*, p. 98. « Bornée à son vrai domaine, la raison
» mathématique y peut admirablement remplir l'office universel de la saine logi-
» que : induire pour déduire, afin de construire. Renonçant à de vaines préten-
» tions, elle sent que ses meilleurs succès restent toujours incapables de nous faire
» partout ailleurs induire ou même déduire, et surtout construire. Elle se con-
» tente de fournir, dans le domaine le plus favorable, un type de clarté, de préci-
» sion et de consistance, dont la contemplation familière peut seule disposer l'es-
» prit à rendre les autres conceptions aussi parfaites que le comporte leur
» nature. Sa réaction générale, plus négative que positive, doit surtout consister à
» nous inspirer partout une invincible répugnance pour le vague, l'incohérence
» et l'obscurité, que nous pouvons réellement éviter envers des pensées quelcon-
» ques, si nous y faisons assez d'efforts. »

sujets, peut commettre l'erreur de croire qu'il trouvera dans toutes les preuves une ressemblance parfaite avec le type qui lui est familier. On peut et l'on doit élargir ce type par une grande variété d'études, mais celui qui ne l'a jamais acquis n'a pas un sentiment juste de la différence qui sépare le prouvé du non prouvé : le premier fondement des habitudes scientifiques de l'esprit n'a pas été jeté. On a longtemps reproché aux mathématiciens d'être difficiles à convaincre; mais on n'est guère propre à la philosophie et aux affaires de la vie quand on est trop facile à convaincre; quand on possède un type de preuve trop inférieur. Les seuls bons esprits sont ceux qui, en philosophie, élèvent haut leur type de preuve. La pratique des choses concrètes leur apprend à l'abaisser : mais ils gardent la conviction, sans laquelle il n'y a pas de bon raisonnement pratique, qu'en adoptant cette preuve incomplète par la raison qu'ils n'en peuvent avoir de meilleure, ils ne la rendent pas pour cela complète. Ils n'oublient pas ce qui lui manque.

Non-seulement l'étude des mathématiques habitue à demander une preuve complète, et à savoir quand on ne l'a pas acquise, mais elle a l'avantage immense d'habituer l'esprit à la précision. Un de ses bons effets, c'est que le mathématicien n'est jamais satisfait d'un *à peu près*. Il veut la vérité *exacte*. C'est à peine si hors des mathématiques une autre science, à l'exception de la chimie, a cet avantage. Une des causes qui contribuent le plus à rendre la pensée lâche, et à faire naître des erreurs qui faussent les opinions et sont un danger pour la pratique, c'est qu'on néglige l'importance des quantités. Les mathématiciens et les chimistes apprennent pendant tout le temps de leurs études, que les différences les plus fondamentales de qualité reposent sur une différence très-petite dans les quantités proportionnelles; et que si l'on se base sur les qualités des éléments qui influencent le résultat, sans prêter une attention scrupuleuse à leurs quantités, on se fera constamment de fausses idées de la véritable nature et du caractère essentiel de ce résultat. Si Hamilton avait soumis son esprit à cette discipline utile, on ne le verrait pas employer les termes mathématiques les plus précis de la manière vague qui est habituelle à ses écrits. Par exemple, toutes les fois qu'il veut dire que de deux choses l'une diminue quand l'autre augmente, il dit qu'elles sont en raison inverse l'une de l'autre. Il affirme que la compréhension et l'extension d'une notion générale sont en raison inverse l'une de l'autre (1) ; il en dit autant du nombre des objets sur lesquels notre attention se partage, et de l'intensité avec laquelle elle s'applique à chacun d'eux (2) ; il en dit autant des deux genres de propriétés des impressions des sens, celles qui donnent la notion et celles qui donnent des sensations (3) ; et autant de l'intensité et de la durée de la force (4). Il semble qu'il n'ait jamais entendu dire que la raison inverse était le nom d'un rapport défini entre des quantités.

Ce n'est pas non plus un faible avantage des études mathématiques, même dans leur forme la plus pauvre et la plus maigre, que d'habituer l'esprit à couper un raisonnement en degrés successifs, et à s'assurer de la solidité de chaque degré avant de passer outre. Quand même la pratique des mathématiques ne donnerait rien de plus, elle donnerait de la prudence à l'esprit ; elle nous accoutume à demander des bases assurées : et si elle ne fait pas de nous de meilleurs juges des prémisses fondamentales que nous n'étions auparavant, (on peut en dire autant de la métaphysique), au moins elle ne nous permet pas de laisser subsister, à n'importe quel point de jonction d'un degré avec l'autre, une hypothèse qui n'aurait pas été préalablement considérée sous forme d'axiome, de postulat ou de définition. Les mathématiques partagent cet avantage avec la Logique formelle, et c'est la raison principale pour laquelle on a pu croire que cette dernière pouvait en remplir la fonction et la place. Mais je ne puis adopter cette opinion.

Les mathématiques, dit-on, « ne développent pas la faculté de généralisation (5) ». Notre auteur trouve cette affirmation si évidente qu'il ne se donne pas la peine de la prouver. Cependant les personnes compétentes ne l'admettront pas, si ce n'est dans un sens tout à fait restreint. Les généralisations des mathématiques sont sans doute autre chose que celles des sciences physiques ; mais la difficulté de les saisir, et la tension mentale

---

(1) Voyez par exemple, *Lectures*, III, 146-147.
(2) *Ibid.*, I, 246.
(3) *Ibid.*, II, 98.
(4) *Ibid.*, I, 439.
(5) *Discussions*, 282.

qu'il faut déployer pour les former, ne sont pas une préparation à dédaigner pour ceux qui veulent aborder les grandes difficultés scientifiques. Même les notions fondamentales des mathématiques supérieures, à commencer par celles du calcul différentiel, sont des produits d'une abstraction d'un ordre très-élevé. Pour se rendre maître de l'idée de force centrifuge, ou du centre de gravité, il faut des efforts d'analyse mentale que notre auteur a rarement surpassé dans la métaphysique. Pour découvrir la loi mathématique commune aux résultats de plusieurs des opérations mathématiques, même dans le simple cas du binôme de Newton, il faut un exercice vigoureux de la même faculté qui nous a donné les lois de Képler, et s'est élevée, grâce à ces lois, à la théorie de la gravitation. Toutes les opérations de ce qu'on a appelé la Géométrie universelle, cette grande création de Descartes et de ses successeurs, dans lesquelles une seule chaîne de raisonnement résout à la fois des classes entières de problèmes, et démontre les propriétés communes de toutes les courbes ou surfaces et d'autres propriétés communes à de grandes divisions des courbes et des surfaces, toutes ces opérations sont autant de leçons pratiques qui apprennent à manier les vastes généralisations, et à séparer les points de ressemblance d'avec ceux de différence parmi les objets qui présentent une diversité immense et confuse : la plupart des sciences purement inductives n'en peuvent offrir beaucoup de meilleures. Une opération élémentaire comme celle de faire abstraction de la configuration particulière du triangle ou d'autres figures, et de la situation relative des lignes ou des points particuliers de la figure qui servent à faire comprendre une démonstration géométrique, est un exercice tout à fait utile, et souvent difficile, de cette même faculté de généralisation qu'on croit, par une erreur si singulière, étrangère aux procédés des mathématiques.

Pour Hamilton, le seul service utile que l'étude des mathématiques produise dans l'esprit, c'est de l'habituer à prêter une attention continue. « Les mathématiques », demande-t-il (1), « n'ont-elles donc aucune valeur comme instrument de culture » intellectuelle ? Bien plus, ne servent-elles qu'à fausser l'esprit ?

(1) *Discussions*, p. 313-314.

» Nous répondrons : que cette étude poursuivie avec modération
» et efficacement contrebalancée, peut servir à corriger un
» défaut, et à développer la qualité correspondante. Le défaut
» est l'habitude de la distraction d'esprit, la qualité est l'ha-
» bitude de l'attention continue. Voilà le seul service auquel
» l'étude des mathématiques puisse justement prétendre dans la
» culture de l'esprit (1). Mais », ajoute-t-il avec assez de raison,
« les mathématiques ne sont pas la seule étude qui exerce
» l'attention ; de plus, l'espèce et le degré d'attention qu'elles
» tendent à exciter n'est pas non plus l'espèce et le degré d'at-
» tention que réclament et exercent nos autres spéculations d'un
» ordre plus élevé. » En sorte que, d'après Hamilton, les mathématiques ne jouent dans l'éducation qu'un rôle qui pourrait
être rempli avec plus d'avantage par une autre étude.

Je ne m'arrête pas pour exprimer l'étonnement que j'éprouve,
en entendant affirmer que celui qui étudie les mathématiques
n'exerce pas d'autre faculté mentale que celle d'une attention
continue ; je me servirai d'un aveu que Hamilton ne peut s'empêcher de faire, mais dont il ne comprend pas toute la portée.
« Nous sommes loin, dit-il (2), de vouloir rabaisser le génie ma-
» thématique qui *invente* des méthodes et des formules nouvelles,
» ou des applications nouvelles et heureuses des anciennes....
» Malgré la différence des sujets, les talents inventifs du mathé-
» maticien et ceux du philosophe sont en fait très-voisins. » Quoi
donc, Hamilton connaissait-il si mal le véritable enseignement
des mathématiques pour supposer que les facultés inventives,
dont la plus haute expression constitue le génie mathématique, ne sont pas évoquées et mises en jeu dans les leçons
qu'on donne même au commençant ? Quelle sorte d'instruction
mathématique est celle dont la solution des problèmes ne fait
pas partie ? Nous tombons à la page suivante sur une déclaration incroyable (3) : « La démonstration mathématique ne
» s'occupe qu'à déduire des conclusions, le raisonnement pro-
» bable s'occupe surtout de découvrir les prémisses. » Hamilton
ne peut reprocher assez sévèrement à l'enseignement de Cambridge d'avoir insisté sur les mathématiques comme instrument

---

(1) *Discussions*, p. 322.
(2) *Ibid.*, p. 290.
(3) *Ibid.*, p. 291.

d'éducation mentale. A-t-il jamais feuilleté, je ne dis pas un volume de problèmes de Cambridge, car il aurait dit qu'ils prouvaient plutôt les connaissances de l'élève que ses facultés inventives, et qu'ils n'étaient peut-être au fond que des exercices de mémoire; mais a-t-il jamais vu deux volumes pareils aux problèmes d'Algèbre et de Géométrie de Bland? S'est-il réellement figuré que résoudre ces problèmes, ce n'était pas découvrir des prémisses? Il semble vraiment que, pour lui, apprendre les mathématiques, ce soit s'en bourrer l'esprit. Croyait-il qu'un professeur de mathématiques résout toutes les équations lui-même et ne demande à son élève que d'en suivre les solutions? En effet, dans chaque problème que l'élève résout de lui-même, dans chaque théorème qu'il démontre, s'il n'en a pas eu d'avance la solution ou la démonstration, il exerce les mêmes facultés qui, lorsqu'elles atteignent leur plus haut degré, produisent les plus grandes découvertes en géométrie. Par conséquent, l'enseignement des mathématiques tel qu'il se fait à présent développe dans l'esprit des aptitudes qui, de l'aveu de notre auteur, sont de la plus proche parenté avec celles du plus grand métaphysicien et du plus grand philosophe. On pourrait croire qu'il n'en est pas ainsi pour l'algèbre élémentaire. La résolution d'une équation peut se réduire au procédé mécanique de l'addition en arithmétique. Cependant la réduction de la question à une équation n'est pas un procédé mécanique, mais une opération qui, selon son degré de difficulté, exige presque tous les degrés de talent; et je ne dis rien des équations nouvelles, et jusqu'ici, dans l'état actuel de la science, insolubles, qui surgissent à chaque pas dans l'application des mathématiques aux autres branches de sa connaissance. A tout cela, Hamilton ne consacre pas une pensée. Est-il nécessaire d'ajouter que toute autre étude poursuivie comme il se figure qu'on s'adonne aux mathématiques, n'exercerait pas davantage une autre faculté que celle d'une attention continue au développement de laquelle il borne le rôle des mathématiques. Après la métaphysique, l'étude qu'il vante le plus est celle des langues. Il s'en fait une si haute idée qu'il écrit (1) : « Se rendre maître de la Minerve de Sanctius et de ses com-

---

(1) *Discussions*, note p. 268.

» mentateurs, c'est, je crois, un exercice bien plus utile à l'es-
» prit, que d'apprendre les principes de Newton; » nous pouvons dire au moins qu'il était plus capable d'apprécier le
profit qu'on peut en tirer. Moi aussi, j'apprécie beaucoup, au
point de vue de la discipline de l'esprit, l'étude grammaticale
des langues le plus logiquement construites : mais si l'étude
consistait à apprendre la Minerve de Sanctius ou ses commentateurs, par routine, je crois que le profit qu'on en tirerait
serait à peu près le même que celui que Hamilton regarde
comme le résultat de l'exercice de « l'attention continue » dans
les mathématiques.

Il est à noter que lorsque l'article « sur l'étude des mathématiques » parut pour la première fois, dans la *Revue
d'Édimbourg*, il n'y était fait aucune mention des mathématiques mixtes ou appliquées : le peu qu'on y lit maintenant sur ce sujet est une addition postérieure provoquée par
la réplique de Whewell. Whewell doit avoir regardé de toute
sa hauteur une attaque contre l'utilité des mathématiques qui
passait sous silence la partie même qui, aux yeux de ses défenseurs, en constitue les trois quarts. Quand l'attention de
Hamilton fut appelée sur ce qui n'avait pas d'abord fait l'objet
de ses réflexions, il répondit ainsi (1) : « Les mathématiques
» ne peuvent être appliquées aux objets d'expérience qu'en
» tant qu'ils sont mesurables, c'est-à-dire en tant qu'ils ren-
» trent, ou sont censés rentrer dans les catégories d'étendue
» et de nombre. Les mathématiques appliquées sont donc aussi
» bornées et aussi inutiles à l'éducation de l'esprit que les
» mathématiques pures. Les sciences auxquelles les mathéma-
» tiques sont associées peuvent porter plus de profit à l'esprit,
» mais seulement parce qu'elles sont des sciences d'observation
» et de raisonnement probable, et par conséquent *avant* que
» le sujet ne soit soumis hypothétiquement à la démonstration
» ou au calcul mathématique. »

Ce passage est une preuve que l'auteur ignorait tout simplement ce qu'on entend par mathématiques appliquées. Il parle
comme une personne qui aurait entendu parler de quelque
chose comme cela, mais qui n'en saurait pas davantage.

---

(1) *Discussions*, p. 334-335.

Les mathématiques appliquées ne sont pas la mesure de l'étendue et du nombre, c'est la mesure, *au moyen* de l'étendue et du nombre, des autres quantités dont l'étendue et le nombre sont des signes; c'est la constatation, au moyen de quantités de toutes sortes, de ces qualités des choses dont les quantités sont les signes.

Pour l'instruction des lecteurs qui n'en savent pas plus que Hamilton, et pour rafraîchir la mémoire de ceux qui en savent davantage, j'illustrerai cet exposé par deux applications que toute personne pourvue des plus minces connaissances en mathématiques pourra faire d'elle-même, pourvu qu'elle ait étudié ces sciences comme doit le faire tout élève animé d'un esprit philosophique, ce que Hamilton n'a jamais fait, c'est-à-dire en portant une attention spéciale à ses méthodes.

Le premier exemple, je pourrais dire le type de l'application des mathématiques à la recherche indirecte de la vérité, ne sort pas de la science pure elle-même; c'est l'application de l'algèbre à la géométrie dont la découverte, plus que toutes ses spéculations métaphysiques, a immortalisé le nom de Descartes; c'est le bond le plus hardi qu'on ait jamais fait faire aux sciences exactes. Il est facile d'en donner une idée. Elle est fondée sur le principe général que la position de chaque point, la direction de chaque ligne, et par conséquent, la forme et l'étendue de tout espace clos, peuvent être fixés par la longueur des perpendiculaires abaissées sur deux lignes droites, ou, quand on tient compte de la troisième dimension de l'espace, sur trois plans, se coupant à angle droit au même point. Une conséquence ou plutôt une partie de ce principe général, c'est que les lignes et les surfaces courbes peuvent être déterminées par leurs *équations*. Si d'un certain nombre de points d'une ligne ou surface courbe, on abaisse des perpendiculaires sur deux axes ou sur trois plans à angles droits, il existe entre les longueurs de ces perpendiculaires une relation de quantité, qui est toujours la même pour la même courbe ou surface, et s'exprime par des équations dans lesquelles ces relations variables sont combinées avec certaines quantités constantes. Toutes les autres propriétés de la courbe ou de la surface peuvent toujours se déduire de cette relation. De cette façon, les nombres deviennent des moyens de constater des propriétés qui ne sont pas numériques. La périphérie d'une ellipse n'est pas un nombre, mais une certaine relation numérique entre deux lignes droites est le signe d'une ellipse, puisqu'il est prouvé qu'elle en est l'accompagnement séparable. On peut faire passer aux algébristes l'équation qui exprime le signe caractéristique d'une courbe ; ils en déduiront, au moyen des propriétés des nombres, d'autres relations numériques qui en dépendent ; avec la certitude que lorsque leurs conclusions seront de nouveau traduites du symbole en langage ordinaire, il en sortira des propriétés réelles, peut-être encore inconnues, de la courbe.

Dans cet exemple, on voit seulement l'application de l'algèbre à la géométrie dans sa forme la plus élémentaire, mais son étendue est indéfinie et dépasse presque toute mesure. On peut en donner une idée générale en disant que pour résoudre toute question de qualité ou de quantité touchant une ligne ou un espace, il faut trouver quelque chose dont la grandeur, si elle était connue, donnerait la solution cherchée, et qui affecte une certaine relation avec les coordonnées, par exemple : (dans le problème des tangentes, la longueur de la sous-tangente). Une fois que cette relation est connue, mettez-la en une équation : si l'équation peut être résolue, vous avez résolu le problème. Ou bien si la question est l'inverse, si ce qu'on veut connaître, ce n'est pas les propriétés d'une ligne ou d'un espace donnés, mais la ligne ou l'espace qu'indiquent une propriété donnée, il faut trouver quelles relations entre les coordonnées cette propriété réclame ; l'exprimer en équation, et cette équation ou bien une autre qu'on peut en déduire, sera l'équation de la courbe ou de la surface en question. Si c'est une courbe connue ou une surface connue, ce procédé l'indiquera ; sinon, on aura fixé le point de départ de l'étude d'une courbe nouvelle.

Cette application d'une des branches des mathématiques à une autre, est le premier degré des mathématiques appliquées. Le second est l'application à la mécanique. La mécanique a pour objet les lois générales, la théorie de la Force, abstractivement, c'est-à-dire des forces considérées indépendamment de leur origine. De même qu'une étendue n'est pas un nombre, bien qu'un fait numérique puisse être une marque d'une étendue, de même une force n'est ni un nombre ni une étendue. Mais une force n'est connaissable que par ses effets, et les effets qui font le mieux connaître les forces sont les effets en étendue. La mesure d'une force est l'espace à travers lequel elle peut porter un corps d'une grandeur donnée en un temps donné. Les quantités de force sont ainsi constatées par des signes qui sont des quantités d'étendue. Les autres propriétés des forces sont leur direction (question d'étendue déjà ramenée à une relation numérique entre coordonnées), et la nature du mouvement qu'elles produisent, soit isolément, soit en composition, c'est-à-dire une question mixte de direction et de grandeur en étendue. Toutes les questions de force peuvent donc se réduire à des questions de direction et de grandeur : et comme toutes les questions de direction et de grandeur peuvent se réduire à des équations entre des nombres, toute question qui peut s'élever touchant la Force, abstraction faite de son origine, peut se résoudre, si l'équation algébrique correspondante le peut.

Tandis que les lois de Nombre supportent ainsi les lois d'étendue, que les unes et les autres supportent les lois de Force, c'est sur ces dernières que reposent toutes les autres lois de l'univers matériel. La nature telle qu'elle se présente à nos yeux, se compose d'une multitude de forces, dont l'origine (au moins l'origine immédiate), est différente, et dont les effets sur nos sens sont très-variés. Mais toutes ces forces s'accordent à produire des mouvements dans l'espace ; et même ceux de leurs effets qui ne sont pas des mouvements actuels voyagent néanmoins, se propagent à travers l'espace dans des temps déterminés : elles sont toutes par conséquent réductibles et soumises aux lois de nombre et d'étendue. Souvent même nous n'avons pas le moyen de mesurer ces espaces et ces temps ; et le pourrions-nous, les ressources des mathématiques ne sont pas suffisantes pour nous permettre, dans les cas d'une grande complexité, d'atteindre les quantités des choses qui ne sont pas directement mesurables, au moyen de celles qui le sont. Heureusement, cependant, nous pouvons le faire, d'une manière suffisante pour tous les besoins de notre pratique, pour les grandes forces cosmiques, la gravitation, la lumière, et, dans une étendue moindre mais encore assez grande, pour la chaleur et l'électricité. C'est là que finit pour le moment le domaine des mathématiques appliquées. C'est à elles que nous devons, non-seulement tout ce que nous savons des lois de ces grandes forces considérées comme des corps coordonnés de lois, mais aussi l'unique type et l'unique modèle de la recherche scientifique par le raisonnement déductif ; la constatation des lois spéciales de la nature au moyen des lois générales. Je ne ferai pas à l'intelligence de ceux qui savent en quoi consiste cette opération, l'affront de leur demander si elle est toute faite *avant* que les données soient « soumises hypothétiquement à la démonstration mathématique ou au calcul ».

De ce que les mathématiques appliquées sont le grand instrument de l'investigation déductive, elles deviennent la source de nos inductions principales, qui dépendent invariablement de déductions antérieures. En effet, lorsque nous ne pouvons atteindre les phénomènes ni les manier, et que cette impuissance nous empêche d'instituer les expérimentations nécessaires, la déduction mathématique prend souvent leur place, et nous révèle des points de ressemblance que l'observation directe n'aurait pu saisir. Des phénomènes en apparence très-éloignés l'un de l'autre nous paraissent suivre, dans leur mode de production, les mêmes lois numériques, ou des lois très-similaires ; l'esprit s'emparant des forces naturelles hétérogènes en apparence, mais qui ont la même équation, et les classant ensemble, pose souvent une base qui lui permettra de leur trouver une origine commune ou analogue. Des forces naturelles qui passaient pour distinctes s'identifient dès qu'on a constaté qu'elles produisent des effets similaires suivant les mêmes lois mathématiques. C'est ainsi que la force qui gouverne les mouvements des planètes est devenue identique avec celle qui fait tomber les corps. Hamilton aurait sans doute admis que la découverte de cette identité exigeait une aussi grande portée d'esprit que les spéculations abstraites. Mais pour en saisir la preuve ne faut-il pas exercer l'esprit ? En est-il de même ici que d'une expérience de chimie, ou d'une observation d'anatomie, dont la découverte coûte sans doute un effort d'esprit, mais qui, une fois découverts, n'ont plus besoin que des yeux ? « L'attention continue » est-elle ici la seule faculté mentale requise ? Pour le croire, il faut ignorer les mathématiques plus qu'il n'est permis à un esprit cultivé et surtout à un philosophe.

Dans les conquêtes qui restent encore à faire dans la voie des généralisations scientifiques, il n'est pas probable que l'emploi direct des mathématiques soit d'une grande utilité : la nature des phénomènes s'opposera à leur emploi peut-être pour longtemps, peut-être pour toujours. Mais l'opération elle-même, l'investigation déductive de la nature, l'application des lois élémentaires obtenues par la généralisation des cas les plus simples, au débrouillement des phénomènes des cas complexes, pour expliquer dans ces phénomènes tout ce qui peut être expliqué, et mettre en évidence la nature et les limites du résidu qu'on n'a pu réduire, de manière à suggérer de nouvelles observations préparatoires pour recommencer ensuite la même opération avec des données nouvelles : *cette* opération est commune à toutes les sciences, y compris les sciences morales et métaphysiques ; et plus il y a de difficultés, plus il est nécessaire que celui qui les aborde soit bien préparé par une connaissance exacte des conditions de ce mode de recherche, et possède un type mental de sa réalisation parfaite. Dans les grands problèmes de la généralisation dans les sciences physiques qui occupent aujourd'hui les plus grands esprits, la chimie semble destinée à jouer un rôle important, en fournissant, comme les mathématiques pour les phénomènes cosmiques, une bonne partie des prémisses, la déduction, et aussi en servant de discipline préparatoire. Mais ce rôle de la chimie n'est encore qu'à sa naissance ; et d'un autre côté, comme moyen d'enseigner l'art de déduire, tout ce qu'on en peut tirer reste bien loin des résultats qu'on obtient des mathématiques : dans les grandes recherches des sciences morales et sociales auxquelles ni la chimie, ni les mathématiques ne sont applicables directement, ces dernières (je parle toujours des mathématiques appliquées,) nous offrent le seul type suffisamment parfait. Jusqu'à ce jour, j'ose dire que personne n'a jamais su ce que valait la déduction pour la recherche des lois de la nature, à moins de l'avoir appris par les mathématiques ; et nul ne peut espérer de s'en faire une idée parfaite, s'il n'a pas, à quelque époque de sa vie, su assez de mathématiques pour que l'opération de la déduction lui soit familière. Si Hamilton eût été dans ce cas, il eût probablement supprimé les deux volumes de ses leçons sur la Logique pour les recommencer sur un système différent ; nous aurions moins de phrases sur les concepts et plus sur les choses, moins sur les formes de la pensée et plus sur les fondements de la connaissance.

Là ne se bornent pas tous les désavantages du savant qui ne connaît pas la déduction scientifique dans sa forme la plus parfaite. Ce n'est pas tout qu'une conception inadéquate de l'un des deux instruments par lesquels nous acquérons la connaissance de la nature, l'empêche de comprendre parfaitement les formes les plus élevées de l'autre. Il est presque nécessairement condamné à n'avoir jamais une conception suffisante de la connaissance humaine comme tout organique. Il ne peut pas se représenter clairement la science comme un système de vérités découlant l'une de l'autre, se confirmant et se fortifiant mutuellement ; dans lequel une vérité résume une multitude d'autres vérités, les explique, et montre que les spéciales sont des générales modifiées par des circonstances particulières. Il ne peut comprendre que d'une manière imparfaite l'absorption des vérités concrètes dans les abstraites, et la certitude nouvelle qui s'ajoute aux théorèmes tirés de l'expérience spécifique, quand on les rattache comme corollaires aux lois générales de la nature, certitude plus complète que celle que l'observation directe peut donner. Il ne peut donc pas concevoir comment les inductions les plus vastes réfléchissent un surcroît de certitude, même sur les inductions plus restreintes dont elles sont elles-mêmes les généralisations, en conciliant des incompatibilités superficielles, et en convertissant des exceptions apparentes en des confirmations réelles (1). Pour voir

---

(1). L'ignorance de ce principe important de la logique d'induction, ou le défaut d'une connaissance approfondie de ce principe, conduisent continuellement des auteurs de talent à de fausses applications de la logique du raisonnement. Par exemple, on nous dit constamment que l'uniformité du cours de la nature ne peut être lui-même une induction, puisque tout raisonnement inductif le suppose, et que les prémisses doivent être connues avant la conclusion. Ceux qui raisonnent de cette façon n'ont jamais porté leur attention sur la prestation réciproque de certitude qui s'échange entre cette grande prémisse et les vérités expérimentales plus restreintes. Il en résulte que bien qu'elle soit elle-même une généralisation des vérités les plus communes et les plus restreintes, elle finit par avoir une plénitude de certitude qui reflue sur ces vérités, et en rend la preuve plus assurée ; en sorte que son rapport avec celle-ci se renverse, et au lieu d'une inférence des vérités restreintes, elle devient un principe d'où on peut les inférer.

tout cela, il faut être plus qu'un mathématicien pur; mais l'esprit le plus éminent qui n'a jamais passé par les mathématiques a bien peu de chances de l'apercevoir.

En présence de ces considérations, quel mérite y a-t-il pour Hamilton d'avoir rempli trente pages in-octavo de toutes les pauvretés débitées depuis des siècles par des personnes du caractère le plus divers, empruntant une plaisanterie à Diogène le cynique, un sarcasme à Gibbon, ou à Horace Walpole, une de ces sottises qui courent les rues, sans rechercher jusqu'à quel point les personnes citées avaient le droit d'émettre une opinion sur ce sujet? Il dédaigne à ce point tout ce qui donne du poids à l'autorité, qu'il comprend dans sa liste des hommes qui ont vécu et sont morts avant l'invention de l'algèbre, avant que les sections coniques eussent été définies et étudiées par les mathématiciens d'Alexandrie; ou que les premiers linéaments de la théorie de la statique eussent été tracés par le génie d'Archimède; des hommes dont toute la science mathématique ne consistait qu'en une arithmétique grossière et en quelques éléments de Géométrie. Eût-il recueilli vingt fois plus de témoignages, combien en eût-il présenté qui eussent quelque valeur? Il n'y a pas longtemps encore que les hommes qui enseignaient des sciences et des arts différents passaient une grande partie de leur temps à décrier mutuellement leurs recherches, et de tout temps les hommes du monde et les *littérateurs* ont été disposés à se joindre à tel ou tel de ces groupes de professeurs contre tout le reste; de tout temps aussi l'homme qui a l'audace de savoir ce qu'ils ne savent pas et dont ils n'ont jamais pris souci, qui ose s'estimer pour sa connaissance, a été regardé comme l'ennemi commun. Hamilton a-t-il cru qu'une personne moitié moins érudite que lui, aurait de la peine à dresser en quelques heures une liste aussi longue de pareilles aménités au sujet des grammairiens et des métaphysiciens? Quand notre auteur met la main sur un témoin qui a le droit de se faire écouter, il l'enrôle sans bien regarder au véritable sens de ses paroles. Il ne fait pas de différence entre un passage qui affirme que l'étude des mathématiques est nuisible et un autre qui se borne à dire qu'elles ne font pas tout le bien possible. Une des autorités sur laquelle il insiste le plus, c'est Descartes. J'extrais la partie importante de la citation telle

que notre auteur l'emprunte en partie à Descartes lui-même, et en partie à Baillet son biographe (1). Les italiques sont de Hamilton. « Il y avait longtemps, dit Baillet, qu'il était con-
» vaincu du *peu d'utilité* des *mathématiques*, spécialement
» quand on les étudie pour elles-mêmes sans les appliquer à
» d'autres choses. Il ne voyait rien de *plus futile* que de s'occu-
» per de simples nombres et de figures imaginaires, comme
» s'il était bon de se borner à ces *bagatelles* sans porter sa vue
» au-delà. Il y voyait même quelque chose de *pire que l'inu-*
» *tilité*. Sa maxime était que *cette application nous désaccou-*
» *tume insensiblement de l'usage de notre raison*, et nous fait
» courir le danger de perdre la route qu'elle trace ». Les mots mêmes de Descartes méritent d'être cités : « Revera nihil *ina-*
» *nius* est, quam circa nudos numeros figuras que imaginarias
» ita versari, ut velle videamur in talium *nugarum* cognitione
» conquiescere, atque superficiariis istis demonstrationibus,
» quæ casu sæpius quam arte inveniuntur, et magis ad oculos et
» *imaginationem* pertinent, quam ad intellectum, sic incubare,
» ut quodammodo *ipsa ratione uti desuescamus;* simulque
» nihil intricatius, quam tali probandi modo, novas difficultates
» confusis numeris involutas expedire..... » Baillet continue :
« Dans une lettre à Mersenne, écrite en 1630, M. Descartes lui
» rappela qu'*il avait renoncé à l'étude des mathématiques*
» *depuis plusieurs années, et qu'il tâchait de ne plus perdre*
» *de temps à des opérations stériles d'arithmétique ou de géo-*
» *métrie, études qui ne conduisent jamais à rien d'important.* »
Finalement, à propos du caractère général de ce philosophe, Baillet ajoute : « Pour le reste des mathématiques » (il venait de
» parler de l'astronomie que Descartes regardait, *quoiqu'il ne*
» *pût s'empêcher d'y rêver, comme une perte de temps*), « ceux
» qui savent le rang qu'il tient au-dessus des mathématiciens
» anciens et modernes, reconnaîtront qu'il était l'homme le
» plus capable d'en juger. Nous avons fait observer qu'après
» avoir étudié ces sciences à fond, *il y avait renoncé parce*
» *qu'elles ne sont d'aucun usage pour la conduite de la vie et*
» *le soulagement de l'humanité.* »

Tous ceux qui liront ce passage comme s'il était tout entier

---

(1) *Discussions*, 277-278. — *Frag. Phil.*, trad. Peisse, 307.

imprimé en caractères ordinaires, et qui ne feront aucune attention aux italiques de Hamilton, y verront trois choses que voici : D'abord Descartes ne parlait pas de l'étude des mathématiques, mais de l'étude exclusive de ses sciences. Il leur reprochait d'arrêter l'esprit et de ne pas le porter sur quelque autre chose: *conquiescere, incubare*. En second lieu, il ne parlait que des mathématiques pures, distinctes de leur applications, et il croyait (nous savons maintenant combien il se trompait) qu'elles ne comportaient pas d'applications importantes. Enfin, son mépris pour les recherches mathématiques, même dans ces limites, et l'accusation qu'il porte contre elles d'être des « *nugæ* » et « une perte de temps » reposait principalement sur une raison que Hamilton a abandonnée, le peu d'importance du sujet. C'était une répétition de l'objection de Socrate que notre auteur croit à propos de citer comme une autorité sur cette question, et qui « ne voyait pas (1) de quelle
» utilité les études mathématiques pouvaient être, propres
» qu'elles étaient à user la vie d'un homme et à le détourner de
» beaucoup d'autres connaissances importantes ». Cette opinion à l'époque de Socrate, et de la part d'un homme qui remplit la glorieuse mission de rappeler les esprits des philosophes de son temps à la dialectique et à la morale, ne diminue pas l'autorité de ce grand esprit. Mais l'objection de Descartes est une de celles que Hamilton et tous les penseurs des deux derniers siècles désavouent. « La question, dit-il (2) expressément, ne
» porte pas sur la valeur de la science mathématique considérée
» en soi, ou dans ses résultats objectifs, mais sur l'utilité des
» *études* mathématiques, c'est-à-dire sur leurs effets subjectifs
» comme exercice d'esprit. » Tout ce que Descartes dit contre cette étude à ce point de vue (au moins dans le passage cité, que nous supposons un des plus forts) c'est qu'en présentant d'autres sujets de pensée, elle détourne l'esprit de l'emploi de *ratio ipsa*, c'est-à-dire de l'étude des abstractions mentales pures, que Descartes, au grand détriment de sa philosophie, croyait d'une valeur supérieure à l'application de la pensée aux objets sensibles, qui « magis ad oculos et imaginationem pertinent. »

(1) *Discussions*, p. 323.
(2) *Ibid.*, p. 266.

C'était par son exemple plutôt que par ses conseils que Descartes était destiné à signaler le mauvais côté de l'influence intellectuelle des études mathématiques : et il aurait fallu qu'il fût encore plus grand qu'il n'était pour qu'il pût comprendre l'espèce de perversion mentale dont il est lui-même, dans l'histoire de la philosophie, l'exemple le plus éminent. Descartes est le type le plus complet que l'histoire nous présente de l'esprit purement mathématique, de cet esprit dans lequel les tendances produites par la culture des mathématiques règnent sans contrepoids. On le voit non-seulement dans l'abus de la déduction, qu'il pousse à un point où n'avait atteint aucun autre penseur éminent connu, sans excepter les scolastiques ; mais on le voit plus encore dans le caractère des prémisses d'où partent ses déductions. Ceci nous amène à la seule accusation réellement grave qui pèse sur l'esprit mathématique, c'est-à-dire à l'influence qu'il exerce sur les recherches non mathématiques. Il conduit les hommes à faire consister leur idéal scientifique à dériver toute connaissance d'un petit nombre de prémisses axiomatiques, acceptées comme évidentes par elles-mêmes, et prises pour des intuitions immédiates de la raison. C'est ce que Descartes a cherché à faire, et ce qu'il a prescrit comme un devoir, et comme il ne partage qu'avec un seul autre penseur, l'honneur d'avoir imprimé son sceau au mouvement de la spéculation moderne, les conséquences de son erreur n'en ont été que plus calamiteuses. Presque tout ce qu'il y a de contestable parmi tant de choses admirables dans la métaphysique, l'éthique, ou la politique françaises peut se rattacher directement à ce fait que la philosophie française dérive de Descartes au lieu de Bacon (1). En Angleterre, toutes les personnes qui réfléchissent et beaucoup de penseurs en France, s'aperçoivent que la principale faiblesse de la pensée en ce pays

---

(1) Il n'est que juste d'ajouter que le mode de penser des Anglais a souffert d'une façon différente, mais presque également funeste, parce qu'il a suivi excessivement ce qu'il croyait être l'enseignement de Bacon, qui n'est en réalité qu'une manière ridicule et fausse de le comprendre, et qui laisse de côté tout l'esprit et le but de ses spéculations. Le philosophe qui a travaillé à construire un canon d'induction scientifique, par lequel les observations de l'humanité, au lieu de rester empiriques, puissent être combinées et mises en ordre de façon à devenir le fondement de bonnes théories générales, ne devait pas s'attendre à voir son nom servir d'autorité pour proscrire la généralisation, et inaugurer l'empirisme, sous le nom d'expérience, comme le seul fondement solide de la pratique.

provient de son esprit géométrique ; de son penchant à dégager des conclusions, même dans les sujets les plus pratiques, en les déduisant simplement d'une généralisation unique : généralisation qui bien souvent n'est pas même un théorème, mais une règle pratique qu'on prétend puisée directement aux sources de la raison : déplorable manière de penser qui érige l'exclusivisme en principe sous le masque de la logique, et qui fait que le raisonnement politique populaire en France ressemble à la glose d'un théologien sur un texte, ou d'un légiste sur un article du code. S'il en est ainsi en France, c'est bien pis en Allemagne, où toute la philosophie spéculative dérive de Descartes, et où la plupart des penseurs n'ont point encore vu se lever l'aurore de la philosophie baconienne. C'est là que Spinoza a donné à son système les formes mêmes aussi bien que l'esprit de la géométrie ; c'est là que le mathématicien Leibniz a régné sur toute la philosophie allemande pendant plus d'une génération. Modifié pour un temps par la puissante originalité intellectuelle de Kant, l'esprit géométrique ne tarda pas, après lui, à glisser sur sa pente irrémédiable, et tomba de chute en chute jusqu'à Schelling et Hégel qui tirèrent du contenu subjectif de l'esprit par le raisonnement déductif jusqu'aux lois du monde physique. Toute la spéculation philosophique des Allemands a roulé dès le commencement dans cette ornière ; elle vient de s'en apercevoir et fait des efforts convulsifs pour en sortir (1). Toutes ces erreurs et ce déplorable gaspillage de temps et d'esprit où nous avons vu s'égarer les parties les mieux douées et les plus civilisées de la race humaine, sont les effets de la prépondérance sans réserve des habitudes mentales et des tendances engendrées par les mathématiques élémentaires. Les mathématiques appliquées, avec le développement qu'elles ont reçu depuis Newton, ne contribuent pas à fortifier ces erreurs et peuvent beaucoup pour les corriger, pourvu que les applications soient étudiées de manière à ce que l'esprit sache ce

---

(1) Le caractère que j'assigne à la pensée allemande n'est pas, je n'ai pas besoin de le dire, applicable à un homme tel que Gœthe, ou à ceux qui ont reçu de lui l'impulsion scientifique. En lui, pour ne rien dire de sa culture à peu près universelle, les opérations intellectuelles étaient guidées toujours par un grand talent d'observation et d'expérience, et tenaient toujours compte des exigences ntérieures et extérieures de la vie pratique. La critique qu'on pourrait faire de Gœthe comme penseur repose entièrement sur d'autres idées.

qu'il fait, et n'aille pas s'endormir sur des symboles algébriques. Whewell, je dois le dire à son honneur, travaillait avec courage à améliorer l'enseignement dans ce sens, et à corriger les vrais défauts que les mathématiques peuvent introduire dans l'éducation générale, juste au moment où Hamilton, sans avoir la plus faible idée de ces défauts, le prit pour point de mire de ses attaques, qui ne portaient que sur ce qu'il savait de mathématiques et laissaient en dehors tout ce qui valait la peine d'être dit.

Ce n'est pas seulement aux études mathématiques que Hamilton témoigne son hostilité. Il tient en médiocre estime les recherches physiques en général, en dehors de leurs fruits matériels. Nous avons vu dans un chapitre précédent combien peu il se doutait de la force et de l'exercice d'esprit qu'elles exigent souvent. A l'égard de leur effet sur l'esprit, il élève deux griefs sérieux au commencement même de son Cours de Métaphysique (1). Le premier, c'est que l'étude de la Physique détourne les gens de croire au libre arbitre. Cette accusation est fondée ; la science physique a incontestablement cette tendance. Mais je soutiens que c'est seulement parce que la science physique enseigne à juger des preuves. Si le libre arbitre pouvait être prouvé, il n'y aurait rien dans les habitudes d'esprit engendrées par la science physique qui pût disposer un homme à ne pas se rendre à l'évidence. Celui qui ne connaît qu'une science physique peut être incapable de sentir la force d'une espèce de preuves autre que celle qu'il est habitué à trouver dans sa partie; mais celui qui est versé dans les sciences physiques en général, est accoutumé à tant de modes divers de recherches, qu'il est bien préparé à sentir la force de tout ce qui est une preuve réelle. Les métaphysiciens de l'école de Hamilton qui poursuivent leurs recherches, sans prendre les précautions suggérées par les sciences physiques, sont larges et faciles tout aussi bien quand ils sont dans la mauvaise voie; ils peuvent se tromper et prendre pour des preuves des choses qui n'en sont pas, pourvu qu'elles présentent quelque tendance à former une association d'idées avec leurs propres esprits.

L'autre objection de Hamilton à l'étude scientifique des lois

---

(1) *Lectures*, I, 35-42.

de la Matière est une objection que nous n'aurions pas attendue de lui, à savoir qu'elle anéantit le merveilleux.

« Le merveilleux (1), dit Aristote, est la première cause de
» la philosophie; mais par la découverte que tout être n'est
» qu'un mécanisme, l'achèvement de la science serait la des-
» truction de l'intérêt même qui lui a donné naissance. La
» splendide majesté des cieux, dit un grand et pieux philo-
» sophe (2), objet de l'adoration religieuse du monde à son
» enfance, ne subjugue plus l'esprit de celui qui comprend la
» loi mécanique unique par laquelle les systèmes planétaires
» se meuvent et conservent leurs mouvements, et même se for-
» ment primitivement. Ce n'est plus l'objet, toujours infini,
» qu'il admire, c'est l'intelligence humaine seule qui, par
» Copernic, Képler, Gassendi, Newton et Laplace, a pu dépas-
» ser l'objet, et par la science mettre fin au miracle, dépeupler
» le ciel de ses divinités, et exorciser l'univers. Mais même cette
» admiration de l'homme, la seule dont notre intelligence
» est capable maintenant, s'évanouirait, si dans l'avenir des
» Hartley, des Darwin, des Condillac ou des Bonnet devaient
» réussir à dérouler devant nous un système mécanique de
» l'esprit humain aussi étendu, aussi intelligible et aussi satis-
» faisant que la mécanique céleste de Newton. » Soyons bien sûrs que ni Hartley, ni Darwin, ni Condillac ne pourront se faire écouter si « le grand et pieux philosophe » peut l'empêcher.

Je n'entrerai pas dans les raisons que suggère ce curieux argument. Je ne demanderai pas si, après tout, il vaut mieux être « subjugué » qu'instruit, ou si la nature humaine perdrait beaucoup en perdant le merveilleux, du moment que l'amour et l'admiration nous restent; car l'admiration, *pace tantorum virorum*, est autre chose que le merveilleux, et elle atteint souvent sa plus grande hauteur quand le mystère, c'est-à-dire la condition nécessaire du merveilleux a disparu. Mais je m'étonne de la stérilité d'imagination d'un homme qui ne peut rien voir d'admirable dans l'univers matériel, depuis que Newton, en un jour de malheur, a effilé un coin de son tissu. Si l'igno-

---

(1) *Lectures*, 37.
(2) F. H. Jacobi. — Le passage tout entier se trouve dans les *Discussions*, p. 812.

rance est pour lui la condition nécessaire du merveilleux, ne peut-il rien trouver à admirer dans l'*origine* du système dont Newton a découvert les lois? rien dans l'immense étendue qu'occupait autrefois probablement la substance solaire, jusqu'au-delà de l'orbite de Neptune? rien dans le ciel étoilé que Kant, avec une pleine connaissance de l'enseignement de Newton, jugeait, dans un fameux passage que Hamilton aime tant à citer (et qu'il cite dans cette leçon même), aussi sublime que la loi morale? Si l'ignorance est la cause du merveilleux, il est complétement impossible que les explications de la science puissent jamais le supprimer, puisque tout ce que fait la science c'est en dernière analyse de nous renvoyer à un antécédent inexplicable. Dût-elle arriver, cette catastrophe qui doit jeter le merveilleux hors de l'univers, dût-on montrer péremptoirement que les opérations mentales reposent sur les forces organiques, le merveilleux serait-il perdu parce que le fait qui resterait mystérieux pour nous, ce serait qu'un arrangement de particules matérielles puisse produire les idées et les sentiments? Jacobi et Hamilton auraient pu mettre leur esprit à l'aise. Le merveilleux ne s'évanouit pas parce qu'on le comprend, mais parce qu'on se familiarise avec lui. Pour une personne dont les sentiments sont assez profonds pour résister à ce danger, aucune connaissance des phénomènes naturels, si intime qu'elle soit, ne rendra la nature moins merveilleuse. Quant à ceux dont la sensibilité est superficielle, Jacobi suppose-t-il que *leur* admiration devant les mouvements des planètes était plus grande d'un iota, quand les astronomes les expliquaient par des évolutions compliquées de « cycle sur épicycle, d'orbe sur orbe »? Un spectacle qu'ils voyaient chaque jour avait, nous pouvons en être certains, aussi peu d'effet pour enflammer leur imagination qu'à présent. Écoutez l'opinion d'un grand poëte (1). Il ne parle pas spécialement du merveilleux, mais des émotions en général que le spectacle de la nature excite, et ses paroles s'appliquent à cette émotion comme au reste.

« Il y a des gens qui pensent que l'habitude d'analyser, de
» décomposer et de disséquer, ne peut manquer d'être funeste
» à la perception de la beauté. Ils sont conduits à cette erreur,

---

(1) Wordsworth, dans sa biographie par son neveu, II, 159.

» parce qu'ils ne s'aperçoivent pas que ces opérations étant
» dans une certaine mesure à la portée d'une intelligence
» bornée, nous sommes conduits à leur imputer l'insensibilité
» dont elles sont, en réalité, les effets et non les causes. L'admi-
» ration et l'amour, fins des connaissances vraiment essen-
» tielles, envahissent l'âme des hommes d'un génie réel à
» mesure que leurs découvertes dans la philosophie naturelle
» s'étendent ; la beauté de la forme d'une plante ou d'un
» animal ne perd rien, elle gagne, quand on connaît plus
» exactement ses propriétés constituantes et ses facultés. »

Écoutez encore un des plus illustres savants qui aient enrichi de découvertes les sciences physiques. Au lieu de regarder l'intelligence comme l'opposé du merveilleux, Faraday regrette qu'on n'admire pas assez l'univers matériel, parce qu'on ne le comprend pas assez.

« Considérons un instant quelles merveilleuses attaches nous
» unissent au monde. C'est ici que nous sommes nés, que nous
» avons été enfantés, que nous vivons, et pourtant nous regar-
» dons tout cela presque sans ressentir d'admiration devant
» la manière dont toutes ces merveilles se produisent. Si
» faible, en effet, est notre étonnement, que nous ne sommes
» jamais surpris ; et je crois qu'un jeune homme, de dix, quinze
» ou de vingt ans éprouvera plus de surprise, en se trou-
» vant pour la première fois en présence d'une cataracte ou
» d'une montagne, que ne lui en ont jamais fait éprouver les
» moyens qui lui servent à entretenir sa propre existence, ceux
» qui l'ont amené là, ceux par lesquels il vit, par lesquels il se
» tient droit ou se meut d'un endroit à un autre. Nous sommes
» venus au monde, nous vivons, et nous le quittons sans que
» nos pensées soient appelées spécialement à considérer com-
» ment tout cela arrive ; et si quelques esprits investigateurs
» n'avaient regardé dans ces choses et constaté les belles lois
» et les conditions par lesquelles nous *entretenons* notre vie,
» et nous sommes sur la terre, nous saurions à peine qu'il y a
» là quelque chose de merveilleux (1). »

(1) Cours sur les Forces de la Matière, p. 2-3. Ces idées sont bien exposées par M. Lewes dans son excellent ouvrage sur Aristote, p. 212. « La surprise provient d'un fond de connaissance, ou de croyance fixe. Rien ne surprend l'ignorance, parce que l'esprit ignorant n'a pas de conceptions préalables à contredire. »

Si l'on veut une autorité de plus, j'ajouterai que le plus grand poëte de l'Allemagne moderne était justement le génie qui a pénétré le plus avant dans la philosophie des sciences naturelles.

CHAPITRE XXVIII

CONCLUSION.

En terminant l'examen des travaux philosophiques de Hamilton, je n'ai pu éviter d'insister plus sur les points de différence que sur les ressemblances que ses idées présentent avec les miennes, par la raison que je ne partage presque aucune des idées pour lesquelles surtout il s'estimait lui-même, ou de celles qui lui appartiennent en propre. Ses qualités, que je n'élève sans doute pas aussi haut que les plus enthousiastes de ses disciples, mais que j'admire aussi sincèrement qu'ils peuvent le faire, se trouvent plutôt répandues dans toutes ses spéculations que concentrées en un point particulier. Elles consistent principalement dans sa manière claire et nette de présenter au lecteur les questions fondamentales de la métaphysique, dans quelques bons exemples d'analyse psychologique sur une petite échelle, et dans de nombreuses vérités de logique et de psychologie qu'il a saisies séparément et qu'on trouve éparses dans ses écrits, appliquées le plus souvent à résoudre quelque difficulté spéciale, et qu'on perd ensuite de vue. Je ne saurais rien citer de lui qui puisse de donner une intelligence complète des phénomènes importants de l'esprit, à l'exception de sa théorie de l'Attention (y compris l'Abstraction), qui me semble la plus parfaite que nous ayons (1). Les faits qu'il rapporte et les idées

---

(1) Même sur ce sujet il n'a pas su éviter des fautes de raisonnement. Ainsi, en soutenant contre Stewart et Brown, que nous pouvons faire attention à plus d'un objet à la fois, il défend cette doctrine vraie par de mauvais arguments. Si

qu'il présente sur le sommeil et le rêve dans la seizième leçon de son Cours de Métaphysique sont un exemple excellent de recherche inductive, on les lui a attribués, mais ce qui fait leur principal mérite, tant pour l'observation des faits que pour la pensée, appartient évidemment à Jouffroy (1).

l'esprit pouvait « faire attention à un seul objet à la fois », dit-il, (*Lectures*, I, 252) « ou en avoir conscience », cela impliquerait « que toute comparaison et toute distinction sont impossibles ». Ceci suppose que nous ne pouvons comparer et distinguer que les impressions exactement simultanées. La condition de la distinction ne peut-elle pas être la conscience, non au même instant, mais à des instants immédiatement successifs? La distinction ne peut-elle pas dépendre d'un *changement* dans la conscience ; de la transition d'un état à un autre? Cette opinion peut se soutenir ; les auteurs contre qui argumentait Hamilton la soutenaient, et s'il l'avait trouvée erronée, il l'aurait réfutée. A moins de la réfuter, il ne pouvait regarder une doctrine qui impliquait cette conséquence comme réduite à l'absurde. Une autre preuve qu'il donne de notre faculté de prêter notre attention à plusieurs choses à la fois, c'est la perception de l'harmonie des sons. Il soutient (*Lectures*, I, 244) que percevoir une relation entre deux sons implique une comparaison, et que si cette comparaison ne porte pas sur les sons eux-mêmes, objets d'une attention simultanée, il faut qu'elle soit une comparaison de « sons » passés retenus dans la mémoire, avec le son présent perçu actuellement »; ce qui implique encore l'attention à deux objets à la fois. Cependant ses adversaires pourraient dire, que s'il y a une comparaison, ce n'est pas entre deux impressions simultanées, sensations ou souvenirs, mais entre deux sons successifs à l'instant de la transition. Ils pourraient ajouter que la perception de l'harmonie n'implique pas nécessairement une comparaison. Quand des sons en harmonie parfaite frappent l'oreille simultanément, nous n'avons qu'une seule impression; nous ne percevons qu'un son. Décomposer cet ensemble en ses éléments composants est un acte d'intelligence, et non de perception directe, qu'on ne peut accomplir qu'en fixant l'attention d'abord sur le tout et ensuite sur les éléments séparés, non pas à la fois, mais l'un après l'autre. Il semble que notre auteur n'ait pas songé à ces objections à sa doctrine, parce que celles de Stewart qu'il combattait principalement étaient différentes. (*Lectures*, II, 145.) Mais elles devaient se présenter à lui sans qu'on les lui suggérât, parce qu'elles sont en harmonie complète avec ses idées : en effet, il soutenait que la conscience des touts précède habituellement celle de leurs parties; que « au lieu de commencer par des minima, la perception commence par des masses » (*Lectures*, II, 327, et plusieurs autres passages semblables).

Hamilton est tout aussi inconséquent quand il affirme (*Lectures*, I, 237) que l'attention est « un acte de volonté ou de désir », et ensuite (247, 248) que dans certains cas elle est automatique, « un acte purement vital et irrésistible ». Cependant il n'y a là qu'une inexactitude de rédaction. Il voulait sans doute dire que l'attention est en général volontaire, mais accidentellement automatique.

(1) Je vois avec regret que ce que j'ai dit plus haut, ou plutôt ce que j'ai omis de dire, a laissé croire à mes critiques les plus favorables que je n'avais pas de la valeur intellectuelle de Hamilton et des services qu'il a rendus à l'humanité, une idée aussi haute que celle que je professe en réalité. Dans mon ouvrage, je n'avais pas à apprécier l'homme, mais les conquêtes qu'il a réunies pour toujours au domaine de la philosophie spéculative. Celles-ci, je ne peux les estimer à un haut prix, mais j'adhère sincèrement et cordialement aux justes éloges que M. Grote a donnés aux qualités de l'auteur, dans la revue de Westminster (p. 2-3).

« Il a proclamé hautement que la philosophie devait être étudiée à ses propres
» points de vue; honneur dont elle avait joui autrefois, peut-être avec un excès
» dangereux, mais dont elle avait été privée dans ces derniers temps, surtout en

Je ne me permettrai pas de parler dogmatiquement des causes qui ont empêché un penseur aussi pénétrant et aussi infatigable au travail d'accomplir les grandes choses qu'il se proposait. Ce serait affecter sans raison une supériorité sur un esprit tel que celui de Hamilton, que de vouloir jauger et toiser ses facultés, ou donner une théorie complète de ses succès et de ses revers. Tout ce que je me permettrai, ce sera

» Angleterre. Il a rendu le grand service de travailler énergiquement à rajuster
» les anciennes traditions de la philosophie, à découvrir de nouveau celles qu'on
» avait laissé tomber en oubli, et à en dresser la généalogie toutes les fois que ses
» négligents devanciers lui en laissaient la possibilité. Nous reconnaissons aussi
» dans Hamilton une intelligence indépendante, ce qui se trouve rarement à côté
» d'une aussi vaste érudition. Il expose des opinions différentes, mais ses juge-
» ments sont à lui; et, ce qui a bien plus d'importance, il donne toujours les rai-
» sons de ses jugements. Ces raisons nous paraissent avoir plus ou moins de
» valeur, soit que nous admettions leur validité soit que nous la rejetions... Ceux
» qui ne s'accordent pas, aussi bien que ceux qui s'accordent avec lui trouvent
» beaucoup à apprendre dans ses raisonnements; et d'un autre côté la citation
» textuelle de tant d'auteurs contribue non-seulement à éclaircir les sujets de dis-
» cussion, mais aussi à agrandir notre connaissance de la philosophie. »

Je dirai aussi, en empruntant les expressions énergiques du professeur Masson (p. 308-309) : « Jugez-le d'après l'importance de l'influence qu'il a exercée sur la
» pensée anglaise, tant par son enseignement que par l'indépendance de ses idées;
» n'est-ce pas lui qui, soit par l'enseignement, soit par la force de ses idées
» librement répandues, a jeté au milieu de nous les vraies questions de méta-
» physique, qui leur a donné les formes mêmes, devenues académiques, sous les-
» quelles on les discute de notre temps et dans notre pays?.. On peut dire que
» Hamilton a fait plus que personne pour restaurer le culte de la difficulté chez
» les esprits supérieurs de la Grande-Bretagne. »

Bien plus, ainsi que M. Grote le fait encore observer, « dans un sujet aussi
» abstrait, aussi obscur et aussi rebutant que la Logique et la Métaphysique, la
» difficulté que le professeur trouve à inspirer l'intérêt est extrême. Et pourtant
» Hamilton a su vaincre cette difficulté, et remporter un brillant succès; ses deux
» éditeurs l'affirment ». Ce qui le prouve encore, c'est la profonde impression que le professeur et l'enseignement ont laissée sur l'intelligence et les sentiments des élèves. L'*Inquirer* (I, p. 6) m'accuse d'avoir ignoré « ce qui faisait la plus
» grande partie de l'œuvre de Hamilton, l'enseignement vivant qu'il donnait à
» des hommes vivants, au moyen duquel il a fait naître de notre temps et dans
» notre pays ce dont on avait le plus besoin, une école d'hommes qui peuvent
» penser et qui pensent ». Ce serait très-mal de fermer les yeux sur un service de cette importance rendu à l'humanité. J'en reconnais, avec des sentiments d'admiration qui ne restent au-dessous de ceux de personne, la valeur inestimable. Si j'avais voulu résumer les bienfaits que le monde doit à Hamilton, je n'aurais pas pu laisser de côté ses articles sur l'éducation, et surtout ceux sur les universités anglaises, auxquels il est impossible de ne pas attribuer une grande influence, articles qui ont fait rougir ces corps d'avoir si longtemps, par égoïsme, trahi la confiance nationale, et qui leur ont communiqué la vie nouvelle qu'ils ont depuis manifestée et qu'ils manifestent encore au grand avantage de l'esprit du temps et de la culture nationale.

Au point de vue même de la valeur spéculative, mon appréciation de Hamilton est extrêmement mal jugée par ceux qui se sont faits, et qui en ont bien le droit, les champions de sa réputation philosophique. Je ne saurais assez énergiquement protester contre des jugements qu'on trouve chez M. Mansel (p. 181), de présenter, comme de simples probabilités, les causes qui peuvent en partie avoir déterminé son insuffisance. L'une de ces causes est si commune que je pourrais presque l'appeler universelle. Il faut en signaler les funestes conséquences ; c'est une sollicitude exagérée pour assurer une opinion préconçue. Il semble que toute la philosophie de Hamilton se prépare en vue de la doctrine du libre arbitre ; il s'y attacha parce qu'il était persuadé qu'elle fournit les seule prémisses d'où la raison humaine pouvait déduire les doctrines de la religion

et bien plus encore, chez l'*Inquirer*, qui reviennent à ceci, que si tout ce que je dis est vrai, « Hamilton, au lieu d'être un grand philosophe, est le plus grand sot » qui ait jamais tenu une plume ». On comprend ces exagérations chez ceux qui ont porté Hamilton au pinacle de la philosophie moderne, et qui, s'imaginant qu'il les a aidés eux-mêmes à grimper à la même hauteur, regardent comme rien ceux qui restent au-dessous. Mais quelques-unes des figures les plus remarquables de l'histoire de la philosophie, des penseurs qui se distinguent non moins par la force de l'intelligence que par la grande influence qu'ils ont exercée sur la pensée après eux, n'ont pas laissé autant d'additions positives à la philosophie que ne l'a fait Hamilton. Kant, par exemple, dont l'esprit n'a probablement pas de plus grand admirateur que moi parmi ceux qui ne sont pas ses disciples, Kant qui tient une place si importante dans le développement de la pensée, que si personne n'eût accompli son œuvre, la métaphysique telle que nous la concevons aujourd'hui n'aurait pu se constituer, Kant passera probablement pour n'avoir laissé aucune contribution importante à la philosophie qui réunisse les deux qualités de la nouveauté et de la vérité, à l'exception de quelques-unes des réfutations qu'il a faites de ses devanciers. Kant, il est vrai, avait plus d'enchaînement dans les idées, et par là il fut un penseur plus conséquent que Hamilton. C'est surtout à cette qualité qu'il doit d'avoir donné son nom à l'une des grandes époques de l'histoire de la philosophie, à quoi Hamilton ne peut prétendre ; mais il me semble qu'il n'était pas aussi capable que Hamilton de discerner les vérités psychologiques quand elles ne portent pas les couleurs d'une théorie. Celui qui peut-être se rapproche le plus de Hamilton par son mérite philosophique, bien qu'il en diffère beaucoup par le caractère de son esprit (à part l'érudition dans laquelle Hamilton n'a peut-être pas d'égal parmi les philosophes), c'est Dugald Stewart. Ni l'un ni l'autre ne peuvent prendre place à côté des grands penseurs originaux qui ont fait entrer la philosophie dans l'une des phases qu'elle devait nécessairement parcourir, comme Locke, Descartes, Hume, Kant et même, malgré toutes ses timidités, Reid. Ni l'un ni l'autre n'ont plongé le regard au fond des grandes questions psychologiques qui n'avaient jamais été sondées avant eux, comme l'ont fait Berkeley, Hartley, Brown, ou James Mill. Tous deux ont vivement éclairé des questions secondaires ; tous deux ont rassemblé et se sont plus ou moins assimilé des vérités empruntées à des camps opposés ; tous deux ont commis de graves méprises, mais Hamilton, venant le dernier et profitant du mouvement kantiste, s'est élevé en métaphysique à une plus grande hauteur que Dugald Stewart. Tous deux ont eu des facultés d'analyse, mais seulement des facultés moyennes ; leur style philosophique extrêmement différent était excellent chez l'un comme chez l'autre. Tous deux ont donné une impulsion considérable à l'esprit anglais par les qualités extraordinaires qu'ils ont déployées dans l'enseignement public ; et tous deux méritent de survivre parce qu'ils ont vaillamment porté le flambeau de la philosophie, mais ni l'un ni l'autre, j'ose le dire, ne prendra place à côté de ceux qui en ont entretenu la flamme ou qui l'ont fait briller d'un plus vif éclat.

naturelle. Je crois qu'il s'aveuglait complétement, et que ses spéculations ont affaibli les bases philosophiques de la religion autant qu'elles les ont affermies.

Une autre cause qui peut expliquer pourquoi il n'a pas fait davantage en philosophie, c'est le temps énorme et la vigueur mentale qu'il a dépensés pour n'acquérir que de l'érudition philosophique, ne consacrant pour ainsi dire que les restes de son esprit à la véritable affaire de la pensée. Tandis qu'il semble avoir su à peu près par cœur les volumineux commentateurs grecs d'Aristote, et avoir lu tout ce que les scolastiques les plus obscurs ou les transcendantalistes allemands de cinquième ordre ont écrit sur les sujets dont il s'est occupé lui-même ; tandis que, non content de connaître ces auteurs en gros, il pouvait dire avec la plus grande précision ce que chacun d'eux avait pensé sur une question donnée, et en quoi chacun d'eux différait des autres ; tandis qu'il dépensait son temps et sa vigueur à ce travail, il ne lui en restait plus assez pour compléter son Cours. Le Cours de Métaphysique s'arrête brusquement au début de ce qui en faisait, surtout d'après ses idées, la partie importante, et n'arriva même jamais au seuil de la dernière des divisions de son sujet (1). Le Cours de Logique reste composé, dans la plupart des questions secondaires, d'un tissu d'extraits d'auteurs allemands, surtout de Krug et d'Esser ; souvent ces extraits ne sont pas dépourvus de mérite, mais ils sont en général si vagues qu'ils rendent insuffisantes toutes les parties de l'exposition où ils prédominent (2). Quelquefois ils sont écrits à des points de vue tout différents de celui de Hamilton, mais il n'a jamais pris le temps ou la peine de les adapter à ses propres idées (3). Dans

---

(1) *Lectures*, I, 123, 125. Cette troisième partie est l'Ontologie ou Métaphysique proprement dite ; « la science qui s'occupe d'établir par voie de conclusion » l'existence d'un être inconnu en partant de ses manifestations connues », de choses qui ne sont pas manifestées dans la conscience, mais qu'on peut légitimement inférer de celles qui le sont.

(2) On en a une une preuve frappante parmi tant d'autres dans les leçons sur la définition et la division. Sur ces sujets notre auteur laisse Krug et Esser penser à sa place. Ils se substituent à lui, non-seulement pour l'expression de la pensée, mais encore pour la pensée.

(3) J'en ai déjà donné un exemple tiré du Cours (III, 159, 162). Ce qu'il entend par la clarté comme propriété des concepts c'est que « un concept est dit clair quand le degré de conscience est tel qu'il nous permet de le distinguer (le concept) comme un tout d'avec les autres. » Mais cette idée est développée par un passage

le cercle de la spéculation psychologique et logique, on est étonné de voir combien il y a peu de questions sur lesquelles il ait porté les facultés de son intelligence ; et même dans celles qui ont eu ce privilége, il a rarement poussé ses recherches au-delà de ce qu'il jugeait nécessaire pour les besoins d'une controverse particulière. En conséquence, il prend et quitte ses doctrines philosophiques sans avoir le moins du monde l'air de s'en apercevoir, et sa philosophie semble faite de morceaux empruntés à divers systèmes métaphysiques opposés. La relativité de la connaissance humaine est un objet de la plus grande importance dans sa lutte contre Schelling et Cousin, mais elle s'évanouit et disparaît dans la propre psychologie de Hamilton. La validité des croyances naturelles et la doctrine que l'incogitable n'est pas pour cela impossible, sont tantôt énergiquement affirmées, et tantôt méprisées, suivant la question. Sur les notions générales Hamilton est nominaliste déclaré, mais il enseigne la logique comme s'il n'avait entendu parler d'aucune autre doctrine que de celle des conceptualistes. Il présente une idée pour concilier les deux systèmes, puis n'y songe plus, et ne s'en sert que comme d'une excuse pour accepter le nominalisme et parler le langage des conceptualistes. Il arrive à ses propres idées presque toujours sous l'excitation d'une dispute spéciale, et ne sait jamais jusqu'où il faut les pousser. En conséquence, il y a toujours une région de nuages autour de l'endroit où les opinions d'origine différente se rencontrent. J'ai cité l'heureux exemple qu'il tire de l'ouverture mécanique des tunnels; cet exemple m'en suggère un autre qui est précisément applicable à notre auteur. Le lecteur a sans doute entendu parler de la gigantesque entreprise du gouvernement italien, le percement du Mont-Cenis. Ce grand ouvrage est attaqué simultanément par les deux bouts, dans la confiance bien fondée (telle est à présent l'exacte précision des opérations du génie) que les deux groupes d'ouvriers qui percent la montagne se rencontreront exactement au milieu. S'ils trompaient

---

d'Esser, où il est dit que ce n'est pas le concept, mais les objets pensés par le concept qui, s'ils sont suffisamment distingués de tous les autres, constituent la conception d'un concept clair. Je confesse qu'Esser a ici raison contre Hamilton, qui aurait pu corriger utilement sa propre théorie par le commentaire qu'il empruntait.

cette attente, et s'ils se dépassaient en travaillant dans les ténèbres, ils donneraient une idée du moyen que Hamilton emploie pour percer à jour l'esprit humain.

S'il a eu le tort de ne pas creuser à fond ses sujets, au point de s'en rendre maître, ou de mettre d'accord les différentes idées qu'il s'en était faites, en les considérant à des points de vue différents, s'il n'a pas achevé son Cours, c'est parce qu'il a laissé absorber son temps et sa force par la lecture des vieux auteurs. Cette faute a eu des conséquences pires ; elle ne lui a laissé ni loisir ni force pour ce qui a évidemment la plus grande importance à tous les points de vue, et dont un maître de philosophie pourrait le moins se dispenser, l'étude systématique des sciences. A l'exception de la physiologie, dont quelques parties occupèrent réellement ses facultés mentales, on peut dire qu'il ne savait rien des sciences physiques. Je ne dis pas qu'il ignorât les faits familiers, ou ceux qu'il avait nécessairement appris dans le cours de ses études, d'après le programme de l'enseignement. Mais il doit avoir fait comme Gibbon qui dit dans son autobiographie : « Je me contentais de recevoir les impressions passives des leçons de mon professeur sans y appliquer mes facultés d'une manière active. » A juger par les traces que l'étude des sciences aurait laissées dans l'esprit de Hamilton, on pourrait croire qu'il n'en a jamais entendu parler. (1)

(1) Partout dans les œuvres de Hamilton nous trouvons des preuves que les sciences physiques ne lui était pas familières. Une de ces preuves que je n'ai pas trouvé jusqu'ici l'occasion de citer, est sa singulière manière de concevoir l'analyse et la synthèse. Il s'imagine que la synthèse présuppose toujours l'analyse et qu'à moins d'être fondée sur une analyse préalable, une synthèse ne donne aucune connaissance. « La synthèse sans une analyse préalable est sans fondement, car la » synthèse reçoit de l'analyse les éléments qu'elle recompose. » (*Lectures*, I, 98.) « La synthèse sans analyse est une fausse connaissance, c'est-à-dire qu'elle n'est » pas du tout une connaissance... Une synthèse sans analyse préalable est radi» calement et *ab initio* nulle. » (*Ibid.* 99.) Cette affirmation est d'autant plus surprenante que l'exemple qu'il choisit lui-même pour illustrer l'analyse et la synthèse est un cas de combinaison chimique ; un sel neutre composé d'un acide et d'un alcali. Suppose-t-il que lorsqu'un chimiste réussit à former un sel par la synthèse seulement, en réunissant ensemble des substances qu'il n'a jamais trouvées en combinaison, il ne fait pas exactement la même addition à la chimie que s'il avait commencé par rencontrer le composé et qu'il l'eût analysé ensuite ? Hamilton a-t-il jamais lu un mémoire d'un chimiste sur une substance élémentaire nouvellement découverte ? S'il en a lu, n'a-t-il pas trouvé que le chimiste s'occupe invariablement de reconnaître par voie de synthèse les combinaisons que le nouvel élément forme avec ceux pour lesquels il a de l'affinité ? Bien que Hamilton empruntât son exemple aux sciences physiques, il oubliait tout ce qui

On doit regretter beaucoup que Hamilton n'ait pas écrit l'histoire de la philosophie au lieu d'exercer directement son intelligence sur la philosophie elle-même. Il possédait une connaissance des matériaux telle que personne, durant bien des générations, ne prendra la peine d'en acquérir une pareille ; et il est bon que quelques personnes acquièrent de l'érudition en philosophie, pour le profit des autres. Indépendamment du grand intérêt et du prix qui s'attachent à une connaissance du développement historique de la spéculation, il y a beaucoup de choses dans les vieux auteurs, et même dans ceux du Moyen Age, qui méritent d'être conservées pour leur valeur scientifique (1). Mais il faut, pour les extraire et les revêtir des formes de la pensée moderne, des hommes aussi familiarisés avec celles-ci qu'avec les anciennes et qui possèdent à fond la langue de ces dernières ; jamais personne n'a réuni ces qualités au même degré que Hamilton. C'est une grande perte de temps pour ceux qui étudient la philosophie, que d'avoir à apprendre à se servir couramment de cinquante langues philosophiques, toutes bien inférieures à celle d'aujourd'hui ; et si tous les penseurs devaient faire ce sacrifice, il resterait bien peu de temps pour la pensée. Hamilton l'avait fait, et il aurait dû faire partager une fois pour toutes à ses contemporains et à

s'y rattache et ne songeait qu'à l'investigation psychologique, où il arrive communément que les faits composés se présentent à nous tout d'abord, et que nous avons à commencer par l'analyse ; la synthèse, si elle est praticable, n'y vient qu'après, et ne sert qu'à vérifier l'analyse. Par conséquent, en dépit de son propre exemple, Hamilton définit la synthèse comme étant toujours une recomposition et une « reconstruction ». (*Lectures*, I. 98.) S'il eût eu une connaissance un peu familière des sciences physiques, aurait-il commis cette étrange méprise ?

Un autre exemple que je me borne à indiquer, c'est son incapacité de comprendre un argument fondé sur un principe de mécanique. On en voit la preuve dans sa controverse avec Whewell au sujet de la loi suivant laquelle la pression d'un levier sur le point d'appui, quand les poids sont en équilibre, est égale à la somme des deux poids. (*Discussions*, p. 338-339.)

(1) « Nous attachons une valeur toute particulière à cette conservation des traditions de la philosophie, et de cette succession perpétuelle des esprits spéculatifs de l'humanité, avec les comparaisons et les oppositions qu'ils présentent. Nous avons trouvé parmi les noms cités par Hamilton, et grâce à ses soins, divers auteurs à peine connus de nous, et des opinions de ces auteurs non moins instructives que curieuses. Il mérite la plus grande reconnaissance, parce qu'il s'écarte de l'usage reçu depuis Bacon et Descartes. L'exemple donné par ces grands hommes était admirable, en ce qu'il rejetait l'autorité du passé ; mais il était dangereux en ce qu'il chassait le passé de la connaissance comme un réceptacle de théories prématurées et d'erreurs. Durant le XVIII° siècle, toute étude des anciennes idées fut à peu près généralement négligée. Hamilton nous signale des exemples frappants de cette froideur. » M. Grote, *Westminster Review*.

ses successeurs le profit de ses travaux, et éviter aux autres la peine de les recommencer, à moins que ce ne fût pour vérifier et corriger ses rapports. Personne mieux que lui ne le pouvait, et il ne l'a pas fait. Au lieu de cela, Hamilton a payé à la philosophie mentale un tribut plus qu'égalé par des penseurs qui ne lui étaient pas supérieurs par les facultés et qui manquaient totalement d'érudition. De toutes les personnes dans les temps modernes qui méritent le nom de philosophes, les deux probablement dont l'érudition dans leur propre spécialité était le plus bornée, eu égard à leur capacité intellectuelle, étaient Thomas Brown et Whately; et conséquence ils étaient les seuls dont Hamilton, tout en reconnaissant leur mérite, parlât avec un certain ton de hauteur. On ne peut pas nier que Brown et Whately n'eussent mieux pensé et mieux écrit, s'ils avaient mieux connu les écrits de leurs devanciers; mais je ne crains pas d'être contredit par la postérité quand je dis que l'un et l'autre ont rendu au monde, en produisant et en répandant des idées importantes, plus de services que Hamilton avec toute son érudition: parce que, s'ils étaient des lecteurs indolents, ils étaient des penseurs actifs et féconds (1).

Je ne veux pas dire que l'érudition de Hamilton ne lui rende fréquemment des services réels dans des questions spéciales de philosophie: elle lui en rend de très-grands; elle le met en état de connaître toutes les opinions différentes qu'on peut soutenir sur les questions qu'il discute, de les concevoir et de les exprimer clairement, sans en oublier aucune. L'érudition lui rend ce service, quoique cela n'arrive pas toujours, mais elle ne fait guère autre chose, pas même ce que l'on pourrait en attendre quand elle est éclairée par la philosophie. Il savait avec une exactitude extraordinaire le *&c.* de la doctrine de chaque philo-

(1) M. Grote est de mon avis pour Brown, mais il hésite à le partager pour Whately; il est encore plus naturel que le professeur Masson se plaigne de la comparaison de ce dernier avec Hamilton. La différence de nos opinions ne provient pas de ce que j'estime trop peu Hamilton, et trop Whately. J'ai puisé dans les lectures que j'ai faites des nombreux écrits de Whately sur divers sujets une idée plus haute de son originalité et des services qu'il a rendus à la philosophie, que M. Grote. Comme métaphysicien pur, personne ne songerait à le comparer à Hamilton; mais je lui reconnais le caractère plus général de penseur, à cause du nombre d'idées vraies et fortes sur divers sujets, au nombre desquels est la métaphysique, qu'il a apportées à la masse générale et qu'il a mises en circulation. J'ajouterai qu'en appelant Brown et Whately des penseurs actifs et féconds, je n'ai pas eu l'idée qu'on pourrait m'accuser de refuser ces qualités à Hamilton.

CONCLUSION.

sophe, mais il se préoccupait peu du δότι. À une exception près, je ne trouve rien dans ses écrits qui s'y rapporte (1). Je me figure qu'il aurait été bien embarrassé s'il avait dû donner une appréciation philosophique de l'esprit d'un grand penseur. Il ne paraît pas avoir recherché les liens qui rattachent une

(1) Cette exception unique se rapporte à Hume. Au sujet du but et du plan général, des spéculations de Hume et de l'esprit qui y règne, Hamilton avance une opinion, je n'hésite pas à le dire, une opinion fausse. Il regarde la philosophie de Hume comme le scepticisme à son vrai sens. L'objet de Hume, d'après lui, étant de prouver l'incertitude de toute connaissance. Dans cette intention, il le montre raisonnant sur des prémisses « qu'il n'a pas établies lui-même, mais qu'il » a acceptées seulement comme des principes universellement accordés dans les » écoles de philosophie qui l'avaient précédé. » Hume faisait voir (d'après Hamilton) que ces prétentions conduisaient à des conclusions en contradiction avec le témoignage de la conscience, ce qui prouvait non que la conscience trompe, mais que les prémisses généralement acceptées sur l'autorité des philosophes, et qui conduisent à ces conclusions, doivent être fausses. (*Discussions*, pp. 87-88, et ailleurs.)

C'est là certainement l'usage que Reid et plusieurs autres adversaires de Hume ont fait de ses arguments. Admettant leur validité comme arguments, Reid les considérait non comme prouvant les conclusions de Hume, mais comme une *reductio ad absurdum* de ses prémisses. Cependant il me semble extrêmement improbable que Hume ait préu qu'on les ferait servir à cet usage, soit dans un but dogmatique, soit dans un but purement sceptique. Si nous formons notre opinion en lisant la série tout entière des essais métaphysiques de Hume au lieu de juger sur quelques expressions détachées d'un seul essai (la philosophie académique ou sceptique), notre conclusion sera, je crois, que Hume acceptait sincèrement les prémisses et les conclusions. Il serait difficile sans doute de le prouver par un témoignage décisif, et je ne me hasarderai pas à l'affirmer d'une manière absolue. Quand il s'agit des philosophes libres penseurs du dernier siècle, il est souvent impossible de s'assurer complètement de ce qu'étaient réellement leurs opinions, réelles ou, disons mieux, présumées. Leurs réserves exprimaient leurs convictions réelles ou, pour cacher pas mieux leurs prétendues concessions de cette nature ; on ne peut guère dire qu'elles ne soient pas sincères, elles sont évidemment comprises comme φρονηματα, au moins comme συνεχών. Il me semble fort que le scepticisme de Hume était un déguisement de cette espèce, adopté plutôt pour esquiver une attaque que pour cacher son opinion; il aimait mieux recevoir la qualification de sceptique qu'une autre plus odieuse; et comme il avait à tirer des conclusions dans lesquelles il savait qu'on verrait la négation, d'une part du témoignage du sens commun, d'autre part des doctrines de la religion, il ne voulut pas les donner pour des convictions positives, et crut plus à propos de les donner pour des résultats auxquels on pourrait arriver, si l'on accordait une entière confiance à la véracité de la raison. Je ne doute pas qu'il n'ait eu lui-même cette confiance et qu'il n'ait souhaité de la voir partager à ses lecteurs. Il n'y a certainement pas trace d'un sentiment différent dans ses autres écrits, ni dans les autres sujets importants traités dans ses œuvres; et même sur ce sujet, le sens général de ses écrits indique une tendance, et des passages isolés seuls en indiquent une autre; il est donc plus raisonnable d'interpréter les derniers de manière à ne pas contredire l'état d'esprit habituel de l'auteur qui se révèle dans le premier.

Par conséquent je ne peux m'empêcher de croire que Hamilton a mal compris le caractère essentiel de Hume; mais ce qui honore à la fois Hamilton comme philosophe et comme homme, c'est qu'il professe pour Hume une ardente admiration et qu'il a loyalement réclamé pour lui le titre de penseur.

opinion d'un philosophe avec ses autres idées. Aussi est-il faible quand il faut exposer les relations mutuelles des doctrines philosophiques. Il connaît rarement les corollaires des opinions d'un penseur, à moins que ce penseur ne les ait tirés lui-même ; et même alors il y voit non des corollaires, mais seulement des opinions. Un des exemples les plus frappants de cette impuissance se montre à propos de Leibniz ; il vaut la peine de l'analyser, parce que rien ne peut démontrer d'une façon plus décisive combien peu Hamilton était capable d'entrer dans l'esprit d'un système différent du sien.

S'il est un penseur dont on puisse concevoir sans peine le système de philosophie comme un tout bien lié, c'est Leibniz. Rarement un philosophe a pris autant de peine pour rendre évidente la filiation de toutes ses idées principales d'une manière qui pût à la fois satisfaire son propre esprit et se faire comprendre de tout le monde. On en trouverait à peine un autre dont les idées fussent mieux enchaînées, puisque ses diverses conceptions sont toutes des applications d'un principe commun. Pourtant Hamilton les comprend si mal qu'il va jusqu'à dire, après avoir rendu compte de l'harmonie préétablie, que « son auteur lui-même la regardait plutôt comme une » preuve d'habileté que comme une doctrine sérieuse (1). » « Il est douteux », dit-il ailleurs, « que Leibniz parlât sérieuse- » ment dans sa monadologie et son harmonie préétablie (2). Pour ne rien dire de l'injustice qu'il y a à soupçonner ainsi la sincérité et la haute gravité philosophique de ce grand homme, il est évident pour tous ceux qui en étudient les opinions, et les rattachent à l'esprit qui les produit, qu'un homme qui pourrait avoir une pareille idée sur l'harmonie préétablie et la monadologie, peut bien, si l'on veut, avoir compris les diverses opinions de Leibniz, mais qu'il n'a jamais pu se représenter Leibniz comme philosophe. Ces deux théories étaient nécessitées par les autres opinions de Leibniz, qui n'avait pas d'autre moyen d'échapper aux difficultés de la doctrine fondamentale de son système : le principe de la raison suffisante.

Tous ceux qui connaissent un peu Leibniz savent qu'il a affirmé l'universalité de ce principe, que pour lui, tout ce

---
(1) *Lectures*, I, 304.
(2) *Note à Reid*, 309.

qui existe a un motif antécédent dans la raison, et dont la raison peut prendre connaissance ; un motif qui, connu, donne toutes les propriétés de la chose par voie de conséquence naturelle et nécessaire. Cette raison suffisante pouvait être une propriété abstraite de la chose, une sorte de modèle sur lequel elle aurait été construite, et la clef de tous ses autres attributs. Telle est par exemple la propriété par laquelle les mathématiciens définissent le cercle ou le triangle, et de laquelle, par le seul raisonnement, on peut déduire toutes les autres propriétés de ces figures. Dans d'autres cas, la raison suffisante d'un phénomène se trouve dans sa cause physique. Mais la simple existence de la cause comme antécédent invariable n'en fait pas la raison suffisante de l'effet. Il faut qu'il y ait quelque chose dans la nature de la cause elle-même, quelque chose qu'on y puisse découvrir, qui, une fois connu, explique pourquoi la cause est suivie de cet effet particulier ; quelque chose qui explique le caractère de cet effet ; et qui, si nous l'avions connu auparavant, nous aurait permis de prédire l'effet précis qui devait se produire. Leibniz pousse cette doctrine jusqu'à affirmer que Dieu (sauf par un miracle réel, c'est-à-dire par fait éminemment exceptionnel) ne pouvait, dans l'exercice ordinaire de sa providence, diriger le gouvernement du monde que *par la nature des créatures*, par les causes secondes, dont chacune contient dans ses propres propriétés de quoi fournir une explication complète du phénomène auquel elle donne naissance.

Partant de cette conception *à priori* de l'ordre de l'univers, Leibniz trouva que l'Esprit paraissait agir sur la Matière, et la Matière sur l'Esprit, mais il fut complétement incapable de découvrir dans la nature et les attributs de ces deux substances, une raison suffisante de leur action réciproque. Elles semblaient complétement disparates : elles ne présentaient rien qui fît présumer que l'une pût agir sur l'autre. Il voyait dans ce cas, ce qui est vrai dans tous les cas, bien qu'il ne s'en soit pas aperçu, c'est qu'il n'y a pas de *nexus*, pas de lien naturel, entre l'agent et le patient, entre la cause et l'effet, et que tout ce que nous savons de leur relation, c'est que l'un suit toujours l'autre. Mais l'esprit géométrique de Leibniz n'était pas fait pour accepter un fait purement et simplement sans chercher à lui trouver une démonstration ; du reste le principe de la raison suffisante s'y opposait positivement. Un dilemme se posait ! Heureusement la difficulté d'admettre l'action de l'esprit sur la matière disparaissait avec l'hypothèse d'un Esprit infini. Dans l'omnipotence de la Divinité il y a une raison suffisante pour la possibilité de tout ce que Dieu peut vouloir faire. Il faut donc que ce soit Dieu et non une force subordonnée qui produise sur la matière les effets qui semblent produits par l'esprit, et sur l'esprit ceux qui semblent produits par la matière. Ceci admis, il fallait choisir entre deux théories ; il n'y en avait pas d'autres. D'après l'une, Dieu a monté en même temps l'esprit et la matière pour marcher ensemble comme deux pendules, bien que, entre l'esprit et la matière il n'y ait aucune connexion. Je vois un objet non parce que l'objet est devant mes yeux, mais parce qu'il est préétabli de toute éternité que la présence de l'objet et le fait de ma vision se produiront au même instant. Dans l'autre, au moment où l'objet apparaît, Dieu intervient et me donne la perception de la vue exactement comme si l'objet l'avait causée. La première théorie est l'harmonie préétablie, la dernière celle des causes occasionnelles, à laquelle, comme à la moins grotesque des deux, les Cartésiens, poussés par la même difficulté, s'étaient tenus. Mais cette hypothèse qui ne suppose rien moins qu'un miracle permanent, était complétement inadmissible pour Leibniz. Elle était incompatible avec l'idée qu'il s'était faite des perfections de Dieu. Il la regardait comme une assimilation de Dieu à un ouvrier, dont les machines ne fonctionneraient que sous son œil, et auxquelles il serait toujours obligé de mettre la main ; « d'un horloger qui, après avoir construit une mon- » tre, serait encore obligé de faire marcher du doigt les aiguilles » pour qu'elle marquât les heures » (1). Leibniz ne pouvait pas trouver dans l'idée de Dieu une raison suffisante pour que Dieu eût choisi un moyen aussi détourné de gouverner l'univers. Il s'était donc rejeté sur l'hypothèse de l'harmonie préétablie comme son seul refuge ; et il n'y a pas de doute qu'il ne l'ait acceptée avec l'entière conviction d'une intelligence habituée à poursuivre des prémisses données jusqu'à leurs consé-

---

(1) Citation empruntée à Leibniz par Hamilton, *Lectures*, I, 303.

quences avec toute la rigueur d'une démonstration géométrique.

La doctrine des Monades était un corollaire aussi nécessaire du premier principe de Leibniz, que l'harmonie préétablie elle-même. Toute chose matérielle ou spirituelle, qui a une existence individuelle, est un composé d'attributs innombrables dont un grand nombre ne nous présentent aucune connexion ; mais dans la théorie de Leibniz, la supposition qu'il n'y a pas de connexion n'était pas admissible. Il doit y avoir quelque part quelque chose qui contienne dans sa propre nature la théorie complète et l'explication de la combinaison d'attributs, et qui explique pourquoi cette combinaison existe, et non une autre. Ce quelque chose peut-il être autre chose qu'une sorte de noyau de l'Être entier, l'Ame, dans le cas d'un être spirituel, et dans celui d'un être purement physique, une espèce d'essence de l'individu. Les Monades de Leibniz ne diffèrent pas réellement des essences imaginaires des scolastiques, si ce n'est en ce qu'elles ne sont pas des abstractions, mais des réalités objectives dans le sens le plus complet du mot. Sans doute les *Substantiæ secundæ* des Réalistes l'étaient déjà, mais elles étaient des essences de classe et l'on admettait qu'elles faisaient partie simultanément de plusieurs individus, tandis que les monades de Leibniz étaient de petits êtres animés, des principes d'animation et d'activité, et chacun d'eux était l'agent réel ou la force cachée au sein d'un individu. On dira si l'on veut que ces théories ne sont qu'un méchant fatras, et que ce grand esprit donnait un spectacle désolant. Mais comme il n'y a rien dans l'expérience qui les réfute d'une façon directe, elles ne sont pas en réalité plus absurdes que beaucoup d'autres qui ne se présentent pas avec une apparence aussi recherchée. Un esprit systématique fait preuve de force et non de faiblesse en ne reculant pas devant des conclusions qui paraissent absurdes, du moment qu'elles sont des corollaires nécessaires des prémisses que lui-même et probablement la plupart de ceux qui le critiquent n'ont pas cessé de regarder comme vraies. Leibniz était amené aux monades et à l'harmonie préétablie par la même nécessité logique qui conduisit Descartes à une absurdité encore plus grande, l'automatisme des bêtes. Nous aurions autant de droit de douter du sérieux de la dernière opinion que de celui de la première. La même consistance logique l'avait fait partisan de la nécessité et optimiste ; puisque la doctrine de la raison suffisante faisait de Dieu la cause de tout ce qui arrive, et par conséquent des actions des hommes ; et que les attributs de Dieu ne peuvent être une raison suffisante que pour le meilleur des mondes possibles.

On pourrait montrer par d'autres exemples encore que Hamilton ne pouvait pas entrer dans l'esprit d'un autre penseur, mais celui-ci est le meilleur. Par exemple, n'a-t-on pas lieu d'être surpris, quand on voit un philosophe qui connaissait si bien Socrate, Platon et Aristote, leur attribuer (1) à tous sa propre opinion, et leur faire dire que l'objet important n'était pas la vérité mais la recherche de la vérité, et qu'il faut la rechercher non pour l'atteindre, mais pour l'activité mentale qu'on déploie dans cette recherche? Si depuis l'origine de la philosophie, il y a eu trois hommes qui aient énergiquement repoussé cette idée, ce sont précisément les trois que notre auteur choisit pour la mettre sous leur autorité. Il arrive à cette erreur singulière en donnant à des expressions isolées un sens emprunté à ses propres idées et non aux leurs. Pour Aristote, l'erreur vient de ce que Hamilton s'est trompé sur le sens du mot aristotélique d'ἐνέργεια, qui ne signifie pas énergie, mais fait en tant qu'opposé à possibilité, *actus* à *potentia* (2). Que dire à un écrivain qui traduit la phrase Τέλος οὐ γνῶσις ἀλλὰ πρᾶξις, par, « l'intelligence se perfectionne non par la connaissance mais l'activité.

Nous voyons par ces exemples combien l'érudition de Hamilton manquait de ce que nous avons le droit d'attendre de l'érudition d'un esprit supérieur, qui devrait entrer dans l'esprit général des choses qu'il connaît et ne pas s'arrêter seulement aux détails. Hamilton n'a étudié les penseurs éminents du passé que par le dehors. Son esprit n'a pas fouillé leur manière de penser ; il n'a pas parcouru du regard le champ de la spéculation en se mettant à leur point de vue, il n'a pas vu chaque objet comme on pourrait le voir sous le même jour qu'eux et avec

(1) *Lectures*, I, 11-12.
(2) Le passage même d'Aristote cité à l'appui de cette interprétation prouve que le mot a le sens qu'il lui donnait d'ordinaire et non celui de Hamilton. Τέλος δ'ἡ ἐνέργεια, καὶ τούτου χάριν ἡ δύναμις λαμβάνεται..... καὶ τὴν θεωρητικὴν (ἔχουσιν) ἵνα θεωρῶσιν-ἀλλ' οὐ θεωροῦσιν ἵνα θεωρητικὴν ἔχωσιν.

leur façon de regarder. L'opinion d'un auteur se montre dans les pages de Hamilton comme un fait isolé, elle n'a pas de fondement dans l'individualité de l'auteur, pas de lien avec ses autres doctrines. Faute d'expliquer les idées les unes par les autres, on s'expose, comme dans le cas que j'ai cité, à les mal comprendre. Une histoire de la philosophie écrite par Hamilton, à moins d'un nouveau point de vue qui eût changé sa tendance, ne pourrait pas être un œuvre définitive; ce n'aurait pas été une histoire philosophique de la philosophie; mais c'eût été pour cette histoire ce que des annales écrites avec un soin scrupuleux sont pour l'histoire politique. Cette œuvre eût été une garantie d'une valeur inestimable contre les erreurs des historiens à venir, et eût considérablement abrégé leurs travaux. Cependant avec le défaut que je reproche aux exposés qu'il nous fait des opinions des philosophes, nous devons regretter qu'il n'en ait pas fait davantage, et que sa science sans rivale de l'histoire de la philosophie n'ait gratifié le monde que d'un petit nombre de passages choisis sur des questions que les circonstances l'avaient amené à traiter. On sait qu'il a laissé de volumineux cahiers de notes sans lesquels sans doute il n'eût guère pu se retrouver dans ces énormes magasins d'érudition. Espérons qu'on les aura conservés; qu'on les rendra, sous une forme ou sous une autre, accessibles à l'étude, et qu'ils rendront de grands services au futur historien de la philosophie. Si cette espérance se réalise, on aura, à mon avis, de plus grands motifs de se féliciter des travaux de Hamilton et de célébrer son nom, qu'on ne peut en trouver dans la publication de ses spéculations philosophiques.

FIN

TABLE DES MATIÈRES

Préface du traducteur....................................	i à xlvii
Préface de l'auteur.......................................	xlviii à lii
Chap. I. — Introduction...................................	1
Chap. II. — Relativité de la connaissance humaine............	4
Chap. III. — Doctrine de la relativité de la connaissance humaine d'après Hamilton..	16
Chap. IV. — En quoi la philosophie de Hamilton diffère réellement des systèmes de l'absolu. Hamilton et Cousin..................	42
Chap. V. — Hamilton ramène par la croyance ce qu'il rejette de la connaissance...	69
Chap. VI. — Philosophie du conditionné......................	77
Chap. VII. — Comment M. Mansel applique la philosophie du conditionné à la philosophie religieuse............................	103
Chap. VIII. — De la conscience d'après Hamilton..............	126
Chap. IX. — De l'interprétation de la conscience.............	147
Chap. X. — Examen des différentes théories de la croyance au monde extérieur d'après Hamilton.................................	176
Chap. XI. — Théorie psychologique de la croyance au monde extérieur...	212
Chap. XII. — Application à l'esprit de la théorie psychologique de la croyance à la matière..................................	227
Appendice aux deux chapitres précédents.....................	236
Chap. XIII. — Théorie psychologique des qualités premières de la matière.	252
Note au chapitre précédent.................................	290
Chap. XIV. — De la loi d'association inséparable d'après Hamilton et M. Mansel..	301
Chap. XV. — Des modifications mentales inconscientes d'après Hamilton.	322
Chap. XVI. — De la causalité d'après Hamilton................	338
Chap. XVII. — Doctrine des concepts ou notions générales.......	358
Chap. XVIII. — Du jugement................................	391
Chap. XIX. — Du raisonnement..............................	415
Chap. XX. — Idées de Hamilton sur la Logique considérée comme science. — La Logique est-elle la science des lois ou des formes de la pensée ?	423
Chap. XXI. — Des lois fondamentales de la pensée d'après Hamilton....	454
Chap. XXII. — Des prétendus progrès de la logique formelle dus à Hamilton...	470
Chap. XXIII. — De quelques questions secondaires de doctrine d'après les idées de Hamilton sur la logique formelle.................	494

Chap. XXIV. — De quelques préjugés naturels favorisés par Hamilton et de quelques sophismes qu'il croit irréfutables.................. 512
Chap. XXV. — Théorie du plaisir et de la peine d'après Hamilton....... 527
Chap. XXVI. — Du libre arbitre...................................... 536
Chap. XXVII. — Opinions de Hamilton sur l'étude des mathématiques... 577
Chap. XXVIII. — Conclusion..

FIN DE LA TABLE DES MATIÈRES.

ERRATA

Page 92, ligne 17, *au lieu de* Nous pensons, nous concevons, *lisez* nous ne pensons, nous ne concevons.

121	9	—	et la justice	*lisez*	et à la justice
138	17	—	de certain	—	d'un certain
139	15	—	le croyons	—	y croyons
144	34	—	certain	—	certains
156	23	—	dernières	—	derniers
166	20	—	à présent, que	—	à présent que
167	10	—	qu'il	—	qu'elle
217	7	—	sensations, attestées	—	sensations attestées
220	12	—	et la permanence	—	et à la permanence
339	25	—	on	—	ou
340	34	—	création	—	la création
348	24	—	un commencement sans cause, un enchaînement, *lisez* un commencement sans cause et de concevoir un enchaînement.		
405	35	—	d'un genre	*lisez*	d'un genre,
424	24 de la note	pas une	—	pas à une
431	12	—	ils	—	il
—	32	—	philophe	—	philosophe
474	19	—	c'est	—	ce sont
506	25	—	μεγίντη	—	μεγίστη
515	21	—	philosophe	—	philosopher
533	10	—	soit	—	est
»	11	—	soit	—	est
»	19	—	et de l'imperfection	—	et l'imperfection

Paris. — Imprimerie de E. MARTINET, rue Mignon, 2.

www.ingramcontent.com/pod-product-compliance
Lightning Source LLC
Chambersburg PA
CBHW050102230426
43664CB00010B/1405